KB069136

譯註 禮記集說大全
儒行

編　陳澔(元)

附　正義・訓纂・集解

譯註 禮記集說大全

儒行

編 **陳澔（元）**

附 **正義 · 訓纂 · 集解**

鄭秉燮 譯

역자서문

『예기』「유행(儒行)」편은 유자(儒者)의 행실을 기록한 문헌이다. 노나라 애공(哀公)과 공자의 문답 형식으로 기술되어 있는데, 기술체계가 상당히 통일적이다. 전국시대와 전한시대 유가의 문헌들을 살펴보면 문답형식을 통해 기술된 것들이 많다. 또 공자와 관련해서는 애공이 자주 등장하는데, 그 이유는 공자가 노년에 주유천하를 끝내고 노나라에 머물렀고, 당시 노나라 군주가 애공이었기 때문이다. 이 문헌 또한 애공의 질문으로 인해 공자가 유자의 행실을 설명하는 형식으로 구성되어 있다. 유자의 행실에 있어서 자기 수양에 대한 내용이 주를 이루기는 하지만, 그 목적은 관직에 나아갈 수 있는 자질과 국가 및 군주에 대한 충심을 다지는데 있다. 따라서 역대 학자들은 이 문헌에 대해 비판적 입장을 취해왔으며, 특히 성리학 계열의 학자들은 결코 공자의 말이 아니라고 단언했다.

「유행」편과 관련하여 주목해야 할 것은 『공자가어(孔子家語)』의 기록이다. 『공자가어』는 왕숙(王肅)의 위작이라는 것이 일반적인 견해이다. 그러나 왕숙이 창작을 했더라도 이 모든 내용을 허위로 작성하기는 불가능하다. 그 이유는 『공자가어』 이전에 남아있던 공자 및 유가에 대한 관련 기록 때문이다. 『공자가어』의 각 편들을 살펴보면 공자와 관련된 수많은 기록들을 수집하여, 통일성 있는 스토리로 각색을 하고, 의미가 불분명한 문장들은 글자를 바꾸거나 조사 등을 첨가하여 명확한 의미를 나타내도록 기록하고 있다. 그런데『예기』의「유행」편과 관련해서『공자가어』에는「유행해(儒行解)」라는 편이 수록되어 있다. 그 내용을 일괄해보면 모든 문장을 순서의 바뀜 없이 그대로 차용하고 있다. 왕숙이 각색한 것은 도입부에 공자와 애공이 만나게 된 상황을『사기』의 기록으로 보충한 것 밖에 없다. 오히려「유행」편에는「유행해」편에는 수록되지 않은 1개의 문장이 더 기록되어 있는데, 그 내용이 이전의 내용과 중복되는 점이 있기 때문에, 왕숙이 각색하는 과정에서 의도적으로 삭제했던 것 같다. 이러한 점들로 봤을 때,「유행」편은『예기』의 수많은 편들 중 맥락의 연결과 주제 및 기술체계의 통일성이라는 측면에서 가장 완성도 높은 편에 속한다. 그렇기 때문에 왕숙도 별다른 가감 없이「유행」편의 내용을 그대로 차용했던 것이다. 이것은 곧「유행」편이 본래부터 하나의 독립된 문헌으로 만들어진 것이며,『예기』의 대다수 편들처럼 잡다한 기록들을 수집하여 하나의 편으로 엮은 것이 아님을 나타낸다.

「유행」편은 순자(荀子)사상의 영향이 짙게 나타난다. 이러한 점으로 인해 자주 거론되지 못했던 문헌이지만, 적극적으로 정치에 관여하여 예치(禮治)를 확립하려고 했던 전국말기와 전한초기 유학자들의 정치사상을 확인할 수 있는 중요한 문헌이다.

다시 한권의 책을 내놓는다. 부끄러운 실력에 번역의 완성도를 자부할 수 없지만, 이 책을 발판으로 더 좋은 역서와 연구가 진행되었으면 하는 바람이다. 이 책에 나오는 오역은 전적으로 역자의 실력이 부족해서이다. 본 역서에 나온 오역과 역자의 부족함에 대해 일갈을 해주실 분들이 있다면, bbaja@nate.com 으로 연락을 주시거나 출판사에 제 연락처를 문의하셔서 가르침을 주신다면, 부족한 실력이지만 가르침을 받도록 최선을 다할 것이다.

역자는 성균관 대학교에서 유교철학(儒敎哲學)을 전공했으며, 예악학(禮樂學) 전공으로 박사논문을 작성했다. 역자가 본격적으로 유가경전을 읽기 시작한 것은 경서연구회(經書硏究會)의 오경강독을 통해서이다. 이 모임을 만들어 후배들에게 경전에 대한 이해를 넓혀주신 임옥균 선생님, 경서연구회 역대 회장님인 김동민, 원용준, 김종석, 길훈섭 선배님께도 감사를 드리고, 역자의 뒤를 이어 경서연구회 현 회장으로 활동하고 있는 손정민 동학께도 감사를 드린다. 끝으로 「유행」편을 출판할 수 있도록 허락해주신 학고방의 하운근 사장님께도 감사를 전한다.

일러두기≫

1. 본 책은 역주서(譯註書)로써, 『예기집설대전(禮記集說大全)』의 「유행(儒行)」편을 완역하고, 자세한 주석을 첨부했다. 송대(宋代) 이전의 주석을 포함하고자 하여, 『예기정의(禮記正義)』를 함께 수록하였다. 그리고 송대 이후의 주석인 청대(淸代)의 주석을 포함하고자 하여 『예기훈찬(禮記訓纂)』과 『예기집해(禮記集解)』를 함께 수록하였다.

2. 『예기』 경문(經文)의 경우, 의역으로만 번역하면 문장을 번역한 방식을 확인하기 어렵고, 보충 설명 없이 직역으로만 번역하면 내용을 이해하기 힘들다. 따라서 경문에 한하여 직역과 의역을 함께 수록하였다. 나머지 주석들에 대해서는 의역을 위주로 번역하였다.

3. 『예기』 경문에 대한 해석은 진호의 『예기집설』 주석에 근거하였다. 경문 해석에 있어서, 『예기정의』, 『예기훈찬』, 『예기집해』마다 이견(異見)이 많다. 『예기집섭대전』의 소주(小註) 또한 진호의 주장과 이견을 보이는 곳이 있고, 소주 사이에도 이견이 많다. 따라서 『예기』 경문 해석의 표준은 진호의 『예기집설』 주석에 근거했으며, 진호가 설명하지 않은 부분들은 『대전』의 소주를 참고하였다. 또한 경문 해석에 있어서 『예기정의』, 『예기훈찬』, 『예기집해』에 나타나는 이견들은 특별한 경우를 제외하고는 각각의 문장을 읽어보면, 경문에 대한 이견을 알 수 있기 때문에, 이러한 경우에는 주석처리를 하지 않았다.

4. 본 역서가 저본으로 삼은 책은 다음과 같다.
   - 『禮記』, 서울 : 保景文化社, 초판 1984 (5판 1995)
   - 『禮記正義』 1~4(전4권, 『十三經注疏 整理本』 12~15), 北京 : 北京大學出版社, 초판 2000
   - 朱彬 撰, 『禮記訓纂』 上·下(전2권), 北京 : 中華書局, 초판 1996 (2쇄 1998)
   - 孫希旦 撰, 『禮記集解』 上·中·下(전3권), 北京 : 中華書局, 초판 1989 (4쇄 2007)

5. 본 책은 『예기』의 경문, 진호의 『집설』, 호광 등이 찬정한 『대전』의 세주, 정현의 주, 육덕명의 『경전석문』, 공영달의 소, 주빈(朱彬)의 『훈찬』, 손희단(孫希旦)의 『집해』 순으로 번역하였다.

6. 본래 『예기』「유행」편은 목차가 없으며, 내용 구분에 있어서도 학자들마다 의견차이가 있다. 또한 내용의 연관성으로 인하여, 장과 절을 나누기가 애매한 부분이 많다. 본 책의 목차는 역자가 임의대로 나눈 것이며, 세세하게 분절하여, 독자들이 관련내용들을 찾아보기 쉽게 하였다.

7. 본 책의 뒷부분에는 《儒行 人名 및 用語 辭典》을 수록하였다. 본문에 처음으로 등장하는 용어 및 인명에 대해서는 주석처리를 하였다. 이후에 같은 용어가 등장할 때마다 동일한 주석처리를 할 수 없어서, 뒷부분에 사전으로 수록한 것이다. 가나다순으로 기록하여, 번역문을 읽는 도중 앞부분에서 설명했던 고유명사나 인명 등에 대해서 쉽게 찾아볼 수 있도록 하였다.

【680a~b】

魯哀公問於孔子曰, "夫子之服, 其儒服與?"

【680a~b】 등과 같이 【 】 안에 숫자가 기입되어 있는 것은 『예기』의 '경문'을 뜻한다. '680'은 보경문화사(保景文化社)판본의 페이지를 말한다. 'a~b'는 a단에서 b단으로 이어지는 곳에 기록되어 있다는 표시이다. 밑의 그림은 보경문화사판본의 한 페이지 단락을 구분한 표시이다.

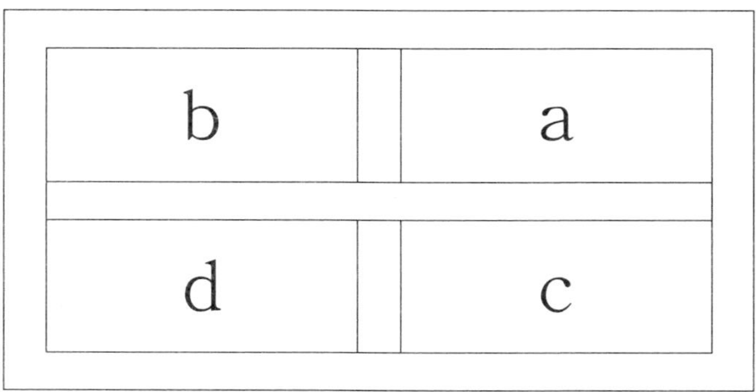

◆ 集說 鄭氏曰: 逢, 猶大也, 大掖之衣.

"集說" 로 표시된 것은 진호(陳澔)의 『예기집설(禮記集說)』 주석을 뜻한다.

◆ 大全 藍田呂氏曰: 古者衣服之制, 自天子至於庶人, 皆有差等.

"大全" 으로 표시된 것은 호광(胡廣) 등이 찬정(撰定)한 『예기집설대전』의 세주(細註)를 뜻한다.

◆ 鄭注 哀公館孔子, 見其服與士大夫異.

"**鄭注**" 로 표시된 것은 『예기정의(禮記正義)』에 수록된 정현(鄭玄)의 주(注)를 뜻한다.

◆ **釋文** 服與音餘. 少, 詩照反, 注同.

"**釋文**" 으로 표시된 것은 『예기정의』에 수록된 육덕명(陸德明)의 『경전석문(經典釋文)』을 뜻한다. 『경전석문』의 내용은 글자들의 음을 설명하고, 간략한 풀이를 한 것인데, 육덕명 당시의 음가로 기록이 되었기 때문에, 현재의 음과는 맞지 않는 부분이 많다. 단순히 참고만 하기 바란다.

◆ **孔疏** ●"魯哀公問於孔子"者, 言夫子自衛反魯, 哀公館於孔子, 問以"儒行"之事.

"**孔疏**" 로 표시된 것은 『예기정의』에 수록된 공영달(孔穎達)의 소(疏)를 뜻한다. 공영달의 주석은 경문과 정현의 주에 대해서 세분화하여 기록되어 있다. 따라서 '●'으로 표시된 부분은 공영달이 경문에 대해 주석을 한 부분이고, '◎'으로 표시된 부분은 정현의 주에 대해 주석을 한 부분이다. 한편 '○'으로 표시된 부분은 공영달의 주석 부분이다.

◆ **訓纂** 晏氏光曰: 君子比德於玉, 故稱珍.

"**訓纂**" 으로 표시된 것은 『예기훈찬(禮記訓纂)』에 수록된 주석이다. 『예기훈찬』 또한 기존 주석들을 종합한 책이므로, 『예기집설대전』 및 『예기정의』와 중복되는 부분은 생략하였다.

◆ **集解** 愚謂: 哀公聞孔子之言, 知儒者之所以異於人者不在服.

"**集解**" 로 표시된 것은 『예기집해(禮記集解)』에 수록된 주석이다. 『예기집해』 또한 기존 주석들을 종합한 책이므로, 『예기집설대전』 및 『예기정의』와 중복되는 부분은 생략하였다.

◆ 원문 및 번역문 중 '▼'로 표시된 부분은 한글로 표기할 수 없는 한자를 기록한 부분이다. 예를 들어 '▼(囧/皿)'의 경우 맹(盟)자의 이체자인데, '明'자 대신 '囧'자가 들어간 한자를 프로그램상 삽입할 수가 없어서, '▼(囧/皿)'으로 표시한 것이다. 즉 '▼(A/B)'의 형식으로 기록된 경우, A에 해당하는 글자가 한 글자의 상단 부분에 해당하고, B에 해당하는 글자가 한 글자의 하단 부분에 해당한다는 표시이다. 또한 '▼(A+B)'의 형식으로 기록된 경우, A에 해당하는 글자가 한 글자의 좌측 부분에 해당하고, B에 해당하는 글자가 한 글자의 우측 부분에 해당한다는 표시이다. 또한 '▼((A-B)/C)'의 형식으로 기록된 경우, A에 해당하는 글자에서 B 부분을 뺀 글자가 한 글자의 상단 부분에 해당하고, C에 해당하는 글자가 한 글자의 하단 부분에 해당한다는 표시이다.

목차

그림목차

경문목차

【680a】

禮記集說大全卷之二十九 /「예기집설대전」 제29권

儒行 第四十一 /「유행」 제41편

大全 藍田呂氏曰: 儒行者, 魯哀公問孔子儒服, 孔子不對, 因問儒行而孔子歷言之. 今考其書, 言儒者之行, 誠有是事也, 謂孔子言之則可疑也. 儒者之行, 一出於義理, 皆吾性分之所當爲, 非以自多求勝於天下也. 此篇之說, 有矜大勝人之氣, 少雍容深厚之風, 似與不知者力爭於一旦. 竊意末世儒者, 將以自尊其教, 有道不爲也. 雖然其言儒者之行, 不合於義理者, 殊寡, 學者果踐其言, 亦不愧於儒矣. 此先儒所以存于篇, 今日講解所以不敢廢也.

번역 남전여씨[1]가 말하길, '유행(儒行)'은 노나라 애공이 공자에게 유자의 복장에 대해 물었는데 공자는 대답을 하지 않았고, 그에 따라 유자의 행실에 대해 질문하여 공자가 차례대로 설명한 것이다. 현재 이 기록들을 살펴보면 유자의 행실에는 진실로 이러한 일들이 포함되지만, 공자가 직접 말한 것이라고 주장한다면 사실여부가 의문스럽다. 유자의 행실은 한결같이 의리에서 도출되니, 이 모두는 내 본성에 따라 마땅히 시행해야 할 것이지, 스스로 많이 실천하여 천하 사람들보다 낫고자 구하는 것이 아니다. 「유행」편에서 설명한 내용 중에는 남의 기운보다 큰 것을 과시하는 것이 있고, 완만하고 심오한 기풍을 적게 한다는 내용이 있는데, 이것은 지혜롭지 못한 자와 하루 종일 힘을 다해 다투는 것과 유사하다. 내가 생각하기에 말세의 유자들은 스스로 자신들의 가르침을 존귀하게 높이고 도는 가지고 있었지만 시행하지 않았다. 비록 그렇더라도 유자의 행실을 말한 것 중 의리에 합치되지 않는 것은 매우 적으니, 학자는 그 말을 과감하게 실천해야

---

1) 남전여씨(藍田呂氏, A.D.1040 ~ A.D.1092) : =여대림(呂大臨)·여씨(呂氏)·여여숙(呂與叔). 북송(北宋) 때의 학자이다. 이름은 대림(大臨)이고, 자(字)는 여숙(與叔)이며, 호(號)는 남전(藍田)이다. 장재(張載) 및 이정(二程)형제에게서 수학하였다. 저서로는『남전문집(藍田文集)』등이 있다.

하고 또 유자에 대해 부끄럽게 여기지 말아야 한다. 이것이 선왕이 「유행」편에 그 기록을 남겨둔 이유이니, 이제 감히 폐지할 수 없는 이유를 설명한다.

孔疏 陸曰: 行音下孟反. 鄭云, "以其記有道德之所行. 儒之言優也, 和也. 言能安人·能服人也." 此注云: 儒行之作, 蓋孔子自衛初反魯之時也.

번역 육덕명[2]이 말하길, '行'자의 음은 '下(하)'자와 '孟(맹)'자의 반절음이다. 정현[3]은 "도덕을 갖춘 자가 행동한 것들을 기록했기 때문이다. '유(儒)'자는 '넉넉하다[優].'는 뜻이며, '조화롭다[和].'는 뜻이다. 즉 사람을 편안하게 해줄 수 있고 사람을 감복시킬 수 있음을 뜻한다."라고 했다. 이곳 주석에서는 「유행」편은 아마도 공자가 위(衛)나라에서 최초 노(魯)나라로 되돌아왔을 때 지은 것 같다고 했다.

孔疏 正義曰: 按鄭目錄云, "名曰儒行者, 以其記有道德者所行也. 儒之言優也, 柔也. 能安人·能服人. 又儒者, 濡也, 以先王之道能濡其身. 此於別錄屬通論." 按下文云儒有"過失, 可微辨而不可面數", 摶猛引重, 不程勇力, 此皆剛猛得爲儒者. 但儒行不同, 或以遜讓爲儒, 或以剛爲儒, 其與人交接常能優柔, 故以"儒"表名.

번역 『정의』[4]에서 말하길, 정현의 『목록』[5]을 살펴보면, "편명을 '유행

---

2) 육덕명(陸德明, A.D.550 ~ A.D.630) : =육원랑(陸元朗). 당대(唐代)의 경학자이다. 이름은 원랑(元朗)이고, 자(字)는 덕명(德明)이다. 훈고학에 뛰어났으며, 『경전석문(經典釋文)』 등을 남겼다.

3) 정현(鄭玄, A.D.127 ~ A.D.200) : =정강성(鄭康成)·정씨(鄭氏). 한대(漢代)의 유학자이다. 자(字)는 강성(康成)이다. 『주역(周易)』, 『상서(尙書)』, 『모시(毛詩)』, 『주례(周禮)』, 『의례(儀禮)』, 『예기(禮記)』, 『논어(論語)』, 『효경(孝經)』 등에 주석을 하였다.

4) 『정의(正義)』는 『예기정의(禮記正義)』 또는 『예기주소(禮記注疏)』를 뜻한다. 당(唐)나라 때에는 태종(太宗)이 공영달(孔穎達) 등을 시켜서 『오경정의(五經正義)』를 편찬하였는데, 이때 『예기정의』에는 정현(鄭玄)의 주(注)와 공영달의 소(疏)가 수록되었다. 송대(宋代)에는 『오경정의』와 다른 경전(經典)에 대한 주석서를 포함한 『십삼경주소(十三經注疏)』가 편찬되어, 『예기주소』라

(儒行)'으로 정한 것은 도덕을 갖춘 자가 행동한 것들을 기록했기 때문이다. '유(儒)'자는 '넉넉하다[優].'는 뜻이며, '부드럽다[柔].'는 뜻이다. 즉 사람을 편안하게 해줄 수 있고 사람을 감복시킬 수 있다. 또 '유(儒)'자는 '젖다[濡].'는 뜻이니, 선왕의 도로 자신을 적실 수 있기 때문이다. 「유행」편을 『별록』[6]에서는 '통론(通論)' 항목에 포함시켰다."라고 했다. 아래문장을 살펴보면, 유자의 행실에 대해서 "과실에 대해서는 은미하게 따지는 것은 괜찮지만 면전에서 하나하나 따져서는 안 된다."라고 했는데, 공격하고 무거운 것을 끌 때 용맹과 힘이 그것을 감당할 수 있는지의 여부를 헤아리지 않으니, 이 모두는 강성하고 용맹하여 유자가 될 수 있는 것을 뜻한다. 다만 유자의 행실은 다르므로 어떤 때에는 겸손함을 유자의 행실로 삼고 또 어떤 경우에는 강성함을 유자의 행실로 삼는데, 남과 사귀거나 상대할 때에는 항상 넉넉하고 부드럽게 할 수 있다. 그렇기 때문에 '유(儒)'자로 편명을 표시한 것이다.

集解 孔子爲魯哀公陳儒者之行也.

번역 공자가 노나라 애공을 위해서 유자의 행실을 진술해준 내용이다.

는 명칭이 되었다.

5) 『목록(目錄)』은 정현이 찬술했다고 전해지는 『삼례목록(三禮目錄)』을 가리킨다. 『십삼경주소(十三經注疏)』에서 인용되고 있지만, 이 책은 『수서(隋書)』가 편찬될 당시에 이미 일실되어 존재하지 않았다. 『수서』「경적지(經籍志)」편에는 "三禮目錄一卷, 鄭玄撰, 梁有陶弘景注一卷, 亡."이라는 기록이 있다.

6) 『별록(別錄)』은 후한(後漢) 때 유향(劉向)이 찬(撰)했다고 전해지는 책이다. 현재는 일실되어 존재하지 않으며, 『한서(漢書)』「예문지(藝文志)」편을 통해서 대략적인 내용만을 추측해볼 수 있다.

그림 0-1 ▣ 노(魯)나라 세계도(世系圖)

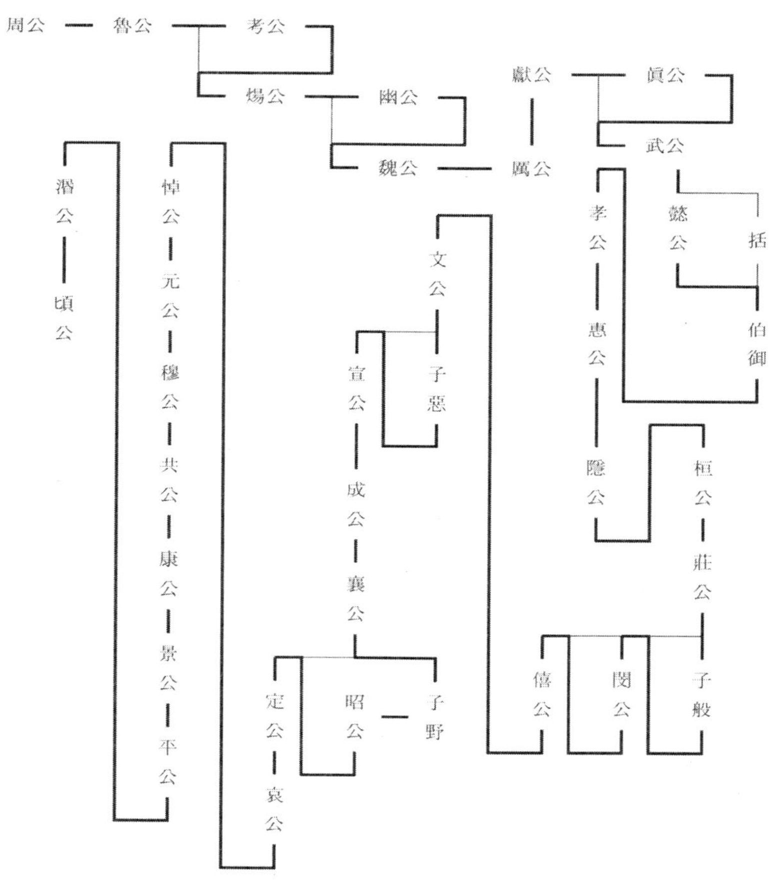

※ 출처: 『역사(繹史)』 1권 「역사세계도(繹史世系圖)」

그림 0-2 ▣ 공자(孔子)

先聖別像

※ **출처:** 『삼재도회(三才圖會)』「인물(人物)」 4권

그림 0-3 ▣ 공자주유열국도(孔子周遊列國圖)

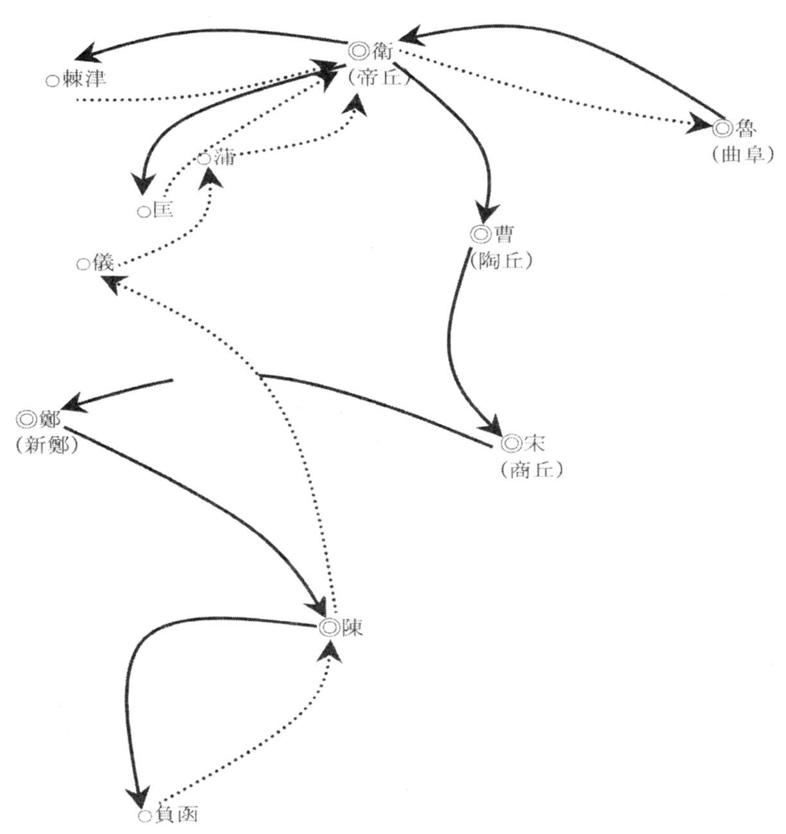

※ **출처:**『공자역사지도집(孔子歷史地圖集)』

• 제 1 절 •

유자(儒者)의 복장

【680a~b】

魯哀公問於孔子曰, "夫子之服, 其儒服與?" 孔子對曰, "丘少居魯, 衣逢掖之衣. 長居宋, 冠章甫之冠. 丘聞之也, 君子之學也博, 其服也鄉, 丘不知儒服."

직역 魯나라 哀公이 孔子에게 問하여 曰, "夫子의 服은 그 儒服입니까?" 孔子가 對하여 曰, "丘는 少에 魯에 居하여, 逢掖의 衣를 衣했습니다. 長하여 宋에 居함에, 章甫의 冠을 冠했습니다. 丘가 聞하길, 君子의 學함이 博이라도, 그 服함은 鄉이라 하나, 丘는 儒服을 不知합니다."

의역 노나라 애공이 공자에게 묻기를 "선생께서 착용한 복장은 유자의 복장입니까?"라고 하자, 공자는 대답을 하며 "저는 젊어서는 노나라에 살았으므로 소매가 넓은 홑옷을 착용했습니다. 장성해서는 송나라에 살았으므로 장보(章甫)의 관을 썼습니다. 제가 듣기로 군자의 학문이 넓어진다고 하더라도 그가 착용하는 복장은 살고 있는 마을의 것이라고 했으나, 저는 유자의 복장에 대해서는 모르겠습니다."라고 했다.

集說 鄭氏曰: 逢, 猶大也, 大掖之衣.

번역 정현이 말하길, '봉(逢)'자는 "크다[大]."는 뜻이니, 소매가 넓은 옷을 뜻한다.

集說 疏曰: 謂肘掖之所寬大, 故鄭云大袂襌衣也.

번역 공영달[1]의 소에서 말하길, 팔꿈치와 겨드랑이 부분이 넓고 큰 것을 뜻한다. 그렇기 때문에 정현은 소매가 큰 홑옷이라고 했다.

集說 應氏曰: 儒之名始見於周官, 曰儒以道得民[2], 末世不充其道, 而徒於其服. 哀公覘孔子之被服儒雅, 而威儀進趨, 皆有與俗不同者, 怪而問之. 孔子不敢以儒自居也, 故言不知儒服.

번역 응씨[3]가 말하길, '유(儒)'라는 명칭은 처음으로 『주례』에 나오며, "유(儒)는 도로써 백성들을 얻는다."[4]라고 했는데, 말세에는 그 도를 확충하지 못하고 단지 그 복장만 착용하는 무리들이 생겨났다. 애공은 공자가 의복을 착용한 것이 단아하고 의젓하며 위엄과 격식을 갖춰 행동하여 모든 면에서 세속과는 다른 점이 있는 것을 보고, 그것을 괴이하게 여겨 질문한 것이다. 공자는 감히 유자로 자처할 수 없었기 때문에 유자의 복장에 대해서는 모른다고 대답했다.

集說 郊特牲云, "章甫, 殷道也." 蓋緇布冠, 殷世則名章甫. 章, 明也. 所以表明丈夫, 故謂之章甫耳.

번역 『예기』「교특생(郊特牲)」편에서는 "장보(章甫)를 쓰는 것은 은나라 때의 도이다."[5]라고 했다. 치포관(緇布冠)을 은나라 때에는 '장보(章甫)'

---

1) 공영달(孔穎達, A.D.574 ~ A.D.648) : =공씨(孔氏). 당대(唐代)의 경학자이다. 자(字)는 중달(仲達)이고, 시호(諡號)는 헌공(憲公)이다. 『오경정의(五經正義)』를 찬정(撰定)하는데 중심적인 역할을 했다.

2) '민(民)'자에 대하여. '민'자는 본래 '명(名)'자로 기록되어 있었는데, 『주례』의 원문에 따라 글자를 수정하였다.

3) 금화응씨(金華應氏, ? ~ ?) : =응용(應鏞)·응씨(應氏)·응자화(應子和). 이름은 용(鏞)이다. 자(字)는 자화(子和)이다. 『예기찬의(禮記纂義)』를 지었다.

4) 『주례』「천관(天官)·대재(大宰)」 : 以九兩繫邦國之名: 一曰牧, 以地得民; 二曰長, 以貴得民; 三曰師, 以賢得民; <u>四曰儒, 以道得民</u>; 五曰宗, 以族得民; 六曰主, 以利得民; 七曰吏, 以治得民; 八曰友, 以任得民; 九曰藪, 以富得民.

라고 불렀을 것이다. '장(章)'자는 "밝힌다[明]."는 뜻이다. 즉 장부임을 드러내는 도구이기 때문에, '장보(章甫)'라고 부르는 것일 뿐이다.

大全 藍田呂氏曰: 古者衣服之制, 自天子至於庶人, 皆有差等, 未聞儒者之有異服也. 末世上下僭亂, 至於無別, 儒者獨守法度, 有異於衆, 此衆所以謂之儒服, 哀公所以發問. 逢掖, 魯衣也. 章甫, 宋冠也. 少居魯, 則衣魯之衣, 長居宋, 則冠宋之冠, 因其俗而已, 非苟異於人也, 故曰其服也鄕.

번역 남전여씨가 말하길, 고대의 의복 제도에 있어서는 천자로부터 서인에 이르기까지 모두 차등이 있었지만, 유자에게 색다른 의복이 있었다는 말은 들어보지 못했다. 말세에 이르면 상하계층이 참람하고 문란하게 되어 구별이 없어지는 지경에 이르렀는데, 유자는 유독 법도를 고수하여 대중들과 차이를 보였으니, 이것이 대중들이 유자의 복장이라고 부른 이유이며, 애공이 질문을 하게 된 이유이다. 소매가 큰 옷은 노나라의 복장이다. 장보(章甫)는 송나라의 관이다. 젊었을 때 노나라에 살았을 때라면 노나라의 옷을 착용했던 것이고, 장성하여 송나라에 살았을 때라면 송나라의 관을 쓴 것이니, 각각 그 풍속에 따른 것일 뿐이며, 구차하게 남과 차이를 두고자 함이 아니다. 그렇기 때문에 "그 복장은 살고 있는 마을의 것이다."라고 말했다.

大全 晏氏曰: 逢掖章甫, 是乃儒服, 而曰不知儒服者, 唯恥服其服而無其行爾, 故必以其學也博先之. 蓋能博學, 則有其德, 又將以成德爲行, 然後可稱其服也.

번역 안씨[6]가 말하길, 넓은 소매가 달린 홑옷과 장보(章甫)의 관을 쓰는 것이 바로 유자의 복장인데, "유자의 복장을 모르겠다."라고 말한 것은

---

5) 『예기』「교특생(郊特牲)」【336a】: 委貌, 周道也. 章甫, 殷道也. 毋追, 夏后氏之道也.

6) 안광(晏光, ? ~ ?): =안씨(晏氏). 자세한 이력이 남아 있지 않다.

그 복장을 착용하고 있으면서도 그에 걸맞은 행실이 없음을 부끄럽게 여겼기 때문이다. 그래서 반드시 "학문이 넓어야 한다."라는 말을 우선적으로 대답한 것이다. 즉 널리 배울 수 있다면 그에 걸맞은 덕이 생기고, 또 완성한 덕으로 행동을 한 뒤에야 그 복장에 어울릴 수 있게 된다.

鄭注 哀公館孔子, 見其服與士大夫異, 又與庶人不同, 疑爲儒服而問之. 逢, 猶大也. 大掖之衣, 大袂襌衣也, 此君子有道藝者所衣也. 孔子生魯, 長而之宋而冠焉. 宋, 其祖所出也. 衣少所居之服, 冠長所居之冠, 是之謂"鄕". 言"不知儒服", 非哀公意不在於儒, 乃今問其服. 庶人襌衣, 袂二尺二寸, 袪尺二寸.

번역 애공이 공자에게 숙소를 제공하여 머물게 했는데, 그가 착용한 복장이 다른 사나 대부가 착용한 복장과 다르고, 또 서인과도 다르다는 사실을 보고서, 그것이 유자의 복장이 아닐까 의심되어 질문을 한 것이다. '봉(逢)'자는 "크다[大]."는 뜻이다. 대액(大掖)의 옷이란 큰 소매의 홑옷을 뜻하니, 이것은 군자 중 도덕과 재예를 갖춘 자가 착용하는 복장이다. 공자는 노나라에서 태어났고, 장성해서는 송나라로 가서 장보(章甫)의 관을 썼다. 송나라는 자신의 선조가 유래된 나라이다. 젊었을 때 살던 곳의 복장을 착용하고, 장성해서 머물던 곳의 관을 썼으므로, 이것을 '향(鄕)'이라고 말한 것이다. "유자의 복장은 모르겠다."라고 말한 것은 애공의 관심이 유자에게 있지 않은데도 현재 그 복장에 대해 질문한 것을 비판한 것이다. 서인은 홑옷을 입고, 소매는 2척(尺) 2촌(寸)이며 소매의 끝단은 1척 2촌이다.

釋文 服與音餘. 少, 詩照反, 注同. 衣, 於旣反, 注"所衣也"·"衣少所居"同. 逢掖, 上如字, 下音亦. 長, 丁丈反, 注同. 冠章, 古亂反, 注"而冠"·"冠[7]長所居"同. 章甫, 殷冠也. 單衣, 本亦作"襌", 音丹. 袪, 去居反.

번역 '服與'에서의 '與'자는 그 음이 '餘(여)'이다. '少'자는 '詩(시)'자와

7) '관(冠)'자에 대하여. 『십삼경주소(十三經注疏)』 북경대 출판본에서는 "'관'자는 본래 없던 글자인데, 문맥에 따라 글자를 보충하였다."라고 했다.

'照(조)'자의 반절음이며, 정현의 주에 나오는 글자도 그 음이 이와 같다. '衣'자는 '於(어)'자와 '旣(기)'자의 반절음이며, 정현의 주에 나오는 '所衣也'와 '衣少所居'에서의 '衣'자도 그 음이 이와 같다. '逢掖'에서의 '逢'자는 글자대로 읽고, '掖'자는 그 음이 '亦(역)'이다. '長'자는 '丁(정)'자와 '丈(장)'자의 반절음이며, 정현의 주에 나오는 글자도 그 음이 이와 같다. '冠章'에서의 '冠'자는 '古(고)'자와 '亂(란)'자의 반절음이며, 정현의 주에 나오는 '而冠'과 '冠長所居'에서의 '冠'자도 그 음이 이와 같다. '章甫'는 은나라 때의 관이다. '單衣'에서의 '單'자를 판본에 따라서는 또한 '襌'자로도 기록하는데, 그 음은 '丹(단)'이다. '袪'자는 '去(거)'자와 '居(거)'자의 반절음이다.

孔疏 ●"魯哀公問於孔子"者, 言夫子自衛反魯, 哀公館於孔子, 問以"儒行"之事. 記者錄之, 以爲儒行之篇. 孔子說儒凡十七條, 其從上以來至下十五條, 皆明賢人之儒. 其第十六條, 明聖人之儒, 包上十五條賢人儒也. 其十七條之儒, 是夫子自謂也. 今此一節, 明哀公至孔子之家, 見孔子衣服之異, 疑其儒服, 遂問"儒行", 爲孔子命席, 方說儒行之事也.

번역 ●經文: "魯哀公問於孔子". ○공자가 위(衛)나라에서 노(魯)나라로 되돌아왔을 때, 애공은 공자에게 숙소를 제공하였고, '유행(儒行)'에 대한 일을 물어보았다. 『예기』를 기록한 자는 그 사실을 수록하여, 「유행」편으로 삼았다. 공자는 유자에게는 총 17조목의 행실이 있다고 했는데, 첫번째부터 15조목까지는 모두 유자 중에서도 현인에 해당하는 사안을 나타낸다. 16번째 조목은 유자 중에서도 성인에 해당하는 자는 현인인 유자가 하는 앞의 15개 조목까지도 모두 포용할 수 있음을 나타낸다. 17번째 조목에 해당하는 유자는 공자 본인을 가리킨다. 이곳의 한 문단은 애공이 공자가 머무는 집으로 찾아가서 공자가 착용하고 있는 의복이 다른 사람과 차이가 있음을 보고서 그것이 유자의 의복이 아닐까 의심하여 결국 '유자의 행실'까지도 질문하게 되었고, 그래서 공자를 위해 자리를 마련하도록 명령하여, 공자가 유자의 행실에 대한 사안을 설명하려고 하는 순간이다.

孔疏 ●"君子之學也博"者, 言徧知今古之事也.

번역 ●經文: "君子之學也博". ○고금의 사안을 두루 알아야 한다는 뜻이다.

孔疏 ●"其服也鄉"者, 其冠服須依所居之鄉也.

번역 ●經文: "其服也鄉". ○관과 복장은 자신이 머물던 마을의 것에 따라야만 한다는 뜻이다.

孔疏 ●"丘不知儒服"者, 不知, 猶不識也. 言我所服, 但依其鄉之服, 不知儒服. 言此者, 譏哀公意不在儒, 欲侮笑其服, 故以此言非之.

번역 ●經文: "丘不知儒服". ○'부지(不知)'는 "아는 것이 없다."는 뜻이다. 즉 내가 착용하고 있는 복장은 단지 내가 머물던 마을에서 착용하던 것에 따른 것이며, 유자의 복장에 대해서는 모른다는 의미이다. 이처럼 말한 것은 애공의 관심이 유자에 대한 것에 있지 않으면서도 자신이 입고 있던 복장을 비웃으려고 하였기 때문에, 이러한 말로 비판을 한 것이다.

孔疏 ◎注"逢猶"至"二寸". ○正義曰: 謂逢猶盛大之貌. 詩云: "維柞之枝, 其葉蓬蓬." 是蓬爲盛大之貌也. 云"大掖之衣, 大袂襌衣也"者, 掖, 謂肘掖之所寬大, 故云"大袂襌衣也". 禮: 大夫以上, 其服侈袂. 鄭注司服云: "侈之者, 半而益一", "袂三尺三寸, 袪尺八寸." 朝祭之服, 必表裏不襌也. 孔子若依尋常侈袂服, 則哀公無由怪之, 以其大袂襌衣異於士大夫常服, 故問之. 云"非哀公意不在於儒"者, 今若在儒, 孔子新來, 則應問以儒行, 今乃問其服, 是意欲侮戲夫子, 故下文云"不敢以儒爲戲". 明此時意以爲戲也. 云"庶人襌衣, 袂二尺二寸"者, 庶人無朝祭之事, 故知"襌衣, 袂二尺二寸". 云"袂尺二寸"者, 玉藻文, 言深衣之制如此. 今夫子著襌衣, 與庶人同, 其袂大, 與庶人異, 故謂衣爲逢掖也, 則此大袂深衣也. "長居宋, 冠章甫之冠", 言夫子生於魯, 長於宋. 魯有大袂襌衣, 宋有章甫之冠, 故知大袂之衣是少所居之服也, 章甫之冠是長所居之冠. 按曲禮云: "去國三世", "唯興之日, 從新國之法." 孔子曾祖防叔, 防叔生木金, 木金生伯夏, 伯夏生梁紇, 梁紇生孔子. 防叔奔魯, 至孔子五世, 應從魯冠, 而猶著殷章甫冠者, 以立爲制法之主, 故有異於人. 所行之事多用殷禮, 不與尋常同也. 且曲禮"從新國之法", 祇謂禮儀法用, 未必衣服盡從也. 禮: 臣朝於君, 應著朝服. 而著常服者, 時孔子自衛新還, 哀公館之, 非是常朝, 服衣冠異也.

번역 ◎鄭注: "逢猶"~"二寸". ○'봉(逢)'자는 성대한 모양을 뜻한다는 의미이다. 『시』에서는 "유작(維柞)나무의 가지여, 그 잎이 무성하고 무성하구나."[8]라고 했다. 이것은 '봉(蓬)'자가 성대한 모습을 뜻한다는 사실을 나타낸다. 정현이 "대액(大掖)의 옷이란 큰 소매의 홑옷을 뜻한다."라고 했는데, '액(掖)'자는 팔꿈치와 겨드랑이 부분이 넓다는 뜻이다. 그렇기 때문에 "큰 소매의 홑옷을 뜻한다."라고 했다. 예법에 따르면 대부로부터 그 이상의 계층은 의복에 있어서 소매를 크게 만든다. 『주례』「사복(司服)」편에 대한 정현의 주에서는 "크게 만든다는 것은 반절을 하여 그 중 1만큼을 늘린다는 뜻이다."라고 했고, "소매는 3척(尺) 3촌(寸)이며, 소매의 끝단은 1척 8촌이다."라고 했다.[9] 조복(朝服)[10]이나 제복(祭服)의 경우라면 반드시 겉감과 안감을 두어서 홑겹으로 만들지 않는다. 공자가 만약 평상시처럼 소매를 크게 만든 옷을 착용했다면 애공은 괴이하게 여길 것이 없었는데, 큰 소매에 홑겹으로 된 옷은 사나 대부가 일상적으로 착용하는 의복과 차이를 보인다. 그렇기 때문에 질문을 한 것이다. 정현이 "애공의 관심이 유자에게 있지 않은 것을 비판했다."라고 했는데, 만약 유자에 대해 관심이 있었다면,

---

8) 『시』「소아(小雅)·채숙(采菽)」: 維柞之枝, 其葉蓬蓬. 樂只君子, 殿天子之邦. 樂只君子, 萬福攸同. 平平左右, 亦是率從.

9) 이 문장은 『주례』「춘관(春官)·사복(司服)」편의 "公之服, 自袞冕而下如王之服; 侯伯之服, 自鷩冕而下如公之服; 子男之服, 自毳冕而下如侯伯之服. 孤之服, 自希冕而下如子男之服, 卿大夫之服, 自玄冕而下如孤之服, 其凶服加以大功小功; 士之服, 自皮弁而下如大夫之服, 其凶服亦如之. 其齊服有玄端素端."이라는 기록에 대한 정현의 주이다.

10) 조복(朝服)은 군주와 신하가 조회를 열 때 착용하는 복장을 뜻한다. 중요한 의식을 치를 때 착용하는 예복(禮服)을 가리키기도 한다.

공자가 이제 막 찾아왔을 때, 마땅히 유자의 행실에 대해서 질문을 해야 한다. 그런데 현재는 그 복장에 대해서 질문을 했으니, 이것은 그 의도가 공자를 놀리려고 하는 것이다. 그렇기 때문에 아래문장에서는 "감히 유자를 희롱거리로 할 수 없다."라고 말한 것이다. 이것은 곧 지금의 의중이 희롱하는데 있었음을 나타낸다. 정현이 "서인은 홑옷을 입고, 소매는 2척 2촌이며 소매의 끝단은 1척 2촌이다."라고 했는데, 서인에게는 조회를 하거나 종묘의 제사가 없다. 그렇기 때문에 "홑옷을 입고, 소매는 2척 2촌이다."라고 한 말이 사실임을 알 수 있다. 정현이 "소매의 끝단은 1척 2촌이다."라고 했는데, 이것은 『예기』「옥조(玉藻)」편의 문장으로,[11] 심의(深衣)[12]의 제도가 이와 같다는 뜻이다. 현재 공자는 홑옷을 입어서 서인과 동일한 복식을 따랐는데, 소매에 있어서는 크게 만들어서 서인과 차이를 보였다. 그렇기 때문에 옷은 소매를 크게 만들었다고 했으니, 이것은 큰 소매를 단 심의를 뜻한다. 정현이 "장성해서는 송(宋)나라로 가서 장보(章甫)의 관을 썼다."라고 했는데, 공자는 노(魯)나라에서 태어났고, 송나라에서 자랐다. 노나라에는 큰 소매의 홑옷이 있었고, 송나라에는 장보의 관이 있었다. 그렇기 때문에 큰 소매의 옷은 젊었을 때 머물던 곳의 복장에 해당하고, 장보의 관은 장성했을 때 머물던 곳의 관에 해당함을 알 수 있다. 『예기』「곡례(曲禮)」편을 살펴보면, "본국을 떠난 지 3세대가 지났다."라고 했고, "오직 그가 새로 거주하는 나라에서 경이나 대부의 반열에 오른 이후에야 새로 정착한 나라의 예법을 따르게 된다."라고 했다.[13] 공자의 증조부는 방숙(防叔)이고, 방숙은 목금(木金)을 낳았으며, 목금은 백하(伯夏)를 낳았고, 백하는 양흘(梁紇)을 낳았으며, 양흘은 공자를 낳았다. 방숙이 노나라로 도망친

---

11) 『예기』「옥조(玉藻)」【380b】: 長中繼掩尺, 袷二寸, 袪尺二寸, 緣廣寸半.

12) 심의(深衣)는 일반적으로 상의와 하의가 서로 연결된 옷을 뜻한다. 제후, 대부(大夫), 사(士)들이 평상시 집안에 거처할 때 착용하던 복장이기도 하며, 서인(庶人)에게는 길복(吉服)에 해당하기도 한다. 순색에 채색을 가미하기도 했다.

13) 『예기』「곡례하(曲禮下)」【49b】: 去國三世, 爵祿有列於朝, 出入有詔於國, 若兄弟宗族猶存, 則反告於宗後. 去國三世, 爵祿無列於朝, 出入無詔於國, 唯興之日, 從新國之法.

것은 공자로부터 5세대 이전의 일이니 마땅히 노나라의 관을 써야 하는데, 여전히 은나라 때의 장보라는 관을 썼던 것은 법도를 제정하는 주인으로 세웠기 때문에, 다른 사람과 차이를 둔 것이다. 시행했던 일들도 대부분 은나라의 예법에 따른 것이니 일상적인 경우와는 같지 않다. 또 「곡례」편에서는 "새로 정착한 나라의 예법을 따르게 된다."라고 했는데, 이것은 단지 예의와 법제 등을 뜻하니, 반드시 의복까지도 모두 따를 필요는 없다. 예법에 따르면 신하가 군주에게 조회를 할 때에는 마땅히 조복을 착용해야 한다. 그런데도 평상복을 착용했던 것은 당시 공자는 위나라로부터 이제 막 되돌아온 상태이고, 애공이 그에게 숙소를 제공했으니, 일반적으로 조회를 하는 것이 아니므로, 의복과 관을 착용한 것이 달랐던 것이다.

集解 愚謂: 孔子之所服, 蓋深衣也. 孔子見君, 不以朝服者, 諸侯·大夫·士皆夕深衣, 時哀公蓋服深衣就見孔子, 故孔子亦服深衣以見之, 蓋不敢以有加於君之服也. 時人尙簡易, 深衣之袂, 不復二尺二寸, 故哀公見孔子之服, 疑其爲儒者之服, 有異於人也. 逢, 大也. 逢掖之衣, 卽深衣也. 深衣之袂, 其當掖者二尺二寸, 至袪而漸殺, 故曰逢掖之衣. 孔子少衣逢掖之衣, 則童子之衣爲深衣之制於此可見矣. 章甫, 殷玄冠之名, 宋人冠之, 所謂脩其禮物也. 孔子旣長, 居宋而冠, 冠禮始冠緇布冠, 旣冠而冠章甫, 因其俗也. 君子貴乎學問之廣博, 其衣服則但隨其鄕俗, 而不求異於人也. 孔子不欲直言哀公之服之失, 但言己之所服者乃鄕俗之舊法, 非儒服之特異, 旣以見當時深衣之失其制, 而儒者之異於人不在衣服亦可見矣, 故哀公因之遂問儒行也.

번역 내가 생각하기에, 공자가 착용한 복장은 아마도 심의(深衣)일 것이다. 공자가 군주를 알현했을 때, 조복(朝服)을 착용하지 않았던 것은 제후·대부·사는 모두 저녁식사 때 심의를 착용하는데,[14] 당시 애공은 아마도 심의를 착용하고 공자를 만나보러 갔기 때문에 공자 또한 심의를 착용

---

14) 『예기』「옥조(玉藻)」【372d~373a】: 又朝服以食, 特牲三俎祭肺; 夕深衣, 祭牢肉. 朔月少牢, 五俎四簋. 子卯稷食菜羹. 夫人與君同庖. / 『예기』「옥조」【380a】: 朝玄端, 夕深衣.

하고서 알현을 했던 것이니, 아마도 군주가 착용한 복장보다 더 격식을 갖출 수 없었기 때문일 것이다. 당시 사람들은 간소하고 편한 것을 숭상해서, 심의의 소매도 2척(尺) 2촌(寸)의 길이에 맞추지 않았다. 그렇기 때문에 애공은 공자의 복장을 보고서 그것이 유자의 복장이 아닐까 의심을 한 것이니, 일반인들과 차이가 있었기 때문이다. '봉(逢)'자는 "크다[大]."는 뜻이다. 소매가 큰 옷은 곧 심의를 뜻한다. 심의의 소매는 겨드랑이에 닿는 부분의 길이가 2척 2촌이며, 소매의 끝단에 이르게 되면 점점 좁아지게 된다. 그렇기 때문에 '겨드랑이에 닿는 부분이 큰 옷'이라고 말한 것이다. 공자는 젊었을 때 소매를 크게 만든 옷을 착용했으니, 어린아이가 착용하는 복장도 심의의 제도에 따라 만들었다는 사실을 이 일화를 통해서 확인할 수 있다. '장보(章甫)'는 은나라 때 사용한 현관(玄冠)[15]의 이름으로, 송나라 사람들이 이 관을 썼던 것은 이른바 "예법에 따른 기물을 정비한다."[16]는 뜻에 해당한다. 공자가 장성했을 때에는 송나라에 머물며 관례를 치렀는데, 관례에서는 처음에 치포관(緇布冠)을 씌워주며, 관례를 치른 뒤에는 장보의 관을 섰으니, 그 나라의 풍속에 따른 것이다. 군자는 학문을 널리 배우는 것을 존귀하게 여기는데, 그 의복에 있어서는 단지 자신이 머물던 곳의 풍속에 따르며, 다른 사람과 차이를 두고자 하지 않는다. 공자는 직접적으로 애공이 착용한 복장의 잘못을 지적하고 싶지 않았기 때문에, 단지 자신이 착용한 복장은 자신이 살던 곳의 풍속 중 옛 예법에 따른 것이라고 말한 것이니, 유자의 복장이 특별하다는 것이 아니며, 이미 이를 통해 당시 심의의 제도가 본래의 제도에서 벗어난 것을 드러냈고, 유자가 남들과 차이를 두는 것은 의복에 있지 않았다는 사실 또한 확인할 수 있다. 그렇기 때문에 애공은 이로 인해 결국 유자의 행실에 대해서 질문하게 되었다.

---

15) 현관(玄冠)은 흑색으로 된 관(冠)이다. 고대에는 조복(朝服)을 입을 때 착용을 하였다. 『의례』「사관례(士冠禮)」편에는 "主人玄冠朝服, 緇帶素韠."이라는 기록이 있다.

16) 『서』「주서(周書)·미자지명(微子之命)」: 惟稽古崇德象賢, 統承先王, 修其禮物.

참고 원문비교

예기대전 · 유행 魯哀公問於孔子曰, "夫子之服, 其儒服與?" 孔子對曰, "丘少居魯, 衣逢掖之衣. 長居宋, 冠章甫之冠. 丘聞之也, 君子之學也博, 其服也鄕, 丘不知儒服."

공자가어 · 유행해(儒行解) 公曰, "夫子之服, 其儒服與?" 孔子對曰, "丘少居魯, 衣逢掖之衣①. 長居宋, 冠章甫之冠. 丘聞之, 君子之學也博, 其服以鄕②, 丘未知其爲儒服也."

王注-① 深衣之褒大也.

번역 심의 중 옷자락이 큰 것을 뜻한다.

王注-② 隨其鄕也.

번역 그 마을의 풍속에 따른다는 뜻이다.

참고 『공자가어(孔子家語)』「유행해(儒行解)」 앞부분 기록

원문 孔子在衛, 冉求言於季孫曰, "國有聖人而不能用, 欲以求治, 是猶卻步而欲求及前人, 不可得已. 今孔子在衛, 衛將用之. 己有才而以資鄰國, 難以言智也, 請以重幣言之." 季孫以告哀公, 公從之. 孔子既至舍, 哀公館焉①. 公自阼階, 孔子賓階升堂立侍.

번역 공자가 위나라에 있었을 때, 염구는 계손에게 말하여, "나라에 성인이 있음에도 등용할 수 없는데, 그런데도 다스리는 방도를 구하고자 하는 것은 길을 걸어가고자 하여 앞사람이 있는 곳까지 도달하려고 하지만

할 수 없는 경우와 같습니다. 현재 공자께서는 위나라에 머물고 계신데 위나라에서 장차 등용하려고 합니다. 본인에게 재주가 있다고 해도 이웃 나라에 보탬을 주는 것은 지혜롭다고 말하기 어려우니, 많은 폐물로 공자를 모셔오길 청합니다."라고 했다. 계손이 이러한 사실을 애공에게 아뢰자 애공도 그 말에 따랐다. 공자가 애공이 마련해준 숙소에 도착하자 애공도 그곳에 나아갔다. 애공은 동쪽 계단을 통해서 당상으로 올라갔고, 공자는 빈객이 이용하는 서쪽 계단을 통해서 당상으로 올라가 자리에 서서 애공을 모셨다.

王注-① 就孔子舍.

번역 공자가 머무는 숙소에 갔다는 뜻이다.

참고 『주례』「천관(天官)·대재(大宰)」 기록

경문 以九兩繫邦國之民: 一曰牧, 以地得民; 二曰長, 以貴得民; 三曰師, 以賢得民; 四曰儒, 以道得民; 五曰宗, 以族得民; 六曰主, 以利得民; 七曰吏, 以治得民; 八曰友, 以任得民; 九曰藪, 以富得民.

번역 아홉 가지로 나라의 백성들을 협력시키고 결속시킨다. 첫 번째는 목(牧)으로 이를 통해 그 지역에 백성들을 거주시킨다. 두 번째는 장(長)이니 존귀한 자를 통해 백성들이 추앙하도록 만든다. 세 번째는 사(師)이니 현명함을 통해 백성들을 교화시킨다. 네 번째는 유(儒)이니 육예를 통해 백성들을 교화시킨다. 다섯 번째는 종(宗)이니 종족들을 보살핌으로써 백성들을 보존시킨다. 여섯 번째는 주(主)이니 이로움을 통해 백성들을 이롭게 만든다. 일곱 번째는 이(吏)이니 정치를 통해 백성들을 다스린다. 여덟 번째는 우(友)이니 소임을 통해 백성들을 결속시킨다. 아홉 번째는 수(藪)이니 재물을 통해 백성들을 풍족하게 만든다.

鄭注 兩猶耦也, 所以協耦萬民. 繫, 聯綴也. 牧, 州長也. 九州各有封域, 以居民也. 長, 諸侯也, 一邦之貴, 民所仰也. 師, 諸侯師氏, 有德行以教民者. 儒, 諸侯保氏, 有六藝以教民者. 宗, 繼別爲大宗, 收族者. 鄭司農云"主謂公卿大夫, 世世食采不絶, 民稅薄利之." 玄謂: 利, 讀如"上思利民"之利, 謂以政教利之. 吏, 小吏在鄉邑者. 友謂同井相合耦耡作者. 孟子曰: "鄉田同井, 出入相友, 守望相助, 疾病相扶, 則百姓親睦." 藪亦有虞, 掌其政令, 爲之厲禁, 使其地之民, 守其材物. 以時入于王府, 頒其餘於萬民. 富謂藪中材物.

번역 '양(兩)'자는 "짝하다[耦]."는 뜻이니, 만민을 협력하도록 만드는 것이다. '계(繫)'자는 결속시킨다는 뜻이다. '목(牧)'자는 각 주(州)의 수장을 뜻한다.[17] 구주(九州)[18]에는 각각 봉지와 영역이 정해져 있어서 이를 통해

---

17) 구목(九牧)은 구주(九州)의 목(牧)들을 뜻한다. 고대 중국은 천하를 '구주'로 구분하였는데, 각각의 주(州)에는 여러 제후들이 속해 있었다. 그 중에서 가장 뛰어난 자를 그 '주'에 속해있었던 제후들의 수장으로 삼았는데, 그를 '목'이라고 부르는 것이다. 『예기』「곡례하(曲禮下)」편에는 "九州之長, 入天子之國曰牧"이라는 기록이 있는데, 이에 대한 정현의 주에서는 "每一州之中, 天子選諸侯之賢者以爲之牧也."라고 풀이했다.

18) 구주(九州)는 9개의 주(州)를 뜻한다. 고대 중국에서는 중원 지역을 9개의 주로 구분하여, 다스렸다. 따라서 '구주'는 오랑캐 지역과 대비되는 중국 땅을 지칭하는 용어로 사용되었다. '구주'의 포함되는 '주'의 이름들은 각 기록마다 차이를 보인다. 『서』「우서(虞書)·우공(禹貢)」편에는 "禹敷土, 隨山刊木, 奠高山大川. 冀州既載. …… 濟河惟兗州. 九河既道. …… 海岱惟青州. 嵎夷既略, 濰淄其道. …… 海岱及淮惟徐州, 淮沂其乂, 蒙羽其藝. …… 淮海惟揚州, 彭蠡其豬, 陽鳥攸居. …… 荊及衡陽惟荊州. 江漢朝宗于海. …… 荊河惟豫州, 伊洛瀍澗, 既入于河. …… 華陽黑水惟梁州. 岷嶓既藝, 沱潛既道. …… 黑水西河惟雍州. 弱水既西."라는 기록이 있다. 즉 『서』에 기록된 '구주'는 기주(冀州)·연주(兗州)·청주(青州)·서주(徐州)·양주(揚州)·형주(荊州)·예주(豫州)·양주(梁州)·옹주(雍州)이다. 한편 『이아』「석지(釋地)」편에는 " 兩河間曰冀州. 河南曰豫州. 河西曰雝州. 漢南曰荊州. 江南曰楊州. 濟河間曰兗州. 濟東曰徐州. 燕曰幽州. 齊曰營州."라는 기록이 있다. 즉 『이아』에 기록된 '구주'는 『서』의 기록과 달리, '서주'와 '양'주에 대한 기록이 없고, 대신 유주(幽州)와 영주(營州)가 기록되어 있다. 또 『주례』「하관(夏官)·직방씨(職方氏)」편에는 "乃辨九州之國使同貫利. 東南曰揚州. …… 正南曰荊州. …… 河南曰豫州. …… 正東曰青州. …… 河東曰兗州. …… 正西曰雍州. …… 東北曰幽州. …… 河內曰冀州. …… 正北曰并州."라는 기록이 있다. 즉 『주례』에 기록된 '구주'는 『서』의 기

백성들을 거주토록 한다. '장(長)'은 제후를 뜻하니, 한 나라 안에서 가장 존귀한 자로 백성들이 추앙하는 대상이다. '사(師)'자는 제후에게 소속된 사씨(師氏)[19]이니, 덕행을 지니고 있어서 이를 통해 백성들을 가르치는 자이다. '유(儒)'자는 제후에게 소속된 보씨(保氏)[20]이니, 육예(六藝)를 지니고 있어서 이를 통해 백성들을 가르치는 자이다. '종(宗)'자는 별자(別子)[21]의 지위를 계승하여 대종(大宗)이 된 자로, 종족을 보살피는 자이다. 정사농[22]은 "'주(主)'자는 공·경·대부를 뜻하니, 대대로 식록을 받으며 단절되지 않는 자들인데, 백성들의 세금을 가볍게 가둬서 그들을 이롭게 한다."라고 했다. 내가 생각하기에 '이(利)'자는 "윗사람은 백성들을 이롭게 할 것을 생각한다."[23]라고 했을 때의 '이(利)'자처럼 풀이하니, 정치와 교화를 통해

록과 달리, '서주'와 '양주'에 대한 기록이 없고, 대신 '유주'와 병주(幷州)에 대한 기록이 있다. 이외에도 일부 차이를 보이는 기록들이 있다.

19) 사씨(師氏)는 주(周)나라 때의 관직이다. 『주례』의 체제에 따르면, 지관(地官)에 속해 있었으며, 중대부(中大夫) 1명이 담당을 하였고, 그 휘하에는 상사(上士) 2명을 두어 '중대부'를 보좌하였다. 한편 잡무를 담당하는 부(府) 2명, 사(史) 2명, 서(胥) 12명, 도(徒) 120명이 배속되어 있었다. 『주례』「지관사도(地官司徒)」편에는 "師氏, 中大夫一人, 上士二人, 府二人, 史二人, 胥十有二人, 徒百有二十人."이라는 기록이 있다. '사씨'는 주로 왕실 및 귀족의 자제들에 대한 교육을 담당하였다.

20) 보씨(保氏)는 예의(禮義)의 뜻에 따라 군주를 올바른 방향으로 이끌고, 왕족 및 귀족의 자제들을 교육하였던 관리이다.

21) 별자(別子)는 서자(庶子)와 같은 말로, 적정자 이외의 아들들을 뜻하는 말이다. 적장자는 대(代)를 이어받고, 나머지 '별자'들은 그 지위를 계승받지 못하므로, '별자'라고 부르는 것이다. 『예기』「대전(大傳)」편에는 "百世不遷者, 別子之後也, 宗其繼別子之所自出者."라는 기록이 있는데, 이에 대한 공영달(孔穎達)의 소(疏)에서는 "別子謂諸侯之庶子也. 諸侯之適子適孫繼世爲君, 而第二子以下悉不得禰先君, 故云別子."라고 풀이했다.

22) 정중(鄭衆, ? ~ A.D.83) : =정사농(鄭司農). 후한(後漢) 때의 경학자이다. 자(字)는 중사(仲師)이다. 부친은 정흥(鄭興)이다. 부친에게 『춘추좌씨전(春秋左氏傳)』의 학문을 전수받았다. 또한 그는 대사농(大司農) 등의 관직을 역임하였기 때문에, '정사농'이라고도 불렀다. 한편 정흥과 그의 학문은 정현(鄭玄)에게 많은 영향을 주었기 때문에, 후대에서는 정현을 후정(後鄭)이라고 불렀고, 정흥과 그를 선정(先鄭)이라고도 불렀다. 저서로는 『춘추조례(春秋條例)』, 『주례해고(周禮解詁)』 등을 지었다고 하지만, 현재는 전해지지 않았다.

23) 『춘추좌씨전』「환공(桓公) 6년」: 上思利民, 忠也; 祝史正辭, 信也.

이롭게 한다는 의미이다. '이(吏)'자는 하급 관리들 중 향이나 읍에 소속된 자들이다. '우(友)'자는 같은 정전에서 서로 협력하고 짝하여 경작을 도와주는 자를 뜻한다. 『맹자』에서는 "향전에서 정전을 함께 하는 자들이 출입하며 서로 우(友)하고 지키고 망볼 때 서로 도우며 질병이 들었을 때 서로 부축한다면, 백성들은 친하게 되고 화목하게 될 것이다."[24]라고 했다. 물이 적고 초목이 우거진 지역에도 우(虞)라는 관리가 있어서, 해당 지역의 정령을 담당하며, 그 지역의 산물을 위해 금령을 내려 그 지역의 백성들로 하여금 재물을 지키도록 한다. 시기별로 왕실의 창고에 보관하고 그 나머지를 백성들에게 분배한다. '부(富)'자는 수(藪)에서 산출되는 재물을 뜻한다.

賈疏 ●"以九"至"得民". ○釋曰: 言"邦國", 卽據諸侯及萬民而言. 謂王者於邦國之中立法, 使諸侯與民相合耦而聯綴, 不使離散, 有九事, 故云"以九兩繫邦國之民"也.

번역 ●經文: "以九"~"得民". ○'방국(邦國)'이라고 말했으니, 제후 및 만민을 기준으로 말한 것이다. 즉 천자는 각 제후국들을 대상으로 그 안에서 시행되어야 하는 법도를 제정하고, 이를 통해 제후와 백성이 서로 협력하고 결속하게 만들어서 서로 떠나지 못하게 하는데, 이러한 아홉 가지 사안을 두었다는 뜻이다. 그렇기 때문에 "아홉 가지로 나라의 백성들을 협력시키고 결속시킨다."라고 했다.

賈疏 ●"一曰牧, 以地得民"者, 謂畿外八州之中, 州別立一州牧, 使侯伯有功德者爲之, 使統領二百一十國. 以有一州土地集安萬民, 故云"牧, 以地得民"也.

번역 ●經文: "一曰牧, 以地得民". ○천자의 수도 밖에 해당하는 8개의 주(州)에는 각 주마다 별도로 1명의 주목(州牧)을 세우는데, 후작이나 백작

---

24) 『맹자』「등문공상(滕文公上)」 : 死徙無出鄕, <u>鄕田同井, 出入相友, 守望相助, 疾病相扶持, 則百姓親睦</u>.

중 공덕이 있는 자로 그 임무를 맡게 하고, 그를 통해 210개의 제후국을 통솔하게 만든다. 1개의 주에 속한 토지를 통해 만민을 모으고 편안하게 만들기 때문에 "목(牧)으로, 땅을 통해 백성들을 얻는다."라고 했다.

賈疏 ●"二曰長, 以貴得民"者, 謂一國立諸侯, 與民爲君長, 是一國之貴, 民所仰效, 而民歸之, 故云"以貴得民"也.

번역 ●經文: "二曰長, 以貴得民". ○하나의 제후국에 대해서는 그 나라를 다스리는 제후를 세우고, 백성들에 대해 군주와 수장이 되도록 만드니, 이 자는 한 나라 안에서 가장 존귀하며 백성들을 추앙하며 본받아, 백성들이 귀의하는 대상이다. 그렇기 때문에 "존귀함을 통해 백성들을 얻는다."라고 했다.

賈疏 ●"三曰師, 以賢得民"者, 謂諸侯已下, 立教學之官爲師氏, 以有三德·三行, 使學子歸之, 故云"以賢得民", 民則學子是也.

번역 ●經文: "三曰師, 以賢得民". ○제후 밑에는 교화와 교육을 담당하는 관리를 두어 사씨(師氏)로 삼는데, 그는 삼덕(三德)[25]과 삼행(三行)[26]을

25) 삼덕(三德)은 세 종류의 덕(德)을 가리키는데, 문헌에 따라 해당하는 덕성(德性)들에는 차이가 나타난다. 『서』「주서(周書)·홍범(洪範)」편에는 "三德, 一曰正直, 二曰剛克, 三曰柔克."이라는 기록이 있다. 즉 『서』에서는 '삼덕'을 정직(正直), 강극(剛克), 유극(柔克)으로 풀이하고 있다. 그리고 이 문장에 대한 공영달(孔穎達)의 소(疏)에서는 "此三德者, 人君之德, 張弛有三也. 一曰正直, 言能正人之曲使直, 二曰剛克, 言剛强而能立事, 三曰柔克, 言和柔而能治."라고 풀이한다. 즉 '정직'은 사람들의 바르지 못한 점을 바로잡아서, 정직하게 만드는 능력을 뜻한다. '강극'은 강건한 자세로 사업을 수립하고, 그런 일들을 추진할 수 있는 능력을 뜻한다. '유극'은 화락하고 유순한 태도로 다스릴 수 있는 능력을 뜻한다. 다음으로 『주례』「지관(地官)·사씨(師氏)」편에는 "以三德敎國子, 一曰至德, 以爲道本, 二曰敏德, 以爲行本, 三曰孝德, 以知逆惡."이라는 기록이 있다. 즉 『주례』에서는 '삼덕'을 지덕(至德), 민덕(敏德), 효덕(孝德)으로 풀이하고 있다. '지덕'은 도(道)의 근본이 되는 것이며, '민덕'은 행실의 근본이 되는 것이고, '효덕'은 나쁘고 흉악한 것들을 알아내는 능력을 뜻한다. 다음으로 『국어(國語)』「진어사(晉語四)」편에는 "晉公子善人也, 而衛親

가지고 있어서 학생들을 귀의토록 만든다. 그렇기 때문에 "현명함을 통해 백성들을 얻는다."라고 했는데, 여기에서의 '민(民)'이란 학생들을 뜻한다.

賈疏 ●"四曰儒, 以道得民"者, 諸侯師氏之下, 又置一保氏之官, 不與天子保氏同名, 故號曰"儒". 掌養國子以道德, 故云"以道得民", 民亦謂學子也.

번역 ●經文: "四曰儒, 以道得民". ○제후의 사씨 휘하에는 또 한 명의 보씨(保氏)라는 관직을 두는데, 천자에게 소속된 보씨라는 관리와 관직명을 동일하게 쓸 수 없기 때문에 '유(儒)'라고 부른 것이다. 그는 국자(國子)[27]를 도와 덕에 따라 배양하는 임무를 담당한다. 그렇기 때문에 "도를 통해 백성들을 얻는다."라고 했는데, 여기에서 말하는 '민(民)'자 또한 학생들을 뜻한다.

賈疏 ●"五曰宗, 以族得民"者, 謂大宗子與族食族燕, 序以昭穆, 故云"以族得民", 民卽族人也.

也, 君不禮焉, 棄三德矣."라는 기록이 있다. 이에 대한 위소(韋昭)의 주에서는 "三德, 謂禮賓, 親親, 善善也."라고 풀이한다. 즉 위소가 말하는 '삼덕'은 예빈(禮賓), 친친(親親), 선선(善善)이다. '예빈'은 빈객들에게 예법(禮法)에 따라 대접하는 것이며, '친친'은 부모를 친애하는 것이고, '선선'은 착한 사람을 착하게 대하는 것이다.

26) 삼행(三行)은 세 종류의 덕행(德行)을 뜻하며, 효행(孝行), 우행(友行), 순행(順行)을 가리킨다. '효행'은 부모를 섬기는 덕행이고, '우행'은 현명하고 어진 사람을 존귀하게 받드는 덕행이며, '순행'은 스승과 어른을 섬기는 덕행이다.

27) 국자(國子)는 천자 및 공(公), 경(卿), 대부(大夫)의 자제들을 말한다. 때론 상황에 따라 천자의 태자(太子) 및 왕자(王子)를 포함시키지 않는 경우도 있다. 『주례』「지관(地官)·사씨(師氏)」편에는 "以三德敎國子"라는 기록이 있고, 이에 대한 정현의 주에서 "國子, 公卿大夫之子弟."라고 풀이한 용례와 『한서(漢書)』「예악지(禮樂志)」편에서 "朝夕習業, 以敎國子. 國子者, 卿大夫之子弟也."라고 풀이한 용례가 바로 여기에 해당한다. 그러나 이것은 천자에 대한 언급을 가급적 회피했기 때문에, 생략하여 기술하지 않은 것이다. 청대(淸代) 유서년(劉書年)의 『유귀양설경잔고(劉貴陽說經殘稿)』「국자증오(國子證誤)」편에서 "國子者, 王大子, 王子, 諸侯公卿大夫士之子弟, 皆是, 亦曰國子弟."라고 풀이하고 있는 것처럼, '국자'에는 천자의 태자와 왕자들까지도 포함된다.

번역 ●經文: "五曰宗, 以族得民". ○대종의 자식은 종족들과 사례(食禮)[28]나 연례(燕禮)[29]를 하며, 이를 통해 소목(昭穆)의 서열에 따라 질서를 정한다. 그렇기 때문에 "종족을 통해 백성들을 얻는다."라고 말했는데, 여기에서 말하는 '민(民)'자는 곧 족인들을 뜻한다.

賈疏 ●"六曰主, 以利得民"者, 主謂大夫, 宣君政教, 以利得民, 民則采邑之民也.

번역 ●經文: "六曰主, 以利得民". ○'주(主)'자는 대부를 뜻하니, 군주의 정치와 교화를 널리 시행하여 이로움을 통해 백성들을 얻으니, 여기에서 말하는 '민(民)'은 곧 채읍에 속한 백성들을 뜻한다.

賈疏 ●"七曰吏, 以治得民"者, 吏在民間, 若比長·閭胥, 有以治政之所得民.

번역 ●經文: "七曰吏, 以治得民". ○하급 관리들 중 민간에 포진되어 있는 자들로 예를 들어 비장(比長)[30]이나 여서(閭胥)[31]와 같은 자들이니,

---

28) 사례(食禮)는 연회의 한 종류이다. '사례'는 그 행사에 밥이 있고 반찬이 있는 것이니, 비록 술도 두었지만 마시지는 않았다. 그 예법에서는 밥을 위주로 한 것이기 때문에, '사례'라고 부른 것이다. 『예기』「왕제(王制)」편에는 "殷人以食禮."라는 기록이 있고, 이에 대한 진호(陳澔)의 주에서는 "食禮者, 有飯有殽, 雖設酒而不飲, 其禮以飯爲主, 故曰食也."라고 풀이했다. 또한 연회를 범칭하는 말로도 사용된다.

29) 연례(燕禮)는 본래 빈객(賓客)을 접대하는 연회의 한 종류를 뜻한다. 각종 연회들을 두루 지칭하기도 하며, 연회에서 사용되는 의례절차들을 두루 지칭하기도 한다. 본래의 '연례'는 연회를 시작할 때, 첫잔을 따라 바치는 절차 끝나면, 모두 자리에 앉아서 술을 마시는데, 취할 때까지 마시는 연회의 한 종류를 뜻한다. '연례' 때에는 희생물로 개[狗]를 사용했으며, 유우씨(有虞氏) 때 시행되었던 제도라고 설명되기도 한다. 『예기』「왕제(王制)」편에는 "有虞氏以燕禮."라는 기록이 있고, 이에 대한 진호(陳澔)의 『집설(集說)』에서는 "燕禮者, 一獻之禮旣畢, 皆坐而飮酒, 以至於醉, 其牲用狗."라고 풀이했다.

30) 비장(比長)은 비(比)를 담당하는 관리이다. 주대(周代)에는 향(鄕)이라는 행정단위가 있었는데, '비'는 '향'에 소속된 하위 행정단위이다. '비' 밑에는 행정 규모가 가장 작은 가(家)가 존재했는데, '가'가 5개 모인 규모가 바로 '비'가

정치와 교화를 통해 백성들을 얻게 된다.

賈疏 ●"八曰友, 以任得民"者, 言以任, 則非同門之朋友, 謂在田里之間相佐助, 以相任使而得民, 卽鄰伍聚居者.

번역 ●經文: "八曰友, 以任得民". ○소임으로써 한다고 말했다면 같은 마을 문을 출입하는 벗들이 아니니, 경작지와 경작지 주변의 임시 막사에서 서로 도와, 이를 통해 맡은 소임을 도와 백성을 얻도록 하니, 다섯 가(家)가 모여 사는 인(鄰)의 거주자들을 뜻한다.

賈疏 ●"九曰藪, 以富得民"者, 以上八者皆據人而言, 此一者不據人而言藪者, 見民之所居之處, 利益於人, 澤藪之中, 多有材物. 以富得民, 擧藪而言, 則山澤之等, 皆有材物, 民居可知也.

번역 ●經文: "九曰藪, 以富得民". ○앞서 말한 여덟 가지들은 모두 사람을 기준으로 말했는데, 이곳에 나온 한 가지 조목은 사람을 기준으로 하지 않고 지역을 뜻하는 '수(藪)'라고 말했다. 그 이유는 백성들이 모여 사는 장소가 사람들에게 이익이 되고, 못과 수풀 지역에 재물이 많음을 드러내고자 해서이다. 부유함으로 백성들을 얻는다고 했는데, 이것은 수(藪)라는 지역을 기준으로 말한 것이니, 산림과 연못 지역 등에는 모두 재물이 풍부하여 백성들이 모여 살았음을 알 수 있다.

賈疏 ◎注"兩猶"至"材物" ○釋曰: 訓"兩猶耦"者, 欲取在上與民相協耦聯綴, 使不離散也. 云"牧, 州長也"者, 禮記·王制云, 二百一十國以爲州, 州有

된다. 『주례』「지관(地官)·비장(比長)」편에는 "比長各掌其比之治. 五家相受, 相和親, 有罪奇衺, 則相反."이라는 기록이 있다.

31) 여서(閭胥)는 여(閭)를 담당하는 관리이다. 주대(周代)에는 향(鄕)이라는 행정단위가 있었는데, '여'는 '향'에 소속된 하위 행정단위이다. 행정규모가 가장 작은 단위는 가(家)이고, 5개의 가는 1개의 비(比)가 되고 5개의 비는 1개의 여(閭)가 된다.

伯. 伯則長, 故云"牧, 州長"也. 鄭注下曲禮云"選賢侯爲之". 云"九州各有封域以居民也"者, 詩云"帝命式于九圍", 九圍, 則九州各有封域疆界也. 言此者, 證以地得民. 云"長, 諸侯也"者, 對則大夫稱長, 諸侯稱君. 今此上言牧, 下言長, 故據諸侯也. 云"師, 諸侯師氏"者, 此一經皆據諸侯. 又經云"以賢得民", 是諸侯師氏也. 云"有德行"者, 師氏職云"以三德·三行教國子", 故知有德行也. 云"儒, 諸侯保氏有六藝"者, 以經云"以道得民", 保氏職云"掌養國子以道, 教之六藝", 故知諸侯保氏, 不可同天子之官, 故變保言儒, 儒亦有道德之稱也. "宗, 繼別爲大宗, 收族者", 見禮記·大傳云"繼別爲大宗", 對"繼禰爲小宗", 故云大. 又云"敬宗故收族", 族食·族燕, 是所以收族也. 鄭司農云"主謂公卿大夫, 世世食采不絶, 民稅薄利之"者, 先鄭意以薄稅爲利. 後鄭不從者, 稅法有常, 故孟子云"若輕之於堯舜, 大貉·小貉; 重之於堯舜, 大桀·小桀", 是不得有輕重, 皆以什一爲正, 何得薄稅以利民乎? 故不從也. 云"玄謂利讀如'上思利民'之利"者, 謂以政教利之者, 上思利民, 忠也. 此左氏傳隨季良之辭也. 云"吏, 小吏在鄉邑者", 謂若比長·閭胥, 或在鄉, 或在公邑·采邑, 皆是. 云"友謂同井相合耦耡作"者, 鄭意經意非謂同師曰友, 正是同在井邑之間共居, 若里宰職"合耦于耡", 注云"合耦, 使相佐助"者也. 云"孟子曰: '鄉田同井, 出入相友, 守望相助, 疾病相扶, 則百姓親睦'", 引孟子"鄉田同井"者, 以證友是同井之友. 但鄉遂爲溝洫, 不爲井田, 而云鄉田同井者, 鄉遂雖不爲井田, 亦三三相任以出稅, 與井田同, 故云同井. 或解同井水, 義亦通也. 云"藪亦有虞"者, 地官·澤虞職云"每大澤·大藪, 中士二人", 是藪有虞也. 云"掌其政令"已下, 皆澤虞職文. 云"富謂藪中材物"者, 謂有薪蒸蒲葦, 藪中所有之物也.

번역 ◎鄭注: "兩猶"~"材物" ○정현이 "'양(兩)'자는 짝한다는 뜻이다."라고 풀이했는데, 위정자와 백성이 서로 협력하고 결속하도록 만들어서 서로 떨어지지 않도록 하고자 함을 드러내고자 해서이다. 정현이 "'목(牧)'자는 각 주(州)의 수장을 뜻한다."라고 했는데, 『예기』「왕제(王制)」편에서는 "210개의 제후국을 1개의 주(州)로 삼는데, 주에는 백(伯)이라는 대표자가 있다."[32)]라고 했다. 여기에서 말하는 '백(伯)'은 곧 수장을 뜻한다. 그렇기 때문에 "목은 각 주의 수장을 뜻한다."라고 했다. 『예기』「곡례하(曲禮下)」

편에 대한 정현의 주에서는 "현명한 제후를 선발하여 백으로 삼는다."라고 했다. 정현이 "구주(九州)에는 각각 봉지와 영역이 정해져 있어서 이를 통해 백성들을 거주토록 한다."라고 했는데, 『시』에서는 "상제께서 명령하여 구위(九圍)에 모범이 되게 하셨도다."[33]라고 했는데, '구위(九圍)'는 구주에 각각 봉지와 경계를 두었다는 뜻이다. 이 말을 한 이유는 땅을 통해 백성을 얻는다는 뜻을 증명하기 위해서이다. 정현이 "'장(長)'은 제후를 뜻한다."라고 했는데, 대비해서 말한다면 대부에 대해서는 '장(長)'이라고 부르고 제후에 대해서는 '군(君)'이라고 부른다. 이곳에서는 앞서 '목(牧)'이라고 말했고 그 뒤에서 '장(長)'이라고 말했다. 그렇기 때문에 제후를 기준으로 말한 것이다. 정현이 "'사(師)'자는 제후에게 소속된 사씨(師氏)이다."라고 했는데, 이곳 경문은 모두 제후를 기준으로 말한 내용이다. 또 경문에서는 "현명함을 통해 백성을 얻는다."라고 했는데, 이것은 제후에게 소속된 사씨를 뜻한다. 정현이 "덕행을 지니고 있다."라고 했는데, 『주례』「사씨(師氏)」편의 직무 기록에서는 "삼덕(三德)과 삼행(三行)으로 국자(國子)들을 가르친다."[34]라고 했다. 그렇기 때문에 덕행을 지니고 있었음을 알 수 있다. 정현이 "'유(儒)'자는 제후에게 소속된 보씨(保氏)이니, 육예(六藝)를 지니고 있다."라고 했는데, 경문에서는 "도를 통해 백성을 얻는다."라고 말했고, 『주례』「보씨(保氏)」편의 직무 기록에서는 "도로써 국자들을 배양하는 일을 담당하고, 육예를 가르친다."[35]라고 했다. 그렇기 때문에 제후에게 소속된 보

---

32) 『예기』「왕제(王制)」【147d~148a】: 千里之外, 設方伯. 五國, 以爲屬, 屬有長. 十國, 以爲連, 連有帥. 三十國, 以爲卒, 卒有正. 二百一十國, 以爲州, 州有伯. 八州, 八伯, 五十六正, 百六十八帥, 三百三十六長. 八伯, 各以其屬, 屬於天子之老二人. 分天下以爲左右, 曰二伯.

33) 『시』「상송(商頌)·장발(長發)」: 帝命不違, 至于湯齊. 湯降不遲, 聖敬日躋. 昭假遲遲, 上帝是祗, 帝命式于九圍.

34) 『주례』「지관(地官)·사씨(師氏)」: 以三德教國子: 一曰至德, 以爲道本; 二曰敏德, 以爲行本; 三曰孝德, 以知逆惡. 教三行: 一曰孝行, 以親父母; 二曰友行, 以尊賢良; 三曰順行, 以事師長.

35) 『주례』「지관(地官)·보씨(保氏)」: 而養國子以道, 乃敎之六藝: 一曰五禮, 二曰六樂, 三曰五射, 四曰五馭, 五曰六書, 六曰九數; 乃敎之六儀: 一曰祭祀之容, 二曰賓客之容, 三曰朝廷之容, 四曰喪紀之容, 五曰軍旅之容, 六曰車馬之容.

씨라는 관리임을 알 수 있다. 그런데 천자에게 소속된 보씨라는 관리와 관직명을 동일하게 쓸 수 없기 때문에 '보(保)'를 바꿔 '유(儒)'라고 부른 것이니, '유(儒)'자 또한 도덕을 지니고 있는 자에게 붙이는 칭호이다. 정현이 "'종(宗)'자는 별자(別子)의 지위를 계승하여 대종(大宗)이 된 자로, 종족을 보살피는 자이다."라고 했는데, 『예기』「대전(大傳)」편에서는 "별자를 계승한 자는 대종이 된다."라고 했는데, 이 말은 "대종의 적장자 외에 나머지 아들은 부친을 계승하여 소종(小宗)이 된다."라는 말과 대비가 된다.[36] 그렇기 때문에 '대(大)'자를 붙여서 말한 것이다. 또한 "종가를 공경하기 때문에 족인들을 거둬들이게 된다."[37]라고 했는데, 족인들과 사례(食禮)를 하고 연례(燕禮)를 하는 것이 바로 족인들을 거둬들이는 방법이다. 정사농이 "'주(主)'자는 공·경·대부를 뜻하니, 대대로 식록을 받으며 단절되지 않는 자들인데, 백성들의 세금을 가볍게 가둬서 그들을 이롭게 한다."라고 했는데, 정사농의 의도는 세금을 적게 거두는 것으로 이롭게 한다는 뜻으로 여긴 것이다. 그런데 정현은 그 주장에 따르지 않았으니, 세금을 거둬들이는 법도에는 항상된 기준이 있다. 그렇기 때문에 『맹자』에서는 "만약 요순이 정한 세율보다 적게 거둔다면 북쪽의 큰 오랑캐 국가나 작은 오랑캐 국가가 될 것이며, 요순이 정한 세율보다 많이 거둔다면 큰 걸왕이나 작은 걸왕이 될 것이다."[38]라고 했는데, 이것은 정해진 세율보다 적거나 많이 거둘 수 없다는 뜻으로, 모두 10분의 1만큼을 거두는 것을 올바른 세율로 여기는데, 어찌 세금을 적게 거둬 백성들을 이롭게 할 수 있겠는가? 그러므로 그 주장에 따르지 않은 것이다. 정현이 "내가 생각하기에 '이(利)'자는 '윗사람

---

36) 『예기』「대전(大傳)」【429a】: 別子爲祖, 繼別爲宗, 繼禰者爲小宗. 有百世不遷之宗, 有五世則遷之宗. 百世不遷者, 別子之後也. 宗其繼別子之所自出者, 百世不遷者也. 宗其繼高祖者, 五世則遷者也. 尊祖故敬宗, 敬宗, 尊祖之義也.

37) 『예기』「대전(大傳)」【430a~b】: 自仁率親, 等而上之至于祖; 自義率祖, 順而下之至於禰. 是故人道親親也. 親親故尊祖, 尊祖故敬宗, 敬宗故收族, 收族故宗廟嚴, 宗廟嚴故重社稷, 重社稷故愛百姓, 愛百姓故刑罰中, 刑罰中故庶民安, 庶民安故財用足, 財用足故百志成, 百志成故禮俗刑, 禮俗刑然後樂. 詩云: "不顯不承, 無斁於人斯." 此之謂也.

38) 『맹자』「고자하(告子下)」: 欲輕之於堯舜之道者, 大貉小貉也, 欲重之於堯舜之道者, 大桀小桀也.

은 백성들을 이롭게 할 것을 생각한다.'라고 했을 때의 '이(利)'자처럼 풀이한다."라고 했는데, 정치와 교화로 이롭게 한다는 것은 윗사람이 백성들을 이롭게 할 것을 생각하는 것이므로 충에 해당한다는 뜻이다. 이것은 『좌씨전』에서 계량이 한 말에 따른 것이다. 정현이 "'이(吏)'자는 하급 관리들 중 향이나 읍에 소속된 자들이다."라고 했는데, 비장이나 여서와 같은 자들은 향에 소속되어 있거나 공읍 및 채읍에 소속되어 있는데, 이들 모두가 바로 이(吏)에 해당한다. 정현이 "'우(友)'자는 같은 정전에서 서로 협력하고 짝하여 경작을 도와주는 자를 뜻한다."라고 했는데, 정현의 의도는 경문의 뜻이 같은 스승을 섬겼던 자를 '우(友)'라고 부른다는 의미가 아니며, 바로 같은 정읍에서 함께 기거하며 경작하는 자들임을 나타낸 것이다. 마치 『주례』「이재(里宰)」편의 직무 기록에서 "경작에 짝하여 협력한다."[39]라고 했고, 정현의 주에서 "짝하여 협력한다는 것은 서로 돕도록 만드는 것이다."라고 한 말과 같다. 정현이 "『맹자』에서는 '향전에서 정전을 함께 하는 자들이 출입하며 서로 우(友)하고 지키고 망볼 때 서로 도우며 질병이 들었을 때 서로 부축한다면, 백성들은 친하게 되고 화목하게 될 것이다.'"라고 했는데, 『맹자』에서 "향전에서 정전을 함께 한다."라고 했던 말을 인용한 것은 여기에서 말하는 '우(友)'자가 정전을 함께 경작하는 자들이 됨을 증명하기 위해서이다. 다만 향(鄉)과 수(遂)에서는 도랑을 만들어 구획해서 정전을 만들 수 없는데, 향에서 정전을 함께 하는 자들이라고 말한 것은 향과 수에서 비록 정전을 만들지 못하지만 또한 삼삼오오 서로 맡고 있는 소임을 도와서 세금을 출자하니, 정전을 경작하는 경우와 동일하다. 그렇기 때문에 정전을 함께 한다고 말한 것이다. 그것이 아니라면 정전의 용수를 함께 쓰는 경우를 풀이한 것인데, 그 의미 또한 통한다. 정현이 "물이 적고 초목이 우거진 지역에도 우(虞)라는 관리가 있다."라고 했는데, 『주례』「지관(地官)·택우(澤虞)」편의 직무 기록에서는 "큰 못과 큰 수(藪)마다 중사(中士) 2명이 담당한다."[40]라고 했는데, 이것은 수(藪)라는 지역에 우(虞)

---

39) 『주례』「지관(地官)·이재(里宰)」: 以歲時合耦于耡, 以治稼穡, 趨其耕耨, 行其秩敘, 以待有司之政令, 而徵斂其財賦.

40) 『주례』「지관사도(地官司徒)」: 澤虞, 每大澤大藪中士四人, 下士八人, 府二人,

라는 관리가 있었음을 뜻한다. 정현이 "해당 지역의 정령을 담당한다."라고 한 말로부터 그 이하의 기록은 모두 「택우」편의 직무 기록이다. 정현이 "'부(富)'자는 수(藪)에서 산출되는 재물을 뜻한다."라고 했는데, 땔나무·부들·갈대와 같은 것들은 수에서 생산되는 사물이라는 뜻이다.

참고 『예기』「교특생(郊特牲)」 기록

경문-336a 委貌, 周道也. 章甫, 殷道也. 毋追, 夏后氏之道也.

번역 위모(委貌)를 쓰는 것은 주(周)나라 때의 도이다. 장보(章甫)를 쓰는 것은 은(殷)나라 때의 도이다. 무추(毋追)를 쓰는 것은 하후씨(夏后氏) 때의 도이다.

鄭注 常所服以行道之冠也, 或謂委貌爲玄冠也.

번역 항상 착용하여 도(道)를 시행할 때의 관(冠)에 해당하는데, 혹자는 '위모(委貌)'가 현관(玄冠)에 해당한다고 주장하기도 한다.

孔疏 ●"委貌"至"素積". ○此下三代恒所服行道之冠, 然三代乃俱用緇布, 而其形自殊, 周爲委貌之形, 殷則爲章甫之形, 夏則爲毋追之形, 故云"委貌, 周道也". 鄭注士冠禮: "委, 安也, 言所以安正容貌. 章, 明也. 殷質, 言所以表明丈夫. 毋發聲, 追猶推也. 夏后氏質, 以其形名之."

번역 ●經文: "委貌"~"素積". ○이곳 구문부터 그 이하의 내용은 삼대(三代)에서 항상 착용하여 도를 시행했던 관(冠)에 대한 것인데, 삼대 때에는 모두 치포(緇布)를 사용하였지만, 그 형태에 있어서는 제각각 달라서, 주(周)나라 때에는 위모(委貌)의 형태로 만들었고, 은(殷)나라 때에는 장보

史四人, 胥八人, 徒八十人. 中澤中藪如中川之衡. 小澤小藪如小川之衡.

(章甫)의 형태로 만들었으며, 하(夏)나라 때에는 무추(毋追)의 형태로 만들었다. 그렇기 때문에 "위모는 주나라 때의 도이다."라고 말한 것이다. 『의례』「사관례(士冠禮)」편에 대한 정현의 주에서는 "'위(委)'자는 편안하다는 뜻이니, 용모를 안정시키는 방법이라는 뜻이다. '장(章)'자는 나타낸다는 뜻이다. 은나라는 질박하였으니, 장부가 되었음을 표명하는 방법이라는 뜻이다. '무(毋)'자는 발어사이고, '추(追)'자는 상투이다. 하후씨(夏后氏) 때에는 질박하였으므로, 그 형태에 따라서 명칭을 정한 것이다."[41]라고 한 것이다.

孔疏 ◎注"常所"至"冠也". ○正義曰: 行道, 謂養老燕飮燕居之服, 若視朝行道, 則皮弁也. 此云"委貌", 而儀禮記稱"玄冠", 故云"或謂委貌爲玄冠".

번역 ◎鄭注: "常所"~"冠也". ○'행도(行道)'는 노인을 봉양하고, 연회를 하며 음주를 하고, 편안하게 거처할 때의 복장을 마치 조정에 참관하며 도를 시행할 때처럼 한다면, 피변(皮弁)을 착용한다는 뜻이다. 이곳에서는 '위모(委貌)'라고 했지만, 『의례』의 기문(記文)에서는 '현관(玄冠)'이라고 했다. 그렇기 때문에 "혹자는 '위모(委貌)'가 현관(玄冠)에 해당한다고 주장하기도 한다."라고 말한 것이다.

集解 愚謂: 此三者, 皆玄冠之別名也. 始冠宜用玄冠, 而以重古, 故用緇布冠. 然緇布冠冠而敝之, 而所常冠者則玄冠也. 故此因明三代玄冠之異名. 道猶制也.

번역 내가 생각하기에, 여기에서 말한 세 가지 관(冠)은 모두 현관(玄冠)의 다른 명칭이 된다. 처음 관을 씌워줄 때에는 마땅히 현관을 사용하게 되지만, 고례를 중시하기 때문에 치포관(緇布冠)을 이용하는 것이다. 그러나 치포관은 관례를 치른 뒤에 제거를 하므로, 일상적으로 쓰는 관은 곧 현관이 된다. 그렇기 때문에 이러한 이유 때문에 삼대(三代) 때에는 현관에

---

41) 이 문장은 『의례』「사관례(士冠禮)」편의 "委貌, 周道也, 章甫, 殷道也, 毋追, 夏后氏之道也."라는 기록에 대한 정현의 주이다.

대해 다른 명칭을 썼다는 사실을 나타낸 것이다. '도(道)'자는 제도[制]를 뜻한다.

참고 『시』「소아(小雅)·채숙(采菽)」

采菽采菽, (채숙채숙) : 콩을 따고 콩을 따서
筐之筥之. (광지거지) : 네모난 광주리에 담고 둥근 광주리에 담도다.
君子來朝, (군자래조) : 군자들이 찾아와서 조회를 하니,
何錫予之. (하석여지) : 무엇을 하사할까.
雖無予之, (수무여지) : 비록 하사할 것이 없지만,
路車乘馬. (노거승마) : 노거(路車)[42]와 네 마리의 말이로다.
又何予之, (우하여지) : 또 무엇을 하사할까,
玄袞及黼. (현곤급보) : 현색의 곤복(袞服)과 보(黼)무늬가 새겨진 옷이로다.

觱沸檻泉, (필불함천) : 용솟음쳐 나오는 저 냇물이여,
言采其芹. (언채기근) : 내 그 미나리를 따도다.
君子來朝, (군자래조) : 군자들이 찾아와서 조회를 하니,
言觀其旂. (언관기기) : 내 그 깃발을 살펴보도다.
其旂淠淠, (기기비비) : 그 깃발 펄럭이고,
鸞聲嘒嘒. (난성혜혜) : 그 방울소리 절도에 맞구나.
載驂載駟, (재참재사) : 참승(驂乘)[43]이 타고 네 마리의 말이 수레를 끄니,

---

42) 노거(路車)는 천자 및 제후 등이 타는 수레이다. 후대에는 귀족들이 타는 수레까지도 지칭하는 용어로 사용되었다. '노거'의 '노(路)'자는 그 뜻이 크다[大]는 의미이다. 따라서 군주가 이용하거나 머무는 장소에 '노'자를 붙여서 부르게 된 것이다. 『춘추좌씨전』「환공(桓公) 2년」편에는 "大路越席."이라는 기록이 있는데, 이에 대한 공영달(孔穎達)의 소(疏)에서는 "路, 訓大也. 君之所在以大爲號, 門曰路門, 寢曰路寢, 車曰路車, 故人君之車, 通以路爲名也."라고 풀이했다.

43) 참승(參乘)은 '참승(驂乘)'이라고도 부른다. 수레에 탄다는 뜻이다. 또한 수레에 타는 사람을 가리키는 용어로도 사용되었다. 고대 수레 제도에서는 존귀한 자는 수레의 좌측에 타고, 수레를 모는 사람은 중앙에 위치했으며, 시중을

君子所屆. (군자소계) : 군자가 지극히 여기는 바로다.

赤芾在股, (적불재고) : 붉은 슬갑 넓적다리를 가리우고,
邪幅在下. (사폭재하) : 행전이 그 아래에 있구나.
彼交匪紓, (피교비서) : 저들의 사귐이 나태하지 아니하니,
天子所予. (천자소여) : 천자가 수여하는 바로다.
樂只君子, (낙지군자) : 즐거운 군자여,
天子命之. (천자명지) : 천자가 명하여 하사하노라.
樂只君子, (낙지군자) : 즐거운 군자여,
福祿申之. (복록신지) : 신이 복록으로 거듭 내려주노라.

維柞之枝, (유작지지) : 유작(維柞)나무의 가지여,
其葉蓬蓬. (기엽봉봉) : 그 잎이 무성하구나.
樂只君子, (낙지군자) : 즐거운 군자여,
殿天子之邦. (전천자지방) : 천자의 나라를 편안히 만드는구나.
樂只君子, (낙지군자) : 즐거운 군자여,
萬福攸同. (만복유동) : 온갖 복이 모여드는구나.
平平左右, (평평좌우) : 좌우의 현명하고 뛰어난 신하들도,
亦是率從. (역시솔종) : 또한 잘 따르고 순종하는구나.

汎汎楊舟, (범범양주) : 둥둥 떠 있는 버드나무 배여,
紼纚維之. (불리유지) : 밧줄로 묶어 두는구나.
樂只君子, (낙지군자) : 즐거운 군자여,
天子葵之. (천자규지) : 천자가 헤아리는구나.
樂只君子, (낙지군자) : 즐거운 군자여,
福祿膍之. (복록비지) : 복록이 두터워지는구나.
優哉游哉, (우재유재) : 넉넉하고 여우로워서,
亦是戾矣. (역시려의) : 또한 이에 이르렀구나.

들거나 병기를 들고서 보호하는 임무를 맡은 사람은 수레의 우측에 탔다. 또한 이러한 뜻에서, 음을 달리하여 삼승(參乘)이라고도 부른다.

毛序 采菽, 刺幽王也. 侮慢諸侯, 諸侯來朝, 不能錫命以禮, 數徵會之而無信義, 君子見微而思古焉.

모서 「채숙(采菽)」편은 유왕을 풍자한 시이다. 천자가 제후들을 업신여겨서 제후들이 찾아와 조회를 함에 예법에 따라 하사를 하지 않고, 빈번히 제후들을 모았으나 신의가 없었으니, 군자가 이러한 기미를 보고서 옛날을 그리워한 것이다.

참고 『주례』「춘관(春官)·사복(司服)」 기록

경문 公之服, 自袞冕而下如王之服; 侯伯之服, 自鷩冕而下如公之服; 子男之服, 自毳冕而下如侯伯之服. 孤之服, 自希冕而下如子男之服, 卿大夫之服, 自玄冕而下如孤之服, 其凶服加以大功小功; 士之服, 自皮弁而下如大夫之服, 其凶服亦如之. 其齊服有玄端素端.

번역 공작의 복장은 곤면(袞冕)[44]으로부터 그 이하로 천자의 복장과 같으며, 후작·백작의 복장은 별면(鷩冕)[45]으로부터 그 이하로 공작의 복장과

---

44) 곤면(袞冕)은 곤룡포와 면류관을 뜻한다. 본래 천자의 제사복장으로, 비교적 중요한 제사 때 입는다. 윗옷과 아랫도리에 새겨진 무늬 등은 9가지이다. 『주례』「춘관(春官)·사복(司服)」편에는 "享先王則袞冕."이라는 기록이 있다. 이에 대한 정현의 주에서는 "冕服九章, 登龍於山, 登火於宗彝, 尊其神明也. 九章, 初一曰龍, 次二曰山, 次三曰華蟲, 次四曰火, 次五曰宗彝, 皆畫以爲繢. 次六曰藻, 次七曰粉米, 次八曰黼, 次九曰黻, 皆希以爲繡. 則袞之衣五章, 裳四章, 凡九也."라고 풀이했다. 즉 '곤면'의 윗옷에는 용(龍), 산(山), 화충(華蟲), 화(火), 종이(宗彝) 등 5가지 무늬를 그려놓고, 아랫도리에는 조(藻), 분미(粉米), 보(黼), 불(黻) 등 4가지를 수놓았다.

45) 별면(鷩冕)은 별의(鷩衣)와 면류관을 뜻한다. 천자 및 제후가 입던 복장으로, 선공(先公)에 대한 제사 및 향사례(饗射禮)를 시행할 때 착용했다. '별의'에는 꿩의 무늬를 수놓게 되는데, 이 무늬를 화충(華蟲)이라고도 부른다. 상의에는 3종류의 무늬를 수놓고, 하의에는 4종류의 무늬를 수놓게 되어, 총 7가지의 무늬가 들어가게 된다. 『주례(周禮)』「춘관(春官)·사복(司服)」편에는 "享先公,

같고, 자작·남작의 복장은 취면(毳冕)[46]으로부터 그 이하로 후작·백작의 복장과 같으며, 고(孤)[47]의 복장은 희면(希冕)[48]으로부터 그 이하로 자작·남작의 복장과 같고, 경·대부의 복장은 현면(玄冕)으로부터 그 이하로 고의 복장과 같은데, 흉복에 있어서는 대공복(大功服)[49]과 소공복(小功服)[50]을 더하며, 사의 복장은 피변복(皮弁服)으로부터 그 이하로 대부의 복장과 같은데, 흉복에 있어서도 대공복과 소공복을 더한다. 재계를 할 때의 복장은 현단(玄端)[51]과 소단(素端)[52]이 있다.

饗射則鷩冕."이라는 기록이 있고, 이에 대한 정현의 주에서는 "鷩, 畫以雉, 謂華蟲也. 其衣三章, 裳四章, 凡七也."라고 풀이했다.

46) 취면(毳冕)은 취의(毳衣)와 면류관을 뜻한다. 본래 천자가 사망(四望) 등 산천(山川)에 대한 제사 때 착용했던 복장이다. '취의'에는 호랑이와 원숭이를 수놓게 되는데, 이 무늬를 종이(宗彝)이라고도 부른다. 상의에는 3종류의 무늬를 수놓고, 하의에는 2종류의 무늬를 수놓게 되어, 총 5가지 무늬가 들어가게 된다. 『주례(周禮)』「춘관(春官)·사복(司服)」편에는 "祀四望山川則毳冕."이라는 기록이 있고, 이에 대한 정현의 주에서는 "毳畫虎蜼, 謂宗彝也. 其衣三章, 裳二章, 凡五也."라고 풀이했다.

47) 고(孤)는 고대의 작위이다. 천자에게 소속된 '고'는 삼공(三公) 밑의 서열에 해당하며, 육경(六卿)보다 높았다. 고대에는 소사(少師)·소부(少傅)·소보(少保)를 삼고(三孤)라고 불렀다.

48) 치면(絺冕)은 희면(希冕)·치면(黹冕)이라고도 부른다. 치의(絺衣)와 면류관을 뜻한다. 천자 및 제후가 사직(社稷) 및 오사(五祀)에 대한 제사를 지낼 때 착용하던 복장이다. '치의'에는 쌀 모양의 무늬를 수놓았고, 다른 그림을 그려 넣지 않았다. 상의에는 1개의 무늬를 수놓고, 하의에는 2개의 무늬를 수놓게 되어, 총 3개의 무늬가 들어가게 된다. 『주례(周禮)』「춘관(春官)·사복(司服)」편에는 "祭社稷·五祀則希冕."이라는 기록이 있고, 이에 대한 정현의 주에서는 "希刺粉米, 無畫也. 其衣一章, 裳二章, 凡三也."라고 풀이했다.

49) 대공복(大功服)은 상복(喪服) 중 하나로, 오복(五服)에 속한다. 조밀한 삼베를 사용해서 만들지만, 소공복(小功服)에 비해서는 삼베의 재질이 거칠기 때문에, '대공복'이라고 부른다. 이 복장을 입게 되는 기간은 상황에 따라 차이가 생기지만, 일반적으로 9개월이다. 당형제(堂兄弟) 및 미혼인 당자매(堂姊妹), 또는 혼인을 한 자매(姊妹) 등을 위해서 입는다.

50) 소공복(小功服)은 상복(喪服) 중 하나로, 오복(五服)에 속한다. 조밀한 삼베를 사용해서 만들며, 대공복(大功服)에 비해서 삼베의 재질이 조밀하기 때문에, '소공복'이라고 부른다. 이 복장을 입게 되는 기간은 상황에 따라 차이가 생기지만, 일반적으로 5개월이 된다. 백숙(伯叔)의 조부모나 당백숙(堂伯叔)의 조부모, 혼인하지 않은 당(堂)의 자매(姊妹), 형제(兄弟)의 처 등을 위해서 입는다.

鄭注 自公之袞冕至卿大夫之玄冕, 皆其朝聘天子及助祭之服. 諸侯非二王後, 其餘皆玄冕而祭於己. 雜記曰: "大夫冕而祭於公, 弁而祭於己. 士弁而祭於公, 冠而祭於己." 大夫爵弁自祭家廟, 唯孤爾, 其餘皆玄冠, 與士同. 玄冠自祭其廟者, 其服朝服玄端. 諸侯之自相朝聘, 皆皮弁服, 此天子日視朝之服. 喪服, 天子諸侯齊斬而已, 卿大夫加以大功小功, 士亦如之, 又加緦焉. 士齊有素端者, 亦爲札荒有所禱請. 變素服言素端者, 明異制. 鄭司農云: "衣有襦裳者爲端." 玄謂端者, 取其正也. 士之衣袂, 皆二尺二寸而屬幅, 是廣袤等也. 其袪尺二寸. 大夫已上侈之. 侈之者, 蓋半而益一焉. 半而益一, 則其袂三尺三寸, 袪尺八寸.

번역 공작의 곤면(袞冕)으로부터 경·대부의 현면(玄冕)에 이르기까지, 이 모두는 천자에게 조회를 하거나 빙문을 할 때 또 제사를 도울 때 착용하는 복장이다. 제후 중 하나라와 은나라의 후손국이 아니라면, 그 나머지 사람들은 모두 현면을 착용하고 자신의 제사를 지낸다. 『예기』「잡기(雜記)」편에서는 "대부는 치면(絺冕)을 착용하고서 군주의 제사를 돕고, 작변(爵弁)을 착용하고서 자신의 묘(廟)에서 제사를 지낸다. 사는 작변을 착용하고서 군주의 제사를 돕고, 현관(玄冠)을 착용하고서 자신의 묘에서 제사를 지낸

51) 현단(玄端)은 고대의 예복(禮服) 중 하나이다. 흑색으로 만든 옷이다. 주로 제사 때 사용했으며, 천자 및 제후로부터 대부(大夫)와 사(士) 계급에 이르기까지 모두 이 복장을 착용할 수 있었다. '현단'은 상의와 하의 및 관(冠)까지 포함하는 용어이다. 한편 손이양(孫詒讓)의 주장에 따르면, '현단'은 의복에만 해당하는 용어이며, 관(冠)은 포함하지 않는다고 주장한다. 그리고 천자로부터 사 계급에 이르기까지 이 복장을 제복(齊服)으로 사용했다고 설명한다. 『주례』「춘관(春官)·사복(司服)」편에는 "其齊服有玄端素端."이라는 기록이 있는데, 손이양의 『정의(正義)』에서는 "玄端素端是服名, 非冠名, 蓋自天子下達至於士通用爲齊服, 而冠則尊卑所用互異."라고 풀이하였다. 그리고 '현단'은 천자가 평소 거처할 때 착용했던 복장을 가리키기도 한다. 『예기』「옥조(玉藻)」편에는 "卒食, 玄端而居."라는 기록이 있고, 이에 대한 정현의 주에서는 "天子服玄端燕居也."라고 풀이하였다.

52) 소단(素端)은 소복(素服)과 같은 말이다. 흰색으로 만든 상의와 하의를 뜻하며, 상(裳)자와 함께 기론될 때에는 흰색의 상의만을 뜻하기도 한다. 고대에 제후·대부·사가 착용했던 일종의 제복(祭服)이다. 기근이나 재앙이 들었을 때 기원을 하기 위해 착용하는 복장이다.

다."[53]라고 했다. 대부가 작변복을 착용하고서 자신의 종묘에서 제사를 지낸다고 했는데, 오직 고(孤)만이 그렇게 할 따름이며, 나머지 대부들은 모두 현관을 착용하니, 사의 경우와 동일하다. 현관을 착용하고 자신의 종묘에서 제사를 지낸다고 했는데, 그 복장은 조복에 현단을 착용하는 것이다. 제후들끼리 조회를 하거나 빙문을 할 때에는 모두 피변복을 착용하는데, 이것은 천자가 날마다 조정에 참관할 때 착용하는 복장이 된다. 상복에 있어서 천자와 제후에게는 자최복(齊衰服)[54]과 참최복(斬衰服)[55]만 있을 따름이며, 경과 대부는 거기에 대공복과 소공복이 추가되고 사 또한 이와 같지만 또한 시마복(緦麻服)[56]이 추가된다. 사가 재계를 할 때 소단을 착용하는데, 이것은 또한 역병이나 기근 등의 재앙이 들었을 때 기도를 하기 위한 점도 있다. 소복(素服)이라는 말을 바꿔서 '소단(素端)'이라고 부른 것은 만드는 제도가 다르다는 사실을 드러내기 위해서이다. 정사농은 "짧은 상의와 하의가 있는 옷은 '단(端)'이 된다."라고 했다. 내가 생각하기에 '단(端)'이라고 부르는 것은 정폭(正幅)에 따라 만든 뜻을 취한 것이다. 사의 옷

---

53) 『예기』「잡기상(雜記上)」【500c】: 大夫冕而祭於公, 弁而祭於己. 士弁而祭於公, 冠而祭於己. 士弁而親迎, 然則士弁而祭於己可也.

54) 자최복(齊衰服)은 상복(喪服) 중 하나로, 오복(五服)에 속한다. 거친 삼베를 사용해서 만들며, 자른 부위를 꿰매어 가지런하게 정리하기 때문에, '자최복'이라고 부른다. 이 복장을 입게 되는 기간에도 여러 종류가 있는데, 3년 동안 입는 경우는 죽은 계모(繼母)나 자모(慈母)를 위한 경우이고, 1년 동안 입는 경우는 손자가 죽은 조부모를 위해 입는 경우와 남편이 죽은 아내를 입는 경우 등이다. 그리고 1년 동안 '자최복'을 입는 경우, 그 기간을 자최기(齊衰期)라고도 부른다. 또 5개월 동안 입는 경우는 죽은 증조부나 증조모를 위한 경우이며, 3개월 동안 입는 경우는 죽은 고조부나 고조모를 위한 경우 등이다.

55) 참최복(斬衰服)은 상복(喪服) 중 하나로, 오복(五服)에 속한다. 상복 중에서도 가장 수위가 높은 상복이다. 거친 삼베를 사용해서 만들며, 자른 부위를 꿰매지 않기 때문에 참최(斬衰)라고 부른다. 이 복장을 입게 되는 기간은 일반적으로 3년에 해당하며, 죽은 부모를 위해 입거나, 처 또는 첩이 죽은 남편을 위해 입는다.

56) 시마복(緦麻服)은 상복(喪服) 중 하나로, 오복(五服)에 속한다. 가장 조밀한 삼베를 사용해서 만든다. 이 복장을 입게 되는 기간은 상황에 따라서 차이가 있지만, 일반적으로 3개월이 된다. 친족의 백숙부모(伯叔父母)나 친족의 형제(兄弟)들 및 혼인하지 않은 친족의 자매(姊妹) 등을 위해서 입는다.

소매는 모두 2척 2촌으로 폭을 줄이지 않으니, 이것은 너비와 길이가 동일함을 뜻한다. 소매 끝단은 1척 2촌이다. 대부 이상의 계급은 크게 만든다. 크게 만든다는 것은 반절을 하여 그 중 1만큼을 늘린다는 뜻이니, 소매는 3척 3촌이며, 소매의 끝단은 1척 8촌이다.

賈疏 ●"公之"至"素端". ○釋曰: 陳天子吉凶之服訖, 自此已下, 陳諸侯及其臣之服, 貴賤不同之事也. 但上具列天子之服, 此文以上公自衮冕以下差次如之, 上得兼下, 下不得僭上也. 大夫云凶服加以大功小功者, 天子諸侯自旁期已下, 皆絶而不爲服, 大夫加以大功小功, 謂本服大功小功者, 其降一等, 小功降仍有服緦者, 其本服之, 緦則降而無服. 云"士之服, 自皮弁而下"者, 士之助祭服爵弁, 不言爵弁者, 以其爵弁之服, 惟有承天變時, 及天子哭諸侯乃服之, 所服非常, 故列天子吉服不言之. 今以次轉相如, 不得輒於士上加爵弁, 故以皮弁爲首, 但皮弁亦是士助君視朔之服也. 云"其凶服亦如之"者, 亦如大夫有大功小功, 但士無降服, 則亦有緦服, 故鄭增之也. "其齊服有玄端"者, 則士冠上士玄裳, 中士黃裳, 下士雜裳, 特牲士之享祭之服也. "素端"者, 卽上素服爲札荒祈請之服也.

번역 ●經文: "公之"~"素端". ○천자가 착용하는 길복과 흉복에 대한 진술이 끝나서, 이곳 구문으로부터 그 이하의 내용은 제후 및 그에게 소속된 신하들의 복장은 신분에 따라 차이가 나는 사안을 진술하고 있다. 다만 앞에서는 천자의 복장을 차례대로 모두 열거하였는데, 이곳 기록은 상공의 곤면(衮冕)으로부터 그 이하의 복장에 나타나는 차등이 그와 같은데, 윗사람은 아랫사람이 착용하는 복장도 겸할 수 있지만, 아랫사람은 윗사람의 복장을 참람되게 착용할 수 없다. 대부에 대해서 흉복은 대공복(大功服)과 소공복(小功服)을 더한다고 했는데, 천자와 제후는 방계 친족에 대해 기년상을 치르는 것으로부터 그 이하의 관계에 대해서는 모두 관계가 단절되어 그를 위해 상복을 착용하지 않는데, 대부는 대공복과 소공복을 더한다고 했으니, 본래의 관계에 따라 대공복과 소공복을 착용하는 대상을 뜻하며, 한 등급을 낮췄을 때 소공복을 낮추게 되면 시마복을 착용하는 경우가 되는데, 본래 복장을 착용하는 관계에 따라 그에 대한 상복을 착용하며, 시마복(緦麻服)의 경우 등급을 낮추면 상복이 없게 된다. "사의 복장은 피변복(皮弁服)으로부터 그 이하이다."라고 했는데, 사가 제사를 도울 때에는 작변복(爵弁服)을 착용하는데, 작변복에 대해 언급하지 않은 것은 그가 착용하는 작변복은 오직 하늘에 대한 제사와 계절이 변했을 때 및 천자가 제후에게 곡을 할 때에만 착용하니, 이 복장을 착용하는 것은 일상적인 경우가 아니다. 그렇기 때문에 천자의 길복을 열거할 때에도 이 복장을 언급하지 않은 것이다. 현재 이곳 문장의 순서는 점진적으로 상호 겹치는 면이 나오니, 갑작스럽게 사 계급에 대해서 작변복을 더한다고 말할 수 없다. 그렇기 때문에 피변복을 먼저 언급한 것이다. 다만 피변복은 군주가 시삭(視朔)[57]을 할 때 사가 그 의식을 돕는 복장이다. "흉복에 있어서도 이와 같다."라고 했는데, 사 계급 또한 대부와 마찬가지로 대공복과 소공복이 포함된다는 뜻이다. 다만 사 계급에게는 강복(降服)[58]을 하는 경우가 없으니, 시마복 또한 포함되므로, 정현이 이러한 내용을 보충한 것이다. "재계를 할 때의 복장은 현단(玄端)이 있다."라고 했는데, 『의례』「사관례(士冠禮)」편에서는 상사(上士)의 경우 현색의 하의를 착용하고 중사(中士)의 경우 황색의 하의를 착용하며 하사(下士)의 경우 색이 섞인 하의를 착용한다고 했고, 『의례』「특생궤식례(特牲饋食禮)」편에서는 사가 제사를 치를 때 착용하는 복장이라고 했다. '소단(素端)'이라고 했는데, 이것은 곧 앞에서 말한 소복(素服)으로, 역병이나 기근 등의 재앙이 들었을 때 기원을 하며 착용하는 복장이다.

---

57) 시삭(視朔)은 본래 천자 및 제후가 매월 초하루에, 종묘(宗廟)에 고하여 해당 월의 달력을 받고, 그곳에서 해당 월에 시행해야 할 정무를 처리하였던 것을 뜻한다. 『춘추좌씨전』「희공(僖公) 5년」편에는 "公旣視朔, 遂登觀臺以望, 而書, 禮也."라는 기록이 있고, 이에 대한 공영달(孔穎達)의 소(疏)에서는 "視朔者, 公旣告廟受朔, 卽聽視此朔之政, 是其親告朔也."라고 풀이했다.

58) 강복(降服)은 상(喪)의 수위를 본래의 등급보다 한 등급 낮추는 일에 해당한다. 예를 들어 자식은 부모에 대해 삼년상을 치러야 하지만, 다른 집의 양자로 간 경우라면 자신의 친부모에 대해 삼년상을 치르지 않고, 한 등급 낮춰서 1년만 치르게 된다. 이것은 상(喪)의 기간에만 해당하는 것이 아니라, 상복(喪服) 및 상(喪)을 치르며 부수적으로 갖추게 되는 기물(器物)들에도 적용된다.

賈疏 ◎注"自公"至"八寸". ○釋曰: 云"自公袞冕至卿大夫之玄冕, 皆其朝聘天子及助祭之服"者, 此上公袞已下, 旣非自相朝聘之服, 又非己之祭服. 按: 曾子問云"諸侯玄冕出視朝", 鄭云: "爲將廟受", 謂朝天子時也. 春夏受享於廟, 秋冬一受之於廟, 是受享受覲皆在廟. 是受朝之事及助祭在廟, 理當裨冕也. 若卿大夫聘天子, 受之在廟, 及助祭, 亦用冕服可知, 故鄭君臣朝聘並言也. 云"諸侯非二王後, 其餘皆玄冕而祭於己", 知之者, 按玉藻云"諸侯玄端而祭", 注云"端"當爲"冕", 是諸侯玄冕自祭於己也. 按玉藻云: "諸侯祭宗廟之服, 惟魯與天子同." 此注云: "諸侯非二王後, 其餘皆玄冕祭於己." 彼不言二王後, 此不言魯者, 彼此各擧一邊而言, 其實相兼乃具也. 魯雖得與天子同, 惟在周公. 又大廟中得用袞冕, 故明堂位云: "季夏六月, 以禘禮祀周公於大廟." 云天子之禮是也. 若餘廟, 亦玄冕, 或可依公羊傳云: "白牲周公牲, 騂犅魯公牲, 群公不毛." 魯公旣與群公別牲而用騂犅, 則其服宜用鷩冕可也. 其二王後, 惟祭受命王得用袞冕, 其餘廟亦得用玄冕也. 云"雜記曰大夫冕而祭於公, 弁而祭於己; 士弁而祭於公, 冠而祭於己. 大夫爵弁自祭家廟, 惟孤爾, 其餘皆玄冠, 與士同"者, 鄭引雜記者, 上已說諸侯祭於己訖, 更明孤已下自祭不得申上服之意也. 云"其餘皆玄冠, 與士同"者, 諸侯除孤用爵弁之外, 卿大夫祭皆用玄冠, 與士同, 故少牢是上大夫祭, 用玄冠朝服, 特牲是士禮, 用玄冠玄端, 是其餘皆玄冠與士同也. 其天子大夫四命, 與諸侯之孤同, 亦以爵弁自祭; 天子之士, 宜與諸侯上大夫同用朝服也. 云"玄冠自祭其廟者, 其服朝服玄端"者, 朝服據少牢大夫禮, 玄端據特牲士禮而言也. 云"諸侯之自相朝聘皆皮弁服"者, 欲見此經上服惟施於入天子廟, 不得入諸侯廟之意. 必知諸侯自相朝聘用皮弁者, 見聘禮主君及賓皆皮弁, 諸侯相朝, 其服雖無文, 聘禮主君待聘者皮弁, 明待諸侯朝亦皮弁可知. 且曾子問云: "諸侯朝天子, 冕而出視朝." 爲將廟受; 及彼下文諸侯相朝云: "朝服而出視朝", 鄭云"爲事故". 據此上下而言, 明自相朝不得與天子同, 卽用皮弁可知也. 云"此天子日視朝之服"者, 此解皮弁非諸侯常服之物, 惟於朝聘乃服之意也. 云"喪服, 天子諸侯齊斬而已"者, 欲見大夫言大功小功, 天子諸侯不言之意也. 天子諸侯絶旁期, 此云齊者, 據爲后夫人而言. 若然, 天子於適孫承重, 亦期. 周之道, 有適子無適孫, 若無適子,自然立適孫. 若無適孫, 立適曾孫, 亦期, 及至適玄孫皆然也. 既爲適孫有服, 而適子之婦大功, 若於適孫已下之婦承重者, 皆小功矣. 今特言齊者, 擧后夫人重者而言. 云"卿大夫加以大功小功"者, 是據正服大功小功, 若緦則降而無服, 故不言. 云"士亦如之, 又加緦焉"者, 士不降服, 明知更加緦也. 云"士齊有素端者, 亦爲札荒有所禱請"者, 然上文已云素服, 士既轉相如, 已有素服矣. 今於經別云玄端素端, 爲士設文者, 以其大夫已上侈袂同, 惟士不得侈袂, 以端爲之, 故經別見端文也. 若然, 士之素端言齊者, 見禱請也, 則上文素服亦是齊服禱請可知也. 云"變素服言素端者, 明異制"者, 鄭解士別見文素意也. 鄭司農云: "衣有襦裳者爲端"者, 此端據正幅, 不據襦裳, 故後鄭不從也. 玄謂端者, 取其正也者, 端, 正也, 故以正幅解之也. 云"士之衣袂, 皆二尺二寸而屬, 幅是廣袤等也"者, 云衣袂二尺二寸, 喪服記文. 故彼云"衣二尺有二寸", 注云: "此謂袂中也. 言衣者, 明與身參齊." 是玄端之身, 長二尺二寸. 今兩邊袂亦各屬一幅, 幅長二尺二寸, 上下亦廣二尺二寸, 故云屬幅廣袤等, 袤則長也. 言"皆"者, 皆玄端素端, 二者同也. 云"其袪尺二寸"者, 據玉藻深衣之袪尺二寸而言也. 云"大夫已上侈之. 侈之者, 蓋半而益一焉. 半而益一, 則其袂三尺三寸, 袪尺八寸"者, 此亦無正文. 按禮記·雜記云: "凡弁絰服, 其衰侈袂." 少牢主婦衣綃衣, 亦云侈袂. 侈, 大也. 鄭以侈爲大, 卽以意爲半而益一以解之也. 孔子大袂單衣, 亦如此也. 凡天子冕服有章者, 舊說天子九章, 據大章而言, 其章別小章, 章依命數, 則皆十二爲節, 上公亦九章, 與天子同, 無陞龍, 有降龍, 其小章章別皆九而已, 自餘驚冕·毳冕以下皆然. 必知有小章者, 若無小章, 絺冕三章, 則孤有四命六命, 卿大夫玄冕一章, 卿大夫中則有三命二命一命, 天子之卿六命, 大夫四命, 明中有小章, 乃可得依命數.

번역 ◎鄭注: "自公"~"八寸". ○정현이 "공작의 곤면(衮冕)으로부터 경·대부의 현면(玄冕)에 이르기까지, 이 모두는 천자에게 조회를 하거나 빙문을 할 때 또 제사를 도울 때 착용하는 복장이다."라고 했는데, 이것은 상공(上公)[59]이 착용하는 곤면으로부터 그 이하의 복장은 이미 자신이 조

---

59) 상공(上公)은 주(周)나라 제도에 있었던 관직 등급이다. 본래 신하의 관직 등급은 8명(命)까지이다. 주나라 때에는 태사(太師), 태부(太傅), 태보(太保)와

회에 참관하거나 빙문을 받을 때의 복장이 아니며, 또 자신이 직접 제사지낼 때의 복장도 아니라는 사실을 나타낸다. 『예기』「증자문(曾子問)」편을 살펴보면 "제후는 현면(玄冕)[60]을 착용하고 침소에서 나와 조정에 참관한다."[61]라고 했고, 정현은 "장차 천자의 묘(廟)에서 천자에게 하사품을 받기 때문이다."라고 했으니, 천자에게 조회하러 갈 때를 뜻한다. 봄과 여름에는 묘에서 예물을 받고 가을과 겨울에도 묘에서 예물을 받으니, 이것은 예물을 받거나 조근(朝覲)[62]의 의례를 받는 것 모두 묘에서 하게 됨을 나타낸다. 조회를 받는 일과 종묘에서 제사를 도울 때에는 이치상 마땅히 비면(裨冕)[63]을 해야 함도 나타낸다. 만약 경과 대부가 천자에게 빙문으로 찾아가

같은 삼공(三公)들이 8명의 등급에 해당했다. 그런데 여기에 1명을 더하게 되면 9명이 되어, 특별직인 '상공'이 된다. 『주례』「춘관(春官)·전명(典命)」편에는 "上公九命爲伯, 其國家宮室車旗衣服禮儀, 皆以九爲節."이라는 기록이 있고, 이에 대한 정현의 주에서는 "上公, 謂王之三公有德者, 加命爲二伯. 二王之後亦爲上公."이라고 풀이하였다. 즉 '상공'은 삼공 중에서도 유덕(有德)한 자에게 1명을 더해주어, 제후들을 통솔하는 '두 명의 백(伯)[二伯]'으로 삼았다. 또한 제후의 다섯 등급을 나열할 경우, 공작(公爵)을 '상공'이라고 부르기도 한다.

60) 현면(玄冕)은 현의(玄衣)와 면류관을 뜻한다. 본래 천자 및 제후의 제사복장으로, 비교적 중요성이 덜한 제사 때 입는다. '현의' 중 상의에는 무늬가 들어가지 않고, 하의에만 불(黻)을 수놓는다. 『주례』「춘관(春官)·사복(司服)」편에는 "祭群小祀則玄冕."이라는 기록이 있고, 이에 대한 정현의 주에서는 "玄者, 衣無文, 裳刺黻而已, 是以謂玄焉."이라고 풀이했다.

61) 『예기』「증자문(曾子問)」【227b】: 孔子曰, "諸侯適天子, 必告于祖, 奠于禰, 冕而出, 視朝, 命祝·史, 告于社稷·宗廟·山川, 乃命國家五官, 而后行, 道而出. 告者, 五日而徧, 過是, 非禮也. 凡告, 用牲幣, 反亦如之."

62) 조근(朝覲)은 군주가 신하를 만나보는 예법(禮法)을 뜻한다. 군주가 신하를 만나보는 예법에는 조(朝), 근(覲), 종(宗), 우(遇), 회(會), 동(同) 등이 있었는데, 이것을 총칭하여 '조근'으로 부르기도 한다. 한편 '조근'은 신하가 군주를 찾아뵙는 예법을 뜻하기도 한다. 고대에는 제후가 천자를 찾아뵐 때, 각 계절별로 그 명칭을 다르게 불렀다. 봄에 찾아뵙는 것을 조(朝)라고 부르며, 여름에 찾아뵙는 것을 종(宗)이라고 부르고, 가을에 찾아뵙는 것을 근(覲)이라고 부르며, 겨울에 찾아뵙는 것을 우(遇)라고 부른다. '조근'은 이러한 예법들을 총칭하는 말이다.

63) 비면(裨冕)은 비의(裨衣)를 입고 면류관[冕]을 착용하는 것이다. 제후 및 경(卿), 대부(大夫) 등이 조회를 하거나 제사를 지낼 때 착용하는 면복(冕服)을

종묘에서 예물을 받거나 제사를 돕는 경우라면 또한 면복(冕服)[64]을 착용해야 함을 알 수 있다. 그렇기 때문에 정현은 군주와 신하가 조회를 하거나 빙문하는 경우를 아울러 설명한 것이다. 정현이 "제후 중 하나라와 은나라의 후손국이 아니라면, 그 나머지 사람들은 모두 현면을 착용하고 자신의 제사를 지낸다."라고 했는데, 이러한 사실을 알 수 있는 이유는 『예기』「옥조(玉藻)」편을 살펴보면 "제후는 현단(玄端)을 착용하고 제사를 지낸다."[65]라고 했고, 정현의 주에서는 "'단(端)'자는 마땅히 '면(冕)'자가 되어야 한다."고 했으니, 이것은 제후가 현면을 착용하고 자신의 종묘에서 제사지낸다는 사실을 나타낸다. 또 「옥조」편에 대한 정현의 주를 살펴보면 "제후가 종묘에서 제사지낼 때 착용하는 복장에 있어서, 오직 노나라 군주만이 천자와 동일하게 할 수 있었다."라고 했는데, 이곳 주석에서는 "제후 중 하나라와 은나라의 후손국이 아니라면, 그 나머지 사람들은 모두 현면을 착용하고 자신의 제사를 지낸다."라고 하여, 「옥조」편의 주석에서는 두 왕조의 후손국을 언급하지 않았고, 이곳 주석에서는 노나라를 언급하지 않았다. 그 이유는 「옥조」편과 이곳 기록에서는 각각 한 가지 측면을 제시해서 말했기 때문으로, 실제로는 상호 그 내용이 겹쳐져야만 완전한 내용이 된다. 노나라는 비록 천자와 동일한 예법을 따를 수 있었지만, 오직 주공에 대해서만 할 수 있을 뿐이다. 또 태묘 안에서는 곤면을 착용할 수 있다. 그렇기 때문에 『예기』「명당위(明堂位)」편에서는 "계하 6월에 체(禘)제사의 예법

통칭하는 말이다. 또한 곤면(袞冕)이나 가장 상등의 면복과 상대되는 용어로도 사용되었다. '비의'의 '비(裨)'자는 '비(埤)'자의 뜻으로 낮다는 의미이다. 예를 들어 천자의 육복(六服) 중에서 대구(大裘)가 가장 상등의 복장이 되는데, 나머지 5종류의 복장은 '비의'가 된다. 『의례』「근례(覲禮)」편에는 "侯氏裨冕, 釋幣于禰."라는 기록이 있고, 이에 대한 정현의 주에서는 "裨冕者, 衣裨衣而冠冕也. 裨之爲言埤也. 天子六服, 大裘爲上, 其餘爲裨, 以事尊卑服之, 而諸侯亦服焉."이라고 풀이했다.

64) 면복(冕服)은 대부(大夫) 이상의 계층이 착용하는 예관(禮冠)과 복식을 뜻한다. 무릇 길례(吉禮)를 시행할 때에는 모두 면류관[冕]을 착용하는데, 복장의 경우에는 시행하는 사안에 따라서 달라진다.

65) 『예기』「옥조(玉藻)」【372c】: 諸侯玄端以祭, 裨冕以朝, 皮弁以聽朔於大廟, 朝服以日視朝於內朝.

으로써 태묘에서 주공에 대한 제사를 지낸다."[66]라고 했으니, 천자의 예라고 한 것이 바로 이것을 가리킨다. 만약 나머지 묘들에 대해서라면 또한 현면을 착용하고, 혹은 『공양전』에서 "주공(周公)에게는 백모(白牡)[67]를 사용하고, 노공(魯公)에게는 성강(騂犅)[68]을 사용하며, 뭇 군주들에게는 불모(不毛)[69]를 사용한다."[70]는 기록에 따를 수 있다. 노공에 대해서 이미 다른 군주들과 다르게 희생물을 달리하여 성강을 사용한다고 했다면, 그때의 복장은 마땅히 별면(鷩冕)을 사용해야만 한다. 두 왕조의 후손국인 경우 오직 천명을 받은 천자에 대해서만 제사를 지내며 곤면을 착용할 수 있고, 그 나머지 묘들에 대해서는 또한 현면을 착용할 수 있다. 정현이 "『예기』「잡기(雜記)」편에서는 '대부는 치면(絺冕)을 착용하고서 군주의 제사를 돕고, 작변(爵弁)을 착용하고서 자신의 묘(廟)에서 제사를 지낸다. 사는 작변을 착용하고서 군주의 제사를 돕고, 현관(玄冠)을 착용하고서 자신의 묘에서 제사를 지낸다.'라고 했다. 대부가 작변복을 착용하고서 자신의 종묘에서 제사를 지낸다고 했는데, 오직 고(孤)만이 그렇게 할 따름이며, 나머지 대부들은 모두 현관을 착용하니, 사의 경우와 동일하다."라고 했는데, 정현이 「잡기」편을 인용한 것은 앞서 제후가 자신의 제사를 지내는 경우에 대

66) 『예기』「명당위(明堂位)」【400a】: 季夏六月, 以禘禮祀周公於大廟, 牲用白牡.

67) 백모(白牡)는 고대에 천자 및 제후가 제사 때 사용했던 흰색의 소를 뜻한다. 『시』「노송(魯頌)·비궁(閟宮)」편에는 "白牡騂剛, 犧尊將將."이라는 기록이 있는데, 이에 대한 모전(毛傳)에서는 "白牡, 周公牲也."라고 풀이했다. 즉 노(魯)나라에서는 주공(周公)에 대한 제사 때, '백모'를 사용했다는 뜻이다. 한편 『예기』「교특생(郊特牲)」편에는 "諸侯之宮縣, 而祭以白牡, 擊玉磬, 朱干設鍚, 冕而舞大武, 乘大路, 諸侯之僭禮也."라는 기록이 있는데, 이에 대한 정현의 주에서는 "白牡·大路, 殷天子禮也."라고 풀이했다. 즉 '백모'를 사용하여 제사를 지내는 것은 은(殷)나라 때 천자(天子)만이 사용할 수 있었던 예법이라는 뜻이다.

68) 성강(騂犅)은 제사 때 사용된 적색의 소를 뜻한다. 희생물을 관리하는 관청에서 사육을 한 소이다.

69) 불모(不毛)는 털색이 순일하지 않고, 색깔이 섞여 있는 가축을 뜻한다. 『춘추공양전』「문공(文公) 13년」에는 "魯祭周公, 何以爲牲? 周公用白牡, 魯公用騂犅, 群公不毛."라는 기록이 있는데, 이에 대한 하휴(何休)의 주에서는 "不毛, 不純色."이라고 풀이했다.

70) 『춘추공양전』「문공(文公) 13년」: 周公用白牲. 魯公用騂犅. 群公不毛.

한 설명이 끝나서, 재차 고 이하의 계층이 자신의 제사를 지낼 때에는 상위의 복장을 착용할 수 없다는 뜻을 드러내고자 해서이다. 정현이 "나머지 대부들은 모두 현관을 착용하니, 사의 경우와 동일하다."라고 했는데, 제후의 경우 신하들 중 고가 작변을 이용할 수 있는 것을 제외하고, 나머지 경·대부들은 제사를 지내며 모두 현관을 착용하니, 사의 경우와 동일하다. 그렇기 때문에 『의례』「소뢰궤식례(少牢饋食禮)」편의 내용은 상대부(上大夫)가 지내는 제사에 대한 것인데 현관과 조복을 착용했던 것이고, 『의례』「특생궤식례(特牲饋食禮)」편의 내용은 사 계층이 지내는 제사에 대한 것인데 현관과 현단을 착용했던 것이니, 이것은 나머지 사람들이 모두 현관을 착용하여 사의 경우와 동일하게 따름을 나타낸다. 천자에게 소속된 대부는 4명(命)의 등급이니, 제후에게 소속된 고와 명의 등급이 동일하여 또한 작변을 착용하고 자신의 제사를 지낼 수 있다. 또 천자에게 소속된 사는 마땅히 제후에게 소속된 상대부와 마찬가지로 동일하게 조복을 착용한다. 정현이 "현관을 착용하고 자신의 종묘에서 제사를 지낸다고 했는데, 그 복장은 조복에 현단을 착용하는 것이다."라고 했는데, 조복은 「소뢰궤식례」편의 내용인 대부의 예법에 근거해서 말한 것이고, 현단은 「특생궤식례」편의 내용인 사 계층의 예법에 근거해서 말한 것이다. 정현이 "제후들끼리 조회를 하거나 빙문을 할 때에는 모두 피변복을 착용한다."라고 했는데, 이곳 경문에서 말한 가장 상등의 복장은 오직 천자의 종묘로 들어갈 때에만 착용하고, 제후의 묘에 들어갈 때에는 착용할 수 없다는 뜻을 드러내고자 했기 때문이다. 제후들끼리 서로 조회를 하거나 빙문을 할 때 피변을 착용한다는 사실을 알 수 있는 이유는 『의례』「빙례(聘禮)」편에서 주인인 제후가 빈객과 함께 모두 피변복을 착용한다는 사실이 나타나서인데, 제후들이 서로에게 조회를 하는 경우 해당 복장에 대해서는 비록 경문의 기록이 없지만, 「빙례」편에서 주인인 제후가 빙문 온 자를 기다리며 피변복을 착용한다고 했으니, 제후를 기다려 조회하는 경우에도 피변복을 착용하게 됨을 알 수 있다. 또 「증자문」편에서는 "제후가 천자에게 조회를 감에 현면을 착용하고 침소에서 나와 조정에 참관한다."라고 했는데, 장차 천자의 묘에서 예물을 받기 때문이며, 그 아래 문장에서 제후들끼리 서로 조회를 할 때에는 "조복을 착용하고 침소에서 나와 조정에 참관한다."라고 했고, 정현은 "그 사안을 위해서이다."라고 했다. 이러한 기록들에 근거해서 말해보자면, 제후들끼리 서로 조회를 하는 경우에는 천자에 대한 경우와 동일하게 할 수 없어서, 피변을 사용하게 됨을 분명히 알 수 있다. 정현이 "이것은 천자가 날마다 조정에 참관할 때 착용하는 복장이 된다."라고 했는데, 이것은 피변복이 제후들이 일상적으로 착용하는 복장이 아니며, 오직 조회나 빙문이 있을 경우에만 착용하게 된다는 뜻을 풀이한 것이다. 정현이 "상복에 있어서 천자와 제후에게는 자최복(齊衰服)과 참최복(斬衰服)만 있을 따름이다."라고 했는데, 대부에 대해서 대공복과 소공복을 언급했지만, 천자와 제후에 대해서 언급하지 않았던 뜻을 드러내고자 했기 때문이다. 천자와 제후는 방계 친족 중 기년상에서 관계를 끊는데, 이곳에서 '자(齊)'라고 말한 것은 왕후(王后)[71]와 부인(夫人)[72]을 위한 경우에 기준을 두고 말했기 때문이다. 만약 그렇다면 천자는 적손에 대해 그가 중책을 계승하므로 또한 기년상을 치른다. 주나라의 도에 있어서 적자는 있어도 적손은 없으니, 만약 적자가 없다면 자연히 적손을 세우게 된다. 만약 적손이 없다면 적증손을 세우고 그에 대해서도 또한 기년상을 치르며, 적현손에 대해서도 모두 이처럼 한다. 이미 적손을 위해서 상복을 착용한다고 했다면, 적자의 부인에 대해서는 대공복을 착용하게 되며, 만약 적손으로부터 그 이하의 부인

71) 왕후(王后)는 천자의 본부인을 뜻한다. 후대에는 황후(皇后)라고 부르기도 하였다. 고대에는 천자(天子)를 왕(王)이라고 불렀기 때문에, 천자의 부인을 '왕후'라고 부른다. 또한 '왕'자를 생략하여 '후(后)라고도 부른다.

72) 부인(夫人)은 제후의 부인을 뜻한다. 『예기』「곡례하(曲禮下)」편에는 "公侯有夫人, 有世婦, 有妻, 有妾."이라는 기록이 있다. 즉 공작과 후작은 정부인인 부인(夫人)을 두고, 그 외에 세부(世婦), 처(妻), 첩(妾)을 둔다. 또한 『논어』「계씨(季氏)」편에는 "邦君之妻, 君稱之曰夫人. 夫人自稱曰小童."이라는 기록이 있다. 즉 군주의 처를 군주가 직접 부를 때에는 부인(夫人)이라고 부르며, 부인(夫人)이 자신을 지칭할 때에는 소동(小童)이라고 부른다. 참고적으로 천자의 부인은 후(后)라고 부르고, 대부(大夫)의 부인은 유인(孺人)이라고 부르며, 사(士)의 부인은 부인(婦人)이라고 부르고, 서인(庶人)의 부인은 처(妻)라고 부른다. 그러나 이러한 구분은 일률적으로 적용되는 것은 아니다.

이 중책을 계승한 경우에 대해서라면 모두 소공복을 착용한다. 현재 이곳에서는 특별히 '자(齊)'라고 했는데, 이것은 왕후와 부인처럼 중대한 대상을 기준으로 말한 것이다. 정현이 "경과 대부는 거기에 대공복과 소공복이 추가된다."라고 했는데, 이것은 정복(正服)[73]으로 대공복과 소공복을 착용하는 경우에 기준을 둔 것이니, 만약 시마복인 경우라면 강복(降服)을 하여 상복이 없기 때문에 언급하지 않은 것이다. 정현이 "사 또한 이와 같지만 또한 시마복(緦麻服)이 추가된다."라고 했는데, 사는 강복을 하지 않으므로, 재차 시마복이 추가된다는 사실을 명확히 알 수 있다. 정현이 "사가 재계를 할 때 소단을 착용하는데, 이것은 또한 역병이나 기근 등의 재앙이 들었을 때 기도를 하기 위한 점도 있다."라고 했는데, 앞에서는 이미 '소복(素服)'을 언급했는데, 사는 이미 그 일을 돕고 그 의식에 참여하게 되므로, 이미 소복을 착용하게 된다는 사실이 나타난다. 현재 이곳 경문에서 별도로 현단과 소단을 언급했는데, 이것은 사 계층을 위해서 문장을 기록한 것이다. 그 이유는 대부 이상의 계급은 소매를 넓게 한다는 점에서 동일하지만, 오직 사 계층만은 소매를 넓게 만들 수 없고, 정폭이 되도록 만든다. 그렇기 때문에 경문에서 별도로 '단(端)'으로 만든다는 문장을 드러낸 것이다. 만약 그렇다면 사의 소단에 대해서 '재계[齊]'라고 말한 것은 기도한다는 뜻을 드러내고자 했기 때문이니, 앞의 문장에서 말한 소복 또한 재계 때 착용하는 복장이며 기도를 하기 위한 것임을 알 수 있다. 정현이 "소복(素服)이라는 말을 바꿔서 '소단(素端)'이라고 부른 것은 만드는 제도가 다르다는 사실을 드러내기 위해서이다."라고 했는데, 정현은 사 계층에 대해서 별도로 소단이라고 문장을 기록한 뜻을 풀이한 것이다. 정사농은 "짧은 상의와 하의가 있는 옷은 '단(端)'이 된다."라고 했는데, 여기에서 말한 '단(端)'자는 정폭으로 만든다는 것에 기준을 둔 것이니, 짧은 상의와 하의에 기준을 둔 것이 아니다. 그렇기 때문에 정현이 그 주장에 따르지 않은 것이

73) 정복(正服)은 본래의 상례(喪禮) 규정에 따른 정식 복장을 뜻한다. 친족 관계에서는 각 등급에 따른 상례 절차가 규정되어 있으므로, '정복'이라는 것은 규정에 따른 상복(喪服)을 착용하는 것뿐만 아니라, 상(喪)을 치르는 기간과 각종 부수적 기물(器物)들에 대해서도 규정대로 따르는 것을 뜻한다.

다. 정현이 "내가 생각하기에 '단(端)'이라고 부르는 것은 정폭(正幅)에 따라 만든 뜻을 취한 것이다."라고 했는데, '단(端)'자는 "바르다[正]."는 뜻이다. 그렇기 때문에 정폭으로 만든다고 풀이한 것이다. 정현이 "사의 옷 소매는 모두 2척 2촌으로 폭을 줄이지 않으니, 이것은 너비와 길이가 동일함을 뜻한다."라고 했는데, 옷의 소매가 2척 2촌이라는 것은 『의례』「상복(喪服)」편 기문에 나오는 기록이다. 그렇기 때문에 그곳 기록에서는 "옷은 2척 2촌이다."라고 했고, 정현의 주에서는 "이것은 소매를 뜻한다. '의(衣)'라고 말한 이유는 신장과 길이를 맞춘다는 뜻을 드러내고자 해서이다."라고 말한 것이다. 이것은 현단복 본체는 그 길이가 2척 2촌이라는 사실을 나타낸다. 현재 양쪽 측면의 소매에 대해서도 각각 1폭을 덧붙이고, 1폭의 길이는 2척 2촌이 되며, 상하 또한 그 너비가 2척 2촌이 된다. 그렇기 때문에 덧붙인 것과 폭의 너비와 길이가 동일하다고 했으니, '무(袤)'는 곧 길이가 된다. '모두[皆]'라고 했는데, 모두 현단과 소단을 이처럼 만든다는 뜻으로, 두 가지 복장이 동일하게 따른다는 뜻이다. 정현이 "소매 끝단은 1척 2촌이다."라고 했는데, 「옥조」편에서 심의 소매 끝단을 1척 2촌으로 만든다고 한 것에 근거해서 한 말이다. 정현이 "대부 이상의 계급은 크게 만든다. 크게 만든다는 것은 반절을 하여 그 중 1만큼을 늘린다는 뜻이니, 소매는 3척 3촌이며, 소매의 끝단은 1척 8촌이다."라고 했는데, 이러한 주장에 대해서는 또한 경문에 근거할 기록이 없다. 『예기』「잡기」편을 살펴보면 "무릇 변질(弁絰)[74]을 착용할 때에는 그 복장에 있어서 소매의 크기를 크게 만든다."[75]라고 했다. 「소뢰궤식례」편에서 주부의 옷은 초의(綃衣)라고 했고, 또한 소매의 크기를 넓게 만든다고 했다. '치(侈)'자는 "크다[大]."는 뜻이다. 정현은 치자를 크게 만든다는 뜻으로 풀이했으니, 반절을 하고 그 중 1만큼을 늘린다는 뜻으로 풀이한 것이다. 공자가 착용한 큰 소매의 홑옷 또한 이처럼 만든 것이다. 천자의 면복에는 무늬가 들어가는데, 옛 학설에 따르면 천자의 의복에는 9개의 무늬가 들어간다고 했는데, 이것은 큰 무늬

74) 변질(弁絰)은 흰 색으로 된 작변(爵弁)에 환질(環絰)을 두른 것이다.
75) 『예기』「잡기하(雜記下)」【516c】: 凡弁絰其衰侈袂.

를 기준으로 말한 것이며, 큰 무늬는 작은 무늬와 구별되며, 무늬는 명(命) 등급에 따르니, 모두 12개로 절도를 삼는다. 상공은 또한 9개의 무늬를 사용하여 천자와 동일하지만, 승천하는 용은 없고 하강하는 용만 있는데, 그 작은 무늬들은 무늬보다 구별되어 모두 9개일 따름이며, 그 외 별면(鷩冕)이나 취면(毳冕)으로부터 그 이하의 복장도 모두 이러하다. 반드시 작은 무늬가 들어가게 된다는 사실을 알 수 있는 이유는 만약 작은 무늬가 없다면 치면(絺冕)은 3개의 무늬가 되지만 고의 경우 4명의 등급도 있고 6명의 등급도 있으며, 경과 대부의 현면에는 1개의 무늬가 들어가지만 경과 대부 중에는 3명·2명·1명의 등급을 가진 자가 있으며, 천자에게 소속된 경은 6명의 등급이고 대부는 4명의 등급이니, 그 의복에 작은 무늬가 그려져 있어야만 곧 명의 등급에 따라 무늬의 차등을 줄 수 있음을 나타낸다.

참고 『예기』「옥조(玉藻)」 기록

경문-380b 長中繼掩尺, 袷二寸, 袪尺二寸, 緣廣寸半.

번역 장의(長衣)[76]와 중의(中衣)[77]는 소매의 끝부분에 천을 덧대길 1척(尺) 정도 하고, 목 뒤의 옷깃은 2촌(寸)이며, 소매의 통은 1척 2촌으로 하고, 가선의 너비는 1.5촌으로 한다.

---

76) 장의(長衣)는 고대의 귀족들이 상중에 착용하는 순백색의 포로 된 옷이다. 『의례』「빙례(聘禮)」편에는 "遭喪將命於大夫, 主人長衣練冠以受."라는 기록이 있는데, 이에 대한 정현의 주에서는 "長衣, 純素布衣也."라고 풀이했다.

77) 중의(中衣)는 조복(朝服)이나 제복(祭服) 등의 예복(禮服) 안에 착용하는 옷이다. '중의' 안에는 속옷 등을 착용하고, '중의' 겉에는 예복 등을 착용하므로, 중간이라는 뜻에서 '중의'라고 부르는 것이다. 또한 모든 복장에 있어서 속옷과 겉옷 중간에 입는 옷을 뜻하기도 한다. 『예기』「교특생(郊特牲)」편에는 "繡黼丹朱中衣."라는 기록이 있고, 이에 대한 공영달(孔穎達)의 소(疏)에서는 "中衣, 謂以素爲冕服之裏衣."라고 풀이하였다.

鄭注 其爲長衣·中衣, 則繼袂揜一尺, 若今褎矣. 深衣則緣而已. 曲領也. 袂口也. 飾邊也.

번역 장의(長衣)와 중의(中衣)를 만들게 된다면, 소매에 연결하여 1척(尺) 정도를 가리니, 현재의 유(褎)와 같다. 심의(深衣)의 경우에는 가선만 댈 따름이다. '겁(袷)'은 굽은 옷깃이다. '거(袪)'는 소매의 입구이다. 가선을 대서 가장자리를 장식하는 것이다.

孔疏 ●"袪尺二寸"者, 袪, 謂深衣袂口, 謂口之外畔上下尺二寸也. 故注云"袵, 袂口也".

번역 ●經文: "袪尺二寸". ○'거(袪)'는 심의(深衣)의 소매 입구를 뜻하니, 소매 입구의 겉부분은 상하로 1척(尺) 2촌(寸)이라는 의미이다. 그렇기 때문에 정현의 주에서는 "'임(袵)'은 소매의 입구이다."라고 말한 것이다.

참고 『예기』「곡례하(曲禮下)」 기록

경문-49b 去國三世, 爵祿有列於朝, 出入有詔於國, 若兄弟宗族猶存, 則反告於宗後. 去國三世, 爵祿無列於朝, 出入無詔於國, 唯興之日, 從新國之法.

번역 본국을 떠난 지 3세대가 지나더라도, 본국에 남아 있는 족인들 중 작위와 녹봉을 가지고 조정에 근무하는 자가 있다면, 그가 다른 나라에 출입할 때에는 자신의 본국에 그 사실을 알리며, 만약 그의 형제와 종족이 여전히 본국아 남아 있는 경우라면, 경조사가 생겼을 때 돌아가서 종족의 후손들에게 그 사실을 알린다. 본국을 떠난 지 3세대가 지났는데, 족인들 중 그 나라에서 작위와 녹봉을 가진 자가 없다면, 그가 다른 나라에 출입하는 사실을 본국에 알리지 않고, 오직 그가 새로 거주하는 나라에서 경이나 대부의 반열에 오른 이후에야, 새로 정착한 나라의 예법을 따르게 된다.

鄭注 三世, 自祖至孫. 踰久可以忘故俗, 而猶不變者, 爵祿有列於朝, 謂君不絶其祖祀, 復立其族, 若臧紇奔邾, 立臧爲矣. 詔, 告也, 謂與卿大夫吉凶往來相赴告. 謂無列無詔者. 反告亦謂吉凶也. 宗後, 宗子也. 以故國與己無恩. 興謂起爲卿·大夫.

번역 '삼세(三世)'는 조부부터 손자까지의 세대이다. 오랜 기간이 지나게 되면, 옛 풍속을 잊을 수도 있지만, 여전히 그 풍속을 바꾸지 않는다. 이처럼 하는 이유는 작위와 녹봉을 가진 후손이 그 나라의 조정에 올라 있기 때문이니, 이 말은 곧 그 나라의 군주가 그의 조상에 대한 제사를 끊어지지 않게 하여, 재차 그의 족인(族人)들을 등용시켜주었다는 사실을 뜻한다. 이것은 마치 장흘(臧紇)이 주(邾)나라로 도망을 갔는데도,[78] 장위(臧爲)를 등용시켰던 것과 같은 경우이다.[79] '조(詔)'자는 "아뢴다[告]."는 뜻이니, 경과 대부들에게 길사나 흉사에 대해서, 서로 왕래하며 알린다는 의미이다. "그의 형제와 족인들이 여전히 남아 있다."는 경우는 곧 형제와 족인들 중에 조정의 반열에 오른 자가 없어서, 자신이 다른 나라에 출입하는 사실을 알리지도 않는 경우를 뜻한다. "돌아가서 알린다[反告]."는 것은 또한 길사나 흉사에 대한 일들을 알린다는 뜻이다. '종후(宗後)'는 종자(宗子)를 뜻한다. 옛 본국과 자신과는 은혜관계가 끊어졌기 때문에, 그 나라에 알리지 않는 것이다. '흥(興)'자는 발탁이 되어 경이나 대부가 되는 것을 뜻한다.

孔疏 ●"去國三世, 爵祿無列於朝, 出入無詔"至"之法". ○正義曰: 此猶是論無列無詔而反告宗後者, 今得仕新國者也. 但仕新國有異, 故重言"三世"也.

번역 ●經文: "去國三世, 爵祿無列於朝, 出入無詔"~"之法". ○이 문장 또한 친족들 중 본국의 조정에서 작위와 녹봉을 받는 자가 없어서, 자신에

---

78) 『춘추』「양공(襄公) 23년」: 冬, 十月乙亥, 臧孫紇出奔邾.

79) 『춘추좌씨전』「양공(襄公) 23년」: 臧孫如防, 使來告曰, "紇非能害也, 知不足也. 非敢私請. 苟守先祀, 無廢二勳, 敢不辟邑!" 乃立臧爲.

대한 일을 알리지 않지만, 자신에게 길사나 흉사가 생겼을 때에는 돌아가서 종후(宗後)에게 알리는 경우에 대해서 논의하고 있다. 다만 다른 점은 새로 거주하게 된 나라에서 관직을 얻게 된 점이다. 이것은 단지 새로 거주한 나라에서 벼슬을 하게 된 경우와는 다른 것이다. 그렇기 때문에 거듭해서 "3세대가 지났다."라고 말한 것이다.

孔疏 ●"唯興之日, 從新國之法"者, 唯興謂己始仕也. 雖有宗族相告, 己仕新國, 而本國無列無詔, 故所行禮俗, 悉改從新也. 然推此而言, 若本國猶有列詔者, 雖仕新國, 猶行故俗. 何以知然? 旣云無列而從新, 明有列, 理不從也. 又若無詔而不仕新者, 不得從新. 何以知然? 旣云"唯興", 明不興則不從. 無列無詔, 唯興之日三世, 卽從新國之制. 孔子去宋旣久, 父爲大夫, 尙冠章甫之冠, 送葬皆從殷制者, 熊氏云: "按鉤命決云: '丘爲制法之主, 黑綠不伐蒼黃, 聖人特爲制法, 不與常禮同也.'"

번역 ●經文: "唯興之日, 從新國之法". ○'유흥(唯興)'은 본인이 비로소 등용이 되었다는 뜻이다. 비록 종족들과 서로 소식을 주고받는 일이 있더라도, 본인이 새로 거주한 나라에서 등용이 되었고, 본국에서 조정의 반열에 오른 친족이 없어서, 소식을 서로 알리지 않는 경우이기 때문에, 따르게 되는 예법과 풍속을 모두 새로운 나라의 것으로 바꾸게 되는 것이다. 그런데 이러한 사실을 통해서 추측해본다면, 만약 본국에 여전히 조정의 반열에 오른 친족이 있고, 그래서 서로 소식을 주고받는 경우라면, 비록 새로 거주한 나라에서 관직에 오르더라도, 여전히 옛 나라의 풍속을 그대로 따르게 된다. 어떻게 이러한 사실을 알 수 있는가? 이미 앞 구문에서 조정의 반열에 오른 친족이 없어서, 새로운 나라의 풍속을 따른다고 하였으니, 이 말은 곧 조정의 반열에 오른 친족이 있다면, 이치상 새로운 나라의 풍속을 따르지 않는다는 뜻 또한 나타내고 있기 때문이다. 또한 만약 서로 소식을 주고받지 않은 상태이면서, 새로 거주한 나라에서 관직에 오르지 못한 경우에도, 새로 거주한 나라의 풍속을 따를 수가 없다. 어떻게 이러한 사실을 알 수 있는가? 앞 구문에서 이미 '유흥(唯興)'이라고 말했으니, 이 말은 곧 등용이 되지 않았다면, 따르지 않는다는 사실도 나타내고 있기 때문이다. 친족들 중 조정의 반열에 오른 자도 없고, 그래서 서로 소식을 알리는 경우도 없을 때, 새로 거주한 나라에서 등용된 시기가 이미 3세대가 지난 이후여야만, 곧 새로운 나라의 제도를 따를 수 있는 것이다. 공자의 경우 그들의 선조가 송(宋)나라를 떠난 지 이미 오래되었고, 부친은 노(魯)나라에서 대부가 되었는데도, 여전히 은나라 때의 관인 장보(章甫)의 관을 썼고, 장례를 치를 때에도 모두 은나라 때의 제도에 따랐다. 그 이유에 대해서 웅안생은 "위서(緯書)인 『구명결(鉤命決)』을 살펴보면, '공자는 예법을 제정하는 주관자가 되어, 흑색의 가장자리를 대서, 청색과 황색이 섞이게 하지 않았으니, 성인은 단지 제도와 예법을 만들었던 것이므로, 일상적인 예법과는 동일하지 않았던 것이다.'"라고 했다.

참고 『예기』「옥조(玉藻)」 기록

경문-372d~373a 又朝服以食, 特牲三俎祭肺; 夕深衣, 祭牢肉. 朔月少牢, 五俎四簋. 子卯稷食菜羹. 夫人與君同庖.

번역 또한 조복(朝服)을 착용하고서 아침식사를 하며, 식사를 할 때에는 특생(特牲)[80]을 사용하여 3개의 도마를 차리고, 희생물의 폐(肺)로 음식

---

80) 특생(特牲)은 한 종류의 가축을 희생물로 사용한다는 뜻이다. '특(特)'자는 동일 종류의 희생물을 한 마리 사용한다는 뜻이며, 특히 소를 사용할 때 사용하는 용어이기도 하다. 『춘추좌씨전』「양공(襄公) 9년」편에는 "祈以幣更, 賓以特牲."이라는 기록이 있고, 이에 대한 양백준(楊伯峻)의 주에서는 "款待貴賓, 只用一種牲畜. 一牲曰特."이라고 풀이했다. 그런데 어떠한 가축을 사용했는가에 대해서는 주석들마다 차이가 있다. 『국어(國語)』「초어하(楚語下)」편에는 "大夫擧以特牲, 祀以少牢."라는 기록이 있고, 이에 대한 위소(韋昭)의 주에서는 "特牲, 豕也."라고 풀이했다. 또한 『예기』「교특생(郊特牲)」편에 대한 육덕명(陸德明)의 제해(題解)에서는 "郊者, 祭天之名, 用一牛, 故曰特牲."이라고 풀이했다. 즉 '특생'으로 사용되는 가축은 '시(豕: 돼지)'도 될 수 있으며, 소도 될 수 있다.

에 대한 제사를 지내며, 저녁식사 때에는 심의(深衣)를 착용하고, 특생으로 마련했던 고기로 제사를 지낸다. 매월 초하루에는 소뢰(少牢)[81]를 사용하고, 5개의 도마와 4개의 궤(簋)를 마련한다. 갑자일(甲子日)이나 을묘일(乙卯日)에는 메기장 밥을 먹고 채소국만 먹는다. 부인(夫人)은 군주와 부엌을 함께 쓴다.

鄭注 食必復朝服, 所以敬養身也. 三俎: 豕·魚·腊. 祭牢肉, 異於始殺也. 天子言"日中", 諸侯言"夕"; 天子言"餕", 諸侯言"祭牢肉", 互相挾. 五俎, 加羊與其腸胃也. 朔月四簋, 則日食粱·稻, 各一簋而已. 忌日貶也. 不特殺也.

번역 식사를 할 때에는 반드시 조복(朝服)으로 다시 갈아입으니, 몸을 봉양하는 절차를 공경하기 때문이다. '삼조(三俎)'는 돼지고기·물고기·석(腊)을 올리는 것이다. 뇌육(牢肉)[82]으로 제사를 지낸다는 것은 처음 도축을 했을 때와는 다르게 하기 때문이다. 천자에 대한 경우에서는 '점심식사'를 언급했고, 제후에 대한 경우에서는 '저녁식사'를 언급했으며, 천자에 대한 경우에서는 '남은 음식'을 언급했고, 제후에 대한 경우에서는 "뇌육으로 제사를 지낸다."라고 했는데, 상호 보완이 되는 기록이다. '오조(五俎)'에는 양고기 및 창자와 위장이 추가된다. 매월 초하루에 먹는 식사라면, 4개의 궤(簋)를 차리니, 날마다 먹는 식사에서는 조와 벼로 지은 밥을 각각 1개의 궤에 담을 따름이다. 기일(忌日)에는 낮추기 때문이다. 부인(夫人)에게는 특생(特牲)을 도축하지 않기 때문이다.

---

81) 소뢰(少牢)는 제사에서 양(羊)과 돼지[豕] 두 가지 희생물을 사용하는 것을 뜻한다. 『춘추좌씨전』「양공(襄公) 22년」편에는 "祭以特羊, 殷以少牢."라는 기록이 있는데, 이에 대한 두예(杜預)의 주에서는 "四時祀以一羊, 三年盛祭以羊豕. 殷, 盛也."라고 풀이하였다.

82) 뇌육(牢肉)은 특생(特牲)을 잡은 희생물의 고기를 뜻한다. 『예기』「옥조(玉藻)」편에는 "又朝服以食, 特牲三俎祭肺, 夕深衣, 祭牢肉."이라는 기록이 있는데, 이에 대한 진호(陳澔)의 『집설(集說)』에서는 "牢肉, 卽特牲之餘也."라고 풀이했다.

참고 『예기』「옥조(玉藻)」 기록

경문-380a 朝玄端, 夕深衣.

번역 대부와 사는 아침에는 현단(玄端)을 착용하고, 저녁에는 심의(深衣)를 착용한다.

鄭注 謂大夫·士也.

번역 대부와 사에게 해당하는 내용이다.

孔疏 ●"朝玄端, 夕深衣"者, 謂大夫·士早朝在私朝, 服玄端, 夕服深衣, 在私朝及家也.

번역 ●經文: "朝玄端, 夕深衣". ○대부와 사가 아침 일찍 사조(私朝)[83]에 머물게 되면, 현단(玄端)을 착용하고, 저녁에는 심의(深衣)를 착용하여, 사조 및 가(家)에 머물게 된다.

集解 此謂大夫士燕居之服也. 玄端, 玄冠端衣也. 端, 正也. 玄端之衣, 以十五升布緇而爲之, 前後各二幅, 其長二尺二寸, 幅廣亦二尺二寸, 長與幅廣正等, 故曰"端". 深衣以十五升白布, 連衣裳爲之, 以其被體深邃, 故曰"深衣". 天子皮弁視朝, 遂以食, 卒食, 服玄端; 諸侯朝服視朝, 退適路寢, 釋服, 服玄端, 又朝服以食, 卒食, 服深衣; 大夫士朝服以朝, 退朝, 服玄端以食, 卒食, 服深衣也. 若大夫士視私朝, 亦朝服也.

번역 이 내용은 대부와 사가 한가롭게 거처할 때 착용하는 복장에 대한

83) 사조(私朝)는 가조(家朝)와 같은 말이다. 대부(大夫)가 자신의 가(家)에 갖추고 있는 조정으로, 이곳에서 업무를 집행한다. 국가의 공적인 업무를 처리하는 군주의 조정과 대비가 되므로, '사조'라고 부르는 것이다. 대부는 통치 단위가 가(家)이므로, 대부가 가지고 있는 조정을 '가조'라고 부르는 것이다.

것이다. '현단(玄端)'은 현관(玄冠)에 단의(端衣)를 착용하는 것이다. '단(端)'자는 "바르다[正]."는 뜻이다. 현단(玄端)의 상의는 15승(升)[84]의 검은색 포(布)를 사용해서 만드는데, 앞뒤를 각각 2폭(幅)으로 하며, 그 길이는 2척(尺) 2촌(寸)으로 하고, 폭의 너비 또한 2척 2촌으로 하니, 길이와 폭의 너비가 균등하게 된다. 그렇기 때문에 '단(端)'자를 붙여서 부르는 것이다. 심의(深衣)는 15승의 백색 포를 이용해서 만드는데, 상의와 하의를 연결해서 만들고, 신체와 밀착하게 된다. 그렇기 때문에 '심의(深衣)'라고 부르는 것이다. 천자는 피변(皮弁)을 착용하고 조회에 참여하고, 그 뒤에는 식사를 하며, 식사를 끝내면, 현단(玄端)을 착용한다. 제후는 조복(朝服)을 착용하고 조회에 참여하고, 물러나서 노침(路寢)[85]으로 가서 옷을 벗고, 현단(玄端)을 착용하며, 또한 조복(朝服)을 착용하고 식사를 하고, 식사가 끝나면, 심의(深衣)를 착용한다. 대부와 사는 조복(朝服)을 착용하고 조회에 참여하며, 조정에서 물러나면, 현단(玄端)을 착용하고 식사를 하며, 식사가 끝나면, 심의(深衣)를 착용한다. 만약 대부와 사가 사조(私朝)에 참관하는 경우라면, 또한 조복(朝服)을 착용한다.

集解 凡禮服, 皆端也. 樂記"端冕而聽古樂", 大戴禮"端衣玄裳, 絻而乘輅", 此冕服謂之端也. 左傳"晏子端委立於虎門之外", 又劉定公曰"吾與子弁冕端委, 以治民臨諸侯", 又子贛曰"大伯端委以治周禮", 此朝服謂之端也. 而玄端獨以端爲名, 蓋深衣連衣裳爲之, 玄端乃禮服之下, 衣之端者自此始, 故專以端名焉. 玄端之衣, 雖與朝服以上同制, 而其袂則異. 雜記: "凡弁絰, 其衰

84) 승(升)은 옷감과 관련된 단위이다. 고대에는 포(布) 80가닥[縷]을 1승(升)으로 여겼다. 『의례』「상복(喪服)」편에서는 "冠六升, 外畢."이라는 기록이 있는데, 이에 대한 정현의 주에서는 "布八十縷爲升."이라고 풀이했다.

85) 노침(路寢)은 천자나 제후가 정무를 처리하던 정전(正殿)이다. 『시』「노송(魯頌)·민궁(閟宮)」편에는 "松桷有舃, 路寢孔碩."이라는 기록이 있는데, 이에 대한 모전(毛傳)에서는 "路寢, 正寢也."라고 풀이했고, 『문선(文選)』에 수록된 장형(張衡)의 '서경부(西京賦)'에는 "正殿路寢, 用朝群辟."이라는 기록이 있는데, 이에 대한 설종(薛綜)의 주에서는"周曰路寢, 漢曰正殿."이라고 하여, 주(周)나라에서는 '정전'을 '노침'으로 불렀다고 풀이했다.

侈袂." 弁絰之衰侈袂, 則吉時皮弁·爵弁之服侈袂可知. 少牢禮: "主人朝服, 主婦錫衣侈袂." 主婦衣侈袂, 則主人朝服侈袂可知. 特牲禮"主人玄端", 不言"侈袂", 則袂不侈也. 玄端之制, 雖不可考, 而喪服記言喪衰之制云: "袂屬幅, 衣二尺有二寸, 袪尺二寸." 士之喪衰, 與玄端同制者也. 是玄端之袂屬於衣爲二尺二寸, 至袖口而圜殺爲尺二寸, 與深衣同. 若朝服以上, 則其袂不殺, 不殺故侈, 殺之故不侈. 此端衣與朝服以上之異制也.

번역 무릇 예복(禮服)들은 모두 단(端)에 해당한다. 『예기』「악기(樂記)」편에서는 "단면(端冕)하고 고악(古樂)을 듣는다."[86]라고 했고, 『대대례기(大戴禮記)』에서는 "단의(端衣)와 현상(玄裳)을 착용하고, 문(絻)하고서 수레에 오른다."[87]라고 했으니, 이 기록들은 면복(冕服)에 대해서도 '단(端)'이라고 부른다는 사실을 나타낸다. 『좌전』에서는 "안자는 단위(端委)를 착용하고, 호문(虎門)[88] 밖에 서 있었다."[89]라고 했고, 또 유정공은 "나와 그대는 변면(弁冕)에 단위(端委)를 착용하고, 백성들을 다스리며, 제후들을 임한다."[90]라고 했으며, 자공은 "대백(大伯)에 단위(端委)를 착용하고, 주(周)나라의 예법을 다스렸다."[91]라고 했는데, 이 기록들은 조복(朝服)에 대해서도 '단(端)'이라고 부른다는 사실을 나타낸다. 그런데 현단(玄端)에 대해서 유독 '단(端)'자를 붙여서 명칭을 정한 것은 무릇 심의(深衣)는 상의와 하의를 연결해서 만들고, 현단(玄端)은 곧 예복 중에서도 하등의 복장인데, 옷의 길이와 폭을 균등하게 만드는 방법은 이 옷부터 시작되기 때문에, 전적으로 '단(端)'자를 붙여서 명칭을 정한 것이다. 현단(玄端)에 착용하는 상

---

86) 『예기』「악기(樂記)」【477d~478a】: 魏文侯問於子夏曰, "吾端冕而聽古樂, 則唯恐臥. 聽鄭衛之音, 則不知倦. 敢問古樂之如彼何也? 新樂之如此何也?"

87) 『대대례기(大戴禮記)』「애공문오의(哀公問五義)」: 孔子曰: 否, 不必然. 今夫端衣·玄裳·冕而乘路者, 志不在於食葷.

88) 호문(虎門)은 궁성(宮城)에 있는 노침(路寢)의 문을 가리킨다. 문 밖에 호랑이를 그려서, 용맹함을 나타냈다.

89) 『춘추좌씨전』「소공(昭公) 10년」: 晏平仲端委立于虎門之外, 四族召之, 無所往.

90) 『춘추좌씨전』「소공(昭公) 1년」: 劉子曰, "美哉禹功! 明德遠矣. 微禹, 吾其魚乎! 吾與子弁冕·端委, 以治民·臨諸侯, 禹之力也. 子盍亦遠績禹功而大庇民乎!"

91) 『춘추좌씨전』「애공(哀公) 7년」: 大伯端委以治周禮, 仲雍嗣之, 斷髮文身, 贏以爲飾, 豈禮也哉? 有由然也.

의는 비록 조복(朝服) 이상의 복장에서 착용하는 것과 동일한 제도로 만들지만, 그 소매에 있어서는 차이가 난다. 『예기』「잡기(雜記)」편에서는 "무릇 변질(弁絰)에는 그 상복의 소매를 넓게 한다."[92]라고 했다. 따라서 변질을 착용할 때의 상복에 있어서, 그 소매를 넓게 했다면, 길한 때 착용하는 피변(皮弁)·작변(爵弁)의 복장에 대해서도 소매를 넓게 했다는 사실을 알 수 있다. 『의례』「소뢰궤식례(少牢饋食禮)」편에서는 "주인은 조복(朝服)을 착용하고, 주부는 석의(錫衣)를 착용하는데 소매를 넓게 한다."라고 했다. 주부의 옷에 대해서 소매를 넓게 했다면, 주인이 착용하는 조복(朝服)에 대해서도 소매를 넓게 했다는 사실을 알 수 있다. 『의례』「특생궤식례(特牲饋食禮)」편에서는 "주인은 현단(玄端)을 착용한다."라고 했지만, "소매를 넓게 한다."라는 말을 하지 않았으니, 소매를 넓히지 않았던 것이다. 현단(玄端)을 만드는 제도에 대해서는 비록 고찰을 할 수 없지만, 『의례』「상복(喪服)」편의 기문(記文)에서는 상복에 대한 제도를 설명하며, "소매는 그 폭을 줄이지 않고, 상의의 연결부분은 2척 2촌으로 만들며, 소매 끝단은 1척 2촌으로 한다."[93]라고 했다. 사가 착용했던 상복은 현단(玄端)과 동일한 방식으로 제작한다. 따라서 이 말은 현단(玄端)의 소매도 상의보다 줄이지 않고, 2척 2촌으로 만들며, 소매의 끝단에 이르러서는 전체적으로 크기를 줄여서 1척 2촌으로 만드니, 심의(深衣)와 동일하게 된다. 만약 조복(朝服) 이상의 복장이라면, 그 소맷부리를 줄이지 않는데, 줄이지 않기 때문에 늘리는 것이며, 줄이기 때문에 늘리지 않는 것이다. 이것은 곧 단의(端衣)는 조복(朝服) 이상의 복장과 그 제도가 달랐다는 사실을 나타낸다.

92) 『예기』「잡기하(雜記下)」【516c】: 凡弁絰, 其衰侈袂.
93) 『의례』「상복(喪服)」: 衽二尺有五寸. 袂屬幅. 衣二尺有二寸. 袪尺二寸.

그림 1-1 ▣ 장보(章甫)

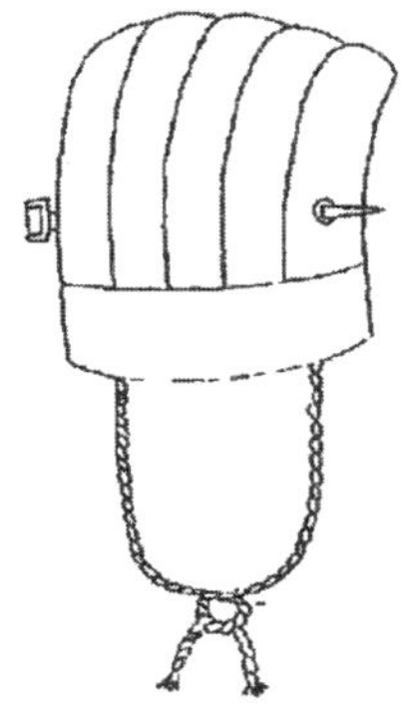

叔孫通禮圖章甫冠制如覆盃前高廣後卑銳上有三辟積武高四寸象笄左右有纓猶今進賢冠

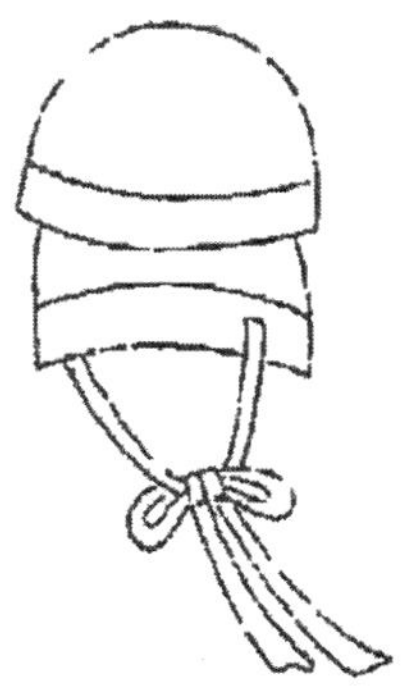

※ **출처:** 좌-『주례도설(周禮圖說)』 하권
우-『삼례도집주(三禮圖集注)』 3권

그림 1-2 ■ 위모(委貌)

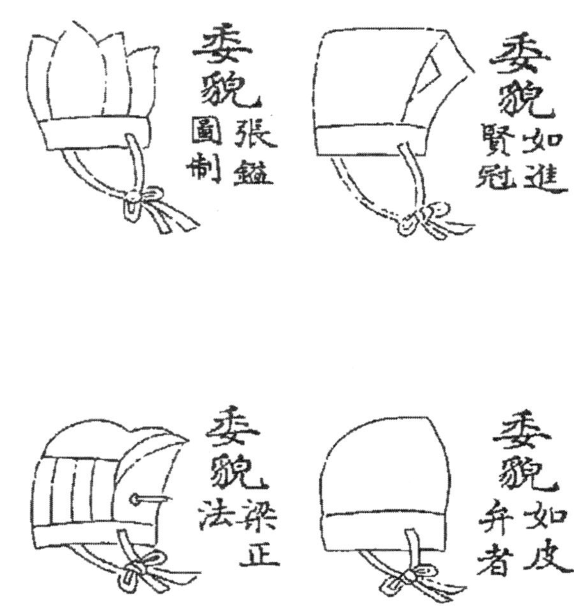

※ **출처:**『삼례도집주(三禮圖集注)』3권

그림 1-3 ▣ 장보(章甫)와 무추(毋追)

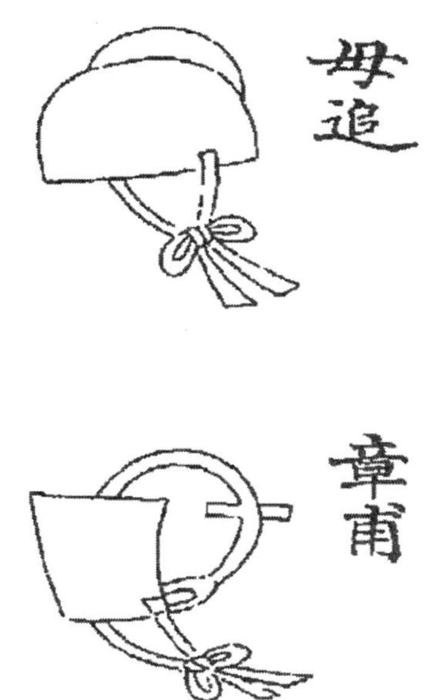

※ **출처:** 『삼례도집주(三禮圖集注)』 3권

그림 1-4 ▣ 현관(玄冠)

※ **출처:** 상단-『삼례도(三禮圖)』 2권
중단-『육경도(六經圖)』 8권
하단-『삼재도회(三才圖會)』「의복(衣服)」 1권

그림 1-5 ▣ 피변(皮弁)과 작변(爵弁)

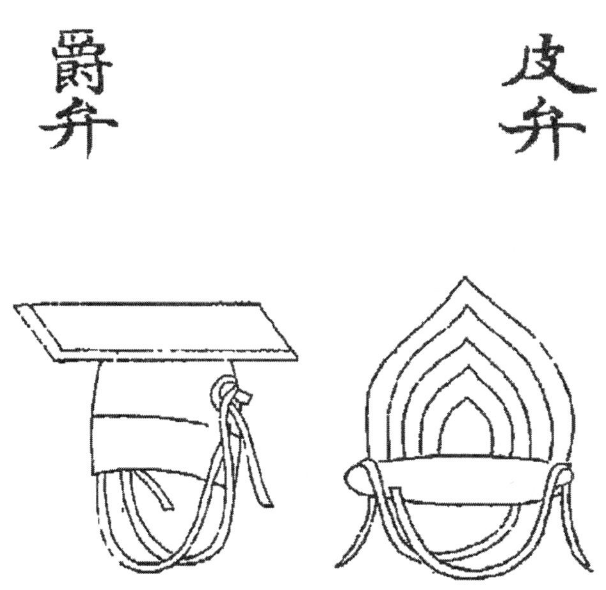

※ **출처:** 『삼례도집주(三禮圖集注)』 3권

그림 1-6 ■ 치포관(緇布冠)

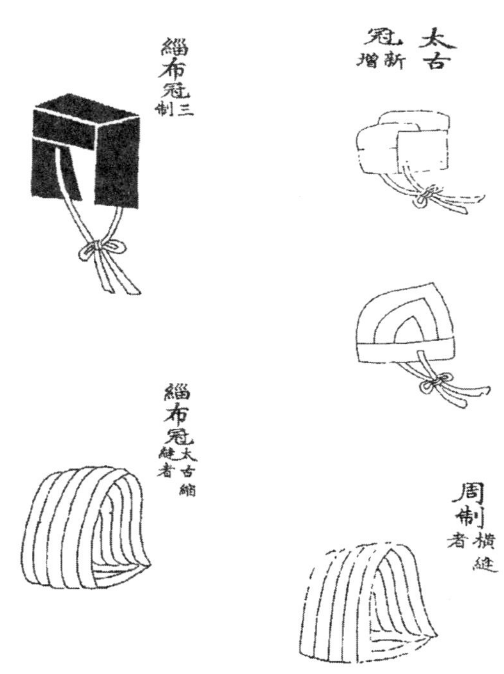

※ **출처:**『삼례도집주(三禮圖集注)』3권

그림 1-7 ▣ 치포관(緇布冠)

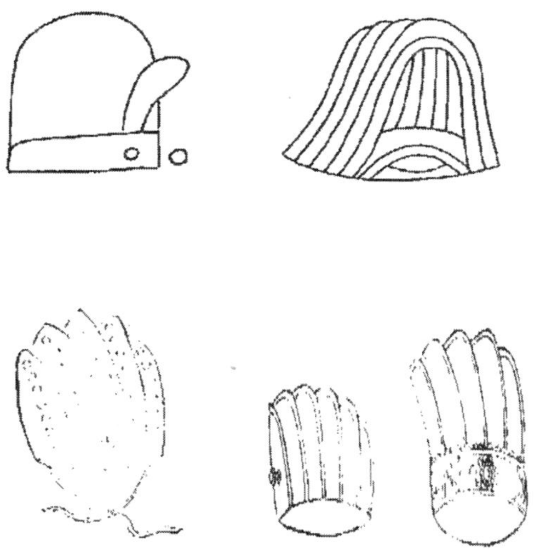

※ 출처: 상좌-『삼례도(三禮圖)』 2권 ; 상우-『육경도(六經圖)』 8권
하단-『삼재도회(三才圖會)』「의복(衣服)」 1권

그림 1-8 ▣ 은(殷)나라 세계도(世系圖)

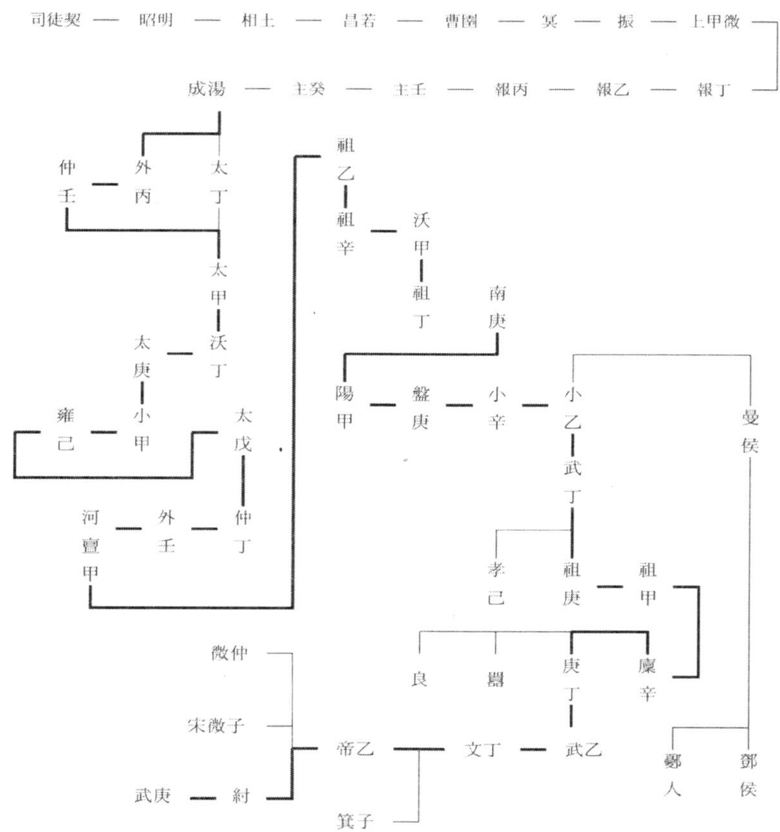

※ **출처:** 『역사(繹史)』 1권 「역사세계도(繹史世系圖)」

그림 1-9 ■ 송(宋)나라 세계도(世系圖)

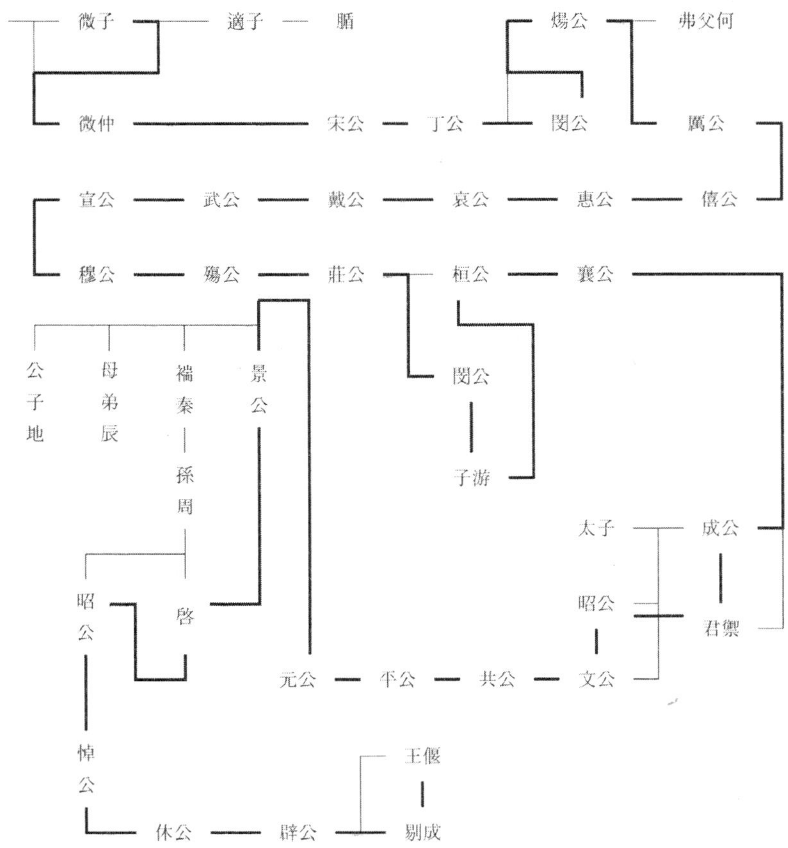

※ **출처:** 『역사(繹史)』 1권 「역사세계도(繹史世系圖)」

그림 1-10 ▣ 공자(孔子)의 가계도(家系圖)

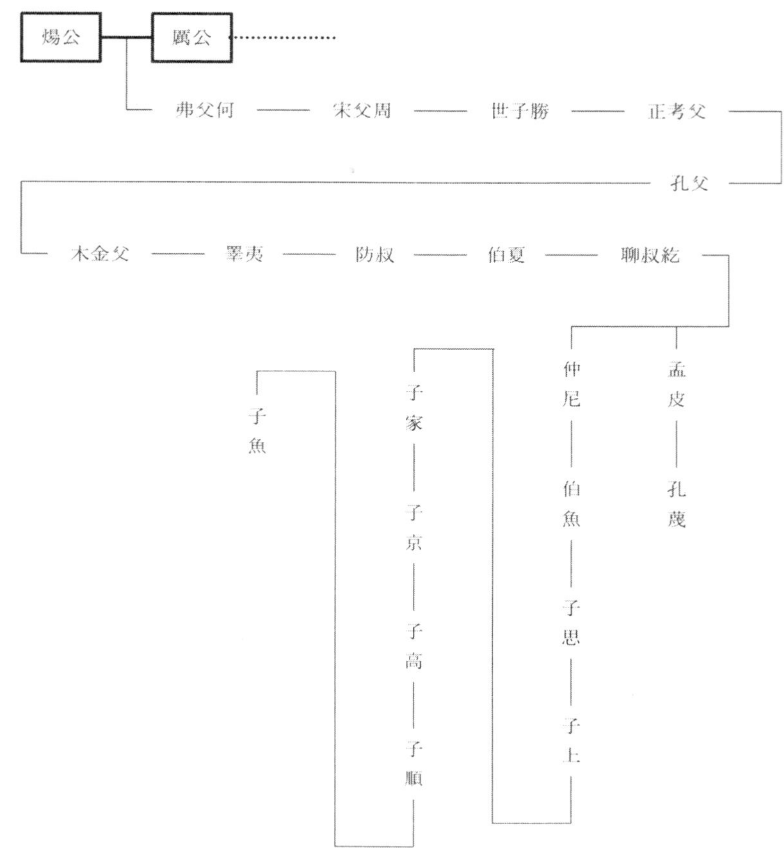

※ 출처: 『역사(繹史)』 1권 「역사세계도(繹史世系圖)」

그림 1-11 ▣ 제후의 조복(朝服)

※ 출처: 삼례도집주(三禮圖集注)』 1권

그림 1-12 ▣ 심의(深衣)

深衣即中衣麻衣長衣註見本章

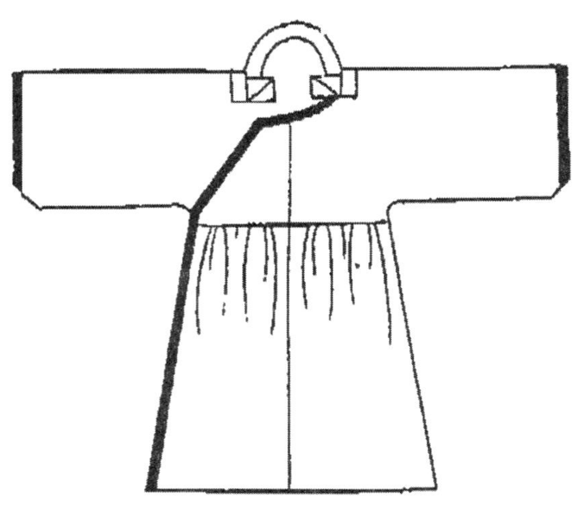

※ **출처:**『삼례도집주(三禮圖集注)』 3권

그림 1-13 ▣ 구주(九州)-『서』「우공(禹貢)」

※ 출처: 흠정사고전서(欽定四庫全書)』「도서편(圖書編)」 31권

그림 1-14 ▣ 구주(九州)-『주례』

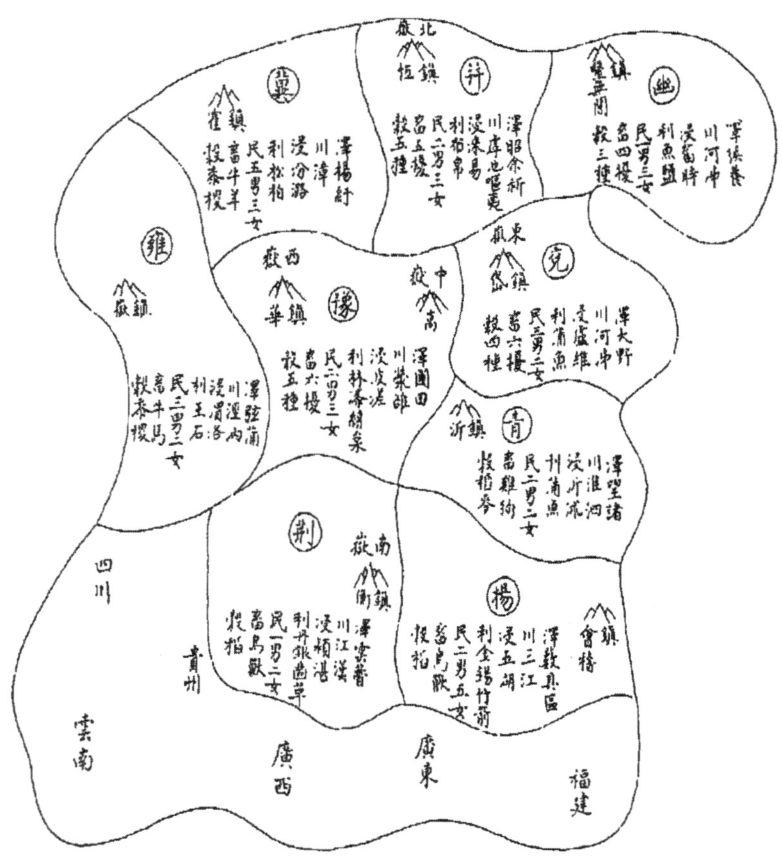

※ 출처: 『주례도설(周禮圖說)』 상권

그림 1-15 ▣ 대종자(大宗子)

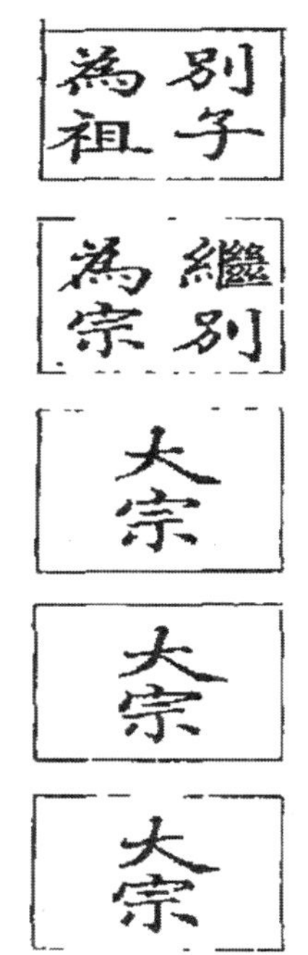

※ 출처: 『삼례도집주(三禮圖集注)』 4권

그림 1-16 ▣ 소종자(小宗子)

小宗子

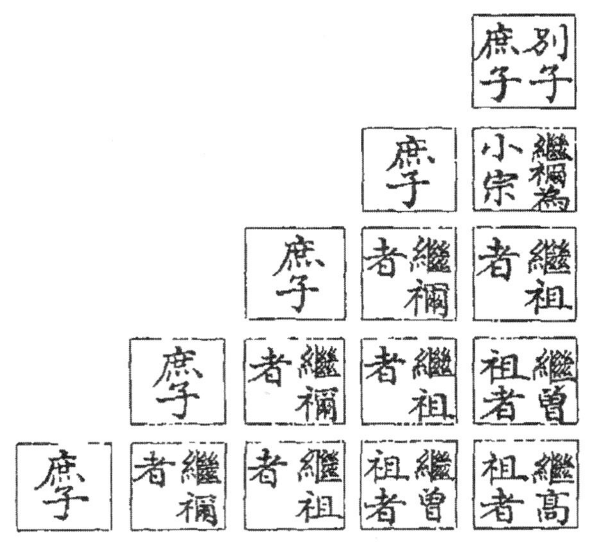

※ **출처:**『삼례도집주(三禮圖集注)』4권

그림 1-17 ▣ 주(周)나라 때의 왕성(王城)과 육향(六鄕) 및 육수(六遂)

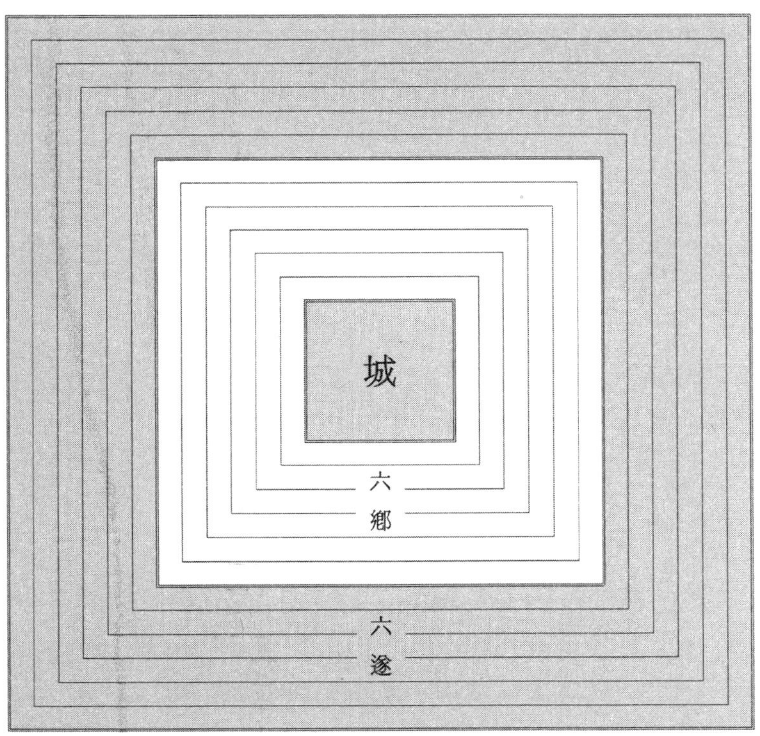

그림 1-18 ▣ 향(鄉)의 행정구역 및 담당자

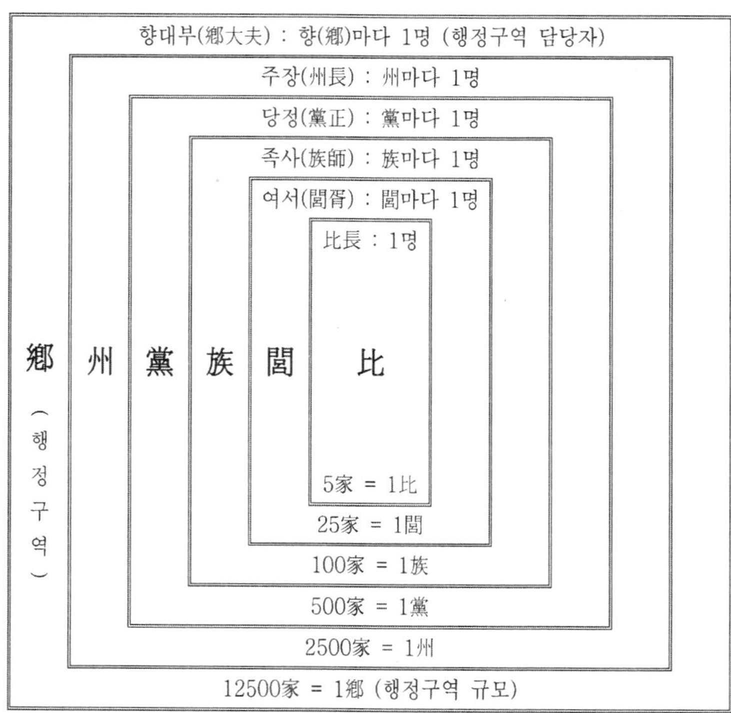

그림 1-19 ■ 수(遂)의 행정구역 및 담당자

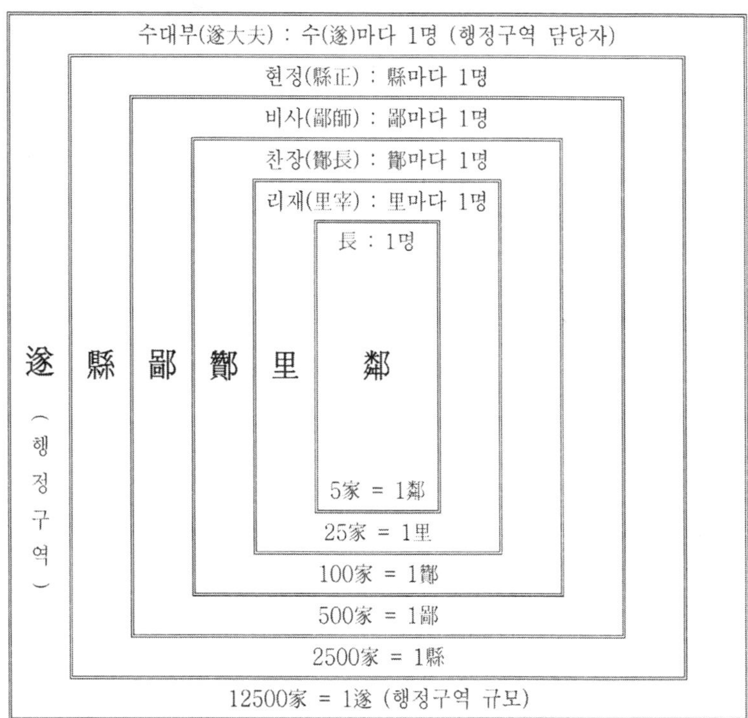

그림 1-20 ■ 광(筐)과 거(筥)

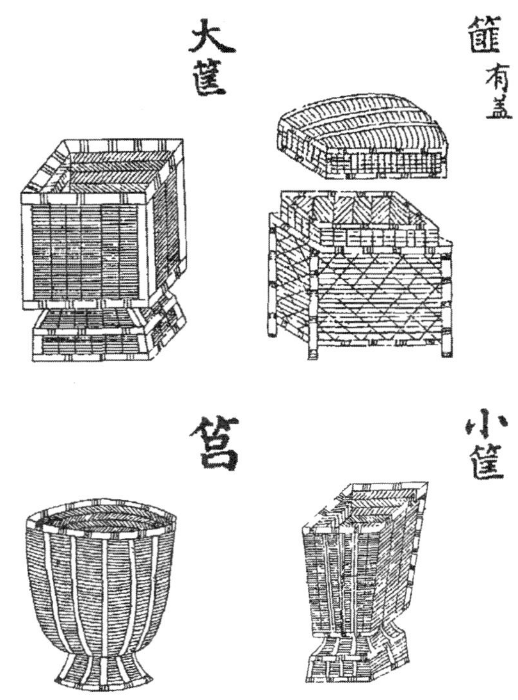

※ 출처: 『삼례도집주(三禮圖集注)』 12권

그림 1-21 ■ 상공(上公)의 곤면(袞冕)

※ **출처:** 『삼례도집주(三禮圖集注)』 1권

그림 1-22 ■ 후작[侯]과 백작[伯]의 별면(鷩冕)

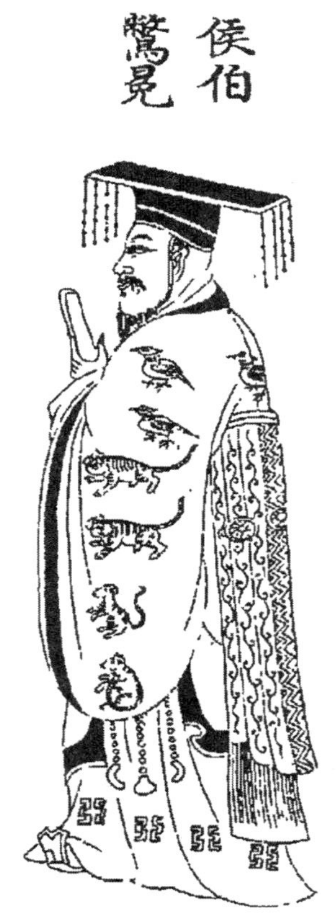

※ **출처:**『삼례도집주(三禮圖集注)』1권

그림 1-23 ▣ 자작[子]과 남작[男]의 취면(毳冕)

子男
毳冕

※ **출처:** 『삼례도집주(三禮圖集注)』 1권

그림 1-24 ▣ 고(孤)의 치면(絺冕: =希冕)

冕 絺

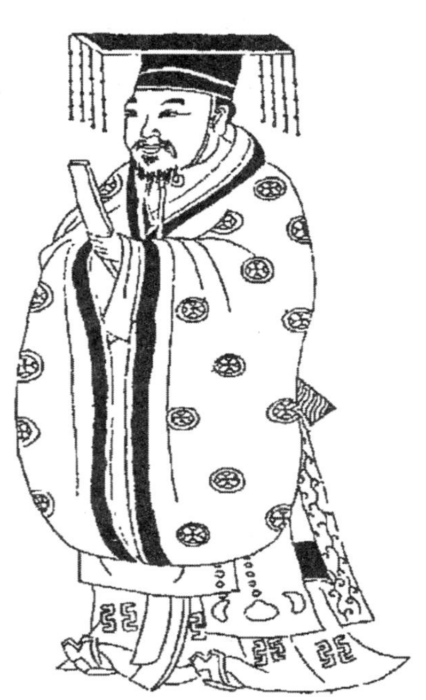

※ 출처: 『삼재도회(三才圖會)』「의복(衣服)」 1권

그림 1-25 ▣ 경과 대부의 현면(玄冕)

※ **출처:** 『삼례도집주(三禮圖集注)』 1권

그림 1-26 ■ 참최복(斬衰服)

※ **출처:** 『삼재도회(三才圖會)』「의복(衣服)」 3권

그림 1-27 ■ 자최복(齊衰服)

※ 출처: 『삼재도회(三才圖會)』「의복(衣服)」 3권

그림 1-28 ▣ 대공복(大功服)

※ 출처: 『삼재도회(三才圖會)』「의복(衣服)」 3권

그림 1-29 ■ 소공복(小功服)

※ **출처:** 『삼재도회(三才圖會)』「의복(衣服)」 3권

그림 1-30 ■ 시마복(緦麻服)

※ 출처: 『삼재도회(三才圖會)』「의복(衣服)」 3권

그림 1-31 ■ 피변복(皮弁服)

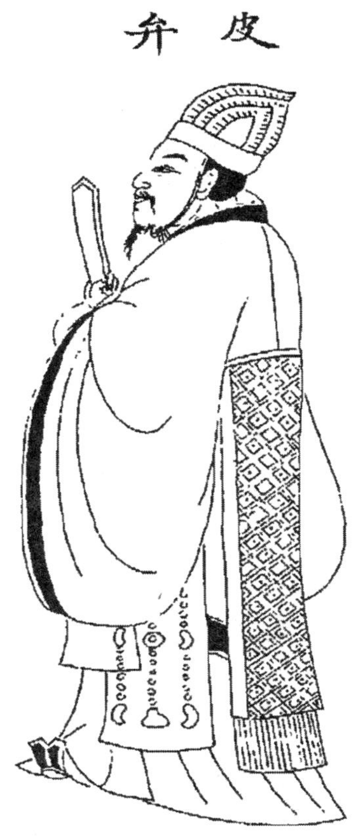

※ **출처:** 『삼례도집주(三禮圖集注)』 1권

그림 1-32 ▣ 현단복(玄端服)

玄端

※ **출처:**『삼례도집주(三禮圖集注)』1권

그림 1-33 ▣ 작변복(爵弁服)

爵弁

※ **출처:**『삼례도집주(三禮圖集注)』1권

그림 1-34 ▣ 십이장(十二章) 중 상의의 6가지 무늬

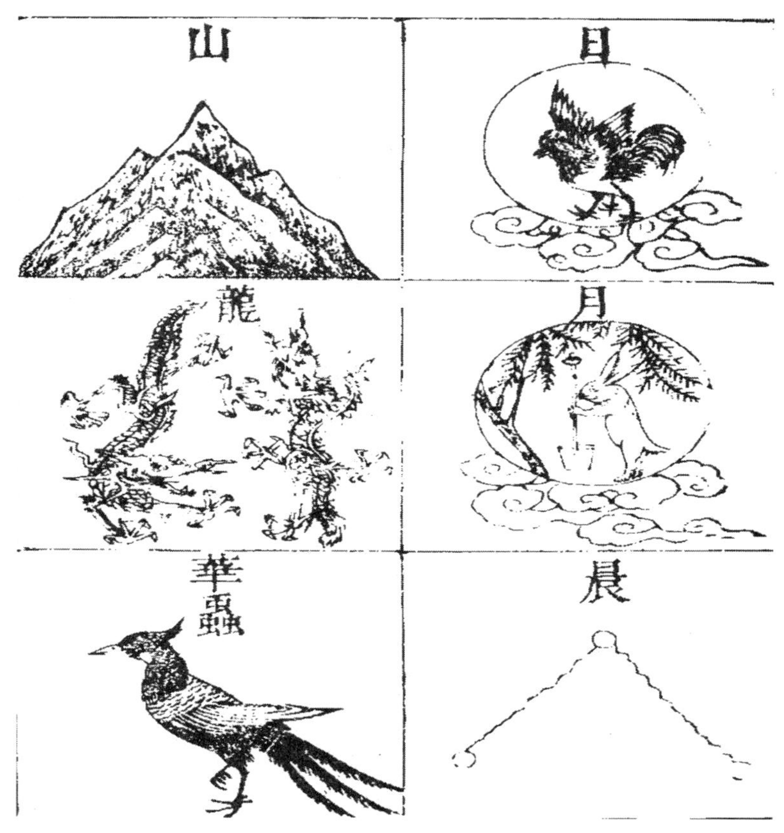

※ **출처:** 『삼재도회(三才圖會)』「의복(衣服)」 1권

그림 1-35 ▣ 십이장(十二章) 중 하의의 6가지 무늬

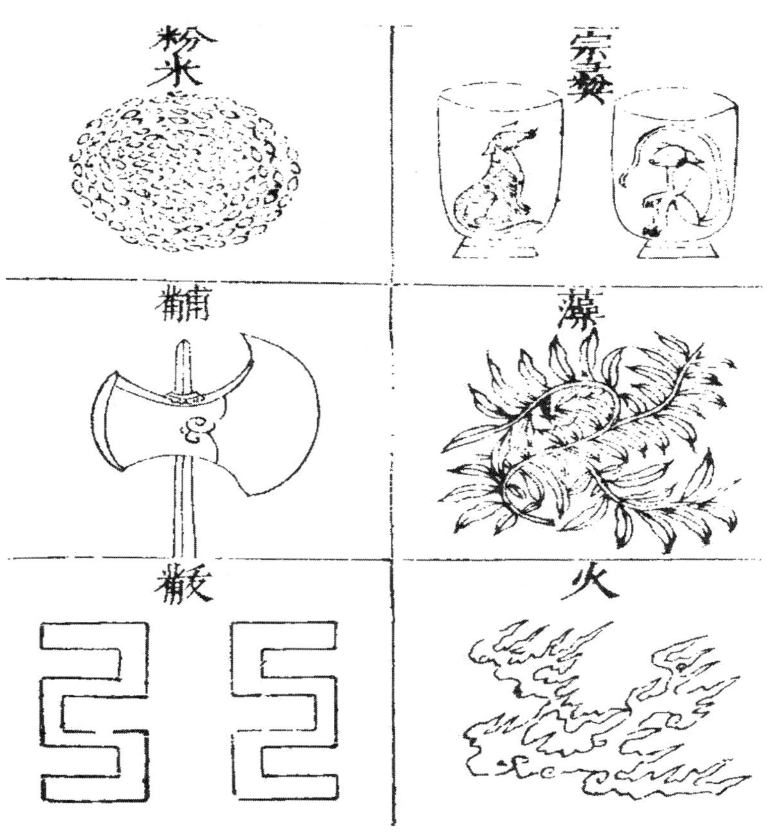

※ **출처:** 『삼재도회(三才圖會)』「의복(衣服)」 1권

그림 1-36 ▣ 슬갑[韠: =韍·芾]

※ 출처: 『삼례도집주(三禮圖集注)』 8권

그림 1-37 ▣ 주공(周公)

※ **출처:** 『삼재도회(三才圖會)』「인물(人物)」 4권

그림 1-38 ■ 신하들의 명(命) 등급

	천자(天子) 신하	대국(大國) 신하	차국(次國) 신하	소국(小國) 신하
9명(九命)	상공(上公=二伯) 하(夏)의 후손 은(殷)의 후손			
8명(八命)	삼공(三公) 주목(州牧)			
7명(七命)	후작[侯] 백작[伯]			
6명(六命)	경(卿)			
5명(五命)	자작[子] 남작[男]			
4명(四命)	부용군(附庸君) 대부(大夫)	고(孤)		
3명(三命)	원사(元士=上士)	경(卿)	경(卿)	
2명(再命)	중사(中士)	대부(大夫)	대부(大夫)	경(卿)
1명(一命)	하사(下士)	사(士)	사(士)	대부(大夫)
0명(不命)				사(士)

◎『예기』와『주례』의 기록에는 다소 차이가 있다.

※ **출처:**『주례』「춘관(春官)·전명(典命)」및『예기』「왕제(王制)」

그림 1-39 ▣ 중단(中單) : 중의(中衣)의 일종

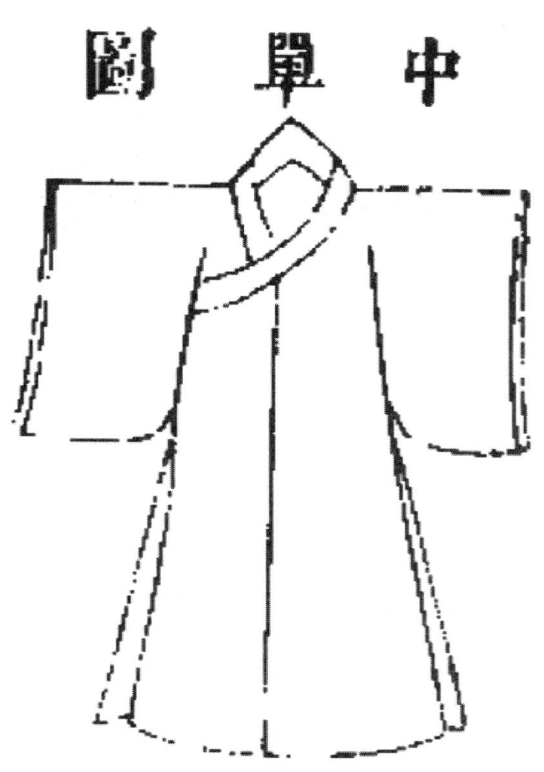

※ **출처:** 『삼재도회(三才圖會)』「의복(衣服)」 1권

그림 1-40 ▣ 조(俎)

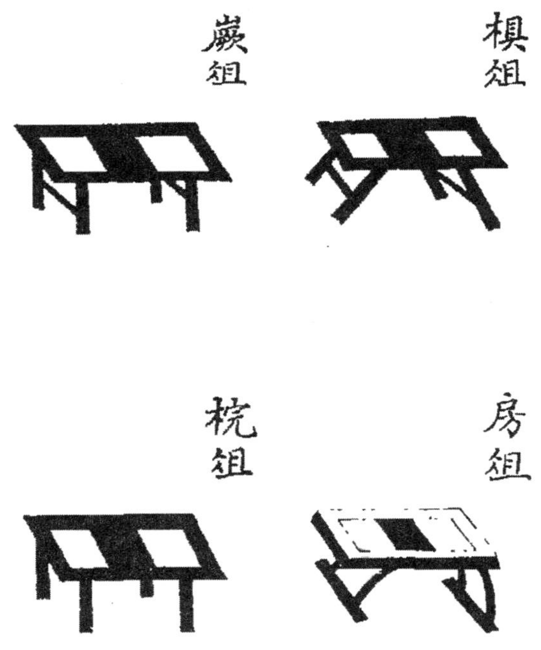

※ 출처: 『삼례도집주(三禮圖集注)』 13권

그림 1-41 ▣ 궤(簋)

※ **출처:** 상좌-『삼례도집주(三禮圖集注)』 13권 ; 상우-『삼례도(三禮圖)』 4권
하좌-『육경도(六經圖)』 6권 ; 하우-『삼재도회(三才圖會)』「기용(器用)」 1권

그림 1-42 ■ 노침(路寢)과 연침(燕寢)

宮寢制

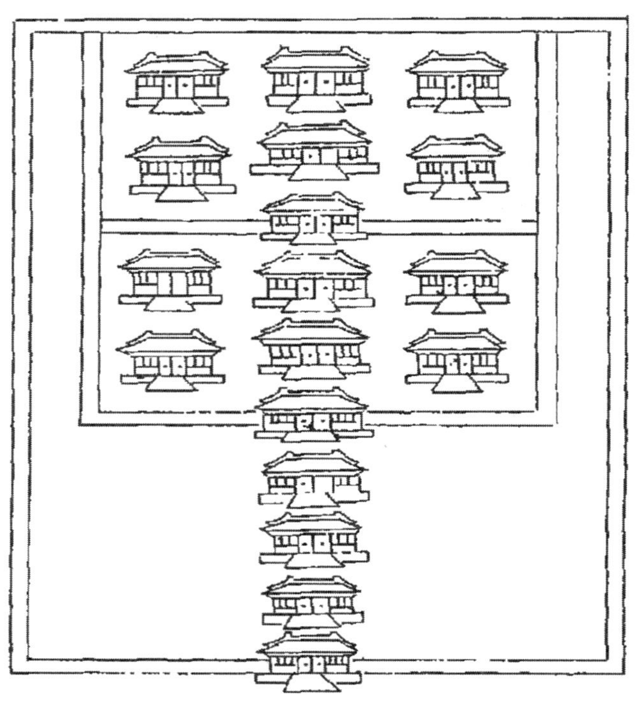

◎ 가장 위쪽의 육침(六寢)은 왕후(王后)의 육침

◎ 그 밑의 육침(六寢)은 천자(天子)의 육침

◎ 육침 중 중앙 앞쪽 1개는 노침(路寢), 나머지 5개는 연침(燕寢)

※ **출처:** 『삼례도집주(三禮圖集注)』 4권

• 제 2 절 •

유자(儒者)의 행실 - 자립(自立) Ⅰ

【680c】

哀公曰, "敢問儒行." 孔子對曰, "遽數之, 不能終其物. 悉數之, 乃留, 更僕未可終也." 哀公命席, 孔子侍曰, "儒有席上之珍以待聘, 夙夜强學以待問, 懷忠信以待擧, 力行以待取. 其自立有如此者."

직역 哀公이 曰, "敢히 儒行을 問합니다." 孔子가 對하여 曰, "遽히 數하면, 能히 그 物을 終하길 不합니다. 悉히 數하면, 留하니, 僕을 更이라도 可히 終을 未입니다." 哀公이 席을 命하여, 孔子가 侍하여 曰, "儒는 席上의 珍으로 聘을 待하고, 夙夜로 强히 學하여 問을 待하며, 忠信을 懷하여 擧를 待하고, 力히 行하여 取를 待함이 有합니다. 그 自히 立함에는 此와 如한 者가 有합니다."

의역 애공이 말하길 "감히 유자의 행실에 대해서 묻겠습니다."라고 하자, 공자가 대답하길 "급작스럽게 몇 가지만 열거한다면 그 내용을 모두 설명할 수 없습니다. 그렇다고 모두 열거를 하자면 오래 머물러 계셔야 하니, 부관을 교대시키더라도 끝마칠 수 없을 정도입니다."라고 했다. 애공은 자리를 깔도록 명령하여 공자를 앉도록 하니, 공자는 애공을 모시며 말하길, "유자에게는 자리 위에 보배가 있으면 보배를 사줄 자가 찾아오기를 기다리고, 밤낮으로 학문에 힘써 자문해오길 기다리며, 충심과 신의를 품어서 천거되기를 기다리고, 힘써 실천하여 선택되기를 기다림이 있습니다. 유자는 스스로 확립함에 이와 같은 점이 있는 자들입니다."라고 했다.

集說 卒遽而數之, 則不能終言其事; 詳悉數之, 非久留不可. 僕, 臣之擯相者. 久則疲倦, 雖代其僕亦未可得盡言之也. 公於是命設席, 使孔子坐侍而言之.

번역 갑작스럽게 열거한다면 그 사안에 대해서 끝까지 말할 수 없고, 자세히 열거하자면 오랜 시간 머물러 있지 않으면 설명할 수 없다는 뜻이다. '복(僕)'자는 신하 중 의례의 진행을 돕는 자들을 뜻한다. 오랜 시간이 경과하면 피로하게 되니, 비록 부관들을 교대시키더라도 또한 다 말할 수 없다는 뜻이다. 애공은 이에 명령하여 자리를 설치하도록 하고, 공자로 하여금 자리에 앉아 자신을 모시며 설명하도록 했다.

集說 呂氏曰: 席上之珍, 自貴而待賈者也. 儒者講學於閒燕, 從容乎席上, 而知所以自貴以待天下之用. 强學以待問, 懷忠信以待擧, 力行以待取, 皆我自立而有待也. 德之可貴者人必禮之, 學之博者人必問之, 忠信可任者人必擧之, 力行可使者人必取之. 故君子之用於天下, 有所待而不求焉.

번역 여씨가 말하길, 자리 위의 보배는 그 자체로 귀하지만 사줄 자를 기다리는 것이다. 유자는 한가롭게 머물 때에는 강학을 하며, 자리 위에서 침착하게 행동하니, 스스로를 존귀하게 여겨서 천하에 사용될 때를 기다릴 줄 알았던 것이다. 힘써 학문을 하여 자문을 기다리고, 충심과 신의를 품어서 천거되길 기다리며, 힘써 실천하여 선택되기를 기다리는 것들은 모두 스스로 확립하고서 기다리는 것이다. 존귀하게 여길만한 덕을 갖춘 자에 대해서는 사람들이 반드시 그를 예우하게 되고, 널리 배운 자에 대해서는 사람들이 반드시 그에게 자문하게 되며, 임무를 맡길 정도의 충심과 신의를 갖춘 자에 대해서는 사람들이 반드시 그를 천거하게 되고, 심부름을 시킬 정도로 힘써 실천한 자에 대해서는 사람들이 반드시 그를 쓰게 된다. 그렇기 때문에 군자는 천하에 사용됨에 있어서 기다림은 있어도 직접적으로 찾아 나서지는 않는다.

大全 晏氏曰: 物者, 事物之物也. 周禮以鄕三物敎萬民, 以五物詢衆庶. 文王世子曰, 行一物而三善皆得, 皆若是而已. 蓋儒者之行, 非一事之可盡故也.

번역 안씨가 말하길, '물(物)'자는 사물(事物)이라고 할 때의 '물(物)'자를 뜻한다. 『주례』에서는 향의 삼물(三物)[1]로 만민을 교화하고,[2] 오물(五物)[3]로 대중들의 의견을 묻는다고 했다.[4] 『예기』「문왕세자(文王世子)」편에서는 "한 가지 선한 일을 시행하여, 세 가지 선한 도리를 모두 얻는다."[5]라고 했는데, 이러한 기록들에 나오는 '물(物)'자는 모두 사물(事物)을 뜻할 따름이다. 유자의 행실은 한 가지 사안으로 모두 다 표현할 수 있는 것이 아니기 때문이다.

大全 嚴陵方氏曰: 命席則與之坐也. 侍則侍坐對之也. 席所以籍物, 曲禮所謂執玉有籍是也. 席以籍之, 則所籍之物居上, 故謂之席上, 所以防外物之或褻, 尊之至也. 强學, 所以爲己, 待問, 所以爲人. 能爲己, 然後能爲人, 故强

---

1) 삼물(三物)은 세 가지 사안으로, 육덕(六德), 육행(六行), 육예(六藝)를 뜻한다. '물(物)'자는 사(事)자의 뜻이다. '육덕'은 지(知)·인(仁)·성(聖)·의(義)·충(忠)·화(和)를 뜻한다. '육행'은 효(孝)·우(友)·목(睦)·인(姻)·임(任)·휼(恤)을 뜻한다. '육예'는 예(禮)·악(樂)·사(射)·어(御)·서(書)·수(數)를 뜻한다.

2) 『주례』「지관(地官)·대사도(大司徒)」: 以鄕三物敎萬民而賓興之: 一曰六德, 知·仁·聖·義·忠·和; 二曰六行, 孝·友·睦·姻·任·恤; 三曰六藝, 禮·樂·射·御·書·數.

3) 오물(五物)은 다섯 가지 사안으로, 화(和), 용(容), 주피(主皮), 화용(和容), 흥무(興舞)를 뜻한다. '물(物)'자는 사(事)자의 뜻이다. '화'는 육덕(六德)에 포함되는 것으로, 온화함을 뜻한다. '용'은 육행(六行)을 포괄하는 것으로, 효(孝)에 해당한다. '주피'는 서민들은 과녁을 설치하지 않으므로, 가죽을 펴서 활을 쏜다는 뜻으로, 육예(六藝) 중 사(射)에 해당한다. '화용'은 조화로운 행동거지로 육예 중 예(禮)에 해당한다. '흥무'는 춤을 추는 것으로 육예 중 악(樂)에 해당한다.

4) 『주례』「지관(地官)·향대부(鄕大夫)」: 退而以鄕射之禮<u>五物詢衆庶</u>, 一曰和, 二曰容, 三曰主皮, 四曰和容, 五曰興舞.

5) 『예기』「문왕세자(文王世子)」【255d~256a】: <u>行一物, 而三善皆得</u>者, 唯世子而已. 其齒於學之謂也. 故世子齒於學, 國人觀之曰, 將君我, 而與我齒讓, 何也. 曰, 有父在, 則禮然. 然而衆知父子之道矣. 其二曰, 將君我, 而與我齒讓, 何也. 曰, 有君在, 則禮然. 然而衆著於君臣之義也. 其三曰, 將君我, 而與我齒讓, 何也. 曰, 長長也. 然而衆知長幼之節矣. 故父在, 斯爲子, 君在, 斯謂之臣, 居子與臣之節, 所以尊君親親也. 故學之爲父子焉, 學之爲君臣焉, 學之爲長幼焉. 父子·君臣·長幼之道得而國治. 語曰, 樂正司業, 父師司成, 一有元良, 萬國以貞. 世子之謂也.

學, 乃能待問也. 忠信, 非由外鑠也, 故言德, 力行者, 勉强之謂. 忠信力行在我之事, 擧取在彼之事也. 盡其在我之事, 然後足以致其在彼之事, 故懷忠信以待擧, 力行以待取也. 儒者, 立身之本, 非有資於人焉, 故曰其自立有如此者.

번역 엄릉방씨[6]가 말하길, 자리를 피라고 명령했다면 그와 함께 앉는 것을 뜻한다. 시중을 든다면 모시고 앉아서 대답을 한다는 뜻이다. 자리는 사물을 받치는 것이니, 『예기』「곡례(曲禮)」편에서 "옥을 잡을 때 깔개가 있다."[7]라고 한 말이 바로 이것을 가리킨다. 자리를 통해 다른 것을 받치게 한다면, 받치게 되는 사물은 그 위에 놓아두게 된다. 그렇기 때문에 '석상(席上)'이라고 한 것이니, 이것은 다른 사물이 간혹 그것을 더럽히게 됨을 방지하기 위한 것으로, 지극히 존귀하게 대하는 것이다. 힘써 학문을 하는 것은 자신을 위한 것이며, 자문을 기다리는 것은 남을 위한 것이다. 자신을 위한 것을 잘할 수 있은 뒤에야 남을 위한 것도 잘할 수 있다. 그렇기 때문에 힘써 학문을 해야만 자문을 대비할 수 있는 것이다. 충심과 신의는 밖으로부터 나를 녹여서 들어오는 것이 아니다.[8] 그렇기 때문에 '덕(德)'이라고 말했다. 힘써 실천하는 것은 억지로 힘써서 시행한다는 뜻이다.[9] 충심과 신의 및 힘써 실천하는 것은 나에게 달린 일이고, 천거되고 채택되는 것은 상대에게 달린 일이다. 나에게 달려 있는 사안을 모두 다한 뒤에야 상대에게 달린 사안도 이룰 수 있게 된다. 그렇기 때문에 충심과 신의를 품고서 천거되기를 기다리며, 힘써 실천하고서 채택되기를 기다린다. 유자는 자신의 근본을 확립하며 남에게서 도움을 받는 것이 아니다. 그렇기 때문에 "스스로 확립함에 이와 같은 점이 있는 자이다."라고 했다.

---

6) 엄릉방씨(嚴陵方氏, ? ~ ?) : =방각(方慤)·방씨(方氏)·방성부(方性夫). 송대(宋代)의 유학자이다. 이름은 각(慤)이다. 자(字)는 성부(性夫)이다. 『예기집해(禮記集解)』를 지었고, 『예기집설대전(禮記集說大全)』에는 그의 주장이 많이 인용되고 있다.

7) 『예기』「곡례하(曲禮下)」【47d】: 執玉, 其有藉者則裼, 無藉者則襲.

8) 『맹자』「고자상(告子上)」: 仁義禮智, 非由外鑠我也, 我固有之也, 弗思耳矣.

9) 『중용』「20장」: 或生而知之, 或學而知之, 或困而知之, 及其知之一也. 或安而行之, 或利而行之, 或勉强而行之, 及其成功一也.

鄭注 遽, 猶卒也. 物, 猶事也. 留, 久也. 僕, 大僕也, 君燕·朝則正位, 掌擯相. "更"之者, 爲久將倦, 使之相代. 爲孔子布席於堂, 與之坐也. 君適其臣, 升自阼階, 所在如主. 席, 猶鋪陳也, 鋪陳往古堯·舜之善道, 以待見問也. 大問曰"聘". 擧, 見擧用也. 取, 進取位也.

번역 '거(遽)'자는 갑자기[卒]라는 뜻이다. '물(物)'자는 사안[事]을 뜻한다. '유(留)'자는 "오래도록 머문다[久]."는 뜻이다. '복(僕)'자는 대복(大僕)[10]을 뜻하니, 군주가 연회를 하거나 조정에 참관하게 되면 각각의 자리를 바르게 하며, 의례의 진행을 돕는 부관의 임무를 담당한다. "바꾼다."라고 한 것은 오래도록 머물러 피로해지면, 부관들로 하여금 서로 교대를 시킨다는 뜻이다. 공자를 위해 당상(堂上)에 자리를 깔고 그와 함께 앉은 것이다. 군주가 신하에게 찾아갈 때에는 당상으로 오를 때 동쪽 계단을 이용하니, 머무는 곳에 있어서도 주인처럼 한다. '석(席)'자는 진술하다는 뜻이니, 고대의 요순이 행한 선한 도리를 진술하여 알현하거나 하문하게 될 일을 대비한다는 뜻이다. 대문(大問)[11]을 '빙(聘)'이라고 한다. '거(擧)'자는 천거되어 등용된다는 뜻이다. '취(取)'자는 관직에 나아가 해당 지위를 얻는다는 뜻이다.

釋文 行, 下孟反, 下"力行"同. 遽, 其據反, 急也. 數, 色主反, 下同. 更, 古衡反, 代也, 注同, 一音加孟反. 卒, 七忽反. 大音泰. 朝, 直遙反. 擯, 必愼反. 相, 息亮反. 爲, 于僞反, 下"爲孔子"同. 强, 居兩反, 又如字, 下同.

번역 '行'자는 '下(하)'자와 '孟(맹)'자의 반절음이며, 아래문장의 '力行'

---

10) 대복(大僕)은 태복(太僕)이라고도 부른다. 천자의 명령을 전달하거나, 천자의 조정에서의 자리 배치 등을 담당하였다. 『주례』의 체제에 따르면, 하대부(下大夫) 2명이 담당을 했다. 『주례』「하관사마(夏官司馬)」편에는 "太僕, 下大夫二人."이라는 기록이 있고, 『주례』「하관(夏官)·태복(太僕)」편에는 "太僕, 掌正王之服位, 出入王之大命."이라는 기록이 있다.

11) 대문(大問)은 고대의 제후국들끼리 고위 관료를 파견하여 안부를 묻고 우호를 다지던 의례를 뜻한다. 주로 경(卿)을 파견했으며, 대부(大夫)를 파견하는 것은 소빙(小聘)이라고 불렀다.

에서의 '行'자도 그 음이 이와 같다. '遽'자는 '其(기)'자와 '據(거)'자의 반절음이며, 급하다는 뜻이다. '數'자는 '色(색)'자와 '主(주)'자의 반절음이며, 아래문장에 나오는 글자도 그 음이 이와 같다. '更'자는 '古(고)'자와 '衡(형)'자의 반절음이며, 교대한다는 뜻이고, 정현의 주에 나오는 글자도 그 음이 이와 같으며, 다른 음은 '加(가)'자와 '孟(맹)'자의 반절음이다. '卒'자는 '七(칠)'자와 '忽(홀)'자의 반절음이다. '大'자의 음은 '泰(태)'이다. '朝'자는 '直(직)'자와 '遙(요)'자의 반절음이다. '擯'자는 '必(필)'자와 '愼(신)'자의 반절음이다. '相'자는 '息(식)'자와 '亮(량)'자의 반절음이다. '爲'자는 '于(우)'자와 '僞(위)'자의 반절음이며, 아래문장에 나오는 '爲孔子'에서의 '爲'자도 그 음이 이와 같다. '强'자는 '居(거)'자와 '兩(량)'자의 반절음이며, 또한 글자대로 읽기도 하고, 아래문장에 나오는 글자도 그 음이 이와 같다.

孔疏 ●"遽數之不能終其物"者, 遽, 卒也; 數, 說也; 終, 盡也; 物, 事也. 孔子答言, 儒行深遠, 非可造次. 若急而說, 則不能盡事也.

번역 ●經文: "遽數之不能終其物". ○'거(遽)'자는 갑자기[卒]라는 뜻이며, '수(數)'자는 "설명하다[說]."는 뜻이고, '종(終)'자는 "다하다[盡]."는 뜻이며, '물(物)'자는 사안[事]을 뜻한다. 공자가 대답한 말은 유자의 행실은 심원하여 갑작스럽게 모두 설명할 수 없다. 만약 다급하게 설명한다면 모두 설명할 수 없다는 뜻이다.

孔疏 ●"悉數之乃留, 更僕, 未可終也"者, 留, 久也; 若欲細悉說之, 則乃大久也.

번역 ●經文: "悉數之乃留, 更僕, 未可終也". ○'유(留)'자는 "오래도록 머문다[久]."는 뜻이니, 만약 세세한 사안까지 모두 설명하게 된다면, 오랜 기간 동안 머물러야 한다는 뜻이다.

孔疏 ●"更僕"者, 更, 代也. 僕, 大僕也. 君燕朝, 則大僕正位掌擯相也. 言若委細悉說之, 則大久. 僕侍疲倦, 宜更代之, 未可終也. 若不更僕, 則事未可盡也.

번역 ●經文: "更僕". ○'경(更)'자는 "교대하다[代]."는 뜻이며, '복(僕)'자는 대복(大僕)을 뜻한다. 군주가 연회를 하거나 조정에 참관하게 되면, 대복은 자리를 바르게 하여 의례의 진행을 돕는 부관의 임무를 담당한다. 만약 세세한 부분까지 모두 설명하게 된다면 오랜 기간 동안 머물러야 한다. 따라서 대복이 시중을 들다 피로하게 되어 마땅히 교체를 해야 하는데, 그렇게 해서도 끝마치지 못한다는 뜻이다. 만약 대복을 교체하지 않는다면, 그 사안에 대해서는 모두 설명할 수 없다는 의미이다.

孔疏 ●"哀公命席"者, 哀公旣聞孔子所答, 稱儒行不敢造次而盡, 故命掌筵者爲夫子布席也. 故注云: "爲孔子布席於堂, 與之坐也. 君適其臣, 升自阼階, 所在如主."

번역 ●經文: "哀公命席". ○애공은 이미 공자가 대답한 말을 들었는데, 유자의 행실에 대해서는 갑작스럽게 모두 설명할 수 없다고 했다. 그렇기 때문에 자리를 담당하는 자에게 명령을 내려, 공자를 위해 자리를 펴도록 한 것이다. 그래서 정현의 주에서는 "공자를 위해 당상(堂上)에 자리를 깔고 그와 함께 앉은 것이다. 군주가 신하에게 찾아갈 때에는 당상으로 오를 때 동쪽 계단을 이용하니, 머무는 곳에 있어서도 주인처럼 한다."라고 말한 것이다.

孔疏 ●"孔子侍"者, 此一經明孔子侍坐於哀公, 說儒行修立己身終始之事.

번역 ●經文: "孔子侍". ○이곳 경문은 공자가 애공을 곁에서 모시고 앉아 있으며, 유자의 행실 중 자신을 수양하고 확립하는 일에 대해서 처음부터 끝까지 설명한 사실을 나타내고 있다.

孔疏 ●"儒有席上之珍以待聘"者, 席, 猶鋪陳也; 珍, 謂美善之道. 言儒能鋪陳上古堯·舜美善之道, 以待君上聘召也. 盧云儒是侍坐席之珍可重也. 此經論儒者自學·修飾·立身之事, 不應直云"席上之珍可重", 故鄭不從也.

번역 ●經文: "儒有席上之珍以待聘". ○'석(席)'자는 진술하다는 뜻이며, '진(珍)'자는 아름답고 선한 도를 뜻한다. 즉 유자는 상고시대의 요임금과 순임금의 선한 도를 진술하여 군주가 초빙할 때까지 기다릴 수 있다는 뜻이다. 노식[12]은 유자는 시중을 들며 앉아 있는 자리의 보배이니 중시해야 한다고 설명했다. 그런데 이곳 경문에서는 유자가 스스로 배우고 문식을 꾸미며 자신을 확립하는 사안을 논의하였으므로, 곧바로 "자리 위에 있는 보배는 중시해야 한다."라고 말할 수 없다. 그렇기 때문에 정현이 그 주장에 따르지 않은 것이다.

孔疏 ●"力行以待取"者, 言已修身勵力行之, 擬待進取榮位也.

번역 ●經文: "力行以待取". ○자신을 수양하고 힘써 시행하는 것은 관직에 나아가 영예로운 자리에 오르기 위함이라는 뜻이다.

孔疏 ●"其自立有如此"者, 謂自修立己身, 有如此行在上之諸事也.

번역 ●經文: "其自立有如此". ○스스로 자신을 수양하여 확립하는 일은 앞서 설명했던 사안들을 시행하는데 달려 있다는 뜻이다.

訓纂 晏氏光曰: 君子比德於玉, 故稱珍.

---

12) 노식(盧植, A.D.159? ~ A.D.192) : =노씨(盧氏). 후한(後漢) 때의 유학자이다. 자(字)는 자간(子幹)이다. 어려서 마융(馬融)을 스승으로 섬겼다. 영제(靈帝)의 건녕(建寧) 연간(A.D.168 ~ A.D.172)에 박사(博士)가 되었다. 채옹(蔡邕) 등과 함께 동관(東觀)에서 오경(五經)을 교정했다. 후에 동탁(董卓)이 소제(少帝)를 폐위시키자, 은거하며 『상서장구(尙書章句)』, 『삼례해고(三禮解詁)』를 저술했지만, 남아 있지 않다.

번역 안광이 말하길, 군자는 옥에 덕을 비견하므로[13] '진(珍)'이라고 했다.

訓纂 彬謂: 聘, 如"湯使人以幣聘之"之聘.

번역 내가 생각하기에, '빙(聘)'자는 "탕임금이 사람을 시켜 폐백으로 초빙을 했다."[14]라고 했을 때의 '빙(聘)'이다.

集解 愚謂: 哀公聞孔子之言, 知儒者之所以異於人者不在服, 故進而問其行也. 僕, 侍御之人, 若夏官大僕·小臣之屬也. 言儒者之行, 遽數之則不能盡其事, 盡數之乃當久留, 至於僕侍之人怠倦而更代, 猶未可盡, 極言儒行之廣博而深厚也.

번역 내가 생각하기에, 애공은 공자의 말을 듣고서 유자가 남과 차이를 보이는 것은 의복에 있지 않다는 사실을 알았다. 그렇기 때문에 나아가 유자의 행실을 질문한 것이다. '복(僕)'은 시중을 드는 사람들로 마치 하관(夏官)에 소속된 대복(大僕)이나 소신(小臣) 등의 부류와 같다. 유자의 행실에 대해 말할 때, 급작스럽게 열거한다면 그 사안을 모두 설명할 수 없고, 모두 열거하게 된다면 마땅히 오랜 기간 동안 머물러야 하니, 시중을 드는 자가 피로해져서 교체를 해야 할 지경에 이르러도 오히려 모두 설명할 수 없다는 뜻으로, 유자의 행실이 매우 넓고 깊다는 사실을 지극히 표현한 것이다.

集解 愚謂: 侍, 侍坐也. 哀公在阼階上, 西向, 孔子侍, 蓋負東房而南向與.

---

13) 『예기』「빙의(聘義)」【719b】: 子貢問於孔子曰: "敢問君子貴玉而賤碈者何也? 爲玉之寡而碈之多與?" 孔子曰: "非爲碈之多故賤之也, 玉之寡故貴之也. 夫昔者君子比德於玉焉: 溫潤而澤, 仁也; 縝密以栗, 知也; 廉而不劌, 義也; 垂之如隊, 禮也; 叩之其聲淸越以長, 其終詘然, 樂也; 瑕不揜瑜, 瑜不揜瑕, 忠也; 孚尹旁達, 信也; 氣如白虹, 天也; 精神見于山川, 地也; 圭璋特達, 德也; 天下莫不貴者, 道也. 詩云: '言念君子, 溫其如玉.' 故君子貴之也."

14) 『맹자』「만장상(萬章上)」: 湯使人以幣聘之, 囂囂然曰, 我何以湯之聘幣爲哉? 我豈若處畎畝之中, 由是以樂堯舜之道哉?

珍, 玉也. 席, 筵也. 待聘, 謂待諸侯聘問之事而用之也. 此以玉之待聘, 喩君子之待問·待擧·待取也. 儒者之强學, 所以自致其知, 非爲君之來問也, 而自可以待問. 儒者之懷忠信, 所以自立其本, 非爲君之擧我也, 而自可以待擧. 儒者之力行, 所以自盡其道, 非爲君之取我也, 而自可以待取. 猶玉之在席上, 非有求於人, 而聘問者自不能舍也. 夫無求於世, 而其君自不能舍, 則可謂能自立矣.

번역 내가 생각하기에, '시(侍)'자는 모시고 앉았다는 뜻이다. 애공은 동쪽 계단 위에서 서쪽을 향해 있었으므로, 공자가 모시고 앉았을 때에는 아마도 동쪽 방을 등지고 남쪽을 향해서 앉았을 것이다. '진(珍)'자는 옥을 뜻한다. '석(席)'자는 자리를 뜻한다. "빙문을 기다린다."는 말은 제후가 빙문을 할 때까지 기다려서 그것을 사용한다는 뜻이다. 즉 옥이 빙문을 기다린다는 말을 통해 군자가 빙문·천거·채택 등을 기다린다는 사실을 비유한 것이다. 유자가 힘써 학문을 하는 것은 자신의 앎을 지극히 이루고자 해서이며, 군주가 찾아와 빙문하는 것을 대비하기 위함이 아니다. 그러나 이를 통해 빙문을 기다릴 수는 있다. 유자가 충심과 신의를 가지는 것은 스스로 근본을 확립하기 위해서이며, 군주가 자신을 천거해주길 바라서가 아니다. 그러나 이를 통해 천거를 기다릴 수는 있다. 유자가 힘써 실천하는 것은 스스로 그 도리를 모두 다하기 위해서이며, 군주가 나를 채택하기를 바라서가 아니다. 그러나 이를 통해 채택하기를 기다릴 수는 있다. 이것은 마치 옥이 자리 위에 있는 것은 남에게서 구함이 있어서가 아니지만, 빙문을 한 자도 내버려둘 수 없는 것이다. 무릇 세상에 대해 구함이 없지만, 그의 군주는 그를 내버려둘 수 없으니, 이처럼 한다면 스스로를 확립했다고 평할 수 있다.

참고 원문비교

예기대전·유행 哀公曰, "敢問儒行." 孔子對曰, "遽數之, 不能終其物. 悉數之, 乃留, 更僕未可終也." 哀公命席, 孔子侍曰, "儒有席上之珍以待聘, 夙夜强學以待問, 懷忠信以待擧, 力行以待取. 其自立有如此者."

공자가어·유행해(儒行解) 公曰, "敢問儒行." 孔子曰, "略言之, 則不能終其物. 悉數之, 則留, 更僕未可以對①." 哀公命席, 孔子侍坐曰, "儒有席上之珍以待聘②, 夙夜强學以待問, 懷忠信以待擧, 力行以待取③. 其自立有如此者."

王注-① 留, 久也. 僕, 太僕, 君燕朝, 則正位, 掌儐相. 更之者, 爲久將倦使之相代者也.

번역 '유(留)'자는 "오래도록 머문다[久]."는 뜻이다. '복(僕)'자는 대복(大僕)을 뜻하니, 군주가 연회를 하거나 조정에 참관하게 되면 자리를 바르게 하며, 의례의 진행을 돕는 부관의 임무를 담당한다. 바꾼다는 것은 오래도록 머물러 피로하게 되면 그들로 하여금 서로 교대를 시킨다는 뜻이다.

王注-② 席上之珍, 能敷陳先王之道, 以爲政治.

번역 자리 위의 보배는 선왕의 도를 진술하여 정치로 삼도록 할 수 있다.

王注-③ 力行仁義道德, 以待人取.

번역 인의와 도덕을 힘써 실천하여 남이 채택해주기를 기다린다.

참고 『주례』「지관(地官)·대사도(大司徒)」 기록

경문 以鄕三物教萬民而賓興之: 一曰六德, 知·仁·聖·義·忠·和; 二曰六行, 孝·友·睦·姻·任·恤; 三曰六藝, 禮·樂·射·御·書·數.

번역 향의 삼물(三物)로 만민을 교화하고 빈객으로 대우하며 천거한다. 삼물 중 첫 번째는 육덕(六德)이니, 지(知)·인(仁)·성(聖)·의(義)·충(忠)·화(和)이고, 두 번째는 육행(六行)이니, 효(孝)·우(友)·목(睦)·인(姻)·임(任)·

휼(恤)이며, 세 번째는 육예(六藝)이니, 예(禮)·악(樂)·사(射)·어(御)·서(書)·수(數)이다.

鄭注 物猶事也, 興猶擧也. 民三事敎成, 鄕大夫擧其賢者能者, 以飮酒之禮賓客之, 旣則獻其書於王矣. 知, 明於事. 仁, 愛人以及物. 聖, 通而先識. 義, 能斷時宜. 忠, 言以中心. 和, 不剛不柔. 善於父母爲孝, 善於兄弟爲友. 睦, 親於九族. 姻, 親於外親. 任, 信於友道. 恤, 振憂貧者. 禮, 五禮之義. 樂, 六樂之歌舞. 射, 五射之法. 御, 五御之節. 書, 六書之品. 數, 九數之計.

번역 '물(物)'자는 사안[事]을 뜻하며, '흥(興)'자는 "천거하다[擧]."는 뜻이다. 백성들에 대해 이러한 세 가지 사안의 가르침이 완성되면 향대부는 그들 중 현명하고 유능한 자를 천거하여, 음주의 예법으로 빈객으로 예우하고, 그것이 끝나면 그의 이력을 기록하여 천자에게 천거한다. '지(知)'는 어떤 사안에 대해서 해박하게 아는 것이다. '인(仁)'은 사람을 친애하여 사물에게까지 미치는 것이다. '성(聖)'은 이치를 통괄하여 어떠한 일이 발생하기 이전에 아는 것이다. '의(義)'는 시의에 따라 판단할 수 있는 것이다. '충(忠)'은 올곧은 마음에 따라 말하는 것이다. '화(和)'는 너무 억세지도 않고 너무 유약하지도 않은 것이다. 부모에게 잘하는 것이 '효(孝)'가 되고, 형제에게 잘하는 것이 '우(友)'가 된다. '목(睦)'은 구족(九族)[15]에게 친근하게 대하는 것이다. '인(姻)'은 외친에게 친근하게 대하는 것이다. '임(任)'은 도를 함께 하는 벗에게 신의를 지키는 것이다. '휼(恤)'은 가난한 자를 구휼하는 것이다. '예(禮)'는 오례(五禮)[16]의 도의를 뜻한다. '악(樂)'은 육악(六

15) 구족(九族)은 친족을 범칭하는 말이다. 자신을 중심으로 위로 고조부(高祖父)까지의 네 세대, 아래로 현손(玄孫)까지의 네 세대까지 포함된 친족을 지칭한다. 『서』「우서(虞書)·요전(堯典)」편에는 "克明俊德, 以親九族."이라는 기록이 있는데, 이에 대한 공안국(孔安國)의 전(傳)에서는 "以睦高祖, 玄孫之親."이라고 풀이하였다. 일설에는 '구족'을 부친쪽 친척 중 4촌, 모친쪽 친척 중 3촌, 처쪽 친척 중 2촌까지를 지칭하는 용어라고도 풀이한다.

16) 오례(五禮)는 고대부터 전해져 온 다섯 종류의 예제(禮制)를 뜻한다. 즉 길례(吉禮), 흉례(凶禮), 군례(軍禮), 빈례(賓禮), 가례(嘉禮)를 가리킨다. 『주례』「춘관(春官)·소종백(小宗伯)」편에는 "掌五禮之禁令與其用等."이라는 기록이 있는

樂)[17]의 노래와 춤을 뜻한다. '사(射)'는 오사(五射)[18]의 법식을 뜻한다. '어(御)'는 오어(五御)[19]의 절차를 뜻한다. '서(書)'는 육서(六書)[20]의 품급을

데, 이에 대한 정현의 주에서는 정사농(鄭司農)의 주장을 인용하여, "五禮, 吉·凶·軍·賓·嘉."라고 풀이했다.

17) 육악(六樂)은 육무(六舞)와 같은 말이다. 고대 황제(黃帝), 요(堯), 순(舜), 우(禹), 탕(湯), 무왕(武王) 때의 악무(樂舞)인 운문(雲門), 대권(大卷), 대함(大咸), 대소(大磬: =大韶), 대하(大夏), 대호(大濩), 대무(大武)를 뜻한다. 『주례』「지관(地官)·대사도(大司徒)」편에는 "以六樂防萬民之情, 而敎之和."라는 기록이 있고, 이에 대한 정현의 주에서는 정사농(鄭司農)의 주장을 인용하여, "六樂, 謂雲門·咸池·大韶·大夏·大濩·大武."라고 풀이했다.

18) 오사(五射)는 사례(射禮)를 시행할 때 사용되는 다섯 가지 활 쏘는 예법을 뜻한다. 다섯 가지 활 쏘는 예법은 백시(白矢), 삼련(參連), 섬주(剡注), 양척(襄尺), 정의(井儀)이다. '백시'는 화살을 쏘아서 과녁을 꿰뚫는다는 뜻이다. 화살이 과녁을 꿰뚫게 되면, 화살 끝에 달려 있는 흰 깃털만 보인다는 의미에서 '백시'라고 부른다. '삼련'은 앞서 한 발의 화살을 쏘고, 뒤이어 3발의 화살을 연이어 쏜다는 뜻이다. '섬주'는 화살을 쏠 때 끝부분의 깃털이 위로 올라가고, 화살촉이 밑으로 내려간 형태로 화살이 날아가는 것을 뜻한다. '양척'은 신하가 군주와 함께 화살을 쏠 때, 군주가 화살을 쏘는 장소로부터 1척(尺) 정도 물러나서 쏘는 것을 뜻한다. '정의'는 4발의 화살을 쏘아서 과녁을 명중시킬 때, 정(井)자의 형태가 되도록 쏘는 것을 뜻한다. 『주례』「지관(地官)·보씨(保氏)」편에는 "養國子以道, 乃敎之六藝, 一曰五禮, 二曰六樂, 三曰五射, 四曰五馭, 五曰六書, 六曰九數."라는 기록이 있고, 이에 대한 정현의 주에서는 정사농(鄭司農)의 주장을 인용하여, "五射, 白矢·參連·剡注·襄尺·井儀也."라고 풀이했으며, 가공언(賈公彦)의 소(疏)에서는 "云白矢者, 矢在侯而貫侯過, 見其鏃白; 云參連者, 前放一矢, 後三矢連續而去也; 云剡注者, 謂羽頭高鏃低而去, 剡剡然; 云襄尺者, 臣與君射, 不與君並立, 襄君一尺而退; 云井儀者, 四矢貫侯, 如井之容儀也."라고 풀이했다.

19) 오어(五馭)는 오어(五御)라고도 부르며, 수레를 몰 때 사용되는 다섯 가지 기술을 뜻한다. 다섯 가지 기술은 명화란(鳴和鸞), 축수곡(逐水曲), 과군표(過君表), 무교구(舞交衢), 축금좌(逐禽左)이다. '명화란'은 수레를 몰 때 방울 소리가 조화롭게 울린다는 뜻이다. '화(和)'와 '란(鸞)'은 모두 수레에 다는 일종의 방울인데, 수레를 편안하게 몰기 때문에 소리가 조화롭게 울린다는 뜻이다. '축수곡'은 물길 옆에 있는 도로를 따라 수레를 몬다는 뜻이다. 즉, 물길의 굴곡에 따른 굽이진 곳을 이동하면서도 수레가 물에 빠지지 않도록 운전을 잘 한다는 뜻이다. '과군표'는 군주가 있는 곳은 깃발 등으로 표시를 하는데, 그곳을 지나갈 때에는 수레를 몰지 않는다는 뜻이다. 일종의 군주에게 공경의 뜻을 표하는 방법이다. '무교구'는 교차로에서 수레끼리 교차하게 될 때, 서로에게 피해를 주지 않기 위해 춤추는 절도에 따라 서로 수레를 돌린

뜻한다. '수(數)'는 구수(九數)[21]의 셈법을 뜻한다.

賈疏 ●"以鄕"至"書數". ○釋曰: 物, 事也. 司徒主六鄕, 故以鄕中三事敎鄕內之萬民也. 興, 擧也. 三物敎成, 行鄕飮酒之禮, 尊之以爲賓客而擧之. 三物者, 則下一曰·二曰·三曰是也.

번역 ●經文: "以鄕"~"書數". ○'물(物)'자는 사안[事]을 뜻한다. 사도(司徒)[22]는 육향(六鄕)[23]을 담당하기 때문에, 향에서 실시하는 세 가지 사

다는 뜻이다. '축금좌'는 사냥할 때 수레를 모는 방법이다. 사냥을 할 때 존귀한 자는 좌측에 타서 활을 쏘게 되는데, 짐승을 잘 맞출 수 있도록 수레의 좌측 방향으로 짐승을 몬다는 뜻이다. 『주례』「지관(地官)·보씨(保氏)」편에는 "養國子以道, 乃敎之六藝, 一曰五禮, 二曰六樂, 三曰五射, 四曰<u>五馭</u>, 五曰六書, 六曰九數."라는 기록이 있고, 이에 대한 정현의 주에서는 정사농(鄭司農)의 주장을 인용하여, "五馭, 鳴和鸞·逐水曲·過君表·舞交衢·逐禽左."라고 풀이했으며, 가공언(賈公彦)의 소(疏)에서는 "云五馭者, 馭車有五種. 云鳴和鸞者, 和在式, 鸞在衡. 按韓詩云, '升車則馬動, 馬動則鸞鳴, 鸞鳴則和應.' 先鄭依此而言. 云逐水曲者, 無正文, 先鄭以意而言, 謂御車隨逐水勢之屈曲而不墜水也. 云過君表者, 謂若毛傳云, '褐纏旃以爲門, 裘纏質以爲槸, 間容握, 驅而入, 轚則不得入.' 穀梁亦云, '艾蘭以爲防, 置旃以爲轅門, 以葛覆質以爲槷, 流旁握, 御轚者不得入.' 是其過君表卽褐纏旃是也. 云舞交衢者, 衢, 道也, 謂御車在交道, 車旋應於舞節. 云逐禽左者, 謂御驅逆之車, 逆驅禽獸使左, 當人君以射之, 人君自左射. 故毛傳云, '故自左膘而射之, 達于右腢, 爲上殺. ' 又禮記云, '佐車止, 則百姓田獵', 是也."라고 풀이했다.

20) 육서(六書)는 한자의 구성과 형성에 대한 여섯 가지 이론으로, 상형(象形), 지사(指事: =處事), 회의(會意), 형성(形聲: =諧聲), 전주(轉注), 가차(假借)를 뜻한다. 『주례』「지관(地官)·보씨(保氏)」편에는 "五曰<u>六書</u>."라는 기록이 있는데, 이에 대한 정현의 주에서는 정사농(鄭司農)의 주장을 인용하여, "六書, 象形·會意·轉注·處事·假借·諧聲也."라고 풀이했다.

21) 구수(九數)는 고대의 아홉 가지 계산 방법이다. 방전(方田), 속미(粟米), 차분(差分), 소광(少廣), 상공(商功), 균수(均輸), 방정(方程), 영부족(贏不足), 방요(旁要)를 뜻한다. 『주례』「지관(地官)·보씨(保氏)」편에는 "六曰<u>九數</u>."라는 기록이 있는데, 이에 대한 정현의 주에서는 정중(鄭衆)의 주장을 인용하여, "九數, 方田·粟米·差分·少廣·商功·均輸·方程·贏不足·旁要."라고 풀이했다.

22) 사도(司徒)는 대사도(大司徒)라고도 부른다. 본래 주(周)나라 때의 관리로, 국가의 토지 및 백성들에 대한 교화(敎化)를 담당했다. 전설상으로는 소호(少昊) 시대 때부터 설치되었다고 전해진다. 주나라의 육경(六卿) 중 하나였

안을 통해 향 안의 모든 백성들을 가르친다. '흥(興)'자는 "천거하다[擧]."는 뜻이다. 세 가지 사안에 대해서 그 가르침이 완성되면, 향음주례를 시행하고 그를 존귀하게 높여 빈객으로 삼고 그를 천거한다. 세 가지 사안이란 곧 아래에서 말한 첫 번째, 두 번째, 세 번째라고 한 것들이다.

賈疏 ◎注"民三"至"之計". ○釋曰: 云"民三事教成, 鄉大夫擧其賢者能者, 以飮酒之禮賓客之, 旣則獻其書於王矣"者, 此並鄉大夫職文. 云"知, 明於事"者, 謂於前事不惑, 若四十而不惑也. 云"仁, 愛人以及物"者, 仁者內善於心, 外及於物, 謂若行葦詩美成王云"敦彼行葦, 牛羊勿踐履", 是愛人及於葦, 葦卽物也. 云"聖, 通而先識"者, 按襄二十二年, 臧武仲如晉, 雨, 過御叔, 御叔在邑, 將飮酒, 曰: "焉用聖人." 何休云: "說左氏傳者曰: '春秋之志, 非聖人孰能脩之.' 言夫子聖人, 乃能脩之. 御叔謂臧武仲爲聖人, 是非獨孔子." 玄箴之曰: "武仲者, 述聖人之道, 魯人稱之曰聖. 今使如晉, 過御叔, 御叔不說學, 見武仲而雨行, 傲之, 云'焉用聖人爲.' 左氏傳載之者, 非御叔不說學, 不謂武仲聖與孔子同." 若然, 此云聖, 亦與武仲同, 是皆述聖人之道. 云"義, 能斷時宜"者, 義, 宜也, 謂斷割合當時之宜也. 云"忠, 言以中心"者, 此以字解之. 如心曰恕, 如下從心; 中心曰忠, 中下從心, 謂言出於心, 皆有忠實也. 云"和, 不剛不柔"者, 謂寬猛相濟者也. 云"善於父母爲孝, 善於兄弟爲友"者, 按爾雅云"張仲孝友, 善父母爲孝, 善兄弟爲友", 彼不言"於". 此鄭云善於父母·善於兄弟, 言"於"者, 凡言孝友, 非直甘肴先奉·昏定晨省而已, 謂若禮記·祭義云"孝者, 先意承志, 喩父母於道. 國人稱之曰: '幸哉, 有子若是'", 如此美行, 乃所爲父

으며, 전한(前漢) 애제(哀帝) 원수(元壽) 2년(B.C. 1)에는 승상(丞相)의 관직명을 고쳐서, 대사도(大司徒)라고 불렀고, 대사마(大司馬), 대사공(大司空)과 함께 삼공(三公)의 반열에 있었다. 후한(後漢) 때에는 다시 '사도'로 명칭을 고쳤고, 그 이후로는 이 명칭을 계속 사용하다가 명(明)나라 때 폐지되었다. 명나라 이후로는 호부상서(戶部尙書)를 '대사도'라고 불렀다.

23) 육향(六鄕)은 주(周)나라 때 원교(遠郊)에 설치된 여섯 개의 향(鄕)을 뜻한다. 주나라의 제도에서는 국성(國城)과 가까이 있는 교외(郊外)를 근교(近郊)라고 불렀고, 근교 밖을 원교(遠郊)라고 불렀다. 그리고 원교 안에는 6개의 향(鄕)을 설치했고, 원교 밖에는 6개의 수(遂)를 설치했다.

母兄弟所善, 故鄭云善於父母爲孝, 善於兄弟爲友也. 云"睦, 親於九族"者, 堯典云"九族既睦", 是睦親於九族也. 九族者, 上至高祖, 下至玄孫, 旁及緦麻之內也. 云"婣, 親於外親", 知婣是親於外親者, 上云睦施於九族, 明此婣是親於外親也. 左傳云"士踰月, 外姻至", 亦據外親之等. 外親者, 則妻族·母族是也. 此婣對睦, 施於外親. 若不對睦, 亦施於內親. 故論語云"因不失其親", 喪服傳云"與因母同", 此皆施於內親也. 云"任, 信於友道"者, 謂朋友有道德, 則任信之, 故論語云"信則人任焉", 是也. 云"恤, 振憂貧者"者, 恤訓爲憂, 振訓爲救, 故知恤, 振憂貧者也. 云"禮, 五禮之義", 自此已下至九數, 皆取義於保氏. 按保氏職: "掌養國子以道, 教之六藝: 一曰五禮, 二曰六樂, 三曰五射, 四曰五御, 五曰六書, 六曰九數." 按彼注云: "五禮者, 玄謂吉·凶·賓·軍·嘉. 六樂者, 玄謂雲門·大咸·大韶·大夏·大濩·大武. 五射者, 先鄭云: '白矢·參連·剡注·襄尺·井儀.' 五御者, 先鄭云: '鳴和鸞·逐水曲·過君表·舞交衢·逐禽左.' 六書者, 先鄭云: '象形·會意·轉注·處事·假借·諧聲.' 九數者, 先鄭云: '方田·粟米·差分·少廣·商功·均輸·方程·贏不足·旁要, 此九章之術是也.'" 彼注又云: "今有重差·夕桀·句股." 此經直陳六藝, 保氏各有其數, 故注保氏, 具釋之. 注此, 直取保氏經以釋之. 五禮言義者, 以其吉凶之等, 各有其義. 樂言歌舞者, 以其作樂時, 有升歌下舞. 射言法者, 以其有升降揖讓之法. 御言節者, 四馬六轡, 有進退之節. 書言品者, 形聲處事, 差品不同. 數言計者, 有多少算計. 各逐義强生稱.

번역 ◎鄭注: "民三"~"之計". ○정현이 "백성들에 대해 이러한 세 가지 사안의 가르침이 완성되면 향대부는 그들 중 현명하고 유능한 자를 천거하여, 음주의 예법으로 빈객으로 예우하고, 그것이 끝나면 그의 이력을 기록하여 천자에게 천거한다."라고 했는데, 이것은 모두 『주례』「향대부(鄕大夫)」편의 직무 기록 내용이다. 정현이 "'지(知)'는 어떤 사안에 대해서 해박하게 아는 것이다."라고 했는데, 눈앞에 벌어진 사안에 대해서 의혹되지 않는다는 뜻으로, 마치 40세가 되어 의혹되지 않는다는 것[24]과 같다. 정현

24) 『논어』「위정(爲政)」: 子曰, "吾十有五而志于學, 三十而立, 四十而不惑, 五十而知天命, 六十而耳順, 七十而從心所欲, 不踰矩."

이 "'인(仁)'은 사람을 친애하여 사물에게까지 미치는 것이다."라고 했는데, 인자한 자는 내적으로 마음을 선하게 하고 외적으로 다른 사물에게까지 그 마음이 미치게 되니, 마치 『시』「행위(行葦)」라는 시에서 성왕을 찬미하며 "저 모여 있는 길가의 갈대를 소와 양이 밟지 않는구나."[25]라고 한 것과 같으니, 사람을 친애하는 마음이 갈대에까지 미친 것으로, 갈대는 곧 사물을 의미한다. 정현이 "'성(聖)'은 이치를 통괄하여 어떠한 일이 발생하기 이전에 아는 것이다."라고 했는데, 양공(襄公) 22년의 기록을 살펴보면, 장무중은 진(晉)나라로 갔는데 비가 와서 어숙의 집으로 갔으나 어숙은 당시 봉읍에 있으면서 술을 마시려고 하고 있다가 "성인을 어디다 쓰겠는가?"라고 했다.[26] 하휴는 "『좌씨전』을 주장하는 자들은 '『춘추』의 뜻을 성인이 아니라면 그 누가 제대로 다듬을 수 있었겠는가.'라고 했는데, 즉 공자는 성인이기 때문에 『춘추』를 편찬할 수 있다는 뜻이다. 어숙은 장무중을 성인이라고 여겼으니, 유독 공자만 성인이라 칭송받았던 것은 아니다."라고 했다. 정현은 그의 주장을 경계하며, "무중은 성인의 도를 조술하였으므로, 노나라 사람들이 그를 칭송해서 성인이라고 불렀던 것이다. 현재 사신의 임무를 맡아 진나라로 가다가 어숙의 집에 들렀는데 어숙은 학문을 좋아하지 않았고 무중이 비가 오는 중에도 길을 가는 것을 보고 그를 거만하게 대하며, '인을 어디다 쓰겠는가?'라고 했다. 『좌씨전』에서 이 기사를 수록한 것은 어숙이 학문을 좋아하지 않았던 것을 비판하기 위해서이지 무중이 성인이므로 공자와 동급이라는 뜻이 아니다."라고 했다. 만약 그렇다면 여기에서 말한 '성(聖)' 또한 무중과 동급의 수준을 뜻하는 것이니, 이 모두는 성인의 도를 조술한 자들을 의미한다. 정현이 "'의(義)'는 시의에 따라 판단할 수 있는 것이다."라고 했는데, '의(義)'는 마땅함[宜]이니, 당시의 마땅함에 따라 합리적으로 판단하는 것을 의미한다. 정현이 "'충(忠)'은 올곧은

25) 『시』「대아(大雅)·행위(行葦)」 : 敦彼行葦, 牛羊勿踐履, 方苞方體, 維葉泥泥. 戚戚兄弟, 莫遠具爾, 或肆之筵, 或授之几.

26) 『춘추좌씨전』「양공(襄公) 22년」 : 二十二年春, 臧武仲如晉. 雨, 過御叔. 御叔在其邑, 將飮酒, 曰, "焉用聖人? 我將飮酒, 而己雨行, 何以聖爲?" 穆叔聞之, 曰, "不可使也, 而傲使人, 國之蠹也." 令倍其賦.

마음에 따라 말하는 것이다."라고 했는데, 이것은 글자의 자형으로 풀이한 것이다. 다른 사람의 마음[心]을 헤아려 자신의 마음처럼 여기는 것[如]을 '서(恕)'라고 하는데, 이것은 '여(如)'자 아래에 '심(心)'자가 붙은 것이다. 또 마음[心]을 올곧게 세우는 것[中]을 '충(忠)'이라고 하는데, 이것은 '중(中)'자 아래에 '심(心)'자가 붙은 것이다. 즉 말이 마음에서 비롯되는데, 그 모두에 올곧음과 진실이 포함되어 있다는 의미이다. 정현이 "'화(和)'는 너무 억세지도 않고 너무 유약하지도 않은 것이다."라고 했는데, 너그러움과 용맹함이 조화를 이루는 자를 뜻한다. 정현이 "부모에게 잘하는 것이 '효(孝)'가 되고, 형제에게 잘하는 것이 '우(友)'가 된다."라고 했는데, 『이아』를 살펴보면 "장중은 효성스럽고 우애롭다고 했는데,[27] 부모에게 잘하는 것이 '효(孝)'가 되고, 형제에게 잘하는 것이 '우(友)'가 된다."[28]라고 했다. 『이아』에서는 '어(於)'자를 기록하지 않았다. 이곳에서 정현은 "부모에게 잘하고 형제에게 잘한다."고 하여 '어(於)'자를 기록했는데, 효와 우애를 말할 때에는 단지 맛있는 음식을 먼저 바치거나 저녁에 잠자리를 살피고 새벽에 문안인사를 드리는 것만을 뜻하는 것이 아니니, 마치 『예기』「제의(祭義)」편에서 "부모의 뜻에 앞서 그 의지를 계승하고, 도리를 통해서 부모를 깨우치도록 한다."[29]라고 말한 경우나 나라 사람들이 그를 칭송하며, '그 부모는 참으로 행복하겠구나, 그와 같은 자식을 두었으니.'라고 말한 경우[30]와 같다. 이와 같은 아름다운 행실이 있어야만 부모와 형제에게 잘한다고 할 수 있다. 그렇기 때문에 정현은 "부모에게 잘하는 것이 효가 되고 형제에게

---

27) 『시』「소아(小雅)·육월(六月)」: 吉甫燕喜, 既多受祉. 來歸自鎬, 我行永久. 飲御諸友, 炰鱉膾鯉. 侯誰在矣, 張仲孝友.

28) 『이아』「석훈(釋訓)」: "張仲孝友", 善父母爲孝, 善兄弟爲友.

29) 『예기』「제의(祭義)」【565c】: 曾子曰, "孝有三. 大孝尊親, 其次弗辱, 其下能養." 公明儀問於曾子曰, "夫子可以爲孝乎?" 曾子曰, "是何言與? 是何言與? 君子之所謂孝者, 先意承志, 諭父母於道. 參直養者也, 安能爲孝乎?"

30) 『예기』「제의(祭義)」【566a~b】: 亨孰羶薌, 嘗而薦之, 非孝也, 養也. 君子之所謂孝也者, 國人稱願然曰, "幸哉有子如此." 所謂孝也已. 衆之本教曰孝, 其行曰養. 養可能也, 敬爲難. 敬可能也, 安爲難. 安可能也, 卒爲難. 父母既沒, 愼行其身, 不遺父母惡名, 可謂能終矣. 仁者仁此者也, 禮者履此者也, 義者宜此者也, 信者信此者也, 强者强此者也. 樂自順此生, 刑自反此作.

잘하는 것이 우가 된다."라고 했다. 정현이 "'목(睦)'은 구족(九族)에게 친근하게 대하는 것이다."라고 했는데, 『서』「요전(堯典)」편에서는 "구족이 화목하게 되었다."[31]라고 했는데, 이것은 구족에 대해서 화목하고 친근하게 대한다는 뜻이다. '구족(九族)'이란 위로는 고조부까지 밑으로는 현손까지 방계로는 시마복을 입게 되는 친족 범위를 뜻한다. 정현이 "'인(姻)'은 외친에게 친근하게 대하는 것이다."라고 했는데, 인(姻)이 외친에 대해서 친근하게 대하는 뜻임을 알 수 있는 이유는 앞에서는 구족에게 화목하게 대한다고 했으니, 여기에서 말한 '인(姻)'이 외친에게 친근하게 대한다는 뜻임을 나타내기 때문이다. 『좌전』에서는 "사 계급은 죽은 달을 넘겨서 장례를 치르니 외친이 도달하게 된다."[32]라고 했는데, 이 또한 '인(姻)'자를 외친 등에 기준을 두고 쓴 말이다. '외친(外親)'이란 처의 친족과 모친의 친족을 뜻한다. 이곳에서는 '인(姻)'자를 '목(睦)'자와 대비하여 외친에게 적용한다고 했다. 만약 '목(睦)'과 대비하지 않는다면, '인(姻)'자 또한 내친(內親)에 대해서도 쓸 수 있는 말이다. 그렇기 때문에 『논어』에서는 "친근한 대상에 대해서 그 친근함을 잃지 않는다."[33]라고 한 것이고, 『의례』「상복(喪服)」편의 전문에서는 "친모와 동일하게 한다."[34]라고 했는데, 이 모두는 내친에 대해서 '인(姻: =因)'이라고 기록한 것이다. 정현이 "'임(任)'은 도를 함께 하는 벗에게 신의를 지키는 것이다."라고 했는데 벗 중에 도와 덕을 갖춘 자라면 그에게 임무를 맡기고 믿을 수 있다. 그렇기 때문에 『논어』에서는 "신의롭다면 남들이 그에게 임무를 맡긴다."[35]라고 한 것이다. 정현이 "'휼

---

31) 『서』「우서(虞書)·요전(堯典)」: 克明俊德, 以親九族, 九族既睦, 平章百姓, 百姓昭明, 協和萬邦, 黎民於變時雍.

32) 『춘추좌씨전』「은공(隱公) 1년」: 天子七月而葬, 同軌畢至; 諸侯五月, 同盟至; 大夫三月, 同位至; 士踰月, 外姻至.

33) 『논어』「학이(學而)」: 有子曰, "信近於義, 言可復也. 恭近於禮, 遠恥辱也. 因不失其親, 亦可宗也."

34) 『의례』「상복(喪服)」: 父卒則爲母. 繼母如母. 傳曰, 繼母何以如母? 繼母之配父, 與因母同, 故孝子不敢殊也.

35) 『논어』「양화(陽貨)」: 子張問仁於孔子. 孔子曰, "能行五者於天下爲仁矣." "請問之." 曰, "恭寬信敏惠. 恭則不侮, 寬則得衆, 信則人任焉, 敏則有功, 惠則足以使人."

(恤)'은 가난한 자를 구휼하는 것이다."라고 했는데, '휼(恤)'자는 "염려하다[憂]."는 뜻이 되고, '진(振)'자는 "구원하다[救]."는 뜻이 된다. 그렇기 때문에 '휼(恤)'이 가난한 자를 구휼하는 뜻임을 알 수 있다. 정현이 "'예(禮)'는 오례(五禮)의 도의를 뜻한다."라고 했는데, 이곳 구문으로부터 그 이하로 '구수(九數)'에 이르기까지, 이 모두는 『주례』「보씨(保氏)」편에서 뜻을 취한 것이다. 「보씨」편의 직무 기록을 살펴보면 "국자(國子)를 도로써 배양하는 일을 담당하니 육예(六藝)로써 가르치는 것이다. 첫 번째는 오례(五禮)이고 두 번째는 육악(六樂)이며 세 번째는 오사(五射)이고 네 번째는 오어(五御)이며 다섯 번째는 육서(六書)이고 여섯 번째는 구수(九數)이다."[36]라고 했다. 「보씨」편에 대한 정현의 주를 살펴보면 "오례(五禮)라고 했는데, 내가 생각하기에 이것은 길례(吉禮)[37]·흉례(凶禮)[38]·빈례(賓禮)[39]·군례(軍禮)[40]·가례(嘉禮)[41]를 뜻한다. 육악(六樂)이라고 했는데, 내가 생각하기

36) 『주례』「지관(地官)·보씨(保氏)」: 而養國子以道, 乃教之六藝: 一曰五禮, 二曰六樂, 三曰五射, 四曰五馭, 五曰六書, 六曰九數.

37) 길례(吉禮)는 오례(五禮) 중 하나로, 제사에 대한 예제(禮制)를 뜻한다. 고대에는 제사 자체를 길(吉)한 일로 여겼기 때문에, 제례(祭禮)를 '길례'로 여겼다.

38) 흉례(凶禮)는 오례(五禮) 중 하나로, '흉례'는 재앙 등의 일에 봉착했을 때, 애도를 표시하거나 구휼하는 예제(禮制)를 뜻한다. 또한 '흉례'는 상례(喪禮)를 지칭하는 용어로도 사용되었다.

39) 빈례(賓禮)는 오례(五禮) 중 하나로, 천자를 찾아뵙거나 천자가 제후들을 만나보거나 아니면 제후들끼리 회동하는 조빙(朝聘)의 예법(禮法)을 뜻한다. 또한 '빈례'는 손님을 접대하는 예제(禮制)를 뜻하기도 한다. 참고적으로 봄에 천자를 찾아뵙는 것을 조(朝)라고 하였으며, 여름에 찾아뵙는 것을 종(宗)이라고 하였고, 가을에 찾아뵙는 것을 근(覲)이라고 하였으며, 겨울에 찾아뵙는 것을 우(遇)라고 하였다. 또한 제후들이 천자를 찾아뵐 때에는 본래 각각의 제후들마다 정해진 기간이 있었는데, 정해진 기간 외에 찾아뵙는 것을 회(會)라고 하였고, 정해진 기간에 찾아뵙는 것을 동(同)이라고 하였다. 또 천자가 순수(巡守)를 할 때에도 정해진 기간이 있었는데, 정해진 기간이 아닌 때에 제후를 찾아가 보는 것을 문(問)이라고 하였고, 정해진 기간에 찾아가 보는 것을 시(視)라고 하였다.

40) 군례(軍禮)는 오례(五禮) 중 하나로, 군대와 관련된 예제(禮制)를 뜻한다. 참고적으로 고대 중국에서는 각 계절마다 군대와 관련된 의식을 시행하였는데, 봄에 하는 것을 진려(振旅)라고 불렀고, 여름에 하는 것을 발사(拔舍)라고 불렀으며, 가을에 하는 것을 치병(治兵)이라고 불렀고, 겨울에 하는 것을 대열

에 이것은 운문(雲門)[42]·대함(大咸)[43]·대소(大韶)[44]·대하(大夏)[45]·대호(大濩)[46]·대무(大武)[47]를 뜻한다. 오사(五射)에 대해서 정사농은 '백시(白矢)[48]·삼련(參連)[49]·섬주(剡注)[50]·양척(襄尺)[51]·정의(井儀)[52]이다.'라고 했다. 오어(五御)에 대해서 정사농은 '명화란(鳴和鸞)[53]·축수곡(逐水曲)[54]·

(大閱)이라고 불렀다. 이러한 의식들이 모두 '군례'에 포함된다.

41) 가례(嘉禮)는 오례(五禮) 중 하나로, 결혼식을 치르거나, 잔치 등을 베풀 때의 예제(禮制)를 뜻한다. 경사스러운 일이라는 뜻에서 가(嘉)자를 붙여서 '가례'라고 부르는 것이다.

42) 운문(雲門)은 황제(黃帝) 시대에 만들어진 악무(樂舞) 중 하나라고 전해진다. 주(周)나라의 육무(六舞) 중 하나로 정착하였다. 주로 천신(天神)에게 제사를 지낼 때 사용되었다.

43) 대함(大咸)은 요(堯)임금 때의 악무(樂舞)이다. 주(周)나라의 육무(六舞) 중 하나로 정착하였다. 또한 함지(咸池)라고도 부른다.

44) 대소(大韶)는 순(舜)임금 때의 악무(樂舞)이다. 주(周)나라에 와서 육무(六舞) 중 하나로 정착하였다. 『장자(莊子)』「천하(天下)」편에는 "舜有大韶."라는 기록이 있다.

45) 대하(大夏)는 주(周)나라 때의 악무(樂舞) 중 하나이다. 하(夏)나라 우(禹)임금 때의 악무를 근간으로 삼아서 만든 악무이다.

46) 대호(大濩)는 탕(湯)임금 때의 악무(樂舞)이다. 주(周)나라의 육무(六舞) 중 하나로 정착하였다.

47) 대무(大武)는 주(周)나라 때의 악무(樂舞) 중 하나로, 무왕(武王)에 대한 악무이다. 『주례』「춘관(春官)·대사악(大司樂)」편에는 '대무'에 대한 용례가 나오고, 이에 대한 정현의 주에서는 "大武, 武王樂也."라고 풀이하였다.

48) 백시(白矢)는 오사(五射) 중의 하나로, 활을 쏘는 기술 중 하나이다. 활을 쏘아 과녁을 꿰뚫어서, 화살의 끝에 붙어 있는 흰 깃털이 보인다는 뜻이다.

49) 삼련(參連)은 활쏘기 기술 중 하나이다. 오사(五射)에 포함되어, 앞서 한 발의 화살을 쏘고, 뒤에 세 발의 화살을 연속으로 쏘는 것을 뜻한다.

50) 섬주(剡注)는 오사(五射) 중의 하나로, 화살을 쏠 때 끝부분의 깃털이 위로 올라가고, 화살촉이 밑으로 내려간 형태로 화살이 날아가는 것을 뜻한다.

51) 양척(襄尺)은 오사(五射) 중의 하나로, 신하가 군주와 함께 화살을 쏠 때, 군주가 화살을 쏘는 장소로부터 1척(尺) 정도 물러나서 쏘는 것을 뜻한다.

52) 정의(井儀)는 오사(五射) 중의 하나로, 4발의 화살을 쏘아서 과녁을 명중시킬 때, 정(井)자의 형태가 되도록 쏘는 것을 뜻한다.

53) 명화란(鳴和鸞)은 오어(五御) 중 하나로, 수레를 모는 기술 중 하나이다. 본래 수레에는 방울을 달게 되어 있어서, 수레를 몰게 되면, 자연히 방울이 소리를 내게 된다. 이때 방울 소리에 잘 조응되도록 수레를 모는 것을 '명화란'이라고 부른다.

54) 축수곡(逐水曲)은 오어(五御) 중 하나로, 물길 옆에 있는 도로를 따라 수레를

과군표(過軍表)[55]·무교구(舞交衢)[56]·축금좌(逐禽左)[57]이다.'라고 했다. 육서(六書)에 대해서 정사농은 '상형(象形)·회의(會意)·전주(轉注)·처사(處事)·가차(假借)·해성(諧聲)이다.'라고 했다. 구수(九數)에 대해서 정사농은 '방전(方田)·속미(粟米)·차분(差分)·소광(少廣)·상공(商功)·균수(均輸)·방정(方程)·영부족(嬴不足)·방요(旁要)이니, 구장산술이 이것이다.'"라고 했다. 또한 「보씨」편의 주에서는 "오늘날에는 구수에 중차(重差)·석걸(夕桀)·구고(句股)가 있다."라고 했다. 이곳 경문에서는 단지 육예(六藝)라고만 진술했는데, 「보씨」편에는 각각에 해당하는 세부 사항이 포함되어 있다. 그렇기 때문에 「보씨」편의 주에서 자세히 풀이한 것이다. 그리고 이곳 주석에서는 단지 「보씨」편의 경문 기록을 가져다가 풀이했을 따름이다. 오례에 대해서 '의(義)'라고 말한 것은 길례와 흉례 등에는 각각에 해당하는 도의가 있기 때문이다. 육악에 대해서 '가무(歌舞)'라고 말한 것은 음악을 연주할 때 당상에서는 노래를 부르고 당하에서는 춤을 추기 때문이다. 오사에 대해서 '법(法)'이라고 말한 것은 당상에 오르내리거나 읍을 하고 사양하는 등의 법도가 있기 때문이다. 오어에 대해서 '절(節)'이라고 말한 것은 네 마리의 말에 다는 여섯 개의 고삐에 대해서는 나아가고 물러남에 절도가 있기 때문이다. 육서에 대해서 '품(品)'이라고 말한 것은 형성·처사 등에는 품급이 동일하지 않기 때문이다. 구수에 대해서 '계(計)'라고 말한 것은 많고 적음을 계산하기 때문이다. 각각 그 의미에 따르다보니 억지로 이러한 칭호를 만들어낸 것이다.

몬다는 뜻이다. 즉, 물길의 굴곡에 따른 굽이진 곳을 이동하면서도 수레가 물에 빠지지 않도록 운전을 잘 한다는 뜻이다.

55) 과군표(過君表)는 오어(五御) 중 하나로, 군주가 있는 곳은 깃발 등으로 표시를 하는데, 그곳을 지나갈 때에는 수레를 몰지 않는다는 뜻이다. 일종의 군주에게 공경의 뜻을 표하는 방법이다.

56) 무교구(舞交衢)는 오어(五御) 중 하나로, 교차로에서 수레끼리 교차하게 될 때, 서로에게 피해를 주지 않기 위해 춤추는 절도에 따라 서로 수레를 돌린다는 뜻이다.

57) 축금좌(逐禽左)는 오어(五御) 중 하나로, 수레를 모는 기술에 해당한다. 사냥하는 수레를 몰 때에는 짐승을 수레의 좌측에 있도록 몰아서, 군주가 수레의 좌측으로 활을 쏘기 쉽도록 몰게 되는데, '축금좌'는 바로 이러한 기술을 뜻한다.

참고 『주례』「지관(地官)·향대부(鄕大夫)」 기록

경문 退而以鄕射之禮五物詢衆庶, 一曰和, 二曰容, 三曰主皮, 四曰和容, 五曰興舞.

번역 물러나 향(鄕) 안에 머물게 되면 향사례(鄕射禮)[58]를 통해 오물(五物)로 대중들의 의견을 물으니, 오물은 첫 번째는 '화(和)'이고 두 번째는 '용(容)'이며 세 번째는 '주피(主皮)'이고 네 번째는 '화용(和容)'이며 다섯 번째는 '흥무(興舞)'이다.

鄭注 以, 用也. 行鄕射之禮, 而以五物詢於衆民. 鄭司農云: "詢, 謀也. 問於衆庶, 寧復有賢能者. 和謂閨門之內行也. 容謂容貌也. 主皮謂善射. 射所以觀士也." 故書舞爲無. 杜子春讀和容爲和頌, 謂能爲樂也; 無讀爲舞, 謂能爲六舞. 玄謂和載六德, 容包六行也. 庶民無射禮, 因田獵分禽則有主皮. 主皮者, 張皮射之, 無侯也. 主皮·和容·興舞, 則六藝之射與禮樂與. 當射之時, 民必觀焉, 因詢之也. 孔子射於矍相之圃, 蓋觀者如堵牆. 射至於司馬, 使子路執弓矢, 出誓射者. 又使公罔之裘·序點揚觶而語. 詢衆庶之儀若是乎.

번역 '이(以)'자는 "사용하다[用]."는 뜻이다. 향사례를 시행하고 오물(五物)을 통해 백성들의 의견을 묻는다. 정사농은 "'순(詢)'자는 '도모하다[謀].'는 뜻이다. 백성들에게 묻는 것은 선발되고 남은 사람들 중 재차 현명하거나 능력이 뛰어난 자가 있는지 묻는 것이다. '화(和)'는 집안 내에서의

58) 향사례(鄕射禮)는 활쏘기를 하며 음주를 했던 의례(儀禮)이다. 크게 두 가지로 나뉘는데, 하나는 지방의 수령이 지방학교인 서(序)에서 사람들을 모아서 활쏘기를 익히며 음주를 했던 의례이고, 다른 하나는 향대부(鄕大夫)가 3년마다 치르는 대비(大比)라는 시험을 끝내고 공사(貢士)를 한 연후에, 향대부가 향로(鄕老) 및 향인(鄕人)들과 향학(鄕學)인 상(庠)에서 활쏘기를 익히고 음주를 했던 의례이다. 『주례』「지관(地官)·향대부(鄕大夫)」편에는 "退而以鄕射之禮五物詢衆庶."라는 기록이 있는데, 이에 대한 손이양(孫詒讓)의 『정의(正義)』에서는 "退, 謂王受賢能之書事畢, 鄕大夫與鄕老, 則退各就其鄕學之庠而與鄕人習射, 是爲鄕射之禮."라고 풀이하였다.

행실을 뜻한다. '용(容)'은 용모와 행동거지를 뜻한다. '주피(主皮)'는 활쏘기를 잘하는 것이다. 활쏘기는 사의 됨됨이를 관찰하는 방법이다."라고 했다. 옛 기록에서는 '무(舞)'자를 '무(無)'자로 기록했다. 두자춘[59]은 '화용(和容)'을 '화송(和頌)'으로 풀이했으니, 음악을 잘 한다는 뜻이며, '무(無)'자를 '무(舞)'자로 풀이했으니, 육무(六舞)를 잘한다는 뜻이다. 내가 생각하기에 '화(和)'는 육덕(六德)에 포함된 것이며, '용(容)'은 육행(六行)을 포괄하는 것이다. 서민들에게는 활쏘기의 예법이 없으니, 그에 따라 사냥을 실시하여 포획한 짐승을 나눠주게 된다면 주피(主皮)가 있게 된다. '주피(主皮)'라는 것은 가죽을 펼쳐서 그곳에 활을 쏘는 것이며 과녁은 없게 된다. 주피·화용·흥무는 육예(六藝)에 해당하는 활쏘기·예·악에 해당할 것이다. 즉 활쏘기를 시행할 때 백성들은 반드시 그것을 관람하게 되고, 그 일로 인해 의견을 묻는 것이다. 공자는 확상의 들에서 활을 쏘았는데, 지켜보는 자가 많아서 마치 담장처럼 그 주변을 둘렀다고 했다. 활쏘기에서 사정(司正)이 사마(司馬)를 맡는 단계에 이르자 공자는 자로를 시켜 활과 화살을 들고 나아가 활쏘기에 참여하는 자들에게 맹세를 하도록 시켰다고 했다.[60] 또 공망구와 서점을 시켜서 치(觶)를 들고 사람들에게 술을 권하며 옛 선왕이 만든 예악을 칭술하도록 시켰다.[61] 대중들의 의견을 묻는 의식절차도 아마 이와 같았을 것이다.

賈疏 ●"退而"至"興舞". ○釋曰: 言"退"者, 謂獻賢能之書於王, 退來鄉內. 云"以鄉射之禮"者, 州長春秋二時習射於序, 名爲鄉射. 今鄉大夫還用此鄉射之禮. 云"五物詢衆庶"者, 物, 事也. "一曰"·"二曰"已下是也.

---

59) 두자춘(杜子春, B.C.30? ~ A.D.58?) : 후한(後漢) 때의 학자이다. 유흠(劉歆)에게서 수학하였다. 정중(鄭衆)과 가규(賈逵)에게 학문을 전수하였다.

60) 『예기』「사의(射義)」【708b】 : 孔子射於矍相之圃, 蓋觀者如堵牆. 射至于司馬, 使子路執弓矢出延射曰: "賁軍之將, 亡國之大夫, 與爲人後者不入, 其餘皆入." 蓋去者半, 入者半.

61) 『예기』「사의(射義)」【708c~d】 : 又使公罔之裘·序點揚觶而語. 公罔之裘揚觶而語曰: "幼壯孝弟, 耆耋好禮, 不從流俗, 修身以俟死者, 不? 在此位也." 蓋去者半, 處者半.

번역 ●經文: "退而"~"興舞". ○'퇴(退)'라고 말한 것은 천자에게 현명하고 유능한 자의 이력을 기록한 문서를 바치고 물러나 자신이 맡고 있는 향으로 되돌아온 것을 뜻한다. "향사례를 시행한다."라고 했는데, 주장(州長)[62]은 봄과 가을에 두 차례 서(序)[63]에서 활쏘기를 연습시키니, 이를 '향사(鄕射)'라고 부른다. 현재 향대부는 재차 이러한 향사의 예법을 사용하는 것이다. "오물(五物)로 대중들의 의견을 묻는다."라고 했는데, '물(物)'자는 사안[事]을 뜻한다. '일왈(一曰)'·'이왈(二曰)' 등 그 이하에 기록된 말이 여기에 해당한다.

賈疏 ◎注"以用也"至"是乎". ○釋曰: "行鄕射之禮"者, 按今儀禮·鄕射云: "豫則鉤楹內, 堂則由楹外." 又云: "序則物當棟, 堂則物當楣." 堂謂鄕學, 據鄕大夫所行射禮也. 豫謂州長春秋二時習射於序. 司農云"和謂閨門之內行也"者, 以其父子主和, 故和謂閨門之內行也. 云"容謂容貌也"者, 以其容是容儀, 故知容貌也. 後鄭不從此義. 杜子春"讀和容爲和頌, 謂能爲樂也"者, 興舞卽舞樂, 今又以和容謂能爲樂, 故後鄭亦不從. "玄謂和載六德, 容包六行也"者, 破司農·子春之義. 按大司徒以鄕三物敎萬民, 敎成則興之, 明此詢者還是三物之內, 不是三物之外別有和容. 又且主皮興舞是六藝之內, 明此和容是六

---

62) 주장(州長)은 주(周)나라 때의 관직으로, 1개 주(州)의 수장을 뜻한다. 중대부(中大夫) 1명이 담당을 했으며, 그 주에서 시행하는 교화와 정령을 담당했다. 『주례』「지관(地官)·사도(司徒)」편에는 "州長, 每州中大夫一人."이라는 기록이 있고, 『주례』「지관·주장(州長)」편에는 "各掌其州之敎治政令之法."이라는 기록이 있다.

63) 서(序)는 본래 향(鄕) 밑의 행정단위인 주(州)에 건립된 학교를 뜻한다. 『주례』「지관(地官)·주장(州長)」편에는 "春秋以禮會民而射于州序."라는 기록이 있다. 또한 하후씨(夏后氏) 때 건립한 학교로 설명하며, 동서(東西)와 서서(西序)로 구분하기도 한다. 『예기』「왕제(王制)」편에는 "夏后氏養國老於東序, 養庶老於西序."라는 기록이 있고, 이에 대한 정현의 주에서는 "皆學名也."라고 풀이했다. 한편 '서'는 은(殷)나라 때의 학교로 설명되기도 하며 주(周)나라 때의 학교로 설명되기도 한다. 『맹자』「등문공상(滕文公上)」편에는 "夏曰校, 殷曰序, 周曰庠, 學則三代共之."라는 기록이 있고, 『한서(漢書)』「유림전서(儒林傳序)」편에는 "三代之道, 鄕里有敎, 夏曰校, 殷曰庠, 周曰序."라는 기록이 있다.

德六行之中. 在下謂之載, 和在六德之下, 故云和載六德. 云"容包六行"者, 在上謂之包, 容則孝也, 孝在六行之上, 故云容包六行. 必知容得爲孝者, 按漢書"高堂生善爲容", 容則禮也. 善爲孝者必合於禮之容儀, 故以孝爲容者也. 云"庶民無射禮"者, 天子至士, 有大射·燕射·賓射之等, 庶人則無此射禮, 故云無射禮也. 云"因田獵分禽, 則有主皮"者, 按大司馬職大獸公之, 小禽私之者. 至舍, 更與在田之人, 射則取之, 則有云主皮. "主皮者, 張皮射之, 無侯也"者, 自士已上, 張皮侯·采侯·獸侯·庶人主射此皮, 故云主皮無侯也. 云"主皮·和容·興舞, 則六藝之射與禮樂與"者, 以此三者當之, 故以主皮當射, 和容當禮, 興舞當樂. 若然, 三物之中, 其事一十有八. 今六德之中唯問和, 六行之中唯問容, 六藝之中唯問禮樂. 獨問此者, 旣貢賢於王, 其餘則未能盡備, 故略擧五者以問之. 六德是其大者, 故問下之和者; 六行是其小者, 故問上之孝者也. 六藝之中, 禮以安上治民, 樂以移風易俗. 男子生, 設弧於門左, 射是男子之事, 此者人行之急, 故特言之, 自餘略而不說. 又云"當射之時, 民必觀焉, 因詢之也"者, 按鄕射記"唯君有射于國中, 其餘則否". 注云: "臣不習武事於君側." 以其鄕射在城外, 衆庶皆觀焉, 故得詢此五物. 云"孔子射於矍相之圃"已下者, 此是禮記·射義文. 天子諸侯射, 先行燕禮. 卿大夫士射, 先行鄕飮酒之禮. 時孔子爲鄕大夫, 鄕射之禮先行飮酒禮, 故云孔子射於矍相之圃. 矍相, 地名. 以其臣不得在國射, 故射於矍相之圃. "蓋觀者如堵墻"者, 以其鄕內衆庶皆集在射所, 故云觀者如堵墻. 云"射至於司馬"者, 以其飮酒之禮必立司正, 於將射, 變司正爲司馬也. 按鄕射·大射, 司射執弓矢. 今此云子路執弓矢, 則子路爲司射也. 云"子路出誓"者, 以其衆庶多, 不可盡與之射, 故誓去之. 云"又使公罔之裘·序點揚觶而語"者, 按鄕飮酒之禮, 一人擧觶爲旅酬始, 二人擧觶爲無算爵始. 射在無算爵前. 今誓在無筭爵後者, 但射實在無算爵前, 今未射之前, 用此無算爵禮, 二人擧觶之法, 以誓衆庶耳. 非謂此射在無算爵後. 云"詢衆庶之儀若是乎"者, 孔子謂諸侯鄕大夫, 此經是天子鄕大夫, 引彼以證此, 故云"乎"以疑之.

번역 ◎鄭注: "以用也"~"是乎". ○정현이 "향사례를 시행한다."라고 했는데, 현행본 『의례』「향사례(鄕射禮)」편을 살펴보면 "활쏘기를 시행하는 장소가 주(州)에 설치된 학교라면 기둥 안쪽으로 돌아서 동쪽으로 나아가고, 향(鄕)에 설치된 학교라면 기둥 바깥쪽에서 동쪽으로 나아간다."[64]라고 했고, 또 "서(序)에서 활쏘기를 한다면 활 쏘는 자리는 마룻대 쪽에 있고, 당(堂)이라면 활 쏘는 자리는 처마 쪽에 있다."[65]라고 했다. 여기에서 말하는 '당(堂)'이란 향에 설치된 학교를 뜻하니, 향대부가 시행하는 사례를 기준으로 한 말이다. '예(豫)'는 주장이 봄과 가을마다 서(序)에서 활쏘기를 연습시키는 것을 뜻한다. 정사농은 "'화(和)'는 집안 내에서의 행실을 뜻한다."라고 했는데, 부모와 자식의 관계에서는 화목함을 위주로 한다. 그렇기 때문에 화에 대해서 집안 내에서의 행실을 뜻한다고 했다. 정사농은 "'용(容)'은 용모와 행동거지를 뜻한다."라고 했는데, '용(容)'자는 용모와 행동거지를 뜻하기 때문에 이것이 용모와 행동거지를 뜻한다는 사실을 알 수 있다. 그런데 정현은 이러한 주장에 따르지 않았다. 두자춘은 "'화용(和容)'은 '화송(和頌)'으로 풀이하니, 음악을 잘 한다는 뜻이다."라고 했는데, 뒤에 나오는 '흥무(興舞)'는 곧 춤과 음악을 뜻하니, 현재 다시 화용을 음악을 잘한다는 뜻으로 풀이했다. 그렇기 때문에 정현이 그 주장에도 따르지 않은 것이다. 정현이 "내가 생각하기에 '화(和)'는 육덕(六德)에 포함된 것이며, '용(容)'은 육행(六行)을 포괄하는 것이다."라고 했는데 정사농과 두자춘의 주장을 논파한 것이다. 『주례』「대사도(大司徒)」편을 살펴보면 향의 삼물로 백성들을 가르치고 가르침이 완성되면 선발한다고 했으니, 이것은 여기에서 묻는다고 한 말이 곧 삼물에 해당하는 것이며 삼물 이외에 별도의 화용(和容)이 있는 것이 아님을 나타낸다. 또 주피(主皮)와 흥무(興舞)는 육예(六藝)에 포함되는 것이니 여기에서 말한 화용 역시 육덕 및 육행에 해당하는 것임을 나타낸다. 세부 항목에 포함되므로 '재(載)'라고 말한 것이니, 화(和)는 육덕 안에 포함된 것이다. 그렇기 때문에 "화는 육덕에 포함된다."라고 했다. 정현이 "'용(容)'은 육행(六行)을 포괄하는 것이다."라고 했는데, 상위 항목에 해당하므로 '포(包)'라고 말한 것이니, 용(容)은 효를 뜻

64) 『의례』「향사례(鄕射禮)」: 揖進. 當階北面揖. 及階揖. 升堂揖. 豫則鉤楹內, 堂則由楹外. 當左物北面揖.

65) 『의례』「향사례(鄕射禮)」: 序則物當棟, 堂則物當楣.

하고, 효는 육행 중에서도 가장 으뜸이 된다. 그렇기 때문에 "용은 육행을 포괄한다."라고 했다. 용이 효가 됨을 분명히 알 수 있는 이유는 『한서』를 살펴보면 "고당생은 용(容)을 잘했다."라고 했는데, 여기에서 말하는 '용(容)'이란 곧 예(禮)를 뜻한다. 효를 잘한다는 것은 분명히 예법에 따른 용모와 행동거지에 부합하게 된다. 그렇기 때문에 효를 용이라고 여긴 것이다. 정현이 "서민들에게는 활쏘기의 예법이 없다."라고 했는데, 천자로부터 사 계급에 이르기까지 대사례(大射禮)[66]·연사례(燕射禮)[67]·빈사례(賓射禮)[68] 등의 활쏘기가 있지만, 서인의 경우에는 이러한 사례가 없다. 그렇기 때문에 사례가 없다고 했다. 정현이 "그에 따라 사냥을 실시하여 포획한 짐승을 나눠주게 된다면 주피(主皮)가 있게 된다."라고 했는데, 『주례』「대사마(大司馬)」편의 직무 기록을 살펴보면 큰 짐승은 군주에게 바치고 작은 짐승은 수여한다고 했다.[69] 그리고 숙소로 돌아오게 되면 재차 사냥에 참

---

66) 대사례(大射禮)는 제사를 지낼 때, 제사를 돕는 자들을 채택하기 위해 시행하는 활쏘기 대회이다. 천자의 경우에는 '교외 및 종묘[郊廟]'에서 제사를 지낼 때, 제후 및 군신(群臣)들과 미리 활쏘기를 하여, 적중함이 많은 자를 채택하고, 채택된 자로 하여금 천자가 주관하는 제사에 참여하도록 하는 의례(儀禮)이다. 『주례』「천관(天官)·사구(司裘)」편에는 "王大射, 則共虎侯, 熊侯, 豹侯, 設其鵠."이라는 기록이 있는데, 이에 대한 정현의 주에서는 "大射者, 爲祭祀射. 王將有郊廟之事, 以射擇諸侯及群臣與邦國所貢之士可以與祭者. …… 而中多者得與於祭."라고 풀이하였다. 한편 각 계급에 따라 '대사례'의 예법에는 차등이 있었는데, 예를 들어 천자가 시행하는 '대사례'에서는 표적으로 호후(虎侯), 웅후(熊侯), 표후(豹侯)가 사용되었고, 표적지에는 곡(鵠)을 설치했다. 그리고 제후가 시행하는 '대사례'에서는 웅후(熊侯), 표후(豹侯)가 사용되었고, 표적지에 곡(鵠)을 설치했다. 경(卿)과 대부(大夫)의 경우에는 미후(麋侯)를 사용하였고, 표적지에 곡(鵠)을 설치했다.

67) 연사례(燕射禮)는 연회 때 활쏘기를 했던 의례(儀禮)를 가리킨다. 천자는 제후 및 군신(群臣)들에게 연회를 베풀며, 그들의 노고를 치하했는데, 연회를 하며 활쏘기 또한 시행했다. 이처럼 연회 때 활쏘기를 하는 의식을 '연사례'라고 부른다.

68) 빈사례(賓射禮)는 천자가 오랜 벗과 함께 연회를 한 후 시행하는 활쏘기를 뜻한다. 또한 제후들이 천자를 찾아뵙거나 또는 제후들끼리 서로 회동을 할 때, 활쏘기를 하며 연회를 베푸는 것을 뜻하기도 한다.

69) 『주례』「하관(夏官)·대사마(大司馬)」 : 中軍以鼙令鼓, 鼓人皆三鼓, 群司馬振鐸, 車徒皆作. 遂鼓行, 徒銜枚而進. 大獸公之, 小禽私之, 獲者取左耳.

여했던 자들과 활쏘기를 해서 짐승을 획득하게 되므로 주피가 있다고 말한 것이다. 정현이 "'주피(主皮)'라는 것은 가죽을 펼쳐서 그곳에 활을 쏘는 것이며 과녁은 없게 된다."라고 했는데, 사 계급으로부터 그 이상의 계층은 피후(皮侯)·채후(采侯)·수후(獸侯)와 같은 과녁을 설치하는데, 서인의 경우 이러한 가죽에 곧바로 활쏘기를 한다. 그렇기 때문에 주피만 있고 과녁은 없다고 했다. 정현이 "주피·화용·흥무는 육예(六藝)에 해당하는 활쏘기·예·악에 해당할 것이다."라고 했는데, 이곳에 기록된 세 가지 사안을 해당시킨 것이다. 그렇기 때문에 주피는 활쏘기에 해당하고, 화용은 예에 해당하며, 흥무는 악에 해당한다. 만약 그렇다면 삼물에 있어서 실제적인 사안은 18가지가 된다. 현재 육덕 중에서 오직 화(和)에 대해서만 묻고 육행 중에서 오직 용(容)에 대해서만 묻고 육예 중에서 오직 예와 악에 대해서만 물은 것이다. 유독 이러한 것만 물어본 것은 이미 천자에게 현자를 천거한 상태이고, 그 나머지 사람들은 모두를 다 갖출 수 없다. 그렇기 때문에 간략히 다섯 가지만을 제시해서 묻는 것이다. 육덕은 매우 큰 범주에 해당한다. 그렇기 때문에 그 세부 항목에 해당하는 화(和)를 물어보는 것이다. 육행은 상대적으로 작은 범주에 해당한다. 그렇기 때문에 가장 상위의 항목인 효를 물어보는 것이다. 육예에 있어서 예는 위정자를 편안하게 만들고 백성들을 다스리는 것이며, 악은 풍속을 좋은 쪽으로 바꾸는 것이다. 남자가 태어나게 되면 문의 좌측에 활을 걸어두게 되는데, 활쏘기는 남자가 해야 하는 일이니, 이러한 것들은 사람이 실천해야 할 것들 중 급선무에 해당한다. 그렇기 때문에 특별히 이것들을 물어보는 것이며, 나머지 것들에 대해서는 생략하고 물어보지 않는다. 또 정현이 "활쏘기를 시행할 때 백성들은 반드시 그것을 관람하게 되고, 그 일로 인해 의견을 묻는 것이다."라고 했는데, 「향사례」편의 기문에서는 "오직 군주만이 국성 안에서 활쏘기를 하며, 나머지 계층은 하지 못한다."[70]라고 했다. 정현의 주에서는 "신하는 군주 곁에서 무예에 대한 일을 익히지 않는다."라고 했다. 향사례는 국성 밖에서 시행하여 백성들도 모두 관람할 수 있다. 그렇기 때문에 이러한 오물에 대

70) 『의례』「향사례(鄕射禮)」 : 唯君有射于國中, 其餘否.

해서 물어볼 수 있는 것이다. 정현이 "공자는 확상의 들에서 활을 쏘았다."라고 한 말로부터 그 이하의 기록은 모두 『예기』「사의(射義)」편의 문장이다. 천자와 제후의 활쏘기에서는 먼저 연례를 시행한다. 경·대부·사의 활쏘기에서는 먼저 향음주례를 시행한다. 당시 공자는 향대부의 신분이었고, 향사례에서 우선적으로 향음주례를 시행한 것이다. 그렇기 때문에 "공자는 확상의 들에서 활을 쏘았다."라고 말한 것이다. '확상(矍相)'은 지명이다. 신하들은 국성 안에서 활쏘기를 할 수 없기 때문에 확상의 들에서 활을 쏘았던 것이다. "지켜보는 자가 많아서 마치 담장처럼 그 주변을 둘렀다."라고 했는데, 향 안에 거주하는 백성들이 모두 활쏘는 장소로 운집한 것이다. 그렇기 때문에 "지켜보는 자가 많아서 마치 담장처럼 그 주변을 둘렀다."라고 했다. 정현이 "활쏘기에서 사정(司正)이 사마(司馬)를 맡는 단계에 이르렀다."라고 했는데, 향음주례에서는 반드시 사정을 세우게 되는데, 활을 쏘려고 할 때에는 사정을 사마로 바꾸게 된다. 「향사례」와 「대사례」편을 살펴보면 사사(司射)가 활과 화살을 잡는다고 했다. 그런데 이곳에서는 자로가 활과 화살을 잡는다고 했으니, 자로를 사사로 삼은 것이다. 정현이 "자로가 나와서 맹세를 했다."라고 했는데, 대중들이 많으므로 모두 활쏘기에 참여할 수 없다. 그렇기 때문에 맹세를 하며 활쏘기에 참여하지 않는 자들을 제외시킨 것이다. 정현이 "또 공망구와 서점을 시켜서 치(觶)를 들고 사람들에게 술을 권하며 옛 선왕이 만든 예악을 칭술하도록 시켰다."라고 했는데, 『의례』「향음주례(鄕飮酒禮)」편을 살펴보면 한 사람이 치를 들어 올려 여수(旅酬)[71]를 시작하고, 두 사람이 치를 들어 올려 무산작(無算爵)[72]을 시작한다고 했다. 활쏘기는 무산작을 시행하기 이전에 시행한

71) 여수(旅酬)는 본래 제사가 끝난 후에, 제사에 참가했던 친족 및 빈객(賓客)들이 술잔을 들어 술을 마시고, 서로 공경의 예(禮)를 표하며, 잔을 권하는 의례(儀禮)이다. 연회에서도 서로에게 술을 권하는 절차를 '여수'라고 부른다.

72) 무산작(無筭爵)은 술잔의 수를 헤아리지 않는다는 뜻이다. 여수(旅酬)를 한 이후에, 빈객들의 제자들과 형제들의 자제들은 각각 그들의 수장에게 술을 따르고, 잔을 들어 올리는 것도 각각 그들의 수장에게 한다. 그리고 빈객들이 잔을 가져다가, 형제들 집단에 술을 권하고, 장형제(長兄弟)들은 잔을 가져다가 빈객의 무리들에게 술을 권하게 된다. 이처럼 여러 차례 술을 따르고 권

다. 현재 맹세를 하는 시점이 무산작 이후에 한 것은 다만 활쏘기는 실제적으로 무산작 이전에 시행하지만, 현재 아직 활쏘기를 시행하기 이전에 무산작의 예를 시행하여, 두 사람이 치를 들어 올려서 모여 있는 자들에게 맹세를 한 것일 뿐이다. 이것은 활쏘기가 무산작 이후에 시행된다는 뜻이 아니다. 정현이 "대중들의 의견을 묻는 의식절차도 아마 이와 같았을 것이다."라고 했는데, 공자는 제후에게 소속된 향대부였으며, 이곳 경문의 내용은 천자에게 소속된 향대부에 대한 것이다. 공자에 대한 내용을 인용하여 이곳 내용을 증명했기 때문에 '호(乎)'자를 덧붙여서 추측했던 것이다.

참고 『예기』「문왕세자(文王世子)」 기록

경문-255d~256a 行一物, 而三善皆得者, 唯世子而已. 其齒於學之謂也. 故世子齒於學, 國人觀之曰, 將君我, 而與我齒讓, 何也. 曰, 有父在, 則禮然. 然而衆知父子之道矣. 其二曰, 將君我, 而與我齒讓, 何也. 曰, 有君在, 則禮然. 然而衆著於君臣之義也. 其三曰, 將君我, 而與我齒讓, 何也. 曰, 長長也. 然而衆知長幼之節矣. 故父在, 斯爲子, 君在, 斯謂之臣, 居子與臣之節, 所以尊君親親也. 故學之爲父子焉, 學之爲君臣焉, 學之爲長幼焉. 父子·君臣·長幼之道得而國治. 語曰, 樂正司業, 父師司成, 一有元良, 萬國以貞. 世子之謂也.

번역 '한 가지 선한 일[一物]'을 시행하여, '세 가지 선한 도리[三善]'를 모두 얻게 할 수 있는 자는 오직 세자 밖에 없다. '한 가지 선한 일'이라는 것은 바로 세자가 태학에서 국자들과 지위가 아닌 나이에 따라 겸양하는 것을 뜻한다. 그러므로 세자가 태학에서 국자들과 나이에 따라 겸양을 하면, 국자들은 그 모습을 보고 의혹스러워 하며, "장차 우리들의 군주가 되실 분이 우리들과 함께 나이에 따라 겸양을 하는 것은 무슨 이유인가?"라고 묻게 된다. 그러면 그 까닭을 알고 있는 자가 말해주길, "세자라 하더라도,

---

하기 때문에, 이러한 절차를 '무산작'이라고 부르는 것이다.

부친이 생존해 계실 때에는 남 앞에 나서지 않고, 항상 자신을 겸손하게 낮추는 것이니, 본래 예가 그러한 것이다."라고 대답해준다. 그렇게 되면 국자들은 세자의 모습을 보고, 부자 사이에서 지켜야 하는 도리를 알게 된다. 이것이 바로 첫 번째 선한 도리에 해당한다. 두 번째 선한 도리와 관련해서 말해 본다면, 국자들은 "장차 우리들의 군주가 되실 분이 우리들과 함께 나이에 따라 겸양을 하는 것은 무슨 이유인가?"라고 의혹을 제시한다. 그러면 다시 그 까닭을 알고 있는 자가 말해주길, "세자라 하더라도, 부친인 군주가 생존해 계시므로, 세자는 아직 신하의 신분이다. 그렇기 때문에 남 앞에 나서지 않고, 항상 자신을 겸손하게 낮추는 것이니, 본래 예가 그러한 것이다."라고 대답해준다. 그렇게 되면 국자들은 세자의 모습을 보고, 군신 사이에서 지켜야 하는 도리를 알게 된다. 세 번째 선한 도리와 관련해서 말해 본다면, 국자들은 "장차 우리들의 군주가 되실 분이 우리들과 함께 나이에 따라 겸양을 하는 것은 무슨 이유인가?"라고 의혹을 제시한다. 그러면 다시 그 까닭을 알고 있는 자가 말해주길, "아무리 세자의 신분이라 하더라도, 웃어른은 웃어른으로 섬겨야 하는 것이다."라고 대답해준다. 그렇게 되면 국자들은 세자의 모습을 보고, 장유 사이에서 지켜야 하는 도리를 알게 된다. 그러므로 부친이 생존해 계실 때에는 세자는 자식의 입장이 되고, 군주가 생존해 계실 때에는 세자를 신하라고 부르니, 자식과 신하였을 때 준수해야 하는 도리는 군주를 높이고 부친을 친애하는 것이다. 그렇기 때문에 세자에게 부자 사이에서 지켜야 하는 도리를 가르치고, 군신 사이에서 지켜야 하는 도리를 가르치며, 장유 사이에서 지켜야 하는 도리를 가르치는 것이다. 세자가 부자·군신·장유 사이에서 지켜야 하는 도리를 얻게 되면, 천하가 잘 다스려지게 된다. 옛말에, "악정(樂正)은 세자의 학업 완성하는 일을 담당하고, 부사(父師)는 세자의 덕성 완성하는 일을 담당한다. '한 사람[一]'이 크게 어질면, 온 천하가 바르게 된다."라고 했다. 이 문장의 '한 사람'이란 바로 '세자'를 가리킨다.

鄭注 物猶事也. 學, 教. 司, 主也. 一, 一人也. 元, 大也. 良, 善也. 貞, 正也.

번역 '물(物)'자는 사안[事]을 뜻한다. '학(學)'자는 "가르친다[敎]."는 뜻이다. '사(司)'자는 "주관한다[主]."는 뜻이다. '일(一)'자는 '한 사람[一人]'이라는 뜻이다. '원(元)'자는 "크다[大]."는 뜻이다. '양(良)'자는 "선하다[善]."는 뜻이다. '정(貞)'자는 "바르게 된다[正]."는 뜻이다.

集說 一物, 一事也, 與國人齒讓之一事也. 三善, 謂衆人知父子·君臣·長幼之道也.

번역 '일물(一物)'은 '한 가지 일[一事]'을 뜻하니, 곧 세자(世子)가 국자(國子)들과 함께 나이에 따라 서로 겸양을 하는 '한 가지 일'에 해당한다. '삼선(三善)'은 국자 무리들이 부자(父子)·군신(君臣)·장유(長幼) 사이에서 지켜야 하는 도리를 안다는 것을 뜻한다.

참고 『예기』「곡례하(曲禮下)」 기록

경문-47d 執玉, 其有藉者則裼, 無藉者則襲.

번역 옥을 잡을 때, 그것이 깔개가 있는 옥이라면 석(裼)[73]을 하고, 깔개가 없는 옥이라면 습(襲)[74]을 한다.

鄭注 藉, 藻也. 裼, 襲, 文質相變耳. 有藻爲文, 裼見美亦文. 無藻爲質, 襲

---

73) 석(裼)은 고대에 의례를 시행할 때 하는 복장 방식 중 하나이다. 좌측 소매를 걷어 올려서, 안에 입고 있는 석의(裼衣)를 드러내는 것이다. 한편 '석'은 비교적 성대하지 않은 의식 때 시행하는 복장 방식으로도 사용되어, 좌측 소매를 걷어 올려서 공경의 뜻을 표하기도 했다.

74) 습(襲)은 고대에 의례를 시행할 때 하는 복장 방식 중 하나이다. 겉옷으로 안에 입고 있던 옷들을 완전히 가리는 방식이다. 한편 '습'은 비교적 성대한 의식 때 시행하는 복장 방식으로도 사용되어, 안에 있고 있는 옷을 드러내지 않음으로써, 공경의 뜻을 표하기도 했다.

充美亦質. 圭璋特而襲, 璧琮加束帛而裼, 亦是也.

번역 '자(藉)'자는 '채색을 하여 바닥에 깐 깔개[藻]'[75]를 뜻한다. 석(裼)을 하고 습(襲)을 한다는 말은 화려함[文]과 질박함[質]을 상대적으로 맞춰서 변화시킨다는 뜻일 뿐이다. 즉 무늬가 있는 깔개를 드러낼 때에는 화려한 것에 해당하니, 석(裼)을 함으로써 그 의상의 화려함을 드러내는 것 또한 화려한 것에 해당한다. 조(藻)를 드러내지 않을 때에는 질박한 것에 해당하니, 습(襲)을 하여 의상의 화려함을 감추는 것 또한 질박한 것에 해당한다. 규(圭)와 장(璋)을 보낼 때에는 그것만 보내며, 또한 습(襲)을 하고, 벽(璧)과 종(琮)을 보낼 때에는 한 묶음의 비단을 그 밑에 깔며, 또한 석(裼)을 한다는 것은 또한 화려한 것에는 화려함으로 맞추고, 질박한 것에는 질박함으로 맞춘다는 뜻이다.

참고 『맹자』「만장상(萬章上)」 기록

경문 湯使人以幣聘之, 囂囂然曰: "我何以湯之聘幣爲哉? 我豈若處畎畝之中, 由是以樂堯·舜之道哉?"

번역 탕임금이 사람을 시켜 폐백으로 이윤을 초빙했다. 이윤은 욕심 없이 스스로 만족해하며 "내 어찌 탕임금이 빙문으로 보내온 폐백을 쓰겠는가? 내 어찌 초야에 살며 요순의 도를 즐거워하는 것만 같겠는가?"라고 했다.

趙注 湯聞其賢, 以玄纁之幣帛往聘之, 囂囂然, 自得之志, 無欲之貌也. 曰: 豈若居畎畝之中而無憂哉, 樂我堯·舜仁義之道.

---

75) 『예기』「잡기하(雜記下)」【522c】: 贊大行曰, "圭, 公九寸, 侯伯七寸, 子男五寸, 博三寸, 厚半寸, 剡上, 左右各寸半, 玉也. 藻三采六等."

번역 탕임금은 이윤이 현명하다는 소식을 듣고 현색과 훈색의 폐백을 가져가서 그를 빙문하도록 시켰는데, '효효연(囂囂然)'이란 스스로 만족해하는 뜻이며 욕심이 없는 모습을 의미한다. 이윤은 어찌 초야에 살며 근심이 없는 것만 같겠는가, 요순과 인의의 도를 좋아한다고 말한 것이다.

集註 囂囂, 無欲自得之貌.

번역 '효효(囂囂)'는 욕심이 없고 스스로 만족해하는 모습이다.

그림 2-1 ▣ 연(筵)

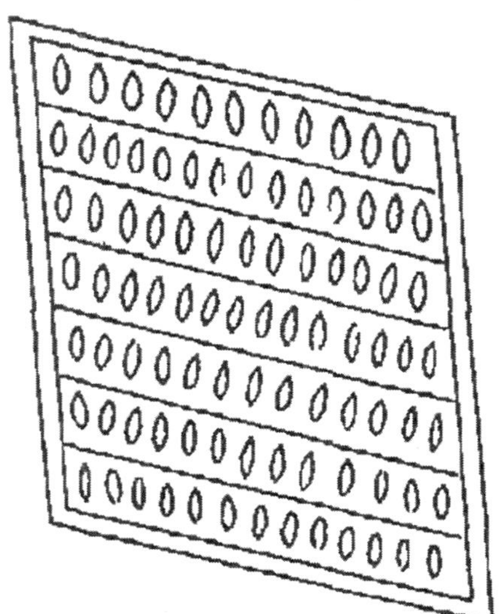

※ **출처:**『삼례도집주(三禮圖集注)』8권

그림 2-2 ■ 치(觶)

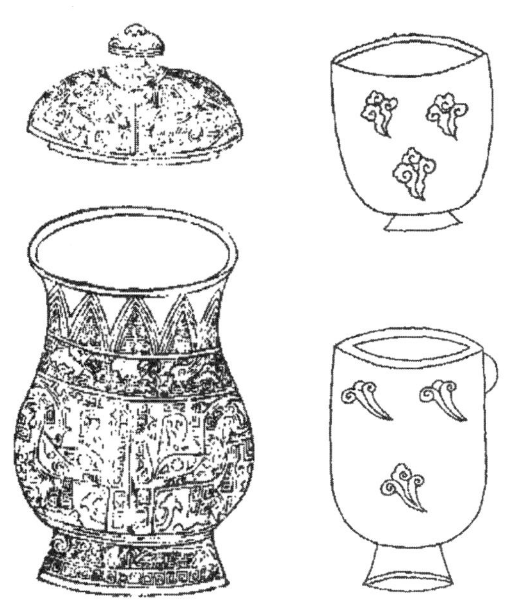

※ 출처: 좌-『삼재도회(三才圖會)』「기용(器用)」 1권
상우-『삼례도집주(三禮圖集注)』 12권 ; 하우-『육경도(六經圖)』 9권

그림 2-3 ■ 소자(繅藉)

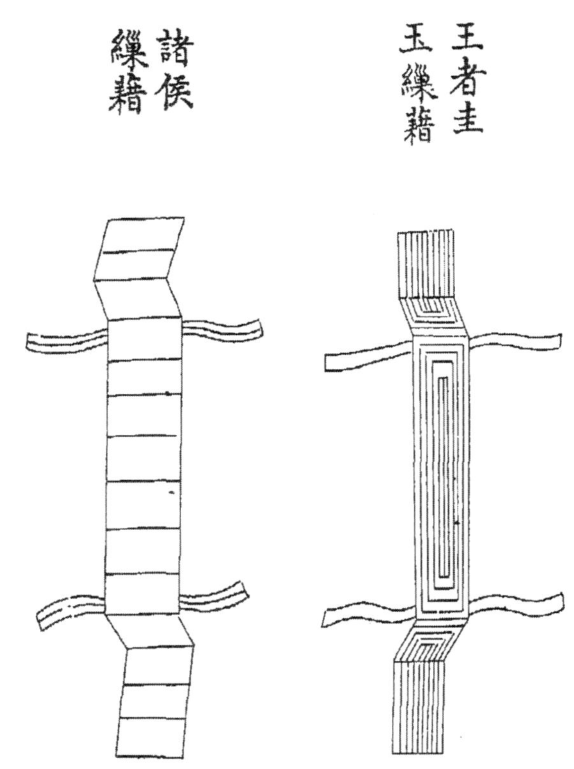

※ **출처:**『삼례도집주(三禮圖集注)』10권

그림 2-4 ▣ 오옥(五玉) : 황(璜)·벽(璧)·장(璋)·규(圭)·종(琮)

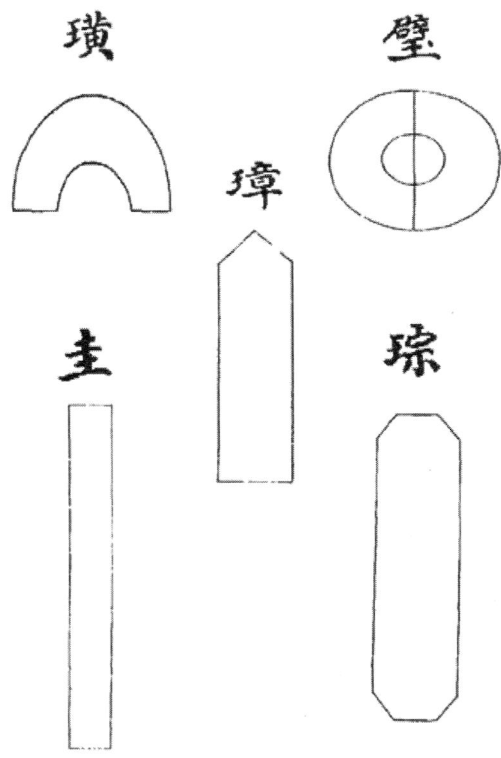

※ **출처:** 『주례도설(周禮圖說)』 하권

• 제 3 절 •

유자(儒者)의 행실 - 용모(容貌)

【681a】

"儒有衣冠中, 動作愼. 其大讓如慢, 小讓如僞, 大則如威, 小則如愧. 其難進而易退也, 粥粥若無能也. 其容貌有如此者."

직역 "儒는 衣冠이 中하고, 動作이 愼함이 有합니다. 그 大讓은 慢과 如하고, 小讓은 僞와 如하며, 大라면 威와 如하고, 小라면 愧와 如합니다. 그 進을 難하고 退를 易하며, 粥粥하여 無能과 若합니다. 그 容貌에는 此와 如한 者가 有합니다."

의역 공자가 계속하여 말하길, "유자는 의관을 바르게 하고 행동을 신중히 함이 있습니다. 그래서 크게 사양할 때에는 남들이 보기에 마치 거만한 것처럼 보이지만 실제로는 여유롭기 때문이고, 작게 사양할 때에는 남들이 보기에 거짓된 것처럼 보이지만 실제로는 다급하지 않기 때문이며, 크게 나타나는 것에 있어서는 남들이 범할 수 없는 위엄이 있는 것처럼 보이고, 작게 나타나는 것에 있어서는 감히 어찌할 수 없어 부끄러워하는 것처럼 보입니다. 유자는 나아갈 때 신중을 기하여 어렵게 하고, 물러날 때에는 곧바로 하니 쉽게 하며, 유약하여 남들이 보기에는 마치 무능한 것처럼 보입니다. 유자는 행동거지에 이와 같은 점이 있는 자들입니다."라고 했다.

集說 中, 猶正也. 論語曰, 君子正其衣冠.

번역 '중(中)'자는 "바르다[正]."는 뜻이다. 『논어』에서는 "군자는 의관을 바르게 한다."[1]라고 했다.

集說 方氏曰: 衣冠中者, 言衣之在身, 冠之在首, 皆中於禮也. 動作愼者, 言心之所動, 事之所作, 皆愼其德也. 大讓所以自抗, 故如慢而不敬; 小讓所以致曲, 故如僞而不誠. 方其容貌之大也, 則有所不可犯, 故如威. 及其容貌之小也, 則有不敢爲, 故如愧. 三揖而後進, 故曰難進. 一辭而遂退, 故曰易退. 粥粥者, 柔弱之狀, 故若無能也. 是皆禮之所脩, 道之所與也.

번역 방씨가 말하길, "의관이 중(中)하다."라는 말은 의복은 몸에 착용하고 관은 머리에 쓰는데, 둘 모두 예법에 맞다는 뜻이다. "동작이 신(愼)하다."라는 말은 마음이 움직인 것과 사안으로 나타난 것들이 모두 그 덕을 신중히 나타냈다는 뜻이다. 크게 사양함은 스스로를 높이는 것이기 때문에 마치 거만하여 공경하지 않는 것처럼 보이며, 작게 사양함은 세세한 것까지 다하는 것이기 때문에 마치 거짓되어 진실되지 않은 것처럼 보인다. 그 용모의 큰 것을 본받게 된다면, 남이 범할 수 없는 점이 생긴다. 그렇기 때문에 위엄이 있는 것처럼 보인다. 용모의 작은 것에 있어서는 감히 할 수 없는 점이 생기기 때문에 마치 부끄러워하는 것처럼 보인다. 세 차례 읍(揖)을 한 이후에 나아가기 때문에 "나아가기를 어렵게 한다."라고 했다. 한 차례 사양을 하고 곧바로 물러나기 때문에 "물러나길 쉽게 한다."라고 했다. '죽죽(粥粥)'은 유약한 모습을 뜻한다. 그렇기 때문에 마치 무능한 것처럼 보인다. 이것들은 모두 예법에 따라 수양하고 도가 부여된 것이다.

大全 張子曰: 衣冠中, 謂衣冠中於禮也. 其大讓如慢, 事固有大讓小讓. 如讓國讓位, 是謂大讓也. 大讓則誠然而後讓, 若不有之, 故似慢也. 若夫飮食辭辟之間, 是小讓也. 小讓實如僞之, 以爲儀爾.

---

1) 『논어』「요왈(堯曰)」: 子張問於孔子曰, "何如斯可以從政矣?" 子曰, "尊五美, 屛四惡, 斯可以從政矣." 子張曰, "何謂五美?" 子曰, "君子惠而不費, 勞而不怨, 欲而不貪, 泰而不驕, 威而不猛." 子張曰, "何謂惠而不費?" 子曰, "因民之所利而利之, 斯不亦惠而不費乎? 擇可勞而勞之, 又誰怨? 欲仁而得仁, 又焉貪? 君子無衆寡, 無小大, 無敢慢, 斯不亦泰而不驕乎? 君子正其衣冠, 尊其瞻視, 儼然人望而畏之, 斯不亦威而不猛乎?"

번역 장자[2]가 말하길, "의관이 중(中)하다."는 말은 의관이 예법에 맞다는 뜻이다. 크게 사양함은 거만한 것과 같다고 했는데, 사안에는 진실로 크게 사양할 때와 작게 사양할 때가 있다. 예를 들어 나라나 지위를 사양하는 것들은 크게 사양한다고 부른다. 크게 사양한다면 성심을 다한 뒤에야 사양을 하니, 마치 그것을 소유할 수 없기 때문인 것처럼 한다. 그래서 거만한 것처럼 보인다. 음식 등에 대해서 사양하여 피하는 것들은 작게 사양하는 것에 해당한다. 작게 사양하는 것은 진실로 거짓되게 행동하는 것처럼 보이지만, 이것을 예법에 맞는 격식으로 삼을 따름이다.

鄭注 中, 中間, 謂不嚴厲也. "如慢"·"如僞", 言之不愊怛也. "如威"·"如愧", 如有所畏.

번역 '중(中)'자는 중간에 해당한다는 뜻이니, 너무 엄격하지 않다는 의미이다. "거만한 것처럼 보인다."는 말과 "거짓된 것처럼 보인다."는 말은 매우 다급하게 하지 않는다는 뜻이다. "위엄이 있는 것처럼 보인다."는 말과 "부끄러워하는 것처럼 보인다."는 말은 마치 두려워하는 것이 있는 것처럼 한다는 뜻이다.

釋文 慢音僈. 易, 以豉反, 下"險易"同. 粥, 徐本作鬻, 章六反, 卑謙貌, 一音羊六反. 愊, 普力反, 一音逼, 謂愊怛也. 怛, 丹達反, 驚怛也, 本或作恨者, 非.

번역 '慢'자의 음은 '僈(만)'이다. '易'자는 '以(이)'자와 '豉(시)'자의 반절음이며, 아래문장에 나오는 '險易'에서의 '易'자도 그 음이 이와 같다. '粥'자를 『서본』에서는 '鬻'자로 기록했으며, 그 음은 '章(장)'자와 '六(륙)'자의 반절음이며, 낮추고 겸손하게 대하는 모습을 뜻하고, 다른 음은 '羊(양)'자와

---

2) 장재(張載, A.D.1020 ~ A.D.1077) : =장자(張子)·장횡거(張橫渠). 북송(北宋) 때의 유학자이다. 북송오자(北宋五子) 중 한 사람으로 칭해진다. 자(字)는 자후(子厚)이다. 횡거진(橫渠鎭) 출신으로, 이곳에서 장기간 강학을 했기 때문에 횡거선생(橫渠先生)으로 일컬어지기도 한다.

'六(륙)'자의 반절음이다. '愊'자는 '普(보)'자와 '力(력)'자의 반절음이며, 다른 음은 '逼(핍)'이고, 다급하다는 뜻이다. '怛'자는 '丹(단)'자와 '達(달)'자의 반절음이며, 깜짝 놀랐다는 뜻이고, 판본에 따라서는 '悢'자로도 기록하는데 잘못된 기록이다.

孔疏 ●"儒有衣冠中"者, 此明儒者容貌之事.

번역 ●經文: "儒有衣冠中". ○이 문장은 유자의 용모에 대한 사안을 나타내고 있다.

孔疏 ●"儒有衣冠中"者, 中, 間, 言儒者所服衣冠, 在尋常人之中間, 不嚴勵自異也.

번역 ●經文: "儒有衣冠中". ○'중(中)'자는 사이[間]라는 뜻이니, 유자가 착용하는 의관은 일반인들이 착용하는 것의 중간에 해당하여, 지나치게 엄격하게 하여 스스로 차이를 두지 않는다는 의미이다.

孔疏 ●"動作愼"者, 謂擧動興作恒謹愼也.

번역 ●經文: "動作愼". ○움직이고 행동함에 항상 신중을 기한다는 뜻이다.

孔疏 ●"其大讓如慢", 謂有人以大物與己, 己之讓此大物之時, 辭貌寬緩, 如傲慢然.

번역 ●經文: "其大讓如慢". ○어떤 사람이 중대한 물건을 자신에게 준다면, 자신이 이러한 중대한 사물을 사양할 때, 그 말과 행동은 여유로워서 마치 거만한 것처럼 보인다는 뜻이다.

孔疏 ●"小讓如僞"者, 言讓其小物, 如似詐僞, 亦謂寬緩不急切也. 言儒不以利動也.

번역 ●經文: "小讓如僞". ○미미한 사물을 사양할 때에는 마치 거짓된 것처럼 보이니, 이 또한 여유롭게 행동하며 다급하거나 절박하지 않다는 뜻이다. 즉 유자는 이로움에 따라 행동하지 않는다는 의미이다.

孔疏 ●"大則如威"者, 言有大事之時, 形貌則如似有所畏懼也.

번역 ●經文: "大則如威". ○중대한 사안을 처리할 때, 그 모습은 마치 두려워하는 것이 있는 것처럼 보인다는 뜻이다.

孔疏 ●"小則如愧"者, 言行小事之時, 則如似有所慙愧. 如威如愧, 皆謂重愼自貶損.

번역 ●經文: "小則如愧". ○소소한 사안을 처리할 때라면, 마치 부끄럽게 여기는 것이 있는 것처럼 보인다는 뜻이다. 두려워하는 것처럼 보이고 부끄러워하는 것처럼 보인다는 말은 모두 신중을 기하여 스스로를 낮춘다는 의미이다.

孔疏 ●"粥粥若無能也"者, 粥粥, 是柔弱專愚之貌. 言形貌粥粥然, 如無所能也.

번역 ●經文: "粥粥若無能也". ○'죽죽(粥粥)'은 유약하고 아둔한 모습을 뜻한다. 말과 행동이 유약하고 아둔한 것처럼 드러나 무능한 것처럼 보인다는 의미이다.

孔疏 ◎注"中中"至"所畏". ○正義曰: "中, 中間"者, 言儒者衣冠在常人中間, 則孔子逢掖之衣, 是也. 云"如慢·如僞, 言之不愊怛也"者, 愊怛, 謂急促之意. 言語之時, 不愊怛切急, 如似慢怠, 如似僞然. 庾氏云: "讓大物不受, 拒於人急, 如似傲慢; 讓小物之時, 初讓後受, 如似僞然", 與注意不合, 非鄭旨也.

번역 ◎鄭注: "中中"~"所畏". ○정현이 "'중(中)'자는 중간에 해당한다

는 뜻이다."라고 했는데, 유자의 의관은 일반인들의 중간에 해당하니, 공자가 소매가 큰 홑옷을 입었다는 것이 바로 이러한 경우에 해당한다. 정현이 "거만한 것처럼 보인다는 말과 거짓된 것처럼 보인다는 말은 매우 다급하게 하지 않는다는 뜻이다."라고 했는데, '핍달(愊怛)'은 다급하다는 뜻이다. 말을 할 때 다급하거나 간절하지 않아서 마치 거만한 것처럼 보이고 마치 속이는 것처럼 보인다는 뜻이다. 유울[3]은 "큰 사물을 사양하여 받지 않는 것은 남에 대해 거절할 때 급히 하여 마치 거만한 것처럼 보이는 것이다. 작은 사물을 사양할 때에는 최초 사양을 한 이후에 받아서 마치 거짓된 것처럼 보인다."라고 했는데, 정현의 주와 합치되지 않으니, 정현의 본지가 아니다.

訓纂 晏氏曰: 大讓者, 祿之以天下弗顧, 繫馬千駟弗視. 小讓者, 觴酒豆肉, 讓而受惡, 衽席之上, 讓而就賤. 難進者, 進以禮也, 伊尹之三聘是已. 易退者, 退於義也, 仲尼之不脫冕是已. 是皆動容周旋而可見者, 故曰其容貌有如此者.

번역 안씨가 말하길, 크게 사양한다는 말은 천하로 녹봉을 주더라도 돌아보지 않고 4,000필의 말을 매어두더라도 살펴보지 않는다는 뜻이다.[4] 작게 사양한다는 말은 술과 음식에 대해 사양하여 나쁜 것을 받고, 자리에 대해 사양하여 낮은 자리에 앉는다는 뜻이다.[5] 나아가길 어렵게 한다는 말은 예법에 따라 나아간다는 뜻으로, 이윤에 대해 세 차례 빙문을 한 것이 바로 이러한 뜻에 해당한다. 쉽게 물러난다는 말은 의(義)에 따라 물러난다

---

3) 유울(庾蔚, ? ~ ?) : =유씨(庾氏). 남조(南朝) 때 송(宋)나라 학자이다. 저서로는 『예기약해(禮記略解)』, 『예론초(禮論鈔)』, 『상복(喪服)』, 『상복세요(喪服世要)』, 『상복요기주(喪服要記注)』 등을 남겼다.

4) 『맹자』「만장상(萬章上)」: 孟子曰, 否, 不然, 伊尹耕於有莘之野, 而樂堯舜之道焉. 非其義也, 非其道也, 祿之以天下, 弗顧也, 繫馬千駟, 弗視也. 非其義也, 非其道也, 一介不以與人, 一介不以取諸人.

5) 『예기』「방기(坊記)」【612b】: 子云, "觴酒·豆肉, 讓而受惡, 民猶犯齒. 衽席之上, 讓而坐下, 民猶犯貴. 朝廷之位, 讓而就賤, 民猶犯君. 詩云, '民之無良, 相怨一方. 受爵不讓, 至于己斯亡.'" 子云, "君子貴人而賤己, 先人而後己, 則民作讓. 故稱人之君曰君, 自稱其君曰寡君."

는 뜻으로, 공자가 면류관을 벗지 않았던 것이 바로 이러한 뜻에 해당한다. 이러한 것들은 모두 행동하는 것 속에서 확인할 수 있다. 그렇기 때문에 "그 용모에 이와 같은 점이 있는 자들이다."라고 했다.

集解 呂氏大臨曰: 衣冠中, 謂得其中制, 不異於衆, 不流於俗而已. 動作愼, 非禮勿履而已. 非其義也, 祿之以天下弗顧也. 辭其大者, 若自尊以驕人然, 非自尊也, 尊道也. 辭其小者, 若矯飾而不出於情然, 非矯飾也, 欲由禮也. 尊道而不屈於世, 若有所威; 由禮而不犯非禮, 若有所愧. 非義不就, 所以難進; 色斯擧矣, 所以易退.

번역 여대림이 말하길, "의관이 중(中)하다."는 말은 합당한 제도에 맞아서, 대중들과 차이를 보이지 않고 세속에도 휩쓸리지 않을 따름이라는 뜻이다. "행동이 신(愼)하다."는 말은 예가 아니면 행동하지 않을 따름이라는 뜻이다. 의로운 일이 아니라면 천하로 녹봉을 주더라도 돌아보지 않는다. 큰 것을 사양하는 경우, 마치 스스로를 존귀하게 높여서 남에게 교만하게 구는 것처럼 보이지만, 실제로는 스스로를 존귀하게 높이는 것이 아니며, 도를 존귀하게 높이는 것이다. 작은 것을 사양하는 경우, 마치 가식적이며 솔직한 감정에서 나오지 않은 것처럼 보이지만, 실제로는 가식적인 것이 아니며, 예법에 따르고자 하는 것이다. 도를 존귀하게 높여서 세속에 굴하지 않으니, 마치 두려워하는 것이 있는 것 같고, 예법에 따라서 비례를 범하지 않으니, 마치 부끄러워하는 것이 있는 것 같다. 의롭지 않으면 나아가지 않으니 나아가길 어렵게 여기는 것이며, 안색의 좋지 못한 모습을 보면 물러나니[6] 물러나길 쉽게 여기는 것이다.

---

6) 『논어』「향당(鄕黨)」: 色斯擧矣, 翔而後集.

참고 원문비교

예기대전 · 유행 儒有衣冠中, 動作愼. 其大讓如慢, 小讓如僞, 大則如威, 小則如愧. 其難進而易退也, 粥粥若無能也. 其容貌有如此者.

공자가어 · 유행해(儒行解) 儒有衣冠中, 動作愼, 其大讓如慢①, 小讓如僞, 大則如威, 小則如媿. 難進而易退也, 粥粥若無能也. 其容貌有如此者.

王注-① 慢, 簡略也.

번역 '만(慢)'자는 간략하다는 뜻이다.

참고 『논어』「요왈(堯曰)」 기록

경문 子張問於孔子曰: "何如斯可以從政矣?" 子曰: "尊五美, 屛四惡, 斯可以從政矣."

번역 자장이 공자에게 묻기를 "어떻게 해야만 정치에 종사할 수 있습니까?"라고 하자 공자는 "오미(五美)를 존귀하게 높이고 사악(四惡)을 제거한다면 정치에 종사할 수 있다."라고 대답했다.

何注 孔曰: 屛, 除也.

번역 공씨가 말하길, '병(屛)'자는 "제거하다[除]."는 뜻이다.

邢疏 ●"子張"至"有司". ○正義曰: 此章論爲政之理也.

번역 ●經文: "子張"~"有司". ○이곳 문장은 정치를 시행하는 이치를 논의하고 있다.

邢疏 ●"子張問於孔子曰: 何如斯可以從政矣? 子曰: 尊五美, 屛四惡, 斯可以從政矣"者, 屛, 除也. 子張問其政術, 孔子答曰: 當尊崇五種美事, 屛除四種惡事, 則可也.

번역 ●經文: "子張問於孔子曰: 何如斯可以從政矣? 子曰: 尊五美, 屛四惡, 斯可以從政矣". ○'병(屛)'자는 "제거하다[除]."는 뜻이다. 자장은 정치의 방도를 질문하였는데, 공자는 답변을 하며 마땅히 다섯 종류의 아름다운 사안을 존숭해야 하며 네 종류의 흉악한 사안을 제거해야만 옳다고 말한 것이다.

경문 子張曰: "何謂五美?" 子曰: "君子惠而不費, 勞而不怨, 欲而不貪, 泰而不驕, 威而不猛." 子張曰: "何謂惠而不費?" 子曰: "因民之所利而利之, 斯不亦惠而不費乎?"

번역 자장이 묻기를 "어떤 것을 '오미(五美)'라고 합니까?"라고 하자 공자는 "군자는 은혜롭지만 은혜를 쓸데없이 허비하지 않고, 수고롭게 일을 시키되 원망하지 않으며, 하고자 하지만 탐욕을 부리지 않고, 태연하지만 교만하지 않으며, 위엄이 있지만 난폭하지 않다."라고 대답했다. 자장이 묻기를 "어떤 것을 두고 은혜롭지만 은혜를 쓸데없이 허비하지 않는다고 합니까?"라고 하자 공자는 "백성들이 이롭게 여기는 것에 따라서 그것으로 이롭게 해주니, 이것이 은혜롭되 허비하지 않는 것이 아니겠는가?"라고 대답했다.

何注 王曰: 利民在政, 無費於財.

번역 왕씨가 말하길, 백성을 이롭게 하는 것은 정치에 달려 있으며, 재화에 대해서 허비하지 않는다는 뜻이다.

邢疏 ●"子張曰: 何謂五美"者, 未知其目, 故復問之.

번역 ●經文: "子張曰: 何謂五美". ○세부 항목을 몰랐기 때문에 재차 질문한 것이다.

邢疏 ●"子曰: 君子惠而不費, 勞而不怨, 欲而不貪, 泰而不驕, 威而不猛"者, 此孔子爲述五美之目也.

번역 ●經文: "子曰: 君子惠而不費, 勞而不怨, 欲而不貪, 泰而不驕, 威而不猛". ○이것은 공자가 오미(五美)의 세부 항목을 조술한 것이다.

邢疏 ●"子張曰: 何謂惠而不費"者, 子張雖聞其目, 猶未達其理, 故復問之.

번역 ●經文: "子張曰: 何謂惠而不費". ○자장은 비록 그 세부 항목들을 들었지만, 아직까지 그 이치에는 통달하지 못했다. 그렇기 때문에 재차 질문한 것이다.

邢疏 ●"子曰: 因民之所利而利之, 斯不亦惠而不費乎"者, 此孔子爲說其惠而不費之一美也. 民居五土, 所利不同. 山者利其禽獸, 渚者利其魚鹽, 中原利其五穀. 人君因其所利, 使各居其所安, 不易其利, 則是惠愛利民在政, 且不費於財也.

번역 ●經文: "子曰: 因民之所利而利之, 斯不亦惠而不費乎". ○이것은 공자가 은혜롭되 허비하지 않는다고 했던 첫 번째 아름다운 사안을 설명해 준 것이다. 백성들은 오토(五土)[7]에 거주하여 이롭게 여기는 것이 동일하지 않다. 산에 사는 자들은 짐승을 이롭게 여기고, 물가에 사는 사람들은 물고기나 소금을 이롭게 여기며, 내륙의 평지에 사는 사람들은 오곡(五

---

7) 오토(五土)는 다섯 종류의 지형을 뜻한다. '산림지형[山林]', '하천이나 연못지형[川澤]', '구릉지형[丘陵]', '저지대나 평탄한 지형[墳衍]', '평탄하거나 습한 지형[原隰]'을 가리킨다. 『공자가어(孔子家語)』「상로(相魯)」편에는 "乃別五土之性, 而物各得其所生之宜."라는 기록이 있는데, 이에 대한 왕숙(王肅)의 주에서는 "五土, 一曰山林, 二曰川澤, 三曰丘陵, 四曰墳衍, 五曰原隰."이라고 풀이하였다.

穀)[8]을 이롭게 여긴다. 군주는 백성들이 이롭게 여기는 것에 따라서 그들로 하여금 각각 그들이 편안히 여기는 곳에 거주토록 하고, 그들이 이롭게 여기는 것을 마음대로 바꾸지 않으니, 이것은 백성들에게 은혜를 베풀고 이롭게 해주는 것은 정치에 달려 있으며 또한 재물을 쓸데없이 허비하지 않는 것에 해당한다.

경문 "擇可勞而勞之, 又誰怨? 欲仁而得仁, 又焉貪? 君子無衆寡, 無小大, 無敢慢."

번역 계속하여 공자가 말하길, "수고롭게 여길만한 일을 택해서 수고롭게 일하게 시키는데 또한 그 누구가 원망하겠는가? 인을 시행하고자 하면 곧 인을 터득하는데 또한 무엇을 탐하겠는가? 군자는 많고 적음 또 작거나 큼에 상관없이 감히 태만하게 굴지 않는다."라고 대답했다.

何注 孔曰: 言君子不以寡小而慢也.

번역 공씨가 말하길, 군자는 적거나 작다는 이유로 태만하게 굴지 않는다는 뜻이다.

---

8) 오곡(五穀)은 곡식을 총칭하는 말로 사용되는데, 본래 다섯 가지 곡식을 뜻한다. 그러나 다섯 가지 곡식이 구체적으로 무엇을 가리키는지에 대해서는 이견이 많다. 『주례』「천관(天官)·질의(疾醫)」편에는 "以五味·五穀·五藥養其病."이라는 기록이 있고, 이에 대한 정현의 주에서는 "五穀, 麻·黍·稷·麥·豆也."라고 풀이했다. 즉 이 문장에서는 '오곡'을 마(麻)·메기장[黍]·차기장[稷]·보리[麥]·콩[豆]으로 설명하고 있다. 그리고 『맹자』「등문공상(滕文公上)」편에는 "樹藝五穀, 五穀熟而民人育."이라는 기록이 있고, 이에 대한 조기(趙岐)의 주에서는 "五穀謂稻·黍·稷·麥·菽也."라고 풀이했다. 즉 이 문장에서는 '오곡'을 쌀[稻]·메기장[黍]·차기장[稷]·보리[麥]·대두[菽]로 설명하고 있다. 그리고 『초사(楚辭)』「대초(大招)」편에는 "五穀六仞."이라는 기록이 있는데, 이에 대한 왕일(王逸)의 주에서는 "五穀, 稻·稷·麥·豆·麻也."라고 풀이했다. 즉 이 문장에서는 '오곡'을 쌀[稻]·차기장[稷]·보리[麥]·콩[豆]·마(麻)로 설명하고 있다. 이외에도 각종 주석에 따라 해당 작물이 달라진다.

邢疏 ●"擇可勞而勞之, 又誰怨"者, 孔子知子張未能盡達, 故旣答惠而不費, 不須其問, 卽爲陳其餘者. 此說勞而不怨者也. 擇可勞而勞之, 謂使民以時, 則又誰怨恨哉!

번역 ●經文: "擇可勞而勞之, 又誰怨". ○공자는 자장이 아직까지 그 이치를 모두 통달하지 못했다는 사실을 알았기 때문에 은혜롭되 허비하지 않는다는 뜻을 답변해주고서, 자장이 질문할 때까지 기다리지 않고 곧바로 나머지 것들도 설명해준 것이다. 이것은 수고롭되 원망하지 않는다는 항목을 풀이해준 것이다. 수고롭게 여길만한 일을 택해서 수고롭게 일을 시킨다는 말은 백성들을 때에 맞게 부린다는 뜻이니, 또한 누가 원망하겠는가!

邢疏 ●"欲仁而得仁, 又焉貪", 此說欲而不貪也. 言常人之欲, 失在貪財. 我則欲仁, 而仁斯至矣, 又安得爲貪乎?

번역 ●經文: "欲仁而得仁, 又焉貪". ○이것은 하고자 하지만 탐욕을 부리지 않는다는 뜻을 풀이한 말이다. 즉 일반인들의 욕구는 재물을 탐하는 데에서 실수를 범한다. 내가 인을 하고자 한다면 인이 도달하게 되는데, 또한 무엇을 탐할 수 있겠는가?

경문 "斯不亦泰而不驕乎? 君子正其衣冠, 尊其瞻視, 儼然人望而畏之, 斯不亦威而不猛乎?" 子張曰: "何謂四惡?" 子曰: "不教而殺謂之虐, 不戒視成謂之暴."

번역 계속하여 공자가 말하길, "이것이 또한 태연하면서도 교만하지 않은 것이 아니겠는가? 군자는 의관을 바르게 하며 살펴봄을 존귀하게 높여 엄숙히 사람들이 바라보고 외경하게 되니, 이것이 또한 위엄이 있지만 난폭하지 않은 것이 아니겠는가?"라고 대답했다. 자장이 묻기를 "어떤 것을 '사악(四惡)'이라고 합니까?"라고 하자 공자는 "가르치지도 않고 잘못을 범했다는 이유로 죽이는 것을 '학(虐)'이라고 부르며, 미리 경계하지도 않고 공적을 이루라고 책망하는 것을 '포(暴)'라고 부른다."라고 대답했다.

何注 馬曰: 不宿戒而責目前成, 爲視成.

번역 마씨가 말하길, 미리 경계를 하지 않고 눈앞의 공적만을 이루도록 책망하는 것이 '시성(視成)'이다.

邢疏 ●"君子無衆寡, 無小大, 無敢慢, 斯不亦泰而不驕乎"者, 此說泰而不驕也. 常人之情, 敬衆大而慢寡小. 君子則不以寡小而慢之也, 此不亦是君子安泰而不驕慢乎?

번역 ●經文: "君子無衆寡, 無小大, 無敢慢, 斯不亦泰而不驕乎". ○이것은 태연하지만 교만하지 않다는 뜻을 설명한 것이다. 일반인들의 감정은 많고 큰 것을 공경하며 적고 작은 것에 태만하게 군다. 군자는 적고 작다는 이유로 그것에게 태만하게 굴지 않는데, 이 또한 군자는 편안하고 태연하지만 교만하지 않다는 뜻이 아니겠는가?

邢疏 ●"君子正其衣冠, 尊其瞻視, 儼然人望而畏之, 斯不亦威而不猛乎"者, 此說威而不猛也. 言君子常正其衣冠, 尊重其瞻視, 端居儼然, 人則望而畏之, 斯不亦雖有威嚴而不猛厲者乎?

번역 ●經文: "君子正其衣冠, 尊其瞻視, 儼然人望而畏之, 斯不亦威而不猛乎". ○이것은 위엄이 있지만 난폭하지 않다는 뜻을 설명한 것이다. 즉 군자는 항상 의관을 바르게 하여, 바라보는 것을 존중하고 단정하고 엄숙하게 머무니, 사람들이 그를 보게 된다면 외경하게 된다. 이것은 또한 비록 위엄을 갖추고 있지만 사납지 않다는 것이 아니겠는가?

邢疏 ●"子張曰: 何謂四惡"者, 子張未聞四惡之義, 故復問之.

번역 ●經文: "子張曰: 何謂四惡". ○자장은 사악(四惡)의 뜻에 대해서는 아직 대답을 듣지 못했기 때문에 재차 질문한 것이다.

邢疏 ●"子曰: 不敎而殺謂之虐"者, 此下孔子歷答四惡也. 爲政之法, 當先施敎令於民, 猶復寧申敕之. 敎令旣治, 而民不從, 後乃誅也. 若未嘗敎告而卽殺之, 謂之殘虐.

번역 ●經文: "子曰: 不敎而殺謂之虐". ○이곳 구분으로부터 그 이하의 내용은 공자가 사악에 대해서 차례대로 답변해준 것이다. 정치를 시행하는 법도에서는 마땅히 백성들에게 교화와 명령을 내리는데, 이러한 가운데에서도 여전히 재차 반복하고 간곡하게 타이르게 된다. 교화와 명령으로 다스려진 뒤에 백성들 중 따르지 않는 자가 있으면, 이러한 자가 생긴 뒤에야 그를 주살하게 된다. 만약 가르치거나 알려주지 않았는데도 곧바로 죽인다면 이것은 잔학(殘虐)하다고 부른다.

邢疏 ●"不戒視成謂之暴"者, 謂不宿戒而責目前成, 謂之卒暴.

번역 ●經文: "不戒視成謂之暴". ○미리 경계하지 않고 눈앞의 공적만을 이루도록 책망한다는 뜻으로, 이것을 졸포(卒暴)라고 부른다.

경문 "慢令致期謂之賊."

번역 계속하여 공자가 말하길, "명령 내리는 것을 태만하게 하며 기약하는 것을 '적(賊)'이라고 부른다."라고 대답했다.

何注 孔曰: 與民無信而虛刻期.

번역 공씨가 말하길, 백성들에게 신임을 얻지 못했는데도 헛되이 기약만 하는 것이다.

邢疏 ●"慢令致期謂之賊"者, 謂與民無信, 而虛刻期, 期不至則罪罰之, 謂之賊害.

번역 ●經文: "慢令致期謂之賊". ○백성들에게 신임을 얻지 못했는데 헛되이 기약만 하고, 기약한 날이 되지도 않았는데 벌을 내리는 것을 뜻하니, 이러한 것을 적해(賊害)라고 부른다.

경문 "猶之與人也, 出納之吝謂之有司."

번역 계속하여 공자가 말하길, "고르게 하여 남에게 주면서도 내놓고 들이는 것을 인색하게 함을 '유사(有司)'라고 부른다."라고 대답했다.

何注 孔曰: 謂財物俱當與人, 而吝嗇於出納惜難之, 此有司之任耳, 非人君之道.

번역 공씨가 말하길, 재물이 풍족하여 남에게 주어야만 하는데, 재물의 출납에 인색하여 애석해하며 꺼리는 것은 유사(有司)의 소임일 따름이며 군주의 도는 아니다.

邢疏 ●"猶之與人也, 出納之吝謂之有司"者, 謂財物俱當與人, 而人君吝嗇於出納而惜難之, 此有司之任耳, 非人君之道.

번역 ●經文: "猶之與人也, 出納之吝謂之有司". ○재물이 풍족하여 마땅히 남에게 주어야만 하는데, 군주가 출납에 인색하여 애석해하며 꺼리는 것은 유사의 소임일 따름이며 군주의 도는 아니라는 뜻이다.

集註 虐, 謂殘酷不仁. 暴, 謂卒遽無漸. 致期, 刻期也. 賊者, 切害之意, 緩於前而急於後, 以誤其民而必刑之, 是賊害之也. 猶之, 猶言均之也. 均之以物與人, 而於其出納之際, 乃或吝而不果, 則是有司之事, 而非爲政之體, 所與雖多, 人亦不懷其惠矣. 項羽使人, 有功當封, 刻印刓, 忍弗能予, 卒以取敗, 亦其驗也.

번역 '학(虐)'은 잔혹하고 인자하지 못하다는 뜻이다. '포(暴)'는 갑작스럽고 순차적이지 않다는 뜻이다. '치기(致期)'는 기일을 각박하게 한다는 뜻이다. '적(賊)'은 몹시 해를 끼친다는 뜻이니, 앞서는 느슨하게 하고도 뒤에 급박하게 하여 백성들을 잘못되게 해놓고 기어코 형벌을 부여하니, 이것은 백성들을 해치는 것이다. '유지(猶之)'는 균등하게 한다는 뜻이다. 균등하게 하여 재물을 사람들에게 나눠주면서도 재물이 출납할 때 간혹 인색하거나 과감히 처리하지 않는다면, 이것은 유사가 담당하는 일이지 정치를 시행하는 요체가 아니니, 이처럼 한다면 주는 것이 비록 많더라도 사람들은 또한 은혜롭게 여기지 않는다. 항우는 사람을 부릴 때 작위를 내려줄 만한 공적을 세웠는데도 인장을 새겨 놓고 그 모서리가 닳을 때까지 차마 주지 못해서 끝내 이로 인해 패망하였으니, 이것이 또한 그 증거가 된다.

集註 尹氏曰: 告問政者多矣, 未有如此之備者也. 故記之以繼帝王之治, 則夫子之爲政, 可知也.

번역 윤씨가 말하길, 정치에 대해 질문한 것을 답해준 기록은 많은데 이 문장과 같이 자세히 서술된 것이 없었다. 그렇기 때문에 제왕의 정치를 기술한 것 뒤에 기록하였으니, 공자가 시행했던 정치를 이를 통해 알 수 있다.

참고 『맹자』「만장상(萬章上)」 기록

경문 萬章問曰: "人有言'伊尹以割烹要湯', 有諸?"

번역 만장이 질문하길, "사람들이 하는 말 중에는 '이윤은 고기를 자르고 삶아서 탕임금에게 등용되길 요구했다.'라는 말이 있는데, 실제로 그러한 일이 있었습니까?"라고 했다.

趙注 人言伊尹負鼎俎而干湯, 有之否?

번역 사람들은 이윤이 솥과 도마를 짊어지고 가서 탕임금에게 요구를 했다고 말하는데, 실제로 그러한 일이 있었느냐는 뜻이다.

集註 要, 求也. 按史記, 伊尹欲行道以致君而無由, 乃爲有莘氏之媵臣, 負鼎俎, 以滋味說湯, 致於王道. 蓋戰國時, 有爲此說者.

번역 '요(要)'자는 "요구하다[求]."는 뜻이다. 『사기』를 살펴보면 이윤은 도를 시행하여 제대로 된 군주를 만들고자 했지만 경로가 없자 유신씨의 잉신(媵臣)이 되어 솥과 도마를 짊어지고 가서 맛있는 음식으로 탕임금을 설득하여 왕도를 이루었다고 했다. 아마도 전국시대에는 이러한 말을 하는 자들이 있었을 것이다.

경문 孟子曰: "否, 不然."

번역 맹자는 "아니다, 그렇지 않다."라고 대답했다.

趙注 否, 不也, 不如是也.

번역 '부(否)'자는 불(不)자이니, 그와 같지 않다는 뜻이다.

경문 伊尹耕於有莘之野, 而樂堯·舜之道焉. 非其義也, 非其道也, 祿之以天下弗顧也, 繫馬千駟弗視也. 非其義也, 非其道也, 一介不以與人, 一介不以取諸人.

번역 계속하여 맹자는 "이윤은 유신의 들에서 경작을 하며 요순의 도를 좋아하였다. 그래서 자신이 생각하는 의리가 아니고 도가 아니라면 천하로써 녹봉을 주더라도 돌아보지 않았고, 4,000필의 말을 매어두더라도 살펴보지 않았다. 또 의리가 아니고 도가 아니라면 하나의 지푸라기라도 남에게 주지 않았으며, 하나의 지푸라기라도 남에게서 취하지 않았다."라고 대답했다.

趙注 有莘, 國名. 伊尹初隱之時, 耕於有莘之國, 樂仁義之道. 非仁義之道者, 雖以天下之祿加之, 不一顧而覦也. 千駟, 四千匹也, 雖多, 不一眄視也. 一介草不以與人, 亦不以取於人也.

번역 '유신(有莘)'은 나라 이름이다. 이윤이 처음 은둔해 있었을 때에는 유신이라는 국가에서 경작을 하며 인의의 도를 좋아하였다. 인의의 도가 아니라면 비록 천하라는 녹봉을 주더라도 한 번도 돌아보며 넘보지 않았다. '천사(千駟)'는 4,000필의 말이니, 비록 그 수량이 많더라도 한 번도 곁눈질로 살피지 않았다. 하나의 지푸라기라도 남에게 주지 않았으며, 또한 남에게서 취하지도 않았다.

集註 莘, 國名. 樂堯舜之道者, 誦其詩, 讀其書, 而欣慕愛樂之也. 駟, 四匹也. 介與草芥之芥同. 言其辭受取與, 無大無細, 一以道義而不苟也.

번역 '신(莘)'은 나라 이름이다. 요순의 도를 좋아했다는 것은 해당하는 시를 암송하고 해당하는 글을 읽으며 그들을 사모하고 좋아했다는 뜻이다. '사(駟)'는 4필의 말이다. '개(介)'는 초개라고 할 때의 '개(芥)'자와 같다. 즉 사양함과 받음 취함과 수여함에 있어서 크거나 작은 것에 상관없이 한결같이 도와 의리에 따랐으며 구차하지 않았다는 뜻이다.

참고 『예기』「방기(坊記)」 기록

경문-612b 子云, "觴酒·豆肉, 讓而受惡, 民猶犯齒. 衽席之上, 讓而坐下, 民猶犯貴. 朝廷之位, 讓而就賤, 民猶犯君. 詩云, '民之無良, 相怨一方. 受爵不讓, 至于已斯亡.'" 子云, "君子貴人而賤己, 先人而後己, 則民作讓. 故稱人之君曰君, 自稱其君曰寡君."

번역 공자가 말하길, "군자가 술과 음식에 대해 사양하여 나쁜 것을 받더라도 백성들은 오히려 연장자를 범한다. 군자가 자리에 대해 사양하여 낮은 자리에 앉더라도 백성들은 오히려 존귀한 자를 범한다. 군자가 조정의 자리에 대해 사양하여 미천한 지위로 나아가더라도 백성들은 오히려 군주를 범한다. 『시』에서 '백성들 중 양심이 없는 자는 서로 상대방만을 원망한다. 술잔을 받고도 사양을 하지 않아 자신을 망치는 지경에 이르기도 하는구나.'"라고 했다. 공자가 말하길, "군자가 남을 존귀하게 대하고 자신을 천하게 대하며, 남을 앞세우고 자신을 뒤로 물린다면, 백성들은 겸양의 도리를 시행할 것이다. 그렇기 때문에 남의 군주를 지칭할 때에는 '군(君)'이라 부르고, 자신의 군주를 지칭할 때에는 '과군(寡君)'이라고 부른다."라고 했다.

鄭注 犯, 猶僭也. 齒, 年也. 禮: 六十以上, 籩豆有加. 貴, 秩異者. 良, 善也. 言無善之人, 善遙相怨, 貪爵祿, 好得無讓, 以至亡己. 寡君, 猶言少德之君, 言之謙.

번역 '범(犯)'자는 "참람하다[僭]."는 뜻이다. '치(齒)'자는 나이[年]를 뜻한다. 예법에 따르면 60세 이상인 자는 추가적으로 차리는 변(籩)과 두(豆)의 음식들을 받는다. '귀(貴)'자는 품계가 남다르게 높은 자를 뜻한다. '양(良)'자는 선함[善]을 뜻한다. 즉 선함이 없는 자는 선과는 거리가 멀어서 서로 원망하며, 작위와 녹봉을 탐하고, 얻는 것만 좋아하여 사양함이 없어서, 자신을 망치는 지경에 이른다는 뜻이다. '과군(寡君)'은 덕이 적은 군주라는 뜻으로, 겸손하게 한 말이다.

참고 『논어』「향당(鄉黨)」 기록

경문 色斯擧矣,

번역 새는 사람의 안색이 좋지 못한 것을 보면 날아올라서,

何注 馬曰: 見顏色不善則去之.

번역 마씨가 말하길 안색이 좋지 못한 것을 보면 떠난다는 뜻이다.

경문 翔而後集.

번역 선회하며 관찰한 이후에 내려앉는다.

何注 周曰: 迴翔審觀而後下止.

번역 주씨가 말하길, 선회하며 자세히 관찰한 이후에 내려앉는다.

邢疏 ●"色斯擧矣, 翔而後集". ○正義曰: 此言孔子審去就也. 謂孔子所處, 見顏色不善, 則於斯擧動而去之. 將所依就, 則必迴翔審觀而後下止. 此"翔而後集"一句, 以飛鳥喩也.

번역 ●經文: "色斯擧矣, 翔而後集". ○이것은 공자가 떠나고 나아가는 이치를 살폈다는 뜻이다. 즉 공자는 머무는 곳에서 사람들의 안색이 선하지 못하면 이에 다시 발길을 돌려 떠났다. 의지하여 나아가려고 할 때라면 반드시 그 주위를 돌며 자세히 관찰한 이후에야 머물렀다. 이곳에서 "선회한 이후에 모인다."라고 한 말은 날아가는 새를 통해 비유한 것이다.

集註 言鳥見人之顏色不善, 則飛去, 回去回翔審視而後下止. 人之見幾而作, 審擇所處亦當如此. 然此上下必有闕文矣.

번역 새는 사람의 안색이 좋지 못한 것을 보게 되면 날아올라 그곳을 떠나 그 주위를 선회하며 자세히 관찰한 이후에야 내려앉는다. 사람이 기미를 보고 행동할 때 머무를 곳을 자세히 선택하길 또한 이처럼 해야 한다. 그러나 이곳 문장의 앞뒤에는 분명 빠진 문장이 있을 것이다.

그림 3-1 ■ 자장(子張)

※ **출처:** 『성현상찬(聖賢像贊)』

그림 3-2 ▣ 정(鼎)

鼎

※ **출처:** 『삼재도회(三才圖會)』「기용(器用)」 1권

그림 3-3 ▣ 변(籩)

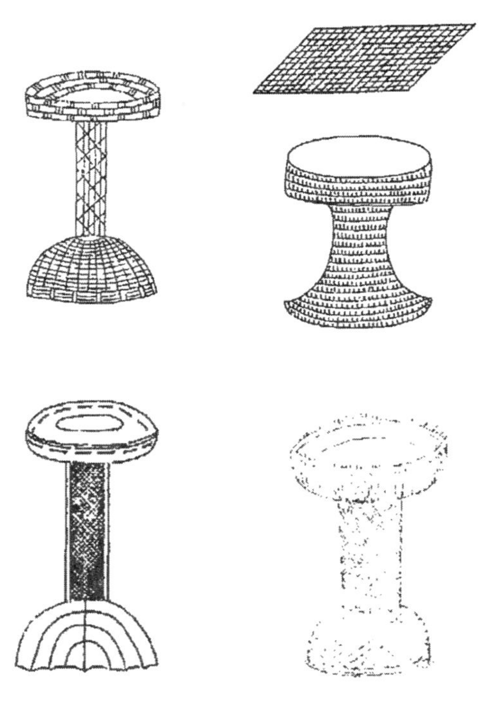

※ **출처:** 상좌-『삼례도집주(三禮圖集注)』 13권 ; 상우-『삼례도(三禮圖)』 4권
하좌-『육경도(六經圖)』 6권 ; 하우-『삼재도회(三才圖會)』「기용(器用)」 2권

그림 3-4 ■ 두(豆)

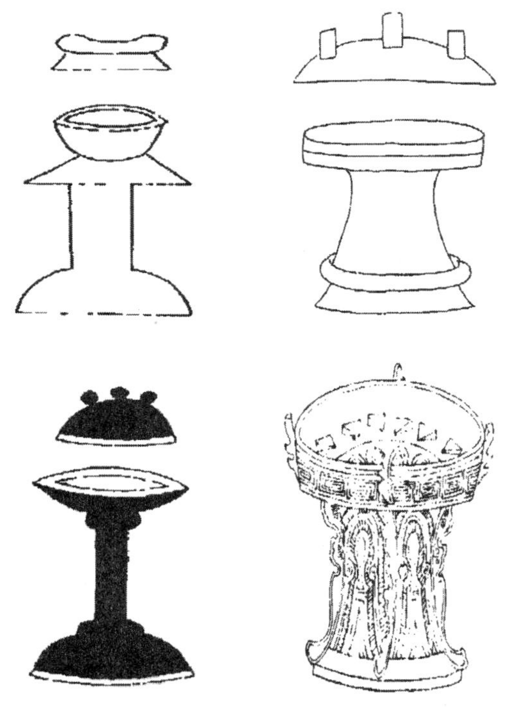

※ **출처:** 상좌-『육경도(六經圖)』 6권; 상우-『삼례도(三禮圖)』 4권
하좌-『삼례도집주(三禮圖集注)』 13권; 하우-『삼재도회(三才圖會)』「기용(器用)」 1권

• 제4절 •

유자(儒者)의 행실 - 비예(備豫)

【681c】

"儒有居處齊難. 其坐起恭敬, 言必先信, 行必中正, 道塗不爭險易之利, 冬夏不爭陰陽之和. 愛其死以有待也, 養其身以有爲也. 其備豫有如此者."

직역 "儒는 居處에 齊難이 有합니다. 그 坐起는 恭敬하고, 言은 必히 信을 先하며, 行은 必히 正에 中하고, 道塗에서는 險易의 利를 不爭하고, 冬夏에는 陰陽의 和를 不爭합니다. 그 死를 愛하여 待함이 有하고, 그 身을 養하여 爲가 有합니다. 그 備豫에는 此와 如한 者가 有합니다."

의역 공자가 계속하여 말하길, "유자는 거처함에 가지런함과 장엄함이 있습니다. 앉거나 일어남에는 공경스럽고, 말을 할 때에는 반드시 신의가 앞서며, 행동을 할 때에는 반드시 올바름에 맞고, 도로에서는 험하거나 평이한 이로움을 다투지 않으며, 겨울과 여름에는 따뜻하거나 시원한 곳을 다투지 않습니다. 자신의 생명을 소중히 여겨서 등용되기를 기다림이 있고, 자신을 잘 길러서 앞으로 시행할 것들을 갖춥니다. 유자는 미리 대비함에 이와 같은 점이 있는 자들입니다."라고 했다.

集說 鄭氏曰: 齊難, 齊莊可畏難也.

번역 정현이 말하길, '제난(齊難)'은 가지런하고 장엄하여 두려워하고 어려워할만 하다는 뜻이다.

集說 呂氏曰: 事豫則立, 不豫則廢, 儒者之學皆豫也. 擬之而後言, 議之而後動, 故學有豫則義精, 義精則用不匱. 若其始也不敬, 則身不立, 不立則道不充. 仲弓問仁, 子曰, "出門如見大賓, 使民如承大祭; 己所不欲, 勿施於人." 居處齊難, 坐起恭敬, 言必先信, 行必中正, 所謂如見大賓, 如承大祭, 敬也. 道塗不爭險易之利, 冬夏不爭陰陽之和, 所謂己所不欲, 勿施於人, 恕也. 惟敬與恕, 則忿懲欲窒, 身立德充, 可以當天下之變而不避, 任天下之重而不辭, 備豫之至有如此者也.

번역 여씨가 말하길, 일은 미리 대비하면 성립되지만 미리 대비하지 못하면 실패하니,[1] 유자의 학문은 모두 미리 대비하는 것에 해당한다. 견준 뒤에 말하고 의논한 뒤에 행동하기 때문에[2] 학문에 미리 대비함이 있다면 뜻이 정밀해지고, 뜻이 정밀해지면 사용함에 다함이 없게 된다. 만약 시작함에 있어서 공경스럽지 못하다면 자신이 확립되지 못하고, 자신이 확립되지 못하다면 도가 확충되지 못한다. 중궁이 인(仁)에 대해서 묻자, 공자는 "대문을 나서게 되면 큰 빈객을 뵌 것처럼 행동하고, 백성들을 부릴 때에는 큰 제사를 받드는 것처럼 해야 하며, 자신이 하고 싶지 않은 것을 남에게 시행해서는 안 된다."라고 했다.[3] 거처를 가지런히 하여 남들이 어렵게 여길만하게 하며, 앉거나 일어날 때 공경스럽고, 말을 할 때 반드시 신의가 앞서며, 행동을 할 때 반드시 올바름에 합당하다는 것은 이른바 큰 빈객을 뵙는 것처럼 하고 큰 제사를 받드는 것처럼 한다는 뜻으로 공경함에 해당한다. 도로를 갈 때 험하거나 평이하다는 이로움을 다투지 않고, 겨울과 여름에는 음양이 조화로운 곳을 다투지 않는다는 것은 이른바 자신이 하고 싶지 않은 것을 남에게 시행하지 않는다는 뜻으로 서(恕)에 해당한다. 경(敬)과 서(恕)를 갖춘다면, 분노가 그치고 욕심이 막히며 자신이 확립되고 덕이 확충되어, 천하의 온갖 변화에 대해서도 피하지 않고 천하의 중책을

---

1) 『중용』「20장」 : 凡事豫則立, 不豫則廢. 言前定則不跲, 事前定則不困, 行前定則不疚, 道前定則不窮.
2) 『역』「계사상(繫辭上)」 : 擬之而後言, 議之而後動, 擬議以成其變化.
3) 『논어』「안연(顔淵)」 : 仲弓問仁. 子曰, "出門如見大賓, 使民如承大祭. 己所不欲, 勿施於人. 在邦無怨, 在家無怨." 仲弓曰, "雍雖不敏, 請事斯語矣."

맡더라도 사양하지 않을 수 있으니, 미리 대비함을 지극히 함에 이와 같은 점이 있는 자이다.

集說 劉氏曰: 不爭, 非特恕也, 亦以愛死養身以有待有爲. 不爭小者近者, 以害大者遠者也.

번역 유씨[4]가 말하길, 다투지 않는다는 말은 단지 서(恕)에만 해당하는 것이 아니며, 이를 통해 생명을 소중히 여기고 자신을 잘 길러서 기다림과 시행함을 갖추는 것이다. 즉 작고 가까이 있는 것을 다투어 크고 멀리 있는 것을 해치지 않는 자이다.

大全 嚴陵方氏曰: 或居或處, 不失乎齊難. 或坐或起, 不失乎恭敬. 愛其死, 非貪生也, 將以有待於時而已. 養其身, 非苟安也, 將以有爲於世而已. 且居處齊難, 則人斯齊難之矣. 坐起恭敬, 則人斯恭敬之矣. 言先信, 則人斯取信矣. 行中正, 則人斯取正矣. 以至不爭其利, 故人資其利, 不爭其和, 故人歆其和. 愛其死, 故足以有待, 養其身, 故足以有爲. 若是則非有待物之備先物之豫, 固不足以致此.

번역 엄릉방씨가 말하길, 머물거나 처신할 때 가지런하고 장엄하게 하는 데에서 잘못을 범하지 않는다. 앉거나 일어날 때 공경함에서 잘못을 범하지 않는다. 목숨을 아낀다는 말은 생명에 집착하는 것이 아니며, 시기를 만나고자 기다리기 때문이다. 자신을 기르는 것은 구차하게 안위만 걱정하는 것이 아니며, 세상에 대해 도를 시행하고자 하기 때문이다. 또 거처함에 가지런하고 장엄하다면 사람들이 그것을 보고 가지런하고 장엄하게 된다. 앉거나 일어날 때 공경스럽다면 사람들이 그것을 보고 공경스럽게 된다.

---

4) 장락유씨(長樂劉氏, A.D.1017 ~ A.D.1086) : =유씨(劉氏)·유이(劉彝)·유집중(劉執中). 북송(北宋) 때의 성리학자이다. 자(字)는 집중(執中)이다. 복주(福州) 출신이며, 어려서 호원(胡瑗)에게서 학문을 배웠다. 『정속방(正俗方)』, 『주역주(周易注)』를 지었으나 현존하지 않는다. 『칠경중의(七經中議)』, 『명선집(明善集)』, 『거이집(居易集)』 등이 남아 있다.

말을 할 때 신의가 앞선다면 사람들이 그것을 보고 신의를 따르게 된다. 행동을 할 때 올바름에 맞다면 사람들이 그것을 보고 올바름에 따르게 된다. 이를 통해 이로움을 다투지 않게 되기 때문에 사람들이 이로움을 쓸 수 있게 되고, 조화로움을 다투지 않게 되기 때문에 사람들이 조화로움을 누릴 수 있게 된다. 목숨을 아끼기 때문에 기다릴 수 있고, 자신을 기르기 때문에 일을 시행할 수 있다. 이와 같으므로 사물을 기다리는 갖춤이나 사물에 앞서 대비함이 없다면, 이러한 것들을 지극히 하기에 부족하다.

鄭注 齊難, 齊莊可畏難也. 行不爭道, 止不選處, 所以遠鬪訟.

번역 '제난(齊難)'은 가지런하고 장엄하여 두려워하고 어려워할만 하다는 뜻이다. 움직일 때 도로의 편이를 다투지 않고, 멈췄을 때 자리를 가리지 않는 것은 다툼과 송사를 멀리하는 방법이다.

釋文 齊, 側皆反, 注同. 難, 乃旦反, 注同. 行, 皇如字, 舊下孟反. 夏, 戶嫁反. 爲, 于僞反. 處, 昌慮反. 遠, 于萬反.

번역 '齊', '側(측)'자와 '皆(개)'자의 반절음이며, 정현의 주에 나오는 글자도 그 음이 이와 같다. '難'자는 '乃(내)'자와 '旦(단)'자의 반절음이며, 정현의 주에 나오는 글자도 그 음이 이와 같다. '行'자의 황음(皇音)은 글자대로 읽으며, 구음(舊音)은 '下(하)'자와 '孟(맹)'자의 반절음이다. '夏'자는 '戶(호)'자와 '嫁(가)'자의 반절음이다. '爲'자는 '于(우)'자와 '僞(위)'자의 반절음이다. '處'자는 '昌(창)'자와 '慮(려)'자의 반절음이다. '遠'자는 '于(우)'자와 '萬(만)'자의 반절음이다.

孔疏 ●"儒有居處齊難"者, 此明儒者先以善道豫防, 備患難之事.

번역 ●經文: "儒有居處齊難". ○이 문장은 유자는 우선적으로 선한 도로 미리 방비하고, 환란을 대비하는 사안을 나타내고 있다.

孔疏 ●"居處齊難"者, 凡所居處容貌, 齊莊可畏難也. 貌既如此, 人則無由慢之也.

번역 ●經文: "居處齊難". ○거처할 때의 용모는 가지런하고 장엄하여 남들이 두려워하고 어려워할만 하다. 모습이 이미 이와 같으니, 사람들은 태만하게 대할 여지가 없게 된다.

孔疏 ●"道塗不爭險易之利"者, 塗, 路也. 君子行道路, 不與人爭平易之地, 而避險阻以利己也.

번역 ●經文: "道塗不爭險易之利". ○'도(塗)'자는 도로[路]를 뜻한다. 군자가 도로에서 움직일 때, 남과 평이한 길을 다투고 험준한 곳을 피하여 자신만 이롭게 하지 않는다는 뜻이다.

孔疏 ●"冬夏不爭陰陽之和"者, 冬溫夏涼, 是陰陽之和, 處冬日暖處則暄, 夏日陰處則涼. 此並爲世人所競, 唯儒者讓而不爭也. 故注云: "行不爭道, 止不選處, 所以遠鬪訟也."

번역 ●經文: "冬夏不爭陰陽之和". ○겨울에는 따뜻하고 여름에는 시원한 것이 음양의 조화가 되는데, 겨울에 따뜻한 곳에 있으면 따뜻하게 되고, 여름에 서늘한 곳에 있으면 시원하게 된다. 이러한 것들은 모두 세상 사람들과 다투게 되는 것인데, 오직 유자만이 사양하여 다투지 않는다. 그렇기 때문에 정현의 주에서는 "움직일 때 도로의 편이를 다투지 않고, 멈췄을 때 자리를 가리지 않는 것은 다툼과 송사를 멀리하는 방법이다."라고 했다.

孔疏 ●"愛其死以有待也"者, 此解"不爭"也. 言愛死以待明時.

번역 ●經文: "愛其死以有待也". ○이것은 "다투지 않는다."라고 한 말을 풀이한 것이다. 즉 목숨을 아깝게 여겨서 세상이 밝아질 때를 기다린다는 뜻이다.

孔疏 ●"養其身以有爲也"者, 言養身爲行道德也.

번역 ●經文: "養其身以有爲也". ○자신을 기르는 것은 도덕을 시행하고자 해서라는 뜻이다.

孔疏 ●"其豫備有如此"者, 言儒者先行善道, 豫防患害有如此, 在諸事上也.

번역 ●經文: "其豫備有如此". ○유자가 우선적으로 선한 도를 시행하여 환란을 대비함에 이와 같은 것은 앞에서 말한 여러 사안에 달려 있다는 뜻이다.

訓纂 王氏引之曰: 難, 讀爲戁. 說文, "戁, 敬也." 小雅楚茨篇, "我孔熯矣." 毛傳曰, "熯, 敬也." 爾雅同. 熯·戁·難聲相近, 故字通. 齊難與恭敬義亦相近也.

번역 왕인지[5]가 말하길, '난(難)'자는 '난(戁)'자로 풀이한다. 『설문』[6]에서는 "난(戁)자는 공경한다는 뜻이다."라고 했다. 『시』「소아(小雅)·초자(楚茨)」편에서는 "우리 후손들이 매우 공경스럽다."[7]라고 했고, 「모전」에서는 "연(熯)자는 공경한다는 뜻이다."라고 했다. 『이아』에서도 동일하게 기록하고 있다.[8] 연(熯)·난(戁)·난(難)자는 소리가 서로 비슷하기 때문에 글자가 통용되었다. '제난(齊難)'과 '공경(恭敬)'은 그 뜻이 또한 서로 비슷하다.

---

5) 왕인지(王引之, A.D.1766 ~ A.D.1834) : 청(淸)나라 때의 훈고학자이다. 자(字)는 백신(伯申)이고, 호(號)는 만경(曼卿)이며, 시호(謚號)는 문간(文簡)이다. 왕념손(王念孫)의 아들이다. 대진(戴震), 단옥재(段玉裁), 부친과 함께 대단이왕(戴段二王)이라고 일컬어졌다. 『경전석사(經傳釋詞)』, 『경의술문(經義述聞)』 등의 저술이 있다.

6) 『설문해자(說文解字)』는 후한(後漢) 때의 학자인 허신(許愼)이 찬(撰)했다고 전해지는 자서(字書)이다. 『설문(說文)』이라고도 칭해진다. A.D.100년경에 완성되었다고 전해진다. 글자의 형태, 뜻, 음운(音韻)을 수록하고 있다.

7) 『시』「소아(小雅)·초자(楚茨)」 : 我孔熯矣, 式禮莫愆. 工祝致告, 徂賚孝孫. 苾芬孝祀, 神嗜飮食. 卜爾百福, 如幾如式. 旣齊旣稷, 旣匡旣勑. 永錫爾極, 時萬時億.

8) 『이아』「석고(釋詁)」 : 儼·恪·祗·翼·諲·恭·欽·寅·熯, 敬也.

集解 愚謂: 儒者之居處必愼, 坐起不苟, 所以遠其身之害, 言必先信, 行必中正, 所以進其身之德, 皆所以養其身也. 不爭險易, 不爭陰陽, 不妄與人爭競者, 皆所以愛其死也. 夫愛其死, 非貪生也, 蓋以懲其血氣之忿, 而養其義理之勇, 以待夫事之大者而爭之也. 養其身, 非私其身也, 蓋以我之身乃民物之所託命, 故愼以養之, 而將以大有爲於世也. 儒者之備豫如此.

번역 내가 생각하기에, 유자가 거처할 때에는 반드시 신중을 기하며, 앉거나 일어날 때에도 구차하지 않으니, 자신에게 끼칠 해로움을 멀리하는 방법이며, 말을 할 때에는 반드시 신의가 앞서고 행동을 할 때에는 반드시 올바름에 맞으니, 자신의 덕을 진작시키는 방법으로, 이 모두는 자신을 기르는 것들이다. 험하거나 평이한 곳을 다투지 않고, 음양을 다투지 않는다고 했는데, 망령스럽게 남과 다투지 않는 것들은 모두 목숨을 아끼는 방법이다. 목숨을 아끼는 것은 생명에 집착하는 것이 아니며, 혈기에 따른 분노를 막고, 의리에 따른 용기를 배양하여, 중대한 사안에서 올바름에 따른 다툼을 대비하는 것이다. 자신을 기르는 것은 자신만의 이익을 챙기는 것이 아니며, 자신의 몸은 곧 백성과 만물이 의탁하여 생존하는 대상이기 때문에, 신중히 처신하여 배양하고 세상에 큰일을 시행하고자 해서이다. 유자가 미리 대비함은 이와 같다.

참고 원문비교

예기대전·유행 儒有居處齊難. 其坐起恭敬, 言必先信, 行必中正, 道塗不爭險易之利, 冬夏不爭陰陽之和. 愛其死以有待也, 養其身以有爲也. 其備豫有如此者.

공자가어·유행해(儒行解) 儒有居處齊難①, 其起坐恭敬, 言必誠信, 行必忠正, 道塗不爭險易之利, 冬夏不爭陰陽之和. 愛其死以有待也, 養其身以有爲也. 其備預有如此者.

王注-① 齊難, 可畏難也.

번역 '제난(齊難)'은 두려워하고 어려워할만 하다는 뜻이다.

참고 『예기』「중용(中庸)」 기록

경문 凡爲天下國家有九經, 所以行之者一也. 凡事豫則立, 不豫則廢. 言前定則不跲, 事前定則不困, 行前定則不疚, 道前定則不窮.

번역 공자가 말하길, "무릇 천하와 국가를 다스리는 데에는 구경(九經)이 있는데, 그것을 시행하는 것은 한 가지입니다. 모든 일에 대해서 미리 하면 성립되고 미리 하지 않으면 없어집니다. 말에 있어서도 미리 정하면 차질이 없고, 일에 있어서도 미리 정하면 곤궁해지지 않으며, 행동에 있어서도 미리 정하면 사람들이 병폐로 여기지 않고, 도에 있어서도 미리 정하면 궁하지 않습니다."라고 했다.

참고 『역』「계사상(繫辭上)」 기록

경문 擬之而後言, 議之而後動, 擬議以成其變化.

번역 견준 뒤에 말하고 의논한 뒤에 행동하니, 견주고 의논하여 그 변화를 이룬다.

王注 擬議以動, 則盡變化之道.

번역 견주고 의논하여 행동한다면 변화의 도를 다할 수 있다.

孔疏 ○正義曰: "擬之而後言"者, 覆說上"天下之至賾不可惡也", 聖人欲言之時, 必擬度之而後言也. "議之而後動"者, 覆說上"天下之至動不可亂也", 謂欲動之時, 必議論之而後動也. "擬議以成其變化"者, 言則先擬也, 動則先議也, 則能成盡其變化之道也.

번역 ○"견준 뒤에 말한다."라고 했는데, 이것은 앞에서 "천하의 지극한 잡란함을 말하되 싫어할 수 없다."라고 한 말을 재차 풀이한 것으로, 성인이 말을 하고자 할 때에는 반드시 견주어 헤아린 이후에야 말한다는 의미이다. "의논한 뒤에 행동한다."라고 했는데, 이것은 앞에서 "천하의 지극한 동함을 말하되 어지럽힐 수 없다."라고 한 말을 재차 풀이한 것으로, 움직이고자 할 때에는 반드시 의논한 이후에야 행동한다는 의미이다. "견주고 의논하여 그 변화를 이룬다."라고 했는데 말을 할 때에는 먼저 견주어보고 행동할 때에는 먼저 의논하니, 이처럼 한다면 변화의 도를 모두 다하여 완성할 수 있다.

本義 觀象玩辭, 觀變玩占而法行之, 此下七爻, 則其例也.

번역 상(象)을 살피고 글을 완상하며 변화를 살피고 점을 완상하여 그것을 본받아 시행하니, 이로부터 그 아래에 있는 일곱 효(爻)는 모두 그 용례가 된다.

참고 『논어』「안연(顔淵)」 기록

경문 仲弓問仁. 子曰, "出門如見大賓, 使民如承大祭."

번역 중궁이 인에 대해 물었다. 공자는 "대문을 나서게 되면 큰 빈객을 뵌 것처럼 행동하고, 백성들을 부릴 때에는 큰 제사를 받드는 것처럼 해야 한다."라고 대답했다.

何注 孔曰: 爲仁之道, 莫尙乎敬.

번역 공씨가 말하길 인을 시행하는 도 중에서 공경보다 뛰어난 것은 없다.

邢疏 ●"仲弓問仁"至"語矣". ○正義曰: 此章明仁在敬恕也.

번역 ●經文: "仲弓問仁"~"語矣". ○이 문장은 인은 경(敬)과 서(恕)에 달려 있음을 나타내고 있다.

邢疏 ●"子曰: 出門如見大賓, 使民如承大祭"者, 此言爲仁之道, 莫尙乎敬也. 大賓, 公侯之賓也. 大祭, 禘郊之屬也. 人之出門, 失在倨傲, 故戒之出門如見公侯之賓. 使民失於驕易, 故戒之如承奉禘郊之祭.

번역 ●經文: "子曰: 出門如見大賓, 使民如承大祭". ○이것은 인을 시행하는 도 중에서 공경보다 뛰어난 것이 없다는 뜻이다. '대빈(大賓)'은 손님으로 찾아온 공작과 후작을 뜻한다. '대제(大祭)'는 체(禘)제사[9]나 교(郊)제사[10] 등을 뜻한다. 사람이 문밖을 나설 때에는 대부분 거만하게 구는 잘못을 범한다. 그렇기 때문에 문밖을 나설 때에는 손님으로 찾아온 공작이나 후작을 볼 때처럼 하라고 경계한 것이다. 백성들을 부릴 때에는 대부분 교

---

9) 체제(禘祭)는 천신(天神) 및 조상신(祖上神)에게 지내는 '큰 제사[大祭]'를 뜻한다. 『이아』「석천(釋天)」편에는 "禘, 大祭也."라는 기록이 있고, 이에 대한 곽박(郭璞)의 주에서는 "五年一大祭."라고 풀이하여, 대제(大祭)로써의 체제사는 5년마다 1번씩 지낸다고 설명한다. 그러나 『예기』「왕제(王制)」에 수록된 각종 제사들에 대한 기록을 살펴보면, 체제사는 큰 제사임에는 분명하나, 반드시 5년마다 1번씩 지내는 제사는 아니었다.

10) 교제(郊祭)는 '교사(郊祀)'라고도 부른다. 교외(郊外)에서 천지(天地)에 제사를 지냈기 때문에 붙여진 명칭이다. 음양설(陰陽說)이 성행했던 한(漢)나라 때에는 하늘에 대한 제사는 양(陽)의 뜻을 따라 남교(南郊)에서 지냈고, 땅에 대한 제사는 음(陰)의 뜻을 따라 북교(北郊)에서 지냈다. 『한서』「교사지하(郊祀志下)」편에는 "帝王之事莫大乎承天之序, 承天之序莫重於郊祀. …… 祭天於南郊, 就陽之義也. 地於北郊, 卽陰之象也."라는 기록이 있다. 한편 '교사'는 후대에 제사를 범칭하는 용어로도 사용되었다. '교사' 중의 '교(郊)'자는 규모가 큰 제사를 뜻하며, '사(祀)'는 비교적 규모가 작은 제사들을 뜻한다.

만하고 경솔하게 대하는 잘못을 범한다. 그렇기 때문에 체제사나 교제사를 지내는 것처럼 하라고 경계한 것이다.

경문 "己所不欲, 勿施於人. 在邦無怨, 在家無怨."

번역 계속하여 공자는 "자신이 하고 싶지 않은 것을 남에게 시행해서는 안 된다. 이처럼 한다면 나라에 있을 때에는 원망하는 자가 없고 집에 있을 때에는 원망하는 자가 없다."라고 대답했다.

何注 包曰: 在邦爲諸侯, 在家爲卿大夫.

번역 포씨가 말하길, 나라에 있다는 말은 제후를 뜻하고, 가(家)에 있다는 말은 경과 대부를 뜻한다.

邢疏 ●"己所不欲, 勿施於人"者, 此言仁者必恕也. 己所不欲, 無施之於人, 以他人亦不欲也.

번역 ●經文: "己所不欲, 勿施於人". ○이것은 인자한 자는 반드시 서(恕)의 마음을 갖고 있음을 뜻한다. 자신이 하고 싶지 않은 것을 남에게 시행해서는 안 되니, 다른 사람 또한 하고 싫어하지 않기 때문이다.

邢疏 ●"在邦無怨, 在家無怨"者, 言旣敬且恕, 若在邦爲諸侯必無人怨, 在家爲卿大夫亦無怨也.

번역 ●經文: "在邦無怨, 在家無怨". ○공경스럽고 또 서(恕)의 마음도 갖추고 있다면 그 자가 나라에 있는 제후인 경우 분명 원망하는 사람이 없게 될 것이며, 가(家)에 있는 경이나 대부라도 원망이 없게 될 것이라는 뜻이다.

경문 仲弓曰, "雍雖不敏, 請事斯語矣."

번역 중궁이 말하길, "제가 비록 민첩하지 못하지만 청컨대 이 말씀을 평생토록 따르고자 합니다."라고 했다.

邢疏 ●"仲弓曰: 雍雖不敏, 請事斯語矣"者, 亦承謝之語也.

번역 ●經文: "仲弓曰: 雍雖不敏, 請事斯語矣". ○이 또한 받들어 따르겠다는 말이다.

集註 敬以持己, 恕以及物, 則私意無所容而心德全矣. 內外無怨, 亦以其效言之, 使以自考也.

번역 경(敬)으로 자신을 다잡고 서(恕)로 다른 사물에게 친애하는 마음을 미친다면, 사사로운 뜻은 받아들여질 곳이 없어서 마음의 덕이 온전하게 된다. 안팎으로 원망함이 없다는 것 또한 그 효과로 설명해준 것이니, 이를 통해 스스로 생각하도록 만든 것이다.

集註 程子曰: 孔子言仁, 只說出門如見大賓, 使民如承大祭. 看其氣象, 便須心廣體胖, 動容周旋中禮. 惟謹獨, 便是守之之法.

번역 정자가 말하길, 공자가 인(仁)을 설명했을 때 단지 문밖을 나갔을 때 큰 빈객을 뵌 것처럼 하고 백성을 부릴 때에는 큰 제사를 받드는 것처럼 하라고 했다. 그 기상을 살펴보면 마음과 몸이 펴져서 행동거지가 예법에 맞아야만 한다. 홀로 됨을 조심하는 것이 바로 이것을 지켜내는 방법이다.

集註 或問, "出門使民之時, 如此可也; 未出門使民之時, 如之何?" 曰, "此儼若思時也, 有諸中而後見於外. 觀其出門使民之時, 其敬如此, 則前乎此者敬可知矣. 非因出門使民, 然後有此敬也."

번역 혹자는 "문밖을 나가거나 백성을 부릴 때 이와 같이 하는 것이 옳겠지만, 문밖을 나가지 않았거나 백성을 부리지 않았을 때라면 어떻게 해야 합니까?"라고 묻자, 정자는 "이것은 엄숙하게 행동하여 마치 신중히 생각한 것처럼 해야 할 때이니,[11] 마음에 간직한 것이 있은 뒤에야 겉으로 드러나는 것입니다. 그가 문밖을 나서거나 백성 부릴 때를 살펴보아 그의 공경함이 이와 같다면 이러한 행동 이전에도 공경의 태도를 지키고 있었음을 알 수 있습니다. 따라서 문밖을 나서고 백성을 부리는 것을 통해서야 이러한 공경이 생기는 것은 아닙니다."라고 대답했다

集註 愚按: 克己復禮, 乾道也; 主敬行恕, 坤道也. 顏·冉之學, 其高下淺深, 於此可見. 然學者誠能從事於敬恕之間而有得焉, 亦將無己之可克矣.

번역 내가 생각하기에, 자신을 극복하여 예로 돌아가는 것은 하늘의 도이며, 공경을 위주로 하고 서를 실천하는 것은 땅의 도이다. 안자와 염자의 학문에 있어서 높낮이와 깊고 얕음은 이를 통해 확인할 수 있다. 그러나 학자가 진실로 공경과 서를 실천하여 터득함이 있다면 또한 자신을 이길 수 있는 사욕이 없게 될 것이다.

참고 『시』「소아(小雅)·초자(楚茨)」

楚楚者茨, (초초자자) : 무성한 남가새밭에,
言抽其棘. (언추기극) : 그 남가새와 가시를 제거함은.
自昔何爲? (자석하위) : 예로부터 어째서 시행했는가?
我蓺黍稷. (아예서직) : 우리들이 서직을 심기위해서이다.
我黍與與, (아서여여) : 우리의 서(黍)가 무성하고,
我稷翼翼. (아직익익) : 우리의 직(稷)이 무성하구나.
我倉旣盈, (아창기영) : 우리 창고가 이미 가득하고,

---

11) 『예기』「곡례상(曲禮上)」【7a】 曲禮曰: 毋不敬, 儼若思, 安定辭, 安民哉.

我庾維億. (아유유억) : 우리가 길가에 쌓아둔 것들이 무수히 많구나.
以爲酒食, (이위주사) : 이것으로 술과 밥을 짓고,
以享以祀. (이향이사) : 이것으로 흠향을 드리며 제사를 지낸다.
以妥以侑, (이타이유) : 이것으로 편안히 모시고 권유를 하며,
以介景福. (이개경복) : 이것으로 큰 복을 얻게끔 돕는다.

濟濟蹌蹌, (제제창창) : 단정하고 절도가 있으니,
絜爾牛羊, (혈이우양) : 너의 소와 양을 정갈하게 하여,
以往烝嘗. (이왕증상) : 이로써 가서 증상(烝嘗)[12]의 제사를 지내라.
或剝或亨, (혹박혹형) : 혹은 희생의 가죽을 벗기고 혹은 고기를 삶고,
或肆或將. (혹사혹장) : 혹은 진설하고 혹은 정돈을 하는구나.
祝祭于祊, (축제우팽) : 축관이 팽(祊)[13]에서 제사를 지내니,
祀事孔明. (사사공명) : 제사의 일들이 매우 갖춰졌구나.
先祖是皇, (선조시황) : 선조가 크게 강림하시어,
神保是饗. (신보시향) : 신령이 편안히 흠향을 하시는구나.
孝孫有慶, (효손유경) : 효손에게 경사가 생겨,
報以介福, (보이개복) : 큰 복으로 보답을 하시니,
萬壽無疆! (만수무강) : 만수무강하리라!

執爨踖踖, (집찬적적) : 부엌이 단정하고 정갈하여,
爲俎孔碩, (위조공석) : 도마에 올린 고기가 매우 크며,

---

12) 증상(烝嘗)은 종묘(宗廟)에서 지내는 가을 제사와 겨울 제사를 가리킨다. 또한 '증상'은 종묘에 대한 제사를 총칭하는 용어로도 사용된다. 사계절마다 큰 제사를 지내게 되는데, 계절별 제사 명칭이 다르며, 문헌마다 조금씩 차이를 보인다. 예를 들어 『춘추번로(春秋繁露)』「사제(四祭)」편에는 "四祭者, 因四時之所生孰而祭其先祖父母也. 故春曰祠, 夏曰礿, 秋曰嘗, 冬曰蒸."이라고 하여, 봄 제사를 사(祠), 여름 제사를 약(礿), 가을 제사를 상(嘗), 겨울 제사를 증(蒸)이라고 설명했다. 한편 『예기』「왕제(王制)」편에는 "天子諸侯宗廟之祭, 春曰礿, 夏曰禘, 秋曰嘗, 冬曰烝."이라고 하여, 봄 제사를 약(礿), 여름 제사를 체(禘), 가을 제사를 상(嘗), 겨울 제사를 증(烝)이라고 설명했다.
13) 팽(祊)은 제사의 명칭이다. 정규 제사를 끝낸 뒤에, 시행하는 역제(繹祭)를 가리킨다. 또한 팽에 대한 제사를 지낼 때, 그 장소는 묘문(廟門) 안쪽이 되므로, '팽'은 종묘의 문(門)을 가리키는 용어로도 사용되었고, 묘문 안쪽 제사를 지내는 장소를 뜻하기도 한다.

或燔或炙. (혹번혹적) : 혹은 고기의 지방을 취하고 혹은 적을 만드는구나.
君婦莫莫, (군부막막) : 왕후가 정숙하고 공경스러워,
爲豆孔庶, (위두공서) : 두(豆)에 올린 음식이 매우 많으며,
爲賓爲客. (위빈위객) : 역제(繹祭)를 올려서 시동과 빈객을 대접하는구나.
獻酬交錯, (헌수교착) : 술을 따라 주고받음이 교차하니,
禮儀卒度, (예의졸도) : 예의가 법도에 맞으며,
笑語卒獲. (소어졸획) : 웃음소리와 말들이 모두 들어 맞구나.
神保是格, (신보시격) : 신령이 편안히 이르셔서,
報以介福, (보이개복) : 큰 복으로 보답을 하시니,
萬壽攸酢! (만수유초) : 만수로 보답을 하도다.

我孔熯矣, (아공연의) : 우리 효손들이 매우 공경스러우니,
式禮莫愆. (식례막건) : 예법을 본받아 과실이 없구나.
工祝致告, (공축치고) : 공축(工祝)[14]이 신령의 뜻을 아뢰니,
徂賚孝孫, (조뢰효손) : 가서 효손에게 주어라.
苾芬孝祀, (필분효사) : 향기로운 제수에 효성스러운 제사여,
神嗜飮食. (신기음식) : 신이 기꺼이 너의 음식을 흠향하노라.
卜爾百福, (복이백복) : 너에게 모든 복을 줄 것이니,
如幾如式. (여기여식) : 기약에 따르고 법도에 따르라.
旣齊旣稷, (기제기직) : 이미 가지런하고 이미 재빠르며,
旣匡旣敕. (기광기칙) : 이미 바르고 이미 굳건하도다.
永錫爾極, (영석이극) : 길이 너에게 알맞고 조화로운 복을 내리니,
時萬時億. (시만시억) : 만억으로 하노라.

禮儀旣備, (예의기비) : 예의가 이미 갖춰져 있고,
鍾鼓旣戒. (종고기계) : 종과 북이 이미 울리니.
孝孫徂位, (효손조위) : 효손이 가서 자리하여,
工祝致告. (공축치고) : 공축이 신령의 뜻을 아뢰는구나.
神具醉止, (신구취지) : 신령이 모두 취하여 그치니,

14) 공축(工祝)은 축관(祝官)을 지칭하는 말이다. 『시』「소아(小雅)·초자(楚茨)」편에는 "<u>工祝</u>致告, 徂賚孝孫."이라는 기록이 있고, 이에 대한 고형(高亨)의 주에서는 "工祝卽祝官."이라고 풀이했다.

皇尸載起. (황시재기) : 황시가 곧 일어나도다.
鼓鍾送尸, (고종송시) : 북과 종을 쳐서 황시를 전송하니,
神保聿歸. (신보율귀) : 신령이 편안히 돌아가도다.
諸宰君婦, (제재군부) : 여러 담당자들과 왕후가,
廢徹不遲. (폐철불지) : 상 치우기를 더디게 하지 않는구나.
諸父兄弟, (제부형제) : 제부들과 형제들이,
備言燕私. (비언연사) : 연회를 열어 은정을 다하는구나.

樂具入奏, (악구입주) : 악공들이 모두 들어와 연주하니,
以綏後祿. (이수후록) : 이로써 편안히 이후의 복을 누리는구나.
爾殽旣將, (이효기장) : 네가 음식을 올리니,
莫怨具慶. (막원구경) : 원망하는 자가 없고 모두 경하하는구나.
旣醉旣飽, (기취기포) : 이미 취하고 이미 배부르니,
小大稽首. (소대계수) : 모든 계층의 사람들이 머리를 조아리는구나.
神嗜飮食, (신기음식) : 신이 기꺼이 너의 음식을 흠향하노니,
使君壽考. (사군수고) : 군주로 하여금 장수토록 하는구나.
孔惠孔時, (공혜공시) : 크게 은혜롭고 크게 때에 맞으니,
維其盡之. (유기진지) : 지극히 다하는구나.
子子孫孫, (자자손손) : 자자손손으로,
勿替引之. (물체인지) : 폐지하지 말고 오래도록 지속하여라.

毛序 楚茨, 刺幽王也. 政煩賦重, 田萊多荒, 饑饉降喪, 民卒流亡, 祭祀不饗, 故君子思古焉.

모서 「초자(楚茨)」편은 유왕을 풍자한 시이다. 정사가 번잡스럽고 부역이 무거워졌으며, 토지가 대부분 황폐해져서, 기근이 들고 재앙이 덮치니, 백성들이 끝내 유망하여 제사를 지내도 신령이 흠향하지 않았다. 그렇기 때문에 군자가 옛 일들을 그리워한 것이다.

참고 『이아』「석고(釋詁)」 기록

경문 儼·恪·祇·翼·諲·恭·欽·寅·熯, 敬也.

번역 엄(儼)·각(恪)·지(祇)·익(翼)·인(諲)·공(恭)·흠(欽)·인(寅)·연(熯)은 경(敬)자의 뜻이다.

郭注 儼然, 敬貌. 書曰: "夙夜惟寅." 詩曰: "我孔熯矣." 熯未詳.

번역 '엄연(儼然)'은 공경스러운 모습을 뜻한다. 『서』에서는 "밤낮으로 공경하다."[15]라고 했다. 『시』에서는 "우리 효손들이 매우 공경스럽다."라고 했는데, '한(熯)'자의 뜻에 대해서는 자세히 모르겠다.

邢疏 ●"儼恪"至"敬也". ○釋曰: 皆謂謹敬也. 儼者, 郭云: "儼然, 敬貌." 論語云: "儼然人望而畏之." 恪者, 心敬也. 周書·微子之命云: "恪愼克孝." 祇者, 虞書·大禹謨云: "祇承于帝." 翼者, 小心之敬也. 云恭者, 敬貌也. 大雅·桑柔云: "溫溫恭人." 欽者, 堯典云: "欽若昊天."

번역 ●經文: "儼恪"~"敬也". ○이 모두는 신중하고 공경스럽다는 뜻이다. '엄(儼)'자에 대해서 곽박은 "'엄연(儼然)'은 공경스러운 모습을 뜻한다."라고 했다. 『논어』에서는 "공경스러워서 사람들이 바라보고 외경하게 된다."[16]라고 했다. '각(恪)'은 마음가짐이 공경스럽다는 뜻이다. 『서』「주서(周書)·미자지명(微子之命)」편에서는 "공경하고 신중하여 능히 효도한다."[17]라고 했다. '지(祇)'에 대해서 『서』「우서(虞書)·대우모(大禹謨)」편에서는 "공경스럽게 순임금을 받들었다."[18]라고 했다. '익(翼)'은 마음을 조심스럽

---

15) 『서』「우서(虞書)·순전(舜典)」: 夙夜惟寅, 直哉惟淸.
16) 『논어』「요왈(堯曰)」: 君子正其衣冠, 尊其瞻視, 儼然人望而畏之, 斯不亦威而不猛乎?
17) 『서』「주서(周書)·미자지명(微子之命)」: 爾惟踐修厥猷, 舊有令聞, 恪愼克孝, 肅恭神人, 予嘉乃德曰, 篤不忘.

게 하는 공경스러움이다. '공(恭)'이라고 말한 것은 공경스러운 모습을 뜻한다. 『시』「대아(大雅)·상유(桑柔)」편에서는 "온화하고 공손한 사람이여."[19] 라고 했다. '흠(欽)'에 대해서 『서』「우서(虞書)·요전(堯典)」편에서는 "호천(昊天)[20]을 공경히 따르다."[21]라고 했다.

邢疏 ◎注"書曰"至"熯矣". ○釋曰: 云"書曰: 夙夜惟寅"者, 虞書·舜典文. 云"詩曰: 我孔熯矣"者, 小雅·楚茨文.

번역 ◎郭注: "書曰"~"熯矣". ○곽박이 "『서』에서는 '밤낮으로 공경하다.'라고 했다."라고 했는데, 이것은 『서』「우서(虞書)·요전(堯典)」편의 기록이다. 곽박이 "『시』에서는 '우리 효손들이 매우 공경스럽다.'라고 했다."라고 했는데, 이것은 『시』「소아(小雅)·초자(楚茨)」편의 기록이다.

---

18) 『서』「우서(虞書)·대우모(大禹謨)」: 曰若稽古大禹, 曰文命敷於四海, 祗承于帝.
19) 『시』「소아(小雅)·소완(小宛)」: 溫溫恭人. 如集于木. 惴惴小心, 如臨于谷. 戰戰兢兢, 如履薄冰. / 『시』「대아(大雅)·억(抑)」: 荏染柔木, 言緡之絲. 溫溫恭人, 維德之基. 其維哲人, 告之話言, 順德之行. 其維愚人, 覆謂我僭. 民各有心.
20) 호천상제(昊天上帝)는 호천(昊天)과 상제(上帝)로 구분하여 해석하기도 하며, '호천상제'를 하나의 용어로 해석하기도 한다. 후자의 경우 '호천'이라는 말은 '상제'를 수식하는 말이다. 고대에는 축호(祝號)라는 것을 지어서 제사 때의 용어를 수식어로 꾸미게 되는데, '호천상제'의 경우는 '상제'에 대한 축호에 해당하며, 세분하여 설명하자면 신(神)의 명칭에 수식어를 붙이는 신호(神號)에 해당한다. 『예기』「예운(禮運)」편에는 "作其祝號, 玄酒以祭, 薦其血毛, 腥其俎, 孰其殽."라는 기록이 있고, 이에 대한 진호(陳澔)의 주에서는 "作其祝號者, 造爲鬼神及牲玉美號之辭. 神號, 如昊天上帝."라고 풀이했다. '호천'과 '상제'로 풀이할 경우, '상제'는 만물을 주재하는 자이며, '상천(上天)'이라고도 불렀다. 고대인들은 길흉(吉凶)과 화복(禍福)을 내릴 수 있는 능력을 갖추고 있었다고 생각하였다. 한편 '상제'는 오행(五行) 관념에 따라 동·서·남·북·중앙의 구분이 생기면서, 천상을 각각 나누어 다스리는 오제(五帝)로 설명되기도 한다. '호천'의 경우 천신(天神)을 뜻하는데, '상제'와 비슷한 개념이다. '호천'을 '상제'보다 상위의 개념으로 해석하여, 오제 위에서 군림하는 신으로 해석하는 경우도 있다.
21) 『서』「우서(虞書)·요전(堯典)」: 乃命羲和, 欽若昊天, 曆象日月星辰, 敬授人時.

• 제 5 절 •

유자(儒者)의 행실 - 근인(近人)

【682a】

"儒有不寶金玉, 而忠信以爲寶; 不祈土地, 立義以爲土地; 不祈多積, 多文以爲富. 難得而易祿也, 易祿而難畜也. 非時不見, 不亦難得乎? 非義不合, 不亦難畜乎? 先勞而後祿, 不亦易祿乎? 其近人有如此者."

직역 "儒는 金玉을 不寶하고, 忠信하여 寶로 爲하며; 土地를 不祈하고, 義를 立하여 土地를 爲하며; 多積을 不祈하고, 多文하여 富를 爲함이 有합니다. 得을 難하여 祿을 易하며, 祿을 易하여 畜을 難합니다. 時가 非이면 不見하니, 亦히 得이 難함이 不하겠습니까? 義가 非이면 不合하니, 亦히 畜이 難함이 不하겠습니까? 勞를 先하고 祿을 後하니, 亦히 祿이 易함이 不하겠습니까? 그 人에 近함에는 此와 如한 者가 有합니다."

의역 공자가 계속하여 말하길, "유자는 금이나 옥을 보배로 여기지 않고 충심과 신의를 갖춰서 이것을 보배로 여기며, 토지를 받고자 기원하지 않고 의(義)를 확립하여 이것을 토지로 삼으며, 많이 축적하기를 기원하지 않고 많은 문채를 갖추는 것을 부유함으로 여깁니다. 얻는 것을 어렵게 여겨서 녹봉을 쉽게 받으며, 녹봉을 쉽게 받지만 축적하기를 어렵게 여깁니다. 때가 아니면 나타나지 않으니, 또한 얻기가 어렵지 않겠습니까? 의롭지 않다면 합하지 않으니, 또한 축적하기 어렵지 않겠습니까? 먼저 수고롭게 일한 뒤에야 녹봉을 받으니, 또한 녹봉을 쉽게 받지 않겠습니까? 유자는 사람과 가까이 함에 이와 같은 점이 있는 자들입니다."라고 했다.

集說 呂氏曰: 儒者之於天下, 所以自爲者德而已, 所以應世者義而已. 趙孟之所貴, 趙孟能賤之; 我之所可貴, 人不得而奪也. 此金玉土地多積, 不如信義多文之貴也. 難得難畜, 主於義而所以自貴也. 雖曰自貴, 時而行, 義而合, 勞而食, 未始遠於人而自異也.

번역 여씨가 말하길, 유자는 천하에 대해 스스로 행위하는 것은 덕에 따른 것일 뿐이며, 세상에 호응하는 것은 의(義)에 따른 것일 뿐이다. 조맹이 귀하게 해준 것은 또한 조맹이 천하게도 할 수 있지만,[1] 내가 귀하게 여기는 것을 남은 빼앗을 수 없다. 이것은 금·옥·토지나 많이 축적하는 것은 신의·의로움이나 많은 문채를 갖추는 것의 존귀함만 못하다는 뜻이다. 얻기를 어렵게 여기고 축적하기를 어렵게 여기는 것은 의로움을 위주로 하여 스스로를 존귀하게 하는 것이다. 비록 스스로 존귀하게 여긴다고 하지만, 때를 기다려서 시행하고 의로움에 맞아야 화합하며 수고롭게 일한 뒤에 식록을 받으니, 일찍이 사람과 동떨어져서 스스로 차이를 두지 않았던 것이다.

大全 周子曰: 君子以道充爲貴, 身安爲富, 故常泰無不足, 而銖視軒冕, 塵視金玉, 其重無加焉爾.

번역 주자[2]가 말하길, 군자는 도의 확충을 존귀함으로 여기고, 자신을 편안히 하는 것을 부유함으로 삼는다. 그렇기 때문에 항상 태연한 마음을 갖춰 부족함이 없게 되고, 수레나 면류관을 하찮게 여기며, 금이나 옥을 먼지처럼 여기니, 그 무거움에는 더할 것이 없을 따름이다.

---

1) 『맹자』「고자상(告子上)」: 人之所貴者, 非良貴也. 趙孟之所貴, 趙孟能賤之.

2) 주돈이(周敦頤, A.D.1017 ~ A.D.1073) : =염계선생(濂溪先生)·주자(周子)·주렴계(周濂溪)·주무숙(周茂叔). 북송(北宋) 때의 학자이다. 북송오자(北宋五子) 및 송조육현(宋朝六賢) 중 한 사람으로 손꼽힌다. 초명(初名)은 돈실(惇實)이었지만, 영종(英宗)에 대한 피휘 때문에, 돈이(敦頤)로 개명하였다. 자(字)는 무숙(茂叔)이다. 염계서당(濂溪書堂)에서 강학을 하였기 때문에, '염계선생(濂溪先生)'이라고도 부른다. 저서로는 『태극도설(太極圖說)』·『통서(通書)』 등이 있다.

大全 嚴陵方氏曰: 孟子以忠信爲天爵, 以義爲正路, 以令聞廣譽施諸身, 不願人之文繡, 非謂是乎? 貨財以多積爲富, 金玉以難得爲寶, 故於忠信言寶, 於多文言富. 易祿者, 易爲祿也. 先勞而後祿, 則易爲祿矣. 畜, 謂畜而制之也. 夫衆人之近人也, 或以金玉, 或以土地, 或以多積, 或見之不以時, 或合之不以義, 而儒者之近人, 則有異焉.

번역 엄릉방씨가 말하길, 맹자는 충신을 하늘이 내려준 벼슬이라고 여겼고,[3] 의로움을 바른 길로 여겼으며,[4] 좋은 명성과 넓은 명예가 자신에게 펼쳐져 있어서 남이 입고 있는 화려한 복장을 바라지 않는다고 했으니,[5] 바로 이러한 뜻을 말하는 것이 아니겠는가? 재화는 많이 축적하는 것을 부유함으로 여기고, 금과 옥은 얻기 어려워서 보배로 여긴다. 그렇기 때문에 충심과 신의에 대해서는 '보(寶)'라고 했고, 많은 문채를 갖추는 것에 대해서는 '부(富)'라고 했다. '이록(易祿)'은 녹봉을 쉽게 받는다는 뜻이다. 먼저 수고롭게 일하고 이후에 녹봉을 받는다면, 녹봉을 쉽게 받는 것이다. '축(畜)'자는 축적하되 제어한다는 뜻이다. 일반인들이 사람과 가까이 할 때에는 금이나 옥으로 하기도 하며, 토지로 하기도 하고, 많이 축적한 것으로 하기도 하며, 때가 아닌데도 드러내기도 하며, 의롭지 않은데도 합하기도 하지만, 유자가 사람과 가까이 하는 것은 이와는 다르다.

鄭注 祈, 猶求也. 立義以爲土地, 以義自居也. 難畜, 難以非義久留也. 勞, 猶事也. 積, 或爲"貨".

번역 '기(祈)'자는 "구하다[求]."는 뜻이다. 의(義)를 세워서 토지로 삼는 것은 의로움에 따라 스스로 자처한다는 뜻이다. "축적하기를 어렵게 여긴

---

3) 『맹자』「고자상(告子上)」: 孟子曰, 有天爵者, 有人爵者. 仁義忠信, 樂善不倦, 此天爵也, 公卿大夫, 此人爵也.

4) 『맹자』「이루상(離婁上)」: 仁, 人之安宅也, 義, 人之正路也. 曠安宅而弗居, 舍正路而不由, 哀哉!

5) 『맹자』「고자상(告子上)」: 詩云, '旣醉以酒, 旣飽以德.' 言飽乎仁義也, 所以不願人之膏粱之味也, 令聞廣譽施於身, 所以不願人之文繡也.

다.”는 말은 의롭지 않은데도 오래도록 머무는 것을 어렵게 여긴다는 뜻이다. ‘노(勞)’자는 사안[事]을 뜻한다. ‘적(積)’자를 다른 판본에서는 ‘화(貨)’자로 기록하기도 한다.

釋文 積, 子賜反, 又如字. 易, 以豉反, 又如字. 畜, 許六反. 見, 賢遍反. 近, 附近之近, 下“可近”同.

번역 ‘積’자는 ‘子(자)’자와 ‘賜(사)’자의 반절음이며, 또한 글자대로 읽기도 한다. ‘易’자는 ‘以(이)’자와 ‘豉(시)’자의 반절음이며, 또한 글자대로 읽기도 한다. ‘畜’자는 ‘許(허)’자와 ‘六(륙)’자의 반절음이다. ‘見’자는 ‘賢(현)’자와 ‘遍(편)’자의 반절음이다. ‘近’자는 ‘부근(附近)’이라고 할 때의 ‘近’자이며, 아래문장에 나오는 ‘可近’에서의 ‘近’자도 그 음이 이와 같다.

孔疏 ●“儒有不寶金玉, 而忠信以爲寶”者, 此解經明儒者懷忠信仁義之事也.

번역 ●經文: “儒有不寶金玉, 而忠信以爲寶”. ○이 문장은 경문에서 유자가 충심과 신의, 인(仁)과 의(義)를 품는다고 한 사안을 풀이한 말이다.

孔疏 ●“儒有不寶金玉, 而忠信以爲寶”者, 言儒懷忠信仁義以與人交, 不貪金玉利祿以與人競, 人則親而近之.

번역 ●經文: “儒有不寶金玉, 而忠信以爲寶”. ○유자는 충심과 신의, 인(仁)과 의(義)를 품고서 남과 교류를 하며, 금이나 옥 또는 이로움이나 녹봉을 탐하여 남과 다투지 않으니, 상대가 친근하게 여기며 가까이 한다는 뜻이다.

孔疏 ●“不祈土地, 立義以爲土地”者, 言儒者不祈土地之富[6], 以義自居,

---

6) ‘불기토지지부(不祈土地之富)’에 대하여. ‘기(祈)’자 앞에는 본래 ‘불(不)’자가 없었고, ‘토(土)’자 뒤에는 본래 ‘지(地)’자가 없었으며, ‘부(富)’자는 본래 ‘복(福)’자로 기록되어 있었는데, 완원(阮元)의 『교감기(校勘記)』에서는 “혜동(惠棟)의 『교송본(校宋本)』에는 ‘불기토지지부’라고 기록되어 있으니, 이곳

故云"以爲土地".

번역 ●經文: "不祈土地, 立義以爲土地". ○유자는 토지와 같은 부유함을 바라지 않고, 의로움으로 자처한다. 그렇기 때문에 "이로써 토지로 삼는다."라고 했다.

孔疏 ●"不祈多積, 多文以爲富"者, 積, 積聚財物也. 儒以多學文章技藝爲富, 不求財積以利其身也.

번역 ●經文: "不祈多積, 多文以爲富". ○'적(積)'자는 재물을 축적하고 모은다는 뜻이다. 유자는 많이 배우고 문채를 드러내며 기예 익히는 것을 부유함으로 삼고, 재물을 축적하여 자신을 이롭게 하는 것을 바라지 않는다.

孔疏 ●"難得而易祿也", 非道之世則不仕, 是難得也. 先事後食, 是易祿也.

번역 ●經文: "難得而易祿也". ○도에 따른 세상이 아니라면 관직에 나아가지 않으니, 이것이 얻기를 어렵게 여긴다는 뜻이다. 먼저 일을 하고 뒤에 식록을 받으니, 이것이 쉽게 녹봉을 받는다는 뜻이다.

孔疏 ●"易祿而難畜也"者, 無義則去, 是難畜也.

번역 ●經文: "易祿而難畜也". ○의(義)가 없다면 떠나니, 이것이 축적하기를 어렵게 여긴다는 뜻이다.

孔疏 ●"非時不見, 不亦難得乎"者, 非時, 謂非明時則不見, 是不亦難得乎.

번역 ●經文: "非時不見, 不亦難得乎". ○'비시(非時)'는 밝은 시기가 아

판본에는 '불'자와 '지'자가 누락된 것이며, '부'자를 '복'자로 잘못 기록한 것이다. 『민본(閩本)』·『감본(監本)』·『모본(毛本)』에서도 동일하게 잘못 기록하고 있다."라고 했다.

니라면 드러내지 않으니, 이것이 또한 얻기를 어렵게 여기지 않을 수 있느냐는 의미이다.

孔疏 ●"非義不合, 不亦難畜乎"者, 君有義而與之合, 無義則去, 是難畜也.

번역 ●經文: "非義不合, 不亦難畜乎". ○군주에게 의(義)가 있다면 그와 함께 하지만 의가 없다면 떠나니, 이것이 축적하기를 어렵게 여긴다는 뜻이다.

孔疏 ●"其近人有如此"者, 言儒者親近於人, 有如此在上之諸事也.

번역 ●經文: "其近人有如此". ○유자는 사람을 친근하게 대하며 가까이 하는데, 이와 같은 것은 앞에서 말한 여러 사안에 달려 있다는 뜻이다.

訓纂 釋詁: 勞, 勤也.

번역 『이아』「석고(釋詁)」편에서 말하길, '노(勞)'자는 "부지런히 일하다[勤]."는 뜻이다.7)

集解 愚謂: 寶者, 人之所珍藏也, 儒者則內蘊忠信, 故曰忠信以爲寶. 土地, 各有所宜者也, 儒者之立義, 亦因事制宜, 故曰立義以爲土地. 積聚之多, 人之所謂富也, 儒者則多學於詩書六藝之文, 故曰多文以爲富. 夫儒者之內足乎己而無求於外若此, 似乎高峻而不可攀矣. 然而難得而易祿也, 易祿而難畜也, 其先勞後祿, 固未嘗遠乎人情. 而其非時不見, 若見爲難得者, 値其時又未嘗不見也. 其非義不合, 若見爲難畜者, 處以義又未嘗不可得而畜也. 蓋儒者之近人如此.

번역 내가 생각하기에, '보(寶)'는 사람들이 값지게 여겨 보관하는 것인

---

7) 『이아』「석고(釋詁)」: 倫·勩·邛·敕·勤·愉·庸·癉, 勞也.

데, 유자의 경우라면 내적으로 충심과 신의를 온축한다. 그렇기 때문에 "충심과 신의를 보배로 여긴다."라고 했다. '토지(土地)'는 각각에 마땅한 바가 있는데, 유자는 의(義)를 확립함에도 사안에 따라 마땅함에 맞춘다. 그렇기 때문에 "의를 세워서 토지로 삼는다."라고 했다. 축적하고 모은 것이 많다면 사람들이 부(富)라고 부르는데, 유자의 경우라면 『시』나 『서』 및 육예(六藝)[8] 등의 문채를 많이 배우게 된다. 그렇기 때문에 "문채를 많이 하는 것을 부유함으로 삼는다."라고 했다. 유자는 내적으로 자신을 충만하게 하고 외적으로 이처럼 바라는 것이 없어서, 고고하여 잡아끌 수 없는 것처럼 보인다. 그런데도 얻기를 어렵게 여기고 녹봉을 쉽게 받으며, 녹봉을 쉽게 받지만 축적하기를 어렵게 여기는 것은 먼저 수고롭게 일하고 이후에 녹봉을 받으니 진실로 사람의 정감에서 동떨어진 적이 없는 것이다. 그리고 때가 아니면 세상에 나타나지 않고, 만약 세상에 나왔더라도 얻기를 어렵게 여기니, 때가 되었다면 또한 일찍이 드러내지 않은 적이 없는 것이다. 의가 아니면 합하지 않고, 만약 세상에 나왔더라도 축적하기를 어렵게 여기니, 의로움에 따라 처신하며 또한 얻을 수 없는 것을 축적한 적이 없다. 유자가 사람을 가까이 함이 이와 같다.

참고 원문비교

예기대전·유행 儒有不寶金玉, 而忠信以爲寶; 不祈土地, 立義以爲土地; 不祈多積, 多文以爲富. 難得而易祿也, 易祿而難畜也. 非時不見, 不亦難得乎? 非義不合, 不亦難畜乎? 先勞而後祿, 不亦易祿乎? 其近人有如此者.

공자가어·유행해(儒行解) 儒有不寶金玉, 而忠信以爲寶; 不祈土地, 而

8) 육예(六藝)는 기본적으로 갖춰야 하는 여섯 가지 과목을 뜻한다. 여섯 가지 과목은 예(禮), 음악[樂], 활쏘기[射], 수레몰기[御], 글쓰기[書], 셈하기[數]이며, 구체적으로 말하자면 오례(五禮), 육악(六樂), 오사(五射), 오어(五馭: =五御), 육서(六書), 구수(九數)를 가리킨다.

仁義以爲土地; 不求多積, 多文以爲富. 難得而易祿也, 易祿而難畜也. 非時不見, 不亦難得乎? 非義不合, 不亦難畜乎? 先勞而後祿, 不亦易祿乎? 其近人情有如此者.

참고 『맹자』「고자상(告子上)」 기록

경문 孟子曰, "有天爵者, 有人爵者. 仁義忠信, 樂善不倦, 此天爵也. 公卿大夫, 此人爵也."

번역 맹자가 말하길, "하늘이 내려주는 작위가 있고 사람들이 주는 작위가 있다. 인·의·충·신을 갖추고 선을 좋아하길 게을리 하지 않는 것이 바로 하늘이 내려주는 작위이다. 공·경·대부가 되는 것은 사람들이 주는 작위이다."라고 했다.

趙注 天爵以德, 人爵以祿.

번역 하늘은 덕으로 작위를 내려주고, 사람은 녹봉으로 작위를 내려준다.

集註 天爵者, 德義可尊, 自然之貴也.

번역 하늘이 내려주는 작위는 덕과 의로써 존숭할 만 것이니, 자연적으로 존귀한 것이다.

경문 "古之人修其天爵, 而人爵從之. 今之人脩其天爵以要人爵, 旣得人爵而棄其天爵, 則惑之甚者也."

번역 계속하여 맹자가 말하길, "옛날 사람들은 하늘이 내려주는 작위를 수양하여, 사람이 주는 작위가 뒤따랐다. 오늘날의 사람들은 하늘이 내려주는 작위를 수양하여 사람이 주는 작위를 요구하고, 사람이 주는 작위를 얻게 되면 하늘이 내려주는 작위를 내버리니, 이것은 매우 미혹된 자이다."라고 했다.

趙注 人爵從之, 人爵自至也. 以要人爵, 要, 求也. 得人爵, 棄天爵, 惑之甚也.

번역 사람이 주는 작위가 뒤따른다는 것은 인작(人爵)이 저절로 이른다는 뜻이다. 이로써 인작을 요(要)한다고 했는데, '요(要)'자는 "구하다[求]."는 뜻이다. 인작을 얻고 천작을 버리는 것은 매우 미혹된 것이다.

集註 修其天爵, 以爲吾分之所當然者耳. 人爵從之, 蓋不待求之而自至也.

번역 하늘이 내려주는 작위를 수양한다는 것은 내 본분에 따라 마땅히 그러한 것을 시행할 따름이다. 사람이 주는 작위가 뒤따른다는 것은 구하기를 기다리지 않아도 저절로 이른다는 뜻이다.

경문 "終亦必亡而已矣."

번역 계속하여 맹자가 말하길, "따라서 끝내 반드시 패망하게 될 따름이다."라고 했다.

趙注 棄善忘德, 終必亡也.

번역 선을 버리고 덕을 잊어버리니, 끝내 반드시 패망하게 될 것이다.

孫疏 ●"孟子"至"已矣". ○正義曰: 此章指言古修天爵, 自樂之也; 今要人爵, 以誘時也; 得人棄天, 道之忌也; 惑以招亡, 小人之事也.

번역 ●經文: "孟子"~"已矣". ○이곳 문장은 옛날에 천작을 수양했던 자들은 스스로 그것을 즐거워했는데, 오늘날 인작을 요구하는 자들은 이를 통해 당시 사람들을 농락한다는 뜻을 지적하고 있다. 인작을 얻고 천작을 버리는 것은 도에 있어서 꺼리는 것이며, 미혹됨으로 말미암아 패망을 초래하는 것은 소인의 일이다.

孫疏 ●"孟子曰有天爵者"至"終亦亡之而已矣", 孟子言有所謂天爵者, 有所謂人爵者, 仁義忠信四者, 又樂行其善而不厭倦者, 是所謂天爵也; 自公卿大夫者, 是所謂人爵. 此孟子所以自解之也. 自古之人脩治其天爵, 而人爵自然從之, 如舜耕於歷山, 樂取諸人以爲善, 而堯自然禪其祿位, 是脩其天爵而人爵從之者也. 又如伊尹之徒亦是也. 今之人修其天爵, 以要求人爵, 旣得其人爵, 而又棄其天爵, 則蔽惑之甚者也, 如登龍斷以罔市利·乞墦間之祭者, 是其類也. 此孟子所以指今之人而言也. 如此者, 終亦必亡其人爵而已矣. 是故孟子所以有是言而勸誡之.

번역 ●經文: "孟子曰有天爵者"~"終亦亡之而已矣". ○맹자는 이른바 천작이라는 것이 있고 인작이라는 것이 있는데, 인·의·충·신이라는 네 가지, 또 선을 즐겨 시행하며 게으름을 피우지 않는 것이 바로 천작이라고 부르는 것이며, 공·경·대부에 오르는 것이 인작이라고 설명했다. 이것은 맹자가 스스로 단어의 뜻을 풀이한 것이다. 옛날 사람들은 천작을 수양함에 인작이 자연히 뒤따랐으니, 순임금이 역산에서 경작을 할 때 여러 사람들의 좋은 점을 취하여 선으로 여겨 힘써 실천하길 좋아했는데, 요임금이 자연스럽게 자신의 녹봉과 지위를 선양해주었던 것과 같으니, 이것이 바로 천작을 수양하여 인작이 뒤따르는 경우이다. 또 이윤과 같은 무리들도 이러한 경우에 해당한다. 오늘날의 사람들은 천작을 수양하여 인작을 요구하고, 인작을 얻게 되면 또한 천작을 내버리니, 미혹됨이 매우 심한 것으로, 마치 용단에 올라가서 시장의 이익을 망라하고 무덤 사이에서 제사하는 자에게 남은 음식을 구걸하는 자들이 바로 이러한 부류에 해당한다. 이것은 맹자가 오늘날의 사람을 지목해서 설명한 것이다. 이와 같다면 반드시 얻었던 인작마저도 잃게 될 따름이다. 이러한 까닭으로 맹자는 이러한 말을 해서 권면하고 경계했던 것이다.

集註 要, 求也. 修天爵以要人爵, 其心固已惑矣; 得人爵而棄天爵, 則其惑又甚焉, 終必幷其所得之人爵而亡之也.

번역 '요(要)'자는 "구하다[求]."는 뜻이다. 천작을 수양하여 인작을 요구하는 것은 그 마음이 진실로 이미 미혹된 것이다. 인작을 얻고서 천작을 내버린다면 미혹됨이 더욱 심한 것이니, 끝내 얻었던 인작마저 반드시 잃게 될 것이다.

경문 孟子曰: "欲貴者, 人之同心也. 人人有貴於己者, 弗思耳矣. 人之所貴者, 非良貴也. 趙孟之所貴, 趙孟能賤之."

번역 맹자가 말하길, "귀하게 되고자 하는 것은 사람마다 동일하게 갖고 있는 마음이다. 사람마다 본인에게 이미 귀함이 있는데도 생각해본 적이 없을 따름이다. 남이 존귀하게 만들어준 것은 최고로 존귀하게 여길 만한 것이 아니다. 조맹이 귀하게 해준 것은 조맹이 천하게 할 수도 있다."라고 했다.

趙注 人皆同欲貴之心, 人人自有貴者在己身, 不思之耳. 在己者, 謂仁義廣譽也. 凡人之所貴富貴, 故曰非良貴也. 趙孟, 晉卿之貴者也, 能貴人, 又能賤人. 人之所自有也者, 他人不能賤之也.

번역 사람들은 모두 존귀해지려는 마음을 동일하게 갖고 있는데, 사람마다 각각 자신의 몸에 존귀한 면을 갖고 있는데도 생각해보지 않았을 따름이다. 자신에게 있다는 것은 인의 및 넓은 명예를 뜻한다. 일반인들이 존귀하게 여기는 것은 부유함과 작위 등의 존귀함이다. 그렇기 때문에 최고로 존귀하게 여길 만한 것들이 아니라고 했다. '조맹(趙孟)'은 진(晉)나라의 경으로 존귀한 작위를 가진 자이니, 그는 남을 존귀하게 만들 수도 있지만 반대로 천하게도 만들 수 있다. 사람이 본래부터 가지고 있는 것에 대해서는 다른 사람이 천하게 만들 수 없다.

集註 貴於己者, 謂天爵也.

번역 자신에게 귀함이 있다는 것은 천작을 뜻한다.

集註 人之所貴, 謂人以爵位加己而後貴也. 良者, 本然之善也. 趙孟, 晉卿也. 能以爵祿與人而使之貴, 則亦能奪之而使之賤矣. 若良貴, 則人安得而賤之哉?

번역 남이 존귀하게 해주었다는 것은 남이 작위를 자신에게 부여한 이후에 존귀하게 된 것을 뜻한다. '양(良)'자는 본연의 선을 뜻한다. '조맹(趙孟)'은 진(晉)나라의 경이다. 작위와 녹봉을 남에게 수여하여 그를 존귀하게 만들 수 있다면, 또한 그것들을 빼앗아 천하게 만들 수도 있다. 본연의 선에 따른 존귀함이라면 어찌 남들이 천하게 만들 수 있겠는가?

경문 "詩云: '既醉以酒, 既飽以德.' 言飽乎仁義也, 所以不願人之膏粱之味也. 令聞廣譽施於身, 所以不願人之文繡也."

번역 계속하여 맹자가 말하길, "『시』에서는 '관련 예법을 다하여 술로써 취하게 하며, 관련 일을 마무리하여 덕으로써 배부르게 하노라.'[9]라고 했으니, 인의에 배가 부르다는 뜻으로, 남의 기름지고 맛있는 음식을 원하지 않는 것이다. 또한 자신의 좋은 명성과 넓은 명예를 알려지게 했으니, 남의 화려한 의복을 원하지 않는 것이다."라고 했다.

趙注 詩·大雅·既醉之篇. 言飽德者, 飽仁義之於身, 身之貴者也, 不願人之膏粱矣. 膏粱, 細粱如膏者也. 文繡, 繡衣服也.

번역 이 시는 『시』「대아(大雅)·기취(既醉)」편이다. '포덕(飽德)'이라고 한 말은 자신에게 인의를 배불리 먹이게 했다는 뜻으로, 자신이 존귀하게

9) 『시』「대아(大雅)·기취(既醉)」 : 既醉以酒, 既飽以德. 君子萬年, 介爾景福.

여기는 것으로 남의 기름지고 맛있는 음식을 원하지 않는 것이다. '고량(膏粱)'은 기름처럼 부드럽고 알갱이가 작은 곡식을 뜻한다. '문수(文繡)'는 의복에 수를 놓은 것이다.

孫疏 ●"孟子曰"至"文繡也". ○正義曰: 此章指言所貴在身, 人不知求, 膏粱文繡, 己之所優, 趙孟所貴, 何能比之. 是以君子貧而樂也.

번역 ●經文: "孟子曰"~"文繡也". ○이 문장은 존귀하게 여길 만한 것이 자신에게 있는데 사람들은 구할 줄 모르고 기름지고 맛있는 음식과 화려한 의복은 넉넉하게 쌓으려는 것이고 조맹이 존귀하게 만드는 것인데, 어찌 자신이 본래부터 갖춘 것과 비교할 수 있겠느냐는 뜻이다. 이러한 까닭으로 군자는 가난하더라도 즐거워하는 것이다.

孫疏 ●"孟子曰: 欲貴者, 人之同心也"至"文繡也", 孟子言凡所願欲其貴者, 世人所同其心也, 以其人皆欲之也. 然而人人有貴, 只在其己者, 但不思之耳. 凡人所貴者, 非是良貴也. 良貴者, 不以爵而貴者, 是謂良貴, 如下文所謂仁義廣譽者是也. 且以趙孟, 晉卿之貴, 雖爲所貴者, 然而趙孟又能賤之, 是人之所貴者, 非爲良貴也. 此孟子所以引而喩也, 以其趙孟者, 卽晉襄公之臣趙盾者是也, 是爲晉卿. 然入爲晉卿, 出則爲盟主, 是謂貴矣, 奈何其賢則不及趙襄, 其良則不及宣子, 則所貴特人爵之貴耳, 如此得無賤耶? 故曰趙孟之所貴, 趙孟能賤之也. 詩·大雅·旣醉之篇有云: 旣醉之以酒, 旣飽之以德. 是言飽乎仁義者也. 是亦所謂德將于醉之意同, 謂德則仁義是也. 言飽乎仁義, 所以不願人之膏粱之味乎, 按禮云公食大夫, 則稻粱爲嘉膳, 則膏粱, 味之至珍者也. 然而不願人之膏粱, 則以仁義爲膏粱; 令聞廣譽之名聲旣施飾於身, 所以不願人之文繡也. 按詩以一裳爲顯服, 則文繡爲服之至美者也. 然而不願人之文繡, 則以令聞廣譽爲文繡也. 蓋令聞者, 以其內有仁義之德, 則人將不特見而善之, 又有以聞而善之者也, 故云令聞. 令, 譽令, 善也; 聞, 名聲, 而人所聞之也. 廣譽者, 亦以內有仁義之德, 則不特近者美喩之, 而遠者又有以美譽焉, 故云廣譽. 廣, 遠大也; 譽, 美稱也. 凡此孟子所以敎時人之云耳. 故論君子貧而樂, 如顏子在陋巷, 而不改其樂者, 是之謂也.

번역 ●經文: "孟子曰: 欲貴者, 人之同心也"~"文繡也". ○맹자는 존귀하게 되려고 하는 점은 세상 사람들이 동일하게 갖춘 마음이라고 했으니, 사람들이 모두 그것을 바란다는 뜻이다. 그러나 사람마다 각각 존귀한 점이 있는데, 자신에게 있음에도 단지 생각해보지 않았을 따름이다. 일반인들이 존귀하게 여기는 것은 양귀(良貴)가 아니다. '양귀(良貴)'라는 것은 작위를 통해 존귀해지는 것이 아니니, 여기에서 말한 양귀란 곧 아래문장에서 말한 인의 및 넓은 명예를 뜻한다. 또한 조맹은 진나라의 경우로 존귀한 자이지만 비록 그가 존귀하게 만들더라도 조맹이 재차 그를 천하게 만들 수 있으니, 사람들이 존귀하게 여기는 것은 양귀가 아니다. 이것은 맹자가 시를 인용하여 비유를 했던 것으로, 조맹은 진나라 양공의 신하인 조순(趙盾)을 뜻한다. 그는 당시 진나라에서 경의 신분에 올랐다. 그가 진나라로 들어가면 진나라 경의 신분이었고, 진나라 밖으로 나오면 맹주의 역할을 했으니, 이것을 두고 귀하다고 하는데, 그의 현명함으로 따지자면 조양에 미치지 못하고 선량함으로는 선자에 미치지 못하니, 존귀하다는 것은 단지 인작에 따른 존귀함일 뿐이므로 이와 같은 것이 어찌 미천해지지 않을 수 있겠는가? 그러므로 조맹이 존귀하게 만든 것은 조맹이 미천하게도 만들 수 있다고 말한 것이다. 『시』「대아(大雅)·기취(旣醉)」편에는 "관련 예법을 다하여 술로써 취하게 하며, 관련 일을 마무리하여 덕으로써 배부르게 하노라."라는 말이 있다. 이것은 인의를 배불리 먹은 자를 뜻한다. 이 또한 덕으로 취하게 된다는 뜻과 동일하니, 덕이란 바로 인의를 뜻한다. 인의로 배부르게 되었다는 것은 남의 기름지고 맛있는 음식을 원하지 않는다는 뜻이다. 『예』를 살펴보면 군주가 대부에게 사례(食禮)를 베풀면 쌀밥과 조밥을 좋은 음식으로 여기니, '고량(膏粱)'이라는 것은 맛있는 음식 중에서도 매우 진귀한 것을 뜻한다. 그런데도 남의 고량을 원하지 않는다고 했으니, 인의를 고량으로 여긴 것이다. 또 아름다운 명성이 이미 자신에게 베풀어져 자신을 수식하고 있으니, 남의 화려한 옷을 원하지 않는 것이다. 『시』를 살펴보면 수놓은 옷을 훌륭한 의복으로 여기니, '문수(文繡)'란 의복 중에서도 지극히 화려한 것이다. 그런데도 남의 화려한 옷을 원하지 않는다면 아름다운 명성과 넓은 명예를 화려한 의복으로 여긴 것이다. 아름다운 명성이란 내적으로 인의의 덕을 갖추고 있어서 사람들이 직접 본 자만이 선하게 여기는 것이 아니라 또한 그 소식을 듣게 된 자도 선하게 여기는 것이다. 그렇기 때문에 '영문(令聞)'이라고 부른다. '영(令)'자는 명예이니 선한 것이며, '문(聞)'은 명성을 뜻하니, 사람들이 그것을 듣게 된 것이다. '광예(廣譽)' 또한 내적으로 인의의 덕을 갖추고 있어서 가까운 자만이 아름답게 여겨 칭송하는 것이 아니라 멀리 떨어져 있는 자도 아름답게 칭송하는 것이다. 그렇기 때문에 '광예(廣譽)'라고 부른다. '광(廣)'자는 원대하다는 뜻이며, '예(譽)'자는 아름다운 칭송을 뜻한다. 이러한 것들은 맹자가 당시 사람들을 가르치기 위해서 한 말일 따름이다. 그렇기 때문에 군자는 가난하더라도 즐겁다고 한 것이니, 안자가 누추한 곳에 거주하더라도 자신의 즐거움을 고치지 않았던 것이 바로 이러한 경우에 해당한다.

集註 詩大雅旣醉之篇. 飽, 充足也. 願, 欲也. 膏, 肥肉. 粱, 美穀. 令, 善也. 聞, 亦譽也. 文繡, 衣之美者也. 仁義充足而聞譽彰著, 皆所謂良貴也.

번역 이 시는 『시』「대아(大雅)·기취(旣醉)」편이다. '포(飽)'자는 충족하다는 뜻이다. '원(願)'자는 "바라다[欲]."는 뜻이다. '고(膏)'자는 살찐 고기를 뜻한다. '양(粱)'자는 맛좋은 곡식을 뜻한다. '영(令)'자는 좋음[善]을 뜻한다. '문(聞)'자 또한 명예[譽]를 뜻한다. '문수(文繡)'는 화려한 옷을 뜻한다. 인의가 충족되고 명예가 훤히 드러나는 것은 모두 '양귀(良貴)'에 해당한다.

集註 尹氏曰: 言在我者重, 則外物輕.

번역 윤씨가 말하길, 나에게 있는 것이 무겁게 되면 바깥 사물은 가벼워진다는 뜻이다.

참고 『시』「대아(大雅)·기취(旣醉)」

旣醉以酒, (기취이주) : 관련 예법을 다하여 술로써 취하게 하며,
旣飽以德. (기포이덕) : 관련 일을 마무리하여 덕으로써 배부르게 하노라.
君子萬年, (군자만년) : 군자가 만년을 누리리니,
介爾景福. (개이경복) : 네가 큰 복을 받도록 돕는구나.

旣醉以酒, (기취이주) : 관련 예법을 다하여 술로써 취하게 하며,
爾殽旣將. (이효기장) : 네가 술안주를 차려주노라.
君子萬年, (군자만년) : 군자가 만년을 누리리니,
介爾昭明. (개이소명) : 네가 밝게 빛나도록 돕는구나.

昭明有融, (소명유융) : 밝게 빛남이 지속되니,
高朗令終. (고랑령종) : 높고도 밝은 명예로 마침을 아름답게 하는구나.
令終有俶, (영종유숙) : 마침을 잘하여 두터움이 있으니,
公尸嘉告. (공시가고) : 공시(公尸)[10]가 좋은 말을 일러주는구나.

其告維何, (기고유하) : 공시가 좋은 말을 고해줌은 무엇을 말하는가?
籩豆靜嘉. (변두정가) : 변(籩)과 두(豆)에 차려내는 음식이 정결하면서도 좋기 때문이니라.
朋友攸攝, (붕우유섭) : 뜻을 함께 하여 도와주는 신하들은,
攝以威儀. (섭이위의) : 위엄을 갖춘 예법으로 도와주느니라.

威儀孔時, (위의공시) : 위엄스러운 예법이 매우 합당하거늘,
君子有孝子. (군자유효자) : 군자는 효자의 행실을 지녔도다.
孝子不匱, (효자불궤) : 자식은 그치고 다하지 않으니,
永錫爾類. (영석이류) : 길이 너의 친족들과 함께 하리라.

10) 공시(公尸)는 천자의 제사 때 신령 대신 제사를 받는 시동을 뜻한다. 천자의 제사에서는 경(卿)을 시동으로 세웠기 때문에, '공(公)'자를 붙여서 '공시'라고 부른 것이다.

其類維何, (기류유하) : 너의 친족들과 함께 하는 것은 무엇을 말함인가?
室家之壼. (실가지호) : 우선 너의 집안을 치르게 함이라.
君子萬年, (군자만년) : 군자가 만년을 누리리니,
永錫祚胤. (영석조윤) : 길이 복을 내려 자손에게까지 미치리라.

其胤維何, (기윤유하) : 너의 자손에게까지 미치는 것은 무엇을 말함인가?
天被爾祿. (천피이록) : 하늘이 너의 녹봉과 지위를 덮어줌이니라.
君子萬年, (군자만년) : 군자가 만년을 누리리니,
景命有僕. (경명유복) : 하늘이 명을 내려 정사와 교화를 시행케 하리라.

其僕維何, (기복유하) : 하늘이 정사와 교화를 시행케 함은 무엇을 말함인가?
釐爾女士. (이이여사) : 너에게 훌륭한 배필을 내려줌이리라.
釐爾女士, (이이여사) : 너에게 훌륭한 배필을 내려주리니,
從以孫子. (종이손자) : 현명한 자손을 낳아 뒤를 이으리라.

毛序 既醉, 大平也, 醉酒飽德, 人有士君子之行焉.

모서 「기취(既醉)」편은 태평성세를 읊은 시이니, 술에 취하고 덕으로 배가 불러서, 사람들마다 선비다운 군자의 행실이 갖춰졌다는 뜻이다.

참고 『맹자』「이루상(離婁上)」 기록

경문 孟子曰: "自暴者不可與有言也, 自棄者不可與有爲也. 言非禮義, 謂之自暴也. 吾身不能居仁由義, 謂之自棄也."

번역 맹자가 말하길, "스스로를 해치는 자는 함께 말할 수 없고, 스스로를 내버리는 자는 함께 일할 수 없다. 말하는 것이 예의에 맞지 않는 것을 '자포(自暴)'라고 부른다. 자신을 인에 머물며 의에 따르게 할 수 없는 것을 '자기(自棄)'라고 부른다."라고 했다.

趙注 言人尙自暴自棄, 何可與有言·有爲.

번역 사람들은 오히려 스스로 해를 끼치고 스스로를 내버리는데, 어떻게 그와 말을 하거나 일을 시행할 수 있느냐는 뜻이다.

孫疏 ●"孟子曰"至"哀哉". ○正義曰: 此章指言曠仁舍義, 自暴棄之道也.

번역 ●經文: "孟子曰"~"哀哉". ○이곳 문장은 인을 비워두고 의를 내버리는 것이 스스로 해를 입히고 버리는 길임을 나타내고 있다.

孫疏 ●"孟子曰: 自暴者不可與有言, 自棄者不可與有爲也"者, 孟子言人之有爲自暴者, 不可與之言議也; 有爲自棄者, 不可與之有所爲也.

번역 ●經文: "孟子曰: 自暴者不可與有言, 自棄者不可與有爲也". ○맹자는 사람들 중 스스로에게 해를 입히는 자가 있는데 그와는 함께 의논할 수 없고, 또한 스스로 내버리는 자가 있는데 그와는 함께 어떤 일을 시행할 수 없다고 말한 것이다.

孫疏 ●"言非禮義, 謂之自暴也. 吾身不能居仁由義, 謂之自棄也"者, 此蓋孟子自解自暴自棄之言也.

번역 ●經文: "言非禮義, 謂之自暴也. 吾身不能居仁由義, 謂之自棄也". ○이것은 아마도 맹자가 스스에게 해를 입히고 스스로 내버린다는 뜻을 설명한 말일 것이다.

集註 暴, 猶害也. 非, 猶毁也. 自害其身者, 不知禮義之爲美而非毁之, 雖與之言, 必不見信也. 自棄其身者, 猶知仁義之爲美, 但弱於怠惰, 自謂必不能行, 與之有爲必不能勉也.

번역 '포(暴)'자는 "해친다[害]."는 뜻이다. '비(非)'자는 "헐뜯다[毁]."는 뜻이다. 스스로 자신의 몸을 해치는 자는 예의가 아름다움이 된다는 사실을 모르고 비방하며 헐뜯는 것이니, 비록 그와 말을 하더라도 반드시 신임을 얻지 못할 것이다. 또 스스로 자신의 몸을 내버리는 자는 오히려 인의가 아름다움이 된다는 사실은 알지만, 나태함에 빠져 분명 행할 수 없다고 스스로 말하니, 그와 어떤 일을 함께 하더라도 반드시 열심히 하지 못할 것이다.

集註 程子曰; 人苟以善自治, 則無不可移者, 雖昏愚之至, 皆可漸磨而進也. 惟自暴者拒之以不信, 自棄者絶之以不爲, 雖聖人與居, 不能化而入也. 此所謂下愚之不移也.

번역 정자가 말하길, 사람이 만약 선으로써 스스로를 다스린다면 선으로 옮겨가게 할 수 없는 자가 없으니, 비록 지극히 어리석은 자라도 모두 점진적으로 연마하여 선으로 나아갈 수 있다. 오직 자포하는 자만은 막고 믿지 않으며 자기하는 자는 관계를 끊고 시행하지 않으니, 비록 성인과 함께 거처하더라도 교화시켜 성인의 문도로 들일 수 없다. 이것이 바로 매우 어리석은 자는 바뀌지 않는다는 뜻이다.

경문 "仁, 人之安宅也. 義, 人之正路也. 曠安宅而弗居, 舍正路而不由, 哀哉!"

번역 계속하여 맹자가 말하길, "인은 사람들이 머물 수 있는 편한 집이다. 의는 사람들이 걸아갈 수 있는 바른 길이다. 편히 머물 수 있는 집을 비워두고 거처하지 않으며, 바른 길을 내버리고 걸어가지 않으니 불쌍하구나!"라고 했다.

趙注 曠, 空. 舍, 縱. 哀, 傷也. 弗由居是者, 是可哀傷也.

번역 '광(曠)'자는 "비었다[空]."는 뜻이다. '사(舍)'자는 "내버려 두다[縱]."는 뜻이다. '애(哀)'자는 "불쌍히 여기다[傷]."는 뜻이다. 여기에 따르지 않고 머물지 않는 자는 불쌍히 여길만하다는 뜻이다.

孫疏 ●"仁, 人之安宅也"至"哀哉"者, 孟子言仁道乃人之所安之宅舍也, 義乃爲人之正路也. 今有空曠其此宅而不安居之, 捨去此正路而不行之者, 是可得而哀傷之者也. 此孟子所以有是而言於當世也.

번역 ●經文: "仁, 人之安宅也"~"哀哉". ○맹자는 인의 도는 사람이 편안하게 머물 수 있는 집이며, 의는 사람들이 걸어가야 할 바른 길이라고 말했다. 현재 이러한 집을 비워두고 그곳에 편안히 거주하지 않으며, 바른 길을 내버리고 그곳을 걸어가지 않는 자들이 있는데, 이것은 불쌍히 여길 만한 자들이라고 했다. 이 말은 맹자가 이러한 일들이 있어 당시 세상 사람들에 대해 말한 것이다.

集註 仁宅已見前篇. 義者, 宜也, 乃天理之當行, 無人欲之邪曲, 故曰正路.

번역 '인택(仁宅)'에 대한 설명은 이미 앞 편에 나온다.[11] '의(義)'자는 마땅함[宜]을 뜻하니, 천리에 따라 마땅히 시행해야 할 것이며, 인욕의 사벽함이 없는 것이다. 그렇기 때문에 '정로(正路)'라고 했다.

集註 曠, 空也. 由, 行也.

번역 '광(曠)'자는 "비었다[空]."는 뜻이다. '유(由)'자는 "길을 가다[行]."는 뜻이다.

集註 此章言道本固有而人自絶之, 是可哀也. 此聖賢之深戒, 學者所當猛省也.

번역 이곳 문장은 도는 본래부터 고유하게 가지고 있는 것인데도 사람들이 제 스스로 끊어버리니 애통할 만함을 말하고 있다. 이것은 성현이 매우 경계한 것으로 학자들은 마땅히 크게 반성해야 할 사안이다.

---

11) 『맹자』「공손추상(公孫丑上)」: 孔子曰, "里仁爲美. 擇不處仁, 焉得智?" 夫仁, 天之尊爵也, 人之安宅也. 莫之禦而不仁, 是不智也.

참고 『이아』「석고(釋詁)」 기록

경문 倫·勩·邛·敕·勤·愉·庸·癉, 勞也.

번역 윤(倫)·예(勩)·공(邛)·칙(敕)·근(勤)·유(愉)·용(庸)·단(癉)은 노(勞) 자의 뜻이다.

郭注 詩曰: "莫知我勩.", "維王之邛", "哀我癉人". 國語曰: "無功庸者." 倫理事務以相約敕亦爲勞. 勞苦者多惰. 愉今字或作窳, 同.

번역 『시』에서는 "나의 예(勩)를 알지 못하도다."[12]라고 했고, "왕의 공(邛)이로다."[13]라고 했으며, "가엾은 우리 단(癉)한 사람이여."[14]라고 했다. 『국어』에서는 "공과 용(庸)이 없는 자이다."[15]라고 했다. 윤리와 힘써야 할 일을 통해 서로 검속하고 경계하는 것 또한 수고롭게 된다. 노고가 많은 자들은 대부분 나태하게 된다. '유(愉)'자를 지금의 글자로는 '유(窳)'자로 기록하기도 하는데 뜻은 동일하다.

邢疏 ●"倫勩"至"勞也". ○釋曰: 皆謂勞苦也. 倫者, 理也, 理治事務者必勞. 勩者, 廣雅云: "苦也." 孫炎曰: "習事之勞也." 敕者, 相約敕也, 亦爲勞苦. 勤者, 勞力也. 梓材云: "旣勤垣墉." 愉者, 懶也. 郭云: "勞苦者多惰. 愉今字或作窳, 同." 庸者, 民功曰庸. 癉者, 說文云: "勞病也."

---

12) 『시』「소아(小雅)·우무정(雨無正)」: 周宗旣滅, 靡所止戾. 正大夫離居, 莫知我勩. 三事大夫, 莫肯夙夜. 邦君諸侯, 莫肯朝夕. 庶曰式臧, 覆出爲惡.

13) 『시』「소아(小雅)·교언(巧言)」: 君子屢盟, 亂是用長. 君子信盜, 亂是用暴. 盜言孔甘, 亂是用餤. 匪其止共, 維王之邛.

14) 『시』「소아(小雅)·대동(大東)」: 有冽氿泉, 無浸穫薪. 契契寤歎, 哀我憚人. 薪是穫薪, 尙可載也. 哀我憚人, 亦可息也.

15) 『국어(國語)』「진어칠(晉語七)」: 韓獻子老, 使公族穆子受事於朝. 辭曰, "厲公之亂, 無忌備公族, 不能死. 臣聞之曰, '無功庸者, 不敢居高位.' 今無忌, 智不能匡君, 使至於難, 仁不能救, 勇不能死, 敢辱君朝以忝韓宗, 請退也." 固辭不立. 悼公聞之, 曰"難雖不能死君而能讓, 不可不賞也." 使掌公族大夫.

번역 ●經文: "倫勩"~"勞也". ○이 모두는 노고를 뜻한다. '윤(倫)'자는 "다스리다[理]."는 뜻인데, 일을 다스리는 자는 반드시 수고롭게 된다. '예(勩)'자에 대해서 『광아』[16]에서는 "고달프다[苦]."라고 했다. 손염[17]은 "익히고 일하는데 나타나는 수고로움이다."라고 했다. '칙(敕)'자는 서로 검속하고 경계하는 것이니, 이 또한 노고가 된다. '근(勤)'자는 수고롭게 힘쓴다는 뜻이다. 『서』「재재(梓材)」편에서는 "부지런히 담을 쌓았다."[18]라고 했다. '유(愉)'자는 "나른해지다[懶]."는 뜻이다. 곽박은 "노고가 많은 자들은 대부분 나태하게 된다. '유(愉)'자를 지금의 글자로는 '유(窳)'자로 기록하기도 하는데 뜻은 동일하다."라고 했다. '용(庸)'자에 대해서 백성을 다스려서 공적을 쌓는 것을 '용(庸)'이라고 부른다.[19] '단(癉)'자에 대해 『설문』에서는 "수고롭게 일해 병이 든 것이다."라고 했다.

邢疏 ◎注"詩曰"至"庸者". ○釋曰: 云"詩曰: 莫知我勩"者, 小雅·雨無正文. 云"維王之邛"者, 巧言文. 云"哀我憚人"者, 大東文. 云"國語曰: 無功庸"者, 按晉語: "韓獻子老, 使公族穆子受事於朝, 辭曰: '厲公之亂, 無忌備公族不能死. 臣聞之曰: 無功庸者, 不敢居高位. 今無忌智不能匡君, 使至於難, 仁不能救, 勇不能死, 敢辱君朝以忝韓宗? 請退也.' 固辭不立. 悼公聞之, 曰: '難, 雖不能死, 而能讓, 不可不賞.' 使掌公族大夫." 是其事也.

---

16) 『광아(廣雅)』는 위(魏)나라 때 장읍(張揖)이 지은 자전(字典)이다. 『박아(博雅)』라고도 부른다. 『이아』의 체제를 계승하고, 새로운 내용을 보충하여, 경전(經典)에 기록된 글자들을 해석한 서적이다. 본래 상·중·하 3권으로 구성되어 있었지만, 수(隋)나라 조헌(曺憲)이 재차 10권으로 편집하였다. 한편 '광(廣)'자가 수나라 양제(煬帝)의 시호였기 때문에, 피휘를 하여, 『박아』라고 부르게 되었다.

17) 손염(孫炎, ? ~ ?) : 삼국시대(三國時代) 때의 학자이다. 자(字)는 숙연(叔然)이다. 정현의 문도였으며, 『이아음의(爾雅音義)』를 저술하여 반절음을 유행시켰다.

18) 『서』「주서(周書)·재재(梓材)」 : 若作室家, 既勤垣墉, 惟其塗塈茨.

19) 『주례』「하관(夏官)·사훈(司勳)」 : 王功曰勳. 國功曰功. 民功曰庸. 事功曰勞. 治功曰力. 戰功曰多.

번역 ◎郭注: "詩曰"~"庸者". ○곽박이 "『시』에서는 '나의 예(勩)를 알지 못하도다.'라고 했다."라고 했는데, 이것은 『시』「소아(小雅)·우무정(雨無正)」편의 문장이다. "왕의 공(邛)이로다."라고 했는데, 이것은 『시』「교언(巧言)」편의 문장이다. "가엾은 우리 단(癉)한 사람이여."라고 했는데, 이것은 『시』「대동(大東)」편의 문장이다. 곽박이 "『국어』에서는 '공과 용(庸)이 없는 자이다.'라고 했다."라고 했는데, 『국어』「진어(晉語)」편을 살펴보면, "한헌자는 노쇠해져서 공족인 목자로 하여금 조정에서 중책을 맡게 시켰는데, 사양하며 말하길, '여공이 시해되었을 때 저는 공족들을 단속해야 해서 목숨을 던질 수 없었습니다. 제가 듣기로 공적과 수고로움이 없는 자는 높은 지위에 오를 수 없다고 했습니다. 현재 저의 지혜로는 군주를 바르게 할 수 없으며, 난리가 발생했을 때에도 저의 인함으로는 군주를 구원할 수 없고 용맹함으로는 목숨을 던질 수 없으니, 어찌 감히 군주를 욕보여 우리 가문을 욕되게 할 수 있겠습니까? 명을 물리기를 청합니다.'라고 했고, 재차 사양하며 자리에 오르지 않았다. 도공은 그 소식을 듣고 '그는 비록 군주를 위해 목숨을 던지지 못했지만 사양을 잘했으니 상을 주지 않을 수가 없다.'라고 했다. 그리고는 그로 하여금 공족대부의 임무를 맡아보도록 시켰다."라고 했는데, 바로 그 일화에 해당한다.

• 제 6 절 •

유자(儒者)의 행실 – 특립(特立)

【682b~c】

"儒有委之以貨財, 淹之以樂好, 見利不虧其義, 劫之以衆, 沮之以兵, 見死不更其守. 鷙蟲攫搏不程勇者, 引重鼎不程其力, 往者不悔, 來者不豫. 過言不再, 流言不極. 不斷其威, 不習其謀. 其特立有如此者."

직역 "儒는 委하길 貨財로써 하며, 淹하길 樂好로써 하더라도, 利를 見하고도 義를 不虧하고, 劫하길 衆으로써 하며, 沮하길 兵으로써 하더라도, 死를 見하고도 그 守를 不更함이 有합니다. 鷙蟲이 攫搏이라도 勇者를 不程하고, 重鼎을 引하더라도 그 力를 不程하니, 往者는 不悔하고, 來者는 不豫합니다. 過言은 不再하고, 流言은 不極합니다. 그 威를 不斷하고, 그 謀를 不習합니다. 그 特立에는 此와 如한 者가 有합니다."

의역 공자가 계속하여 말하길, "유자는 재화를 맡기고 즐거운 것으로 그를 빠져들게 하더라도, 이로움을 보고도 의로움을 훼손시키지 않고, 많은 무리로 겁을 주고 병사로 겁박을 주더라도, 죽음이 다가와도 지키는 것을 바꾸지 않습니다. 사나운 맹수가 공격을 한다고 하더라도 용맹한 정도를 헤아리지 않고, 무거운 솥을 끌더라도 힘을 헤아리지 않으니, 가는 것에 대해서는 후회를 하지 않고 올 것에 대해서는 미리 짐작하지 않습니다. 잘못된 말은 반복하지 않고 떠도는 소문에 대해서는 끝까지 추궁하지 않습니다. 그 위엄스러운 태도는 끊을 수가 없고, 그가 모의한 것은 연습하지 않아도 됩니다. 유자는 우뚝 섬에 이와 같은 점이 있는 자들입니다."라고 했다.

集說 過言出於己之失, 知過則改, 故不再. 流言出於人之毁, 禮義不僁, 故不極. 極, 猶終也, 言不終爲所毁也. 不斷其威者, 言其威容不可得而挫折也. 不習其謀者, 言其謀必可成, 不待嘗試而後見於用也.

번역 잘못된 말은 자신의 과실에서 나온 것이어서, 잘못을 안다면 고치기 때문에 반복하지 않는다. 떠도는 말은 남의 비방에서 나온 것이지만 예의에는 허물이 되지 않기 때문에 추궁하지 않는다. '극(極)'자는 "끝까지 다하다[終]."는 뜻이니, 헐뜯는 것에 대해 끝까지 추궁하지 않는다는 의미이다. "그 위엄을 끊지 못한다."는 말은 위엄을 갖춘 행동거지를 좌절시킬 수 없다는 뜻이다. "그 모의한 것은 연습하지 않는다."는 말은 그가 모의한 것은 반드시 완성되므로, 시험을 한 뒤에야 활용함에 그 성과가 드러날 때까지 기다리지 않는다는 뜻이다.

集說 鄭氏曰: 淹, 謂浸漬之. 劫, 脅也. 沮, 恐怖之也. 鷙蟲, 猛鳥獸也.

번역 정현이 말하길, '엄(淹)'자는 침잠하여 젖어든다는 뜻이다. '겁(劫)'자는 "위협하다[脅]."는 뜻이다. '저(沮)'자는 두렵게 한다는 뜻이다. '지충(鷙蟲)'은 사나운 조류와 짐승을 뜻한다.

集說 方氏曰: 鷙猛之蟲, 當攫搏之, 不程量其勇而後往, 此況儒者材足以任事而無顧也. 引重鼎不程其力, 又以況儒者材足以任事而有所勝也. 往者不悔, 非有所吝而不改也, 爲其動則當理而未嘗至於悔. 來者不豫, 非有所忽而不防也. 爲其機足以應變而不必豫耳. 過言則失其正, 流言則失其原, 過言不免乎出, 然一之爲甚也, 矧可再而二乎? 流言不免乎聞, 必止之以智也, 詎可極而窮乎?

번역 방씨가 말하길, 사납고 난폭한 짐승이 공격하게 되는데도 자신의 용맹함을 헤아린 뒤에야 가지 않는데, 하물며 유자의 재목이 그 임무를 맡기에 충분하여 돌아봄이 없는 경우에는 어떻겠는가. 무거운 솥을 끌 때에도 자신의 힘을 헤아리지 않는데, 또한 하물며 유자의 재목이 그 임무를 맡기에 충분하여 충분히 해낼 수 있는 경우에는 어떻겠는가. 가는 것을 후회하지 않는 것은 인색한 점에 대해서 고치지 않는 것이 없기 때문이니, 행동을 하게 되면 도리에 합당하게 해서 일찍이 후회하는 지경에 이른 적이 없다. 오는 것을 미리 예상하지 않는 것은 소홀한 점에 대해 방비하지 않은 것이 없기 때문이니, 그 재치가 변화에 호응하기에 충분하여 미리 대비할 필요가 없을 따름이다. 잘못된 말은 바름을 잃어버린 것이고, 떠도는 말은 본래의 의미를 잃은 것인데, 잘못된 말은 내뱉지 않을 수가 없지만 한 번이면 족하다고 여기니, 하물며 재차 반복하겠는가? 떠도는 말은 듣지 않을 수가 없지만 반드시 지혜로움을 발휘하여 그치게 하니, 어찌 끝까지 추궁하여 따질 수 있겠는가?

大全 藍田呂氏曰: 儒者之行, 旣得其所以自貴者, 猶可保而往也. 見利不虧其義, 見死不更其守, 所謂富貴不能淫, 貧賤不能移, 威武不能屈, 此大人所以立於世也. 鷙蟲攫搏, 不程其勇者, 自反而縮, 千萬人吾往矣, 其勇也, 非慮勝而後動者也. 引重鼎, 不程其力者, 仁之爲器重, 擧者莫能勝也, 其自任也, 不知其力之不足者也.

번역 남전여씨가 말하길, 유자의 행실은 이미 스스로를 존귀하게 여길 수 있으니, 보호하며 갈 수 있는 것과 같다. 이로움을 보고 의로움을 훼손하지 않고, 죽음을 목전에 두더라도 지키는 것을 바꾸지 않는 것은 바로 부귀함이 음란하게 만들 수 없고 빈천함이 바꿀 수 없으며 위엄과 무용이 굽히게 할 수 없다는 뜻으로,[1] 이것은 대인이 세상에 도리로 세운 것이다. 맹수가 공격을 하더라도 용맹함을 헤아리지 않는 것은 스스로 돌이켜보아서 정직하다면 천명이나 만명의 사람이라 하더라도 내가 가서 대적하는 것이니,[2] 용맹함이라는 것은 승리할 것을 헤아린 뒤에야 행동하는 것이 아니다.

---

1) 『맹자』「등문공하(滕文公下)」: 居天下之廣居, 立天下之正位, 行天下之大道, 得志, 與民由之, 不得志, 獨行其道. 富貴不能淫, 貧賤不能移, 威武不能屈, 此之謂大丈夫.

무거운 솥을 끌 때 힘을 헤아리지 않는 것은 인(仁)의 기물됨은 무거워서 든다면 무게를 감당할 수 없으니,[3] 스스로 임무를 맡는 것은 힘이 부족하리라고 생각하지 않는 것이다.

鄭注 淹, 謂浸漬之. 劫, 劫脅也. 沮, 謂恐怖之也. 鷙蟲, 猛鳥·猛獸也, 字從鳥鷙省聲也. 程, 猶量也. 重鼎, 大鼎也. 搏猛引重, 不量勇力堪之與否, 當之則往也, 雖有負者, 後不悔也. 其所未見, 亦不豫備, 平行自若也. 不再, 猶不更也. 不極, 不問所從出也. "不斷其威", 常可畏也. "不習其謀", 口及則言, 不豫其說而順也. 斷, 或爲"繼".

번역 '엄(淹)'자는 침잠하여 젖어든다는 뜻이다. '겁(劫)'자는 겁박한다는 뜻이다. '저(沮)'자는 두렵게 한다는 뜻이다. '지충(鷙蟲)'은 사나운 조류와 짐승을 뜻하는데, 그 글자는 조(鳥)자를 부수로 하며 지(鷙)는 소리부를 생략한 것이다. '정(程)'자는 "헤아리다[量]."는 뜻이다. '중정(重鼎)'은 큰 솥을 뜻한다. 공격을 하고 무거운 것을 끌 때 용맹과 힘이 그것을 감당할 수 있는지의 여부를 헤아리지 않고, 그것을 감당하여 떠나니, 비록 실패하는 일이 있더라도 이후에 후회를 하지 않는다. 아직 나타나지 않은 것에 대해서도 미리부터 대비하지 않고, 평상시처럼 행동하며 침착하다. '부재(不再)'는 반복하지 않는다는 뜻이다. '불극(不極)'은 그 출처에 대해서 따지지 않는다는 뜻이다. "위엄을 끊을 수 없다."는 말은 항상 외경할 만하다는 뜻이다. "모의를 연습하지 않는다."는 말은 말을 할 때가 되면 말을 하며, 미리 그 말을 예상하여 순종적으로 하지 않는다는 뜻이다. '단(斷)'자를 다른 판본에서는 '계(繼)'자로 기록하기도 한다.

---

2) 『맹자』「공손추상(公孫丑上)」: 昔者曾子謂子襄曰, "子好勇乎? 吾嘗聞大勇於夫子矣, 自反而不縮, 雖褐寬博, 吾不惴焉, 自反而縮, 雖千萬人, 吾往矣."

3) 『예기』「표기(表記)」【626d】: 子曰, "仁之爲器重, 其爲道遠, 擧者莫能勝也, 行者莫能致也. 取數多者, 仁也. 夫勉於仁者, 不亦難乎? 是故君子以義度人, 則難爲人; 以人望人, 則賢者可知已矣."

釋文 淹, 於廉反. 樂, 五孝反, 又音岳. 好, 呼報反. 劫, 居業反. 沮, 在呂反, 注同. 鷙與摯同, 音至. 攫, 俱縛反, 一音九碧反. 搏音博. 程音呈. 斷音短, 直卵反, 絶也, 又丁亂反, 注同. 浸, 子鴆反. 漬, 才賜反. 脅, 許劫反. 恐, 曲勇反. 怖, 普路反. 省, 所景反. 量音亮, 又音良, 下同. 更, 居孟反.

번역 '淹'자는 '於(어)'자와 '廉(렴)'자의 반절음이다. '樂'자는 '五(오)'자와 '孝(효)'자의 반절음이며, 또한 그 음은 '岳(악)'도 된다. '好'자는 '呼(호)'자와 '報(보)'자의 반절음이다. '劫'자는 '居(거)'자와 '業(업)'자의 반절음이다. '沮'자는 '在(재)'자와 '呂(려)'자의 반절음이며, 정현의 주에 나오는 글자도 그 음이 이와 같다. '鷙'자는 '摯'자와 음이 동일하니, 그 음은 '至(지)'이다. '攫'자는 '俱(구)'자와 '縛(박)'자의 반절음이며, 다른 음은 '九(구)'자와 '碧(벽)'자의 반절음이다. '搏'자의 음은 '博(박)'이다. '程'자의 음은 '呈(정)'이다. '斷'자의 음은 '短'이니, '直(직)'자와 '卵(란)'자의 반절음이며, 끊어진다는 뜻이고, 또한 그 음은 '丁(정)'자와 '亂(란)'자의 반절음도 되며, 정현의 주에 나오는 글자도 그 음이 이와 같다. '浸'자는 '子(자)'자와 '鴆(짐)'자의 반절음이다. '漬'자는 '才(재)'자와 '賜(사)'자의 반절음이다. '脅'자는 '許(허)'자와 '劫(겁)'자의 반절음이다. '恐'자는 '曲(곡)'자와 '勇(용)'자의 반절음이다. '怖'자는 '普(보)'자와 '路(로)'자의 반절음이다. '省'자는 '所(소)'자와 '景(경)'자의 반절음이다. '量'자의 음은 '亮(량)'이며, 또한 그 음은 '良(량)'도 되고, 아래문장에 나오는 글자도 그 음이 이와 같다. '更'자는 '居(거)'자와 '孟(맹)'자의 반절음이다.

孔疏 ●"儒有委之以貨財"者, 此明儒者之行有異於衆, 挺特而立, 不與同群之事.

번역 ●經文: "儒有委之以貨財". ○이곳 문장은 유자의 행실 중 대중들과 차이가 있는 점은 빼어나게 홀로 우뚝 서 있으며 무리들과 어울리지 않는다는 사안을 나타내고 있다.

孔疏 ●"儒有委之以貨財, 淹之以樂好"者, 言儒者之行, 人或委聚之以貨財, 謂多以貨財委之.

번역 ●經文: "儒有委之以貨財, 淹之以樂好". ○유자의 행실에 대해서 사람들 중 간혹 재물을 맡기는 경우가 있다는 뜻으로, 많은 재물을 그에게 맡긴다는 의미이다.

孔疏 ●"淹之以樂好", 謂他人淹漬之以愛樂華好之事, 言以愛樂玩好浸漬之也.

번역 ●經文: "淹之以樂好". ○다른 사람이 즐겁고 화려한 것들로 그를 빠져들게 한다는 뜻이니, 즐겁고 좋은 것들로 그가 침잠하게 만든다는 의미이다.

孔疏 ●"見利, 不虧其義"者, 謂儒者執持操行, 雖見貨財樂好之利, 不虧損己之義事, 苟且而愛也.

번역 ●經文: "見利, 不虧其義". ○유자는 자신의 품행을 단속하니 비록 재화나 좋은 것들처럼 이로움을 보더라도 자신의 의로운 일들을 훼손시키며 구차하게 행동하고 아까워하지 않는다는 뜻이다.

孔疏 ●"劫之以衆, 沮之以兵"者, 謂他人劫脅以軍衆, 沮恐之以兵刃也.

번역 ●經文: "劫之以衆, 沮之以兵". ○다른 사람이 많은 군사를 동원하여 겁박을 하고, 병장기로 겁준다는 뜻이다.

孔疏 ●"見死, 不更其守"者, 言儒者雖見劫·見沮, 以致於死, 終不更改其所守之志, 而苟從之免死也.

번역 ●經文: "見死, 不更其守". ○유자는 비록 겁박을 당하고 위협을 받아서 죽음에 이르더라도 끝내 자신이 고수하던 뜻을 고쳐서 구차하게 죽음을 모면하지 않는다는 뜻이다.

孔疏 ●"鷙蟲攫搏不程勇"者, 言儒者若逢鷙猛之蟲, 則身自攫搏, 不程量武勇堪當以否, 遇卽行也.

번역 ●經文: "鷙蟲攫搏不程勇". ○유자가 만약 사나운 짐승을 만나게 된다면 본인이 직접 공격을 함에 자신의 무용과 용맹함이 감당할 수 있는지의 여부를 따지지 않으니, 접하게 되면 곧바로 시행한다는 뜻이다.

孔疏 ●"引重鼎不程其力"者, 言引重鼎, 不豫備商量己力堪引以否, 言見則引之. 此攫搏·引鼎, 喩艱難之事, 言儒者見艱難之事, 遇則行之, 不豫度量也. 此實暴虎之事, 而得爲儒者, 孔子此言雖託儒爲事, 其實自述也. 若春秋夾谷之會, 孔子欲斬齊之優儒是也. 按: 定十年, 公與齊侯會於夾谷之地, 於時孔子爲都禮之事, 齊人欲劫辱魯君, 孔子使人拒之, 而又齊人之樂·俳[4]優及侏儒者, 於魯幕下弄魯君, 孔子命誅之, 斷其手足, 異門而出. 齊侯不敢輕魯, 還汶陽之田, 及所侵之地, 並歸於魯. 是夫子之功. 儒者亦有勇, 不避艱難. 引之者, 言儒者有勇.

번역 ●經文: "引重鼎不程其力". ○무거운 솥을 끌 때 자신의 힘으로 그것을 끌 수 있을지의 여부를 미리부터 헤아리지 않는다는 뜻으로, 보게 되면 곧바로 끈다는 의미이다. 이곳에서 공격을 한다고 말하고 솥을 끈다고 한 말은 어려운 일을 비유한 것이니, 유자는 어려운 일을 보게 되면, 그것과 조우하는 순간 곧바로 시행하며 미리부터 그것이 어려울까를 헤아리지 않는다는 의미이다. 이처럼 실제로 난폭하고 사나운 일들은 유자를 설명하기 위해 한 말인데, 공자의 이 말은 비록 유자를 가탁하여 그 사안을 설명한

4) '배(俳)'자에 대하여. '배'자는 본래 '병(倂)'자로 기록되어 있었는데, 완원(阮元)의 『교감기(校勘記)』에서는 "혜동(惠棟)의 『교송본(校宋本)』에는 '병'자를 '배'자로 기록하였으니, 이곳 판본에서는 잘못하여 '병'자로 기록한 것이며, 『민본(閩本)』·『감본(監本)』·『모본(毛本)』에서도 '배'자로 기록하였다."라고 했다.

것이지만 실제로 자신이 했던 일을 조술한 것이다. 예를 들어 춘추시대 협곡에서의 회맹 때, 공자가 제나라의 광대들을 베려고 한 것이 바로 이러한 경우에 해당한다. 정공(定公) 10년의 기록을 살펴보면, 정공은 제나라 후작과 협곡에서 회맹을 했고, 당시 공자는 의례의 진행을 담당했고, 제나라는 노나라 군주를 겁박하고자 했지만 공자가 사람들을 시켜 그것을 제지했으며, 또 제나라에서 악사 및 배우들과 난쟁이를 끌어들여 노나라 군주의 천막에서 노나라 군주를 희롱하자 공자가 명령을 내려 그들을 주살하며 그들의 팔과 다리를 자르고 각기 다른 문에 걸어두고 밖으로 나갔다. 그 이후 제나라 후작은 감히 노나라를 경시하지 못하여 문양의 땅을 되돌려 주었고, 침략했던 땅도 다시 노나라에 돌려주었다. 이것은 공자의 공적이다. 유자 또한 용맹함이 있어서 어려운 일을 피하지 않는다. 이끈다는 것은 유자에게 용맹함이 있다는 뜻이다.

孔疏 ●"往者不悔"者, 言儒者有往過之事, 雖有敗負, 不如其意, 亦不追悔也.

번역 ●經文: "往者不悔". ○유자는 지나간 일에 대해서 비록 실패하여 그의 뜻대로 되지 않았더라도 또한 그 일을 미루어 보며 후회하지 않는다는 뜻이다.

孔疏 ●"來者不豫"者, 謂將來之事, 其所未見, 亦不豫前防備, 言已往及未來平行自若也.

번역 ●經文: "來者不豫". ○앞으로 도래할 일에 대해서는 아직 볼 수 없는 것들은 미리 방비하지 않으니, 이미 지나쳤거나 아직 오지 않은 것들에 대해서는 평소처럼 행동하며 침착하다는 뜻이다.

孔疏 ●"過言不再"者, 再, 更也. 言儒者有愆過之言, 不再爲之.

번역 ●經文: "過言不再". ○'재(再)'자는 다시[更]라는 뜻이다. 유자는

잘못된 말을 한 것에 대해 다시 되풀이하지 않는다는 뜻이다.

孔疏 ●"流言不極"者, 極, 謂窮極. 若聞流傳之言, 不窮其根本所從出處也. 言儒者識慮深遠, 聞之則解, 故不窮極其所出也.

번역 ●經文: "流言不極". ○'극(極)'자는 끝까지 다한다는 뜻이다. 만약 떠도는 소문을 들었더라도, 그 출처에 대해서 끝까지 따져 묻지 않는다는 뜻이다. 유자는 생각함이 깊고 원대하여 이러한 소문을 들더라도 이해하므로 그 출처에 대해서 끝까지 따지지 않는다는 뜻이다.

孔疏 ●"不斷其威"者, 斷, 絶也. 言儒者不蹔絶其威嚴, 容止常可畏也.

번역 ●經文: "不斷其威". ○'단(斷)'자는 "끊다[絶]."는 뜻이다. 유자는 위엄을 갖춘 태도를 잠시라도 단절되지 않게 하여, 용모와 행동거지가 항상 외경할만하다는 의미이다.

孔疏 ●"不習其謀"者, 逢事則謀, 不豫習也.

번역 ●經文: "不習其謀". ○일에 봉착하게 되면 도모를 하며 미리 연습하지 않는다는 뜻이다.

孔疏 ●"其特立有如此"者, 言餘人不能, 唯儒者獨行特立, 有如此之行也.

번역 ●經文: "其特立有如此". ○다른 사람이 잘하지 못하는 것을 오직 유자만이 홀로 시행하여 우뚝 서게 되니, 이와 같은 행실이 있기 때문이라는 뜻이다.

孔疏 ◎注"淹謂"至"順也". ○正義曰: "淹, 謂浸漬之"也. 言樂好之事, 民之所嗜; 易以溺人. 云淹之樂好, 故知淹爲浸漬也. 云"沮, 謂恐怖之也", 以沮謂敗壞於人, 是恐怖之也. 俗本"沮"或爲"阻"字, 謂阻難之事. 云"鷙蟲, 猛鳥猛獸也"者, 蟲是鳥·獸通名, 故爲猛鳥·猛獸. 云"字從蟲鷙省聲也"者, 言鷙蟲既是猛鳥猛獸, 但獸摯從"執", 下著"手"; 鳥鷙從"執", 下著"鳥". 今鷙包兩義, 以獸鷙從鳥, 故云"省"也. 執下著"鳥", 執下著"手", 俱是"鷙"聲, 故云"聲"也. 但以脚取之謂之攫, 以翼擊之謂之搏. 云"雖有負者, 亦不悔也"者, 身行往過之事, 雖有負敗, 不追悔也. 云"平行自若"者, 若, 如也. 言雖有負敗及未見之事, 不恥愧·憂慮, 但平常而行, 志意自如也. 云"不習其謀, 口及則言, 不豫其說而順也"者, "口及則言", 謂口及其事, 則言論謀度之. 不豫前備其言說, 而順從所謀之也.

번역 ◎鄭注: "淹謂"~"順也". ○정현이 "'엄(淹)'자는 침잠하여 젖어든다는 뜻이다."라고 했는데, 즐겁고 좋은 사안은 백성들이 바라는 것이며, 쉽게 남을 빠져들게 만든다는 뜻이다. "빠트리길 즐겁고 좋은 것으로써 한다."라고 했기 때문에 '엄(淹)'자가 침잠하여 젖어드는 뜻이 됨을 알 수 있다. 정현이 "'저(沮)'자는 두렵게 한다는 뜻이다."라고 했는데, '저(沮)'자는 남에 대해서 패배를 시키고 무너트린다는 뜻이니, 이것은 두렵게 한다는 의미가 된다. 세속본에는 '저(沮)'자를 '조(阻)'자로도 기록한 것이 있는데, 막히고 어려운 일을 뜻한다. 정현이 "'지충(鷙蟲)'은 사나운 조류와 짐승을 뜻한다."라고 했는데, '충(蟲)'자는 조류나 짐승을 통괄해서 부르는 명칭이다. 그렇기 때문에 사나운 새와 사나운 짐승이 된다. 정현이 "그 글자는 조(鳥)자를 부수로 하며 지(鷙)는 소리부를 생략한 것이다."라고 했는데, '지충(鷙蟲)'이라는 말은 이미 사나운 조류와 사나운 짐승을 뜻하고, 사나운 짐승을 뜻하는 '지(摯)'자는 '집(執)'자가 구성되어 있고 그 밑에 '수(手)'자가 붙어 있으며, 사나운 새를 뜻하는 '지(鷙)'자는 '집(執)'자가 구성되어 있고 그 밑에 '조(鳥)'자가 붙어 있다. 이곳에 나온 '지(鷙)'자는 사나운 짐승과 사나운 새의 의미를 포괄하고 있는데, 사나운 짐승을 뜻하는 '지(鷙)'자에 '조(鳥)'자가 구성요소로 되어 있기 때문에 "생략했다[省]."라고 했다. '집(執)'자 밑에 '조(鳥)'자가 붙어 있거나 '집(執)'자 밑에 '수(手)'자가 붙어 있어도 둘 모두 그 소리는 '지(鷙)'가 된다. 그렇기 때문에 "소리부이다[聲]."라고 했다. 다만 발로 빼앗으려고 하는 것을 '확(攫)'이라고 부르며, 날개로 공격하는 것을 '박(搏)'이라고 부른다. 정현이 "비록 실패하는 일이 있더라도 이후에 후회하지 않는다."라고 했는데, 자신이 시행했던 지난 일들에 대해서 비록 실패한 일이 있더라도 그것을 미루어보며 후회하지 않는다는 뜻이다. 정현이 "평상시처럼 행동하며 침착하다."라고 했는데, '약(若)'자는 "~와 같다[如]."는 뜻이다. 즉 실패했던 일이나 아직 나타나지 않은 일에 대해서는 부끄러워하지 않거나 지나치게 근심하지 않으며, 단지 평상시처럼 행동하여 뜻이 침착하다는 의미이다. 정현이 "모의를 연습하지 않는다는 말은 말을 할 때가 되면 말을 하며, 미리 그 말을 예상하여 순종적으로 하지 않는다는 뜻이다."라고 했는데, "입이 이르면 말한다."는 말은 입으로 그 사안을 언급한다면 말로 논의하고 헤아린다는 의미이다. 미리 그 말을 준비하여 모의한 것들을 순종적으로 나타내지 않는다.

訓纂 釋詁: 淹, 久也. 虧, 毁也.

번역 『이아』「석고(釋詁)」편에서 말하길, '엄(淹)'자는 오래되었다는 뜻이다.[5] '휴(虧)'자는 무너진다는 뜻이다.[6]

訓纂 王氏念孫曰: 不程勇者, 當作"不程其勇", 與"不程其力"對文. 其勇, 謂己之勇也. 文選辨命論注正作"不程其勇".

번역 왕념손[7]이 말하길, '부정용(不程勇)'이라는 말은 마땅히 '부정기용(不程其勇)'이라고 기록해야 하니, '부정기력(不程其力)'과 상대적으로 쓴 문장이기 때문이다. '기용(其勇)'은 자신의 용맹함을 뜻한다. 『문선』「변명론(辨命論)」편의 주에서는 '부정기용(不程其勇)'으로 바로잡아 기록했다.

---

5) 『이아』「석고(釋詁)」 : 曩·塵·佇·淹·留, 久也.
6) 『이아』「석고(釋詁)」 : 虧·壞·圮·垝, 毁也.
7) 왕념손(王念孫, A.D.1744 ~ A.D.1832) : 청(淸)나라 때의 학자이다. 자(字)는 회조(懷祖)이고, 호(號)는 석구(石臞)이다. 부친은 왕안국(王安國)이고, 아들은 왕인지(王引之)이다. 대진(戴震)에게 학문을 배웠다. 저서로는 『독서잡지(讀書雜志)』 등이 있다.

集解 勇者, 家語作其勇.

번역 '용자(勇者)'를 『공자가어』에서는 '기용(其勇)'으로 기록했다.

集解 愚謂: 鷙蟲攫搏, 以喩凶暴之威也. 勇者, 當從家語作其勇. 重鼎, 以喩艱鉅之任也. 言雖有凶暴之威, 苟自反而縮, 則不自程其勇, 而有所必赴也. 雖有艱鉅之任, 苟義所當爲, 則不自量其力, 而有所必任也. 極, 窮也. 過言, 出於己者也. 有不善未嘗復, 何再之有? 此改過之勇也. 流言, 起於人者也. 在己者可以自信, 何窮之有? 此自反之功也. 不斷其威者, 氣配道義而無所餒. 不習其謀者, 道立於豫而不疑其所行也.

번역 내가 생각하기에, 사나운 짐승이 공격한다는 말은 이를 통해 흉포한 세력을 비유한다. '용자(勇者)'는 마땅히 『공자가어』의 기록에 따라 '기용(其勇)'으로 기록해야 한다. 무거운 솥은 이를 통해 어렵고 중대한 임무를 비유한다. 비록 흉포한 세력이 있더라도 만약 스스로 돌이켜서 정직하다면, 자신의 용맹함을 헤아리지 않고 반드시 달려가게 된다. 또 비록 어렵고 중대한 임무가 있더라도 만약 의로움에 따라 마땅히 시행해야 할 일이라면, 자신의 역량을 헤아리지 않고 반드시 그 임무를 맡게 된다는 뜻이다. '극(極)'자는 "다하다[窮]."는 뜻이다. 잘못된 말은 자신에게서 나온 것이다. 불선함이 있으면 일찍이 반복하지 않았는데 어떻게 다시 하는 일이 있겠는가? 이것은 과실을 고치는 용맹함에 해당한다. 떠도는 말은 남에게서 나온 것이다. 자신에게 있어 스스로를 믿을 수 있다면 어찌 모든 것을 따질 수 있겠는가? 이것은 스스로 돌이켜보는 결실에 해당한다. 위엄스러움을 끊을 수 없다는 말은 기운이 도의에 짝하여 줄어드는 일이 없다는 뜻이다. 모의한 것을 연습하지 않는다는 말은 도를 먼저 예상한 것에서 확립하여, 시행해야 할 것들을 의심하지 않는다는 뜻이다.

참고 원문비교

예기대전 · 유행 儒有委之以貨財, 淹之以樂好, 見利不虧其義, 劫之以衆, 沮之以兵, 見死不更其守. 鷙蟲攫搏不程勇者, 引重鼎不程其力, 往者不悔, 來者不豫. 過言不再, 流言不極. 不斷其威, 不習其謀. 其特立有如此者.

공자가어 · 유행해(儒行解) 儒有委之以財貨而不貪, 淹之以樂好而不淫, 劫之以衆而不懼, 阻之以兵而不慴①, 見利不虧其義, 見死不更其守. 鷙蟲攫搏不程其勇, 引重鼎不程其力, 往者不悔, 來者不豫. 過言不再②, 流言不極③. 不斷其威④, 不習其謀⑤. 其特立有如此者.

王注-① 阻, 難也. 以兵爲之難.

번역 '조(阻)'자는 "험난하다[難]."는 뜻이다. 병력으로 험란하게 만든다는 의미이다.

王注-② 不再過言.

번역 잘못된 말을 반복하지 않는다는 뜻이다.

王注-③ 流言相毁, 不窮極也.

번역 떠도는 말이 서로 헐뜯더라도 끝까지 추궁하지 않는다는 뜻이다.

王注-④ 常嚴莊也.

번역 항상 엄중하고 장엄하다는 뜻이다.

王注-⑤ 不豫習其謀慮.

번역 미리부터 계획한 것을 연습하지 않는다는 뜻이다.

참고 『맹자』「등문공하(滕文公下)」 기록

경문 景春曰, “公孫衍·張儀豈不誠大丈夫哉, 一怒而諸侯懼, 安居而天下熄.”

번역 경춘이 말하길, “공손연과 장의는 어찌 진실로 대장부가 아니라 하겠습니까? 한번 화를 내면 제후들이 두려워하고 조용히 머물면 천하가 조용합니다.”라고 했다.

趙注 景春, 孟子時人, 爲縱橫之術者. 公孫衍, 魏人也, 號爲犀首, 嘗佩五國相印, 爲從長, 秦王之孫, 故曰公孫. 張儀, 合從者也, 一怒則構諸侯, 使强陵弱, 故言懼也. 安居不用辭說, 則天下兵革熄也.

번역 ‘경춘(景春)’은 맹자 당시의 사람으로, 종횡가의 학문을 익힌 자이다. ‘공손연(公孫衍)’은 위(魏)나라 사람으로 서수(犀首)라고 지칭되었으며, 일찍이 다섯 제후국의 재상 인장을 차고 다녔으며 합종(合縱) 규약의 수장이 되었는데, 진나라 왕의 후손이었기 때문에 ‘공손(公孫)’이라고 부르는 것이다. ‘장의(張儀)’는 진(秦)나라에 대항하기 위해 여섯 제후국을 연합시킨 자인데, 이들이 한 차례 화를 내면 제후들을 음해하여 강자가 약자를 침략하도록 만들었다. 그렇기 때문에 두려워했다고 말한 것이다. 조용히 거처하게 되면 술수의 말을 사용하지 않아서 천하에 전쟁이 그쳤다.

孫疏 ●“景春曰”至“此之謂大丈夫”. ○正義曰: 此章指言以道匡君, 非禮不運, 稱大丈夫; 阿意用謀, 善戰務勝, 事雖有剛, 心歸柔順, 故云妾婦, 以況儀·衍者也.

번역 ●經文: “景春曰”~“此之謂大丈夫”. ○이 문장은 도로 군주를 바로잡고 예가 아니면 시행하지 않는 자를 대장부라 칭한다는 뜻이다. 다른 사람의 뜻에 영합하여 계략을 꾸미고 전쟁을 잘하고 승리에만 힘쓰면 그 사안에 비록 굳센 점이 있지만 마음은 유약하고 순종하는데 귀결된다. 그렇기 때문에 아녀자라고 말하여 이를 통해 장의와 공손연을 비유하였다.

孫疏 ●"景春曰: 公孫衍·張儀豈不誠大丈夫哉, 一怒而諸侯懼, 安居而天下熄", 景春問孟子曰: 公孫衍·張儀二者, 豈不誠爲大丈夫之人哉? 夫二人一怒則諸侯懼之, 以其能使强陵弱故也; 安居處而不用辭說, 則天下兵革於是乎熄滅. 景春故以此, 遂謂二人實爲大丈夫.

번역 ●經文: "景春曰: 公孫衍·張儀豈不誠大丈夫哉, 一怒而諸侯懼, 安居而天下熄". ○경춘은 맹자에게 질문하며, 공손연과 장의 두 사람은 어찌 진실로 대장부에 걸맞은 인물이 아니라 할 수 있겠는가? 두 사람이 한 차례 화를 내면 제후들이 모두 두려워하니, 그들은 강자로 하여금 약자를 침략하도록 만들 수 있기 때문이다. 따라서 그가 조용히 머물며 술수의 언사를 사용하지 않는다면 천하에 전쟁이 그치게 된다. 경춘은 이러한 이유 때문에 마침내 두 사람이 진실로 대장부에 어울린다고 말한 것이다.

孫疏 ◎注"景春"至"革熄也". ○正義曰: 云景春, 孟子時人, 經傳未詳. 公孫衍, 魏人也, 號爲犀首, 爲秦王之孫, 故曰公孫. 按史記云: 犀首者, 魏之陰晉人也, 名衍, 姓公孫氏, 與張儀不善. 張儀之魏, 魏王相張儀, 犀首弗利, 故令人謂韓公叔曰: 張儀已合秦·魏矣, 魏王所以欲貴張儀者, 但欲得韓地, 且韓之南陽已擧矣, 子何不少委焉以爲衍功, 則魏必圖秦而棄儀. 後相衍, 張儀去, 復相秦, 卒. 犀首入相秦, 常佩五國之相印爲從長. 司馬彪曰: 犀首者, 魏之官名, 若今虎牙將軍是也. 張儀者, 按史家本傳云: 張儀, 魏人也, 常事鬼谷先生, 後相魏而卒. 凡此是皆公孫衍·張儀之事矣.

번역 ◎趙注: "景春"~"革熄也". ○조기는 "'경춘(景春)'은 맹자 당시의 사람이다."라고 했는데, 경전에는 상세한 기록이 나와 있지 않다. 공손연은 위나라 사람으로 서수(犀首)라고 지칭되었는데 진왕의 후손이었기 때문에 '공손(公孫)'이라고 부른다. 『사기』를 살펴보면 서수는 위나라 음진 사람으로 이름은 연(衍)이고 성은 공손씨(公孫氏)인데 장의와 사이가 좋지 않았다고 했다. 장의가 위나라로 가자 위왕은 장의를 재상으로 삼았는데, 서수는 이롭지 않다고 여겼다. 그렇기 때문에 사람을 시켜 한공숙에게, '장의는 이미 진나라와 위나라를 연합시켰는데, 위왕이 장의를 존귀하게 대우하고자 하는 이유는 단지 한나라의 땅을 얻고자 해서이며, 또 한나라의 남양 땅은 이미 참략을 당했는데, 그대는 어찌하여 얼마간 위임하여 저의 공으로 삼지 않는단 말입니까. 그처럼 한다면 위나라는 반드시 진나라를 침략하고자 도모하여 장의를 내칠 것입니다.'라고 했다. 이후 공손연을 재상으로 삼아 장의가 떠나게 되었고 다시 진나라의 재상이 되었다가 죽었다. 서수는 진나라의 재상이 되었고 항상 다섯 나라의 재상 인장을 차고 다니며 합종 규약의 수장이 되었다고 했다.[8] 사마표[9]는 '서수(犀首)'는 위나라의 관직명으로, 지금의 호아장군(虎牙將軍)과 같은 것이다. '장의(張儀)'에 대해서 『사기』「장의열전」편을 살펴보면, 장의는 위나라 사람으로 일찍이 귀곡선생을 섬겼으며 이후 위나라의 재상이 되었다가 죽었다고 했다. 이러한 것들은 모두 공손연과 장의에 대한 일화이다.

集註 景春, 人姓名. 公孫衍·張儀, 皆魏人. 怒則說諸侯使相攻伐, 故諸侯懼也.

번역 '경춘(景春)'은 사람의 성과 이름이다. '공손연(公孫衍)'과 '장의(張儀)'는 모두 위(魏)나라 사람이다. 이들이 화를 내면 제후들을 설득해서 서로 공격하도록 만들었다. 그렇기 때문에 제후들이 두려워한 것이다.

경문 孟子曰, "是焉得爲大丈夫乎? 子未學禮乎? 丈夫之冠也, 父命之; 女子之嫁也, 母命之. 往送之門, 戒之曰: '往之女家, 必敬必戒, 無違夫子.' 以順爲正者, 妾婦之道也."

번역 맹자가 말하길, "이 어찌 대장부라 할 수 있겠는가? 그대는 예를 배우지 않았단 말인가? 남자가 관례를 치를 때 그의 부친은 명령을 내리고, 여자가 시집을 갈 때 그녀의 모친은 명령을 내린다. 그녀가 시집을 갈 때

---

8) 이 기사는 『사기(史記)』「장의열전(張儀列傳)」편에 나온다.
9) 사마표(司馬彪, ? ~ A.D.306?) : 서진(西晉) 때의 학자이다. 자(字)는 소통(紹統)이다. 저서로는 『구주춘추(九州春秋)』·『속한서(續漢書)』 등이 있다.

문에서 전송하며 그녀에게 훈계를 하니, '너의 집에 가서 반드시 공경하고 반드시 조심하여 남편과 아들의 뜻을 어겨서는 안 된다.'라고 한다. 따라서 순종을 올바른 도리로 삼는 것은 아녀자의 도이다."라고 했다.

趙注 孟子以禮言之, 男子之道當以義匡君, 女子則當婉順從人耳. 男子之冠, 則命曰就爾成德. 今此二子, 從君順指, 行權合從, 無輔弼之義, 安得爲大丈夫也.

번역 맹자는 예를 기준으로 언급하여, 남자의 도는 마땅히 도의로 군주를 바로잡는 것인데, 여자의 도라면 순종적으로 남을 따르는 것일 뿐이다. 남자가 관례를 치르게 되면 "성인(成人)의 덕을 따르거라."라고 훈계한다. 그런데 공손연과 장의 두 사람은 군주를 따르며 뜻을 굽혀 순종하고 권세를 남용하여 합종책을 쓰니, 군주를 보필하는 뜻이 없는데, 어떻게 대장부라 할 수 있겠는가.

孫疏 ●"孟子曰: 是焉得爲大丈夫乎, 子未學禮乎"至"妾婦之道", 孟子答之景春曰: 二人如此, 安得爲之大丈夫乎? 子未嘗學禮也? 夫禮言丈夫之冠也, 父則命之; 女子之嫁也, 母則命之. 蓋以冠者爲丈夫之事, 故父命之, 以責其成人之道; 嫁者女子之事, 故母命之, 以責其爲婦之道也. 以女子之臨嫁, 母則送之於門, 而戒之女子曰: 雖往女之家, 必當敬其舅姑, 亦必當戒愼以貞潔其己, 無違遵敬夫子. 以其夫在, 則得順其夫, 夫沒則從其子, 以順從無違爲正而已, 固妾婦之道如此也. 乃若夫之與子在所制, 義固不可以從婦矣. 苟爲從婦, 以順爲正, 是焉得爲大丈夫乎? 孟子所以引此妾婦而言者, 蓋欲以此妾婦比之公孫衍·張儀也, 以其二人非大丈夫耳. 蓋以二人爲六國之亂, 期合六國之君, 希意導言, 靡所不至. 而當世之君, 讒毁稱譽, 言無不聽, 喜怒可否, 勢無不行. 雖一怒而諸侯懼, 安居而天下熄, 未免夫從人以順爲正者也, 是則妾婦之道如此也, 豈足爲大丈夫乎?

번역 ●經文: "孟子曰: 是焉得爲大丈夫乎, 子未學禮乎"～"妾婦之道". ○

맹자는 경춘에게 대답하며, 두 사람이 이와 같은데 어찌 대장부라 할 수 있겠는가? 그대는 일찍이 예를 배우지 않았단 말인가? 예에 따르면 남자가 관례를 치르게 되면 부친이 그에게 명령을 하고, 여자가 시집을 가게 되면 모친이 그녀에게 명령을 한다고 했다. 관을 쓴다는 것은 남자의 일이 된다. 그렇기 때문에 부친이 그에게 명령을 내려 성인의 도에 따르도록 책무를 주는 것이다. 또 시집을 가는 것은 여자의 일이 된다. 그렇기 때문에 모친이 그녀에게 명령을 내려 부인의 도에 따르도록 책무를 주는 것이다. 딸이 시집을 가게 될 때 모친은 문에서 그녀를 전송하며 딸을 훈계하니, 비록 너의 집에 가게 되더라도 반드시 시부모를 공경해야 하고 또한 반드시 조심하여 자신을 정결하게 하고 남편과 아들을 따르고 공경함을 위배하는 일이 없도록 하라. 남편이 생존해 있다면 남편에게 순종해야 하고, 남편이 죽었다면 자식의 뜻을 따라야 하니, 순종하고 따르며 위배함이 없는 것을 정도로 삼을 따름이므로, 진실로 아녀자의 도가 이와 같은 것이다. 따라서 남편과 자식이 생존해 있을 때 제어되는 것과 같으니, 도의상 진실로 아녀자의 도를 따를 수 없는 것이다. 만약 아녀자의 도를 따르며 순종을 올바름으로 삼는다면 어떻게 대장부라 할 수 있겠는가? 맹자가 이와 같은 아녀자에 대한 일화를 인용하여 설명한 것은 아녀자를 공손연이나 장의에 비유하고자 해서이니, 두 사람은 대장부가 아니기 때문이다. 두 사람은 여섯 나라를 혼란스럽게 하여 여섯 나라의 군주를 연합하고자 계획하고 그들의 뜻에 맞춰 말을 끌어냄에 이르지 못할 것이 없었다. 당시 군주들은 거짓으로 헐뜯거나 기리는 말들에 대해서 듣지 않을 수가 없었고, 기쁨과 성냄 및 가부에 대해서 권세를 휘두르지 않을 수가 없었다. 비록 한 차례 화를 내면 제후들이 모두 두려워하고, 조용히 거처하면 천하에 전쟁이 그치게 되더라도, 남을 따르며 순종을 바름으로 삼는 경우에서 벗어날 수 없으니, 이처럼 한다면 이와 같은 아녀자의 도에 해당하는데 어찌 대장부라 할 수 있겠는가?

集註 加冠於首曰冠. 女家, 夫家也. 婦人內夫家, 以嫁爲歸也. 夫子, 夫也. 女子從人, 以順爲正道也. 蓋言二子阿諛苟容, 竊取權勢, 乃妾婦順從之道耳,非丈夫之事也.

번역 머리에 관을 쓰는 것을 '관례[冠]'라고 부른다. '여가(女家)'는 남편의 집을 뜻한다. 부인은 남편의 집을 안으로 삼아서 시집가는 것을 돌아간다고 여긴다. '부자(夫子)'는 남편을 뜻한다. 여자는 남자를 따름에 순종하는 것을 올바른 도로 삼는다. 공손연과 장의 두 사람은 아첨과 비굴함으로 권세를 훔쳤으니, 아녀자가 순종하는 도에 해당할 뿐이며, 남자가 일삼을 것은 아니라는 뜻이다.

경문 "居天下之廣居, 立天下之正位, 行天下之大道, 得志與民由之, 不得志獨行其道. 富貴不能淫, 貧賤不能移, 威武不能屈, 此之謂大丈夫."

번역 맹자는 계속하여 "천하의 넓은 집에 머물고, 천하의 바른 지위에 서며, 천하의 큰 도를 시행하여 뜻을 얻으면 백성들과 함께 하고, 뜻을 얻지 못하면 홀로 그 도를 실천한다. 부귀함이 음란하게 만들 수 없고 빈천함이 바꿀 수 없으며 위엄과 무용이 굽힐 수 없다면, 이러한 자를 대장부라 부른다."라고 했다.

趙注 廣居, 謂天下也. 正位, 謂男子純乾正陽之位也. 大道, 仁義之道也. 得志行正, 與民共之. 不得志, 隱居獨善其身, 守道不回也. 淫, 亂其心也; 移, 易其行也; 屈, 挫其志也: 三者不惑, 乃可以爲之大丈夫矣.

번역 '광거(廣居)'는 천하를 뜻한다. '정위(正位)'는 남자의 순건(純乾)과 정양(正陽)의 자리를 뜻한다. '대도(大道)'는 인(仁)과 의(義)의 도를 뜻한다. 뜻을 얻고 바름을 시행하는 것은 백성들과 함께 하는 것이다. 뜻을 얻지 못하면 은둔하며 홀로 자신을 선하게 하고 도를 지키며 어기지 않는 것이다. '음(淫)'은 마음을 혼란스럽게 만드는 것이며, '이(移)'는 행실을 바꾸는 것이고, '굴(屈)'은 뜻을 꺾는 것이다. 이 세 가지에 의혹되지 않는다면 대장부라 할 수 있다.

孫疏 ●"居天下之廣居, 立天下之正位, 行天下之大道"至"此之謂大丈夫", 孟子言能居仁道以爲天下廣大之居, 立禮以爲天下之正位, 行義以爲天下之大路, 得志達而爲仕, 則與民共行乎此, 不得志, 則退隱獨行此道而不回. 雖使富貴, 亦不足以淫其心; 雖貧賤, 亦不足以移易其行; 雖威武而加之, 亦不足屈挫其志: 夫是乃得謂之大丈夫也. 今且以公孫衍·張儀但能從人, 而不知以此正其己, 是則妾婦以順爲正之道, 固不足以爲大丈夫者焉.

번역 ●經文: "居天下之廣居, 立天下之正位, 行天下之大道"~"此之謂大丈夫". ○맹자는 인의 도에 따르는 것은 천하의 넓고 큰 집에 머무는 것이라고 여겼고, 예를 세우는 것을 천하의 바른 자리로 여겼으며, 의를 시행하는 것을 천하의 큰 길이라고 여겼는데, 뜻을 얻어 등용되면 백성들과 함께 이 세상에 그 뜻을 실천하고, 뜻을 얻지 못하면 은둔하며 홀로 이러한 도를 시행하고 다른 것을 돌아보지 않는다고 말한 것이다. 비록 부귀하게 만들더라도 그 마음을 음란하게 만들 수 없고, 비록 가난하고 미천하게 만들더라도 그의 행실을 바꿀 수 없으며, 비록 위엄과 무력으로 겁을 주더라도 그 뜻을 꺾을 수가 없다. 이와 같아야만 대장부라 칭할 수 있다. 현재 공손연과 장의는 단지 남을 따르기만 하며 이러한 도리로 자신을 바르게 할 줄 모르니, 이것은 아녀자가 순종을 바름의 도로 삼는 것에 해당하므로, 진실로 대장부라 여길 수 없다는 뜻이다.

集註 廣居, 仁也. 正位, 禮也. 大道, 義也. 與民由之, 推其所得於人也; 獨行其道, 守其所得於己也. 淫, 蕩其心也. 移, 變其節也. 屈, 挫其志也.

번역 '광거(廣居)'는 인(仁)을 뜻한다. '정위(正位)'는 예(禮)를 뜻한다. '대도(大道)'는 의(義)를 뜻한다. 백성들과 함께 따른다는 것은 얻은 것을 남에게 미루는 것이며, 홀로 그 도를 시행하는 것은 얻은 것을 자신이 고수하는 것이다. '음(淫)'은 마음을 방탕하게 만드는 것이다. '이(移)'는 절개를 변하게 만드는 것이다. '굴(屈)'은 뜻을 꺾는 것이다.

集註 何叔京曰: 戰國之時, 聖賢道否, 天下不復見其德業之盛; 但見姦巧之徒, 得志橫行, 氣焰可畏, 遂以爲大丈夫. 不知由君子觀之, 是乃妾婦之道耳, 何足道哉?

번역 하숙경이 말하길, 전국시대에 성현의 도가 막혀서 천하 사람들은 성현의 융성한 덕과 과업을 다시는 볼 수 없었고, 단지 간교한 무리들이 뜻을 얻어 제멋대로 자행하며 기염을 토하는 것이 두려워할 만한 것임을 보고 마침내 이를 대장부라고 여기게 되었다. 군자의 입장을 통해 보면 이것은 아녀자의 도일 뿐임을 알지 못한 것인데 어찌 말할 것이 되겠는가?

참고 『맹자』「공손추상(公孫丑上)」 기록

경문 "昔者曾子謂子襄曰: '子好勇乎? 吾嘗聞大勇於夫子矣. 自反而不縮, 雖褐寬博, 吾不惴焉; 自反而縮, 雖千萬人, 吾往矣.' 孟施舍之守氣, 又不如曾子之守約也."

번역 맹자가 말하길, "옛날에 증자는 자양에게 '그대는 용맹을 좋아하는가? 내 일찍이 공자께 큰 용맹에 대해서 들은 적이 있었다. 스스로 돌이켜보아 의롭지 못하면 비록 갈관박의 의복을 걸친 가난하고 미천한 자라 하더라도 내 어찌 두려워하지 않겠는가. 그러나 스스로 돌이켜보아 의롭다면 비록 천명이나 만명의 사람이 있더라도 내가 가서 대적할 것이다.'라고 하셨다. 맹시사의 지킴은 기이니 또한 증자의 지킴이 요약됨만 못한 것이다."라고 했다.

趙注 子襄, 曾子弟子也. 夫子, 謂孔子也. 縮, 義也. 惴, 懼也. 詩云: "惴惴其慄." 曾子謂子襄, 言孔子告我大勇之道, 人加惡於己, 己內自省, 有不義不直之心, 雖敵人被褐寬博一夫, 不當輕, 驚懼之也. 自省有義, 雖敵家千萬人, 我直往突之, 言義之强也. 施舍雖守勇氣, 不如曾子守義之爲約也.

번역 '자양(子襄)'은 증자의 제자이다. '부자(夫子)'는 공자를 뜻한다. '축(縮)'자는 의로움[義]을 뜻한다. '췌(惴)'자는 "두려워하다[懼]."는 뜻이다. 『시』에서는 "췌췌히 두려워하니라."[10]라고 했다. 증자는 자양에게 일러주며, 공자가 나에게 큰 용맹의 도를 말해준 적이 있었는데, 다른 사람이 나에게 악행을 저질러도 내 스스로 반성하여 의롭지 못하거나 곧지 못한 마음이 있다면 비록 상대가 갈관박을 걸친 한 명의 남자라 하더라도 가벼이 여길 수 없어 두려워해야 한다. 그러나 스스로 반성하여 의로움을 지니고 있다면 비록 상대가 수많은 사람이라 하더라도 내가 곧바로 그들에게 가서 그들과 대적할 수 있다고 했다. 이것은 의로움이 굳세다는 뜻이다. 맹시사는 비록 용기를 지키고 있지만 증자가 의로움을 지키는 것을 요점으로 삼은 것만 못하다.

孫疏 ●"昔者曾子謂子襄曰: 子好勇乎? 吾嘗聞大勇於夫子矣"至"守約也". 孟子言往者曾子謂子襄曰: 子能好勇乎, 言我嘗聞夫子有大勇之義告於我, 以謂自反己之勇爲非義, 則在人者有可陵之辱, 故雖一褐寬博之獨夫, 我且不以小恐惴之, 而且亦大恐焉; 自反己之勇爲義, 則在人無可憚之威, 故雖千萬人之衆, 我且直往其中, 而不懼矣. 如此, 則孟施舍養勇在於守其氣勇, 又不如曾子以義爲守而要也. 言此, 則黝不如子夏可知矣. 以其養勇有本末之異, 則言北宮黝之多方, 不若孟施舍之守約; 以其守約有氣義之別, 則又言孟施舍之守其氣勇, 不如曾子以義爲守而要也. 然論其不動心則同根, 其德則大不相侔矣.

번역 ●經文: "昔者曾子謂子襄曰: 子好勇乎? 吾嘗聞大勇於夫子矣"~"守約也". ○맹자는 앞서 증자가 자양에게 일러준 말을 언급하며, 그대는 용기를 좋아하는가? 나는 일찍이 공자가 대용의 의로움에 대해 나에게 일러준 말을 들은 적이 있으니, 스스로 돌이켜보아 자신의 용맹이 의롭지 않다면 남에게 능욕을 당할 수 있으므로, 비록 한 명의 갈관박을 입은 남자라

10) 『시』「진풍(秦風)·황조(黃鳥)」: 交交黃鳥, 止于棘. 誰從穆公, 子車奄息. 維此奄息, 百夫之特. 臨其穴, 惴惴其慄. 彼蒼者天, 殲我良人. 如可贖兮, 人百其身.

하더라도 나는 하찮은 걱정으로 그를 두려워하지 않을 수 없으니, 매우 두려워해야 한다. 그런데 스스로 돌이켜보아 자신의 용맹이 의롭다면 남에게 위협을 당할 일이 없다. 그렇기 때문에 비록 수많은 대중이라 하더라도 내가 직접 그들 무리로 찾아가 두려워하지 않는 것이다. 이와 같다면 맹시사가 용맹을 기르는 것이 용기를 지키는데 있다면, 이것은 또한 증자가 의로움을 지키며 요점을 삼은 것만 못하다. 이처럼 말했다면 북궁유가 자하만 못하다는 사실도 알 수 있다. 용기를 배양함에 본말의 차이가 있다면 북궁유의 다양한 방법은 맹시사가 요점을 지키는 것만 못하며, 요점을 지킴에 있어서도 기와 의로움의 구별이 있다면, 또한 맹시사의 용기를 지킴이 증자가 의로움을 지키며 요점으로 삼은 것만 못한 것이다. 그렇다면 부동심을 논의함에 있어서 근본이 동일하더라도 덕에 있어서는 결코 동일하게 여길 수 없는 것이다.

集註 此言曾子之勇也. 子襄, 曾子弟子也. 夫子, 孔子也. 縮, 直也. 檀弓曰: "古者冠縮縫, 今也衡縫." 又曰: "棺束縮二衡三." 惴, 恐懼之也. 往, 往而敵之也.

번역 이것은 증자의 용기를 말한 것이다. '자양(子襄)'은 증자의 제자이다. '부자(夫子)'는 공자이다. '축(縮)'자는 "정직하다[直]."는 뜻이다. 『예기』「단궁(檀弓)」편에서는 "고대에는 관(冠)을 만들 때, 길례와 흉례의 차이와 상관없이, 모든 관을 세로로 꿰맸고, 현재는 흉례 때 쓰는 관은 세로로 꿰매지만, 길례 때 쓰는 관은 가로로 꿰맨다."[11]라고 했고, 또 "관(棺)을 묶을 때에는 못을 사용하지 않았으므로, 가죽 끈을 이용해서 세로로 2줄을 묶고, 가로로 3줄을 묶는다."[12]라고 했다. '췌(惴)'자는 두려워한다는 뜻이다. '왕(往)'자는 가서 대적한다는 뜻이다.

集註 言孟施舍雖似曾子, 然其所守乃一身之氣, 又不如曾子之反身循理, 所守尤得其要也. 孟子之不動心, 其原蓋出於此, 下文詳之.

---

11) 『예기』「단궁상(檀弓上)」【80c】: <u>古者冠縮縫, 今也衡縫</u>. 故喪冠之反吉, 非古也.
12) 『예기』「단궁상(檀弓上)」【105a】: <u>棺束, 縮二衡三</u>; 衽, 每束一.

번역 맹시사가 비록 증자와 유사하더라도 그가 지킨 것은 자기 한 몸의 기운일 뿐이니, 증자가 자신을 돌이켜 이치에 따라 지킨 것이 더욱 그 핵심을 얻었던 것만 못하다. 맹자의 부동심은 그 근원이 여기에서 도출된 것이니, 아래문장에서 상세히 논의하였다.

참고 『예기』「표기(表記)」 기록

경문-626d 子曰, "仁之爲器重, 其爲道遠, 擧者莫能勝也, 行者莫能致也. 取數多者, 仁也. 夫勉於仁者, 不亦難乎? 是故君子以義度人, 則難爲人; 以人望人, 則賢者可知已矣."

번역 공자가 말하길, "인(仁)의 기물 됨은 무겁고 도(道)가 됨은 멀어서, 그것을 든다면 무게를 감당할 수 없고, 걸어간다면 도달할 수 없다. 취하는 방도가 많은 것은 인이다. 무릇 인에 힘써 시행하는 자는 또한 어렵지 않겠는가? 이러한 까닭으로 군자가 의(義)를 통해 남을 헤아린다면, 그에 걸맞은 사람을 찾기가 어렵고, 사람들이 일반적으로 살펴보는 기준으로 찾는다면, 현명한 점을 알아볼 수 있을 따름이다."라고 했다.

鄭注 "取數多", 言計天下之道, 仁居其多. 言以先王成法擬度人則難中也, 當以時人相比方耳.

번역 '취수다(取數多)'는 천하의 도를 헤아려보면, 인(仁)이 많은 것을 차지하고 있다는 뜻이다. 선왕이 만든 법도를 기준으로 남에 대해서 살펴본다면, 그에 알맞은 사람을 찾기가 어려우니, 마땅히 당시 사람들을 기준으로 서로 비교를 해봐야만 할 따름이다.

孔疏 ●"仁之爲器重"者, 仁是愛養, 非賢聖不能行, 故言"爲器重".

번역 ●經文: "仁之爲器重". ○'인(仁)'은 사랑하고 길러주는 것이니, 현명한 성인이 아니라면 제대로 시행할 수 없다. 그렇기 때문에 "기물 됨이 무겁다."라고 말했다.

孔疏 ●"擧者莫能勝也, 行者莫能致也", 據凡庸, 於仁不能勝致也.

번역 ●經文: "擧者莫能勝也, 行者莫能致也". ○일반인들을 기준으로 한다면, 인(仁)에 대해서 감당하거나 이룰 수 없다는 뜻이다.

集解 呂氏大臨曰: 仁爲器重, 爲道遠, 隨其所擧之多少, 所至之遠近, 皆可以謂之仁.

번역 여대림이 말하길, 인(仁)은 기물 됨이 무겁고 도(道) 됨이 멀다고 했는데, 이것은 그것을 시행하는 많고 적은 차이와 도달함의 멀고 가까운 차이에 따르면, 이 모두를 인(仁)이라고 부를 수 있다는 의미이다.

참고 『춘추』 정공(定公) 10년 기록

경문 十年, 春, 王三月, 及齊平.

번역 정공 10년 봄 주나라 왕력으로 3월, 제나라와 화평을 맺었다.

杜注 平前八年再侵齊之怨.

번역 이전 정공 8년에 두 차례 제나라를 침공했던 원한을 풀고 화평을 맺은 것이다.

何注 月者, 頰谷之會, 齊侯欲執定公, 故不易.

번역 달을 기록한 것은 협곡(頰谷)의 회합에서 제나라 후작이 정공을 사로잡으려고 했기 때문에 좋지 못해서이다.

徐疏 ◎注"月者"至"不易". ○解云: 下十一年"冬, 及鄭平", "叔還如鄭莅盟", 則知平例書時, 而有月者, 皆見義矣. 而言不易者, 卽莊十三年"冬, 公會齊侯盟于柯", 傳云"何以不日? 易也", 何氏云"易, 猶佼易也, 相親信無後患之辭". 然則此書"月者, 頰谷之會, 齊侯欲執定公, 故不易"; 宣十五年"夏, 五月, 宋人及楚人平"之下, 何氏云"月者, 專平不易"; 昭七年"春, 王正月, 暨齊平", 何氏云"月者, 刺內暨暨也"者, 皆與鄕解合.

번역 ◎何注: "月者"~"不易". ○뒤의 정공 11년 기록에서는 "겨울에 정나라와 화평을 맺었다."라고 했고, "숙환이 정나라에 가서 맹약에 임했다."라고 했으니, 화평을 기록하는 용례에서는 계절을 기록한다는 사실을 알 수 있는데, 달을 기록한 경우에는 모두 그 의미를 드러내는 것이다. 그런데 좋지 못하다고 말한 것은 장공 13년에 "겨울 장공이 제나라 후작과 회맹을 하여 가(柯)에서 맹약을 맺었다."라고 했고, 전문에서는 "어찌하여 날짜를 기록하지 않았는가? 좋았기 때문이다."라고 했고, 하휴는 "'이(易)'자는 좋고 즐겁다는 뜻이니, 서로 친근히 대하고 믿어서 후환이 없을 때 쓰는 말이다."라고 했다. 그러므로 이곳에서 "달을 기록한 것은 협곡(頰谷)의 회합에서 제나라 후작이 정공을 사로잡으려고 했기 때문에 좋지 못해서이다."라고 기록한 것이다. 또 선공 15년에는 "여름 5월에 송나라가 초나라와 화평을 맺었다."라고 했고, 그 기록에 대해 하휴는 "달을 기록한 것은 화평을 맺은 것이 좋지 못했기 때문이다."라고 했으며, 소공 7년에는 "봄 주나라 왕력으로 정월에 부득이하게 제나라와 화평을 맺었다."라고 했고, 하휴는 "달을 기록한 것은 내적으로 부득이하여 시행했음을 비판한 것이다."라고 했는데, 이러한 기록들은 모두 이전의 해석과 합치된다.

范注 平前八年再侵齊之怨.

번역 이전 정공 8년에 두 차례 제나라를 침공했던 원한을 풀고 화평을 맺은 것이다.

경문 夏, 公會齊侯于夾谷.

번역 여름에 정공이 협곡(夾谷)에서 제나라 후작과 회합하였다.

杜注 平故.

번역 화평을 맺었기 때문이다.

范注 頰, 古協反, 左傳作"夾谷".

번역 '頰'자는 '古(고)'자와 '協(협)'자의 반절음이며, 『좌전』에서는 '협곡(夾谷)'으로 기록했다.

경문 公至自夾谷.

번역 정공이 협곡으로부터 돌아왔다.

杜注 無傳.

번역 관련 전문이 없다.

何注 上平爲頰谷之會不易, 故月. 致地者, 頰谷之會, 齊侯作侏儒之樂, 欲以執定公. 孔子曰: "匹夫而熒惑於諸侯者誅", 於是誅侏儒, 首足異處, 齊侯大懼, 曲節從教, 得意故致也.

번역 앞서 화평을 맺어 협곡의 회합을 가졌으나 좋지 못하였기 때문에 달을 기록했다. 땅을 돌려받은 것은 협곡의 회합에서 제나라 후작이 난쟁이 광대들로 가무를 시연하여 정공을 사로잡고자 했다. 공자는 "필부들 중 제후의 정신을 혼란스럽게 만드는 자는 주살하게 되어 있습니다."라고 말하고, 이에 난쟁이 광대들을 주살하고, 머리와 다리를 잘라 각각 다른 장소에 걸어두니, 제나라 후작이 매우 두려워하며 본래 계획했던 생각을 꺾고 공자의 가르침에 따르게 되어, 그 뜻을 얻었기 때문에 땅을 돌려받은 것이다.

徐疏 ◎注"上平"至"致地". ○解云: 莊六年何注云"公與一國出會盟得意致地, 不得意不致", 卽桓二年秋, "公及戎盟于唐", "冬, 公至自唐"; 隱二年"秋, 八月, 庚辰, 公及戎盟于唐"之屬是也. 今此上平爲頰谷之會不易, 故月, 卽此平不得意也. 而致地者, 正以初雖見脅, 終竟得意故也. 云頰谷之會至"曲節從敎", 家語及晏子春秋文也.

번역 ◎何注: "上平"~"致地". ○장공 6년에 대한 하휴의 주에서는 "군주가 다른 제후국과 국경을 벗어나 회맹을 할 때 뜻한 바를 얻으면 땅을 돌려받고 뜻한 바를 얻지 못하면 땅을 돌려받지 못한다."라고 했으니, 환공 2년 가을에 "공이 융과 당에서 맹약을 했다."라고 말하고, "겨울 공이 당으로부터 돌아왔다."라고 말하며, 은공 2년에 "가을 8월 경진일에 공이 융과 당에서 맹약을 맺었다."라고 한 부류가 이러한 경우에 해당한다. 현재 이곳에서는 앞서 화평을 맺어 협곡에서 회합을 가졌으나 좋지 못했기 때문에 달을 기록했으니, 이때의 화평에서는 뜻한 바를 얻지 못한 것이다. 그런데도 땅을 돌려받았던 것은 최초 위협을 받았지만 끝내 뜻한 바를 이루어냈기 때문이다. 협곡에서 회합을 가졌다는 말로부터 "뜻을 꺾어 가르침에 따랐다."라는 말까지는 『공자가어』와 『안자춘추』에 나오는 기록이다.

경문 齊人來歸鄆·讙·龜陰田.

번역 제나라가 찾아와서 운(鄆)·환(讙)·귀음(龜陰)의 땅을 돌려주었다.

杜注 三邑皆汶陽田也. 泰山博縣北有龜山, 陰田在其北也. 會夾谷, 孔子相, 齊人服義而歸魯田.

번역 세 읍은 모두 문양의 땅이다. 태산 박현 북쪽에 귀산이 있고, 음전은 그 북쪽에 있다. 협곡에서 회합을 가졌을 때 공자가 의례의 진행을 도왔는데, 제나라는 그 도의에 감복하여 노나라의 땅을 돌려준 것이다.

孔疏 ◎注"三邑"至"魯田". ○正義曰: 傳言孔丘使玆無還揖對齊, 要令反汶陽之田, 乃與之盟, 齊人爲是歸此三邑, 知三邑皆汶陽田也. 土地名: 汶水出泰山萊蕪縣西南, 經濟北至東平須昌縣入濟, 則汶水發源東北而西南流也. 水北曰"陽", 此三邑皆在汶水北, 近齊, 齊因陽虎出奔, 取爲己有, 今服義而歸魯也. 僖元年, 公賜季友汶陽之田. 季氏世脩其德, 不應失其采邑, 則此汶陽之田當爲季氏采地. 今復有此三邑者, 汶水之北皆名汶陽, 其地多矣, 蓋季氏私邑之外別有此田也. 龜, 山名也.

번역 ◎杜注: "三邑"~"魯田". ○전문에서는 공자가 자무환을 시켜 제나라 측에 읍을 하고 대답하게 하며, 문양의 땅을 돌려주어야만 맹약을 맺겠다고 전하자 제나라에서 이 때문에 세 읍을 돌려주었다고 했으니, 여기에서 말한 세 읍이 문양의 땅에 해당함을 알 수 있다. 『토지명』에 따르면 문수는 태산 내무현에서 출원하여 서남쪽으로 흘러 제수를 경유하여 동평 수창현에 이르러 제수로 유입한다고 했으니, 문수는 동북쪽에서 발원하여 서남쪽으로 흘러가는 것이다. 물가의 북쪽을 '양(陽)'이라고 부르니, 여기에서 말한 세 읍은 모두 문수의 북쪽에 위치하며 제나라와 근접해 있었는데, 제나라는 양호가 도망왔던 일로 인해 자신의 땅으로 삼았는데, 지금은 공자의 도의에 감복하여 노나라에 돌려준 것이다. 희공 1년에 희공이 계우에게 문양의 땅을 하사했다. 계씨는 대대로 그 덕을 닦았으므로, 마땅히 채읍을 잃지 않았을 것이지만, 이곳에서 말한 문양의 땅은 마땅히 계씨의 채읍에 해당해야 한다. 그런데도 현재 다시 이 세 읍을 소유하게 된 것은 문수의 북쪽 지역은 모두 문양이라고 불렀고, 해당하는 땅은 매우 많았으니, 계씨의 사읍 외에 별도로 이러한 땅이 있었을 것이다. '귀(龜)'는 산의 이름이다.

左氏傳 夏, 公會齊侯于祝其, 實夾谷①. 孔丘相②, 犁彌言於齊侯曰: "孔丘知禮而無勇, 若使萊人以兵劫魯侯, 必得志焉③."

번역 여름 정공이 축기에서 제나라 후작과 회합을 가졌는데, 이 지역은 바로 협곡이다. 공자가 의례의 진행을 도왔는데 이미가 제나라 후작에게 말하길, "공자는 예는 알지만 용맹이 없으니 내인을 시켜 병장기로 노나라 후작을 위협한다면 분명 뜻한 바를 이루게 될 것입니다."라고 했다.

杜注-① 夾谷卽祝其也.

번역 협곡(夾谷)이 바로 축기(祝其)라는 땅이다.

杜注-② 相會儀也.

번역 회합에서 진행되는 의례를 도운 것이다.

杜注-③ 萊人, 齊所滅萊夷也.

번역 '내인(萊人)'은 제나라가 멸망시킨 내이(萊夷)라는 오랑캐이다.

孔疏 ◎注"萊人"至"夷也". ○正義曰: 襄六年, 齊侯滅萊. 萊, 東萊黃縣是也. 地在東邊, 去京師大遠. 孔丘謂之"裔夷之俘", 言是遠夷囚俘, 知是滅萊所獲, 此人是其遺種也. 齊不自使齊人, 而令萊人劫魯侯者, 若使齊人執兵, 則魯亦陳兵當之, 無由得劫公矣. 使此萊夷, 望魯人不覺, 出其不意, 得伺間執之.

번역 ◎杜注: "萊人"~"夷也". ○양공 6년에 제나라가 내를 멸망시켰는데, '내(萊)'가 거주했던 지역은 동래 황현이다. 그 땅은 동쪽 변경에 있고 수도로부터 매우 멀리 떨어져 있다. 공자는 이들을 두고 '포로로 잡혀 온 변방 오랑캐'라고 했으니, 멀리 떨어져 있는 오랑캐들 중 포로로 잡혀온 자들을 말하니, 내를 멸망시키며 포획한 자들이 있고, 여기에서 말한 자들은 그들의 후예임을 알 수 있다. 제나라가 제나라 사람들을 시키지 않고 내인으로 하여금 노나라 후작을 위협하게 만든 것은 만약 제나라 사람을 시켜 병장기를 들게 했다면 노나라 또한 병력을 배치하여 응대했을 것이니, 정공을 위협할 길이 없어지기 때문이다. 내의 오랑캐를 시킨 것은 노나라 측에서 깨닫지 못하게 하여 불식간에 틈을 노려 잡고자 했기 때문이다.

左氏傳 齊侯從之. 孔丘以公退, 曰: "士兵之!① 兩君合好, 而裔夷之俘以兵亂之②, 非齊君所以命諸侯也. 裔不謀夏, 夷不亂華, 俘不干盟, 兵不偪好, 於神爲不祥③."

번역 제나라 후작은 그의 말을 따랐다. 공자는 정공과 함께 물러나며 "병사들이여 저들을 공격하라! 두 나라의 군주가 회합하여 우호를 다지는데 포로로 끌려온 변방 오랑캐들이 무기를 들고 난동을 피우니, 제나라 군주가 제후에게 명령하는 바가 아니다. 변방의 나라는 중원을 도모할 수 없고 오랑캐는 중화를 어지럽힐 수 없으며, 포로로 끌려온 자들은 맹약에 간섭할 수 없고, 병력으로 우호의 자리를 핍박할 수 없으니, 이처럼 하게 된다면 신에게 상서롭지 못한 재앙을 받게 될 것이다."라고 했다.

杜注-① 以兵擊萊人.

번역 병장기로 내인들을 공격하라는 뜻이다.

杜注-② 裔, 遠也.

번역 '예(裔)'는 "멀다[遠]."는 뜻이다.

杜注-③ 盟將告神, 犯之爲不善.

번역 맹약을 맺으면 신에게 그 사실을 아뢰게 되니, 이 자리를 범하게 되면 상서롭지 못하게 된다는 뜻이다.

孔疏 ●"裔不"至"亂華". ○正義曰: 夏, 大也. 中國有禮儀之大, 故稱夏; 有服章之美, 謂之華. 華·夏一也. 萊是東夷, 其地又遠, "裔不謀夏", 言諸夏近而萊地遠; "夷不亂華", 言萊是夷而魯是華. 二句其旨大同, 各令文相對耳.

번역 ●傳文: "裔不"~"亂華". ○'하(夏)'자는 "크다[大]."는 뜻이다. 중국은 커다란 예의를 가지고 있기 때문에 '하(夏)'라고 지칭하는 것이다. 또 아름다운 복식제도를 가진 것을 '화(華)'라고 부른다. 따라서 '화(華)'와 '하(夏)'는 동일한 대상을 가리킨다. 내(萊)는 동쪽 오랑캐에 해당하는데 그 땅이 더욱 멀리 떨어져 있고, "변방의 나라는 중원을 도모할 수 없다."라고 했으니, 내는 오랑캐이고 노나라는 중화에 해당한다. 이 두 구문에 나타나는 요지는 큰 의미에서는 동일한데 각각의 문장이 대구가 되도록 기록한 것일 뿐이다.

左氏傳 "於德爲愆義, 於人爲失禮, 君必不然." 齊侯聞之, 遽辟之①. 將盟, 齊人加於載書曰: "齊師出竟, 而不以甲車三百乘從我者, 有如此盟!②" 孔丘使茲無還揖對③, 曰: "而不反我汶陽之田, 吾以共命者, 亦如之④."

번역 공자는 계속하여 "덕에 있어서는 도의에 허물이 되고, 사람에게 있어서는 예를 잃게 되니, 군주께서는 분명 이처럼 하지 않으실 겁니다."라고 말했다. 제나라 후작은 그 말을 듣고 황급히 내인들을 물러나게 했다. 맹약을 맺으려고 할 때, 제나라 측에서는 맹약문에 글귀를 추가하며 "제나라 군대가 국경 밖으로 나가게 되었는데도 노나라에서 전차 300승으로 우리 군대를 따르지 않는다면 맹약문에 나와 있는 것처럼 재앙을 당하게 될 것이다!"라고 했다. 그러나 공자는 자무환을 시켜 읍을 하고서 대답하길, "제나라에서 우리에게 문양의 땅을 반환하지 않는다면 우리가 제나라의 명령을 받드는 것 또한 맹약문처럼 하겠습니다."라고 했다.

杜注-① 辟去萊兵也.

번역 병장기를 든 내인들을 물러나게 했다는 뜻이다.

杜注-② 如此盟詛之禍.

번역 맹약문에서 저주를 내리는 것처럼 재앙을 받게 될 것이라는 뜻이다.

杜注-③ 無還, 魯大夫.

번역 무환은 노나라 대부이다.

杜注-④ 須齊歸汶陽田, 乃當共齊命. 於是孔子以公退, 賤者終其事. 要盟不絜, 故略不書.

번역 제나라가 문양의 땅을 돌려주는 것을 기다린 이후에야 제나라의 명령에 따르겠다는 뜻이다. 이에 공자는 장공과 함께 물러났고, 신분이 낮은 자들이 그 일을 마무리 지었다. 강요로 맹약을 맺은 것을 좋지 못하게 여겼기 때문에, 생략하고 기재하지 않았다.

孔疏 ◎注"須齊"至"不書". ○正義曰: 齊·魯旣平, 當兩相從意. 齊人旣令魯以三百乘從, 魯不可卽拒, 故須齊歸汶陽之田, 乃當共齊三百乘之命. 則得汶陽之田, 是當三百乘也. 賈逵云: "不書'盟', 諱以三百乘從齊師." 其意以宣七年盟于黑壤, 而不書經, 傳言"晉侯之立也, 公不朝, 又不使大夫聘, 晉人止公于會", 公不與盟, 不書"盟", 諱之也, 緣彼有諱, 謂此亦諱. 按此會孔丘相, 反汶陽之田以共齊命, 孔丘意也. 得其三邑, 而以三百乘從之, 爲相當矣, 於魯不爲負, 何以諱其盟? 卽以三邑田少, 不足以當三百乘, 孔丘不應唯令反此而已. 今令反此共命, 必其足以相當, 何以諱其從齊也? 若三百乘從齊必是可諱, 孔丘爲相, 義不能拒, 則孔丘爲有罪矣, 何貴乎聖人也? 故杜以爲: "於是孔子以公退, 賤者終其事. 要盟不絜, 故略不書." 釋例曰: "夾谷之會, 齊侯劫公, 孔丘以義叱之, 以兵威之. 將盟, 又使玆無還責侵田, 拒齊之享. 屈疆國, 正典儀, 此聖人之大司也. 徒以二君雖會, 而兵刃相要, 二國微臣共終盟事, 故賤而不書, 非所諱也. 舊說同於黑壤之辱, 爲負仲尼也."

번역 ◎杜注: "須齊"~"不書". ○제나라와 노나라는 이미 화평을 맺었으므로 두 나라는 그 뜻에 따라야만 한다. 제나라가 노나라로 하여금 300승의 전차를 출병시켜 따르도록 했으니 노나라에서는 곧바로 거절할 수 없었다. 그렇기 때문에 제나라에서 문양의 땅을 돌려주는 것을 기다린 뒤에야 제나라가 300승의 전차를 출병시키라는 명령을 따르겠다고 한 것이니, 문양의 땅을 얻은 것은 300승 규모의 전차를 출자할 수 있는 규모이다. 가규[13]는 "맹(盟)이라고 기록하지 않은 것은 300승의 전차를 출병시켜 제나라 군대를 따르도록 한 일을 피휘하고자 해서이다."라고 했는데, 그의 의도는 선공 7년에 흑양에서 맹약을 맺었으나 경문에 그 사실을 기록하지 않았고, 전문에서 "진나라 후작이 즉위할 때 선공이 찾아가 조회를 하지 않았고 또한 대부를 파견하여 빙문도 하지 않아 진나라가 회합의 장소에서 선공을 억류하였다."라고 했고, 그로 인해 선공이 맹약에 참여하지 못하여 '맹(盟)'이라고 기록하지 않았으니, 이것은 그 사실을 피휘하고자 해서이다. 따라서 선공 때에도 피휘를 한 이력이 있으므로, 이곳 기록에 대해서도 피휘를 한 것이라고 설명했다. 살펴보니 이번 회합에서 공자가 의례의 진행을 도왔고, 문양의 땅을 반환해주면 제나라의 명령을 따르겠다는 것이 공자의 의도이다. 세 읍을 얻었고 300승의 전차로 제나라 군대를 따르게 했으니 서로 그 합당한 바를 취한 것이며, 노나라에 있어서도 손해가 되지 않는데 어찌하여 맹약의 사실을 피휘한단 말인가? 세 읍의 땅이 규모가 작아서 300승의 전차를 출차하기에 충분하지 못하다면 공자는 이 땅을 돌려달라고 하지 않았을 것이다. 현재 이 땅을 돌려달라고 했고 명령에 따른다고 했으니, 분명 그 땅이 전차 300승을 출자하기에 충분한 규모가 될 것인데, 어찌 제나라의 명령에 따른다는 사실을 피휘하겠는가? 만약 300승의 전차가 제나라 군대를 따르게 된 사실을 반드시 피휘해야 할 일이라면 공자가 의례의

---

13) 가규(賈逵, A.D.30 ~ A.D.101) : 후한(後漢) 때의 경학자이다. 자(字)는 경백(景伯)이다. 『춘추좌씨전해고(春秋左氏傳解詁)』를 지었지만, 현재 일실되어 존재하지 않는다. 청대(淸代) 마국한(馬國翰)의 『옥함산방집일서(玉函山房輯佚書)』와 황석(黃奭)의 『한학당총서(漢學堂叢書)』에 일집본(佚輯本)이 남아 있다.

진행을 도왔고 도의상 거절할 수 없었다면, 공자에게 죄가 될 것인데 어찌 성인으로 높일 수 있겠는가? 그러므로 두예는 "이에 공자는 장공과 함께 물러났고, 신분이 낮은 자들이 그 일을 마무리 지었다. 강요로 맹약을 맺은 것을 좋지 못하게 여겼기 때문에, 생략하고 기재하지 않았다."라고 말한 것이다. 『석례』에서는 "협곡의 회합에서 제나라 후작은 정공을 위협하였는데 공자가 도의에 따라 꾸짖고 병사로 위엄을 보였다. 맹약을 맺으려고 할 때에도 자무환을 시켜 땅을 침략한 것에 대해 추궁하였고 제나라의 향연을 거절하였다. 강한 나라를 굴복시키고 의례의 법도를 바르게 했으니, 이것은 성인이 이룬 큰일이다. 다만 두 나라의 군주가 회합을 가졌더라도 병력으로 위협을 하였으므로 두 나라의 신분이 낮은 신하가 맹약의 일을 마무리하게 되었다. 그렇기 때문에 미천하게 여겨 기록하지 않은 것이니, 피휘를 한 것이 아니다. 옛 학설에서는 흑양에서 겪었던 치욕과 동일하게 여기니, 공자에게 허물을 씌우는 것이다."라고 했다.

左氏傳 齊侯將享公, 孔丘謂梁丘據曰: "齊·魯之故, 吾子何不聞焉?① 事既成矣②, 而又享之, 是勤執事也. 且犧·象不出門, 嘉樂不野合③."

번역 제나라 후작이 정공에게 연회를 베풀려고 하자 공자는 양구거에게 말하길, "제나라와 노나라의 옛 의례 규범을 그대는 어찌하여 듣지 못했단 말입니까? 일이 완수되었는데도 재차 연회를 한다면 이것은 실무자를 수고롭게 하는 일입니다. 희준(犧尊)과 상준(象尊)은 궁문 밖으로 내올 수 없으니 악기들을 야외에서 연주하기에는 적합하지 않습니다."라고 했다.

杜注-① 故, 舊典.

번역 '고(故)'자는 옛 의례 규범을 뜻한다.

杜注-② 會事成.

번역 회합의 일이 완수되었다는 뜻이다.

杜注-③ 犧·象, 酒器, 犧尊·象尊也. 嘉樂, 鍾·磬也.

번역 '희(犧)'와 '상(象)'은 술을 담는 기물인 희준(犧尊)과 상준(象尊)이다. '가악(嘉樂)'은 종(鍾)과 경(磬)이다.

孔疏 ◎注"犧象"至"磬也". ○正義曰: 周禮·司尊彝云: "春祠·夏禴·祼用雞彝鳥彝, 其朝踐用兩獻尊, 其再獻用兩象尊." 鄭衆云: "獻讀爲犧, 犧尊飾以翡翠, 象尊以象鳳皇." 阮諶三禮圖犧尊畫牛以飾, 象尊畫象以飾, 當尊腹上畫牛·象之形. 王肅以爲犧尊·象尊爲牛·象之形, 背上負尊. 魏大和中, 靑州掘得齊大夫子尾送女器, 爲牛形而背上負尊, 古器或當然也. 周禮·大司樂云: "雲門之舞, 冬日至, 於地上之圜丘奏之. 若樂六變, 則天神皆降, 可得而禮矣. 咸池之舞, 夏日至, 於澤中之方丘奏之. 若樂八變, 則地祇皆出, 可得而禮矣."圜丘·方丘皆是野澤, 二者並是大祭, 必當備設尊俎. 而云"嘉樂不野合, 犧·象不出門"者, 彼是禮之大者, 自可依禮而行, 尊得出門, 樂得野合. 此言"不出門"·"不野合"者, 謂享燕正禮, 當設於宮內, 不得違禮而行, 妄作於野耳, 非謂祭祀之大禮也. 諸侯相見之禮, 享在廟, 燕在寢, 不得行於野. 僖二十八年, 晉侯朝王于踐土, 王享醴, 命之宥; 襄十年, 宋公享晉侯於楚丘, 請以桑林; 十九年, 公享晉六卿于蒲圃; 二十七年, 鄭伯享趙孟于垂隴, 如此之類, 春秋多矣, 或特賞殊功, 或畏敬大國, 皆權時之事, 非正禮也. 此時齊·魯敵國, 釋怨和平, 未有殊異之歡, 無假非常之事. 孔子知齊懷詐, 慮其掩襲, 託正禮以拒之, 故言"不野合".

번역 ◎杜注: "犧象"~"磬也". ○『주례』「사준이(司尊彝)」편에서는 "봄의 사(祠)[14]제사와 여름의 약(禴)[15]제사에서는 관(祼)[16]을 할 때 계이(雞

---

14) 사(祠)는 봄에 종묘(宗廟)에서 지내는 제사를 뜻한다. '사'자는 음식[食]을 뜻하는 글자로, 선왕(先王)들에게 음식을 대접한다는 의미에서, 봄의 제사를 '사'라고 부르는 것이다. 『이아』「석천(釋天)」편에는 "春祭曰祠."라는 기록이 있는데, 이에 대한 곽박(郭璞)의 주에서는 "祠之言食."이라고 풀이했다. 한편 『예기』「왕제(王制)」편에는 "天子諸侯宗廟之祭, 春曰礿, 夏曰禘, 秋曰嘗, 冬曰烝."이라는 기록이 있고, 이에 대한 정현의 주에서는 "此蓋夏殷之祭名. 周則

彝)와 조이(鳥彝)를 사용하고, 조천(朝踐)[17]에서는 한 쌍의 헌준(獻尊)을 사용하며 재헌을 할 때에는 한 쌍의 상준(象尊)을 사용한다."[18]라고 했다. 정중은 "'헌(獻)'자는 희(犧)자로 풀이하니, 희준에는 물총새를 그려 장식하

春曰祠, 夏曰礿, 以禘爲殷祭."라고 풀이했다. 즉 하(夏)나라와 은(殷)나라에서는 봄에 종묘에서 지내는 제사를 약(礿)이라고 불렀는데, 주(周)나라에 이르러, '약'이라는 명칭을 '사'로 고치게 되었다는 뜻이다.

15) 약(礿)은 약(禴)이라고도 부른다. 하(夏)나라와 은(殷)나라 때에는 봄에 종묘(宗廟)에서 지내는 제사를 뜻하는 용어로 사용하였지만, 주(周)나라 때에는 명칭을 고쳐서, 여름에 지내는 제사의 명칭으로 삼았다. '약(礿)'이 봄 제사를 뜻하는 용어로 사용될 때에는 적다[薄]라는 뜻으로, 봄에는 만물이 아직 성숙하지 않았으므로, 제사 때 차려내는 제수(祭需)들이 적게 된다. 그렇기 때문에 그 제사를 '약(礿)'이라고 부르는 것이다. 『예기』「왕제(王制)」편에는 "天子諸侯宗廟之祭, 春曰礿, 夏曰禘, 秋曰嘗, 冬曰烝."이라는 기록이 있고, 이에 대한 정현의 주에서는 "此蓋夏殷之祭名. 周則春曰祠, 夏曰礿, 以禘爲殷祭."라고 풀이했고, 진호(陳澔)의 『집설(集說)』에서는 "礿, 薄也. 春物未成, 祭品鮮薄也."라고 풀이했다. 한편 '약(礿)'자가 여름 제사를 뜻하는 용어로 사용될 때에는 삶다[汋=礿]의 뜻으로, 여름 4월에는 보리가 익어서, 삶아서 밥을 지을 수가 있다. 여름 제사 때에는 이처럼 보리밥을 헌상하기 때문에, 그 제사를 '약(礿)'이라고 부르는 것이다. 『춘추공양전』「환공(桓公) 8년」편에는 "夏曰礿."이라는 기록이 있는데, 이에 대한 하휴(何休)의 주에서는 "薦尙麥苗, 麥始熟可礿, 故曰礿."이라고 풀이했다. 그리고 『주례』「춘관(春官)·사존이(司尊彝)」편에서는 "春祠夏禴, 祼用雞彝·鳥彝, 皆有舟."라고 하여, 약(礿)을 '약(禴)'자로 기록하고 있다.

16) 관(祼)은 본래 향기로운 술을 땅에 부어서 신을 강림시키는 의식인데, 조회를 온 제후 등을 대면하며 관(祼)을 시행하면, 술잔에 향기로운 술을 따라서 빈객을 공경한다는 뜻을 나타내기도 했다. 즉 본래는 제사의 절차였지만, 이러한 절차에 기인하여 빈객에게 따라준 술을 빈객이 마시는 것 까지도 관(祼)이라고 불렀다.

17) 조천(朝踐)은 제례(祭禮) 의식 중 하나이다. 희생물의 피와 기름 등을 바치고, 단술을 따르게 되면, 비로소 제사를 본격적으로 시행하게 된다. 제주(祭主)의 부인이 되는 주부(主婦)는 이때 제사 때 진설해두는 제기(祭器)인 두변(豆籩) 등을 바치게 된다. '조천'은 바로 이러한 의식 절차를 가리킨다. 『주례』「춘관(春官)·사존이(司尊彝)」에는 "其朝踐用兩獻尊."이라는 기록이 있고, 이 기록에 대한 정현의 주에서는 "朝踐, 謂薦血腥, 酌醴, 始行祭事, 后於是薦朝事之豆籩."이라고 풀이하였다.

18) 『주례』「춘관(春官)·사준이(司尊彝)」: 春祠夏禴, 祼用雞彝·鳥彝, 皆有舟; 其朝踐用兩獻尊, 其再獻用兩象尊, 皆有罍, 諸臣之所昨也.

고, 상준은 봉황을 형상화한다."라고 했다. 완심의『삼례도』에서는 희준에는 소를 그려서 장식하고 상준에는 코끼리를 그려서 장식하는데, 술동이 배 위에 소와 코끼리의 모양을 그린다고 했다. 왕숙은 희준과 상준이 소와 코끼리의 모습처럼 되어 있어서, 등 위에 술동이를 짊어진 형태라고 했다. 위나라 태화연간에 청주에서는 제나라 대부 자미가 여식을 전송할 때 사용한 기물을 발굴하였는데, 소의 모습처럼 만들어 등 위에 술동이를 짊어진 형상을 하고 있었으니, 옛 기물도 아마 이처럼 되어 있었을 것이다.『주례』「대사악(大司樂)」편에서는 "운문(雲門)의 가무는 동지일에 지상의 환구(圜丘)[19]에서 연주한다. 음악이 여섯 차례 변주되면 천신이 모두 강림하여 예법에 따라 흠향을 시킬 수 있다. 함지(咸池)의 가무는 하지일에 못에 있는 방구(方丘)[20]에서 연주한다. 음악이 여덟 차례 변주되면 지신이 모두 나타나 예법에 따라 흠향을 시킬 수 있다."[21]라고 했다. 환구와 방구는 모두 야외와 못에 있는데, 둘 모두 성대한 제사에 해당하므로 반드시 술동이와 도마 등을 모두 갖춰 진설해야 한다. 그런데도 "종과 경은 야외에서 연주하기에 적합하지 않고 희준과 상준은 궁문 밖으로 내올 수 없다."라고 말한 것은 천신과 지신에 대한 제사는 예 중에서도 성대한 것이니, 해당 예법에 따라 시행하게 되어 술동이를 궁문 밖으로 내올 수 있고 악기들도

---

19) 환구(圜丘)는 원구(圓丘)라고도 부른다. 고대에 제왕이 동지(冬至)에 제천(祭天) 의식을 집행하던 곳이다. 자연적으로 형성된 언덕의 형상을 본떠서, 흙을 높이 쌓아올려 만들었기 때문에, '구(丘)'자를 붙여서 부른 것이며, 하늘의 둥근 형상을 본떴다는 뜻에서 '환(圜)' 또는 '원(圓)'자를 붙여서 부른 것이다.『주례』「춘관(春官)·대사악(大司樂)」편에는 "冬日至, 於地上之圜丘奏之."라는 기록이 있고, 이에 대한 가공언(賈公彦)의 소(疏)에서는 "土之高者曰丘, 取自然之丘. 圜者, 象天圜也."라고 풀이했다.

20) 방구(方丘)는 방택(方澤)과 같은 말이다. 고대에 제왕이 땅에 제사를 지냈던 제단이다. 그 모양이 사각형이었기 때문에 '방(方)'자를 붙이고, 언덕처럼 흙을 쌓아서 만들었기 때문에 '구(丘)'자를 붙여서 부르는 것이다.

21)『주례』「춘관(春官)·대사악(大司樂)」: 凡樂, 圜鍾爲宮, 黃鍾爲角, 大族爲徵, 姑洗爲羽, 雷鼓雷鼗, 孤竹之管, 雲和之琴瑟, 雲門之舞, 冬日至, 於地上之圜丘奏之, 若樂六變, 則天神皆降, 可得而禮矣. 凡樂, 函鍾爲宮, 大族爲角, 姑洗爲徵, 南呂爲羽, 靈鼓靈鼗, 孫竹之管, 空桑之琴瑟, 咸池之舞, 夏日至, 於澤中之方丘奏之, 若樂八變, 則地示皆出, 可得而禮矣.

야외에서 연주할 수 있다. 그런데 이곳에서 "문밖으로 내올 수 없다."라고 말하고 "야외에서 연주하기에 적합하지 않다."라고 말한 것은 연회는 정식 예법으로 마땅히 궁 안에 설치해야만 하여 예법을 어기면서까지 시행하여 망령되게 야외에서 실시할 수 없기 때문이니, 제사 중에서도 성대한 예법을 두고 한 말이 아니다. 제후가 서로 만나볼 때의 예법에서 예물을 받는 것은 종묘에서 하고 연회는 침(寢)에서 하니, 야외에서 시행할 수 없다. 희공 28년에 진나라 후작은 주나라 천자를 천토에서 조회하였는데, 천자는 단술을 베풀고 돕도록 명령했으며, 양공 10년에 송나라 공작은 초구에서 진나라 후작을 대접하며 상림(桑林)이라는 악곡을 연주하도록 청했고, 19년에는 양공이 포포에서 진나라 육경을 대접하였으며, 27년에는 정나라 백작이 수롱에서 조맹을 대접하였는데, 이러한 예시들은 『춘추』에 많이 기록되어 있지만, 어떤 것은 빼어난 공적을 이루어 특별히 상으로 내린 것이고 어떤 경우는 대국을 외경해서 시행한 것이니, 이 모두는 당시의 상황에 따라 권도를 발휘해서 한 일이며 정식 예법은 아니다. 당시 제나라와 노나라는 적대국이었고, 원한을 풀고 화평을 맺었지만 아직까지 기쁨을 나눌 수 없어서 일상적이지 않은 의례를 시연할 수 없었다. 공자는 제나라가 속임수를 품고 있다는 것을 알았고, 불시에 습격할 것을 염려했기 때문에, 정식 예법에 따라 거절한 것이다. 그렇기 때문에 "야외에서 연주하기에 적합하지 않다."라고 말한 것이다.

左氏傳 "饗而旣具, 是棄禮也; 若其不具, 用秕稗也①. 用秕稗, 君辱; 棄禮, 名惡. 子盍圖之? 夫享, 所以昭德也. 不昭, 不如其已也." 乃不果享②. 齊人來歸鄆·讙·龜陰之田③.

번역 공자는 계속하여 "연회를 열어 기물들을 갖추게 되면 이것은 예법을 버리는 꼴이며, 만약 기물들을 갖추지 않는다면 알맹이가 없이 껍데기만 사용하는 것에 지나지 않습니다. 껍데기를 사용하는 것은 군주에게는 치욕이 될 것이며, 예법을 버리는 것은 오명을 남기게 될 것입니다. 그대는 어찌하여 이러한 것들을 생각하지 않는단 말입니까? 연회라는 것은 덕을 드러내기 위한 것입니다. 덕을 드러내지 못한다면 그만 두느니만 못합니다."라고 했다. 그러자 결국 연회를 시행하지 않았다. 제나라가 찾아와서 운(鄆)·환(讙)·귀음(龜陰)의 땅을 돌려주었다.

杜注-① 秕, 穀不成者. 稗, 草之似穀者. 言享不具禮, 穢薄若秕稗.

번역 '비(秕)'는 곡식이 제대로 여물지 않은 것이다. '패(稗)'는 곡식과 유사한 잡초이다. 즉 연회에서 예기들을 갖추지 않으면 더럽고 미천하게 되니 마치 쭉정이나 잡초와 같아진다는 뜻이다.

杜注-② 孔子知齊侯懷詐, 故以禮距之.

번역 공자는 제나라 후작이 속임수를 품고 있는 것을 알았기 때문에 예법을 들어 거절한 것이다.

杜注-③ 陽虎九年以此奔齊. 經文倒者, 次魯事.

번역 양호가 9년에 이 땅들을 가지고 제나라로 도망갔다. 경문에서 도치시켜 말한 것은 노나라의 일들을 순차적으로 기술하기 위해서이다.

孔疏 ◎注"陽虎"至"魯事". ○正義曰: 八年陽虎入于讙·陽關以叛, 九年伐陽關, 陽虎奔齊. 其時虎以讙去, 鄆與龜陰亦從之, 皆爲齊所取, 至今始歸之. 歸田之經在趙鞅圍衛之後, 與傳文倒者, 傳次魯事, 進此歸田於上, 令與盟事相接故也.

번역 ◎杜注: "陽虎"~"魯事". ○8년에 양호는 환(讙)과 양관(陽關)으로 들어가서 반란을 일으켰고, 9년에 양관을 정벌하자 양호는 제나라로 도망갔다. 당시 양호는 환 땅을 가지고 떠났고, 운(鄆)과 귀음(龜陰) 또한 그에 따랐으니, 모두 제나라가 취득하게 된 것이며, 지금에 이르러서야 비로소 돌려받게 되었다. 땅을 돌려주었다는 경문은 조앙이 위나라를 포위한 기사 뒤에 기록되어 있어서 전문과 도치가 되는데, 전문에서는 노나라의 일을 차례대로 기술하여 그 앞에 땅을 돌려받은 일을 기술했으니, 맹약을 맺은 일과 서로 연결되도록 했기 때문이다.

公羊傳 齊人曷爲來歸運·讙·龜·陰田?

번역 제나라는 어찌하여 찾아와 운(運)·환(讙)·귀(龜)·음(陰)의 땅을 돌려주었는가?

何注 據齊嘗取魯邑.

번역 제나라가 일찍이 노나라의 읍을 빼앗은 일에 근거한 말이다.

徐疏 ◎注"據齊"至"魯邑". ○解云: 卽宣元年"六月, 齊人取濟西田", 哀八年"夏, 齊人取讙及僤"之文是也.

번역 ◎何注: "據齊"~"魯邑". ○선공 1년에 "6월 제나라가 제수 서쪽 땅을 빼앗았다."라고 했고, 애공 8년에 "여름 제나라가 환(讙)과 탄(僤)의 땅을 빼앗았다."라고 한 기록을 가리킨다.

公羊傳 孔子行乎季孫, 三月不違,

번역 공자가 계손씨 밑에서 정사를 펼침에 3개월 동안 규정을 어기지 않았다.

何注 孔子仕魯, 政事行乎季孫, 三月之中不見違, 過是違之也. 不言政行乎定公者, 政在季氏之家.

번역 공자가 노나라에서 벼슬을 하여 계손씨 밑에서 정사를 펼쳤는데, 3개월 동안 위배하는 일이 드러나지 않았지만, 그 기간이 지나자 위배하였다. 정공 밑에서 정사를 펼쳤다고 말하지 않은 것은 당시 정권은 계씨 가문에 있었기 때문이다.

徐疏 ●"孔子"至"不違". ○解云: 孔子家語亦有此言. 若以家語言之, 孔子今年從邑宰爲司空, 旣爲大夫, 故有行於季孫之義.

번역 ●傳文: "孔子"~"不違". ○『공자가어』에도 이러한 말이 기록되어 있다. 『공자가어』의 기록에 따라 말해보자면, 공자는 이 해에 읍재를 하다 사공이 되었으니, 이미 대부의 지위에 오른 것이다. 그렇기 때문에 계손씨 밑에서 정사를 펼쳤다는 의미도 포함되는 것이다.

公羊傳 齊人爲是來歸之.

번역 제나라 사람들이 이 때문에 찾아와서 땅을 돌려준 것이다.

何注 齊侯自頰谷會歸, 謂晏子曰: "寡人或過於魯侯, 如之何?" 晏子曰: "君子謝過以質, 小人謝過以文. 齊嘗侵魯四邑, 請皆還之." 歸濟西田不言來, 此其言來者, 已絶, 魯不應復得, 故從外來常文, 與齊人來歸衛寶同, 夫子雖欲不受, 定公貪而受之, 此違之驗.

번역 제나라 후작은 협곡의 회맹에서 돌아와 안자에게 "과인이 혹시 노나라 후작에게 잘못을 저질렀다면 어찌해야 하는가?"라고 하자 안자는 "군자는 자신의 잘못을 사과할 때 질박함에 따르고 소인은 과실을 사과할 때 문식을 꾸민다고 했습니다. 제나라는 일찍이 노나라를 침범하여 네 읍을 빼앗았으니, 청컨대 이 모두를 돌려주기 바랍니다."라고 했다. 제수의 서쪽 땅을 돌려줄 때에는 "찾아왔다[來]."라고 말하지 않았는데, 이곳에서 찾아왔다고 말한 이유는 이미 관계가 단절되었으므로 노나라는 응당 다시 취해서는 안 된다. 그렇기 때문에 외부로부터 찾아왔다는 일반적인 기록에 따른 것으로, 제나라가 찾아와서 위나라의 보귀를 돌려주었다고 한 말과 같다. 공자는 비록 받아들이지 않고자 했지만 정공이 탐욕을 부려 받아들였으니, 이것이 위배한 증험이 된다.

徐疏 ◎注"齊侯自頰谷"至"還之". ○解云: 皆晏子春秋及家語·孔子世家之文. 其四邑者, 蓋運也·讙也·龜也·陰也. 邑而言田者, 桓元年傳云"田多邑少稱田", 然則此等皆是土地頃畝多, 邑內人民少, 故稱田. 龜亦是邑, 非山名, 賈·服異. 若欲同於賈·服, 卽云上二邑, 邑內人民多, 故擧邑名. 龜陰言田者, 龜是山名, 直得田而不得邑, 而言侵魯四邑, 請皆歸之者, 謂雖有此請, 齊君不全許, 是以但得三邑而已, 蓋非何氏之意.

번역 ◎何注: "齊侯自頰谷"~"還之". ○이 모두는 『안자춘추』·『공자가어』·「공자세가」의 기록이다. 네 읍이라고 했는데, 아마도 운(運)·환(讙)·귀(龜)·음(陰)의 네 읍을 말하는 것 같다. 읍(邑)인데도 전(田)이라고 말한 것은 환공 1년의 전문에서 "차지하는 면적 중 경작지가 많고 읍이 적은 경우에는 '전(田)'이라고 칭한다."라고 했다. 따라서 이러한 읍들 모두 전체 땅의 면적 중 경작지가 차지하는 부분이 많고 읍내에 거주하는 사람이 적었을 것이므로 '전(田)'이라고 부른 것이다. '귀(龜)' 또한 읍에 해당하는 것이지 산의 이름이 아닌데, 가규와 복건[22]은 견해를 달리한다. 만약 가규와 복건의 주장에 따르고자 한다면 앞에 나온 두 읍은 읍내 사람이 많은 것이기 때문에 '읍(邑)'의 명칭을 제시한 것이 된다. 그리고 귀음(龜陰)에 대해서 '전(田)'이라고 불렀는데, 귀(龜)는 산의 이름이 되므로, 전(田)이라고 부를 수만 있고 읍(邑)이라고 할 수 없다. 그런데 노나라의 네 읍을 침략해서 빼앗았다고 했고, 이 모두를 돌려주고자 청했다고 했으니, 비록 안자가 이러한 청을 했더라도 제나라 군주가 모두 허락하지는 않고 단지 세 읍만을 돌려준 것일 뿐이 되니, 아마도 하휴의 본지는 아닌 것 같다.

---

22) 복건(服虔, ? ~ ?) : 후한대(後漢代)의 유학자이다. 자(字)는 자신(子愼)이다. 초명은 중(重)이었으며, 기(祇)라고도 불렀다. 후에 이름을 건(虔)으로 고쳤다. 『춘추좌씨전(春秋左氏傳)』에 주석을 남겼지만, 산일되어 전해지지 않는다. 현재는 『좌전가복주집술(左傳賈服注輯述)』로 일집본이 편찬되었다.

徐疏 ◎注"歸濟"至"寶同". ○解云: 宣十年"齊人歸我濟西田"者, 是其不言來之文也. 言已絶, 魯不應復得者, 卽彼傳云"齊已取之矣, 其言我何? 未絶于我也. 曷爲未絶於我? 齊已言取之矣", 注云"齊已言語許取之"; "其實未之齊也", 注云"其人民貢賦尙屬於魯, 實未歸於齊. 不言來者, 明不從齊來, 不當取邑". 然則彼以未絶於魯, 魯猶合得之, 明其不從齊來, 齊人不當坐取邑, 故不言來. 此言來者, 入齊已久, 絶于魯, 不應復得之, 故言來, 從外來常文也. 言魯不應復得者, 止以不能保守先君世邑而失之故也. 言與齊人來歸衛寶同者, 卽莊六年"冬, 齊人來歸衛寶"是也.

번역 ◎何注: "歸濟"~"寶同". ○선공 10년에 "제나라가 우리 제수 서쪽 땅을 돌려주었다."라고 했는데, 여기에서는 "찾아왔다[來]."라는 말을 기록하지 않았다. "이미 관계가 단절되었으므로 노나라는 응당 다시 취해서는 안 된다."라고 말했는데, 선공 10년의 전문에서 "제나라가 이미 그 땅을 취했는데 '우리[我]'라고 말한 것은 어째서인가? 우리와 아직 관계가 단절되지 않았기 때문이다. 어찌하여 우리와 관계가 단절되지 않았다고 하는가? 제나라에 대해서 이미 '취(取)'라고 말했기 때문이다."라고 했고, 주에서는 "제나라에서 말을 통해 취하는 것을 허락했기 때문이다."라고 했으며, "실제로는 아직 제나라 땅이 아니다."라고 했고, 주에서는 "그 지역의 사람들은 조세를 바칠 때 여전히 노나라에 바쳤으므로, 실제로는 아직까지 제나라에 귀속된 것이 아니다. '찾아왔다[來].'라고 말하지 않은 것은 제나라로부터 온 것이 아니며, 읍을 취할 수 없음을 나타낸 것이다."라고 했다. 그렇다면 선공 때에는 그 지역이 노나라와 관계가 단절되지 않았으므로, 노나라는 여전히 그 땅을 취득하는 것이 합당하므로, 제나라로부터 온 것이 아니며, 제나라도 마땅히 가만히 앉아 읍을 취해서는 안 된다는 사실을 나타낸다. 그렇기 때문에 "찾아왔다[來]."라고 말하지 않은 것이다. 찾아왔다고 말한다면 이미 제나라로 편입된 것이 오랜 기간이 경과하여 노나라와 관계가 단절된 것이므로, 마땅히 다시 취해서는 안 된다. 그렇기 때문에 "찾아왔다[來]."라고 말한 것이니, 외부로부터 온 경우를 기록하는 일반적인 문장이다. 즉 노나라는 응당 다시 취해서는 안 된다고 말했는데, 이것은 단지 선대 군주가 대대로 물려받은 읍을 지키지 못하여 상실했기 때문이다. "제나라가 찾아와서 위나라의 보귀를 돌려주었다고 한 말과 같다."고 했는데, 장공 6년 "겨울에 제나라가 찾아와서 위나라의 보귀를 돌려주었다."라고 한 기록을 가리킨다.

徐疏 ◎注"夫子"至"之驗". ○解云: 知夫子雖欲不受者, 正以四邑屬齊, 年歲淹久, 已絶于魯, 魯不應得, 頰谷之會, 討殺侏儒, 威劫齊侯, 方始歸之, 雖曰獲田, 君子不貴, 故知孔子之意不欲受也. 若然, 莊十三年曹子手劍而劫桓公, 是以齊人歸我汶陽之田, 何氏云"劫桓公取汶陽田不書者, 諱行詐劫人也". 然則此亦威劫齊侯而得田邑, 與彼不異, 而書不諱者, 正以曹子本意行劫以求汶陽之田, 君子恥其所爲, 故不書也. 今在頰谷之會, 孔子相儀, 正欲兩君揖讓行盟會之禮, 阻齊爲不道, 熒惑魯侯而欲執之, 孔子誅之, 手足異處, 齊侯內懼, 歸其四邑以謝焉, 於其本情, 實非劫詐, 書而不諱, 不亦宜乎? 言此違之驗者, 欲對上傳云"孔子行乎季孫, 三月不違"文也.

번역 ◎何注: "夫子"~"之驗". ○공자가 받아들이지 않고자 했다는 사실을 알 수 있는 이유는 네 읍이 제나라에 소속된 것이 이미 오랜 기간이 지나 이미 노나라와 관계가 단절되었고, 노나라는 응당 취득해서는 안 되는데, 협곡의 회합에서 난쟁이 광대를 주살하여 제나라 후작에게 위엄을 보이며 겁을 주어, 비로소 돌려받게 되었다. 그러나 비록 일시에 땅을 획득했더라도 군자는 그것을 귀하게 여기지 않는다. 그렇기 때문에 공자의 본지는 그 땅을 돌려받고자 하지 않았음을 알 수 있다. 만약 그렇다면 장공 13년에 조나라 자작이 검을 들고 환공에게 위협을 가했는데, 이러한 이유로 제나라가 우리 문양의 땅을 돌려주게 되었고, 하휴는 "환공에게 위협을 가해 문양의 땅을 취득했는데 이 사실을 기록하지 않은 것은 속임수를 부려 남에게 위협을 가한 것을 피휘하고자 해서이다."라고 했다. 그렇다면 이번의 경우 또한 제나라 후작에게 위협을 가해 땅을 취득한 것이니 장공 때의 기록과 차이가 나지 않는데도 그 사실을 기록하여 피휘하지 않았다. 그 이유는 조나라 자작의 본래 의도는 속임수를 부려 위협을 가해 문양의 땅을 요구하는데 있었으니, 군자는 그가 시행한 일을 부끄럽게 여겨서 기록하지 않았던 것이다. 그런데 현재 협곡에서의 회합은 공자가 의례의 진행을 도왔고 두 나라의 군주가 읍과 겸양을 하여 회맹의 의례를 따르게끔 하고자 했던 것인데, 제나라가 무도한 짓을 벌여 노나라의 후작을 현혹시켜 사로잡으려 한 것을 저지하기 위해 공자가 광대들을 주살하고 광대들의 손과 발을 잘라 다른 곳에 매달아두었는데, 제나라 후작이 내심 겁을 먹고 네 읍을 돌려주며 사과를 한 것이니, 본래의 의도는 실제로 위협을 가하고 속임수를 부리는데 있지 않았다. 따라서 이 사실을 기록하고 피휘하지 않는 것이 또한 마땅하지 않겠는가? "이것이 위배한 증험이 된다."라고 했는데, 앞의 전문에서 "공자가 계손씨 밑에서 정사를 펼침에 3개월 동안 규정을 어기지 않았다."라고 한 문장과 대비를 시키고자 했기 때문이다.

穀梁傳 離會不致①. 何爲致也? 危之也. 危之則以地致何也? 爲危之也. 其危奈何? 曰, 頰谷之會, 孔子相焉. 兩君就壇, 兩相相揖②. 齊人鼓譟而起, 欲以執魯君③. 孔子歷階而上, 不盡一等, 而視歸乎齊侯④, 曰: "兩君合好, 夷狄之民, 何爲來爲?" 命司馬止之⑤. 齊侯逡巡而謝曰: "寡人之過也." 退而屬其二三大夫曰: "夫人率其君與之行古人之道, 二三子獨率我而入夷狄之俗, 何爲?⑥" 罷會, 齊人使優施舞於魯君之幕下⑦. 孔子曰: "笑君者罪當死." 使司馬行法焉, 首足異門而出. 齊人來歸鄆·讙·龜陰之田者, 蓋爲此也⑧. 因是以見雖有文事, 必有武備. 孔子於頰谷之會見之矣.

번역 회합에서 견해가 합치되지 못하여 종묘에 아뢰지 않았다. 어찌하여 아뢰지 않는가? 위협을 당했기 때문이다. 위협을 당했다면 땅을 돌려받은 일을 아뢰는 것은 어째서인가? 위협을 당했기 때문이다. 그렇다면 위협이란 것은 무엇인가? 대답해보자면 협곡의 회합에서 공자가 의례의 진행을 도왔다. 두 나라의 제후가 제단으로 나아갔고 양측의 담당자가 서로에게 읍을 했다. 제나라 측에서 북을 치며 떠들썩하게 만들고 자리에서 일어나 노나라 군주를 사로잡으려고 했다. 공자는 계단을 밟고 위로 올라가되 모두 오르지 않고서 제나라 후작을 바라보며 "두 나라의 군주가 우호를 다지는데 오랑캐 족속들이 어찌하여 찾아와 이러한 일을 벌인단 말입니까?"라고 했다. 그리고 사마를 시켜 저지토록 만들었다. 제나라 후작은 공손하게 사과를 하며 "과인의 잘못이다."라고 했다. 제나라 후작은 자리에서 물러나 여러 대부들을 불러 모아 "저 사람은 자신의 군주를 이끌어 함께 옛 사람의 도리를 시행하고 있는데 그대들이 나를 이끌어 오랑캐의 습속에 빠지게 한 것은 어찌된 일인가?"라고 했다. 회합이 파하자 제나라에서는 광대 시(施)를 시켜서 노나라 군주의 막사에서 춤을 추게 했다. 공자는 "군주를 조롱한 죄는 사형에 해당한다."라고 말하고, 사마를 시켜 군법을 시행하도록 했고, 머리와 다리를 잘라 각기 다른 문에 내걸고 밖으로 나갔다. 제나라에서 운(鄆)·환(讙)·귀음(龜陰)의 땅을 돌려준 것은 아마도 이러한 일화 때문일 것이다. 이를 통해 비록 문과 관련된 일이 있더라도 반드시 무에 대한 대비를 해야 함을 드러낸 것이다. 공자는 협곡의 회합에서 이러한 사실을 드러낸 것이다.

范注-① 雍曰: "二國會曰離, 各是其所是, 非其所非." 然則所是之是未必是, 所非之非未必非. 未必非者, 不能非人之眞非; 未必是者, 不能是人之眞是. 是非紛錯, 則未有是. 是非不同, 故曰離. 離則善惡無在, 善惡無在, 則不足致之于宗廟.

번역 범옹이 말하길, "두 나라가 회합을 갖는 것을 '이(離)'라고 하니, 각각 옳다고 하는 것을 옳게 여기고, 그르다고 하는 것을 그르다고 여기기 때문이다."라고 했다. 그렇다면 옳다고 여기는 것의 옳음은 반드시 옳은 것이 아니며, 그르다고 여기는 것의 그름도 반드시 그른 것은 아니다. 반드시 그른 것이 아니라면 남의 참된 그름에 대해서 그르다고 할 수 없고, 반드시 옳은 것이 아니라면 남의 참된 옳음에 대해서 옳다고 할 수 없다. 시비가 뒤섞여 있다면 옳음이 있는 것이 아니다. 시비가 동일하지 않기 때문에 '이(離)'라고 했다. 이가 된다면 선악이 존재하지 않고, 선악이 존재하지 않는다면 종묘에 그 사실을 아뢰기에 부족하다.

范注-② 將欲行盟會之禮.

번역 회맹의 의례를 시행하고자 했기 때문이다.

范注-③ 群呼曰譟.

번역 여러 사람이 떠드는 것을 '조(譟)'라고 부른다.

范注-④ 階, 會壇之階.

번역 계단은 회합하는 장소에 마련한 제단의 계단을 뜻한다.

范注-⑤ 兩君合會, 以結親好, 而齊人欲執魯君, 此無禮之甚, 故謂之夷狄之民. 司馬, 主兵之官, 使禦止之.

번역 양측 군주가 회합을 가지는 것은 우호를 맺기 위해서인데, 제나라에서 노나라 군주를 사로잡으려고 하니, 이것은 매우 무례한 일이다. 그렇기 때문에 오랑캐의 족속들이라고 말한 것이다. '사마(司馬)'는 군대를 담당하는 관리이므로, 그를 시켜 저지토록 한 것이다.

范注-⑥ 屬, 語也. 夫人謂孔子也. 齊人欲執魯君, 是夷狄之行.

번역 '속(屬)'자는 어조사이다. '부인(夫人)'은 공자를 뜻한다. 제나라에서 노나라 군주를 사로잡으려고 한 것은 오랑캐나 하는 짓거리가 된다.

范注-⑦ 優, 俳. 施, 其名也. 幕, 帳. 欲嗤笑魯君.

번역 '우(優)'자는 광대를 뜻한다. '시(施)'자는 그의 이름이다. '막(幕)'자는 천막을 뜻한다. 노나라 군주를 조롱하고자 한 것이다.

范注-⑧ 何休曰: "齊侯自頰谷歸, 謂晏子曰: '寡人獲過於魯侯, 如之何?' 晏子曰: '君子謝過以質, 小人謝過以文. 齊嘗侵魯四邑, 請皆還之.'"

번역 하휴는 "제나라 후작은 협곡의 회맹에서 돌아와 안자에게 '과인이 노나라 후작에게 잘못을 저질렀는데 어찌해야 하는가?'라고 하자 안자는 '군자는 자신의 잘못을 사과할 때 질박함에 따르고 소인은 과실을 사과할 때 문식을 꾸민다고 했습니다. 제나라는 일찍이 노나라를 침범하여 네 읍을 빼앗았으니, 청컨대 이 모두를 돌려주기 바랍니다.'"라고 했다.

楊疏 ○一會之怒, 三軍自降, 若非孔子, 必以白刃喪其膽核矣. 敢直視齊侯, 行法殺戮, 故傳"於頰谷之會見之矣". 後世慕其風規, 欽其意氣者, 忽若如是毛遂之亢楚王·藺子之脅秦王, 俱展一夫之勇, 不憚千乘之威, 亦善忠臣之鯁骨, 是賢亞聖之義勇.

번역 ○한 차례 회합에서 공자가 화를 내어 삼군이 스스로 물러가게 되었으니, 만약 공자가 아니었다면 분명 칼날에 의해 중요한 것을 잃었을 것이다. 감히 제나라 후작을 직접 보게 된 것은 살륙의 형벌을 시행하고자 했기 때문이다. 그렇기 때문에 전문에서 "협곡의 회합에서 이러한 사실을 드러낸 것이다."라고 말했다. 후세에 그 품격을 사모하고 뜻과 기상을 흠모하는 자들 중 모수가 초왕에게 대항하고 인자가 진왕을 위협했던 것처럼 한다면, 이 모두는 한 사내의 용기를 전개하며 1000승이나 되는 군대를 두려워하지 않는 것이니, 이 또한 충신의 기골이라 할 수 있으며, 이것은 아성인 현자의 의로운 용기라 할 수 있다.

참고 『이아』「석고(釋詁)」 기록

경문 曩·塵·佇·淹·留, 久也.

번역 낭(曩)·진(塵)·저(佇)·엄(淹)·유(留)는 구(久)자의 뜻이다.

郭注 塵垢·佇企·淹滯, 皆稽久.

번역 먼지와 때, 머물며 기획하는 일, 오래도록 막힌다는 것은 모두 오래되었다는 말이다.

邢疏 ●"曩塵"至"久也". ○釋曰: 曩曏·塵垢·佇企·淹滯·留止皆稽久也. 通見詩·書.

번역 ●經文: "曩塵"~"久也". ○이전의 일, 먼지와 때, 머물며 기획하는 일, 오래도록 막히는 것, 머물러 멈춰있는 것 등은 모두 오래되었다는 말이다. 『시』와 『서』에 두루 나타난다.

참고 『이아』「석고(釋詁)」 기록

경문 虧·壞·圮·垝, 毁也.

번역 휴(虧)·괴(壞)·비(圮)·궤(垝)는 훼(毁)자의 뜻이다.

郭注 書曰: "方命圮族." 詩曰: "乘彼垝垣." 虧通語耳.

번역 『서』에서는 "명령을 거역하여 족류를 패망시킨다."[23]라고 했고, 『시』에서는 "저 무너진 담장에 오르도다."[24]라고 했으며, '휴(虧)'자는 통상적으로 쓰는 말일 따름이다.

邢疏 ●"虧懷"至"毁也". ○釋曰: 皆謂毁敗也. 虧者, 損毁. 祭義云: "不虧

23) 『서』「우서(虞書)·요전(堯典)」: 帝曰, 吁, 咈哉, 方命圮族. 岳曰, 异哉, 試可乃已.

24) 『시』「위풍(衛風)·맹(氓)」: 乘彼垝垣, 以望復關. 不見復關, 泣涕漣漣. 既見復關, 載笑載言. 爾卜爾筮, 體無咎言. 以爾車來, 以我賄遷.

其體." 壞者, 人毁也, 音怪; 一云自毁也, 乎怪切. 圮者, 岸毁也. 書敍曰: "祖乙圮于耿." 垝, 是毁垣也.

번역 ●經文: "虧懷"~"毁也". ○이 모두는 무너지고 패망했다는 뜻이다. '휴(虧)'자는 줄고 무너졌다는 뜻이다. 『예기』「제의(祭義)」편에서는 "몸을 훼손시키지 않는다."[25]라고 했다. '괴(壞)'자는 남이 해를 입힌다는 뜻으로 그 음은 '怪(괴)'이며, 한편 스스로 해를 입힌다는 뜻도 되니, 이때의 음은 '乎(호)'자와 '怪(괴)'자의 반절음이다. '비(圮)'자는 언덕이 무너진다는 뜻이다. 『서』에서는 "조을 때에 이르러서 홍수로 경(耿)이 무너졌다."[26]라고 했다. '궤(垝)'는 담장을 무너트린다는 뜻이다.

邢疏 ◎注"書曰"至"語耳". ○釋曰: 云"書曰: 方命圮族"者, 堯典文. 孔安國云: "圮, 毁; 族, 類也. 言鯀性狠戾, 好比方名命而行事, 輒毁敗善類." 云"詩曰: 乘彼垝垣"者, 衛風·氓篇文也.

번역 ◎郭注: "書曰"~"語耳". ○곽박이 "『서』에서는 '명령을 거역하여 족류를 패망시킨다.'"라고 했는데, 『서』「요전(堯典)」편의 기록이다. 공안국[27]은 "비(圮)자는 무너트린다는 뜻이며, '족(族)'자는 부류를 뜻한다. 곤

25) 『예기』「제의(祭義)」【567d~568a】: 樂正子春下堂而傷其足, 數月不出, 猶有憂色. 門弟子曰, "夫子之足瘳矣, 數月不出, 猶有憂色, 何也?" 樂正子春曰, "善如爾之問也, 善如爾之問也. 吾聞諸曾子, 曾子聞諸夫子曰, '天之所生, 地之所養, 無人爲大. 父母全而生之, 子全而歸之, 可謂孝矣. 不虧其體, 不辱其身, 可謂全矣. 故君子頃步而弗敢忘孝也.' 今予忘孝之道, 予是以有憂色也. 壹擧足而不敢忘父母, 壹出言而不敢忘父母. 壹擧足而不敢忘父母, 是故道而不徑, 舟而不游, 不敢以先父母之遺體行殆. 壹出言而不敢忘父母, 是故惡言不出於口, 忿言不反於身. 不辱其身, 不羞其親, 可謂孝矣."

26) 『서』「상서(商書)·함유일덕(咸有一德)」: 作仲丁, 河亶甲居相, 作河亶甲, 祖乙圮于耿, 作祖乙.

27) 공안국(孔安國, ? ~ ?): 전한(前漢) 때의 학자이다. 자(字)는 자국(子國)이다. 고문상서학(古文尙書學)의 개조(開祖)로 알려져 있다. 『십삼경주소(十三經注疏)』의 『상서정의(尙書正義)』에는 공안국의 전(傳)이 수록되어 있는데, 통상적으로 이 주석은 후대인들이 공안국의 이름에 가탁하여 붙인 문장으로 인식되고 있다.

(鯀)의 성품은 사납고 고약하여 명령을 어기고 제멋대로 일을 벌이길 좋아하니, 선한 부류를 패망시키게 될 것이다."라고 했다. 곽박이 "『시』에서는 '저 무너진 담장에 오르도다.'"라고 했는데, 이것은 『시』「위풍(衛風)·맹(氓)」편의 기록이다.

그림 6-1 ▣ 희준(犧尊)과 상준(象尊)

※ **출처:** 상단-『삼재도회(三才圖會)』「기용(器用)」 2권
하단-『삼례도(三禮圖)』 4권

그림 6-2 ■ 희준(犧尊: =獻尊)과 상준(象尊)-정중(鄭衆)과 완심(阮諶)의 설

※ 출처: 『삼례도집주(三禮圖集注)』 14권

그림 6-3 ▣ 계이(雞彝)와 조이(鳥彝)

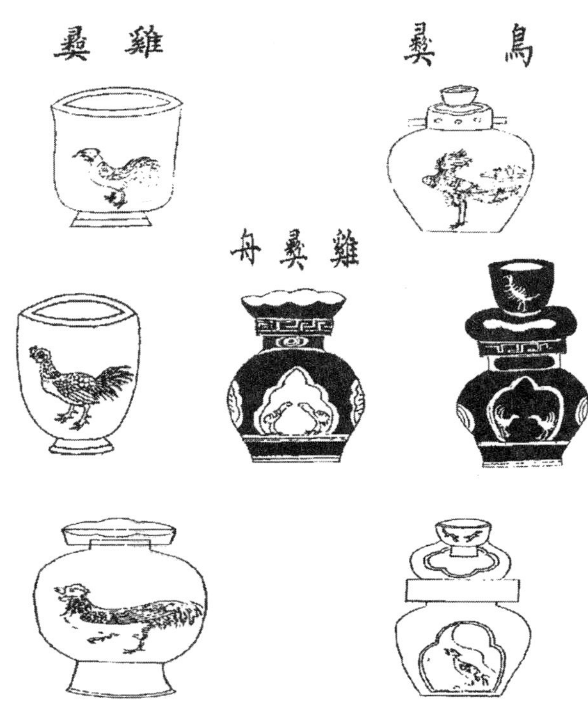

※ **출처:** 상단-『삼재도회(三才圖會)』「기용(器用)」 2권
중단-『삼례도집주(三禮圖集注)』 14권
하단-『육경도(六經圖)』

그림 6-4 ▣ 종(鐘)과 경(磬)

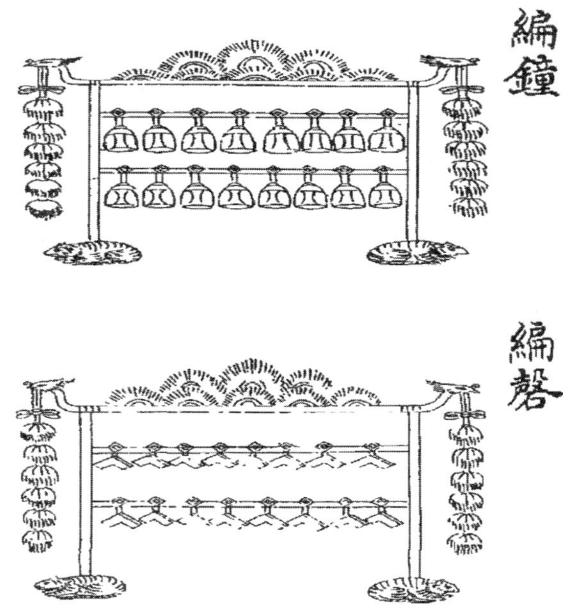

※ **출처:**『삼례도집주(三禮圖集注)』5권

그림 6-5 ■ 환구단(圜丘壇)

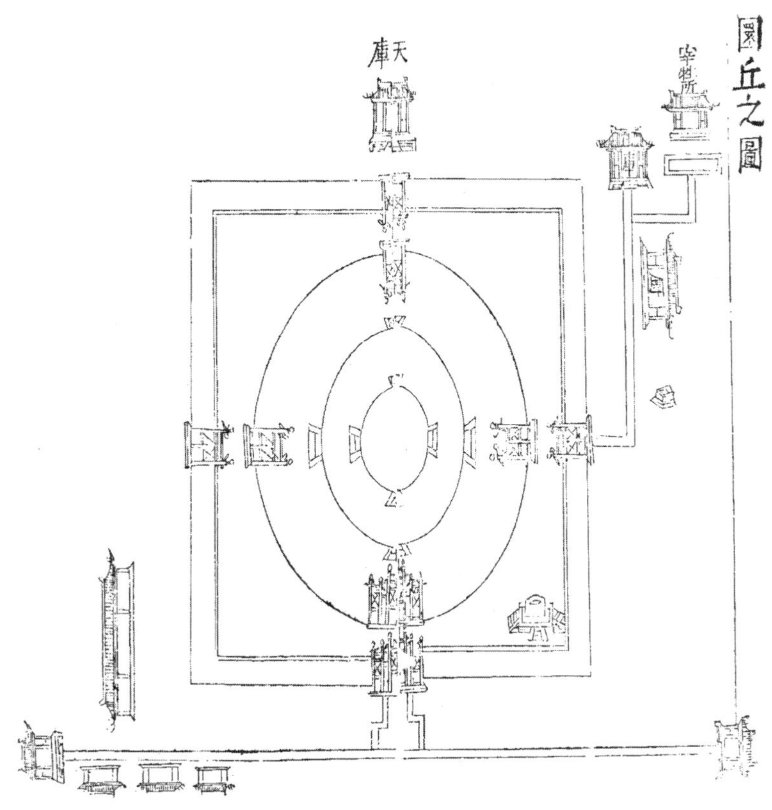

※ **출처:** 『삼재도회(三才圖會)』「궁실(宮室)」 2권

그림 6-6 ▣ 방구단(方丘壇)

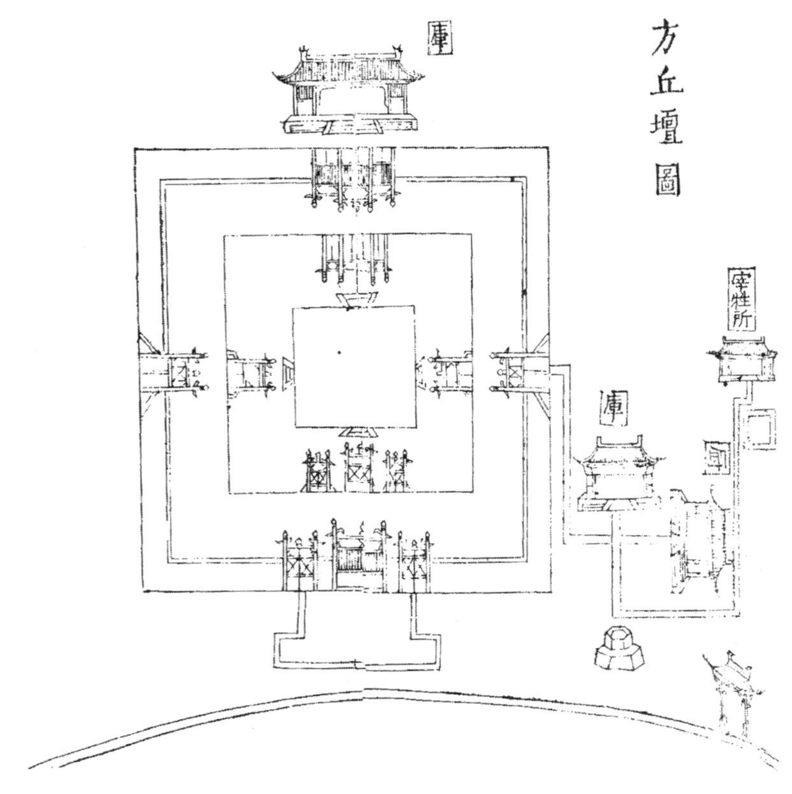

※ 출처: 『삼재도회(三才圖會)』「궁실(宮室)」 2권

• 제 7 절 •

유자(儒者)의 행실 - 강의(剛毅)

【683a】

"儒有可親而不可劫也, 可近而不可迫也, 可殺而不可辱也. 其居處不淫, 其飮食不溽, 其過失可微辨而不可面數也. 其剛毅有如此者."

직역 "儒는 親은 可이나 劫은 不可하고, 近은 可이나 迫은 不可하며, 殺은 可이나 辱은 不可함이 有합니다. 그 居處는 不淫하고, 그 飮食은 不溽하며, 그 過失은 微辨은 可이나 面數를 不可합니다. 그 剛毅에는 此와 如한 者가 有합니다."

의역 공자가 계속하여 말하길, "유자는 친하게 대하는 것은 괜찮지만 위협해서는 안 되고, 가까이 하는 것은 괜찮지만 다그쳐서는 안 되며, 죽이는 것은 괜찮지만 욕보이게 해서는 안 되는 점이 있습니다. 그의 거처는 사치를 부리지 않고 음식에 있어서도 맛좋은 것만 추구하지 않으며, 잘못을 저질렀을 때에는 은미하게 따지는 것은 괜찮지만 면전에서 하나하나 따져서는 안 됩니다. 유자는 강직하여 굴하지 않음에 이와 같은 점이 있는 자들입니다."라고 했다.

集說 呂氏曰: 儒者之立, 立於義理而已. 剛毅而不可奪, 以義理存焉. 以義交者, 雖疏遠必親. 非義加之, 雖强禦不畏. 故有可親可近可殺之理, 而不可劫迫辱也. 淫, 侈溢也. 溽, 濃厚也. 侈其居處, 厚其飮食, 欲勝之也, 欲勝則義不得立; 不淫不溽, 所以立義也. 其過失可微辨而不可面數, 此一句尙氣好勝之言, 於義理未合. 所貴於儒者, 以見義必爲, 聞過而改者也, 何謂可微辨不可面數? 待人可矣, 自待則不可也. 子路聞過則喜, 孔子幸人之知過, 成湯改過不吝. 推是心也, 苟有過失, 雖怨詈且將受之, 況面數乎?

번역 여씨가 말하길, 유자가 스스로를 확립함에는 의리에서 확립할 따름이다. 강직하여 굴하지 않아서 빼앗을 수 없으니, 의리를 보존하고 있기 때문이다. 의(義)로써 사귀는 경우 비록 소원한 관계라도 반드시 친하게 된다. 의(義)가 아닌 것으로 상대에게 시행하면 비록 억지로 강요하더라도 외경하지 않는다. 그렇기 때문에 친근히 할 수 있고 가까이 할 수 있으며 죽일 수 있는 이치는 있지만, 위협하거나 다그치거나 욕보일 수는 없다. '음(淫)'자는 사치를 부리고 과도하게 한다는 뜻이다. '욕(溽)'자는 짙고 진하게 한다는 뜻이다. 거처에 대해 사치를 부리고 음식을 맛좋은 것으로만 하는 것은 욕심이 이기는 것이니, 욕심이 이기게 된다면 의(義)가 확립될 수 없다. 따라서 사치를 부리지 않고 음식을 맛좋은 것으로만 하지 않는 것은 의(義)를 확립하는 방법이다. 과실에 대해서는 은미하게 변별할 수 있지만 면전에서 하나하나 따질 수는 없는데, 이 구문은 혈기를 높이고 이기는 것만 좋아하는 말은 의리에 합치되지 않는다는 뜻이다. 유자에 대해 존귀하게 여기는 것은 의(義)를 보면 반드시 시행하고 잘못을 듣게 되면 고치는 것인데, 어찌 은미하게 변별하는 것은 괜찮다고 하며 면전에서 하나하나 따질 수는 없다고 하는가? 이것은 상대를 대할 때에는 괜찮은 말이지만, 스스로에게 적용하는 경우라면 불가하다. 자로는 잘못에 대해 듣게 되면 기뻐하였고,[1] 공자는 남이 자신의 잘못을 알아차리는 것을 다행으로 여겼으며,[2] 탕임금은 잘못을 고치는데 인색하지 않았다.[3] 이러한 마음을 미루어보면, 과실이 있어서 비록 책망을 하더라도 받아들이는데, 하물며 면전에서 하나하나 따지는 경우라면 어떻겠는가?

---

1) 『논어』「공야장(公冶長)」: 子曰, "道不行, 乘桴浮于海. 從我者其由與?" 子路聞之喜. 子曰, "由也好勇過我, 無所取材."

2) 『논어』「술이(述而)」: 陳司敗問昭公知禮乎, 孔子曰, "知禮." 孔子退, 揖巫馬期而進之, 曰, "吾聞君子不黨, 君子亦黨乎? 君取於吳爲同姓, 謂之吳孟子. 君而知禮, 孰不知禮?" 巫馬期以告. 子曰, "丘也幸, 苟有過, 人必知之."

3) 『서』「상서(商書)·중훼지고(仲虺之誥)」: 惟王不邇聲色, 不殖貨利. 德懋懋官, 功懋懋賞, 用人惟己, 改過不吝, 克寬克仁, 彰信兆民.

大全 嚴陵方氏曰: 德雖可親而不可劫之以力, 迹雖可近而不可迫之以勢, 身雖可殺而不可辱之以威. 不以四支之安而過其行, 不以口腹之養而汙其身. 微辨者, 諷諭之也, 而數者, 指斥之也. 凡此皆所體者剛所用者毅然也. 然居處不淫, 飮食不溽, 而以爲剛毅何也? 蓋淫於居處, 溽於飮食, 皆人之慾也. 孔子曰, 棖也慾, 焉得剛, 非謂是乎?

번역 엄릉방씨가 말하길, 덕은 비록 친하게 대할 수는 있지만 힘을 이용해서 위협할 수는 없고, 행적에 대해서는 비록 가까이 할 수는 있지만 세력으로 다그칠 수는 없으며, 본인에 대해서는 비록 죽일 수는 있지만 위협으로 욕보이게 할 수 없다. 몸을 편안하게 하고자 행실에 잘못을 저지르지 않고, 입과 배를 채우고자 자신을 더럽히지 않는다. 은미하게 변별한다는 것은 슬며시 타이르거나 빗대어 말한다는 뜻이며, 열거해서 따진다는 것은 직접적으로 따진다는 뜻이다. 무릇 이러한 것들은 모두 본체로 삼은 것은 강직하고 작용으로 나타나는 것은 굳세기 때문이다. 그런데 거처에 대해 사치를 부리지 않고 음식에 대해 맛좋은 것만 찾지 않는 것을 강직하여 굴하지 않는 것으로 여기는 것은 어째서인가? 거처에 대해 사치를 부리고 음식에 대해 맛좋은 것만 찾는 것은 모든 사람들이 가지고 있는 욕심이다. 공자가 "신장은 욕심으로 한 것인데 어찌 굳세다고 하겠는가?"[4]라고 한 말이 바로 이러한 뜻을 가리키는 것이 아니겠는가?

大全 馬氏曰: 可親以情而不可劫以力, 可近以義而不可迫以勢, 可殺其身而不可辱其志. 可殺以有命也, 不可辱以有義也.

번역 마씨[5]가 말하길, 정감에 따라 친하게 대하는 것은 괜찮지만 힘으로 위협해서는 안 되며, 의(義)에 따라 가까이 하는 것은 괜찮지만 세력으로 다그쳐서는 안 되고, 그 몸을 죽이는 것은 괜찮지만 그 뜻을 욕보여서는

---

4) 『논어』「공야장(公冶長)」: 子曰, "吾未見剛者." 或對曰, "申棖." 子曰, "棖也慾, 焉得剛?"

5) 마희맹(馬晞孟, ? ~ ?) : =마씨(馬氏)·마언순(馬彦醇). 자(字)는 언순(彦醇)이다. 『예기해(禮記解)』를 찬술했다.

안 된다. 죽일 수 있는 것은 명분이 있기 때문이며, 욕보일 수 없는 것은 의(義)가 있기 때문이다.

鄭注 淫, 謂傾邪也. 恣滋味爲溽, 溽之言欲也.

번역 '음(淫)'자는 바르지 못하다는 뜻이다. 맛만을 높이는 것은 '욕(溽)'이 되며, '욕(溽)'은 "욕심을 부리다[欲]."는 뜻이다.

釋文 욕심을 부리다[欲]."는 뜻이다.

번역 '溽'자의 음은 '辱(욕)'이다. '數'자는 '所(소)'자와 '具(구)'자의 반절음이다. '毅'자는 '魚(어)'자와 '旣(기)'자의 반절음이다. '邪'자는 '似(사)'자와 '嗟(차)'자의 반절음이다.

孔疏 ●"儒有"至"此者". ○正義曰: 此明儒有剛毅之事.

번역 ●經文: "儒有"~"此者". ○이곳 문장은 유자에게 강직하여 굴하지 않는 점이 있다는 사안을 나타내고 있다.

孔疏 ●"居處不淫"者, 淫, 謂傾邪也. 言儒者性旣剛毅, 故居處不傾邪也.

번역 ●經文: "居處不淫". ○'음(淫)'자는 바르지 못하다는 뜻이다. 즉 유자의 본성은 강직하여 굴하지 않기 때문에 거처에 있어서도 바르지 못함이 없다는 뜻이다.

孔疏 ●"飮食不溽"者, 溽之言欲也, 卽濃厚也. 言儒性旣剛毅, 故飮食常質不濃厚也.

번역 ●經文: "飮食不溽". ○'욕(溽)'자는 "욕심을 부리다[欲]."는 뜻이니, 곧 맛을 좋게 한다는 의미이다. 유자의 본성은 강직하여 굴하지 않기 때문에 음식에 있어서도 항상 질박하게 차리며 맛만 좋게 하지 않는다는 뜻이다.

孔疏 ●"其剛毅有如此"者, 言儒者其剛强嚴毅有如此諸事.

번역 ●經文: "其剛毅有如此". ○유자가 강직하고 엄숙한 것은 앞서 말한 행실들이 있기 때문이라는 뜻이다.

集解 今按: 數字宜色主反.

번역 현재 살펴보니, '數'자는 마땅히 '色(색)'자와 '主(주)'자의 반절음이 되어야 한다.

참고 원문비교

예기대전·유행 儒有可親而不可劫也, 可近而不可迫也, 可殺而不可辱也. 其居處不淫, 其飮食不溽, 其過失可微辨而不可面數也. 其剛毅有如此者.

공자가어·유행해(儒行解) 儒有可親而不可劫, 可近而不可迫, 可殺而不可辱. 其居處不過, 其飮食不溽, 其過失可微辨而不可面數也. 其剛毅有如此者.

참고 『논어』「공야장(公冶長)」 기록

경문 子曰, "道不行, 乘桴浮于海. 從我者, 其由與."

번역 공자가 말하길, "도가 시행되지 않으니, 차라리 뗏목을 타고 바다를 떠돌고자 한다. 나를 따라올 사람은 오직 자로일 것이다."라고 했다.

何注 馬曰: 桴, 編竹木大者曰筏, 小者曰桴.

번역 마씨가 말하길, 부(桴)에 있어서 대나무 중 큰 것을 엮어 만든 것을 '벌(筏)'이라고 부르며 작은 것을 엮어 만든 것을 '부(桴)'라고 부른다.

邢疏 ●"子曰"至"取材". ○正義曰: 此章仲尼患中國不能行己之道也.

번역 ●經文: "子曰"~"取材". ○이 문장은 공자가 중국에서 자신의 도를 실천할 수 없음을 염려한 내용이다.

邢疏 ●"道不行, 乘桴浮于海"者, 桴, 竹木所編小筏也. 言我之善道中國既不能行, 卽欲乘其桴筏浮渡于海而居九夷, 庶幾能行己道也.

번역 ●經文: "道不行, 乘桴浮于海". ○'부(桴)'는 대나무를 엮어서 만든 작은 뗏목이다. 즉 나의 선한 도를 중국에서는 이미 시행할 수 없으니, 뗏목을 타고 바다를 건너 구이(九夷)[6]에 거주하고자 한 것으로, 자신의 도를 시행할 수 있기를 희망한 것이다.

邢疏 ●"從我者, 其由與"者, 由, 子路名. 以子路果敢有勇, 故孔子欲令從己. 意未決定, 故云"與"以疑之.

번역 ●經文: "從我者, 其由與". ○'유(由)'는 자로의 이름이다. 자로는 과감하여 용맹이 있었기 때문에 공자는 그로 하여금 자신을 따라오게끔

---

6) 구이(九夷)는 고대 중국의 동쪽 지역에 거주하던 아홉 종류의 소수 민족을 뜻한다. 또한 그들이 거주하는 지역 전체를 가리키는 용어로도 사용되었다. 아홉 종류의 소수 민족을 견이(畎夷)·우이(于夷)·방이(方夷)·황이(黃夷)·백이(白夷)·적이(赤夷)·현이(玄夷)·풍이(風夷)·양이(陽夷)라고 정의하기도 한다. 『논어』「자한(子罕)」편에는 "子欲居九夷."라는 기록이 있고, 이에 대한 하안(何晏)의 『집해(集解)』에서는 마융(馬融)의 주장을 인용하여, "東方之夷有九種."이라고 풀이했으며, 『후한서(後漢書)』「동이전(東夷傳)」편에는 "夷有九種. 曰, 畎夷·于夷·方夷·黃夷·白夷·赤夷·玄夷·風夷·陽夷."라는 기록이 있다.

했던 것이다. 뜻을 아직 확정하지 않았기 때문에 '여(與)'자를 덧붙여서 의문적으로 표현한 것이다.

邢疏 ◎注"馬曰"至"曰桴". ○正義曰: 云"桴, 編竹木大者曰筏, 小者曰桴"者, 爾雅云: "舫, 泭也." 郭璞云: "水中簰筏." 孫炎云: "舫, 水中爲泭筏也." 方言云: "泭謂之簰, 簰謂之筏. 筏, 秦·晉之通語也." 方·舫·泭·桴, 音義同也.

번역 ◎何注: "馬曰"~"曰桴". ○"부(桴)에 있어서 대나무 중 큰 것을 엮어 만든 것을 '벌(筏)'이라고 부르며 작은 것을 엮어 만든 것을 '부(桴)'라고 부른다."라고 했는데, 『이아』에서는 "방(舫)은 뗏목이다."라고 했고, 곽박은 "물에 띄우는 뗏목이다."라고 했으며, 손염은 "방(舫)은 물에 띄우는 뗏목이다."라고 했다. 『방언』[7]에서는 "뗏목을 '패(簰)'라고 부르는데, 패(簰)를 '벌(筏)'이라고 부른다. '벌(筏)'은 진(秦)나라와 진(晉)나라 지역에서 일반적으로 쓰는 말이었다."라고 했다. 방(方)·방(舫)·부(泭)·부(桴)는 음과 뜻이 동일하다.

集註 桴, 筏也.

번역 '부(桴)'자는 뗏목이다.

경문 子路聞之喜.

번역 자로가 그 말을 듣고 기뻐하였다.

---

7) 『방언(方言)』은 『유헌사자절대어석별국방언(輶軒使者絶代語釋別國方言)』·『별국방언(別國方言)』이라고도 부른다. 한(漢)나라 때의 학자인 양웅(揚雄)이 편찬했다고 전해지는 서적이다. 총 13권으로 구성되어 있었으며, 각 지방에서 온 사신들의 방언을 모았다는 뜻에서, 『유헌사자절대어석별국방언』이라는 제목으로 출간되었고, 또 이 말을 줄여서 『별국방언』·『방언』이라고 부르게 되었다. 현존하는 『방언』은 곽박(郭璞)의 주(注)가 붙어 있는 판본이다. 그러나 『한서(漢書)』 등의 기록에는 양웅의 저술 목록에 『방언』이 포함되어 있지 않으므로, 편찬자에 대한 의혹이 끊임없이 제기되었다.

何注 孔曰: 喜與己俱行.

번역 공씨가 말하길, 자신과 함께 떠나고자 함을 기뻐한 것이다.

邢疏 ●"子路聞之喜"者, 喜夫子欲與己俱行也.

번역 ●經文: "子路聞之喜". ○공자가 자신과 함께 떠나고자 했던 일을 기뻐했던 것이다.

경문 子曰, "由也好勇過我, 無所取材."

번역 공자가 말하길, "자로는 용맹함을 좋아하는 것이 나보다 뛰어나지만 취할 재목이 없구나."라고 했다.

何注 鄭曰: "子路信夫子欲行, 故言好勇過我. '無所取材'者, 無所取於桴材. 以子路不解微言, 故戲之耳." 一曰: "子路聞孔子欲浮海便喜, 不復顧望, 故孔子歎其勇曰過我. '無所取哉', 言唯取於己. 古字材·哉同."

번역 정씨가 말하길, "자로는 공자가 떠나고자 하는 것을 믿었기 때문에 용맹함을 좋아하는 것이 나보다 뛰어나다고 말한 것이다. '무소취재(無所取材)'라고 했는데, 뗏목을 만드는 재목으로 취할 것이 없다는 뜻이다. 자로는 은미한 말 속에 숨은 속뜻을 이해하지 못했기 때문에 그를 놀린 것일 뿐이다."라고 했다. 일설에는 "자로는 공자가 바다를 떠돌고자 한다는 말을 듣고서 곧바로 기뻐하며 재차 다른 뜻을 헤아리지 못했기 때문에, 공자가 그의 자신감을 한탄하여 '나보다 지나치다.'라고 말한 것이며, '무소취재(無所取哉)'라는 말은 단지 나에게서 답을 찾을 따름이라는 뜻이다. 고자에서 '재(材)'자와 '재(哉)'자는 통용되었다."라고 했다.

邢疏 ●"子曰: 由也好勇過我, 無所取材"者, 孔子以子路不解微言, 故以此戲之耳. 其說有二: 鄭以爲, 材, 桴材也. 子路信夫子欲行, 故言好勇過我.

번역 ●經文: "子曰: 由也好勇過我, 無所取材". ○공자는 자로가 자신이 은미하게 한 말의 속뜻을 이해하지 못했기 때문에 이러한 말로 그를 놀린 것일 뿐이다. 이 말에 대한 해설에는 두 가지가 있다. 정현은 '재(材)'자를 뗏목을 만들 때 쓰이는 재목이라고 여겼다. 즉 자로는 공자가 떠나고자 한 것을 믿었기 때문에 용맹을 좋아하는 것이 나보다 지나치다고 말한 것이라고 했다.

邢疏 ●"無所取材"者, 無所取於桴材也. 示子路令知己但歎世無道耳, 非實卽欲浮海也. 一曰材讀曰哉, 子路聞孔子欲浮海便喜, 不復顧望孔子之微意, 故孔子歎其勇曰過我. "無所取哉"者, 言唯取於己, 無所取於他人哉.

번역 ●經文: "無所取材". ○뗏목을 만드는 재목으로 취할 것이 없다는 뜻이다. 즉 자로로 하여금 자신은 단지 세상이 무도한 것을 탄식한 것일 뿐이며, 실제로 바다를 건너고자 한 것이 아님을 알아차리게끔 보여준 것이다. 일설에는 '재(材)'자를 '재(哉)'자로 풀이하여, 자로는 공자가 바다를 건너고자 한다는 소식을 듣고 곧바로 기뻐하였으며, 공자의 은미한 뜻을 살펴보지 못했기 때문에, 공자가 그의 용맹을 한탄하며 "나보다 지나치다." 라고 말한 것이다. '무소취재(無所取哉)'라는 것은 단지 자신에게서 취할 따름이며, 타인에게서 취할 것이 없다는 의미이다.

集註 程子曰: 浮海之歎, 傷天下之無賢君也. 子路勇於義, 故謂其能從己, 皆假設之言耳. 子路以爲實然, 而喜夫子之與己, 故夫子美其勇, 而譏其不能裁度事理, 以適於義也.

번역 정자가 말하길, 바다를 건너겠다는 탄식은 천하에 현명한 군주가 없음에 상심한 것이다. 자로는 의리에 용맹하였기 때문에 자신을 따라올 수 있을 것이라고 했는데, 이 모두는 가정으로 한 말일 뿐이다. 자로는 실제로 그러하다고 여겨서 공자가 자신과 함께 하겠다는 사실을 기뻐하였다. 그러므로 공자는 그의 용맹함을 좋게 여기면서도 그가 사리를 분별하여 의리에 적합하도록 할 수 없음을 놀린 것이다.

참고 『논어』「술이(述而)」 기록

경문 陳司敗問, "昭公知禮乎?"

번역 진나라 사패가 묻기를 "소공은 예를 아셨습니까?"라고 했다.

何注 孔曰: 司敗, 官名, 陳大夫. 昭公, 魯昭公.

번역 공씨가 말하길, '사패(司敗)'는 관직명으로, 진나라 대부이다. '소공(昭公)'은 노나라의 소공이다.

邢疏 ●"陳司"至"知之". ○正義曰: 此章記孔子諱國惡之禮也.

번역 ●經文: "陳司"~"知之". ○이곳 문장은 공자가 본국의 잘못된 점을 피휘했던 예법을 기록한 것이다.

邢疏 ●"陳司敗問: 昭公知禮乎"者, 陳大夫爲司寇之官, 舊聞魯昭公有違禮之事, 故問孔子, 昭公知禮乎.

번역 ●經文: "陳司敗問: 昭公知禮乎". ○진나라 대부는 사구의 관직에 올랐는데, 이전에 노나라 소공이 예법을 어겼던 사안에 대해 소식을 들었다. 그렇기 때문에 공자에게 질문하여, 소공이 예를 아느냐고 물어본 것이다.

邢疏 ◎注"司敗, 官名, 陳大夫". ○正義曰: 文十一年左傳云: 楚子西曰: "臣歸死於司敗也." 杜注云"陳·楚名司寇爲司敗"也. 傳言歸死於司敗, 知司敗主刑之官, 司寇是也. 此云陳司敗, 楚子西亦云司敗, 知陳·楚同此名也.

번역 ◎何注: "司敗, 官名, 陳大夫". ○문공 11년에 대한 『좌전』의 기록에서는 초나라 자서가 "저는 사패에게 돌아가서 죽고자 합니다."[8]라고 말

8) 『춘추좌씨전』「문공(文公) 10년」: 止子西, 子西縊而縣絶, 王使適至, 遂止之,

했고, 두예의 주에서는 "진나라와 초나라에서는 사구(司寇)라는 관직을 사패(司敗)라고 불렀다."라고 했다. 『좌전』에서는 사패에게 돌아가서 죽고자 한다고 했으니, 사패가 형벌을 주관하는 관리임을 알 수 있는데, 이러한 관리는 사구에 해당한다. 이곳에서 진사패라고 했고, 초나라 자서 또한 사패라고 했으니, 진나라와 초나라에서 동일하게 이러한 관직명을 사용했음을 알 수 있다.

경문 孔子曰: "知禮." 孔子退, 揖巫馬期而進之, 曰: "吾聞君子不黨, 君子亦黨乎? 君取於吳, 爲同姓, 謂之吳孟子. 君而知禮, 孰不知禮?"

번역 그러자 공자는 "예를 아셨다."라고 대답했다. 공자가 물러가자 사패는 무마기에게 읍을 하여 나오게 해서 "내가 듣기로 군자는 자기 무리의 잘못을 감추지 않는다고 했는데, 군자인 공자께서도 자기 무리의 잘못을 감추는가? 소공은 오나라에서 아내를 들였는데, 노나라와 오나라는 동성의 나라가 되어, 이를 감추기 위해 '오맹자(吳孟子)'라고 불렀다. 소공이 예를 안다면 그 누군들 예를 알지 못하겠는가?"라고 했다.

何注 孔曰: 巫馬期, 弟子, 名施. 相助匿非曰黨. 魯·吳俱姬姓, 禮同姓不昏, 而君取之; 當稱吳姬, 諱曰孟子.

번역 공씨가 말하길, '무마기(巫馬期)'는 공자의 제자로 이름은 시(施)이다. 서로 도우며 잘못을 감추는 것을 '당(黨)'이라고 부른다. 노나라와 오나라는 모두 희성(姬姓)이며, 예법에 따르면 동성인 나라끼리는 혼인을 할 수 없는데도 소공이 아내를 들인 것이며, 마땅히 '오희(吳姬)'라고 불러야 함에도 이를 감추기 위해 '맹자(孟子)'라고 부른 것이다.

邢疏 ●"孔子曰: 知禮"者, 答言昭公知禮也.

使爲商公. 沿漢泝江, 將入郢. 王在渚宮, 下, 見之. 懼, 而辭曰, "臣免於死, 又有讒言, 謂臣將逃, <u>臣歸死於司敗</u>也."

번역 ●經文: "孔子曰: 知禮". ○소공은 예를 안다고 답변한 것이다.

邢疏 ●"孔子退, 揖巫馬期而進之, 曰: 吾聞君子不黨, 君子亦黨乎"者, 相助匿非曰黨. 孔子旣答司敗而退去, 司敗復揖弟子巫馬期而進之, 問曰: "我聞君子不阿黨, 今孔子言昭公知禮, 乃是君子亦有黨乎?"

번역 ●經文: "孔子退, 揖巫馬期而進之, 曰: 吾聞君子不黨, 君子亦黨乎". ○서로 도우며 잘못을 감추는 것을 '당(黨)'이라고 부른다. 공자는 사패에게 답변을 끝내고 물러나 그 자리를 떠난 것인데, 사패는 재차 공자의 제자인 무마기에게 읍(揖)을 하여 앞으로 나오게 하고, 그에게 질문하길, "내가 듣기로 군자는 자기 무리의 이익을 꾀하거나 잘못을 감추지 않는다고 하는데, 현재 공자는 소공이 예를 안다고 대답했으니, 이것은 군자 또한 무리의 잘못을 감추는 것이 아닌가?"라고 한 것이다.

邢疏 ●"君取於吳, 爲同姓, 謂之吳孟子. 君而知禮, 孰不知禮"者, 孰, 誰也. 魯·吳俱姬姓. 禮同姓不昏, 而君取之, 當稱吳姬. 爲是同姓, 諱之, 故謂之吳孟子. 若以魯君昭公而爲知禮, 又誰不知禮也?

번역 ●經文: "君取於吳, 爲同姓, 謂之吳孟子. 君而知禮, 孰不知禮". ○'숙(孰)'자는 누구[誰]라는 뜻이다. 노나라와 오나라는 모두 희성(姬姓)이다. 예법에 따르면 동성의 나라끼리는 혼인을 하지 못하는데도 소공이 아내를 들였으니 마땅히 '오희(吳姬)'라고 불러야 한다. 그러나 동성인 사실이 드러나기 때문에 피휘를 하여 '오맹자(吳孟子)'라고 부른 것이다. 만약 노나라 군주인 소공이 예를 안다고 여긴다면, 또한 그 누가 예를 모른다고 할 수 있는가?

邢疏 ◎注"孔曰"至"孟子". ○正義曰: 云"巫馬期弟子, 名施"者, 史記·弟子傳云: "巫馬施字子旗, 少孔子三十歲." 鄭玄云: "魯人也." 云"魯·吳俱姬姓"者, 魯, 周公之後; 吳, 泰伯之後, 故云俱姬姓也. 云"禮同姓不昏"者, 曲禮云:

"取妻不取同姓, 故買妾不知其姓則卜之." 又大傳曰: "繫之以姓而弗別, 綴之以食而弗殊, 雖百世而昏姻不通者, 周道然也." 云"而君取之, 當稱吳姬, 而諱曰孟子"者, 按春秋哀十二年: "夏, 五月, 甲辰, 孟子卒." 左氏傳曰: "昭公娶於吳, 故不書姓." 此云"君娶於吳, 爲同姓, 謂之吳孟子", 是魯人常言稱孟子也. 坊記云: "魯春秋去夫人之姓曰吳, 其死曰孟子卒." 是舊史書爲"孟子卒", 及仲尼脩春秋, 以魯人已知其非, 諱而不稱姬氏. 諱國惡, 禮也, 因而不改, 所以順時世也. 魯春秋去夫人之姓曰吳, 春秋無此文. 坊記云然者, 禮: 夫人初至必書於冊. 若娶齊女, 則云: "夫人姜氏至自齊." 此孟子初至之時, 亦當書曰: "夫人姬氏至自吳." 同姓不得稱姬, 舊史所書, 蓋直云夫人至自吳. 是去夫人之姓, 直書曰吳而已. 仲尼脩春秋, 以犯禮明著, 全去其文, 故經無其事也.

번역 ◎何注: "孔曰"~"孟子". ○"'무마기(巫馬期)'는 공자의 제자로 이름은 시(施)이다."라고 했는데, 『사기』「제자전(弟子傳)」편에서는 "무마시(巫馬施)의 자(字)는 자기(子旗)이며, 공자보다 30세 어리다."[9]라고 했고, 정현은 "노나라 사람이다."라고 했다. "노나라와 오나라는 모두 희성(姬姓)이다."라고 했는데, 노나라는 주공의 후손국이며, 오나라는 태백의 후손국이다. 그렇기 때문에 둘 모두 희성이라고 했다. "예법에 따르면 동성인 나라끼리는 혼인을 할 수 없다."라고 했는데, 『예기』「곡례(曲禮)」편에서는 "아내를 맞이할 때 동성인 사람들 중에서는 선택하지 않는다. 그러므로 부인의 몸종을 들일 때에도 만약 그녀의 성(姓)을 알 수 없는 상황이라면, 점을 쳐서 길흉을 판단한다."[10]라고 했고, 또 『예기』「대전(大傳)」편에서는 "족인들을 통합할 때 성(姓)을 통해서 하여 구별을 두지 않고, 그들을 음식에 대한 예법으로 회합을 시켜서 차이를 두지 않으니, 비록 100세대가 지났더라도 혼인을 할 수 없다. 이것은 주나라의 도에서 이처럼 만든 것이다."[11]라고 했다. "소공이 아내를 들인 것이며, 마땅히 '오희(吳姬)'라고 불러야

9) 『사기(史記)』「중니제자열전(仲尼弟子列傳)」 : 巫馬施字子旗. 少孔子三十歲.
10) 『예기』「곡례상(曲禮上)」【24c】 : 取妻, 不取同姓. 故買妾, 不知其姓, 則卜之.
11) 『예기』「대전(大傳)」【427b】 : 繫之以姓而弗別, 綴之以食而弗殊, 雖百世而昏姻不通者, 周道然也.

함에도 이를 감추기 위해 '맹자(孟子)'라고 부른 것이다."라고 했는데, 『춘추』 애공 12년의 기록을 살펴보면, "여름 5월 갑진일에 맹자(孟子)가 죽었다."[12]라고 했고, 『좌씨전』에서는 "소공은 오나라에서 아내를 들였기 때문에 그녀의 성을 기록하지 않은 것이다."[13]라고 했다. 이곳에서는 "소공은 오나라에서 아내를 들였는데, 노나라와 오나라는 동성의 나라가 되어, 이를 감추기 위해 '오맹자(吳孟子)'라고 불렀다."라고 했는데, 이것은 노나라 사람들은 일상적으로 그녀를 '맹자(孟子)'로 불렀음을 나타낸다. 『예기』「방기(坊記)」편에서는 "노(魯)나라 『춘추』에서는 소공의 부인 성을 삭제하여 '오(吳)'라고 했고, 그녀가 죽었을 때에는 '맹자졸(孟子卒)'이라고 기록했다."[14]라고 했는데, 이것은 옛 역사서에서는 '맹자졸(孟子卒)'로 기록했는데, 공자가 『춘추』를 산정할 때 노나라 사람들은 이미 그것이 잘못된 것임을 알고 있었기 때문에 피휘하여 희성임을 드러내지 않았던 사실을 나타낸다. 나라의 잘못된 점을 외부 사람에게 감추는 것이 예법에 맞으므로, 이로 인해 고치지 않았으니, 당시의 물정에 따른 것이다. 노나라 『춘추』에서는 부인의 성을 삭제하고 '오(吳)'라고 불렀다고 했는데, 현존하는 『춘추』의 경문에는 이러한 기록이 없다. 「방기」편에서 이처럼 말한 것은 예법에서 부인이 처음 시집을 오게 되면 반드시 역사에 그 사실을 기록하기 때문이다. 예를 들어 제나라 여식을 아내로 들인다면 "부인 강씨가 제나라로부터 시집을 왔다."라고 기록한다. 오맹자의 경우에도 최초 시집을 왔을 때 마땅히 "부인 희씨가 오나라로부터 시집을 왔다."라고 기록해야 한다. 그러나 동성이므로 희성을 드러낼 수 없었고, 옛 역사서에 기록된 것은 단지 "부인이 오나라로부터 시집을 왔다."라고만 기록되어 있었을 것이다. 이것은 부인의 성을 제거하고 단지 오(吳)라고만 기록했다는 사실을 나타낸다. 공자가 『춘추』를 산정할 때 예법을 범한 사실이 현저히 드러난 상황이므로, 그 기

---

12) 『춘추』「애공(哀公) 12년」: 夏, 五月, 甲辰, 孟子卒.

13) 『춘추좌씨전』「애공(哀公) 12년」: 夏五月, 昭夫人孟子卒. 昭公娶于吳, 故不書姓. 死不赴, 故不稱夫人. 不反哭, 故不言葬小君. 孔子與弔, 適季氏. 季氏不絻, 放絰而拜.

14) 『예기』「방기(坊記)」【619d~620a】: 子云, "取妻不取同姓, 以厚別也, 故買妾不知其姓則卜之. 以此坊民, 魯春秋猶去夫人之姓曰吳, 其死曰孟子卒."

록을 완전히 제거한 것이다. 그래서 경문에 그 사안이 기록되지 않은 것이다.

集註 陳, 國名. 司敗, 官名, 卽司寇也. 昭公, 魯君, 名裯. 習於威儀之節, 當時以爲知禮. 故司敗以爲問, 而孔子答之如此.

번역 '진(陳)'자는 나라 이름을 뜻한다. '사패(司敗)'는 관직명이니, 곧 사구(司寇)에 해당한다. '소공(昭公)'은 노나라 군주로 이름은 주(裯)이다. 위엄을 갖춘 행동예절에 능하여 당시 사람들은 그가 예를 안다고 여겼다. 그렇기 때문에 사패가 이를 질문한 것이고, 공자는 이처럼 답변한 것이다.

集註 巫馬姓, 期字, 孔子弟子, 名施. 司敗揖而進之也. 相助匿非曰黨. 禮不娶同姓, 而魯與吳皆姬姓. 謂之吳孟子者, 諱之使若宋女子姓者然.

번역 '무마(巫馬)'는 성에 해당하고 기(期)는 그의 자(字)이니, 공자의 제자로 이름은 시(施)이다. 사패가 읍을 하여 그를 앞으로 나오게 한 것이다. 서로 도와 잘못을 감추는 것을 '당(黨)'이라고 부른다. 예법에 따르면 동성인 여자는 아내로 들일 수 없는데 노나라와 오나라는 모두 희성(姬姓)이 된다. '오맹자(吳孟子)'라고 부른 것은 희성임을 감추고 송나라 여식처럼 자성(子姓)을 쓰는 여자로 보이도록 한 것이다.

경문 巫馬期以告. 子曰, "丘也幸, 苟有過, 人必知之."

번역 무마기가 이러한 사실을 아뢰었다. 공자는 "나는 참으로 다행이구나. 잘못을 저지르면 남들이 반드시 그것을 알아채는구나."라고 했다.

何注 孔曰: 以司敗之言告也. 諱國惡, 禮也. 聖人道弘, 故受以爲過.

번역 공씨가 말하길, 사패의 말을 아뢴 것이다. 나라의 잘못된 점을 감추고자 한 것은 예에 맞는 행동이다. 성인의 도는 매우 넓기 때문에 그 의견을 받아들여 자신의 과실이라고 여긴 것이다.

邢疏 ●"巫馬期以告, 子曰: 丘也幸, 苟有過, 人必知之"者, 巫馬期以司敗之言告孔子也. 孔子初言昭公知禮, 是諱國惡也. 諱國惡, 禮也. 但聖人道弘, 故受以爲過, 言丘也幸, 苟有過, 人必知之也.

번역 ●經文: "巫馬期以告, 子曰: 丘也幸, 苟有過, 人必知之". ○무마기가 사패가 한 말을 공자에게 아뢴 것이다. 공자는 처음 소공이 예를 안다고 대답했는데, 이것은 나라의 잘못된 점을 외부 사람에게 감추고자 했던 것이다. 나라의 잘못된 점을 외부 사람에게 감추는 것은 예법에 맞다. 다만 성인의 도는 매우 넓기 때문에 그 의견을 받아들여 자신의 잘못이라고 여기고서, 나는 참으로 다행이니, 잘못이 있으면 남들이 반드시 알아본다고 말한 것이다.

邢疏 ◎注"孔曰"至"爲過". ○正義曰: 云"諱國惡, 禮也"者, 僖元年左傳文也. 按坊記云: "善則稱君, 過則稱已, 則民作忠." "善則稱親, 過則稱已, 則民作孝." 是君親之惡, 務於欲掩之, 是故聖賢作法, 通有諱例. 杜預曰: "有時而聽之則可也, 正以爲後法則不經, 故不奪其所諱, 亦不爲之定制." 言若正爲後法, 每事皆諱, 則爲惡者無復忌憚, 居上者不知所懲, 不可盡令諱也. 人之所極, 唯君與親, 纔有小惡, 即發其短, 非復臣子之心, 全無愛敬之義. 是故不抑不勸, 有時聽之, 以爲諱惡者禮也, 無隱者直也, 二者俱通以爲世敎也. 云"聖人道弘, 故受以爲過"者, 孔子所言, 雖是諱國惡之禮, 聖人之道弘大, 故受以爲過也. 孔子得巫馬期之言, 稱已名云: 是已幸受以爲過. 故云: 苟有過, 人必知之. 所以然者, 昭公不知禮, 我答云知禮. 若使司敗不譏我, 則千載之後, 遂永信我言, 用昭公所行爲知禮, 則亂禮之事, 從我而始. 今得司敗見非而受以爲過, 則後人不謬, 故我所以爲幸也. 繆協云: "諱則非諱. 若受而爲過, 則所諱者又以明矣, 亦非諱也. 曏司敗之問, 則詭言以爲諱, 今苟將明其義, 故曏之言爲合禮也. 苟曰合禮, 則不爲黨矣. 若不受過, 則何禮之有乎?"

번역 ◎何注: "孔曰"~"爲過". ○"나라의 잘못된 점을 감추고자 한 것은 예에 맞는 행동이다."라고 했는데, 이것은 희공 1년 『좌전』에 기록된 문장이다.[15] 『예기』「방기(坊記)」편을 살펴보면 "선한 일을 군주에게 돌리고 잘못된 일을 자신에게 돌린다면, 백성들은 충(忠)을 일으킬 것이다."[16]라고 했다. 또 "좋은 일을 부모에게 돌리고 잘못된 일을 자신에게 돌린다면, 백성들은 효를 시행할 것이다."[17]라고 했다. 이것은 군주와 부모의 잘못된 점에 대해서 힘써 감추고자 했음을 나타낸다. 이러한 까닭으로 성현이 예법을 제정했을 때 통괄적으로 피휘하는 용례를 포함시킨 것이다. 두예는 "때에 따라 받아들이는 것은 괜찮지만, 후세의 법도로 확정한다면 상도에 맞지 않으므로, 피휘하는 것을 일정한 제도로 정착시키지 않은 것이다."라고 했다. 즉 확정하여 후세의 법도로 삼아 매사에 모두 피휘를 하게 된다면 악행을 저지르는 자들이 재차 거리끼는 일이 없고, 위정자들도 징벌을 받게 되리라는 것을 모르게 되기 때문에 모든 것을 피휘하지 못하도록 한 것이다. 사람이 가장 존귀하게 높이는 대상은 군주와 부모인데, 겨우 미미한 잘못이 있는데도 곧바로 그 단점을 누설하게 된다면 신하나 자식의 마음이 아니며, 친애하고 공경하는 뜻이 전혀 없는 것이다. 이러한 까닭으로 완전히 없애지도 않고 권하지도 않으며 때에 따라 받아들여서 잘못을 피휘하는 것이 예이며, 숨기지 않는 것을 직이라고 여긴 것이니, 두 가지는 모두 대대로 따를 수 있는 가르침으로 삼을 수 있다. "성인의 도는 매우 넓기 때문에 그 의견을 받아들여 자신의 과실이라고 여긴 것이다."라고 했는데, 공자가 한 말은 비록 자기 나라의 잘못된 점을 피휘하는 예법에 해당하지만, 성인의 도는 매우 넓기 때문에 그 말을 받아들여 자신의 과실로 여긴 것이다. 공자는 무마기가 전한 말을 듣고서 자신의 이름을 대며, 나는 그 말을 받아들여 나의 과실로 여기는 것을 매우 다행이라고 했다. 그렇기 때문에 "만약 잘못을 저지르면 남들이 반드시 그것을 알아채는구나."라고 말한 것이다.

---

15) 『춘추좌씨전』「희공(僖公) 1년」 : 元年春, 不稱卽位, 公出故也. 公出復入, 不書, 諱之也. 諱國惡, 禮也.

16) 『예기』「방기(坊記)」【614b】 : 子云, "善則稱君, 過則稱己, 則民作忠. 君陳曰, '爾有嘉謀嘉猷, 入告爾君于內, 女乃順之于外, 曰此謀此猷, 惟我君之德. 於乎, 是惟良顯哉.'"

17) 『예기』「방기(坊記)」【614b~c】 : 子云, "善則稱親, 過則稱己, 則民作孝. 大誓曰, '予克紂, 非予武, 惟朕文考無罪. 紂克予, 非朕文考有罪, 惟予小子無良.'"

이처럼 말한 이유는 소공은 예를 알지 못했는데, 내가 예를 안다고 대답했다. 만약 사패가 나를 비판하지 않았다면 수천 년이 흐른 이후 영원토록 내 말이 사실이라고만 믿고서 소공이 시행한 일이 예를 아는 행동이라고 여길 것이니, 예법을 문란하게 만드는 일이 나로부터 시작되게 될 것이다. 그런데 사패가 나의 잘못을 드러낸 것을 보고서 그 말을 받아들여 나의 과실로 여긴다면, 후세 사람들은 오해하지 않을 것이다. 그렇기 때문에 내가 다행이라고 여긴 것이다. 무협은 "피휘를 했던 것은 실제로는 피휘를 한 것이 아니다. 만약 그 말을 수용하여 자신의 과실로 삼는다면, 피휘했던 것이 더욱 선명하게 드러나니, 피휘한 것이 아니게 된다. 이전에 사패가 질문을 했을 때에는 거짓된 말로 피휘를 했으니, 현재 그 뜻을 드러내고자 했기 때문에 이전에 했던 말이 예법에 부합하는 것이다. 예법에 부합된다고 한다면 당(黨)을 한 것이 아니다. 만약 과실로 받아들이지 않았다면 어떻게 예법에 합치되는 점이 있겠는가?"라고 했다.

集註 孔子不可自謂諱君之惡, 又不可以娶同姓爲知禮, 故受以爲過而不辭.

번역 공자는 군주의 잘못을 피휘한 것이라고 스스로 말할 수 없었고, 동성의 여자를 아내로 들인 것도 예를 아는 행위라고 여길 수도 없었다. 그렇기 때문에 그 말을 받아들여 자신의 과실이라고 여기고 사양하지 않았던 것이다.

集註 吳氏曰: 魯蓋夫子父母之國, 昭公, 魯之先君也. 司敗又未嘗顯言其事, 而遽以知禮爲問, 其對之宜如此也. 及司敗以爲有黨, 而夫子受以爲過, 蓋夫子之盛德, 無所不可也. 然其受以爲過也, 亦不正言其所以過, 初若不知孟子之事者, 可以爲萬世之法矣.

번역 오씨가 말하길, 노나라는 공자에게 있어서 부모의 나라가 되고, 소공은 노나라 선대 군주이다. 사패 또한 일찍이 그 일화를 분명히 지적해서 말하지 않았고, 갑작스럽게 예를 아느냐고 질문을 했으니, 그에 대한 답변은 마땅히 이와 같아야 한다. 사패가 편당을 짓는 것이라 여기자 공자는 그 말을 받아들여 자신의 과실이라고 했으니, 공자의 융성한 덕에는 불가한 점이 없는 것이다. 그러나 그 말을 받아들여 자신의 과실로 삼을 때에도 곧바로 과실이 된 이유를 말하지 않아 애초부터 오맹자에 대한 일을 모르는 것처럼 했으니, 만세의 법도로 삼을 수 있다.

참고 『서』「상서(商書)·중훼지고(仲虺之誥)」 기록

경문 惟王不邇聲色, 不殖貨利.

번역 오직 왕께서는 음탕한 음악이나 여색을 가까이 하지 않았고, 재화와 이익만을 불리지 않았다.

孔傳 邇, 近也. 不近聲樂, 言淸簡. 不近女色, 言貞固. 殖, 生也. 不生資貨財利, 言不貪也. 旣有聖德, 兼有此行.

번역 '이(邇)'자는 "가까이 하다[近]."는 뜻이다. 음악을 가까이 하지 않았다는 말은 청렴하고 간소하였다는 뜻이다. 여색을 가까이 하지 않았다는 말은 곧고 견고하였다는 뜻이다. '식(殖)'자는 "낳다[生]."는 뜻이다. 재화와 이로움을 불리지 않았다는 것은 탐욕을 부리지 않았다는 뜻이다. 이미 성인다운 덕을 갖추고 있으면서도 이러한 행실까지도 겸비한 것이다.

경문 德懋懋官, 功懋懋賞. 用人惟己, 改過不吝.

번역 덕이 많은 자에게는 관직을 수여하고, 공적을 많이 쌓은 자에게는 상을 내렸다. 남의 의견을 말할 때에는 자신에게서 나온 말처럼 여겼고, 잘못을 고치는데 인색하지 않았다.

孔傳 勉於德者, 則勉之以官. 勉於功者, 則勉之以賞. 用人之言, 若自己出; 有過則改, 無所吝惜, 所以能成王業.

번역 덕에 힘쓰는 자라면 관직을 내려 더욱 분발토록 했다. 공적을 쌓는데 힘쓰는 자라면 상을 내려 더욱 분발토록 했다. 남의 말을 쓸 때에는 마치 자신의 입에서 나온 것처럼 신중히 했고, 허물이 있다면 고쳤는데, 고치는데 인색하지 않았으니, 왕업을 완성할 수 있는 이유이다.

孔疏 ●"德懋"至"不吝". ○正義曰: 於德能勉力行之者, 王則勸勉之以官. 於功能勉力爲之者, 王則勸勉之以賞. 用人之言, 惟如己之所出; 改悔過失, 無所吝惜. 美湯之行如此. 凡庸之主, 得人之言, 恥非己智, 雖知其善, 不肯遂從. 己有愆失, 恥於改過, 擧事雖覺其非, 不肯更悔, 是惜過不改. 故以此美湯也. 成湯之爲此行, 尙爲仲虺所稱歎, 凡人能勉者鮮矣.

번역 ●經文: "德懋"～"不吝". ○덕에 대해 실천하길 힘쓰는 자라면 천자는 관직을 내려 권면한다. 공적을 쌓는데 힘써 시행하는 자라면 천자는 상을 내려 권면한다. 남의 말을 쓸 때 마치 자신의 입에서 나온 것처럼 하고, 과실을 고치는데 인색한 점이 없었다. 이것은 탕임금의 행실이 이와 같다고 찬미한 것이다. 일반적인 군주들은 남의 말을 듣게 되면 자신의 지혜로부터 비롯된 말이 아님을 부끄럽게 여겨, 비록 그 말이 좋은 것을 알지만 그에 따르는 데에는 수긍하지 않았다. 그리고 자신에게 허물이 있다면 허물을 고치는 것을 부끄럽게 여겼고, 일을 시행할 때 그것이 잘못된 것임을 깨달아도 곧바로 뉘우치길 수긍하지 않았으니, 이것은 자신의 잘못을 애석하게 여기면서도 고치지 않는 것이다. 그렇기 때문에 이러한 말로 탕임금을 찬미한 것이다. 탕임금은 이러한 행실을 보였으므로, 일찍이 중훼로부터 찬미를 받았는데, 일반인들 중 이처럼 힘쓸 수 있는 자는 매우 드물다.

경문 克寬克仁, 彰信兆民.

번역 관대하고도 인자하게 할 수 있어서 모든 백성들로부터 신임을 받았다.

孔傳 言湯寬仁之德明信於天下.

번역 탕임금의 관대하고도 인자한 덕이 밝게 드러나 천하로부터 신임을 얻었다는 뜻이다.

蔡傳 邇, 近; 殖, 聚也. 不近聲色, 不聚貨利, 若未足以盡湯之德. 然此本原之地, 非純乎天德, 而無一毫人欲之私者, 不能也. 本原澄澈, 然後用人處己, 而莫不各得其當. 懋, 茂也, 繁多之意, 與時乃功懋哉之義同. 言人之懋於德者, 則懋之以官, 人之懋於功者, 則懋之以賞. 用人惟己, 而人之有善者, 無不容, 改過不吝, 而己之不善者, 無不改. 不忌能於人, 不吝過於己, 合倂爲公, 私意不立, 非聖人, 其孰能之? 湯之用人處己者如此, 而於臨民之際, 是以能寬能仁, 謂之能者, 寬而不失於縱, 仁而不失於柔. 易曰, "寬以居之, 仁以行之, 君德也." 君德昭著而孚信於天下矣. 湯之德, 足人聽聞者如此.

번역 '이(邇)'자는 "가까이 하다[近]."는 뜻이며, '식(殖)'자는 "모으다[聚]."는 뜻이다. 음악과 여색을 가까이 하지 않고, 재화와 이익을 증식하지 않는 것은 탕임금의 덕을 모두 드러내기에는 부족한 것처럼 보인다. 그러나 이것은 본원에 해당하는 것으로 천덕에 순수하여 한 터럭의 사사로운 욕심이 없는 자가 아니라면, 이처럼 할 수 없다. 본원이 맑은 뒤에야 남을 등용하고 처신함에 있어서 각각 마땅함을 얻지 못하는 경우가 없게 된다. '무(懋)'자는 "무성하다[茂]."는 뜻으로, 번다하다는 의미이니, "이것이 너의 공적이니 무성하도록 힘쓰거라."[18]라고 한 말과 같은 뜻이다. 즉 사람들 중 덕을 융성하게 만드는데 힘쓰는 자라면 관직을 하사하여 힘쓰도록 하고, 공적을 융성하게 쌓는데 힘쓰는 자라면 상을 하사하여 힘쓰도록 만드는

---

18) 『서』「우서(虞書)·대우모(大禹謨)」: 帝曰, 皐陶, 惟玆臣庶, 罔或于予正, 汝作士, 明于五刑, 以弼五敎, 期于予治, 刑期于無刑, 民協于中, 時乃功, 懋哉.

것이다. 남을 등용할 때 자신처럼 생각하여 선함을 가지고 있는 사람이라면 포용되지 않는 경우가 없고, 허물을 고치는데 인색하지 않아서 자신의 불선함을 고치지 않은 것이 없다. 남에 대해서 그 재능을 시기하지 않고, 자신에 대해서 허물을 고치는데 인색하지 않아서, 이 모두를 공적인 것으로 여기고 사사로운 뜻을 세우지 않았으니, 성인이 아니라면 그 누가 잘할 수 있겠는가? 탕임금이 사람을 등용하고 처신함에 있어 이와 같아서, 백성들을 다스릴 때에는 이로 인해 관대하고도 인자하게 할 수 있었으니, '능(能)'이라고 하는 것은 관대하면서도 방종에 빠지지 않고 인자하면서도 유약함에 빠지지 않았기 때문이다. 『역』에서는 "관대함으로 머물고 인자함으로 행하는 것이 군주의 덕이다."[19]라고 했다. 군주의 덕이 밝게 드러나 천하로부터 신임을 얻은 것이다. 탕임금의 덕이 사람들에게 받아들여질 수 있음은 이와 같았다.

참고 『논어』「공야장(公冶長)」 기록

경문 子曰, "吾未見剛者." 或對曰, "申棖."

번역 공자가 말하길, "나는 아직까지 강직한 자를 보지 못했다."라고 하자 혹자는 "신장이 있습니다."라고 대답했다.

何注 包曰: 申棖, 魯人.

번역 포씨가 말하길, '신장(申棖)'은 노나라 사람이다.

邢疏 ●"子曰"至"得剛". ○正義曰: 此章明剛.

---

19) 『역』「건괘(乾卦)」: 君子學以聚之, 問以辯之, 寬以居之, 仁以行之. 易曰"見龍在田, 利見大人", 君德也.

번역 ●經文: "子曰"~"得剛". ○이 문장은 강함의 뜻을 나타내고 있다.

邢疏 ●"子曰: 吾未見剛"者, 剛謂質直而理者也. 夫子以時皆柔佞, 故云吾未見剛者.

번역 ●經文: "子曰: 吾未見剛". ○'강(剛)'은 본바탕이 강직하고 이치에 따르는 자를 뜻한다. 공자는 당시 사람들이 모두 위선을 보이며 아첨하였기 때문에 나는 아직 강직한 자를 보지 못했다고 말했다.

邢疏 ●"或對曰: 申棖"者, 或人聞孔子之言, 乃對曰申棖性剛.

번역 ●經文: "或對曰: 申棖". ○혹자는 공자의 말을 듣고서, 신장의 성품이 강직하다고 대답한 것이다.

邢疏 ◎注"包曰: 申棖, 魯人." ○正義曰: 鄭云: "蓋孔子弟子申續." 史記云: "申棠字周." 家語云: "申續字周."

번역 ◎何注: "包曰: 申棖, 魯人." ○정현은 "아마도 공자의 제자인 신속(申續)인 것 같다."라고 했다. 『사기』에서는 "신당(申棠)의 자(字)는 주(周)이다."[20]라고 했고, 『공자가어』에서는 "신속(申續)의 자(字)는 주(周)이다."[21]라고 했다.

경문 子曰, "棖也欲, 焉得剛?"

번역 공자가 말하길, "신장은 욕심에 따라 행동한 것인데, 어찌 강직하다고 할 수 있겠는가?"라고 했다.

---

20) 『사기(史記)』「중니제자열전(仲尼弟子列傳)」: 申黨字周.
21) 『공자가어(孔子家語)』「칠십이제자해(七十二弟子解)」: 申續, 字子周.

何注 孔曰: 欲, 多情欲.

번역 공씨가 말하길, '욕(欲)'자는 정욕이 많다는 뜻이다.

邢疏 ●"子曰: 棖也欲, 焉得剛"者, 夫子謂或人言, 剛者質直寡欲, 今棖也多情欲, 情欲旣多, 或私佞媚, 安得剛乎?

번역 ●經文: "子曰: 棖也欲, 焉得剛". ○공자는 혹자의 말에 대해서 강직한 자는 본바탕이 곧고 욕심이 적은데, 현재 신장은 정욕이 많고, 정욕이 많다면 사사롭게 아첨을 하게 되니, 어찌 강직하다고 할 수 있느냐고 했다.

集註 剛, 堅强不屈之意, 最人所難能者, 故夫子歎其未見. 申棖, 弟子姓名. 慾, 多嗜慾也. 多嗜慾, 則不得爲剛矣.

번역 강(剛)은 굳세고 강해서 굽히지 않는다는 뜻이니, 사람들이 잘하기 힘든 것이다. 그렇기 때문에 공자가 그러한 사람을 아직 보지 못했다고 탄식한 것이다. '신장(申棖)'은 제자의 성과 이름이다. '욕(慾)'은 욕심이 많다는 뜻이다. 욕심이 많다면 강함이 될 수 없다.

集註 程子曰: 人有慾則無剛, 剛則不屈於慾.

번역 정자가 말하길, 사람에게 욕심이 있다면 강함이 없으니, 강함이란 욕심에 굽히지 않는 것이다.

集註 謝氏曰: 剛與慾正相反. 能勝物之謂剛, 故常伸於萬物之上; 爲物揜之謂慾, 故常屈於萬物之下. 自古有志者少, 無志者多, 宜夫子之未見也. 棖之慾不可知, 其爲人得非悻悻自好者乎? 故或者疑以爲剛, 然不知此其所以爲慾爾.

번역 사씨가 말하길, 강함과 욕심은 서로 정반대가 된다. 물욕을 이길 수 있는 것을 '강(剛)'이라고 부른다. 그렇기 때문에 만물 위에 항상 펼쳐져 있는 것이다. 반면 물욕에 가려지는 것을 '욕(慾)'이라고 부른다. 그렇기 때문에 항상 만물 밑에 굽혀 있는 것이다. 예로부터 바른 뜻이 있는 자는 적었고 이러한 뜻이 없는 자는 많았으니, 공자가 그러한 자를 만나보지 못했던 것은 당연한 일이다. 신장의 욕심이라는 것이 어떤 것인지는 알 수 없지만 아마도 그 사람됨은 고집스럽고 스스로를 좋게만 여기는 자가 아니었겠는가? 그렇기 때문에 혹자는 그가 강하다고 의심을 했던 것이다. 그러나 이것은 욕심이 되는 것인줄 몰랐던 것일 뿐이다.

그림 7-1 ▣ 주(周)나라 세계도(世系圖) I

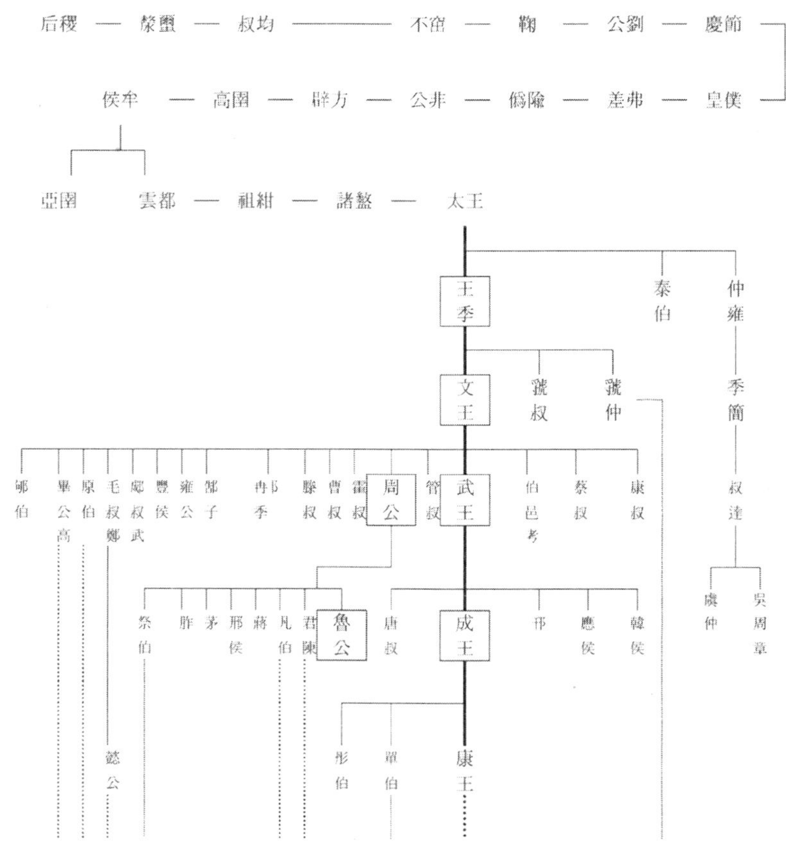

※ 출처: 『역사(繹史)』 1권 「역사세계도(繹史世系圖)」

그림 7-2 ▣ 주공(周公)의 가계도(家系圖)

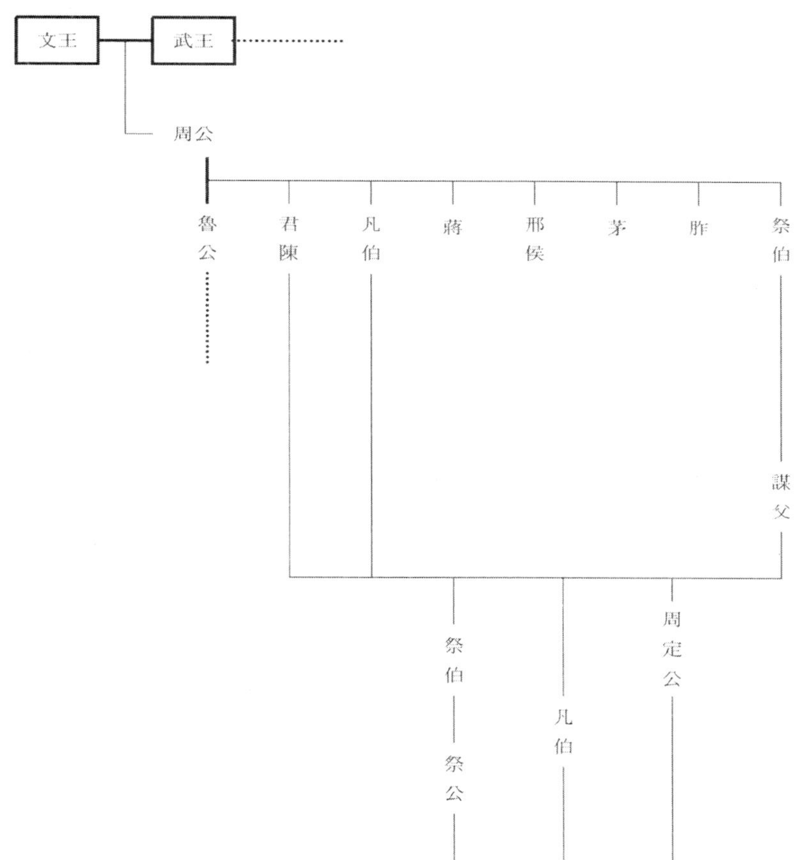

※ 출처: 『역사(繹史)』 1권 「역사세계도(繹史世系圖)」

그림 7-3 ▣ 오(吳)나라 세계도(世系圖)

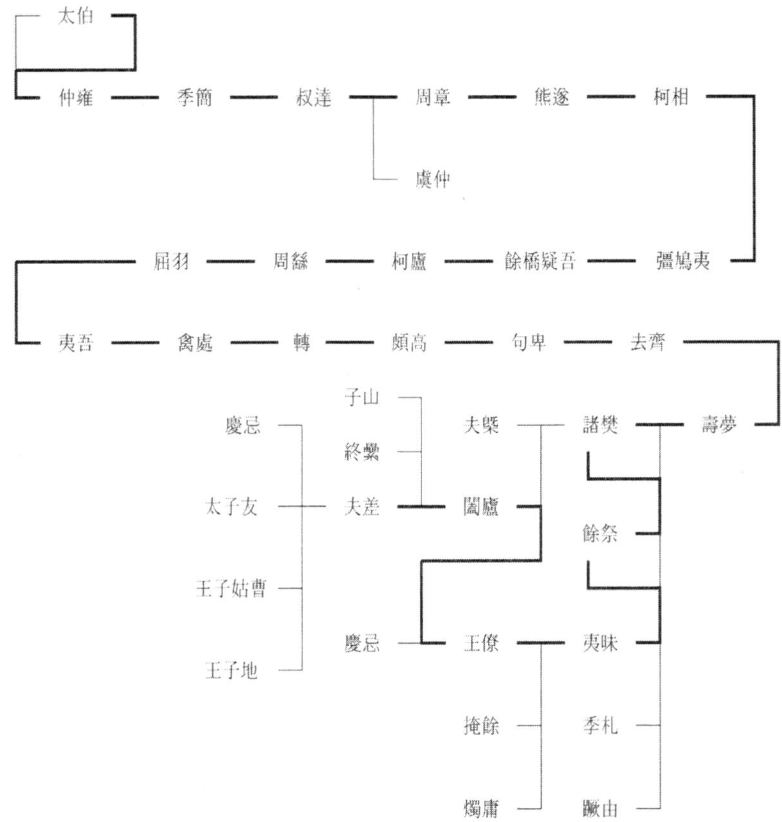

※ 출처: 『역사(繹史)』 1권 「역사세계도(繹史世系圖)」

• 제 8 절 •

유자(儒者)의 행실 - 자립(自立) Ⅱ

【683c】

"儒有忠信以爲甲冑, 禮義以爲干櫓, 戴仁而行, 抱義而處. 雖有暴政, 不更其所. 其自立有如此者."

직역 "儒는 忠信하여 甲冑로 爲하고, 禮義하여 干櫓로 爲하며, 仁을 戴하여 行하고, 義를 抱하여 處함이 有합니다. 雖히 暴政이 有라도, 그 所를 不更합니다. 그 自立함에는 此와 如한 者가 有합니다."

의역 공자가 계속하여 말하길, "유자는 충심과 신의를 지켜서 이를 갑옷과 투구로 삼고, 예(禮)와 의(義)를 따라서 이를 방패로 삼으며, 인(仁)을 얹어 행동하고 의(義)를 품어 처신합니다. 비록 폭정이 가해지더라도 지키는 것을 바꾸지 않습니다. 유자는 스스로 확립함에 이와 같은 점이 있는 자들입니다."라고 했다.

集說 鄭氏曰: 甲, 鎧; 冑, 兜鍪也. 干櫓, 小楯大楯也.

번역 정현이 말하길, '갑(甲)'자는 갑옷을 뜻하며, '주(冑)'자는 투구를 뜻한다. '간로(干櫓)'는 작은 방패와 큰 방패를 뜻한다.

集說 呂氏曰: 忠信則不欺, 不欺者人亦莫之欺也. 禮者敬人, 敬人者人亦莫之侮也. 忠信禮義, 所以禦人之欺侮, 猶甲冑干櫓可以捍患也. 行則尊仁, 居則守義, 所以自信者篤, 雖暴政加之, 有所不變也. 自立之至者也. 首章言自立[1],

---

1) '수장언자립(首章言自立)'에 대하여. 『대전본(大全本)』에는 이 구문 뒤의 문

論其所信所守, 足以更天下之變而不易. 二者皆自立也, 有本末先後之差焉.

번역 여씨가 말하길, 충심과 신의를 갖췄다면 속이지 않고, 속이지 않는 자에 대해서는 남들 또한 그를 속이지 않는다. 예(禮)는 남을 공경하는 것이니, 남을 공경하는 자에 대해서는 남들 또한 그를 업신여기지 않는다. 충심과 신의, 예와 의(義)는 남이 속이거나 업신여기는 것을 막는 방법이니, 마치 갑옷과 방패가 우환을 막을 수 있는 것과 같다. 행동하게 되면 인(仁)을 존숭하고 머물 때에는 의(義)를 지키는 것은 스스로 신의를 지키는 것이 독실한 것으로, 비록 폭정을 그에게 가하더라도 변치 않는 점이 있다. 이것은 스스로 확립함이 지극한 자에 해당한다. 첫 장에서는 스스로 확립하는 것을 말했는데, 이곳에서는 신의를 지키고 고수하는 것을 논의하여, 이로써 천하의 변화를 고치며 자신은 바꾸지 않을 수 있다고 했다. 두 가지는 모두 스스로 확립하는 것에 해당하는데, 본말과 선후의 차이가 있다.

大全 馬氏曰: 自忠信以爲甲胄, 至雖有暴政不更其所, 皆言君子之所守, 故曰其自立有如此者. 待聘至待取, 亦言自立何也? 所待者在人, 所以待者在己, 故言自立, 而此防身遠害之道, 亦自立也.

번역 마씨가 말하길, 충심과 신의를 지켜서 갑옷과 투구로 삼는다는 말로부터 비록 폭정이 가해지더라도 지키는 것을 바꾸지 않는다는 말까지는 모두 군자가 지키는 것을 말한 것이다. 그렇기 때문에 "스스로 확립함에 이와 같은 점이 있는 자들이다."라고 말했다. 빙문을 기다리는 것으로부터 채택을 받는 것에 이르기까지도 또한 스스로 확립하는 것을 언급한 이유는 어째서인가? 기다리게 하는 것은 남에게 달려 있고, 기다릴 수 있는 것은 자신에게 달려 있다. 그렇기 때문에 스스로 확립하는 것이라고 말했고, 이

장이 생략되어 있다. 『사고전서(四庫全書)』에서는 이 구문 뒤에 "論其所學所行, 足以待天下之用而不求. 此章言自立."이라는 구문이 기록되어 있다. "즉 첫 장에서 스스로 확립함을 말했는데, 배우는 것과 실천하는 것을 논의하여, 이로써 천하의 쓰임을 대비하지만 스스로 구하지 않는다고 했다. 이곳에서는 스스로 확립함을 말했다."는 뜻이다.

곳에서 말한 내용은 자신을 방비하고 해악을 멀리하는 도에 해당하니, 이 또한 스스로 확립하는 것에 해당한다.

大全 金華應氏曰: 被服禮義, 操執忠信, 所以自守而禦外侮. 而又負戴仁義, 言儒者一身無非義理也. 捍禦於外者愈固, 而居於內者愈安, 雖有暴政, 不能加之, 故亦不爲之遷易其所而之他也.

번역 금화응씨가 말하길, 예와 의를 두르고 있고 충심과 신의를 지니고 있는 것은 스스로를 지키며 외부의 업신여김을 방지하는 것이다. 또한 인과 의를 짊어지고 얹고 있다는 것은 유자 본인에게는 의리가 아닌 것이 없다는 뜻이다. 외부에 대해 막는 것이 더욱 단단하고 내면에 있는 것도 더욱 안정되니, 비록 폭정이 발생하더라도 그에게 영향을 미칠 수 없다. 그렇기 때문에 그 또한 폭정으로 인해 있던 곳을 옮겨 다른 곳으로 가지 않는 것이다.

鄭注 甲, 鎧. 冑, 兜鍪也. 干櫓, 小楯·大楯也.

번역 '갑(甲)'자는 갑옷을 뜻하며, '주(冑)'자는 투구를 뜻한다. '간로(干櫓)'는 작은 방패와 큰 방패를 뜻한다.

釋文 冑, 直又反. 櫓音魯. 載音戴, 本亦作戴. 鎧, 開代反. 兜, 丁侯反. 鍪, 莫侯反. 小楯, 時準反, 又音允, 徐辭尹反.

번역 '冑'자는 '直(직)'자와 '又(우)'자의 반절음이다. '櫓'자의 음은 '魯(로)'이다. '載'자의 음은 '戴(대)'이며, 판본에 따라서는 또한 '戴'자로도 기록한다. '鎧'자는 '開(개)'자와 '代(대)'자의 반절음이다. '兜'자는 '丁(정)'자와 '侯(후)'자의 반절음이다. '鍪'자는 '莫(막)'자와 '侯(후)'자의 반절음이다. '小楯'에서의 '楯'자는 '時(시)'자와 '準(준)'자의 반절음이며, 또한 그 음은 '允(윤)'도 되고, 서음(徐音)은 '辭(사)'자와 '尹(윤)'자의 반절음이다.

孔疏 ●"儒有忠信"至"此者". ○此明儒者自立之事也.

번역 ●經文: "儒有忠信"~"此者". ○이곳 문장은 유자가 스스로 확립하는 사안을 나타내고 있다.

孔疏 ●"忠信以爲甲胄". ◎注云"甲, 鎧. 胄, 兜鍪也. 干櫓, 小盾也, 大盾也", 甲·胄·干·櫓, 所以禦其患難. 儒者以忠·信·禮·義亦禦其患難, 謂有忠·信·禮·義, 則人不敢侵侮也.

번역 ●經文: "忠信以爲甲胄". ◎鄭注: "甲, 鎧. 胄, 兜鍪也. 干櫓, 小盾也, 大盾也". ○갑옷·투구·작은 방패·큰 방패는 환란을 막는 도구이다. 유자는 충심·신의·예·의로 또한 환란을 막으니, 충심·신의·예·의를 갖춘다면 남들도 감히 그를 침범하거나 업신여길 수 없다는 뜻이다.

孔疏 ●"戴仁而行", 仁之盛.

번역 ●經文: "戴仁而行". ○인(仁)의 융성함을 뜻한다.

孔疏 ●"抱義而處", 義不離身.

번역 ●經文: "抱義而處". ○의(義)가 자신에게서 떨어지지 않는다는 뜻이다.

孔疏 ●"雖有暴政, 不更其所"者, 更, 改也. 不改其志操, 逈然自成立也.

번역 ●經文: "雖有暴政, 不更其所". ○'경(更)'자는 "고치다[改]."는 뜻이다. 자신의 지조를 고치지 않아서 뛰어나게 스스로 성립할 수 있다.

孔疏 ○雖與前"自立"文同, 其意異於上也.

번역 ○비록 앞에서 나온 "스스로 확립한다."라는 말과 동일하지만, 그 의미에 있어서는 앞의 문장과 차이가 있다.

孔疏 ●"其自立有如此者", 初第一儒言"自立"者, 謂强學力行而自修立也. 此經"自立"者, 謂獨懷仁義忠信也.

번역 ●經文: "其自立有如此者". ○처음 제 1조목에서 유자에 대해 "스스로 확립한다."라고 한 것은 힘써 배우고 힘껏 실천하여 스스로 수양해서 확립한다는 뜻이다. 이곳 경문에서 "스스로 확립한다."라고 한 말은 홀로 인·의·충심·신의를 품고 있다는 뜻이다.

訓纂 說文: 櫓, 大盾也. 或作樐.

번역 『설문』에서 말하길, '노(櫓)'자는 큰 방패를 뜻한다. 또한 '노(樐)'자로도 기록한다.

訓纂 墨子備城門篇: 櫓廣四尺, 高八尺.

번역 『묵자』「비성문(備城門)」편에서 말하길, 노(櫓)의 너비는 4척(尺)이고 높이는 8척이다.[2)]

集解 愚謂: 忠信以感人, 則人莫之欺; 禮義以服人, 則人莫之侮. 忠信禮義, 可以禦人之欺侮, 猶甲冑干櫓之可以禦患也. 仁者元善之長, 戴仁而行, 言其尊仁而行之. 義者事之宜, 抱義而處, 言無事不在乎義也. 不更其所, 不變其所立之仁義也.

번역 내가 생각하기에, 충심과 신의를 지켜서 상대를 감동시킨다면, 상대도 자신을 속이지 않는다. 예와 의를 지켜서 상대를 감복시킨다면, 상대도 자신을 업신여기지 않는다. 충심과 신의, 예와 의는 상대가 속이거나

---

2) 『묵자(墨子)』「비성문(備城門)」: 百步爲櫓, 櫓廣四尺, 高八尺. 爲衝術.

업신여기게 될 것을 방지할 수 있으니, 갑옷과 투구 및 방패가 환란을 막을 수 있는 것과 같다. 인(仁)이란 매우 큰 선 중에서도 뛰어난 것인데, 인(仁)을 얹고서 행동한다는 말은 인(仁)을 존숭하여 이를 시행한다는 뜻이다. 의(義)란 사안의 마땅함인데, 의(義)를 감싸고 처신한다는 말은 의(義)에 따르지 않는 사안이 없다는 뜻이다. 그 소(所)를 바꾸지 않는다는 말은 자신이 확립한 인(仁)과 의(義)를 바꾸지 않는다는 뜻이다.

참고 원문비교

예기대전·유행 儒有忠信以爲甲冑, 禮義以爲干櫓, 戴仁而行, 抱義而處. 雖有暴政, 不更其所. 其自立有如此者.

공자가어·유행해(儒行解) 儒有忠信以爲甲冑, 禮義以爲干櫓①, 戴仁而行, 抱義而處. 雖有暴政, 不更其所. 其自立有如此者.

王注-① 干, 楯也. 櫓, 大戟.

번역 '간(干)'자는 방패를 뜻한다. '노(櫓)'자는 큰 창을 뜻한다.

참고 2절과 8절에 나온 유자(儒者)의 자립(自立) 비교

2절 원문 儒有席上之珍以待聘, 夙夜强學以待問, 懷忠信以待擧, 力行以待取. 其自立有如此者.

8절 원문 儒有忠信以爲甲冑, 禮義以爲干櫓, 戴仁而行, 抱義而處. 雖有暴政, 不更其所. 其自立有如此者.

2절 덕목 珍(=自貴), 强學, 忠信, 力行

8절 덕목 忠信, 禮義, 仁, 義, 不更(=固守)

해설 2절의 자립(自立)은 기다림에 초점이 맞춰져 있다. 즉 진(珍)은 스스로를 존귀하게 여겨서 함부로 세상에 나가지 않고 자신을 등용해줄 진정한 군주를 기다리는 것이며, 강학(强學)은 학문에 힘써서 학문적 토대를 쌓고 자문을 해올 때까지 기다리는 것이고, 충신(忠信)은 평소 충심과 신의를 굳게 다져서 신하의 자질을 다지며 천거될 때까지 기다리는 것이고, 역행(力行)은 자신의 도의를 힘써 실천하여 정사에 도를 실현할 수 있는 능력을 배양하여 등용되기를 기다리는 것이다. 8절의 자립(自立)은 처신(處身)과 고수(固守)에 초점이 맞춰져 있다. 충신(忠信)·예의(禮義)·인(仁)·의(義)는 유자가 처신하며 행동할 때 기준으로 삼아야 할 것들이다. 이러한 것들을 두루 갖췄기 때문에 외부적 탄압이 가해지더라도 유자의 덕목을 고수하는 것이다. 2절과 8절에 나온 덕목들은 유자가 항상 배양하는 것들이라는 점에서 동일하지만, 2절의 내용은 등용되기 위해 유자이자 신하의 자질을 배양하는데 초점이 맞춰져 있고, 8절은 유자가 보여주는 평소의 처신에 초점이 맞춰져 있다.

• 제 9 절 •

유자(儒者)의 행실 - 사(仕)

【683d~684a】

"儒有一畝之宮, 環堵之室, 篳門圭窬, 蓬戶甕牖, 易衣而出, 幷日而食. 上答之不敢以疑, 上不答不敢以諂. 其仕有如此者."

직역 "儒는 一畝의 宮에, 環堵의 室에, 篳門하고 圭窬하며, 蓬戶하고 甕牖하며, 衣를 易하여 出하고, 日을 幷하여 食함이 有합니다. 上이 答하면 敢히 疑로써 하길 不하고, 上이 不答하더라도 敢히 諂으로써 하길 不합니다. 그 仕함에는 此와 如한 者가 有합니다."

의역 공자가 계속하여 말하길, "유자는 1무(畝)의 담장이 있고 1도(堵)로 둘러싼 집에, 가시나무나 대나무로 엮은 대문을 내고 담장을 뚫어 작은 문을 내며, 풀을 엮은 방문과 옹기처럼 둥글게 뚫은 창문을 낸 집에 살며, 공용의 외출복을 갈아입고 출타하며, 2~3일에 하루치의 음식을 먹는 일이 있습니다. 그렇더라도 윗사람이 자신의 도의에 합치되면 감히 의심하지 않고, 윗사람이 자신의 도의에 합치되지 않더라도 감히 아첨하지 않습니다. 유자는 벼슬살이함에 이와 같은 점이 있는 자들입니다."라고 했다.

集說 疏曰: 一畝, 謂徑一步長百步也. 折而方之, 則東西南北各十步. 宮, 牆垣也, 牆方六丈. 環, 周廻也. 方丈爲堵, 東西南北各一堵. 篳門, 以荊竹織門也. 圭窬, 穿牆爲之, 門旁小戶也, 上銳下方, 狀如圭. 蓬戶, 編蓬爲戶也. 甕牖者, 牕牖圓如甕口也. 又云以敗甕口爲牖. 易衣而出者, 合家共一衣, 出則更著之也. 幷日而食者, 謂不日日得食, 或三日二日, 幷得一日之食也.

번역 공영달의 소에서 말하길, '일무(一畝)'는 직경 1보(步)[1]로 길이가 100보(步)인 것을 뜻한다. 그것을 쪼개어 사각형으로 만들면, 동서의 길이와 남북의 길이가 각각 10보(步)가 된다. '궁(宮)'자는 담장을 뜻하니, 담장은 사방 6장(丈)의 길이이다. '환(環)'자는 두른다는 뜻이다. 사방 1장(丈)의 크기가 1도(堵)[2]가 되니, 동서의 길이와 남북의 길이가 각각 1도(堵)이다. '필문(篳門)'은 가사나무와 대나무를 엮어서 만든 문이다. '규두(圭窬)'는 담장을 뚫어서 만드니, 대문의 측면에 낸 작은 문으로, 위로는 뾰족하게 되고 아래로는 사각형이 되어 그 모습이 규(圭)와 비슷하다. '봉호(蓬戶)'는 봉(蓬)이라는 풀을 엮어서 만든 방문이다. '옹유(甕牖)'는 창문을 원형으로 만들어서 항아리의 주둥이처럼 만드는 것이다. 또는 깨진 항아리의 주둥이로 창문대신 단다고도 말한다. "옷을 바꿔 입고서 나간다."는 말은 같은 집에 사는 사람들이 모두 하나의 외출복을 공용으로 사용하고 있어서, 어떤 자가 나가게 되면 그 옷으로 갈아입는다는 뜻이다. "날을 합쳐서 먹는다."는 말은 날마다 음식을 먹는 것이 아니며, 3일이나 2일마다 하루치의 음식을 한꺼번에 먹는다는 뜻이다.

集說 上答之不敢以疑者, 道合則就, 卽信之而不疑, 無患失之心也. 上不答不敢以諂者, 不合則去, 卽安之而不諂, 無患得之心也.

번역 "윗사람이 응답하더라도 감히 의심하지 않는다."는 말은 도리가 합하여 관직에 나아갔다면 믿고 의심하지 않으며, 잃을까 근심하는 마음이 없다는 뜻이다. "윗사람이 응답하지 않더라도 감히 아첨하지 않는다."는 말은 도리가 합치되지 않으면 떠나며, 곧 그것에 안주하여 아첨하지 않으니, 얻으려고 근심하는 마음이 없다는 뜻이다.

---

1) 보(步)는 길이를 재는 단위이다. 5척(尺)을 1보(步)로 삼기도 했고, 주(周)나라 때에는 8척을 1보로 삼기도 했으며, 진(秦)나라 때에는 6척을 1보로 삼기도 하여, 단위가 일정하지 않았다.
2) 도(堵)는 성곽이나 담장 등을 측량할 때 사용하는 단위이다. 고대에는 판축법을 사용하여 흙을 쌓아 담을 올렸는데, 1개의 판(版) 길이에 5개 판의 높이가 1도(堵)가 된다.

大全 藍田呂氏曰: 儒者之仕, 將以事道也. 然有時乎爲貧, 食其力以求免死而已. 辭尊居卑, 辭富居貧, 抱關擊柝, 乘田委吏, 無所往而不可也, 故爲貧者非事道, 事道者不爲貧, 二者不可亂也. 一畝之宮, 環堵之室, 篳門圭窬, 蓬戶甕牖, 居處之陋者也. 易衣而出, 幷日而食, 養之至不足者也. 儒者所守之篤, 窮至于是, 而不悔也. 上之禮答不答, 繫乎知不知, 雖窮如是, 上苟知之, 則必以是道自期, 不疑乎上之未信也. 爲其多聞歟, 則天子不召師, 爲其賢歟, 未聞見賢而召之也. 尊其所聞, 行其所知, 不疑乎上之未信而有所屈, 蓋事道者不爲貧也. 上苟不知, 則我知以力事人, 求其食以免死者也, 不輕進以求合也. 君不知而自獻其身, 君不問而自告其謀, 枉尋直尺, 强聒而不舍. 人謂之不諂不疑[3]也. 蓋爲貧者非事道也. 二者, 儒者仕之大分, 不可亂也.

번역 남전여씨가 말하길, 유자가 벼슬에 나아가는 것은 도를 시행하고자 해서이다. 그런데 때에 따라 가난하게 되어 자신의 힘으로 먹고 살며 간신히 생명을 유지하는 경우도 있을 따름이다. 존귀한 자리를 사양하고 미천한 자리에 오르며 부유함을 사양하고 가난함에 처하는 것은 관문을 끌어안고 목탁을 치는 일이며,[4] 승전(乘田)[5]과 위리(委吏)[6]가 되는 것[7]도 벼슬에 나아가는데 불가할 것이 없다. 그렇기 때문에 가난 때문에 벼슬하는 경우는 도를 시행하려는 것이 아니며, 도를 시행하기 위해 벼슬하는 경우는 가난 때문에 하는 것이 아니니, 이 두 가지는 어지럽혀서는 안 된다. 1무(畝)의 담장이 있고 1도(堵)로 둘러싼 집에, 가시나무나 대나무로 엮은 대문을 내고 담장을 뚫어 작은 문을 내며, 풀을 엮은 방문과 옹기처럼 둥글게 뚫은 창문을 낸 집에 사는 것은 매우 누추한 곳에 거처한다는 뜻이다.

---

3) '의(疑)'자는 본래 '신(信)'자로 기록되어 있었는데, 문맥에 따라 '의'자로 수정하였다.

4) 『맹자』「만장하(萬章下)」: 爲貧者, 辭尊居卑, 辭富居貧. 辭尊居卑, 辭富居貧, 惡乎宜乎? 抱關擊柝.

5) 승전(乘田)은 춘추시대 노(魯)나라에 있었던 목축을 담당하는 하급 관리를 뜻한다.

6) 위리(委吏)는 고대에 창고를 관리하던 하급 관리를 뜻한다.

7) 『맹자』「만장하(萬章下)」: 孔子嘗爲委吏矣, 曰, '會計當而已矣.' 嘗爲乘田矣, 曰, '牛羊茁壯長而已矣.'

공용의 외출복으로 갈아입고 출타하며, 2~3일에 하루치의 음식을 먹는 것은 부양하기가 지극히 부족하다는 뜻이다. 유자는 지키는 것이 독실하여 궁핍함이 이러한 지경에 이르러도 후회하지 않는다. 윗사람이 예법에 따라 응답하거나 응답하지 않음은 알아보거나 알아보지 못함에 달려 있으니, 비록 궁핍함이 이와 같더라도 윗사람이 만약 그를 알아본다면, 반드시 이러한 도를 시행하고자 스스로 기약을 하니, 윗사람이 신임을 하지 않을까 의심하지 않는다. 식견이 많기 때문이라면 천자도 스승을 부르지 않았고, 현명하기 때문이라면 일찍이 현명한 자를 만나보고자 하여 불렀다는 소리를 듣지 못했다.[8] 자신이 배운 것을 존귀하게 높이고 자신이 아는 것을 실천하며, 윗사람이 신임을 하지 않을까 의심하여 굽히지 않으니, 도를 시행하기 위해 벼슬하는 경우는 가난 때문이 아니기 때문이다. 윗사람이 만약 그를 알아보지 못한다면, 본인은 앎을 다해 힘껏 남을 섬기고, 식량을 구하여 생명을 간신히 유지하니, 경솔하게 관직에 진출하여 억지로 합하기를 구하지 않는다. 군주가 알아주지 않아도 스스로 자신의 몸을 헌사하고, 군주가 묻지 않았는데도 스스로 계책을 아뢰는 것은 1심(尋)[9]을 굽혀 1척(尺)을 곧게 하는 것이고,[10] 떠들며 그만두지 않는 것이다.[11] 사람들이 아첨하지 않는다고 평하거나 의심하지 않는다고 평하는 것은 가난 때문에 벼슬하는 경우는 도를 시행하려고 함이 아니기 때문이다. 이 두 가지는 유자가 벼슬에 나아갈 때의 큰 구분이니 어지럽혀서는 안 된다.

大全 嚴陵方氏曰: 一畝之宮折方之, 則其宮四面各十步而已. 五版爲堵,

---

8) 『맹자』「만장하(萬章下)」: 曰, "爲其多聞也, 爲其賢也." 曰, "爲其多聞也, 則天子不召師, 而況諸侯乎? 爲其賢也, 則吾未聞欲見賢而召之也."

9) 심(尋)은 자리의 크기가 반상(半常)인 것으로, 8척(尺)이 되는 것을 뜻한다. 『의례』「공사대부례(公食大夫禮)」편에는 "司宮具几與蒲筵常, 緇布純. 加萑席尋, 玄帛純. 皆卷自末."이라는 기록이 있는데, 이에 대한 정현의 주에서는 "半常曰尋."이라고 풀이했다.

10) 『맹자』「등문공하(滕文公下)」: 且夫枉尺而直尋者, 以利言也. 如以利, 則枉尋直尺而利, 亦可爲與?

11) 『장자(莊子)』「천하(天下)」: 雖天下不取, 強聒而不舍者也.

環堵之室周旋之, 則其室四面各五版而已. 上答之不敢以疑者, 以其自信之篤也. 上不答不敢以諂者, 以其懷忠之深也.

번역 엄릉방씨가 말하길, 1무(畝)의 담장을 갈라서 사각형으로 만든다면, 담장의 네 방면은 각각 10보(步)가 될 따름이다. 5개의 판축을 쌓은 것이 1도(堵)가 되니, 1도(堵)로 두른 집을 두르게 되면, 그 집의 네 방면은 각각 5개의 판축이 될 따름이다. 윗사람이 응답함에 감히 의심하지 않는 것은 자신의 신의가 두텁기 때문이다. 윗사람이 응답하지 않더라도 감히 아첨하지 않는 것은 충심을 품은 것이 깊기 때문이다.

鄭注 言貧窮屈道, 仕爲小官也. 宮, 謂[12]牆垣也. 環堵, 面一堵也. 五版爲堵, 五堵爲雉. 篳門, 荊竹織門也. 圭窬, 門旁窬也, 穿牆爲之如圭矣. "幷日而食", 二日用一日食也. "上答之", 謂君應用其言.

번역 가난하고 궁핍하여 도를 굽혀 벼슬에 나아가 말단 관리가 된다는 뜻이다. '궁(宮)'자는 담장을 뜻한다. '환도(環堵)'는 한 면이 1도(堵)인 것을 뜻한다. 5판(版)[13]은 1도(堵)가 되며, 5도(堵)는 1치(雉)[14]가 된다. '필문(篳門)'은 가시나무와 대나무를 엮어서 만든 문이다. '규두(圭窬)'는 문의 측면에 있는 작은 문으로, 담장을 뚫어서 만들며 규(圭) 모양처럼 만든다. "날을 합하여 밥을 먹는다."라는 말은 2일째에 1일치의 밥을 먹는다는 뜻이다. "윗사람이 응답한다."라는 말은 군주가 호응하여 그의 말을 채택한다는 뜻이다.

---

12) '위(謂)'자에 대하여. '위'자는 본래 '위(爲)'자로 기록되어 있었는데, 완원(阮元)의 『교감기(校勘記)』에서는 "혜동(惠棟)의 『교송본(校宋本)』에는 '위(爲)'자가 '위(謂)'자로 기록되어 있으며, 『악본(岳本)』, 위씨(衛氏)의 『집설(集說)』, 『고문(考文)』에서 인용하고 있는 『고본(古本)』에도 동일하게 기록되어 있다. 이곳 판본에는 '위(爲)'자로 잘못 기록했으며, 『민본(閩本)』·『감본(監本)』·『모본(毛本)』·『가정본(嘉靖本)』에도 동일하게 잘못 기록하였다."라고 했다.

13) 판(版)은 고대에 성이나 담장의 측량하는 단위이다. 1개의 판축의 면적을 뜻하는데, 1판(版)은 높이가 2척(尺)이고 길이가 8척이다.

14) 치(雉)는 담장 등의 면적을 계산하는 단위이다. 길이가 3장(丈)이고 높이가 1장인 것을 1치(雉)라고 부른다.

釋文 堵音覩, 方丈爲堵. 篳, 徐音畢, 杜預云: "柴門也." 圭窬, 徐音豆, 說文云: "穿木戶也." 郭璞三蒼解詁云: "門旁小窬也, 音臾." 左傳作"竇", 杜預云: "圭竇, 小戶也. 上銳下方, 狀如圭形也." 蓬, 步紅反. 蓬戶, 以蓬爲戶也. 甕, 烏貢反. 牖音酉, 以甕爲牖. 幷, 必政反, 注同. 日, 而一反. 諂, 本又作讇, 敕檢反. 穿音川. 應, 應對之應.

번역 '堵'자의 음은 '覩(도)'이며, 사방 1장(丈)의 길이가 1도(堵)가 된다. '篳'자의 서음(徐音)은 '畢(필)'이며, 두예[15]는 "사립문이다."라고 했다. '圭窬'에서의 '窬'자는 서음은 '豆(두)'이며, 『설문』에서는 "나무를 뚫어서 만든 외짝 문이다."라고 했다. 곽박[16]의 『삼창해고』에서는 "문의 측면에 있는 작은 문으로, 그 음은 '臾(유)'이다."라고 했다. 『좌전』에서는 '竇'자로 기록했으며, 두예는 "규두(圭竇)는 작은 외짝문이다. 위는 뾰족하고 아래는 사각형인데, 그 모습은 규(圭)의 형태와 같다."라고 했다. '蓬'자는 '步(보)'자와 '紅(홍)'자의 반절음이다. '蓬戶'는 봉(蓬)이라는 풀을 엮어서 만든 외짝문이다. '甕'자는 '烏(오)'자와 '貢(공)'자의 반절음이다. '牖'자의 음은 '酉(유)'이며, 옹기로 만든 들창이다. '幷'자는 '必(필)'자와 '政(정)'자의 반절음이며, 정현의 주에 나오는 글자도 그 음이 이와 같다. '日'자는 '而(이)'자와 '一(일)'자의 반절음이다. '諂'자는 판본에 따라서 또한 '讇'자로도 기록하며, '敕(칙)'자와 '檢(검)'자의 반절음이다. '穿'자의 음은 '川(천)'이다. '應'자는 '응대(應對)'의 '應'자이다.

孔疏 ●"儒有一畝之宮"至"此者". ○此明儒者仕宦, 能自執其操也.

---

15) 두예(杜預, A.D.222 ~ A.D.284) : =두원개(杜元凱). 서진(西晉) 때의 유학자이다. 경조(京兆) 두릉(杜陵) 출신이다. 자(字)는 원개(元凱)이다. 『춘추경전집해(春秋經典集解)』를 저술하였는데, 이 책은 현존하는 『춘추(春秋)』의 주석서 중 가장 오래된 것이며, 『십삼경주소(十三經注疏)』의 『춘추좌씨전정의(春秋左氏傳正義)』에도 채택되어 수록되었다.

16) 곽박(郭璞, A.D.276 ~ A.D.324) : =곽경순(郭景純). 진(晉)나라 때의 학자이다. 자(字)는 경순(景純)이다. 저서로는 『이아주(爾雅注)』, 『방언주(方言注)』, 『산해경주(山海經注)』 등이 있다.

번역 ●經文: "儒有一畝之宮"~"此者". ○이곳 문장은 유자가 벼슬살이를 하면서도 스스로 지조를 지킬 수 있음을 나타내고 있다.

孔疏 ●"儒有一畝之宮"者, 一畝, 謂徑一步, 長百步爲畝. 若折而方之, 則東西南北各十步爲宅也. 牆方六丈, 故云"一畝之宮". 宮, 謂牆垣也.

번역 ●經文: "儒有一畝之宮". ○'일무(一畝)'는 직경 1보(步)로 길이가 100보(步)인 것을 1무(畝)라고 한다. 그것을 쪼개어 사각형으로 만들면, 동서의 길이와 남북의 길이가 각각 10보(步)로, 이것으로 집터를 삼는 것이다. 담장은 사방 6장(丈)이기 때문에 "1무의 궁(宮)이다."라고 했다. '궁(宮)'자는 담장을 뜻한다.

孔疏 ●"環堵之室"者, 環, 謂周迴也. 東西南北唯一堵.

번역 ●經文: "環堵之室". ○'환(環)'자는 두르다는 뜻이다. 동서의 길이와 남북의 길이가 단지 1도(堵)이다.

孔疏 ●"篳門圭窬", 篳門, 謂以荊竹織門也. 杜氏云: "柴門也." 圭窬, 門旁窬也, 穿牆爲之如圭矣, 故云"圭窬". 說文云: "穿木爲戶." 左傳作"竇", 謂門旁小戶也. 上銳下方, 狀如圭也.

번역 ●經文: "篳門圭窬". ○'필문(篳門)'은 가시나무와 대나무를 엮어서 만든 문이다. 두예는 "사립문이다."라고 했다. '규두(圭窬)'는 문의 측면에 있는 작은 문이니, 담장을 뚫어서 만드는데 그 모습이 규(圭)와 같다. 그렇기 때문에 '규두(圭窬)'라고 부른다. 『설문』에서는 "나무를 뚫어서 만든 외짝문이다."라고 했다. 『좌전』에서는 '두(竇)'라고 기록하며,[17] 문의 측면에 있는 작은 외짝문이라고 했다. 위는 뾰족하고 아래는 사각형인데, 그

---

17) 『춘추좌씨전』「양공(襄公) 10년」: 王叔之宰曰, "篳門閨竇之人而皆陵其上, 其難爲上矣."

모습은 규(圭)와 같다.

孔疏 ●"蓬戶甕牖"者, 蓬戶, 謂編蓬爲戶, 又以蓬塞門, 謂之"蓬戶". 甕牖者, 謂牖窗圓如甕口也. 又云"以敗甕口爲牖".

번역 ●經文: "蓬戶甕牖". ○'봉호(蓬戶)'는 봉(蓬)이라는 풀을 엮어서 만든 외짝문이며, 또한 봉(蓬)이라는 풀을 엮어서 대문의 살을 매운 것을 '봉호(蓬戶)'라고도 부른다. '옹유(甕牖)'는 창문을 원형으로 만들어서 항아리의 주둥이처럼 만드는 것이다. 또는 "깨진 항아리의 주둥이로 창문대신 단다."라고도 말한다.

孔疏 ●"易衣而出"者, 王云"更相衣而後可以出". 如王之意, 是合家共一衣, 故言出更著之也.

번역 ●經文: "易衣而出". ○왕숙[18]은 "서로 옷을 바꿔 입은 이후에야 밖으로 나갈 수 있다."라고 했다. 왕숙의 주장대로라면, 같은 집에 사는 사람들이 모두 하나의 외출복을 공용으로 사용한다는 뜻이 된다. 그렇기 때문에 밖으로 나가게 되면 옷을 갈아입는다고 했다.

孔疏 ●"幷日而食"者, 謂不日日得食, 或三日二日, 幷得一日之食, 故注云"二日用一日食"也.

번역 ●經文: "幷日而食". ○날마다 음식을 먹는 것이 아니며, 3일이나 2일에 하루치의 음식을 한꺼번에 먹는다는 뜻이다. 그렇기 때문에 정현의 주에서는 "2일째에 1일치의 밥을 먹는다는 뜻이다."라고 했다.

---

18) 왕숙(王肅, A.D.195 ~ A.D.256) : =왕자옹(王子雍). 위진남북조(魏晉南北朝) 때의 위(魏)나라 경학자이다. 자(字)는 자옹(子雍)이다. 출신지는 동해(東海)이다. 부친 왕랑(王朗)으로부터 금문학(今文學)을 공부했으나, 고문학(古文學)의 고증적인 해석을 따랐다. 『상서(尙書)』, 『시경(詩經)』, 『좌전(左傳)』, 『논어(論語)』 및 삼례(三禮)에 대한 주석을 남겼다.

孔疏 ●"上答之不敢以疑"者, 上, 君也. 答之, 謂己有言語, 君應答而用之. 不敢以疑, 謂己決竭心力, 不敢疑貳於君也. 亦謂雖被信任用, 不敢猜疑於君上也. 言儒者仕官盡忠.

번역 ●經文: "上答之不敢以疑". ○'상(上)'자는 군주를 뜻한다. 답(答)한다는 말은 자신이 어떠한 말을 하여, 군주가 그에게 응답해서 그 말을 채택한다는 뜻이다. "감히 의심하지 않는다."는 말은 자신의 마음과 힘을 모두 다할 뿐이며, 군주에 대해서는 감히 의심하지 않는다는 뜻이다. 이것은 또한 비록 신임을 얻어 임무를 맡았지만, 군주에 대해 감히 시기하거나 의심하지 않는다는 뜻도 된다. 즉 유자는 관직에 나아가게 되면 충심을 다한다는 의미이다.

孔疏 ●"上不答不敢以諂"者, 己有言語而君不用, 及不見使, 則己宜靜默, 不敢諂媚來進也.

번역 ●經文: "上不答不敢以諂". ○자신이 어떠한 말을 했는데 군주가 그 말을 채택하지 않았거나 그에게 임무를 부여하지 않았다면, 본인은 마땅히 침묵하며 가만히 있어야 하고, 감히 자신에게 찾아와서 자신을 등용하도록 아첨해서는 안 된다.

孔疏 ◎注"貧窮"至"爲雉". ○正義曰: "貧窮屈道, 仕爲小官也"者, 以經云"其仕有如此者", 是仕官之人, 今乃篳門圭窬, 仕爲小官. 儒有大德而仕小官, 故知"貧窮屈道"也. 云"五版爲堵, 五堵爲雉"者, 定十二年公羊傳文. 引之者, 證堵之大小, 高一丈·長三丈爲雉.

번역 ◎鄭注: "貧窮"~"爲雉". ○정현이 "가난하고 궁핍하여 도를 굽혀 벼슬에 나아가 말단 관리가 된다는 뜻이다."라고 했는데, 경문에서는 "그 벼슬살이에는 이와 같은 것들이 있다."라고 했으니, 이것은 벼슬살이를 하는 사람을 뜻하며, 현재 필문(篳門)에 규두(圭窬)를 한 집에서 산다고 하니, 벼슬살이를 했지만 말단 관리가 된 경우를 뜻한다. 유자 중 큰 덕을 가지고 있으면서도 말단 관리로 일하는 것이다. 그렇기 때문에 "가난하고 궁핍하여 도를 굽혔다."라는 말이 사실임을 알 수 있다. 정현이 "5판(版)은 1도(堵)가 되며, 5도(堵)는 1치(雉)가 된다."라고 했는데, 이것은 정공(定公) 12년에 대한 『공양전』의 문장이다.[19] 이 말을 인용한 것은 도(堵)의 크기를 증명하기 위해서이며, 높이가 1장(丈)이고 길이가 3장인 것이 1치(雉)가 된다.

訓纂 說文: 窬, 穿木戶也. 一曰, 空中也. 牖, 穿壁以木爲交窗也. 從片, 戶甫聲. 譚長以爲甫上, 日也, 非戶也. 牖所以見日.

번역 『설문』에서 말하길, '두(窬)'는 나무를 뚫어서 만든 외짝문이다. 한편에서는 빈 공간을 뜻한다고도 한다. '유(牖)'는 벽을 뚫고 나무를 교차하여 만든 창이다. 편(片)자를 부수로 하며 호(戶)자와 보(甫)자가 소리부가 된다. 담장은 '보(甫)'자 위에 있는 글자는 '일(日)'자이며 '호(戶)'자가 아니라고 했다. 들창은 햇빛이 들어오도록 하는 용도이다.

訓纂 彬謂: 疑與儗同, 比也. 比於君, 謂僭儗於君. 不敢以疑, 猶言上交不瀆. 若君荅而用之, 又何猜疑之有?

번역 내가 생각하기에, '의(疑)'자는 '의(儗)'자와 동일하니, "비견하다[比]."는 뜻이다. 군주에게 비견한다는 말은 군주에 대해 참람되게 견준다는 뜻이다. '불감이의(不敢以疑)'는 "위로 사귐에 경시하지 않는다."[20]고 한 말과 같다. 만약 군주가 응답하여 그의 말을 채택한다면 또한 어찌 시기하거나 의심할 것이 있겠는가?

集解 愚謂: 堵雉之說, 諸家不同. 公羊傳"五版而堵, 五堵而雉", 何休以爲堵四十尺, 雉二百尺. 五經異義引戴禮及韓詩說, 謂"八尺爲版, 五版爲堵", 古周禮及左傳說, "一丈爲版, 版廣二尺, 五版爲堵, 一堵之牆, 長丈廣丈, 三堵爲

---

19) 『춘추공양전』「정공(定公) 12년」: 雉者何? 五板而堵. 五堵而雉. 百雉而城.
20) 『역』「계사하(繫辭下)」: 子曰, 知幾其神乎? 君子上交不瀆, 其知幾乎!

雉, 長三丈, 廣一丈." 鄭注坊記, 用左氏之說. 此註所引, 乃公羊傳文, 以左氏"堵長一丈", 室無周環祇一丈之理, 公羊說一堵有四十尺, 庶幾近之耳. 甕牖者, 牖如甕口, 言其室狹而牖小也. 上答之不敢以疑, 自信者篤也. 上不答不敢以諂, 自守者堅也. 此言儒者之仕, 將以行道, 若不得其志, 則辭尊居卑, 辭富居貧, 至於窮約如此, 不欲諂媚以求厚祿也.

번역 내가 생각하기에, 도(堵)와 치(雉)에 대한 설명은 학자마다 다르다. 『공양전』에서는 "5판(版)은 1도(堵)이고, 5도(堵)는 1치(雉)이다."라고 했는데, 하휴[21]는 1도(堵)는 40척(尺)이고, 1치(雉)는 200척이라고 여겼다. 『오경이의』[22]에서는 『대대례기』와 『한시』의 주장을 인용하여, "8척은 1판(版)이고, 5판(版)은 1도(堵)이다."라고 했고, 고문인 『주례』와 『좌전』의 학자들은 "1장(丈)은 1판(版)인데, 판(版)의 너비는 2척이며, 5판(版)은 1도(堵)가 되는데, 1도(堵)의 담장은 그 길이가 1장이고 너비가 1장이며, 3도(堵)는 1치(雉)가 되는데, 길이는 3장이고 너비는 1장이다."라고 했다. 『예기』「방기(坊記)」편에 대한 정현의 주에서는 『좌전』 학자들의 주장을 인용했다.[23] 그런데 이곳 주석에서 인용한 것은 『공양전』의 문장으로, 『좌전』 학자들이 "1도(堵)는 길이가 1장이다."라고 했지만 건물에 있어서 사방을 두르며 단지 1장으로만 하는 이치가 없기 때문이며, 『공양전』 학자들은 1도(堵)가 40척이라고 했으니, 거의 근사치에 가깝기 때문이다. '옹유(甕牖)'는 들창의 모습이 항아리의 주둥이처럼 생긴 것이니, 방이 협소하여 들창

21) 하휴(何休, A.D.129 ~ A.D.182) : 전한(前漢) 때의 금문경학자(今文經學者)이다. 자(字)는 소공(邵公)이다. 『춘추공양전해고(春秋公羊傳解詁)』를 지었으며, 『효경(孝經)』, 『논어(論語)』 등에 대해서도 주를 달았고, 『춘추한의(春秋漢議)』를 짓기도 하였다.

22) 『오경이의(五經異義)』는 후한(後漢) 때의 학자인 허신(許愼)이 지은 책이다. 유실되었는데, 송대(宋代) 때 학자들이 다시 모아서 엮었다. 오경(五經)에 관한 고금(古今)의 유설(遺說)과 이의(異義)를 싣고, 그에 대한 시비(是非)를 판별한 내용들이다.

23) 『예기』「방기(坊記)」【610d~611a】의 "子云, 貧而好樂, 富而好禮, 衆而以寧者, 天下其幾矣. 詩云, '民之貪亂, 寧爲荼毒.' 故制國不過千乘, 都城不過百雉, 家富不過百乘. 以此坊民, 諸侯猶有畔者."라는 기록에 대해 정현의 주에서는 "雉, 度名也, 高一丈長三丈爲雉."라고 풀이했다.

도 작다는 뜻이다. 윗사람이 응답하면 감히 의심하지 않는다는 말은 스스로 신의를 지키는 것이 독실하기 때문이다. 윗사람이 응답하지 않더라도 감히 아첨하지 않는다는 말은 스스로 지키는 것이 견고하기 때문이다. 이것은 유자 중 벼슬살이를 하여 도를 시행하고자 할 경우, 만약 뜻을 얻지 못했다면 존귀한 자리를 사양하고 미천한 자리에 처하며, 부유함을 사양하고 가난함에 처하게 되는데, 궁핍함이 이와 같은 지경에 이르러도 아첨을 하여 많은 녹봉을 구하고자 하지 않는다는 뜻이다.

참고 원문비교

예기대전 · 유행 儒有一畝之宮, 環堵之室, 篳門圭窬, 蓬戶甕牖, 易衣而出, 并日而食. 上答之不敢以疑, 上不答不敢以諂. 其仕有如此者.

공자가어 · 유행해(儒行解) 儒有一畝之宮, 環堵之室①, 篳門圭窬②, 蓬戶甕牖③, 易衣而出④, 并日而食⑤. 上答之不敢以疑⑥, 上不答之不敢以諂. 其仕有如此者.

王注-① 方丈曰堵, 一堵, 言其小者也.

번역 사방 1장(丈)을 도(堵)라고 부르는데, 일도(一堵)라는 것은 그 중에서도 작다는 뜻이다.

王注-② 篳門, 荊竹織門也. 圭窬, 穿牆爲之如圭也.

번역 '필문(篳門)'은 가시나무와 대나무를 엮어서 만든 문이다. '규두(圭窬)'는 담장을 뚫어서 만들며 규(圭) 모양처럼 만든다.

王注-③ 以編蓬爲戶, 破甕爲牖也.

번역 봉(蓬)이라는 풀을 엮어서 외짝문을 만들고 항아리를 깨트려서 들창으로 만든다는 뜻이다.

王注-④ 更相易衣而後可以出.

번역 서로 의복을 교대로 갈아입은 이후에야 출타할 수 있다는 뜻이다.

王注-⑤ 幷一日之糧以爲一食也.

번역 하루치의 양식을 모두 모아서 한 끼의 양식으로 삼는다는 뜻이다.

王注-⑥ 君用之, 不敢疑貳事君也.

번역 군주가 등용하면 감히 군주를 섬김에 있어서 의심하거나 배반하지 않는다는 뜻이다.

참고 『맹자』「만장하(萬章下)」 기록

경문 孟子曰, "仕非爲貧也, 而有時乎爲貧. 娶妻非爲養也, 而有時乎爲養."

번역 맹자가 말하길, "벼슬을 하는 것은 가난 때문에 하는 것은 아니지만 때에 따라 가난으로 인해 하는 경우도 있다. 혼인을 하는 것은 부모를 봉양하기 위해서가 아니지만 때에 따라 봉양을 하기 위해 하는 경우도 있다."라고 했다.

趙注 仕本爲行道濟民也, 而有以居貧親老而仕者. 娶妻本爲繼嗣也, 而有以親執釜竈, 不擇妻而娶者.

번역 벼슬살이를 하는 것은 본래 도를 시행하고 백성들을 구제하기 위해서이다. 그러나 집이 가난하고 부모가 연로하게 되어 벼슬하는 경우도 있다. 혼인을 하는 것은 본래 후사를 잇기 위해서이다. 그러나 본인이 직접 부엌일을 하게 되어 아내가 될 여자를 꼼꼼하게 가려내지 않고 혼인하는 경우도 있다.

孫疏 ●"孟子曰"至"恥也". ○正義曰: 此章指言國有道則能者處卿相, 國無道則聖人居乘田. 量時安卑, 不受言責, 獨善其身者也.

번역 ●經文: "孟子曰"~"恥也". ○이곳 문장은 나라에 도가 있으면 능력이 있는 자는 경이나 재상에 오르지만, 나라에 도가 없으면 성인도 승전(乘田)이라는 말단 관리에 머물게 된다는 사실을 나타내고 있다. 시기를 잘 살피고 미천한 자리에서도 편안하게 여기며 질책을 받지 않고 홀로 자신을 선하게 수양하는 것이다.

孫疏 ◎注"親老而仕"至"娶者". ○正義曰: 傳云"任重而道遠者, 不擇地而息, 家貧親老者, 不擇官而仕", 是其意歟.

번역 ◎趙注: "親老而仕"~"娶者". ○전문에서 "임무가 막중하고 길이 멀다고 한 것[24]은 땅을 가리지 않고 쉰다는 뜻이며, 집이 가난하고 부모가 연로하다는 것은 관직을 가리지 않고 벼슬에 오른다는 뜻이다."라고 했는데, 바로 이러한 뜻을 나타낸다.

集註 仕本爲行道, 而亦有家貧親老, 或道與時違, 而但爲祿仕者, 如娶妻本爲繼嗣, 而亦有爲不能親操井臼, 而欲資其餽養者.

번역 벼슬을 하는 것은 본래 도를 시행하고자 해서인데, 또한 집이 가난

24) 『논어』「태백(泰伯)」: 曾子曰, "士不可以不弘毅, 任重而道遠. 仁以爲己任, 不亦重乎? 死而後已, 不亦遠乎?"

하고 부모가 연로하거나 도가 시기와 위배되어 단지 적은 녹봉을 위해 벼슬하는 경우가 있으니, 이것은 마치 아내를 들이는 것이 본래 후사를 잇기 위해서지만, 때로는 직접 물을 긷고 방아를 찧을 수 없어서, 부모에게 음식을 올리고 잘 봉양하고자 아내를 들이는 경우가 있는 것과 같다.

경문 "爲貧者, 辭尊居卑, 辭富居貧."

번역 맹자는 계속하여 "가난 때문에 벼슬하는 자는 존귀한 자리를 사양하고 미천한 자리에 머물며, 많은 녹봉을 사양하고 적은 녹봉을 받는다."라고 했다.

趙注 爲貧之仕, 當讓高顯之位, 無求重祿.

번역 가난으로 인해 벼슬을 하는 경우에는 마땅히 고위 관리의 자리를 사양하고 많은 녹봉을 바라지 말아야 한다.

集註 貧富, 謂祿之厚薄. 蓋仕不爲道, 已非出處之正, 故其所處但當如此.

번역 빈(貧)과 부(富)는 녹봉의 많고 적음을 뜻한다. 벼슬에 오른 것이 도를 시행하기 위한 것이 아니라면 이미 세상으로 나와 벼슬에 처함에 있어서 바른 것이 아니다. 그렇기 때문에 처하는 것을 단지 이처럼만 해야 할 따름이다.

경문 "辭尊居卑, 辭富居貧, 惡乎宜乎? 抱關擊柝."

번역 맹자는 계속하여 "존귀한 자리를 사양하고 미천한 자리에 머물며, 많은 녹봉을 사양하고 적은 녹봉을 받을 때, 어찌해야 마땅하게 되는가? 관문을 안고 나무를 치는 일이다."라고 했다.

趙注 辭尊富者, 安所宜乎? 宜居抱關擊柝監門之職也. 柝, 門關之木也. 擊, 椎之也. 或曰柝, 行夜所擊木也. 傳曰: "魯擊柝, 聞於邾."

번역 존귀한 자리와 많은 녹봉을 사양할 경우 어찌해야 마땅하게 되는가? 관문을 안고 나무를 치며 문을 감시하는 하급 직책에 머물러야만 한다. '탁(柝)'은 관문의 나무이다. '격(擊)'자는 뭉치로 친다는 뜻이다. 혹은 '탁(柝)'자는 야경꾼들이 치는 목탁이라고도 주장한다. 『좌전』에서는 "노나라 야경꾼들이 치는 목탁소리가 우리 주(邾)나라까지 들린다."[25]라고 했다.

孫疏 ◎注"傳曰魯擊柝聞於邾". ○正義曰: 已說在敍篇.

번역 ◎趙注: "傳曰魯擊柝聞於邾". ○이미 이에 대한 설명은 「서문」에서 했다.

集註 柝, 行夜所擊木也. 蓋爲貧者雖不主於行道, 而亦不可以苟祿. 故惟抱關擊柝之吏, 位卑祿薄, 其職易稱, 爲所宜居也.

번역 '탁(柝)'자는 야경꾼들이 치는 목탁이다. 가난 때문에 벼슬하는 경우에는 도 시행하는 것을 위주로 하지 않더라도 구차히 녹봉만 받을 수는 없다. 그렇기 때문에 관문을 안고 목탁을 치는 하급 관리는 지위가 낮고 녹봉이 적으며 그 직무가 쉬워서 처하기에 마땅한 것이다.

集註 李氏曰: 道不行矣, 爲貧而仕者, 此其律令也. 若不能然, 則是貪位慕祿而已矣.

번역 이씨가 말하길, 도가 시행되지 않는데 가난 때문에 벼슬하는 경우 여기에 나온 것이 바로 그 법칙이 된다. 만약 이처럼 하지 못한다면 지위를 탐내고 많은 녹봉을 꿈꾸는 것일 뿐이다.

---

25) 『춘추좌씨전』「애공(哀公) 7년」: 曰, "魯擊柝聞於邾; 吳二千里, 不三月不至, 何及於我? 且國內豈不足?"

경문 "孔子嘗爲委吏矣, 曰: '會計當而已矣.' 嘗爲乘田矣, 曰: '牛羊茁壯長而已矣.' 位卑而言高, 罪也. 立乎人之本朝而道不行, 恥也."

번역 맹자는 계속하여 "공자께서도 일찍이 위리(委吏)를 맡으신 적이 있었는데, '회계를 마땅하게 할 따름이다.'라고 하셨고, 또한 일찍이 승전(乘田)을 맡으신 적이 있었는데, '소와 양을 잘 키울 따름이다.'라고 하셨다. 지위가 낮은데도 고위 관료가 하는 말을 한다면 죄가 된다. 남의 조정에서 있으면서 도가 시행되지 않음은 부끄러운 일이다."라고 했다.

趙注 孔子嘗以貧而祿仕, 委吏, 主委積倉庾之吏也, 不失會計當直其多少而已. 乘田, 苑囿之吏也, 主六畜之芻牧者也, 牛羊茁壯肥好長大而已. 茁, 生長貌也, 詩云: "彼茁者葭." 位卑不得高言豫朝事, 故但稱職而已. 立本朝, 大道當行, 不行爲己之恥. 是以君子祿仕者, 不處大位.

번역 공자는 일찍이 가난 때문에 녹봉을 받기 위해 벼슬을 했었는데, 위리(委吏)는 창고에 곡식 저장하는 것을 관리하는 아전으로, 계산에 잘못을 범하지 않고 많고 적은 수량을 정확히 기록했을 따름이다. 승전(乘田)은 동산을 관리하는 아전으로, 육축(六畜)[26]을 방목하는 일을 담당하는 자이니, 소와 양 등을 살찌우고 건장하게 키웠을 따름이다. '줄(茁)'은 생장하는 모습을 뜻하니, 『시』에서는 "저 자라나는 갈대여."[27]라고 했다. 지위가 낮은 자는 고위 관료가 하는 높은 수준의 말을 하며 조정의 일에 간여할 수 없다. 그렇기 때문에 단지 해당 직무에 대한 말만 할 따름이다. 조정에 서게 되면 큰 도를 시행해야만 하는데, 시행되지 못하는 것은 자신의 치욕이 된다. 이러한 까닭으로 군자가 녹봉을 받기 위해 벼슬하는 경우에는 높은 지위에 오르지 않는 것이다.

---

26) 육축(六畜)은 여섯 종류의 가축을 뜻한다. 말[馬], 소[牛], 양(羊), 닭[雞], 개[犬], 돼지[豕]를 가리킨다. 『춘추좌씨전』「소공(昭公) 25년」편에는 "爲六畜·五牲·三犧, 以奉五味."라는 기록이 있고, 이에 대한 두예(杜預)의 주에서는 "馬·牛·羊·雞·犬·豕."라고 풀이했다.

27) 『시』「소남(召南)·추우(騶虞)」: 彼茁者葭. 壹發五豝, 于嗟乎騶虞.

孫疏 ●"孟子曰: 仕非爲貧"至"道不行, 恥也", 孟子言爲仕者, 志在欲行其道, 以濟生民, 非爲家貧乏財, 故爲仕也. 然而家貧親老而仕者, 亦有時而爲貧也. 娶妻志在爲繼嗣以傳業, 非爲其欲奉養其己, 故娶妻也. 然而有以親執釜爨, 不擇妻而娶者, 是娶妻亦有時乎爲養也. 然以孟子於此乃言娶妻之謂者, 蓋妻亦臣之喩, 故因言爲仕, 而帶言之也. 所以於下文不復敍之, 而獨繼之以爲貧而言也. 言爲貧者不苟貪, 但免朝不食·夕不食·飢餓不能出門戶足矣, 高爵非所慕也, 故辭其尊而處卑; 重祿非所慕也, 故辭其富而處貧. 凡此者, 以其爵有尊·卑, 祿有多·寡故然也, 以其祿之少者, 則又以貧言之, 非所謂家貧之貧也. 此又知孟子立言之法也. 言辭尊而處卑, 辭富而居貧, 是安所而宜之乎? 言抱關擊柝者是也. 抱關擊柝之職, 乃監門守禦之吏也, 擊柝者, 所以擊關門之木以警寇也. 以其是爵之卑·祿之貧者也, 故曰惡乎宜乎, 抱關擊柝. 又引孔子而證之, 言孔子嘗以貧而祿仕, 但爲委吏, 以掌倉庾. 又嘗爲乘田之吏, 以掌苑囿, 主芻牧也. 爲委吏, 則曰會計當料量多少斯已矣, 未嘗侵官犯分也; 爲乘田之助吏, 則曰牛羊茁壯肥長斯已矣, 又未嘗侵官犯分也: 是皆但爲稱職耳. 孟子於此, 遂因言之曰: 如位處卑, 而言在高位者, 是罪之極也; 如立乎人之朝, 而道不得行者, 君子之所恥辱也. 孔子曰: "不在其位, 不謀其政", 又曰: "邦無道, 富且貴焉, 恥也", 皆此之謂也.

번역 ●經文: "孟子曰: 仕非爲貧"~"道不行, 恥也". ○맹자는 벼슬살이를 하는 것은 그 뜻이 도를 시행하여 백성들을 구제하려는데 있으며, 집안이 가난하고 재물이 부족하기 때문에 벼슬살이를 하는 것이 아니라고 했다. 그러나 집안이 가난하고 부모가 연로하여 벼슬하는 경우도 있으니, 또한 때에 따라 가난으로 인해 벼슬에 오르는 것이다. 아내를 들이는 것은 그 뜻이 후사를 이어 가업을 전승하는데 있으며, 자신을 기르기 위해서 아내를 들이는 것이 아니다. 그러나 직접 부엌일을 하게 되어 아내가 될 여자를 꼼꼼하게 간택하지 않고 혼인을 치르는 경우도 있으니, 아내를 들일 때에도 때에 따라 자신을 기르기 위한 것도 있다. 맹자가 이러한 설명을 하면서 아내 들이는 일까지 언급한 것은 아내는 신하를 비유하기 때문이다. 그래서 이로 인해 벼슬살이하는 일을 연계시켜 말한 것이다. 그래서 그 뒤의 문장에서는 재차 아내에 대한 일을 언급하지 않고 단지 가난 때문에 벼슬하는 경우만을 연이어 설명한 것이다. 가난으로 인해 벼슬에 오른 경우에는 구차하게 탐욕을 부려서는 안 되며, 단지 아침밥과 저녁밥을 해결하지 못하고 기아로 인해 문밖을 출입하지 못하는 지경만 벗어나면 족하니, 높은 작위는 꿈꿀 것이 아니다. 그렇기 때문에 존귀한 자리를 사양하고 낮은 자리에 머문다. 또 많은 녹봉은 꿈꿀 것이 아니다. 그렇기 때문에 많은 녹봉을 사양하고 적은 녹봉에 만족하는 것이다. 이러한 설명은 작위에는 존비의 차이가 있고 녹봉에도 많고 적은 차이가 있기 때문이다. 녹봉이 적다는 것은 또한 가난으로 말한 것이니, 집안이 가난하다고 할 때의 가난을 말하는 것이 아니다. 이 내용 또한 맹자가 확립한 법도이다. 즉 존귀한 자리를 사양하고 낮은 자리에 머물며 많은 녹봉을 사양하고 적은 녹봉에 만족하는 것에 있어서 어떻게 하면 마땅하게 되는가? 관문을 안고 나무를 치는 것이 바로 여기에 해당한다. 관문을 안고 나무를 치는 직무는 곧 문을 감독하고 지키는 하급 관리의 직책이며, 나무를 친다는 것은 관문의 나무를 쳐서 도둑이 나타났음을 알리는 것이다. 작위가 낮고 녹봉이 적은 관직에 해당하기 때문에 "어떻게 하면 마땅한가? 관문을 안고 나무를 치는 일이다."라고 말한 것이다. 또한 공자의 일화를 인용하여 증명을 했으니, 공자는 일찍이 가난으로 인해 녹봉을 벌기 위해 벼슬살이를 한 경우가 있었는데, 단지 위리(委吏)라는 자리에 올라 창고를 담당했다. 또 일찍이 승전(乘田)이라는 아전이 되어 동산을 담당하며 방목을 주관했다. 위리가 되었을 때에는 회계는 양식의 많고 적은 수량에 맞게 할 따름이라고 했으니, 일찍이 다른 관직이나 다른 직분을 침범하지 않았던 것이다. 또 승전이라는 아전이 되었을 때에는 소와 양을 살찌우고 크게 길러낼 따름이라고 했으니, 이러한 직책을 맡았을 때에도 다른 관직이나 다른 직분을 침범하지 않았던 것이다. 이것들은 모두 자신의 직무에 대해서만 말해야 한다는 것을 뜻한다. 맹자는 이러한 일화로 인해 이것은 낮은 지위에 머무는 경우와 같다고 했고, 높은 지위에 오르는 것은 매우 큰 죄악이라고 했다. 그리고 남의 조정에 서 있는 데도 도가 시행되지 못한다면 군자가 치욕으로 삼는 것이라고 했다. 공자는 "해당하는 지위에 있지 않으면 해당하는 정치를 계획하지 않는다."[28]라고 했고, 또 "나라에 도가 없는데도 부유하고 존귀한 것은 부끄러운 일이다."[29]라고 했으니, 이 모두는 바로 이러한 뜻을 말한다.

孫疏 ◎注"孔子"至"道也". ○正義曰: 按孔子世家云: "孔子貧且賤, 嘗爲委氏吏而料量平, 嘗爲司職吏而畜息蕃田, 是爲司空, 已而去魯." 是其事也. 云"詩云: 彼茁者葭", 注云: "茁, 出也. 葭, 蘆也." 箋云: "言蘆之始出者."

번역 ◎趙注: "孔子"~"道也". ○『사기』「공자세가」를 살펴보면 "공자는 가난하고 미천한 신분이어서 일찍이 위리의 관직을 맡았었는데 양식을 저울질한 것이 공평하게 되었고, 일찍이 사사의 직무를 맡았었는데 가축과 경작지가 번식하고 번성하였는데, 이로 인해 사공이 되었다가 그만두고 노나라를 떠났다."라고 했으니, 바로 그 일을 말한다. "『시』에서는 '저 자라나는 갈대여.'"라고 했는데, 주에서는 "줄(茁)자는 땅에서 나온다는 뜻이다. '가(葭)'자는 갈대를 뜻한다."라고 했고, 전문에서는 "갈대가 처음으로 땅속에서 솟아나오는 것을 뜻한다."라고 했다.

集註 此孔子之爲貧而仕者也. 委吏, 主委積之吏也. 乘田, 主苑囿芻牧之吏也. 茁, 肥貌. 言以孔子大聖, 而嘗爲賤官不以爲辱者, 所謂爲貧而仕, 官卑祿薄, 而職易稱也.

번역 이것은 공자가 가난으로 인해 벼슬한 경우이다. '위리(委吏)'는 창고의 물자를 담당하는 관리이다. '승전(乘田)'은 동산에서 방목을 담당하는 관리이다. '줄(茁)'자는 살찐 모습을 뜻한다. 즉 공자와 같은 위대한 성인도 일찍이 미천한 관직에 올랐지만 치욕으로 여기지 않았으니, 가난으로 인해 벼슬하는 경우로, 관직이 낮고 녹봉이 적었으며 직책도 쉬웠다는 뜻이다.

---

28) 『논어』「태백(泰伯)」: 子曰, "不在其位, 不謀其政."
29) 『논어』「태백(泰伯)」: 子曰, "篤信好學, 守死善道. 危邦不入, 亂邦不居. 天下有道則見, 無道則隱. 邦有道, 貧且賤焉, 恥也, 邦無道, 富且貴焉, 恥也."

集註 以出位爲罪, 則無行道之責; 以廢道爲恥, 則非竊祿之官, 此爲貧者之所以必辭尊富而寧處貧賤也.

번역 자신의 지위를 벗어나 간섭하는 것을 죄로 삼는다면 도를 시행해야 할 책무가 없는 것이며, 도가 폐지되는 것을 부끄럽게 여긴다면 녹봉이나 훔쳐 먹는 관리가 아니니, 이것은 가난으로 인해 벼슬하는 자가 반드시 존귀한 자리와 많은 녹봉을 사양하고 적은 녹봉과 미천한 자리에 안주하는 이유이다.

集註 尹氏曰: 言爲貧者不可以居尊, 居尊者必欲以行道.

번역 윤씨가 말하길, 가난으로 인해 벼슬하는 자는 존귀한 자리에 올라서는 안 되고, 존귀한 자리에 오른 자는 반드시 도를 시행하고자 해야 한다는 뜻이다.

참고 『맹자』「만장하(萬章下)」 기록

경문 萬章曰, "敢問不見諸侯, 何義也?"

번역 만장은 "감히 묻겠습니다. 제후를 만나보지 않는 것은 무슨 도의에 해당합니까?"라고 물었다.

趙注 問諸侯聘請而夫子不見之, 於義何取也.

번역 제후가 빙문을 하여 청했는데도 맹자가 만나보지 않은 것은 도의상 어떤 뜻에 따른 것이냐고 물어본 것이다.

孫疏 ●"萬章曰"至"召之也". ○正義曰: 此章指言君子之志, 志於行道, 不得其禮, 亦不苟往. 于禮之可, 伊尹三聘而後就湯. 道之未洽, 沮溺耦耕, 接輿佯狂, 豈可見也?

번역 ●經文: "萬章曰"~"召之也". ○이 문장은 군자의 뜻을 나타내고 있는데, 군자는 도를 시행하는데 뜻을 두어, 예법에 맞지 않다면 또한 구차히 찾아가지 않는다는 의미이다. 예법에 맞다고 하더라도 이윤은 세 차례 빙문을 받은 이후에야 탕임금에게 나아갔다. 도에 부합하지 않다면 장저와 걸닉처럼 밭을 경작하고 접여처럼 거짓으로 미친 척을 하게 되는데, 어찌 만나볼 수 있겠는가?

孫疏 ●"萬章曰: 敢問不見諸侯, 何義也", 萬章問孟子所以不見諸侯, 其義謂何?

번역 ●經文: "萬章曰: 敢問不見諸侯, 何義也". ○만장은 맹자가 제후를 만나보지 않은 것은 그 도의가 무엇이냐고 물어본 것이다.

경문 孟子曰, "在國曰市井之臣, 在野曰草莽之臣, 皆謂庶人. 庶人不傳質爲臣, 不敢見於諸侯, 禮也."

번역 맹자는 "국성에 머무는 자들은 '시정지신(市井之臣)'이라 부르고, 초야에 있는 자들은 '초망지신(草莽之臣)'이라고 부르니, 이들은 모두 서인(庶人)을 뜻한다. 서인은 예물을 가지고 가서 신하가 되지 않았다면 제후를 감히 만나보지 않는 것이 예이다."라고 대답했다.

趙注 在國謂都邑也, 民會於市, 故曰市井之臣. 在野居之, 曰草莽之臣. 莽亦草也. 庶, 衆也. 庶衆之人, 未得爲臣. 傳, 執也. 見君之質, 執雉之屬也. 未爲臣, 則不敢見之, 禮也.

번역 국성에 있다는 것은 도읍(都邑)을 뜻하며, 백성들은 시장에 모이기 때문에 '시정지신(市井之臣)'이라고 말한 것이다. 초야에 거주하는 자들을 '초망지신(草莽之臣)'이라고 부른다. '망(莽)' 또한 풀[草]을 뜻한다. '서(庶)'자는 무리[衆]를 뜻한다. 일반 백성들은 신하가 될 수 없다. '전(傳)'자는 "잡다[執]."는 뜻이다. 군주를 알현할 때의 예물은 꿩을 들고 가는 부류를 뜻한다. 아직 신하가 되지 못했다면 감히 만나보지 않는 것이 예이다.

孫疏 ●"孟子曰: 在國曰市井之臣"至"禮也", 孟子答之, 以謂凡在都邑謂之市井之臣, 在郊野謂之草莽之臣, 然總而言之, 皆謂之衆庶之人. 如衆庶之人未得傳質爲臣者, 故不敢就見於君也, 以其無禮也. 傳質者, 所執其物以見君也. 如公執桓圭, 侯執信圭, 伯執躬圭, 子執穀璧, 男執蒲璧. 又諸侯世子執纁, 孤執玄, 附庸之君執黃, 卿執羔, 大夫執鴈, 士執雉, 是所以爲贄也.

번역 ●經文: "孟子曰: 在國曰市井之臣"~"禮也". ○맹자가 답변한 것이니, 도읍에 머문 자들은 '시정지신(市井之臣)'이라고 부르고, 교야(郊野)[30]에 있는 자들은 '초망지신(草莽之臣)'이라고 불렀는데, 이들을 총괄해서 말한다면 모두 '중서지인(衆庶之人)'이라고 할 수 있다. 이러한 백성들이 아직 예물을 들고 찾아가서 신하가 되지 않았기 때문에 감히 군주에게 나아가 알현할 수 없는 것이니, 만나보는 것은 무례가 되기 때문이다. '전질(傳質)'이라고 했는데, 예물을 들고 찾아가서 군주를 알현한다는 뜻이다. 예를 들어 공작은 환규(桓圭)를 들고 가고 후작은 신규(信圭)를 들고 가며 백작은 궁규(躬圭)를 들고 가고 자작은 곡벽(穀璧)을 들고 가며 남작은 포벽(蒲璧)을 들고 간다. 또 제후의 세자는 분홍색 비단을 들고 가고 고(孤)는 검은색 비단을 들고 가며 부용국의 군주는 황색 비단을 들고 가고, 경은 새끼양을 들고 가며 대부는 기러기를 들고 가고 사는 꿩을 들고 가니, 이러한 것들을 예물로 삼게 된다.

---

30) 교야(郊野)는 도성(都城) 밖의 외곽지역을 범범하게 지칭하는 용어이다. 한편 주(周)나라 때에는 왕성(王城)의 경계로부터 사방 100리(里)까지를 '교(郊)'라고 불렀으며, 300리 떨어진 지점까지를 '야(野)'라고 불렀다. 따라서 이 공간 안에 포함된 땅을 통칭하여 '교야'라고 불렀다.

孫疏 ◎注"質, 執雉之屬". ○正義曰: 已說於前矣.

번역 ◎趙注: "質, 執雉之屬". ○이미 앞에서 설명했다.

集註 傳, 通也. 質者, 士執雉, 庶人執鶩, 相見以自通者也. 國內莫非君臣, 但未仕者與執贄在位之臣不同, 故不敢見也.

번역 '전(傳)'자는 통한다는 뜻이다. '질(質)'은 사는 꿩을 들고 가고 서인은 집오리를 들고 가서 서로 만나보며 이를 통해 정감을 통하는 것이다. 한 나라 안에서는 군주와 신하의 관계에서 벗어나는 자가 없다. 다만 아직 벼슬에 오르지 않은 자는 이미 예물을 들고 찾아가 신하의 자리에 오른 자와는 동일하게 할 수 없다. 그렇기 때문에 감히 만나보지 않은 것이다.

경문 萬章曰, "庶人召之役則往役, 君欲見之, 召之則不往見之, 何也?"

번역 만장은 "서인은 군주가 불러 부역을 시키면 가서 부역에 종사하는데, 군주가 그를 만나보고자 하여 불렀는데도 가서 만나보지 않는 이유는 어째서입니까?"라고 물었다.

趙注 庶人召使給役事, 則往供役事, 君召之見, 不自往見, 何也?

번역 서인을 불러 부역에 참여토록 한다면 찾아가서 부역에 종사하지만, 군주가 만나보고자 불렀을 때, 직접 찾아가 만나보지 않는 것은 어째서인가?

孫疏 ●"萬章曰: 庶人召之役則往役, 君欲見, 召之則不往見之, 何也", 萬章又問孟子曰: 庶人於君, 召之給役, 則庶人往就其役事, 今君欲見, 召之乃不往者, 是如之何也? 萬章見齊王召孟子, 孟子不往, 所以有是問之.

번역 ●經文: "萬章曰: 庶人召之役則往役, 君欲見, 召之則不往見之, 何

也". ○만장은 재차 맹자에게 질문하여, 서인은 군주에 대해서 군주가 불러 부역에 종사토록 하면 서인은 부역하는 일에 찾아가게 된다. 그런데 현재 군주가 만나보고자 하여 그를 불렀는데도 찾아가지 않는 것은 어째서이냐고 말한 것이다. 만장은 제나라 왕이 맹자를 불렀는데도 맹자가 찾아가지 않은 것을 보고 이와 같이 질문을 하게 된 것이다.

경문 曰, "往役, 義也. 往見, 不義也. 且君之欲見之也, 何爲也哉?"

번역 맹자는 "가서 부역에 참여하는 것은 의(義)에 해당한다. 그러나 가서 만나보는 것은 의가 아니다. 그런데 군주가 그를 만나보고자 한다는 것은 어째서인가?"라고 했다.

趙注 孟子曰: 庶人法當給役, 故往役, 義也; 庶人非臣也, 不當見君, 故往見, 不義也. 且君何爲欲見而召之?

번역 맹자는 서인은 법도에 따라 마땅히 부역에 종사해야 하기 때문에 찾아가서 부역에 따르는 것은 의(義)에 해당한다. 그러나 서인은 신하가 아니므로 군주를 만나볼 수 없다. 그래서 찾아가서 만나보는 것은 의롭지 못한 것이다. 또 군주는 어찌하여 만나보고자 불렀느냐고 말했다.

孫疏 ●"曰: 往役, 義也. 往見, 不義也", 孟子答之曰: 庶人往應其役, 是其義當往也. 以其庶人於君, 其法當爲之役故也. 往而見君者, 是不義也, 以其庶人非臣也, 義不當往見君故也.

번역 ●經文: "曰: 往役, 義也. 往見, 不義也". ○맹자는 대답을 하며, 서인이 찾아가서 부역에 따르는 것은 도의상 마땅히 가야 하는 것이다. 서인은 군주에 대해서 법도에 따라 마땅히 그를 위해 부역에 참여해야 하기 때문이다. 찾아가서 군주를 만나보는 것은 의롭지 못한 것이니, 서인은 신하가 아니기 때문에 도의상 찾아가서 군주를 만나보아서는 안 되기 때문이다.

孫疏 ●"且君之欲見之也者, 何爲也哉", 孟子又以此問萬章, 言且國君所欲見之者, 何爲也哉?

번역 ●經文: "且君之欲見之也者, 何爲也哉". ○맹자는 또한 이러한 말로 만장에게 물어본 것이니, 제후가 만나보고자 하는 것은 어째서냐는 의미이다.

集註 往役者, 庶人之職; 不往見者, 士之禮.

번역 찾아가서 부역에 종사하는 것은 서인이 따라야 할 임무이지만, 찾아가서 만나보지 않는 것은 사의 예법이다.

경문 曰, "爲其多聞也, 爲其賢也."

번역 만장은 "식견이 많기 때문이며 그가 현명하기 때문입니다."라고 대답했다.

趙注 萬章曰: 君以是欲見之也.

번역 만장은 군주는 이러한 이유 때문에 만나보고자 했다고 말했다.

孫疏 ●"曰: 爲其多聞也, 爲其賢也", 萬章答之曰: 君之所以欲見之者, 是爲多聞, 又爲其賢有德也.

번역 ●經文: "曰: 爲其多聞也, 爲其賢也". ○만장은 답변을 하며, 군주가 만나보고자 하는 것은 그가 식견이 많기 때문이며, 또한 그가 현명하여 덕을 갖추고 있기 때문이라고 했다.

경문 曰, "爲其多聞也, 則天子不召師, 而況諸侯乎? 爲其賢也, 則吾未聞欲見賢而召之也."

번역 맹자는 "식견이 많기 때문이라면 천자도 스승을 부르지 않았는데 하물며 제후가 부를 수 있겠는가? 또 그가 현명하기 때문이라면 나는 일찍이 현명한 자를 만나보고자 하여 그를 불렀다는 말은 들어보지 못했다."라고 말했다.

趙注 孟子曰: 安有召師·召賢之禮, 而可往見.

번역 맹자는 어찌 스승과 현자를 부르는 예법이 있어 찾아가서 만나볼 수 있느냐고 했다.

孫疏 ●"曰爲其多聞也"至"而召之也", 孟子又曰: 如是爲其多聞也者, 則雖天子, 亦且不召其師, 而況諸侯可召而見之乎? 如是賢爲有其德也, 則我未曾聞知有欲見賢者而以召之也.

번역 ●經文: "曰爲其多聞也"~"而召之也". ○맹자는 재차 이처럼 그가 식견이 많기 때문이라면, 천자라 하더라도 또한 자신의 스승을 부르지 않는데, 하물며 제후가 되어서 그러한 자를 불러 만나볼 수 있느냐고 말했다. 또한 이처럼 현명한 자가 덕이 있다면 나는 일찍이 현자를 만나보고자 하여 그를 불렀다는 말은 들어보지 못했다고 했다.

경문 "繆公亟見於子思, 曰: '古千乘之國以友士, 何如?' 子思不悅, 曰: '古之人有言曰: 事之云乎, 豈曰友之云乎?' 子思之不悅也, 豈不曰: '以位, 則子君也, 我臣也, 何敢與君友也? 以德, 則子事我者也, 奚可以與我友?' 千乘之君, 求與之友而不可得也, 而況可召與?"

번역 맹자는 계속하여 "노나라 목공은 자주 자사를 만나보았는데, '옛날에는 1000승 규모의 제후가 선비를 벗하였다고 하는데, 어떠합니까?'라고 하자 자사는 기뻐하지 않으며, '옛 사람들이 말하기를 섬긴다고는 했을지언정 어찌 벗하였다고 하겠습니까?'라고 하셨다. 자사께서 기뻐하지 않으셨던 것은 '지위로 보면 그대는 군주이고 나는 신하인데 어찌 군주와 더불어 벗할 수 있겠으며, 덕으로 보면 그대는 나를 섬기는 자인데 어찌 나와 더불어 벗할 수 있겠는가?'라고 말한 것이 아니겠는가. 1000승이나 되는 군주가 벗하기를 구해도 할 수 없는데 하물며 부를 수가 있겠는가?"라고 했다.

趙注 魯繆公欲友子思, 子思不悅, 而稱曰: 古人曰見賢人當事之, 豈云友之邪? 孟子云: 子思所以不悅者, 豈不謂臣不可友君, 弟子不可友師也. 若子思之意, 亦不可友, 況乎可召之.

번역 노나라 목공은 자사를 벗으로 삼고자 했는데, 자사는 기뻐하지 않으며 옛 사람들은 현인을 보면 마땅히 섬겨야 하는데 어찌 벗으로 삼을 수 있느냐는 말이 있다고 했다. 맹자는 자사가 기뻐하지 않았던 것은 신하는 군주를 벗으로 삼을 수 없고 제자는 스승을 벗으로 삼을 수 없다는 뜻이 아니었겠느냐고 했다. 자사의 의중에 따른다면 벗으로도 삼을 수 없는데 하물며 부를 수 있느냐는 의미이다.

孫疏 ●"繆公亟見子思"至"不往也", 孟子又引繆公而證之, 言魯繆公數數見於子思, 乃曰古者千乘之國君以友其士, 何如? 子思遂慍而不喜, 曰: 古之人有言曰: 見賢人則當事矣, 豈嘗云友之乎? 然而子思所以不悅者, 其意豈不謂以位推之, 則子是爲君, 尊矣, 而我則臣下也, 何敢與君爲之交友也? 以有德論之, 則子事我, 爲子之師也, 奚可以與我爲友? 是則千乘之國君求賢者與之爲友, 而尙且不可得也, 而況諸侯於今可召賢者而見之乎?

번역 ●經文: "繆公亟見子思"~"不往也". ○맹자는 재차 목공의 일화를 인용하여 증명한 것이니, 노나라 목공은 빈번하게 자사를 만나보았는데, 옛날에 1000승의 제후국 군주는 선비를 벗으로 삼았다고 하는데 어떠하냐고 말했다. 그러자 자사는 화를 내며 기뻐하지 않았으니, 옛 사람들이 한 말 중에는 현자를 보게 되면 마땅히 섬겨야 하는데 어찌 벗으로 삼는다고 말한 적이 있느냐고 했다. 그러므로 자사가 기뻐하지 않았던 것은 지위로 따지자면 그대는 군주이니 존귀한 신분이고, 나는 신하가 되는데 어떻게 감히 군주와 교우를 맺을 수 있겠는가? 또 덕으로 따지자면 그대는 나를 섬겨야 하니 나는 그대의 스승이 되는데 어떻게 나와 벗할 수 있겠느냐고 한 것이다. 즉 1000승의 제후국 군주라도 현명한 자와 벗하는 것을 오히려 할 수 없는데 하물며 제후가 지금처럼 현자를 불러서 만나볼 수 있겠느냐는 의미이다.

集註 孟子引子思之言而釋之, 以明不可召之意.

번역 맹자는 자사의 말을 인용해서 풀이한 것이니, 이를 통해 부를 수 없다는 뜻을 나타낸 것이다.

경문 "齊景公田, 招虞人以旌, 不至, 將殺之. '志士不忘在溝壑, 勇士不忘喪其元', 孔子奚取焉? 取非其招不往也."

번역 맹자는 계속하여 "제나라 경공이 사냥을 했을 때 우인(虞人)[31]을 정(旌)로 불렀는데 오지 않자 죽이려고 했다. 공자께서는 '뜻이 있는 선비는 자신의 시신이 구덩이에 뒹굴더라도 절의를 잊지 않고 용맹이 있는 선비는 자신의 머리가 잘리더라도 절의를 잊지 않는다.'라고 하셨으니, 공자께서 어찌 그를 칭찬하였겠는가? 합당한 부름이 아니면 가지 않은 것을 칭찬하신 것이다."라고 했다.

趙注 已說於上篇.

번역 이미 앞 편에서 설명했다.

孫疏 ●"齊景公"至"不往也", 說於上篇矣, 此更不云.

---

31) 우인(虞人)은 산림(山林)을 관장하는 관리이다. 『여씨춘추(呂氏春秋)』「계하(季夏)」편에는 "乃命虞人入山行木."이라는 기록이 있고, 이에 대한 고유(高誘)의 주에서는 "虞人, 掌山林之官."이라고 풀이하였다.

번역 ●經文: "齊景公"~"不往也". ○앞 편에서 설명했으므로, 이곳에서 재차 기술하지 않는다.

集註 說見前篇.

번역 해당 설명은 앞 편에 나온다.

경문 曰, "敢問招虞人何以?"

번역 만장은 "감히 묻겠습니다. 우인을 부를 때에는 무엇으로 해야 합니까?"라고 물었다.

趙注 萬章問招虞人當何用也.

번역 만장은 우인을 부를 때에는 마땅히 어떤 것을 사용해야 하냐고 질문한 것이다.

孫疏 ●"曰敢問招虞人何以", 萬章見孟子言齊景公招虞人之事, 遂因問之, 曰: 招虞人當用何物而招之.

번역 ●經文: "曰敢問招虞人何以". ○만장은 맹자가 말한 제경공이 우인을 불렀다는 일화에 대해 듣고 그에 따라 질문을 한 것이니, 우인을 부르기 위해서는 어떤 것을 사용해서 불러야만 하냐고 물어본 것이다.

경문 曰, "以皮冠. 庶人以旃, 士以旂, 大夫以旌."

번역 맹자는 "피관(皮冠)으로 부른다. 서인을 부를 때에는 전(旃)[32]을

32) 전(旃)은 전(旜)이라고도 기록하는데, 본래 고(孤)나 경(卿) 등이 사용하는 깃발을 뜻한다. 순색의 비단을 이용하여 만든 깃발이며, 별다른 장식을 사용하지 않고, 굽어 있는 깃대를 사용하게 된다. 『주례』「춘관(春官)·사상(司常)」

사용하고 사를 부를 때에는 기(旂)[33]를 사용하며 대부를 부를 때에는 정(旌)[34]을 사용한다."라고 했다.

趙注 孟子曰: 招禮若是. 皮冠, 弁也. 旃, 通帛也, 因章曰旃. 旂, 旌有鈴者. 旌, 注旄首者.

번역 맹자는 부르는 예법이 이와 같다고 했다. '피관(皮冠)'은 변(弁)이다. '전(旃)'은 순색의 비단으로 만든 깃발이며, 그 무늬에 따라서 '전(旃)'이라고 부른다. '기(旂)'는 정(旌) 중에 방울이 달린 것이다. '정(旌)'은 깃술을 단 것이다.

孫疏 ◎注"孟子曰"至"首者". ○正義曰: 按士冠禮注云: "皮弁以白鹿爲之象", 舊禮圖云: 以鹿皮淺毛黃白者爲之, 高尺二寸. 今虞人以皮弁者, 皮弁以田故也. 又按周禮·司常職云: "交龍爲旂, 通帛爲旃, 析羽爲旌." 鄭注云"通帛謂大赤, 從周正色, 無飾, 析羽, 皆五采繫之於旂旌之上, 所謂注旄於首", 是也.

편에는 "掌九旗之物名, 各有屬以待國事. 日月爲常, 交龍爲旂, 通帛爲旜, 雜帛爲物, 熊虎爲旗, 鳥隼爲旟, 龜蛇爲旐, 全羽爲旞, 析羽爲旌."이라는 기록이 있다.

33) 기(旂)는 본래 제후가 세우는 깃발을 뜻한다. 제후는 그 깃발에 두 마리의 용(龍)이 한 쌍을 이루고 있는 교룡(交龍)을 수놓는다. 이때 '머리를 하늘로 하고 있는 1마리 용[升龍]'은 승천하여 천자에게 조회를 하는 모습을 형상화한 것이고, '머리를 땅으로 하고 있는 다른 1마리 용[降龍]'은 천자의 명령을 받아서 복종하는 것을 형상화한 것이다. 천자의 깃발에는 해[日]·달[月]·별[星辰] 등을 수놓았는데, 제후는 천자와 동일하게 할 수 없기 때문에, 대신 승용(升龍)과 강용(降龍)을 수놓았던 것이다. 『주례』「춘관(春官)·사상(司常)」편에 기록된 '기'에 대해서, 정현의 주에서는 "諸侯畫交龍, 一象其升朝, 一象其下復也."라고 풀이했고, 가공언(賈公彦)의 소(疏)에서는 "至於天子旌旗有日月星辰, 故諸侯旌旗無日月星, 故龍有升降也. 象升朝天子, 象下復還國也."라고 풀이했다. 한편 깃발 자체를 뜻하는 용어로 사용되기도 했다.

34) 정(旌)은 가느다란 새의 깃털인 석우(析羽)를 오색(五色)으로 채색하여, 깃술처럼 장식한 깃발이다. 『주례』「춘관(春官)·사상(司常)」편에는 "全羽爲旞, 析羽爲旌."이라는 기록이 있다. 한편 '정'은 깃발들을 범칭하는 용어로도 사용된다.

번역 ◎趙注: "孟子曰"~"首者". ○『의례』「사관례(士冠禮)」편의 주를 살펴보면 "피변(皮弁)[35]은 백색 사슴 가죽으로 만들며 상고시대의 것을 상징한다."고 했고, 옛 『예도』에서는 사슴 가죽 중 털이 짧고 황백색인 것으로 만드는데, 높이는 1척 2촌이라고 했다. 현재 우인들이 피변을 착용하는 것은 피변을 쓰고 사냥하기 때문이다. 또 『주례』「사상(司常)」편의 직무 기록을 살펴보면, "몸을 꼬고 있는 두 마리의 용을 그려서 기(旂)를 만들고, 순색의 비단으로 전(旃)을 만들며, 가느다란 새의 깃털을 오색으로 채색하여 정(旌)을 만든다."[36]라고 했고, 정현의 주에서는 "순색의 비단으로 만든 깃발은 대적(大赤)이라고 부르며, 주나라에서 숭상하던 정색인 적색을 사용하며, 별다른 장식이 없으며, 전우(全羽)와 석우(析羽)는 모두 다섯 가지 채색의 깃술을 엮어 깃발 끝에 붙인 것이다."라고 했다.

集註 皮冠, 田獵之冠也. 事見春秋傳. 然則皮冠者, 虞人之所有事也, 故以是招之. 庶人, 未仕之臣. 通帛曰旃. 士, 謂已仕者. 交龍爲旂, 析羽而注於旂干之首曰旌.

번역 '피관(皮冠)'은 사냥할 때 쓰는 관이다. 이 일화는 『춘추전』에 나온다. 그렇다면 피관이라는 것은 우인이 담당하는 일을 할 때 쓰는 관이다. 그렇기 때문에 이것으로 부르는 것이다. 서인은 아직 벼슬길에 오르지 않은 신하이다. 순색의 비단으로 만든 깃발을 전(旃)이라고 부른다. 사(士)는 이미 벼슬길에 오른 자이다. 두 마리의 용이 몸을 꼬고 있는 모습을 그려 기(旂)를 만들고, 가느다란 깃털을 깃대 끝에 단 것을 '정(旌)'이라고 부른다.

---

35) 피변(皮弁)은 고대에 사용되었던 관(冠)의 한 종류이다. 백색 사슴의 가죽으로 만든 모자이다. 한편 관(冠)에 따른 의복까지 포함한 의미로 사용되기도 한다. 『주례』「하관(夏官)·변사(弁師)」편에는 "王之皮弁, 會五采玉璂, 象邸, 玉笄."라는 기록이 있다.

36) 『주례』「춘관(春官)·사상(司常)」: 司常; 掌九旗之物名, 各有屬, 以待國事. 日月爲常, 交龍爲旂, 通帛爲旃, 雜帛爲物, 熊虎爲旗, 鳥隼爲旟, 龜蛇爲旐, 全羽爲旞, 析羽爲旌.

경문 "以大夫之招招虞人, 虞人死不敢往. 以士之招招庶人, 庶人豈敢往哉? 況乎以不賢人之招招賢人乎?"

번역 맹자는 계속하여 "대부를 부르는 깃발로 우인을 불렀으니, 우인은 죽어도 감히 가지 못했던 것이다. 사를 부르는 깃발로 서인을 부른다면 서인이 어찌 감히 갈 수 있겠는가? 하물며 현명하지 못한 자를 부르는 방법으로 현명한 자를 부르는 경우는 어떻겠는가?"라고 했다.

趙注 以貴者之招招賤人, 賤人尙不敢往, 況以不賢人之招招賢人乎? 不賢之招, 是不以禮者也.

번역 존귀한 자를 부르는 방법으로 미천한 자를 부르는데도 미천한 자는 오히려 감히 나아가지 않았다. 하물며 현명하지 못한 자를 부르는 방법으로 현명한 자를 부른다면 어떻겠는가? 현명하지 못한 자를 부르는 방법은 바로 예법에 따라 부르지 않았다는 뜻이다.

孫疏 ●"曰以皮冠, 庶人以旃"至"賢人乎", 孟子以答之, 曰招虞人當以皮弁而招之也, 庶人則以通帛招之, 士以旂, 大夫以旌, 如以大夫之旌招虞人, 虞人雖死亦且不敢往應其招也, 以其士之旂而招庶人, 庶人豈敢往而應之哉? 而況以不賢之招而招賢人乎. 不賢之招, 卽不以禮之謂也.

번역 ●經文: "曰以皮冠, 庶人以旃"~"賢人乎". ○맹자는 답변을 하며, 우인을 부를 때에는 마땅히 피변을 이용해서 불러야 하고, 서인인 경우라면 순색의 비단으로 만든 깃발로 부르고, 사는 기(旂)로 부르며, 대부는 정(旌)으로 불러야 하는데, 예를 들어 대부를 부르는 정(旌)으로 우인을 부른다면 우인은 비록 죽게 되더라도 또한 감히 나아가 부름에 응할 수 없다. 그런데 사를 부르는 기(旂)로 서인을 부른다면 서인이 어찌 감히 나아가 부름에 응할 수 있겠는가? 하물며 현명하지 못한 자를 부르는 방법으로 현명한 자를 부르는 경우라면 어떻겠는가. 현명하지 못한 자를 부르는 방법이란 곧 예법에 따라 부르지 않았다는 뜻이다.

集註 欲見而召之, 是不賢人之招也. 以士之招招庶人, 則不敢往; 以不賢人之招招賢人, 則不可往矣.

번역 만나고자 하여 부른다면 이것은 현명하지 못한 자를 부르는 방법이다. 사를 부르는 방법으로 서인을 부른다면 서인은 감히 나아가지 않으니, 현명하지 못한 자를 부르는 방법으로 현명한 자를 부른다면 나아갈 수 없는 것이다.

경문 "欲見賢人而不以其道, 猶欲其入而閉之門也. 夫義, 路也; 禮, 門也. 惟君子能由是路, 出入是門也."

번역 맹자는 계속하여 "현명한 자를 만나보고자 하면서도 해당하는 도리로 하지 않는 것은 마치 들어가고자 하면서도 문을 닫아버리는 꼴과 같다. 의라는 것은 사람이 걸어가야만 하는 길이며, 예라는 것은 사람이 들어가야만 하는 문이다. 오직 군자만이 이러한 길로 걸어가고 이러한 문으로 출입할 수 있다."라고 했다.

趙注 欲人之入而閉其門, 何得而入乎? 閉門如閉禮也.

번역 문으로 들어가려는 사람이 문을 닫아버린다면 어떻게 들어갈 수 있겠는가? 문을 닫았다는 것은 예를 버렸다는 뜻과 같다.

경문 "詩云: '周道如底, 其直如矢. 君子所履, 小人所視.'"

번역 맹자는 계속하여 "『시』에서는 '큰 길이 숫돌처럼 평평하고 곧음이 화살처럼 곧구나. 군자가 걸어 다니는 곳이며 소인은 우러러보는 바이다.'[37)]"라고 했다.

---

37) 『시』「소아(小雅)·대동(大東)」: 有饛簋飧, 有捄棘匕. <u>周道如砥, 其直如矢</u>. 君子所履, 小人所視. 睠言顧之, 潸焉出涕.

趙注 詩·小雅·大東之篇. 底, 平. 矢, 直. 視, 比也. 周道平直, 君子履直道, 小人比而則之. 以喩虞人能效君子守死善道也.

번역 이 시는 『시』「소아(小雅)·대동(大東)」편이다. '저(底)'자는 평평하다는 뜻이다. '시(矢)'자는 곧다는 뜻이다. '시(視)'자는 견준다는 뜻이다. 큰 길이 평평하고 곧아서 군자가 걸어가는 길이 되는데, 소인은 그를 견주어 보아 본받는다는 뜻이다. 이를 통해 군자가 목숨을 던져서라도 선한 도를 지킨다는 것을 우인이 본받을 수 있었음을 비유하였다.

孫疏 ●"欲見賢人而不以道"至"小人所視", 孟子又言今之諸侯欲見賢人而不以其道, 是若欲人入其門而反閉其門也, 如此, 尙何可得而見之乎? 夫義是若路也, 禮若門也, 惟君子之人能由行此義之路, 出入此禮之門. 上今乃反塞其義路, 而閉其禮門, 使君子何由而出入哉! 此孟子亦即此謂今之諸侯欲見賢人, 而乃欲召之, 則賢尙可得而見邪? 而小雅·大東之詩, 有云周道平直如砥之平箭之直也, 君子亦所常履行此平直之道, 而爲小人所常視而則法之矣. 然以此證之者, 蓋謂賢人所以不往見於諸侯者, 是所守以義, 而爲衆人所矜式耳.

번역 ●經文: "欲見賢人而不以道"~"小人所視". ○맹자는 또한 현재의 제후가 현자를 만나보려고 하는데 해당 도리에 따르지 않는다면 이것은 마치 문으로 들어가려는 사람이 도리어 그 문을 닫아버리는 꼴과 같다고 했다. 이와 같은데도 어떻게 만나볼 수 있겠는가? 의(義)라는 것은 길과 같고, 예(禮)라는 것은 문과 같으니, 오직 군자다운 사람만이 의로운 길에 따라 걸어갈 수 있고, 예라는 문으로 출입할 수 있다. 지금은 도리어 의로운 길을 막아버리고 예의 문을 닫아버린 것인데 군자로 하여금 어디로 출입하게 만들겠는가! 맹자는 또한 이것은 현재의 제후가 현인을 만나보고자 하여 그를 부르고자 한다면 현자를 만나볼 수 있겠냐고 말한 것이다. 『시』「소아(小雅)·대동(大東)」편에는 큰 길은 평평하고 곧아서 마치 숫돌처럼 평평하고 화살처럼 곧은데, 군자는 또한 항상 이러한 평평하고 곧은길을 걸으며 소인이 항상 그를 보며 본받게 된다는 말이 나온다. 이러한 시의 내용을 인용하여 증명한 것은 현자가 제후를 찾아가 만나보지 않은 것은 의에 따라 지키는 것이며, 백성들이 본받게 되는 바라는 뜻이다.

孫疏 ◎注"詩·小雅"至"善道也". ○正義曰: 此詩蓋刺亂之詩也. 譚國在東, 其大夫作是詩, 故云大東. 注云: "如砥, 貢財平均也; 如矢, 賞罰不偏也."言君子皆法傚, 履而行之, 其如砥矢之平直, 小人又皆視之, 共之無怨也.

번역 ◎趙注: "詩·小雅"~"善道也". ○이 시는 문란해짐을 풍자한 시이다. 담나라는 동쪽에 위치했는데 그 나라의 대부가 이러한 시를 지었다. 그렇기 때문에 '대동(大東)'이라고 부르는 것이다. 주에서는 "숫돌과 같다는 말은 재물을 바치는 것이 균평했다는 뜻이며, 화살과 같다는 말은 상벌이 치우치지 않았다는 뜻이다."라고 했다. 즉 군자는 이 모두를 본받아 그에 따라 시행하니, 마치 숫돌과 화살이 평평하고 곧은 것과 같고, 소인은 또한 이 모두를 보게 되어 그와 함께 하며 원망함이 없게 된다는 뜻이다.

集註 詩小雅大東之篇. 底, 與砥同, 礪石也. 言其平也. 矢, 言其直也. 視, 視以爲法也. 引此以證上文能由是路之義.

번역 이 시는 『시』「소아(小雅)·대동(大東)」편이다. '지(底)'자는 지(砥)자와 같으니 숫돌을 뜻한다. 즉 평평하다는 뜻이다. '시(矢)'는 곧다는 뜻이다. '시(視)'자는 보고서 법도로 삼는다는 뜻이다. 이 시를 인용한 것은 앞의 문장에서 이러한 길을 따를 수 있다는 뜻을 증명하기 위해서이다.

경문 萬章曰, "孔子君命召不俟駕而行, 然則孔子非與?"

번역 만장은 "공자께서는 군주가 부르면 말에 멍에를 맬 때까지 기다리지 않고 급히 가셨다고 했는데,[38] 그렇다면 공자께서는 잘못하신 겁니까?"라고 물었다.

---

38) 『논어』「향당(鄕黨)」: 君命召, 不俟駕行矣.

趙注 俟, 待也. 孔子不待駕而應君命也, 孔子爲之非與?

번역 '사(俟)'자는 기다린다는 뜻이다. 공자는 멍에를 맬 때까지 기다리지 않고 군주의 명령에 호응했는데, 공자가 잘못한 것이냐는 뜻이다.

孫疏 ●"萬章曰: 孔子君命召不俟駕而行, 然則孔子非與?", 萬章又問孟子, 以謂孔子常於君命召, 則不敢坐待駕而後行. 如此, 則孔子誠爲非與?

번역 ●經文: "萬章曰: 孔子君命召不俟駕而行, 然則孔子非與?". ○만장이 재차 맹자에게 질문한 것이다. 공자는 항상 군주의 명령이나 부름에 대해서 감히 앉아서 멍에를 맬 때까지 기다린 뒤에야 찾아가지 않았다. 이와 같다면 공자는 진실로 잘못한 것이냐는 뜻이다.

경문 曰, "孔子當仕, 有官職, 而以其官召之也."

번역 맹자는 "공자께서는 벼슬에 올라 해당 직무가 있으셨고, 해당 직무에 따라 불렀기 때문이다."라고 대답했다.

趙注 孟子言孔子所以不待駕者, 孔子當仕位, 有官職之事, 君以其官名召之, 豈得不顚倒? 詩云: "顚之倒之, 自公召之." 不謂賢者無位而君欲召見也.

번역 맹자는 공자가 멍에를 맬 때까지 기다리지 않은 이유를 설명했으니, 공자는 당시 벼슬길에 오른 상태여서 관직의 직무를 맡고 있었으니, 군주가 그의 관직에 대한 일로 부른다면 어떻게 주저하며 나아가지 않을 수 있겠는가? 『시』에서는 "넘어지고 엎어지거늘 군주가 계신 곳으로부터 부르노라."[39]라고 했는데, 이것은 현자에게 관직이 없는데 군주가 보고 싶어 부른다는 뜻이 아니다.

---

39) 『시』「제풍(齊風)·동방미명(東方未明)」: 東方未明, 顚倒衣裳. 顚之倒之, 自公召之.

孫疏 ●"曰: 孔子當仕, 有官職, 而以其官召之也", 孟子又答之曰: 孔子所以不俟駕而行者, 以其當於爲仕有官職, 而國君以其官而召之也, 豈得爲非耶?

번역 ●經文: "曰: 孔子當仕, 有官職, 而以其官召之也". ○맹자는 재차 답변하며, 공자가 멍에를 맬 때까지 기다리지 않고 길을 떠났던 것은 당시 벼슬에 올라 관직과 직무가 있었고, 제후가 관직에 대한 일로 불렀기 때문인데, 어떻게 잘못되었다고 하겠는가?

孫疏 ◎注"孟子言孔子所以不待駕"至"豈可見也". ○正義曰: 語云君命召, 不俟駕而行. 是時孔子爲中都宰, 以其有官職也. 詩云"顚之倒之, 自公召之", 此乃國風·東方未明之章文也. 箋云: "群臣顚倒衣裳而朝, 人又從君所來而召之也." 云"伊尹三聘而後就湯", 孟子云湯三使往聘之, 是其文也. 云"沮溺耦耕, 接輿佯狂", 按論語云: "長沮·桀溺耦而耕." 鄭注云: "長沮·桀溺, 隱者也. 耜廣五寸, 二耜爲耦." 又云: "楚狂接輿歌而過孔子曰: 鳳兮鳳兮." 蓋楚狂接輿, 是楚人, 姓陸, 名通, 字接輿也. 昭王時政令無常, 乃被髮佯狂, 不仕, 時人謂之楚狂也. 趙注引而證其解.

번역 ◎趙注: "孟子言孔子所以不待駕"~"豈可見也". ○『논어』에서는 군주가 부르면 멍에를 맬 때까지 기다리지 않고 길을 떠났다고 했다. 이것은 당시 공자가 중도재(中都宰)를 맡고 있던 때이니, 관직과 직무를 맡고 있었기 때문에 간 것이다. 『시』에서는 "넘어지고 엎어지거늘 군주가 계신 곳으로부터 부르노라."라고 했는데, 이것은 『시』「국풍(國風)·동방미명(東方未明)」편의 문장이다. 전문에서는 "뭇 신하들이 넘어지고 엎어지며 의복을 갈아입고 조정에 있던 사람은 또한 군주가 계신 곳으로부터 찾아와 그를 불렀다는 뜻이다."라고 했다. "이윤은 세 차례 빙문을 받은 이후에야 탕임금에게 나아갔다."라고 했는데, 맹자가 탕임금이 세 차례 사신을 보내 그를 빙문했다고 한 말이 바로 그 기록에 해당한다. "장저와 걸닉처럼 밭을 경작하고 접여처럼 거짓으로 미친 척을 한다."라고 했는데, 『논어』를 살펴보면 "장저와 걸닉이 함께 밭을 갈았다."[40]라고 했고, 정현의 주에서는 "장저와 걸닉은 은자이다. 보습의 너비는 5촌이니, 2개의 보습을 사용하는 것이 우(耦)이다."라고 했다. 또 "초나라 광인 접여가 노래를 부르며 공자 앞을 지나갔는데, '봉황이여 봉황이여.'라고 했다."[41]라고 했다. 초나라 광인 접여는 초나라 사람으로 성은 육(陸)이고, 이름은 통(通)이며 자는 접여이다. 소왕 당시 정령에 항상된 법도가 없어지자 머리카락을 풀어 헤치고 거짓으로 미친 척을 하여 벼슬에 오르지 않았는데, 당시 사람들은 그를 '초광(楚狂)'이라고 불렀다. 조기의 주에서는 이러한 일화를 인용해서 자신의 풀이를 증명한 것이다.

集註 孔子方仕而任職, 君以其官名召之, 故不俟駕而行.

번역 공자는 당시 벼슬길에 올라 직무를 맡고 있었는데, 군주가 그의 관직에 대한 것으로 불렀기 때문에, 멍에를 맬 때까지 기다리지 않고 길을 떠난 것이다.

集註 徐氏曰: 孔子·孟子, 易地則皆然.

번역 서씨가 말하길, 공자와 맹자는 처지가 바뀌었다면 모두 그처럼 했었을 것이다.

集註 此章言不見諸侯之義, 最爲詳悉, 更合陳代·公孫丑所問者而觀之, 其說乃盡.

---

40) 『논어』「미자(微子)」: 長沮桀溺耦而耕, 孔子過之, 使子路問津焉. 長沮曰, "夫執輿者爲誰?" 子路曰, "爲孔丘." 曰, "是魯孔丘與?" 曰, "是也." 曰, "是知津矣." 問於桀溺. 桀溺曰, "子爲誰?" 曰, "爲仲由." 曰, "是魯孔丘之徒與?" 對曰, "然." 曰, "滔滔者天下皆是也, 而誰以易之? 且而與其從辟人之士也, 豈若從辟世之士哉?" 耰而不輟. 子路行以告. 夫子憮然曰, "鳥獸不可與同群, 吾非斯人之徒與而誰與? 天下有道, 丘不與易也."

41) 『논어』「미자(微子)」: 楚狂接輿歌而過孔子曰, "鳳兮鳳兮! 何德之衰? 往者不可諫, 來者猶可追. 已而已而! 今之從政者殆而!" 孔子下, 欲與之言. 趨而辟之, 不得與之言.

번역 이 문장은 제후를 만나보지 않은 뜻을 말한 것 중 가장 상세한 기록이니, 앞서 진대와 공손추가 물어보았던 것과 합쳐서 살펴본다면, 그 말의 뜻을 모두 이해할 수 있을 것이다.

참고 『맹자』「등문공하(滕文公下)」 기록

경문 陳代曰, "不見諸侯, 宜若小然. 今一見之, 大則以王, 小則以霸. 且志曰'枉尺而直尋', 宜若可爲也."

번역 진대가 "제후를 만나보지 않은 것은 자신을 작게 만드는 일인 것 같습니다. 이제 한 번 만나보신다면 크게는 왕도를 이루고 작게는 패도를 이루게 될 것입니다. 또한 옛 기록에서도 '1척을 굽혀 1심을 곧게 한다.'라고 했으니, 할 만한 일인 것 같습니다."라고 했다.

趙注 陳代, 孟子弟子也. 代見諸侯有來聘請見孟子, 孟子有所不見, 以爲孟子欲以是爲介, 故言此介得無爲狹小乎? 如一見之, 儻得行道, 可以輔致霸王乎? 志, 記也. 枉尺直尋, 欲使孟子屈己信道, 故言宜若可爲也.

번역 '진대(陳代)'는 맹자의 제자이다. 진대는 제후가 찾아와 빙문을 하며 맹자를 보고자 청했는데 맹자가 만나보지 않은 것을 보고, 맹자는 이를 자신의 절의로 삼으려 한다고 여겼다. 그렇기 때문에 이러한 절의는 너무 협소한 것이 아닌가? 한 번 만나보아 혹시 도를 시행할 수 있다면 군주를 도와 패도나 왕도를 이룰 수 있지 않느냐고 말한 것이다. '지(志)'자는 기록을 뜻한다. 1척을 굽혀서 1심을 곧게 한다는 것은 맹자로 하여금 자신의 신념과 도를 굽히게 하고자 했던 것이다. 그래서 "할 만한 일인 것 같습니다."라고 했다.

孫疏 ●"陳代曰"至"未有能直人者也". ○正義曰: 此章指言修禮守正, 非招不往, 枉道富貴, 君子不許. 是以諸侯雖有善其辭命, 伯夷不屑就也.

번역 ●經文: "陳代曰"~"未有能直人者也". ○이 문장은 예를 닦고 정도를 지키며 제대로 부르지 않으면 나아가지 않고 도를 굽혀 부귀를 누리는 것을 군자가 허용하지 않는다는 뜻을 나타내고 있다. 이러한 까닭으로 제후가 비록 좋은 말로 설득해도 백이는 달갑게 여겨 나아가지 않았던 것이다.

孫疏 ●"陳代曰: 不見諸侯, 宜若小然. 今一見之, 大則以王, 小則以霸. 且志曰枉尺而直尋, 宜若可爲也"者, 陳代, 孟子弟子也, 問孟子, 以謂今不見諸侯, 是宜若小其身, 然今一往見諸侯, 大則行道可以輔佐君爲王, 小則得行道而佐君爲之霸. 且記云: 枉一尺而直其一尋, 宜若可以爲之也. 尺, 十寸爲尺; 尋, 十丈爲尋也. 陳代欲孟子往見諸侯, 故以此言問之.

번역 ●經文: "陳代曰: 不見諸侯, 宜若小然. 今一見之, 大則以王, 小則以霸. 且志曰枉尺而直尋, 宜若可爲也". ○'진대(陳代)'는 맹자의 제자인데, 맹자에게 질문을 하며 현재 제후를 만나보지 않은 것은 자신을 너무 협소하게 만드는 것이 아닌가, 따라서 한 번 찾아가 제후를 만나본다면 크게는 도를 시행하여 군주를 보필해서 왕도를 실현할 수 있고, 작게는 도를 시행하여 군주를 도와 패도를 실현할 수 있다. 또 기록에서도 1척을 굽혀 1심을 곧게 한다고 했으니, 해볼 만한 일이라고 했다. '척(尺)'이라고 했는데 10촌은 1척이 된다. '심(尋)'이라고 했는데 10장은 1심이 된다. 진대는 맹자로 하여금 제후에게 찾아가 만나보게끔 하고자 했다. 그렇기 때문에 이러한 말로 질문을 했다.

集註 陳代, 孟子弟子也. 小, 謂小節也. 枉, 屈也. 直, 伸也. 八尺曰尋. 枉尺直尋, 猶屈己一見諸侯, 而可以致王霸, 所屈者小, 所伸者大也.

번역 '진대(陳代)'는 맹자의 제자이다. '소(小)'는 작은 절개를 뜻한다. '왕(枉)'자는 굽힌다는 뜻이다. '직(直)'자는 편다는 뜻이다. 8척을 1심이라고 부른다. 1척을 굽혀서 1심을 편다는 것은 자신의 뜻을 굽혀 한 차례 제후를 만나보면, 왕도나 패도를 이룰 수 있으니, 굽히는 것은 작고 펴는 것은 크다는 뜻이다.

경문 孟子曰, "昔齊景公田, 招虞人以旌, 不至, 將殺之."

번역 맹자는 "옛날 제나라 경공이 사냥을 할 때 우인(虞人)을 정(旌)으로 불렀는데 오지 않자 그를 죽이려고 했다."라고 했다.

趙注 虞人, 守苑囿之吏也, 招之當以皮冠, 而以旌, 故招之而不至也.

번역 '우인(虞人)'은 동산을 지키는 관리인데, 그를 부를 때에는 마땅히 피관(皮冠)으로 해야 하는데도 정(旌)으로 불렀다. 그렇기 때문에 불렀는데도 오지 않은 것이다.

孫疏 ◎注"招虞人以當皮冠". ○正義曰: 經於萬章篇云: "萬章問孟子, 招虞人何以? 孟子曰: 以皮冠". 是其文也.

번역 ◎趙注: "招虞人以當皮冠". ○「만장」편의 기록에서는 "만장이 맹자에게 우인을 부르려면 어떤 것을 사용해야 하냐고 묻자 맹자는 피관으로 불러야 한다."라고 했다. 이것이 바로 해당 문장이다.

경문 "'志士不忘在溝壑, 勇士不忘喪其元', 孔子奚取焉? 取非其招不往也. 如不待其招而往, 何哉?"

번역 맹자는 계속하여 "공자께서는 '뜻이 있는 선비는 자신의 시신이 구덩이에 뒹굴더라도 절의를 잊지 않고 용맹이 있는 선비는 자신의 머리가 잘리더라도 절의를 잊지 않는다.'라고 하셨으니, 공자께서 어찌 그를 칭찬하였겠는가? 합당한 부름이 아니면 가지 않은 것을 칭찬하신 것이다. 만약 부르는 것을 기다리지 않고도 찾아간다면 어떠하겠는가?"라고 했다.

趙注 志士, 守義者也. 君子固窮, 故常念死無棺槨, 沒溝壑而不恨也. 勇士, 義勇者也. 元, 首也. 以義則喪首不顧也. 孔子奚取? 取守死善道, 非禮招己則不往. 言虞人不得其招尙不往, 如何君子而不待其招直事, 妄見諸侯者, 何爲也已?

번역 '지사(志士)'는 의로움을 지키는 자이다. 군자는 진실로 궁할 때가 있다.[42] 그렇기 때문에 항상 목숨을 던질 것을 생각하며 관곽도 없이 구덩이에 빠져 죽더라도 후회하지 않는다. '용사(勇士)'는 의로운 용기를 가진 자이다. '원(元)'자는 머리를 뜻한다. 의로움에 따른 일이라면 머리가 잘리더라도 돌아보지 않는다. 공자가 어찌 칭찬을 했겠는가? 목숨을 던져 선한 도를 지켰던 것을 칭찬했던 것이니, 비례로 자신을 불러 찾아가지 않은 것을 가리킨다. 즉 우인은 제대로 된 부름을 받지 못하여 찾아가지 않았는데, 어찌 군자가 되어가지고 자신을 불러 일을 맡기는 것을 기다리지 않고 망령스럽게 제후를 만나보겠는가, 이것이 어찌 할 만한 일이겠는가?

孫疏 ●"孟子曰: 昔齊景公田"至"何哉者", 孟子言往日齊國景公田獵, 招聘其虞人, 以旌旆招聘之, 如有虞人不至者, 則將殺戮之. 虞人, 掌山澤苑囿之吏也. 然而志士守其義者, 常念雖死無棺槨, 但沒在於溝壑之中而不恨也; 勇義之士, 念雖喪去其首, 而且不顧也. 孔子於此何取焉? 蓋孔子以取非其所招而能不往者也. 如此則虞人不得其所招之禮, 尙且守義, 雖死而且不往應其招, 如何爲之君子且以不待所招聘而往見諸侯, 是何爲哉? 蓋先王制招聘之禮, 旌所以招其大夫者. 虞人之招, 但以皮冠而已. 今齊景公以旌招虞人, 虞人守其職分, 所以雖死而不往也. 孟子引此, 意以謂今之諸侯所以聞有能招己者, 又非招己之所招而待之也, 故我何往見之哉? 所以不往見之也.

번역 ●經文: "孟子曰: 昔齊景公田"~"何哉者". ○맹자는 다음과 같이

42) 『논어』「위령공(衛靈公)」: 明日遂行, 在陳絶糧, 從者病, 莫能興. 子路慍見曰, "君子亦有窮乎?" 子曰, "君子固窮, 小人窮斯濫矣."

말했으니, 이전에 제나라 경공이 사냥을 했을 때, 우인을 불렀는데, 정(旌)이라는 깃발로 그를 부르자 우인이 찾아오지 않았다. 그러자 그를 죽이려고 했다. '우인(虞人)'은 산림과 못 및 동산을 담당하는 관리이다. 뜻이 있는 선비가 의로움을 지킨다면 항상 생각하길 비록 죽어 관곽도 없이 단지 구덩이에 빠져 뒹굴게 되더라도 후회하지 않는다. 또 용맹과 의로움을 갖춘 선비는 항상 생각하길 비록 자신의 머리가 잘린다 하더라도 돌아보지 않는다. 공자는 여기에서 어떤 점을 칭찬한 것인가? 공자는 제대로 된 부름이 아니므로 찾아가지 않을 수 있었던 점을 칭찬한 것이다. 이와 같다면 우인도 예법에 따른 부름을 받지 못하면 오히려 의로움을 고수하며 비록 죽더라도 찾아가 부름에 응하지 않는데, 어찌 군자가 되어가지고 부름을 기다리지 않고 찾아가 제후를 만나보겠는가, 이것이 어찌 할 만한 일이겠는가? 선왕이 초빙의 예법을 제정했을 때 정(旌)은 대부를 부르는 방법이었다. 우인을 부를 때에는 단지 피관을 이용했을 따름이다. 현재 제나라 경공은 정(旌)으로 우인을 불러서 우인은 자신의 직분을 고수하여 비록 죽더라도 찾아가지 않았던 것이다. 맹자는 이러한 일화를 인용하였는데, 그의 의중은 현재의 제후들은 내가 유능하다는 소문을 듣고 나를 부르려고 하는데, 이것은 또한 나를 부르는 방법에 따라 불러 대우하는 것이 아니다. 그렇기 때문에 내가 어찌 찾아가서 만나보겠는가? 그래서 찾아가서 만나보지 않는 것이다.

集註 田, 獵也. 虞人, 守苑囿之吏也. 招大夫以旌, 招虞人以皮冠. 元, 首也. 志士固窮, 常念死無棺槨, 棄溝壑而不恨; 勇士輕生, 常念戰鬪而死, 喪其首而不顧也. 此二句, 乃孔子歎美虞人之言. 夫虞人招之不以其物, 尙守死而不往, 況君子豈可不待其招而自往見之邪? 此以上告之以不可往見之意.

번역 '전(田)'자는 사냥을 뜻한다. '우인(虞人)'은 동산을 지키는 관리이다. 대부를 부를 때에는 정(旌)을 사용하고, 우인을 부를 때에는 피관(皮冠)을 사용한다. '원(元)'자는 머리를 뜻한다. 뜻이 있는 선비는 진실로 곤궁하니, 항상 목숨을 던질 것을 생각하여 관곽도 없이 구덩이에 내버려진다 하더라도 후회하지 않는다. 용기가 있는 선비는 목숨을 가벼이 여기고 항상 전쟁에서 목숨을 던질 것을 생각하니, 자신의 머리가 잘리더라도 돌아보지 않는다. 이 두 구문은 공자가 우인을 찬미한 말에 해당한다. 우인은 해당하는 방법으로 부르지 않아서 오히려 목숨을 걸고 찾아가지 않았는데, 하물며 군자가 되어 가지고 어찌 부르는 것을 기다리지 않고 직접 찾아가서 만나볼 수 있겠는가? 이상의 내용은 찾아가서 만나볼 수 없는 뜻을 일러준 것이다.

경문 "且夫枉尺而直尋者, 以利言也. 如以利, 則枉尋直尺而利, 亦可爲與?"

번역 맹자는 계속하여 "또 1척을 굽혀 1심을 곧게 한다는 것은 이로움을 기준으로 한 말이다. 만약 이로움을 기준으로 한다면 1심을 굽혀 1척을 곧게 하는 것이 이롭다하면 이 또한 할 만한 일이겠는가?"라고 했다.

趙注 尺小尋者, 尙可任大就小, 而以要其利也.

번역 1척은 1심보다 작아서 항상 큰 것을 맡고 작은 것을 버리니, 이로움을 중점으로 여기기 때문이다.

孫疏 ●"且夫枉尺而直尋者"至"亦可爲與", 孟子又言, 且夫子今以謂枉其尺而直其尋, 以利言之而已. 如以利爲之, 雖枉其尋, 而但直其尺, 而利亦可得而爲之耳. 孟子所以言之以此者, 蓋謂我苟志於利, 雖枉尋而直尺, 我亦爲之, 況子以謂枉尺而直尋乎? 本其我志於分義, 不肯枉道以徇利, 所以不欲屈己而求見於諸侯也, 以其見之諸侯但爲之徇利者矣, 故雖枉尺而直尋不爲也.

번역 ●經文: "且夫枉尺而直尋者"~"亦可爲與". ○맹자는 또한 공자가 1척을 굽혀서 1심을 곧게 한다고 했던 것은 이로움을 기준으로 말한 것일 뿐이다. 만약 이로움에 따라 시행하여 비록 1심을 굽히더라도 단지 1척만 곧게 하는 것이 이롭다면 또한 시행할 수 있을 따름이다. 맹자가 이처럼 말을 했던 것은 내가 만약 이로움에 뜻을 두었다면, 비록 1심을 굽혀 1척만 곧게 한다고 하더라도 나는 또한 그것을 시행할 것인데, 하물며 그대가 1척을 굽혀 1심을 곧게 한다는 것에 있어서는 어떻겠느냐고 한 것이다. 본래의 의미는 나는 본분과 도의에 뜻을 두고 있어서 도를 굽혀 이로움에 따르는 것을 수긍할 수 없으니, 자신을 굽혀 제후를 만나보고자 하지 않는 이유로, 제후를 만나보는 것은 단지 이로움에 따르는 것이기 때문이다. 그래서 비록 1척을 굽혀 1심을 곧게 하더라도 하지 않는 것이다.

集註 此以下, 正其所稱枉尺直尋之非. 夫所謂枉小而所伸者大則爲之者, 計其利耳. 一有計利之心, 則雖枉多伸少而有利, 亦將爲之邪? 甚言其不可也.

번역 이하의 내용은 1척을 굽혀 1심을 편다는 잘못을 바로잡은 것이다. 굽히는 것이 작고 펴는 것이 크면 한다는 것은 이로움을 따지는 것일 뿐이다. 한 번이라도 이로움을 따지는 마음이 있다면 비록 굽히는 것이 많고 펴는 것이 적더라도 이로움이 있다면 또한 그것을 시행하겠는가? 불가함을 극심히 말한 것이다.

경문 "昔者趙簡子使王良與嬖奚乘, 終日而不獲一禽, 嬖奚反命曰: '天下之賤工也.'"

번역 맹자는 계속하여 "옛날 조간자는 왕량을 시켜 폐해와 함께 수레를 타고 사냥을 하게 했는데 종일토록 1마리의 짐승도 잡지 못하자 폐해는 결과를 보고하며 '천하의 미천하기 짝이 없는 일꾼이었습니다.'"라고 했다.

趙注 趙簡子, 晉卿也. 王良, 善御者也. 嬖奚, 簡子幸臣也. 以不能得一禽, 故反命於簡子, 謂王良天下鄙賤之工師也.

번역 '조간자(趙簡子)'는 진나라의 경이다. '왕량(王良)'은 수레를 잘 모는 자이다. '폐해(嬖奚)'는 조간자에게 총애를 받는 신하이다. 한 마리의 짐승도 잡지 못했기 때문에, 조간자에게 결과를 보고하며, 왕량은 천하에 미천하기 짝이 없는 일꾼이었다고 말했다.

孫疏 ●"昔者趙簡子使王良與嬖奚乘, 終日而不獲一禽, 嬖奚反命曰: 天下之賤工也", 孟子又引昔者晉卿趙簡子嘗使善御人王良與幸人奚乘而田, 終日而不能得一禽, 奚乃反命報於簡子曰: 王良, 天下之賤工師也.

번역 ●經文: "昔者趙簡子使王良與嬖奚乘, 終日而不獲一禽, 嬖奚反命曰: 天下之賤工也". ○맹자는 재차 인용을 했으니, 예전 진나라 경이었던 조간자가 수레를 잘 모는 왕량으로 하여금 총애하던 해와 수레를 타고 사냥을 시킨 적이 있었는데, 종일토록 한 마리의 짐승도 잡지 못하자 해는 조간자에게 결과를 보고하며, 왕량은 천하에 미천하기 짝이 없는 일꾼이라고 했다.

孫疏 ◎注"趙簡子晉卿"至"工師也". ○正義曰: 按史記·世家云: "趙景叔卒, 生趙鞅, 是爲簡子, 爲晉卿. 晉出公十七年卒." 張華云: "簡子家在臨水界, 冢上氣成樓閣."

번역 ◎趙注: "趙簡子晉卿"～"工師也". ○『사기』「세가(世家)」편을 살펴보면, "조나라 경숙이 죽었는데, 그는 생전애 조앙을 낳았으니, 이 자가 조간자로 진나라의 경이 되었다. 진나라 출공 17년에 죽었다."라고 했고, 장화는 "간자의 집은 임수 경계지점에 있고, 무덤 위에는 누각을 세웠다."라고 했다.

경문 "或以告王良, 良曰: '請復之.'"

번역 맹자는 계속하여 "어떤 자가 이러한 사실을 왕량에게 일러주자, 왕량은 '청컨대 다시 사냥을 하고자 합니다.'"라고 했다.

趙注 聞嬖奚賤之, 故請復與乘.

번역 폐해가 자신을 미천하게 평했다는 소식을 들었기 때문에 재차 그와 함께 수레를 타고자 청한 것이다.

孫疏 ●"或以告王良, 良曰: 能復之", 或有人以嬖奚報簡子之言爲王良之賤, 遂告王良. 王良聞之, 故請復與嬖奚乘而田.

번역 ●經文: "或以告王良, 良曰: 能復之". ○혹자는 폐해가 조간자에게 보고했던 말에서 왕량을 미천하게 평했다는 사실을 왕량에게 일러준 것이다. 왕량은 그 소식을 들었기 때문에 폐해와 다시 수레에 타서 사냥을 하고자 청했다.

경문 "强而後可."

번역 맹자는 계속하여 "폐해는 승낙을 하지 않다가 왕량이 억지로 강요를 한 이후에야 승낙하였다."라고 했다.

趙注 强嬖奚, 乃肯行.

번역 폐해에게 강요를 한 이후에야 수긍하여 시행한 것이다.

孫疏 ●"强而後可", 王良强勉, 嬖奚乃肯行.

번역 ●經文: "强而後可". ○왕량이 강요를 하여 폐해가 수긍하고 시행한 것이다.

경문 "一朝而獲十禽. 嬖奚反命曰: '天下之良工也.'"

번역 맹자는 계속하여 "이번에는 하루아침에 10마리의 짐승을 잡았다. 폐해는 조간자에게 보고를 하며 '천하의 매우 훌륭한 일꾼이었습니다.'"라고 했다.

趙注 以一朝得十禽, 故謂之良工.

번역 하루아침에 10마리의 짐승을 얻었기 때문에 훌륭한 일꾼이라고 평한 것이다.

孫疏 ●"一朝而獲十禽, 反命曰: 天下之良工也", 言一日遂得十禽, 嬖奚乃反命報於簡子曰: 王良乃天下之良善工師也, 非賤者也.

번역 ●經文: "一朝而獲十禽, 反命曰: 天下之良工也". ○하루 동안 10마리의 짐승을 포획하게 되자 폐해는 조간자에게 결과를 보고하며, 왕량이야말로 천하의 매우 훌륭한 일꾼이라고 했다.

경문 "簡子曰: '我使掌與女乘.'"

번역 맹자는 계속하여 "조간자는 '내 왕량으로 하여금 주로 그대와 수레에 타도록 시키겠다.'"라고 했다.

趙注 掌, 主也. 使王良主與女乘.

번역 '장(掌)'자는 주로하다는 뜻이다. 왕량으로 하야금 주로 너와 함께 수레에 타도록 시킨다는 의미이다.

경문 "謂王良, 良不可."

번역 맹자는 계속하여 "이 말을 왕량에게 일러주자 왕량은 불가하다고 했다."라고 했다.

趙注 王良不肯.

번역 왕량이 수긍하지 않은 것이다.

경문 "曰: '吾爲之範我馳驅, 終日不獲一; 爲之詭遇, 一朝而獲十.'"

번역 맹자는 계속하여 "왕량은 '나는 폐해를 위해 규범에 맞춰 수레를 몰며 활을 쏘았더니 종일토록 한 마리의 짐승도 잡지 못했습니다. 반면 그를 위해 규범을 어기며 제멋대로 활을 쏘았더니 하루 동안 10마리의 짐승을 잡았습니다.'"라고 했다.

趙注 範, 法也. 王良曰: 我爲之法度之御, 應禮之射, 正殺之禽, 不能得一. 橫而射之曰詭遇, 非禮之射, 則能獲十. 言嬖奚小人也, 不習於禮也.

번역 '범(範)'자는 법도를 뜻한다. 왕량은 다음과 같이 말했다. 내가 그를 위해 법도에 따라 수레를 몰며 예법에 따라 활을 쏘아 정직한 방법으로 짐승을 잡으려고 했는데, 한 마리도 얻지 못했다. 제멋대로 활을 쏘는 것을 '궤우(詭遇)'라고 부르니, 예법에 따른 활쏘기를 하지 않자 10마리를 잡을 수 있었다. 즉 폐해는 소인이므로 예법을 제대로 익히지 못했다는 의미이다.

경문 "'詩云: 不失其馳, 舍矢如破. 我不貫與小人乘, 請辭.'"

번역 맹자는 계속하여 "왕량은 '『시』에서는 수레를 모는 법도를 잃지 않으니, 화살을 쏨에 깨트리듯이 적중시킨다고 하였습니다. 저는 저런 소인배와 수레를 모는 것에 익숙하지 못하니 청컨대 사양하고자 합니다.'"라고 했다.

趙注 詩·小雅·車攻之篇也. 言御者不失其馳驅之法, 則射者必中之. 順毛而入, 順毛而出, 一發貫臧, 應矢而死者如破矣, 此君子之射也. 貫, 習也. 我不習與小人乘, 不願掌與嬖奚同乘, 故請辭.

번역 이 시는 『시』「소아(小雅)·거공(車攻)」편이다.[43] 수레를 모는 자가 말을 모는 법도를 잃지 않으니, 활을 쏘는 자가 반드시 적중시키게 된다는 뜻이다. 결을 따라 들어가고 결을 따라 나오며, 한 차례 활을 쏘아 장기를 꿰뚫으니, 화살을 맞아 죽는데 마치 사물이 깨진 것처럼 된다. 이것이 바로

43) 『시』「소아(小雅)·거공(車攻)」: 四黃旣駕, 兩驂不猗. 不失其馳, 舍矢如破.

군자의 활쏘기이다. '관(貫)'자는 익숙하다는 뜻이다. 나는 소인과 수레를 모는 것이 익숙하지 않으니, 폐해와 함께 수레를 타는 것을 원하지 않으므로 사양하고자 청한다는 뜻이다.

孫疏 ●"簡子曰: 我使掌與女乘. 謂王良, 良不可"至"我不貫與小人乘, 請辭", 趙簡子言於嬖奚曰: 我使王良與女乘. 於是簡子謂王良而使之, 良乃不肯, 遂言於簡子曰: 我爲之法度之御, 我與嬖奚馳驅而田, 終一日而不能獲其一禽, 後爲之詭而橫射之, 止一朝而以能獲者十禽. 且詩·小雅·車攻之篇有云: 不失其馳驅之法, 而所中者, 應矢而死如破矣. 此君子之所射也. 我今不貫習與嬖奚小人同乘而畋也. 故請辭之, 不與掌乘.

번역 ●經文: "簡子曰: 我使掌與女乘. 謂王良, 良不可"~"我不貫與小人乘, 請辭". ○조간자는 폐해에게 내가 왕량으로 하여금 너와 함께 수레를 몰도록 시키겠다고 했다. 이에 조간자는 왕량에게 그처럼 시켰는데 왕량이 수긍하지 않고, 결국 조간자에게 말하길, 저는 그를 위해 법도에 따라 수레를 몰았습니다. 그래서 저는 폐해와 함께 수레를 몰아 사냥을 했는데 종일토록 한 마리의 짐승도 포획하지 못했습니다. 이후에는 그를 위해 법도를 어기며 수레를 몰았는데 그는 제멋대로 활을 쏘아 하루아침에 10마리의 짐승을 포획할 수 있었다고 했다. 또 『시』「소아(小雅)·거공(車攻)」편에는 수레를 모는 법도를 잃지 않으니 적중되는 것이 화살에 맞아 마치 사물이 뭉치에 맞아 깨진 것처럼 죽었다는 말이 나온다. 이것은 군자의 활쏘기이다. 왕량 본인은 폐해와 같은 소인과 함께 수레를 몰며 사냥하는 것에 익숙하지 못하기 때문에 사양을 청했으니, 그의 수레 모는 것을 담당하지 않겠다는 뜻이다.

孫疏 ◎注"詩·小雅·車攻之篇". ○正義曰: 此篇蓋言宣王復古也. 箋云: 不失其馳, 舍矢如破, 謂御者之良, 得舒疾之中, 射者之工, 矢發則中, 如錐破物也.

번역 ◎趙注: "詩·小雅·車攻之篇". ○이 시는 선왕이 옛 도리를 회복했음을 노래한 것이다. 전문에서는 수레 모는 법도를 잃지 않아 화살을 쏘아 적중시키는 것이 마치 사물을 깨트리는 것과 같다고 했는데, 이것은 수레를 모는 자가 수레를 잘 몰아서 느리거나 빨리 모는 것을 적합하게 할 수 있었고, 활을 쏘는 자도 화살을 쏘면 적중을 시키는데 마치 송곳으로 사물을 깨트리는 것과 같다는 뜻이다.

集註 趙簡子, 晉大夫趙鞅也. 王良, 善御者也. 嬖奚, 簡子幸臣. 與之乘, 爲之御也. 復之, 再乘也. 彊而後可, 嬖奚不肯, 彊之而後肯也. 一朝, 自晨至食時也. 掌, 專主也. 範, 法度也. 詭遇, 不正而與禽遇也. 言奚不善射, 以法馳驅則不獲, 廢法詭遇而後中也. 詩小雅車攻之篇. 言御者不失其馳驅之法, 而射者發矢皆中而力, 今嬖奚不能也. 貫, 習也.

번역 '조간자(趙簡子)'는 진나라 대부 조앙(趙鞅)이다. '왕량(王良)'은 수레를 잘 몰았던 자이다. '폐해(嬖奚)'는 조간자가 총애하던 신하이다. '여지승(與之乘)'은 그를 위해 수레를 몬다는 뜻이다. '부지(復之)'는 재차 수레를 몬다는 뜻이다. '강이후가(彊而後可)'는 폐해가 수긍하지 않자 억지로 강요한 이후에야 수긍했다는 뜻이다. '일조(一朝)'는 새벽부터 식사를 할 때까지를 뜻한다. '장(掌)'자는 전적으로 주관한다는 뜻이다. '범(範)'자는 법도를 뜻한다. '궤우(詭遇)'는 부정한 방법을 써서 짐승과 맞닥뜨리게 한다는 뜻이다. 폐해는 활쏘기를 잘하지 못하여 법도에 따라 수레를 몰면 짐승을 잡지 못했고, 법도를 어기고 부정한 방법으로 수레를 몬 이후에야 맞추었다는 뜻이다. 이 시는 『시』「소아(小雅)·거공(車攻)」편이다. 수레를 모는 자가 수레 모는 법도를 잃지 않고 활을 쏘는 자가 활을 쏨에 모두 적중시키며 힘써 시행한다는 뜻인데, 현재 폐해는 이처럼 할 수 없다는 의미이다. '관(貫)'자는 익숙하다는 뜻이다.

경문 "御者且羞與射者比, 比而得禽獸, 雖若丘陵, 弗爲也. 如枉道而從彼, 何也?"

번역 맹자는 계속하여 "수레를 모는 자 또한 이와 같이 활쏘기를 하는 자와 짝하는 것을 부끄럽게 여겼으니, 그와 짝하여 짐승을 포획함에 비록 산더미처럼 잡을 수 있더라도 하지 않았다. 만약 도를 굽혀서 저들을 따른다면 어떠하겠는가?"라고 했다.

趙注 孟子引此以喩陳代, 云御者尙知羞恥此射者, 不欲與比, 子如何欲使我枉正道而從彼驕慢諸侯而見之乎.

번역 맹자는 이러한 일화를 인용하여 진대를 깨우쳐준 것이니, 수레를 모는 자도 이처럼 활쏘기를 하는 자를 부끄럽게 여겨야 할 줄 알았다. 그래서 그와 짝을 이루고 싶지 않았는데, 그대는 어찌하여 나로 하여금 바른 도를 굽혀 저 교만하기 이를 데 없는 제후를 따라 그를 만나보라고 하느냐는 뜻이다.

경문 "且子過矣! 枉己者, 未有能直人者也."

번역 맹자는 계속하여 "또한 그대의 잘못이다! 자신을 굽히는 자 중에 남을 곧게 펼 수 있는 자는 없었다."라고 했다.

趙注 謂陳代之言過謬也. 人當以直矯枉耳, 己自枉曲, 何能正人.

번역 진대의 말이 잘못되었다는 뜻이다. 사람은 마땅히 곧음을 통해 굽은 것을 바로잡아야 할 따름인데, 본인 스스로 굽히면서 어찌 다른 사람을 바르게 할 수 있느냐는 의미이다.

孫疏 ●"御者且羞與射者比"至"未有能直人者也", 孟子引至此, 乃自爲之言曰: 夫王良但爲之御者, 且尙能羞恥與嬖奚之射者比, 並雖使王良與嬖奚比之, 如得禽獸若丘陵之多, 亦必不爲之比矣. 今子欲使我枉正道而從彼驕傲之諸侯而往見之, 是何如哉? 且子言此者, 已失之過謬也, 如枉己之正道者, 未有能直其人者也, 必自正己之道, 然後可以直人矣. 是亦楊子所謂"詘道而伸身, 雖天下不可爲也"同意.

번역 ●經文: "御者且羞與射者比"~"未有能直人者也". ○맹자가 인용을 끝내고서 직접 진대를 위해 이러한 말을 한 것이니, 왕량은 단지 그를 위해 수레를 몰았던 자이지만, 그 또한 폐해와 같이 활을 쏘는 자와 짝을 이루는 것은 부끄러워할 수 있었다. 그래서 왕량으로 하여금 폐해와 짝을 이루게 하여 산더미처럼 많은 짐승을 포획할 수 있더라도, 그 또한 분명 그와 짝을 이루지 않을 것이다. 그런데 그대는 나로 하여금 바른 도를 굽혀져 교만하기 이를 데 없는 제후를 따라 찾아가 만나보라고 하니 이 어찌된 일인가? 또 그대가 이러한 말을 한 것 자체가 이미 잘못되었으니, 자신의 바른 도를 굽힌 자 중에서 남을 곧게 만들 수 있는 자는 없었다. 따라서 제 스스로 자신의 도를 바르게 한 뒤에야 남도 곧게 할 수 있는 것이다. 이것은 양자가 "도를 굽혀 자신을 펴는 일은 비록 천하를 얻더라도 할 수 없다."라고 한 말과 같은 뜻이다.

孫疏 ◎注"伯夷亦不屑就也". ○正義曰: 此乃公孫丑篇末之文也.

번역 ◎趙注: "伯夷亦不屑就也". ○이것은 「공손추」편 끝에 나오는 기록이다.

集註 比, 阿黨也. 若丘陵, 言多也.

번역 '비(比)'자는 편을 짓는다는 뜻이다. 구릉과 같다는 말은 많다는 뜻이다.

集註 或曰, "居今之世, 出處去就不必一一中節, 欲其一一中節, 則道不得行矣." 楊氏曰, "何其不自重也, 枉己其能直人乎? 古之人寧道之不行, 而不輕其去就; 是以孔孟雖在春秋戰國之時, 而進必以正, 以至終不得行而死也. 使不恤其去就而可以行道, 孔孟當先爲之矣. 孔孟豈不欲道之行哉?"

번역 어떤 자가 "지금과 같은 세상에 살면서 출처와 거취에 있어서 일일이 절도에 맞출 필요는 없으니, 일일이 절도에 맞추고자 한다면 도를 시행할 수 없을 것이다."라고 했다. 그러자 양씨는 "어찌 스스로 조심하지 않는단 말인가, 자신을 굽히고서 남을 곧게 할 수 있단 말인가? 옛 사람들은 차라리 도를 시행하지 못할지언정 자신의 거취를 경솔히 하지 않았다. 이러한 까닭으로 공자와 맹자는 비록 춘추전국시대에 살았지만 나아갈 때에는 반드시 정도에 따랐고, 끝내 도를 시행하지 못하고서 죽었다. 만약 거취의 문제를 고민하지 않고서 도를 시행할 수 있었다면, 공자와 맹자가 먼저 시행했을 것이다. 공자와 맹자가 어찌 도가 시행되기를 바라지 않았겠는가?"라고 했다.

참고 『장자』「천하(天下)」 기록

원문 不累於俗, 不飾於物, 不苟於人, 不忮於衆①, 願天下之安寧以活民命, 人我之養畢足而止②, 以此白心. 古之道術有在於是者③, 宋鈃尹文聞其風而悅之④. 作爲華山之冠以自表⑤, 接萬物以別宥爲始⑥; 語心之容, 命之曰心之行⑦. 以聏合驩, 以調海內⑧, 請欲置之以爲主⑨. 見侮不辱⑩, 救民之鬪, 禁攻寢兵, 救世之戰⑪. 以此周行天下, 上說下教, 雖天下不取, 强聒而不舍者也⑫, 故曰上下見厭而强見也⑬.

번역 세속에 얽매이지 않고 외물로 인해 꾸미지 않으며 남에게 구차하게 굴지 않고 백성들을 거스르지 않으며, 천하가 편안해져서 이를 통해 백성들을 살리기를 바라고, 남과 내의 생활이 풍족해지면 그쳤고, 이를 통해 마음을 깨끗이 하였다. 옛 학문 중 여기에 뜻을 둔 것이 있었는데, 송견과 윤문이 그 학풍을 듣고 기뻐하였다. 화산(華山) 모양의 관을 만들어 써서 자신의 생각을 드러내고, 만물을 접할 때에는 구별 짓는 것을 근본으로 삼으라고 했으며, 마음의 모습을 말하며 '마음의 행동'이라고 불렀다. 조화로운 마음으로 함께 즐거워하고 어울림으로 세상 사람들을 화합시켜, 이처럼 할 수 있는 자를 세워 만물의 주인으로 삼길 청했다. 업신여김을 당하더라도 치욕으로 여기지 말고 백성들의 다툼을 구제하며 침략을 금지하고 병력을 물림으로써 세상의 전쟁을 구원한다. 이러한 가르침으로 천하를 두루 돌아다니며 교화하여 위로는 군왕에게 유세하고 아래로는 백성들을 가르치니, 비록 천하 사람들이 자신의 가르침에 따르지 않더라도 계속 떠들며 그만두지 않는다. 그렇기 때문에 상하 모든 계층이 업신여기더라도 애써 그들을 만나보며 설득하는 것이다.

集釋-① 注: 忮, 逆也.

번역 주에서 말하길, '기(忮)'자는 거스른다는 뜻이다.

集釋-① 疏: 於俗無患累, 於物無矯飾, 於人無苟且, 於衆無逆忮, 立於名行以養蒼生也.

번역 소에서 말하길, 세속에 대해서 걱정하고 얽매이는 일이 없고, 외부 사물에 대해서 거짓된 꾸밈이 없으며, 남에 대해서 구차하게 굴지 않고, 백성들에 대해서 그 뜻을 거스르는 일이 없으니, 명분과 행실을 확립하여 백성들을 기른다.

集釋-① 釋文: 忮, 之豉反, 逆也. 司馬崔云, 害也. 字書云, 很也. 又音支, 韋昭音洎.

번역 『석문』에서 말하길, '忮'자는 '之(지)'자와 '豉(시)'자의 반절음이며, 거스른다는 뜻이다.也. 사마최는 해를 입힌다는 뜻이라고 했다. 『자서』에서는 다툰다는 뜻이라고 했다. 또한 그 음은 '支(지)'도 되며, 위소의 음은 '洎(기)'이다.

集釋-② 注: 不敢望有餘也.

번역 주에서 말하길, 감히 더 바라지 않는 것이다.

集釋-③ 疏: 每願宇內清夷, 濟活黔首, 物我儉素, 止分知足, 以此教跡, 淸白其心, 古術有在, 相傳不替矣.

번역 소에서 말하길, 매사에 세상이 맑고 평원하며 백성들을 구제하고 남과 내가 검소하길 바라며 분수에 만족하여 자족할 줄 아니 이러한 가르침을 통해 마음을 청결하게 하는데, 옛 학문 중 이러한 것이 남아 있어 전해지며 바뀌지 않았다.

集釋-③ 釋文: 白心, 崔云, 明白其心也. 白, 或作任.

번역 『석문』에서 말하길, '백심(白心)'에 대해 최씨는 그 마음을 맑고 밝게 한다는 뜻이라고 했다. '백(白)'자를 다른 판본에서는 '임(任)'자로 기록하기도 한다.

集釋-④ 疏: 姓宋, 名鈃, 姓尹, 名文, 並齊宣王時人, 同遊稷下. 宋著書一篇, 尹著書二篇, 咸師於黔首而爲之名也. 性與教合, 故聞風悅愛.

번역 소에서 말하길, 송견(宋鈃)은 성이 송이고 이름이 견이며, 윤문(尹文)은 성이 윤이며 이름이 문인데, 둘 모두 제나라 선왕 때의 사람으로 직하에서 함께 수학하였다. 송견은 1편의 저서를 남겼고 윤문은 2편의 저서를 남겼는데, 둘 모두 백성을 법도로 삼아 이처럼 이름을 정했다. 본성과 가르침이 합치되었기 때문에 학풍에 대한 소식을 듣고 기뻐하며 애착을 가진 것이다.

集釋-④ 釋文: 宋鈃, 音形. 徐胡冷反, 郭音堅. 尹文, 崔云, 齊宣王時人, 著書一篇. 俞樾曰, 列子周穆王篇老成子學幻於尹文先生, 未知卽其人否. 漢書藝文志尹文子一篇, 在名家. 師古曰, 劉向云, 與宋鈃俱遊稷下.

번역 『석문』에서 말하길, '宋鈃'에서의 '鈃'자는 그 음이 '形(형)'이다. 서음은 '胡(호)'자와 '冷(냉)'자의 반절음이며, 곽음은 '堅(견)'이다. '윤문(尹文)'에 대해서 최씨는 제나라 선왕 때의 사람이며, 1편의 저서를 남겼다고 했다. 유월은 『열자』「주목왕」편에 노성자가 윤문선생에게 현학을 배웠다고 했는데, 그 사람이 맞는지는 모르겠다고 했다. 『한서』「예문지」에는 『윤문자』 1편이 수록되어 있고, 명가 항목에 기술되었다. 안사고는 유향의 말을 빌려 송견과 함께 직하에서 수학했다고 했다.

集釋-⑤ 注: 華山上下均平.

번역 주에서 말하길, 화산은 상하가 균평하다.

集釋-⑤ 疏: 華山, 其形如削, 上下均平, 而宋尹立志淸高, 故爲冠以表德之異.

번역 소에서 말하길, 화산은 그 모습이 칼집처럼 생겨서 상하가 균평한데, 송견과 윤문은 뜻을 세움에 맑고도 고매하였기 때문에, 이러한 관을 만들어서 남다른 덕을 드러내었다.

集釋-⑤ 釋文: 華山之冠, 華山上下均平, 作冠象之, 表己心均平也.

번역 『석문』에서 말하길, '화산지관(華山之冠)'이라고 했는데, 화산은 상하가 균평하여 관을 만들 때 그 모습을 본떠서, 자신의 마음이 균평함을 드러낸 것이다.

集釋-⑥ 注: 不欲令相犯錯.

번역 주에서 말하길, 서로 침범하고 어지럽히지 못하게끔 한 것이다.

集釋-⑥ 疏: 宥, 區域也. 始, 本也. 置立名敎, 應接人間, 而區別萬有, 用斯爲本也.

번역 소에서 말하길, '유(宥)'자는 구별을 짓는다는 뜻이다. '시(始)'자는 근본을 뜻한다. 가르침을 세워 사람들을 접하고 만물을 구별지으니, 이를 근본으로 삼았다.

集釋-⑥ 釋文: 以別, 彼列反, 又如字. 宥爲始, 始, 首也. 崔云, 以別善惡, 宥不及也.

번역 『석문』에서 말하길, '以別'에서의 '別'자는 '彼(피)'자와 '列(렬)'자의 반절음이며, 또한 글자대로 읽기도 한다. '유위시(宥爲始)'에서 '시(始)'자는 으뜸을 뜻한다. 최씨는 선악을 구별하여 악에는 관대함이 미치지 않는다고 했다.

集釋-⑦ 疏: 命, 名也. 發語吐辭, 每令心容萬物, 卽名此容受而爲心行.

번역 소에서 말하길, '명(命)'자는 명명하다는 뜻이다. 매사에 마음으로 하여금 만물을 포용토록 했는데, 이것을 곧 수용하여 마음의 행실로 삼으라고 명명했다는 뜻이다.

集釋-⑧ 注: 强以其道聏令合, 調令和也.

번역 주에서 말하길, 도의 조화로움을 화합시키고 어울림으로 조화롭게 만드는데 힘쓰는 것이다.

集釋-⑧ 釋文: 聏, 崔本作▼(目+而), 音而, 郭音餌. 司馬云, 色厚貌. 崔郭王云, 和也. ▼(目+而)和萬物, 物合則歡矣. 一云, 調也. 合驩, 以道化物, 和而調之, 合意則歡. 家世父曰, 以▼(目+而)合驩, 諸本或作聏, 莊子闕誤引作胹. 說文肉部, 胹, 爛也. 方言, 胹, 孰也. 以胹合驩, 卽軟孰之意. 太玄經▼(而/火)

其中, ▼(而/火)其膝, ▼(而/火)其哇, 司馬光集注, ▼(而/火)字與軟同. 亦正此意. 闕誤作胹字者是也. 强以, 其丈反, 下皆同. 令合, 力呈反, 下同.

번역 『석문』에서 말하길, '聏'자를 『최본』에서는 '▼(目+而)'자로 기록했는데, 그 음은 '而(이)'이며, 곽음은 '餌(이)'이다. 사마씨는 표정이 후덕한 모습이라고 했다. 최곽왕은 조화롭다는 뜻이라고 했다. 만물을 조화롭게 하여 만물이 화합하면 기뻐한다는 뜻이다. 일설에는 어울리게 한다는 뜻이라고 한다. '합환(合驩)'은 도로 만물을 교화하여, 조화롭게 만들어 어울리게 하니, 뜻이 합치되면 기뻐하는 것이다. 가세보는 조화로움으로 함께 즐거워한다고 했는데, 다른 판본들 중에는 '聏'자로 기록한 것도 있고, 『장자궐오』에서는 이 문장을 인용하며 '胹'자로 기록했다. 『설문』의 육부(肉部)에서는 '이(胹)'는 빛나게 한다는 뜻이라고 했다. 『방언』에서는 '이(胹)'자는 무르익는다는 뜻이라고 했다. 빛나고 무르익게 하는 것으로 함께 즐거워한다는 것은 부드럽고 무르익게 한다는 뜻이다. 『태현경』에서는 중(中)을 ▼(而/火)하게 하며, 슬(膝)을 ▼(而/火)하게 하고, 규(哇)를 ▼(而/火)하게 한다고 했는데, 사마광의 『집주』에서는 '▼(而/火)'자는 연(軟)자와 같다고 했으니, 또한 이러한 의미가 된다. 『궐오』에서 '胹'자로 기록한 것도 바로 이러한 뜻이다. '强以'에서의 '强'자는 '其(기)'자와 '丈(장)'자의 반절음이며, 아래문장에 나오는 이 글자는 모두 그 음이 이와 같다. '令合'에서의 '令'자는 '力(력)'자와 '呈(정)'자의 반절음이며, 아래문장에 나오는 글자도 그 음이 이와 같다.

集釋-⑨ 注: 二子請得若此者立以爲物主也.

번역 주에서 말하길, 송견과 윤문 두 사람은 이와 같이 할 수 있는 자를 세워 만물의 주인으로 삼으라고 청한 것이다.

集釋-⑨ 疏: 聏, 和也. 用斯名教和調四海, 庶令同合以得驩心, 置立此人以爲物主也.

번역 소에서 말하길, '이(䛴)'자는 조화롭다는 뜻이다. 이러한 가르침을 통해서 사해를 조화롭게 만들고 화합하게 만들어 즐거워하는 마음을 얻게 하고, 이러한 사람을 세워 만물의 주인으로 삼으라는 뜻이다.

集釋-⑩ 注: 其於以活民爲急也.

번역 주에서 말하길, 이를 통해 백성 살리는 것을 급선무로 삼았기 때문이다.

集釋-⑪ 注: 所謂䛴調.

번역 주에서 말하길, 조화롭게 만든다는 뜻이다.

集釋-⑪ 疏: 寑, 息也. 防禁攻伐, 止息干戈, 意在調和, 不許戰鬪, 假令欺侮, 不以爲辱, 意在救世, 所以然也.

번역 소에서 말하길, '침(寑)'자는 그친다는 뜻이다. 침략을 금지하고 전쟁을 그치는 것은 그 뜻이 조화롭게 만드는데 있어서이다. 또 전쟁을 허용하지 않고 가령 기만을 당하더라도 욕됨으로 삼지 않으니, 그 뜻이 세상을 구원하는데 있어서 이처럼 하는 것이다.

集釋-⑫ 注: 䛴調之理然也.

번역 주에서 말하길, 조화롭게 만드는 이치에 따른다는 뜻이다.

集釋-⑫ 疏: 用斯教跡, 行化九州, 上說君王, 下教百姓, 雖復物不取用, 而强勸喧聒, 不自廢舍也.

번역 소에서 말하길, 이러한 가르침을 사용하여 구주를 두루 돌아다니며 교화시키고, 위로는 군왕에게 유세하고 아래로는 백성들을 가르치니,

비록 남들이 가르침에 따르지 않더라도 억지로 권하며 떠들어서 스스로 그만두지 않는다.

集釋-⑫ 釋文: 上說, 音悅, 又如字. 下敎, 上, 謂國主也, 悅上之敎下也. 一云, 說, 猶敎也. 上敎敎下也. 聒, 古活反, 謂强聒其耳而語之也.

번역 『석문』에서 말하길, '上說'에서의 '說'자는 그 음이 '悅(열)'이며 또한 글자대로 읽기도 한다. '하교(下敎)'에 있어서 앞에 나온 '상(上)'은 군주를 뜻하니, 윗사람이 아랫사람을 가르치도록 설득하는 것이다. 일설에는 '설(說)'자를 가르친다는 뜻이라고 했다. 즉 윗사람들이 배운 가르침으로 아랫사람을 가르친다는 뜻이다. '聒'자는 '古(고)'자와 '活(활)'자의 반절음이며, 귀에 대고 떠들썩하게 말한다는 뜻이다.

集釋-⑬ 注: 所謂不辱.

번역 주에서 말하길, 욕됨으로 삼지 않는다는 뜻이다.

集釋-⑬ 疏: 雖復物皆厭賤, 猶自强見勸他, 所謂被人輕侮而不恥辱也.

번역 소에서 말하길, 비록 다른 사람들이 싫증을 내며 천시하더라도 스스로 애써 만나보며 그들을 권면하니, 남들로부터 업신여김을 당해도 치욕으로 여기지 않는다는 뜻이다.

集釋-⑬ 釋文: 見厭, 於豔反, 徐於贍反.

번역 『석문』에서 말하길, '見厭'에서의 '厭'자는 '於(어)'자와 '豔(염)'자의 반절음이며, 서음은 '於(어)'자와 '贍(섬)'자의 반절음이다.

참고 『춘추좌씨전』 양공(襄公) 10년 기록

전문 王叔之宰曰, "篳門閨竇之人, 而皆陵其上, 其難爲上矣."

번역 왕숙의 가신이 "필문(篳門)에 규두(閨竇)를 내고 살던 사람들이 모두 윗사람을 능멸하니, 윗사람 노릇하기가 어렵다."라고 했다.

杜注 篳門, 柴門. 閨竇, 小戶, 穿壁爲戶, 上銳下方, 狀如圭也. 言伯輿微賤之家.

번역 '필문(篳門)'은 사립문이다. '규두(閨竇)'는 작은 외짝문으로 벽을 뚫어서 외짝문을 만드는데, 위는 뾰족하고 아래는 사각형으로, 그 모습이 규(圭)와 같다. 즉 백여는 미천한 집안 출신이라는 뜻이다.

참고 『춘추공양전』 정공(定公) 12년 기록

전문 雉者何? 五板而堵.

번역 '치(雉)'는 무엇인가? 5판(板)은 1도(堵)가 된다.

何注 八尺曰板, 堵凡四十尺.

번역 8척은 1판이 되니, 1도는 총 40척이다.

徐疏 ●"雉者何". ○解云: 正以傳言"邑無百雉之城", 經典未有其事, 須知雉之度數, 故執不知問.

번역 ●傳文: "雉者何". ○전문에서 "읍에는 100치의 성이 없다."라고 했는데, 경전에는 그에 대한 사안이 없으므로, 치(雉)의 치수를 알아야 했기 때문에 질문한 것이다.

徐疏 ◎注“八尺曰板”者. ○解云: 韓詩外傳文

번역 ◎何注: “八尺曰板”者. ○『한시외전』44)의 기록이다.

전문 五堵而雉.

번역 5도는 1치이다.

何注 二百尺.

번역 1치는 200척이다.

전문 百雉而城.

번역 100치로 성을 만든 것이다.

何注 二萬尺, 凡周十一里三十三步二尺, 公侯之制也. 禮, 天子千雉, 蓋受百雉之城十, 伯七十雉, 子男五十雉; 天子周城, 諸侯軒城. 軒城者, 缺南面以受過也.

번역 100치는 20,000척으로, 사방 11리 33보 2척이며, 공작이나 후작이 따르는 제도이다. 예법에 따르면 천자의 성은 1,000치로 만든다고 하니, 100치의 성 10개를 수용할 수 있는 면적이며, 백작은 70치로 성을 만들고 자작과 남작은 50치로 성을 만든다고 했다. 천자의 성은 사방을 모두 에워싸서

---

44) 『한시외전(韓詩外傳)』은 한(漢)나라 때 한영(韓嬰)이 지은 책이다. 이 책은 본래 내전(內傳) 4권과 외전(外傳) 6권으로 구성되어 있었는데, 내전은 산일되어 없어졌고, 외전만이 남아 있다. 남아 있는 부분을 『한시외전(韓詩外傳)』이라고 부른다.

‘주성(周城)’이라 부르고 제후의 성은 남쪽의 한 측면을 터놓기 때문에 ‘헌성(軒城)’이라 부르는데, 헌성이란 남쪽을 터놓아 지나다닐 수 있도록 한 것이다.

徐疏 ◎注“二萬”至“制也”. ○解云: 公侯方百雉, 春秋說文也. 古者六尺爲步, 三百步爲里, 計一里有千八百尺, 十里卽有萬八千尺, 更以一里三十三步二尺, 爲二千尺, 通前爲二萬尺也, 故云二萬尺, 凡周十一里三十二步二尺也. 云禮, 天子千雉者, 春秋說文也. 云蓋受百雉之城十者, 謂公侯於天子, 十取一之義, 似若孟子與司馬法云“天子囿方百里公侯十里”, 是十取一之文也. 云“伯七十雉子男五十雉”者, 春秋說文.

번역 ◎何注: “二萬”~“制也”. ○공작과 후작의 성을 사방 100치로 한다는 것은 위서(緯書)인 『춘추설』의 기록이다. 고대에는 6척을 1보로 여겼고, 300보를 1리로 여겼으니, 계산을 해보면 1리는 1,800척이며, 10리는 18,000척이 되는데, 다시 1리 33보 2척이라면 2,000척이 되어, 앞의 것과 합해 20,000척이 된다. 그렇기 때문에 20,000척으로, 사방 11리 33보 2척이라고 했다. “예법에 따르면 천자의 성은 1,000치로 만든다”라고 했는데, 이것은 『춘추설』의 기록이다. “100치의 성 10개를 수용할 수 있는 면적이다.”라고 했는데, 공작과 후작은 천자에 대해서 10분의 1로 한다는 뜻이니, 『맹자』와 『사마법』에서 “천자의 동산은 사방 100리이며 공작과 후작은 사방 10리이다.”라고 한 말과 같으며, 이것은 바로 10분의 1로 한다는 기록이다. “백작은 70치로 성을 만들고 자작과 남작은 50치로 성을 만든다.”라고 했는데, 이것은 『춘추설』의 기록이다.

徐疏 ◎注“天子”至“過也”. ○解云: 天子周城, 諸侯軒城者, 春秋說文. 云缺其南面, 以受過也者, 正以諸侯軒縣闕南方, 則雉軒城亦宜然. 按舊古城無如此者, 蓋但孔子設法如是, 後代之人不能盡用故也. 或者但不設射垣以備守, 故曰缺其南面以受過, 不妨仍有城.

번역 ◎何注: "天子"~"過也". ○천자의 주성과 제후의 헌성이라는 것은 『춘추설』의 기록이다. "남쪽을 터놓아 지나다닐 수 있도록 한다."라고 했는데, 제후의 헌현(軒縣)[45]이 남쪽을 비워주는 것에 따라서 헌성 또한 이처럼 하는 것이다. 살펴보니 옛 고성들 중에 이처럼 만들어진 것이 없는데, 아마도 공자가 이와 같이 법도를 규정했을지라도 후대 사람들이 그것을 모두 따르지 못했기 때문일 것이다. 혹은 단지 활을 쏠 수 있는 담장을 설치하지 않고 수비를 했기 때문에 남쪽을 터서 나갈 수 있도록 했다는 것으로, 일반적인 성으로 보아도 무방하다.

참고 『역』「계사하(繫辭下)」 기록

경문 子曰, 知幾其神乎! 君子上交不諂, 下交不瀆, 其知幾乎!

번역 공자가 말하길, 기미를 아는 것이 신묘함이다! 군자는 위와 사귀면서 아첨하지 않고 아래와 사귀면서 업신여기지 않으니, 기미를 아는 것이다!

王注 形而上者況之道. 形而下者況之器. 於道不冥而有求焉, 未離乎諂也. 於器不絶而有交焉, 未免乎瀆也. 能無諂·瀆, 窮理者乎.

번역 형이상자는 도(道)를 비유한다. 형이하자는 기(器)를 비유한다. 도에 대해 깊이 생각하지 못하여 찾는 것이 있다면 아첨에서 벗어나지 못한다. 기에 대해 단절하지 못하여 사귐이 있으면 업신여김에서 벗어나지 못

45) 헌현(軒縣)은 악기를 설치할 때 3방면으로 설치하는 것을 뜻한다. 천자는 4방면에 모두 악기를 설치하는데, 이것을 궁현(宮縣)이라고 부른다. '헌현'은 천자에 대한 예법보다 낮춘 것으로 제후에게 해당하는 것이며, 천자보다 낮추기 때문에 4방면 중 남쪽 한 면에 설치하는 악기들을 제외시키는 것이다. 『주례』「춘관(春官)·소서(小胥)」편에는 "正樂縣之位, 王宮縣, 諸侯軒縣."이라는 기록이 있는데, 이에 대한 정현의 주에서는 "鄭司農云, '宮縣, 四面縣. 軒縣, 去其一面. ……' 玄謂軒縣去南面辟王也."라고 풀이했다.

한다. 아첨과 업신여김이 없을 수 있다는 것은 이치를 끝까지 연구하는 것이다.

孔疏 ○正義曰: "子曰知幾其神乎"至"萬夫之望"者, 此第七節. 前章云精義入神, 故此章明知幾入神之事, 故引豫之六二以證之. 云"易曰: 介于石, 不終日, 貞吉"·"知幾其神乎"者, 神道微妙, 寂然不測. 人若能豫知事之幾微, 則能與其神道合會也. "君子上交不諂, 下交不瀆"者, 上謂道也, 下謂器也. 若聖人知幾窮理, 冥於道, 絶於器, 故能上交不諂, 下交不瀆. 若於道不冥而有求焉, 未能離於諂也; 於器不絶而有交焉, 未能免於瀆也. 能無諂·瀆, 知幾窮理者乎!

번역 ○경문의 "子曰知幾其神乎"~"萬夫之望"에 대하여. 이것은 제 7절이다. 앞에서는 "의리를 정밀히 하여 신묘한 경지로 들어간다."라고 했기 때문에 이곳에서는 기미를 알아 신묘한 경지로 들어가는 일을 나타내었다. 그래서 예괘 육이 효사를 인용하여 증명하였다. "『역』에서 돌보다 견고하여 하루를 마치지 않으니 곧고 길하다고 했다."라고 했고, "기미를 아는 것이 신묘함이다."라고 했는데, 신묘한 도는 은미하고 오묘하며 기척도 없어서 헤아릴 수 없다. 사람이 만약 미리 그 사안의 기미를 알 수 있다면, 신묘한 도와 합치될 수 있다. "군자는 위와 사귀면서 아첨하지 않고 아래와 사귀면서 업신여기지 않는다."라고 했는데, '상(上)'은 도(道)를 뜻하고, '하(下)'는 기(器)를 뜻한다. 만약 성인이 기미를 알아 이치를 끝까지 다하여 도에 침잠하고 기를 단절한다면, 위와 사귀면서 아첨함이 없고 아래와 사귀면서 업신여기지 않을 수 있다. 만약 도를 깊이 생각하지 못하여 구하는 것이 있다면 아첨에서 벗어날 수 없고, 기를 단절하지 못하여 사귐이 있다면 업신여김에서 벗어날 수 없다. 아첨과 업신여김이 없을 수 있는 것은 기미를 알아 이치를 끝까지 다하는 것이다.

경문 幾者, 動之微, 吉之先見者也.

번역 기미란 움직임이 은미하게 드러난 것으로, 길함보다 앞서 나타난 것이다.

王注 幾者去無入有, 理而無形, 不可以名尋, 不可以形覩者也. 唯神也不疾而速, 感而遂通, 故能朗然玄昭, 鑒於未形也. 合抱之木, 起於毫末. 吉凶之彰, 始於微兆, 故爲吉之先見也.

번역 기미는 무의 경계에서 떠나 유의 경계로 들어오는 것인데, 이치여서 형체가 없으니 이름을 붙여서 찾을 수 없고 형체를 통해 볼 수 없다. 오직 신묘하기 때문에 달리지 않아도 빠르고 느껴서 두루 통하게 된다. 그렇기 때문에 밝게 비춰 형체로 드러나기 이전에 살필 수 있다. 매우 큰 나무는 터럭처럼 매우 가는 싹에서 자라난다. 길흉의 자취는 은미한 조짐에서 일어나기 때문에 길함보다 앞서 나타난다.

孔疏 ○正義曰: 此釋"幾"之義也. 幾, 微也. 是已動之微, 動謂心動·事動. 初動之時, 其理未著, 唯纖微而已. 若其已著之後, 則心事顯露, 不得爲幾. 若未動之前, 又寂然頓無, 兼亦不得稱幾也. 幾是離無入有, 在有無之際, 故云"動之微"也. 若事著之後乃成爲吉, 此幾在吉之先, 豫前已見, 故云"吉之先見者也". 此直云吉不云凶者, 凡豫前知幾, 皆向吉而背凶, 違凶而就吉, 無復有凶, 故特云吉也. 諸本或有凶字者, 其定本則無也.

번역 ○이 문장은 '기(幾)'자의 뜻을 풀이한 것이다. '기(幾)'자는 은미하다는 뜻이다. 이미 움직이기 시작한 것의 은미하게 드러나는 기미인데, '동(動)'이란 마음이 움직이고 사물이 움직인 것을 뜻한다. 처음 움직이기 시작했을 때, 그 이치는 아직 드러나지 않고 오직 미세한 기미만이 드러날 따름이다. 만약 이미 현저하게 드러난 이후라면 마음과 사물이 현격히 드러나서 기미라고 할 수 없다. 아직 움직이기 이전이라면 또한 침잠하여 아무것도 없게 되니, 이 또한 기미라고 부를 수 없다. 기미란 무의 경계에서 떠나 유의 경계로 들어오는 것이니, 유무의 사이에 있다. 그렇기 때문에

'움직임이 은미하게 드러난 것'이라고 했다. 만약 사물이 현저히 드러난 이후라면 길함이 성립될 수 있는데, 이러한 기미는 길함보다 앞서 있게 되며, 이미 그 이전에 드러난다. 그렇기 때문에 "길함보다 앞서 나타난다."라고 했다. 이곳에서는 단지 길만을 말하고 흉을 언급하지 않았는데, 미리 그 이전에 기미를 안다면 모두 길을 향하고 흉을 등지게 되며 흉을 떠나 길로 나아가게 되어 흉할 것이 없게 된다. 그렇기 때문에 단지 길함만을 말한 것이다. 다른 판본 중에는 '흉(凶)'자가 기록된 것도 있지만, 『정본』에는 없다.

경문 君子見幾而作, 不俟終日. 易曰: "介于石, 不終日, 貞吉." 介如石焉, 寧用終日? 斷可識矣.

번역 군자는 기미를 보고 일어나 하루가 마칠 때까지 기다리지 않는다. 『역』에서 "돌보다 견고하여 하루를 마치지 않으니 곧고 길하다."[46]라고 했다. 견고함이 돌과 같으니 어찌 하루를 모두 쓰겠는가? 결단함을 알 수 있다.

王注 定之於始, 故不待終日也.

번역 시작할 때 확정하기 때문에 하루가 마칠 때까지 기다리지 않는다.

孔疏 ○正義曰: "君子見幾而作, 不俟終日"者, 言君子旣見事之幾微, 則須動作而應之, 不得待終其日. 言赴幾之速也. "易曰: 介于石, 不終日, 貞吉"者, 此豫之六二辭也. 得位居中, 故守介如石, 見幾則動, 不待終其一日也. "介如石焉, 寧用終日, 斷可識矣"者, 此夫子解釋此爻之時, 旣守志耿介, 如石不動, 纔見幾微, 卽知禍福, 何用終竟其日, 當時則斷可識矣.

번역 ○"군자는 기미를 보고 일어나 하루가 마칠 때까지 기다리지 않는다."라고 했는데, 군자는 그 사안의 기미를 이미 보았으므로, 움직임에 맞춰 호응하므로 하루를 마칠 때까지 기다리지 않는다는 뜻이다. 즉 기미로 다

---

46) 『역』「예괘(豫卦)」: 六二, 介于石, 不終日, 貞吉.

가감이 신속하다는 의미이다. "『역』에서 돌보다 견고하여 하루를 마치지 않으니 곧고 길하다고 했다."라고 했는데, 이것은 예괘 육이의 효사이다. 제자리를 얻고 가운데에 머물러 있기 때문에 지키는 것이 돌처럼 견고하여, 기미를 보게 되면 움직이고 하루를 마칠 때까지 기다리지 않는다. "견고함이 돌과 같으니 어찌 하루를 모두 쓰겠는가? 결단함을 알 수 있다."라고 했는데, 이것은 공자가 이 효에 해당하는 시기를 풀이한 것이니, 뜻을 견고하게 지키고 있어서 돌처럼 움직이지 않지만, 문득 기미를 보게 되면 그것이 재앙이 될지 복이 될지를 알게 되므로, 어찌 하루 종일 걸리겠는가? 그 시기에 맞닥뜨리게 되면 곧바로 판결하게 됨을 알 수 있다.

경문 君子知微知彰, 知柔知剛, 萬夫之望.

번역 군자는 은미한 것을 알고 드러난 것을 알며 부드러운 것을 알고 굳센 것을 아니, 모든 사람이 선망하는 대상이다.

王注 此知幾其神乎!

번역 이것은 기미를 아는 것이 신묘함이라는 뜻이다.

孔疏 ○正義曰: "君子知微知彰"者, 初見是幾, 是知其微; 旣見其幾, 逆知事之禍福, 是知其彰著也. "知柔知剛"者, 剛柔是變化之道, 旣知初時之柔, 則逆知在後之剛, 言凡物之體, 從柔以至剛, 凡事之理, 從微以至彰, 知幾之人, 旣知其始, 又知其末, 是合於神道, 故爲萬夫所瞻望也. 萬夫擧大略而言. 若知幾合神, 則爲天下之主, 何直只云萬夫而已, 此知幾其神乎者也.

번역 ○"군자는 은미한 것을 알고 드러난 것을 안다."라고 했는데, 최초 기미를 보게 되면 그 은미한 뜻을 알게 되고, 이미 기미를 보았다면 그 사안이 재앙이 될지 복이 될지를 거슬러 아니, 이것은 드러남을 아는 것이다. "부드러운 것을 알고 굳센 것을 안다."라고 했는데, 부드러움과 굳셈이란 변화의 도이니, 이미 처음 시작했을 때 부드럽다는 것을 알면, 이후에는 굳세게 됨을 거슬러 알 수 있다. 즉 모든 사물의 본체는 부드러움으로부터 굳셈으로 변해가고, 모든 사물의 이치는 은미한 것으로부터 밝게 드러나는 것으로 변해가니, 기미를 아는 사람은 이미 그 시작될 때를 알고 또한 그것이 마칠 때를 아니, 바로 신묘한 도에 합치되는 것이다. 그렇기 때문에 모든 사람들이 선망하게 된다. '만부(萬夫)'란 대략적으로 말한 것이다. 만약 기미를 알아 신묘한 도에 합치된다면 천하의 주인이 되는데, 어찌 단지 모든 사람들이라고 운운할 따름이겠는가? 이것은 바로 기미를 아는 것이 신묘함이라는 뜻이다.

本義 此釋豫六二爻義. 漢書吉之之間, 有凶字.

번역 이것은 예괘 육이의 효 뜻을 풀이한 것이다. 『한서』에는 길(吉)자와 지(之)자 사이에 흉(凶)자가 기록되어 있다.

참고 『예기』「방기(坊記)」 기록

경문-610d~611a 子云, "貧而好樂, 富而好禮, 衆而以寧者, 天下其幾矣. 詩云, '民之貪亂, 寧爲荼毒.' 故制國不過千乘, 都城不過百雉, 家富不過百乘. 以此坊民, 諸侯猶有畔者."

번역 공자가 말하길, "가난하면서도 즐김을 좋아하고, 부유하면서도 예를 좋아하며, 구성원이 많아지는데도 편안하게 하는 자는 천하에 몇 되지 않는다. 『시』에서는 '백성들이 혼란이 없어지기를 바라여, 차라리 독초나 독충처럼 행동하는구나.'라고 했다. 그렇기 때문에 제후국의 경계를 제정하며 1,000승(乘)의 규모를 넘지 못하도록 했고, 도성은 100치(雉)를 넘지 못하도록 했으며, 경이나 대부의 채지 규모는 100승을 넘지 못하도록 했다. 이를 통해 백성들의 잘못을 방지했는데도, 제후 중에는 오히려 배반을 계획하는 자가 있다."라고 했다.

鄭注 言如此者寡也. 寧, 安也. 大族衆家, 恒多作亂. 言民之貪爲亂者, 安其荼毒之行, 惡之也. 古者方十里, 其中六十四井出兵車一乘, 此兵賦之法也. 成國之賦千乘. 雉, 度名也, 高一丈長三丈爲雉. 百雉爲長三百丈, 方五百步. 子男之城方五里. 百雉者, 此謂大都, 三國之一.

번역 이처럼 하는 자가 적다는 뜻이다. '영(寧)'자는 "편안하다[安]."는 뜻이다. 큰 종족이 되고 가족이 많아지면 항상 분란을 일으키는 일이 많아진다. 백성들 중 혼란을 일으키고자 하는 자는 독초나 독충의 행동을 편안하게 여겨서 그들을 싫어한다는 뜻이다. 고대에는 사방 10리(里)의 땅에 있어서, 그 안에 포함된 64개의 정(井)에서 전쟁용 수레 1승(乘)을 출자했는데, 이것은 군대세금에 대한 법이다. 성국(成國)[47]에서 부여하는 세금은 1,000승이었다. 치(雉)자는 도량형의 단위이니, 높이가 1장(丈)이고 길이가 3장(丈)인 것이 1치(雉)이다. 100치는 길이가 300장이 되니, 사방 500보(步)의 규모이다. 자작과 남작의 제후국은 그 성이 사방 5리의 규모이다. 100치는 대도(大都)[48]를 뜻하니, 도읍을 세 등분하여 그 중 하나 만큼의 규모이다.

孔疏 ●"故制國不過千乘, 都城不過百雉家, 富不過百乘"者, 以天下爲惡者多, 故爲限節制, 諸侯之國, 不得過千乘之賦; 卿大夫都城, 不得過越百雉; 卿大夫之富, 采地不得過越百乘.

번역 ●經文: "故制國不過千乘, 都城不過百雉家, 富不過百乘". ○천하에 악한 행동을 하는 자가 많다고 여겼기 때문에 제한과 절제하는 제도를 만들었으니, 제후국은 1,000승(乘)의 부세를 초과할 수 없고, 경이나 대부의

---

47) 성국(成國)은 제후국 중 대국(大國)을 가리킨다. 제후국은 규모에 따라 대국(大國), 차국(次國), 소국(小國)으로 분류된다.

48) 대도(大都)는 도시 중에서도 큰 규모의 것을 범칭하는 말이다. 『춘추좌씨전』의 기록에 따르면 '대도'는 도읍의 3분의 1만큼의 규모가 되고, 중도(中都)는 5분의 1만큼의 규모가 되며, 소도(小都)는 9분의 1만큼의 규모가 된다. 『춘추좌씨전』「은공(隱公) 1년」에는 "先王之制, 大都不過參國之一; 中, 五之一; 小, 九之一."이라는 기록이 있다.

도성은 100치(雉)의 규모를 넘을 수 없으며, 경과 대부의 부유함은 그 채지가 100승의 부세를 초과할 수 없게 한 것이다.

孔疏 ◎注"古者"至"之一". ○正義曰: "古者方十里, 其中六十四井出兵車一乘, 此兵賦之法也", 按司馬法云: "成方十里, 出革車一乘." 司馬法又云: "甸方八里, 出長轂一乘." 鄭注小司徒云: "若通溝洫之地, 則爲十里. 若除溝洫之地, 則爲八里." 故云"六十四井出車一乘". 云"成國之賦千乘"者, 襄十四年左傳"成國不過半天子之軍", 謂滿千乘則爲成國, 是公侯之封也. 按千乘之賦, 地方三百一十六里有畸. 按周禮"公五百里, 侯四百里", 則是過千乘. 云"不過千乘"者, 其地雖過, 其兵賦爲千乘, 故論語注云: "雖大國之賦, 亦不是過焉." 其兵賦之法, 王畿之內六鄕之法, 家出一人, 萬二千五百家爲鄕. 小司徒云"五師爲軍", 則萬二千五百家爲一軍, 是一鄕出一軍. 又云天子六軍, 是出於六鄕. 凡軍制, 小司徒云: "五人爲伍, 五伍爲兩, 四兩爲卒, 五卒爲旅, 五旅爲師, 五師爲軍." 此師之制也. 凡出軍之法, 鄕爲正, 遂爲副, 則遂之出軍與鄕同. 故鄭注小司徒云"鄕之田制與遂同", 則知遂之軍法與鄕同. 其公邑出軍, 亦與鄕同, 故鄭注匠人云: "采地制井田, 異於鄕·遂及公邑." 則知公邑地制與鄕遂同, 明公邑出軍, 亦與鄕同. 其公卿大夫采地, 旣爲井田, 殊於鄕遂, 則出軍亦異於鄕·遂也. 故鄭注小司徒: "井十爲通, 士一人, 徒二人. 通十爲成, 革車一乘, 士十人, 徒二十人. 十成爲終, 革車十乘, 士一百人, 徒二百人. 十終爲同, 革車百乘, 士千人, 徒二千人." 此謂公卿大夫采地出軍之制也. 其王畿之外, 謂諸侯大國三軍, 次國二軍, 小國一軍, 皆出鄕遂, 故費誓云"三郊三遂", 是諸侯有遂也. 其諸侯計地出軍, 則司馬法云: "九夫爲井, 四井爲邑, 四邑爲丘, 馬一匹, 牛三頭. 四丘爲甸, 出長轂一乘, 甲士三人, 步卒七十二人, 馬四匹, 牛十二頭." 故成元年作丘甲, 杜·服俱引此文以釋之. 又論語云: "道千乘之國." 鄭注引司馬法"成出革車一乘", 但十里·八里不同, 於上已釋, 此皆謂天子諸侯兵賦也. 又異義云: "天子萬乘, 諸侯千乘, 大夫百乘." 此大判言之, 尊卑相十之義, 其間委曲, 鄕遂·公邑分別不同也. 故魯頌云"公車千乘", 謂大總計地出軍也. "公徒三萬", 謂鄕遂兵數也. 是國界計地與鄕遂數不同. 諸侯城方十里, 出賦之時雖革車一乘, 甲士三人, 步卒七十二人, 其臨敵對戰之時, 則同鄕法"五人爲伍·五伍爲兩"之屬也. 故左傳云: 邲之戰, 楚廣有一卒, 卒偏之兩. 又云: 兩之一卒適吳. 是兩軍對陣同鄕法也. 牧誓云: "武王戎車三百兩." 孔注云: "一車, 步卒七十二人." 則出軍法也. 經云"千夫長, 百夫長", 謂對敵時也. 據司馬法之文, 諸侯車甲牛馬, 皆計地令民自出. 若鄕遂之衆七十五人, 則遣出革車一乘, 甲士三人, 馬四匹, 牛十二頭. 恐非力之所能, 皆是國家所給, 故周禮·巾車職: "毁折, 入齎于職幣." 又周禮·馬質云: "凡受馬於有司者, 書其齒毛, 與其賈. 馬死則旬之內更." 又司兵職云: "及授兵, 從司馬之法以頒之. 及其受兵輸, 亦如之." 是國家所給也. 云"高一丈長三丈爲雉"者, 異義古春秋左氏說云"百雉爲長三百丈, 方五百步"者, 六尺爲步, 五六三十, 故三百丈爲五百步. 云"子男之城方五里"者, 周禮·典命云: "子男五命, 其國家·宮室以五爲節." 國家謂"城方"也. 是子男城方五里也. 云"百雉者, 此謂大都, 三國之一"者, 言子男五里, 積千五百步. 左傳云: "大都參分國之一." 子·男大都三分國城而居其一, 是大都五百步爲百雉也. 但國城之制, 凡有二義, 鄭之此注, 子·男五里, 則侯·伯七里, 公九里, 天子十二里. 按鄭注駁異義又云: "天子城九里, 公城七里, 侯·伯之城五里, 子·男之城三里. 此云'百雉'者, 謂侯·伯之大都." 杜預同焉, 與鄭此注異也. 經云"家富不過百乘"者, 諸侯之卿采地也. 故左傳云"唯卿備百邑", 地方百里也. 直云唯卿百邑, 未知天子·諸侯·公·卿·大夫采地大小. 按鄭注小司徒云: "百里之國, 凡四都. 五十里之國, 凡四縣. 二十五里之國, 凡四甸." 又云: "采地食者皆四之一." 說者據此以爲公食百里, 卿食五十里, 大夫食二十五里. 其諸侯之卿·大夫, 傳云"卿備百邑", 論語云"百乘之家". 此據諸侯臣之采地, 則公之孤·侯伯之卿與天子三公, 同俱方百里; 公之卿與侯伯之大夫, 俱方五十里; 公之大夫與侯伯之下大夫, 俱方二十五里. 其子·男之地, 唯方二百里以下, 其卿之采地不得復方百里. 按易·訟卦注云: "小國之下大夫, 采地方一成." 其定稅三百家, 唯有此文. 其子·男中都·大都, 無以言之. 按鄭注論語云: "伯氏騈邑三百家." 云齊下大夫之制, 似公侯伯下大夫唯三百家者. 但春秋之時, 齊之强臣尤多, 故伯氏唯食三百家之邑, 不與禮同也. 此皆皇氏之說. 熊氏以爲卿備百邑者, 鄭志以爲邑方二里, 與百乘別.

又以諸侯臣賜地無常, 得地者卿百乘, 下大夫同十里之成.

번역 ◎鄭注: "古者"~"之一". ○정현이 "고대에는 사방 10리(里)의 땅에 있어서, 그 안에 포함된 64개의 정(井)에서 전쟁용 수레 1승(乘)을 출자했는데, 이것은 군대세금에 대한 법이다."라고 했는데, 『사마법』을 살펴보면, "1성(成)[49]은 사방 10리(里)이고, 혁거(革車)[50] 1대를 출자한다."라고 했다. 『사마법』에서는 또한 "1전(甸)[51]은 사방 8리(里)이고, 장곡(長轂)[52] 1승을 출자한다."라고 했다. 『주례』「소사도(小司徒)」편에 대한 정현의 주에서는 "수로가 차지하고 있는 면적까지 합산하면 사방 10리(里)의 크기가 된다. 만약 수로의 면적을 제외한다면 사방 8리(里)의 크기가 된다."라고 했다. 그렇기 때문에 "64개의 정(井)에서 전쟁용 수레 1승(乘)을 출자한다."라고 말한 것이다. 정현이 "성국(成國)에서 부여하는 세금은 1,000승이었다."라고 했는데, 양공(襄公) 14년에 대한 『좌전』의 기록에서는 "성국(大國)은 천자가 소유한 군대의 절반을 초과할 수 없다."[53]라고 했으니, 1,000승(乘)의 규모가 된다면 곧 성국이 된다는 뜻으로, 공작이나 후작이 분봉받은 제후국이다. 살펴보면 1,000승에 해당하는 세금은 사방 316리보다 조금 넘는 땅에 해당한다. 『주례』를 살펴보면, "공작의 제후국은 사방 500리(里)

---

49) 성(成)은 토지의 면적을 뜻하는 단위이다. 사방 1리(里)의 면적은 1정(井)이 되고, 10정(井)은 1통(通)이 되며, 10통(通)은 1성(成)이 되니, 1성(成)은 사방 10리(里)의 면적이다.

50) 혁거(革車)는 고대에 사용된 전쟁용 수레이다. 크기가 작고 가벼운 전쟁용 수레를 치거(馳車)라고 부르고, 크기가 크고 무거운 전쟁용 수레를 '혁거'라고 부르기도 한다.

51) 전(甸)은 토지의 면적을 뜻하는 단위이다. 1사람이 부여받는 100무(畝)의 경작지를 1부(夫)라고 하는데, 9부(夫)는 1정(井)이 되고, 4정(井)은 1읍(邑)이 되며, 4읍(邑)은 1구(丘)가 되고, 4구(丘)는 1전(甸)이 된다. 1전(甸)은 사방 8리(里)의 규모이다. 또한 '전'은 승(乘)이라고도 부른다. 『주례』「지관(地官)·소사도(小司徒)」편에는 "九夫爲井, 四井爲邑, 四邑爲丘, 四丘爲甸."이라는 기록이 있고, 이에 대해 정현의 주에서는 "甸之言乘也, 讀如衷甸之甸. 甸方八里."라고 풀이했다.

52) 장곡(長轂)은 전쟁용 수레를 뜻한다.

53) 『춘추좌씨전』「양공(襄公) 14년」: 成國不過半天子之軍. 周爲六軍, 諸侯之大者, 三軍可也.

의 크기이고, 후작의 제후국은 사방 400리의 크기이다."[54]라고 했으니, 이것은 1,000승의 규모를 초과하는 것이다. 그런데 "1,000승을 초과할 수 없다."라고 한 것은 그 땅이 비록 그 규모를 초과했더라도 군대 관련 세금은 1,000승이 된다는 뜻이다. 그렇기 때문에 『논어』에 대한 주에서는 "비록 대국에서 걷는 세금이라 하더라도 또한 이것을 초과하지 않는다."라고 했다. 군대 관련 세금을 걷는 법도에 있어서, 천자의 수도 안에는 육향(六鄕)의 법도가 있어서, 1개의 가(家)마다 1명을 부역에 동원하고, 12,500가(家)의 규모는 1향(鄕)이 된다. 「소사도」편에서는 "5사(師)[55]는 1군(軍)이 된다."[56]라고 했으니, 12,500가(家)의 규모는 1군(軍)을 이루게 되며, 이것은 1향(鄕)에서 1군(軍)이 동원됨을 나타낸다. 또 천자는 6군(軍)을 보유한다고 하니, 이것은 육향에서 동원됨을 뜻한다. 무릇 군대의 편제에 대해서 「소사도」편에서는 "5명은 1오(伍)가 되고, 5오(伍)는 1양(兩)이 되며, 4양(兩)은 1졸(卒)이 되고, 5졸(卒)은 1여(旅)가 되며, 5여(旅)는 1사(師)가 되고, 5사(師)는 1군(軍)이 된다."[57]라고 했는데, 이것은 군대 편제에 대한 제도이다. 무릇 군대를 동원하는 법도에 있어서 향(鄕)은 정규 대상으로 삼고 수(遂)[58]는 보조 대상으로 삼으니, 수(遂)에서 동원되는 군대는 향(鄕)의

---

54) 『주례』「지관(地官)·대사도(大司徒)」: 凡建邦國, 以土圭土其地而制其域: 諸公之地, 封疆方五百里, 其食者半; 諸侯之地, 封疆方四百里, 其食者參之一; 諸伯之地, 封疆方三百里, 其食者參之一; 諸子之地, 封疆方二百里, 其食者四之一; 諸男之地, 封疆方百里, 其食者四之一.

55) 사(師)는 군대의 편제단위에 해당한다. 2,500명을 1사(師)로 삼는다. 군대의 편제에 있어서 5명은 1오(伍)가 되고, 5오(伍)는 1양(兩)이 되며, 4양(兩)은 1졸(卒)이 되고, 5졸(卒)은 1여(旅)가 되며, 5여(旅)는 1사(師)가 되고, 5사(師)는 1군(軍)이 된다.

56) 『주례』「지관(地官)·소사도(小司徒)」: 乃會萬民之卒伍而用之. 五人爲伍, 五伍爲兩, 四兩爲卒, 五卒爲旅, 五旅爲師, 五師爲軍. 以起軍旅, 以作田役, 以比追胥, 以令貢賦.

57) 『주례』「지관(地官)·소사도(小司徒)」: 乃會萬民之卒伍而用之. 五人爲伍, 五伍爲兩, 四兩爲卒, 五卒爲旅, 五旅爲師, 五師爲軍. 以起軍旅, 以作田役, 以比追胥, 以令貢賦.

58) 수(遂)는 주(周)나라 때 원교(遠郊) 밖에 설치되었던 행정구역이다. 원교 안에는 6개의 향(鄕)을 설치했고, 원교 밖에는 6개의 '수'를 설치했다. 『서』「주서(周書)·비서(費誓)」편에는 "魯人三郊三遂, 峙乃楨幹."이란 기록이 있는데,

규모와 같다. 그렇기 때문에 「소사도」편에 대한 정현의 주에서는 “향(鄕)에 적용되는 토지제도는 수(遂)에 적용되는 토지제도와 동일하다.”라고 한 것이니, 수(遂)에 적용되는 군대 동원의 제도가 향(鄕)에 적용되는 것과 동일함을 알 수 있다. 공작의 채읍에서 군대를 동원하는 것 또한 향(鄕)의 제도와 동일하다. 그렇기 때문에 『주례』「장인(匠人)」편에 대한 정현의 주에서는 “채지에 정전제를 제정함에는 향(鄕)·수(遂) 및 공읍(公邑)과 차이를 둔다.”[59]라고 한 것이니, 공읍에 적용되는 토지제도가 향(鄕)·수(遂)와 동일하다는 사실을 알 수 있으며, 공읍에서 군(軍)을 동원할 때에도 향(鄕)에 적용되는 제도와 동일함을 나타낸다. 공·경·대부의 채지는 이미 정전제도로 구획되어, 향(鄕)·수(遂)와 차이를 보인다면, 군대를 동원하는 것 또한 향(鄕)·수(遂)와 차이를 보이게 된다. 그렇기 때문에 「소사도」편에 대한 정현의 주에서는 “정(井) 10개는 1통(通)이 되는데, 사(士) 1명, 도(徒) 2명이 동원된다. 통(通) 10개는 1성(成)이 되니, 혁거(革車) 1승, 사 10명, 도 20명이 동원된다. 10성(成)은 1종(終)이 되는데, 혁거 10승, 사 100명, 도 200명이 동원된다. 10종(終)은 1동(同)이 되는데, 혁거 100승, 사 1,000명, 도 2,000명이 동원된다.”[60]라고 한 것이다. 이것은 공·경·대부의 채지에서 군

이에 대한 채침(蔡沈)의 『집전(集傳)』에서는 “國外曰郊, 郊外曰遂.”라고 풀이했다. 후대의 해석으로는 송대(宋代)의 이여호(李如篪)가 『동원총설(東園叢說)』「삼례설(三禮說)·향수(鄕遂)」편에서 “周家鄕遂之制, 兵寓其中. 近國爲鄕, 爲鄕者六. 郊之外爲遂, 爲遂亦六.”이라고 했던 해석이 있고, 또 청대(淸代)의 운경(惲敬)은 『삼대인혁론이(三代因革論二)』에서 “古之爲國有軍有賦, 軍出於郊者也, 賦出於遂者也.”라고 했다. 즉 향(鄕)에서는 군대를 동원했고, ‘수’에서는 부역을 징수했다는 설명이다. 또 『주례』에 따르면, ‘수’는 5개의 현(縣)이 모인 행정규모이다. ‘수’ 밑에는 현(縣)을 비롯하여 비(鄙), 찬(酇), 리(里), 린(鄰)의 행정단위가 있었다. ‘수’를 기준으로 봤을 때, 1개의 ‘수’는 5개의 현(縣), 25개의 비(鄙), 125개의 찬(酇), 500개의 리(里), 2500개의 린(鄰), 12500개의 가(家) 규모가 된다. 즉 향(鄕)의 규모와 같은 크기이다. 『주례』「지관(地官)·수인(遂人)」편에는 “五家爲鄰, 五鄰爲里, 四里爲酇, 五酇爲鄙, 五鄙爲縣, 五縣爲遂.”라는 기록이 있다.

59) 이 문장은 『주례』「동관고공기(冬官考工記)·장인(匠人)」편의 “九夫爲井, 井間廣四尺, 深四尺, 謂之溝. 方十里爲成, 成間廣八尺, 深八尺, 謂之洫. 方百里爲同, 同間廣二尋, 深二仞, 謂之澮.”라는 기록에 대한 정현의 주이다.

60) 이 문장은 『주례』「지관(地官)·소사도(小司徒)」편의 “乃經土地而井牧其田野,

대를 동원하는 제도에 해당한다. 천자의 수도를 제외하면, 제후국 중 대국(大國)은 3군(軍), 차국(次國)은 2군(軍), 소국(小國)은 1군(軍)을 동원하게 되는데, 이들은 모두 향(鄕)·수(遂)에서 동원된다. 그렇기 때문에 『서』「비서(費誓)」편에서는 "3개의 교(郊)와 3개의 수(遂)여."[61]라고 말한 것이니, 이것은 제후국에도 수(遂)라는 행정단위가 있음을 뜻한다. 제후국에서도 땅의 규모를 계산하여 군대를 동원하니, 『사마법』에서는 "9부(夫)는 1정(井)이 되고, 4정(井)은 1읍(邑)이 되며, 4읍(邑)은 1구(丘)가 되니, 말 1필과 소 3두를 출자한다. 4구(丘)는 1전(甸)이 되니, 장곡(長轂) 1승, 갑사(甲士)[62] 3명, 보졸(步卒) 72명, 말 4필, 소 12두를 출자한다."라고 했다. 그러므로 성공(成公) 1년에는 구갑법(丘甲法)[63]을 만들었다고 했고,[64] 두예와 복건은 모두 이곳의 문장을 인용해서 풀이했다. 또 『논어』에서는 "1,000승의 나라를 다스린다."[65]라고 했는데, 정현의 주에서는 『사마법』의 문장을 인용하여, "1성(成)에서는 혁거(革車) 1승을 출자한다."라고 했다. 다만 사방 10리가 되고 8리가 된다고 하여 차이를 보이는데, 이것은 앞에서 이미 풀이하였고, 이 모두는 천자와 제후가 군대 관련 세금을 걷는 제도를 가리킨다. 또 『오경이의』에서는 "천자는 10,000승의 규모였고, 제후는 1,000승의 규모였으며, 대부는 100승의 규모였다."라고 했는데, 이것은 대략적인 수치로 말한 것으로, 신분의 등급에 10배씩 늘린다는 뜻인데, 그 사이의 세세한 구분에 있어서는 향(鄕)·수(遂)·공읍(公邑)의 구별이 다르다. 그렇기 때문

九夫爲井, 四井爲邑, 四邑爲丘, 四丘爲甸, 四甸爲縣, 四縣爲都, 以任地事而令貢賦, 凡稅斂之事."라는 기록에 대한 정현의 주이다.

61) 『서』「주서(周書)·비서(費誓)」: 魯人三郊三遂. 峙乃楨榦.

62) 갑사(甲士)는 병사들을 범칭하는 용어이지만, 보졸(步卒)과 구분할 때에는 갑옷을 착용하는 용사들을 뜻한다.

63) 구갑(丘甲)은 본래 고대 군대를 동원했던 행정 단위의 편제를 뜻한다. 4개의 구(丘)는 1개의 전(甸)이 되어, 매 전(甸)마다 갑사(甲士) 3명, 보졸(步卒) 72명을 동원했다. 그런데 노(魯)나라 성공(成公)은 제(齊)나라의 변란을 핑계로 임시적으로 갑사를 동원하는 것을 늘렸고, 매 구(丘)마다 1명을 동원하도록 고쳤다. 따라서 이러한 제도를 '구갑'이라고 부른다.

64) 『춘추』「성공(成公) 1년」: 三月, 作丘甲.

65) 『논어』「학이(學而)」: 子曰, "道千乘之國, 敬事而信, 節用而愛人, 使民以時."

에 『시』「노송(魯頌)」에서 "공의 수레가 1,000승이다."라고 한 것은 대략적으로 토지를 계산하여 군대를 산출한 것을 말한 것이다. 그리고 "공의 병사가 30,000명이다."라고 한 것은 향(鄕)과 수(遂)에서 동원하는 병사의 수를 말한 것이다.[66] 이것은 제후국 안에서 토지의 면적을 계산하는 것과 향(鄕)·수(遂)에서 산출하는 수치가 다르다는 사실을 나타낸다. 제후가 세우는 성(城)은 사방 10리(里)의 크기이며, 세금을 산출할 때 비록 혁거(革車) 1승, 갑사 3명, 보졸 72명을 동원하더라도 적과 대적하여 전쟁을 벌이게 된다면, 향(鄕)에 적용되는 법도인 "5명이 1오(伍)가 되고 5오(伍)가 1양(兩)이 된다."라고 했던 부류와 동일하게 따른다. 그렇기 때문에 『좌전』에서는 필(邲) 땅의 전투에서 초(楚)나라의 경우 광(廣)[67]에는 1졸(卒)이 있고, 졸(卒)에는 2편(偏)이 있다고 한 것이다.[68] 또 양(兩)의 1졸(卒)을 거느리고 오(吳)나라에 갔다고 했다.[69] 이것은 양측 군대가 대립하며 진을 치고 있을 때라면 향(鄕)에 적용되는 군대 동원법과 동일하게 따름을 나타낸다. 『서』「목서(牧誓)」편에서는 "무왕의 융거(戎車) 300양(兩)이다."[70]라고 했고, 공안국의 주에서는 "수레 1대에 보졸 72명이 따른다."라고 했으니, 군대를 산출하는 법도가 된다. 경문에서는 "1,000명을 통솔하는 장수, 100명을 통솔하는 장수이다."[71]라고 했으니, 적군과 대적했을 때를 뜻한다. 『사마법』

66) 『시』「노송(魯頌)·비궁(閟宮)」 : 公車千乘, 朱英綠縢, 二矛重弓. 公徒三萬, 貝冑朱綅. 烝徒增增, 戎狄是膺, 荊舒是懲, 則莫我敢承. 俾爾昌而熾, 俾爾壽而富, 黃髮台背, 壽胥與試. 俾爾昌而大, 俾爾耆而艾, 萬有千歲, 眉壽無有害.

67) 광(廣)은 전쟁용 수레 15승(乘)을 뜻한다. 『사마법』에 따르면 100명은 1졸(卒)이 되고, 25명은 1양(兩)이 되며, 수레 15승(乘)은 대편(大偏)이라고 부른다. 『춘추좌씨전』「선공(宣公) 12년」에는 "廣有一卒, 卒偏之兩."이라는 기록이 있고, 이에 대한 두예(杜預)의 주에서는 "十五乘爲一廣. 司馬法, 百人爲卒, 二十五人爲兩. 車十五乘爲大偏. 今廣十五乘, 亦用舊偏法, 復以二十五人爲承副."이라고 풀이했다.

68) 『춘추좌씨전』「선공(宣公) 12년」 : 先大夫子犯有言曰, '師直爲壯, 曲爲老.' 我則不德, 而徼怨于楚. 我曲楚直, 不可謂老. 其君之戎分爲二廣, 廣有一卒, 卒偏之兩.

69) 『춘추좌씨전』「성공(成公) 7년」 : 乃通吳於晉, 以兩之一卒適吳, 舍偏兩之一焉.

70) 『서』「주서(周書)·목서(牧誓)」 : 武王戎車三百兩, 虎賁三百人, 與受戰于牧野, 作牧書.

의 문장에 근거해보면, 제후가 사용하는 수레·갑사·소·말 등은 모두 토지 면적을 계산해서 백성들로 하여금 출자하도록 시킨다. 만약 향(鄕)·수(遂)의 무리가 75명이라면, 그들을 파견하여 수레 1대, 갑사 3명, 말 4필, 소 12두를 산출한다. 자력으로 할 수 있는 것이 아니라고 염려되는 것들이라면, 모두 국가에서 지급한다. 그렇기 때문에 『주례』「건거(巾車)」편의 직무 기록에서는 "부서진 것이라면 거둬들여 직폐(職幣)라는 관리에게 재원으로 보낸다."[72]라고 했고, 또 『주례』「마질(馬質)」편에서는 "무릇 유사(有司)에게서 말을 받을 때에는 그 나이와 털색을 기록하여 값을 평가하는 자에게 준다. 말이 죽었을 때 열흘이내라면 바꾼다."[73]라고 했으며, 또 『주례』「사병(司兵)」편의 직무 기록에서는 "병장기를 지급하게 되면 사마(司馬)의 법도에 따라서 분배한다. 병장기를 환수하는 관리에게 줄 때에도 또한 이처럼 한다."[74]라고 했으니, 이것은 국가에서 지급하게 된다는 사실을 나타낸다. 정현이 "높이가 1장(丈)이고 길이가 3장(丈)인 것이 1치(雉)이다."라고 했는데, 『오경이의』에서는 고문학파인 춘추좌전학자들의 주장에 따라 "100치(雉)는 길이가 300장(丈)이며, 사방 500보(步)가 된다."라고 했는데, 6척(尺)은 1보(步)가 되므로, 5곱하기 6은 30이 되어, 300장(丈)은 사방 500보(步)가 된다. 정현이 "자작과 남작의 제후국에서는 그 성이 사방 5리의 규모이다."라고 했는데, 『주례』「전명(典命)」편에서는 "자작과 남작은 5명(命)의 등급이니, 그들의 국가와 궁실은 5로 절도를 삼는다."[75]라고 했다. 여기에서 말하는 '국가(國家)'는 곧 성의 사방 면적을 뜻한다. 따라서 이 말은 자작과 남작의 성을 사방 5리의 규모로 만든다는 사실을 나타낸다.

---

71) 『서』「주서(周書)·목서(牧誓)」: 王曰, 嗟, 我友邦冢君, 御事司徒司馬司空, 亞旅師氏, <u>千夫長百夫長</u>, 及庸蜀羌髳微盧彭濮人.

72) 『주례』「춘관(春官)·건거(巾車)」: 毁折入齎于職幣.

73) 『주례』「하관(夏官)·마질(馬質)」: <u>凡受馬於有司者, 書其齒毛與其賈, 馬死, 則旬之內更</u>, 旬之外入馬耳, 以其物更, 其外否.

74) 『주례』「하관(夏官)·사병(司兵)」: <u>及授兵, 從司馬之法以頒之. 及其受兵輸, 亦如之</u>. 及其用兵, 亦如之.

75) 『주례』「춘관(春官)·전명(典命)」: 上公九命爲伯, 其國家·宮室·車旗·衣服·禮儀, 皆以九爲節; 侯伯七命, 其國家·宮室·車旗·衣服·禮儀, 皆以七爲節; <u>子男五命, 其國家·宮室</u>·車旗·衣服·禮儀, <u>皆以五爲節</u>.

정현이 "100치는 대도(大都)를 뜻하니, 도읍을 세 등분하여 그 중 하나 만큼의 규모이다."라고 했는데, 자작과 남작의 성은 사방 5리의 규모이니, 면적을 계산하면 1,500보(步)가 된다. 『좌전』에서는 "대도는 도읍을 세 등분하여 그 중 하나만큼의 크기이다."라고 했다. 자작과 남작의 대도는 도읍을 세 등분하여 그 중 하나만큼을 차지하니, 이것은 대도가 500보(步)로 100치(雉)가 됨을 나타낸다. 다만 국성에 대한 제도에 있어서 총 2가지 뜻이 있는데, 정현의 이곳 주석에서 자작과 남작의 경우 사방 5리라고 했다면, 후작과 백작은 사방 7리의 규모이고, 공작은 사방 9리의 규모이며, 천자는 사방 12리의 규모가 된다. 『박오경이의』에 대한 정현의 주를 살펴보면, 또한 "천자의 성은 사방 9리의 규모이며, 공작의 성은 사방 7리의 규모이고, 후작과 백작의 성은 사방 5리의 규모이며, 자작과 남작의 성은 사방 3리의 규모이다. 이곳에서 '100치(雉)'라고 한 것은 후작과 백작의 대도를 뜻한다."라고 했다. 두예도 이와 동일하게 주석을 달았으니, 정현의 이곳 주석과는 차이를 보인다. 경문에서는 "가부(家富)는 100승을 초과하지 않는다."라고 했는데, 이것은 제후에게 소속된 경의 채지를 뜻한다. 그렇기 때문에 『좌전』에서는 "오직 경만이 100개의 읍(邑)을 구비한다."[76]라고 한 것이니, 이것은 그 땅이 사방 100리의 규모임을 뜻한다. 다만 "오직 경만이 100개의 읍을 구비한다."라고 했으므로, 천자·제후·공·경·대부의 채지에 나타나는 규모의 차이에 대해서는 알 수 없다. 「소사도」편에 대한 정현의 주를 살펴보면, "사방 100리의 국(國)에는 총 4개의 도(都)가 있다. 사방 50리의 국(國)에는 총 4개의 현(縣)이 있다. 사방 25리의 국(國)에는 총 4개의 전(甸)이 있다."라고 했고, 또 "채지에서 세금으로 거둬들이는 것은 모두 4분의 1이다."라고 했다.[77] 학자들에 따라서는 이 주장을 근거로 공의 식읍은 사방 100리의 규모이고, 경의 식읍은 사방 50리의 규모이며, 대부의 식읍은 사방 25리의

76) 『춘추좌씨전』「양공(襄公) 27년」: 辭曰, "唯卿備百邑, 臣六十矣. 下有上祿, 亂也. 臣弗敢聞. 且甯子唯多邑, 故死, 臣懼死之速及也."

77) 이 문장들은 『주례』「지관(地官)·소사도(小司徒)」편의 "乃經土地而井牧其田野, 九夫爲井, 四井爲邑, 四邑爲丘, 四丘爲甸, 四甸爲縣, 四縣爲都, 以任地事而令貢賦, 凡稅斂之事."라는 기록에 대한 정현의 주이다.

규모라고 여긴다. 그리고 제후에게 소속된 경과 대부의 경우, 『좌전』에서는 “경은 100읍을 갖춘다.”라고 했고, 『논어』에서는 ‘100승의 가(家)’[78]라고 했다. 이것이 제후에게 소속된 신하의 채읍을 제시한 것이라면, 공에게 소속된 고(孤), 후작과 백작에게 소속된 경 및 천자에게 소속된 삼공(三公)[79]은 동일하게 모두 사방 100리 규모의 채읍을 받고, 공에게 소속된 경, 후작과 백작에게 소속된 대부는 모두 사방 50리 규모의 채읍을 받으며, 공에게 소속된 대부, 후작과 백작에게 소속된 하대부는 모두 사방 25리 규모의 채읍을 받는다. 그리고 자작과 남작의 영지인 경우, 단지 사방 200리 이하의 규모이니, 경의 채지는 다른 곳처럼 사방 100리 정도가 될 수 없다. 『역』「송괘(訟卦)」에 대한 주를 살펴보면, “소국에 속한 하대부는 채지가 사방 1성(成)이다.”라고 했다. 그리고 고정적으로 세금을 걷는 대상은 300가(家)인데, 이들에 대해서는 단지 이 기록만 남아있다. 그리고 자작과 남작이 소유한 중도(中都)와 대도(大都)에 대해서는 자세히 설명할 자료가 없다. 『논어』에 대한 정현의 주를 살펴보면, ‘백씨(伯氏)의 병읍(騈邑) 300가(家)’[80]라고 한 말에 대해, 제(齊)나라 하대부에 대한 제도이니, 공작·후작·백작에게 소속된 하대부가 단지 300가(家)의 규모만 받았던 것과 유사하다고 했다. 다만 춘추시대에는 힘이 강력한 신하들이 제나라에 더욱 많아졌으므로 백씨

78) 『논어』「공야장(公冶長)」: 孟武伯問子路仁乎? 子曰, “不知也.” 又問. 子曰, “由也, 千乘之國, 可使治其賦也, 不知其仁也.” “求也何如?” 子曰, “求也, 千室之邑, 百乘之家, 可使爲之宰也, 不知其仁也.” “赤也何如?” 子曰, “赤也, 束帶立於朝, 可使與賓客言也, 不知其仁也.”

79) 삼공(三公)은 중앙정부의 가장 높은 관직자 3명을 합쳐서 부르는 말이다. ‘삼공’에 속한 관직명에 대해서는 각 시대별로 차이가 있다. 『사기(史記)』「은본기(殷本紀)」편에는 “以西伯昌, 九侯, 鄂侯, 爲三公.”이라는 기록이 있다. 즉 은나라 때에는 서백(西伯)인 창(昌), 구후(九侯), 악후(鄂侯)들을 ‘삼공’으로 삼았다. 또한 주(周)나라 때에는 태사(太師), 태부(太傅), 태보(太保)를 ‘삼공’으로 삼았다. 『서』「주서(周書)·주관(周官)」편에는 “立太師·太傅·太保, 茲惟三公, 論道經邦, 燮理陰陽.”이라는 기록이 있다. 한편 『한서(漢書)』「백관공경표서(百官公卿表序)」에 따르면 사마(司馬), 사도(司徒), 사공(司空)을 ‘삼공’으로 삼았다는 기록이 있다.

80) 『논어』「헌문(憲問)」: 或問子産. 子曰, “惠人也.” 問子西. 曰, “彼哉! 彼哉!” 問管仲. 曰, “人也. 奪伯氏騈邑三百, 飯疏食, 沒齒無怨言.”

가 단지 300가(家) 규모의 식읍만을 받아서 예법과 달라졌을 수도 있다. 이것은 모두 황간의 주장이다. 웅안생[81]은 경이 100읍을 갖춘다고 한 것은 『정지』에서 읍(邑)은 사방 2리의 규모라고 했으니, 100승(乘)과는 구별된다고 했다. 또 제후의 신하가 하사받는 영지에 대해서는 고정된 수치가 없었으니, 채지를 받은 경이 100승(乘)의 규모였더라도 하대부는 동일하게 사방 10리의 성을 소유했다고 여겼다.

集解 馬氏融曰: 司馬法, "六尺爲步, 步百爲畝, 畝百爲夫, 夫三爲屋, 屋三爲井, 井十爲通, 通十爲成. 成出革車一乘." 千乘之賦, 其地千成, 居地方三百一十六里有畸, 唯公侯之封乃能容之, 雖大國之賦亦不是過焉.

번역 마융[82]이 말하길, 『사마법』에서는 "6척(尺)은 1보(步)가 되고, 100보(步)는 1무(畝)가 되며, 100무(畝)는 1부(夫)가 되고, 3부(夫)는 1옥(屋)이 되며, 3옥(屋)은 1정(井)이 되고, 10정(井)은 1통(通)이 되며, 10통(通)은 1성(成)이 된다. 1성(成)에서 혁거 1승을 출자한다."라고 했다. 1,000승의 조세는 그 땅이 1,000성(成)에 해당하니, 그 면적은 사방 316리(里)보다 조금 넘고, 오직 공작과 후작의 봉지여야만 그 정도의 땅을 소유할 수 있다. 따라서 대국에서 부여하는 조세도 이것을 넘어서지 못한다.

集解 邢氏昺曰: 云"居地方三百一十六里有畸"者, 以方百里者一, 爲方十里者百, 方三百里者三, 三而九, 則爲方百里者九, 合成方十里者九百, 得九百

---

81) 웅안생(熊安生, ? ~ A.D.578) : =웅씨(熊氏). 북조(北朝) 때의 경학자이다. 자(字)는 식지(植之)이다. 『주례(周禮)』, 『예기(禮記)』, 『효경(孝經)』 등 많은 전적에 의소(義疏)를 남겼지만, 모두 산일되어 남아 있지 않다. 현재 마국한(馬國翰)의 『옥함산방집일서(玉函山房輯佚書)』에 『예기웅씨의소(禮記熊氏義疏)』 4권이 남아 있다.

82) 마융(馬融, A.D.79 ~ A.D.166) : =마계장(馬季長). 후한대(後漢代)의 경학자(經學者)이다. 자(字)는 계장(季長)이며, 마속(馬續)의 동생이다. 고문경학(古文經學)을 연구하였으며, 『주역(周易)』, 『상서(尚書)』, 『모시(毛詩)』, 『논어(論語)』, 『효경(孝經)』 등을 두루 주석하고, 『노자(老子)』, 『회남자(淮南子)』 등도 주석하였지만 현재 전해지지 않는다.

乘也, 計千乘猶少百乘, 方百里者一也. 又以此方百里者一, 六分破之, 每分得廣十六里, 長百里, 引而接之, 則長六百里, 廣十六里也. 半折之, 各長三百里, 將埤前三百里南西兩邊, 是方三百一十六里也. 然西南角猶缺方十六里者一也. 方十六里者一, 爲方一里者二百五十六, 然曏割方百里者爲六分, 餘方一里者四百, 今以方一里者二百五十六, 埤西南角猶餘方一里者一百四十四, 又復破而埤三百一十六里兩邊, 則每邊不復得半里, 故云"三百一十六里有畸"也. 云"唯公侯之封乃能容之"者, 按周禮大司徒云"諸公之地, 封疆方五百里", "諸侯之地, 封疆方四百里", "諸伯之地, 封疆方三百里", "諸子之地, 封疆方二百里", "諸男之地, 封疆方百里". 此千乘之國, 居地方三百一十六里有畸, 伯·子·男自方三百以下, 則莫能容之, 故云"唯公侯之封乃能容之". 制國不過千乘, 地雖廣大, 以千乘爲限, 故云"雖大國之賦, 亦不是過焉."

번역 형병[83]이 말하길, "그 면적은 사방 316리(里)보다 조금 넘는다."라고 했는데, 사방 100리(里)의 면적 하나를 사방 10리(里)의 면적 100개로 여기면, 사방 300리(里)의 면적을 가진 것이 3개이고, 3을 곱하면 9가 되어, 사방 100리(里)의 면적을 가진 것이 9개가 되어, 총 사방 10리(里)인 규모가 900개가 되어 900승(乘)을 출자할 수 있는데, 1,000승과 비교해보면 100승이 적으며, 사방 100리(里)의 규모 1개에 해당한다. 또 사방 100리(里)의 규모 1개를 여섯 구획으로 나누면 매 구획은 그 너비가 16리(里)가 되고 길이가 100리(里)가 되는데, 이것을 붙이면 그 길이는 600리(里)가 되고, 너비는 16리(里)가 된다. 반으로 가르면 각각 그 길이는 300리(里)가 되고, 그 중 하나의 길이인 300리(里) 남서쪽에 그 너비를 붙이면 사방 316리(里)의 규모가 된다. 그러나 서남쪽 모서리에는 여전히 사방 16리(里)의 규모 1개에 해당하는 면적이 비게 된다. 사방 16리(里)의 규모 1개는 사방 1리(里)인 것이 256개가 되는데, 사방 100리(里)의 것을 나누어서 여섯 등분으로 하면, 나머지 사방 1리(里)의 것이 400개가 되며, 현재 사방 100리(里)의

83) 형병(邢昺, A.D.932 ~ A.D.1010) : 북송(北宋) 때의 학자이다. 자(字)는 숙명(叔明)이다. 예부상서(禮部尙書) 등을 지냈다. 저서로는 『논어정의(論語正義)』, 『이아정의(爾雅正義)』 등이 있다.

규모 256개를 서남쪽 모서리에 더하면 여전히 사방 1리(里)의 것 144개가 남고, 또 다시 그것을 쪼개어 316리(里)의 양쪽 측면에 더하면, 매 측면은 다시 나눌 수 없기 때문에, "316보다 조금 넘는다."라고 했다. "오직 공작과 후작의 봉지여야만 그 정도의 땅을 가지고 있다."라고 했는데, 『주례』「대사도(大司徒)」편을 살펴보면, "공작들의 땅은 사방 500리(里)에 분봉한다."라고 했고, "후작들의 땅은 사방 400리(里)에 분봉한다."라고 했으며, "백작들의 땅은 사방 300리(里)에 분봉한다."라고 했고, "자작들의 땅은 사방 200리(里)에 분봉한다."라고 했으며, "남작들의 땅은 사방 100리(里)에 분봉한다."라고 했다.[84] 이곳에서는 1,000승의 나라는 그 면적이 사방 316리(里)보다 조금 넘는다고 했는데, 백작·자작·남작처럼 사방 300리(里) 이하의 규모라면 그 면적을 수용할 수 없다. 그렇기 때문에 "오직 공작과 후작의 봉지여야만 그 정도의 땅을 가지고 있다."라고 했다. 제후국의 땅을 정할 때 1,000승의 규모를 넘지 못하게 했으니, 땅이 비록 광대하더라도 1,000승을 제한으로 삼는다. 그렇기 때문에 "비록 대국에서 부여하는 조세라도 이것을 넘어서지 못한다."라고 했다.

84) 『주례』「지관(地官)·대사도(大司徒)」: 凡建邦國, 以土圭土其地而制其域: 諸公之地, 封疆方五百里, 其食者半; 諸侯之地, 封疆方四百里, 其食者參之一; 諸伯之地, 封疆方三百里, 其食者參之一; 諸子之地, 封疆方二百里, 其食者四之一; 諸男之地, 封疆方百里, 其食者四之一.

그림 9-1 ▣ 목탁(木鐸)과 금탁(金鐸)

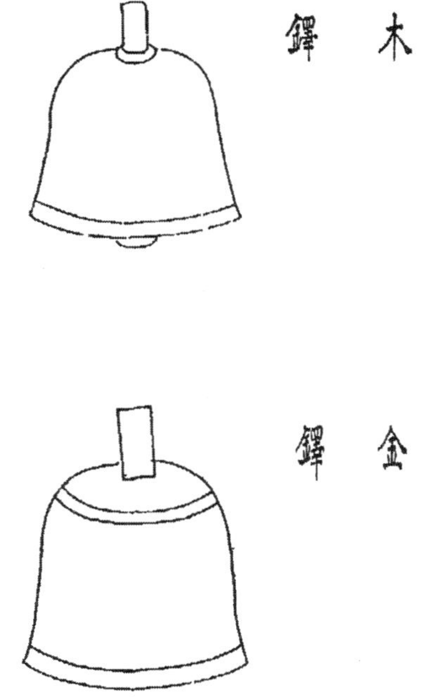

※ **출처:** 『육경도(六經圖)』 5권

그림 9-2 ▣ 정(旌)

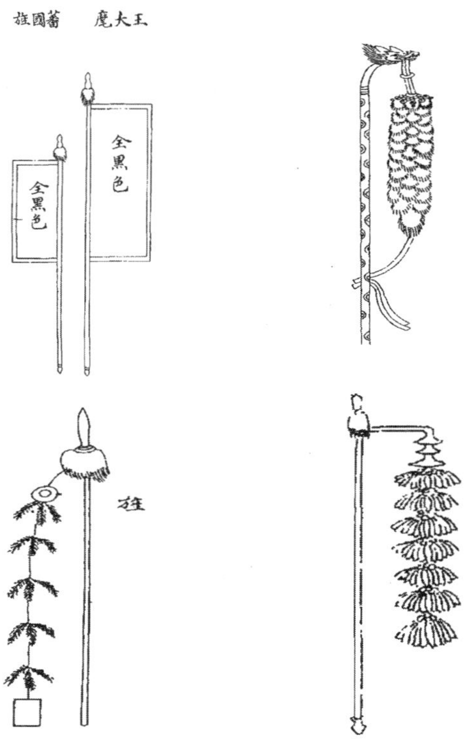

※ **출처:** 상좌-『주례도설(周禮圖說)』 하권 ; 상우-『삼례도집주(三禮圖集注)』 9권
하좌-『삼례도(三禮圖)』 2권 ; 하우-『육경도(六經圖)』 7권

그림 9-3 ▣ 전(旃: =旜)

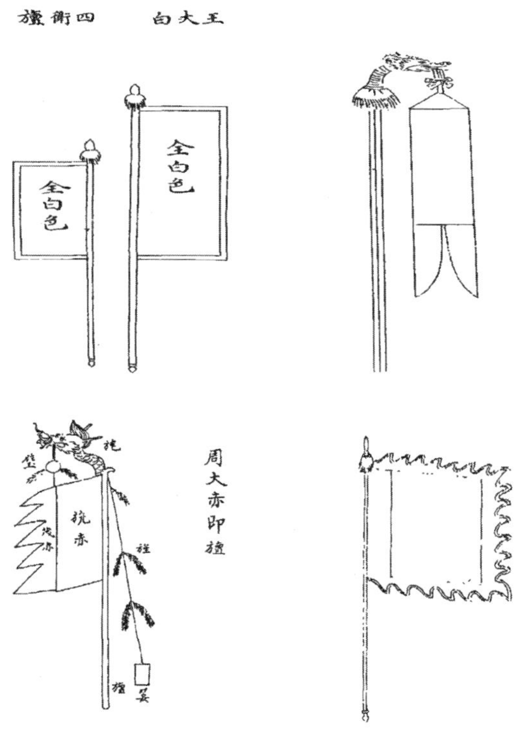

※ **출처:** 상좌-『주례도설(周禮圖說)』 하권 ; 상우-『삼례도집주(三禮圖集注)』 9권
하좌-『삼례도(三禮圖)』 2권 ; 하우-『육경도(六經圖)』 7권

그림 9-4 ▣ 기(旂)

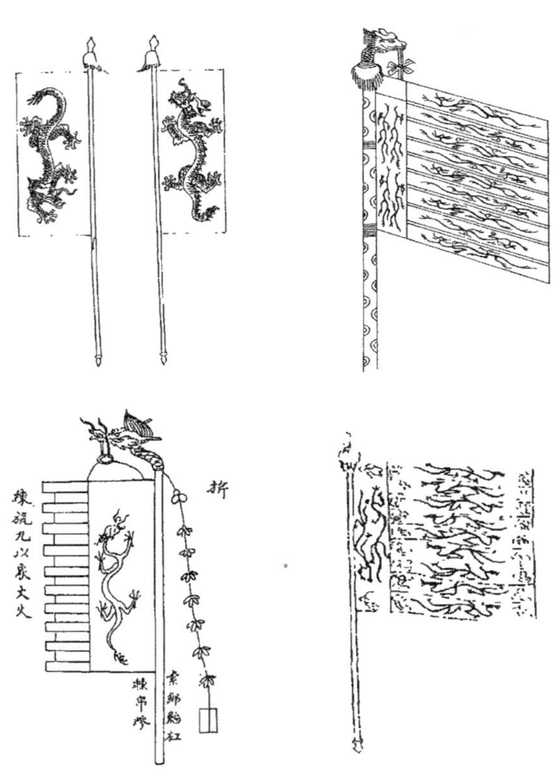

※ **출처:** 상좌-『주례도설(周禮圖說)』 하권 ; 상우-『삼례도집주(三禮圖集注)』 9권
하좌-『삼례도(三禮圖)』 2권 ; 하우-『육경도(六經圖)』 7권

그림 9-5 ▣ 각종 예물: 훈(纁)·현(玄)·황(黃), 고(羔)·안(鴈)·치(雉)

※ 출처: 『삼재도회(三才圖會)』「문사(文史)」 2권

그림 9-6 ▣ 환규(桓圭)·신규(信圭)·궁규(躬圭)

◎ 공작의 환규, 후작의 신규, 백작의 궁규

※ **출처:** 『삼례도집주(三禮圖集注)』 10권

그림 9-7 ▣ 곡벽(穀璧)과 포벽(蒲璧)

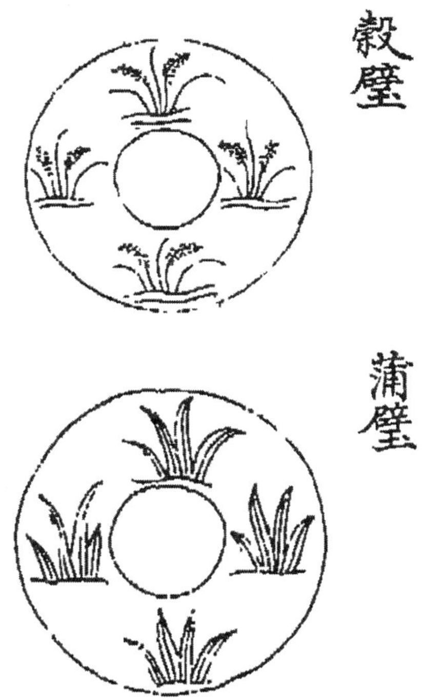

◎ 자작의 곡벽, 남작의 포벽

※ **출처:** 『삼례도집주(三禮圖集注)』 10권

그림 9-8 ▣ 피변(皮弁)과 작변(爵弁)

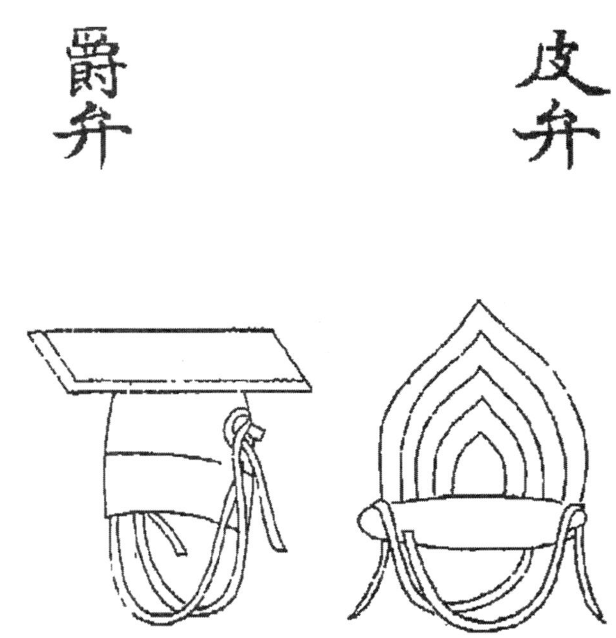

※ 출처: 『삼례도집주(三禮圖集注)』 3권

그림 9-9 ▣ 고대의 혁거(革車)

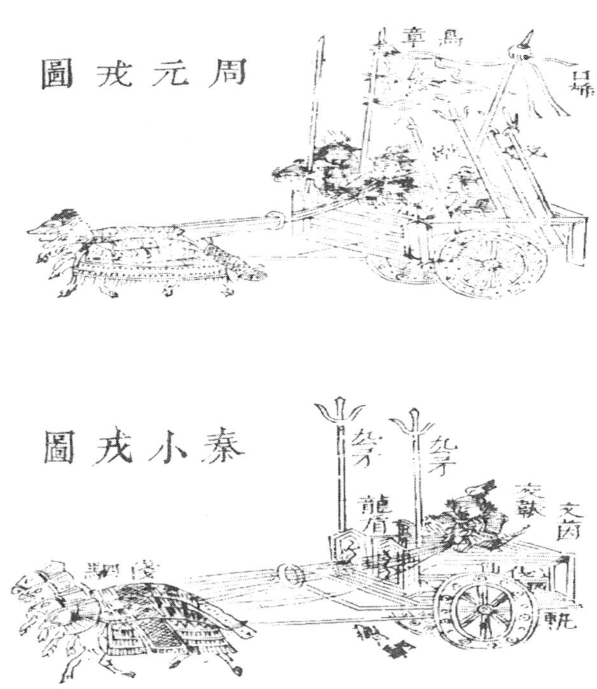

※ **출처:** 『삼재도회(三才圖會)』「기용(器用)」 5권

그림 9-10 ▣ 도성(都城)의 대략적인 배치도

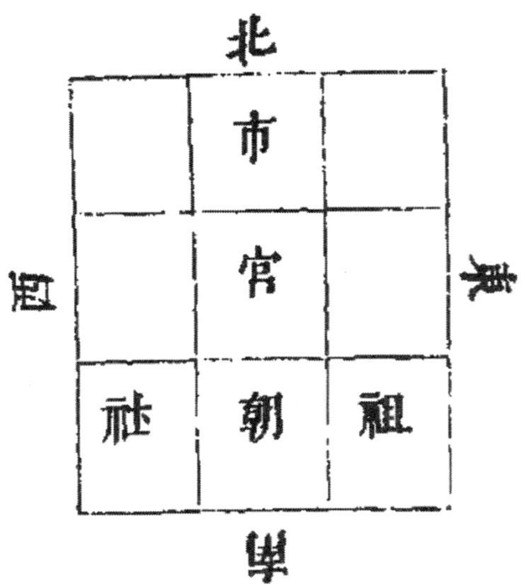

※ **출처:** 『삼재도회(三才圖會)』「궁실(宮室)」 2권

그림 9-11 ▣ 정읍구전총도(井邑丘甸總圖)

井邑丘甸總圖

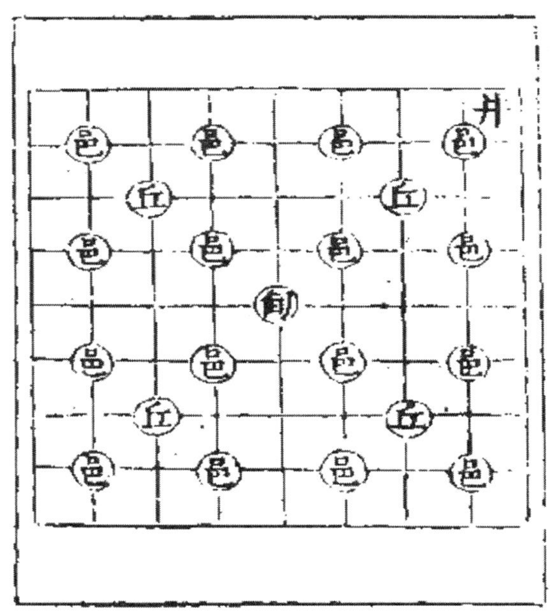

※ **출처:** 『삼재도회(三才圖會)』「지리(地理)」 14권

그림 9-12 ■ 정읍구전도비도(井邑丘甸都鄙圖)

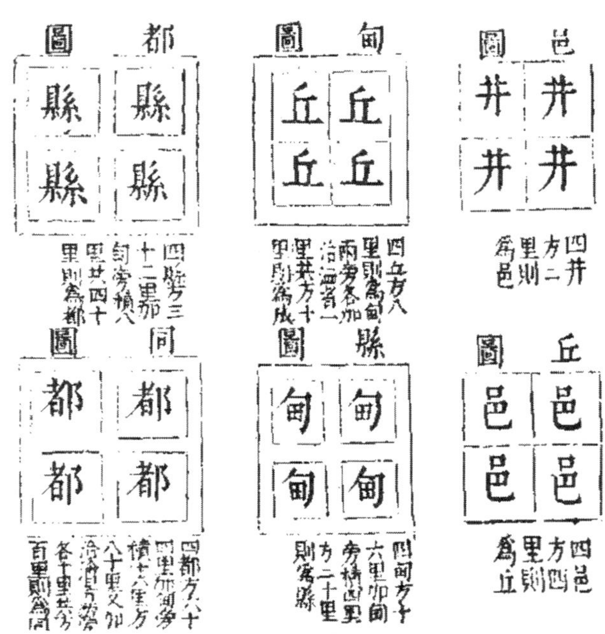

※ 출처: 『삼재도회(三才圖會)』「지리(地理)」 14권

그림 9-13 ▣ 일성지도(一成之圖)

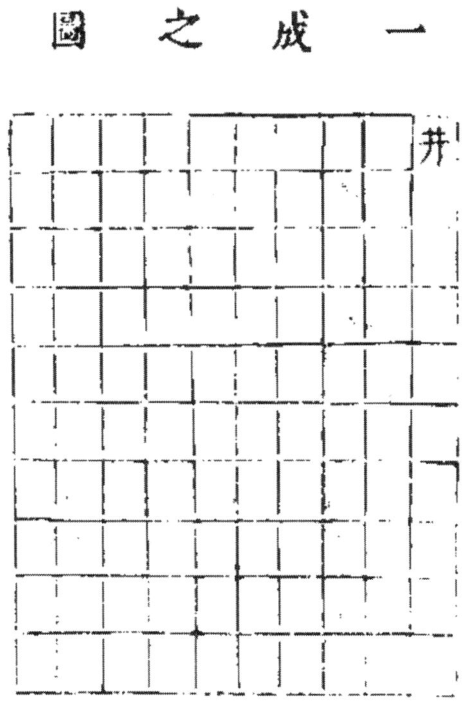

※ **출처:** 『삼재도회(三才圖會)』「지리(地理)」 14권

그림 9-14 ▣ 방국일동지도(邦國一同之圖)

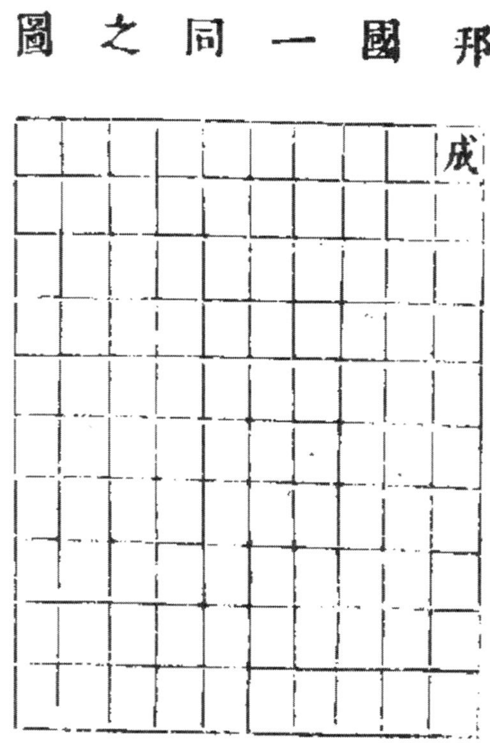

※ 출처: 『삼재도회(三才圖會)』「지리(地理)」 14권

그림 9-15 ▣ 구부위정지도(九夫爲井之圖)

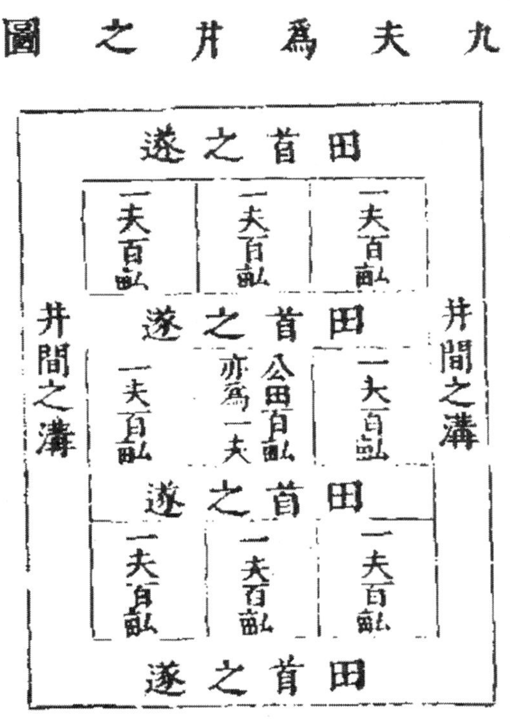

※ **출처:** 『삼재도회(三才圖會)』「지리(地理)」 14권

그림 9-16 ▣ 정전구혁지도(井田溝洫之圖)

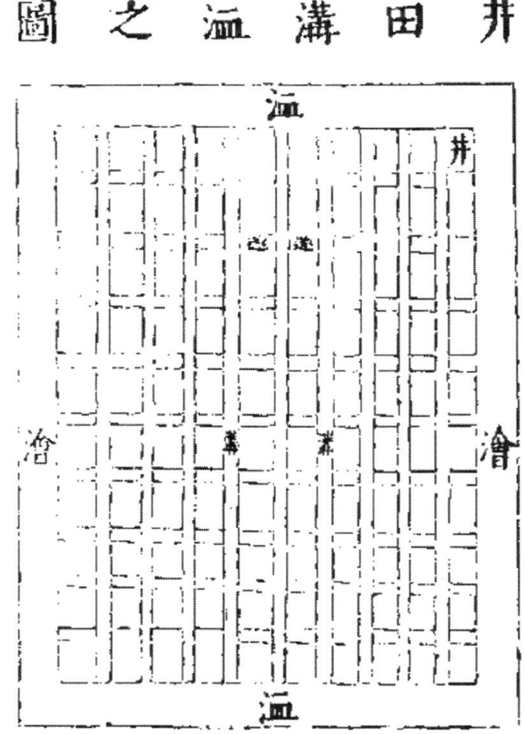

※ 출처: 『삼재도회(三才圖會)』「지리(地理)」 14권

그림 9-17 ▣ 대국(大國) 사방 100리(里) 구조도

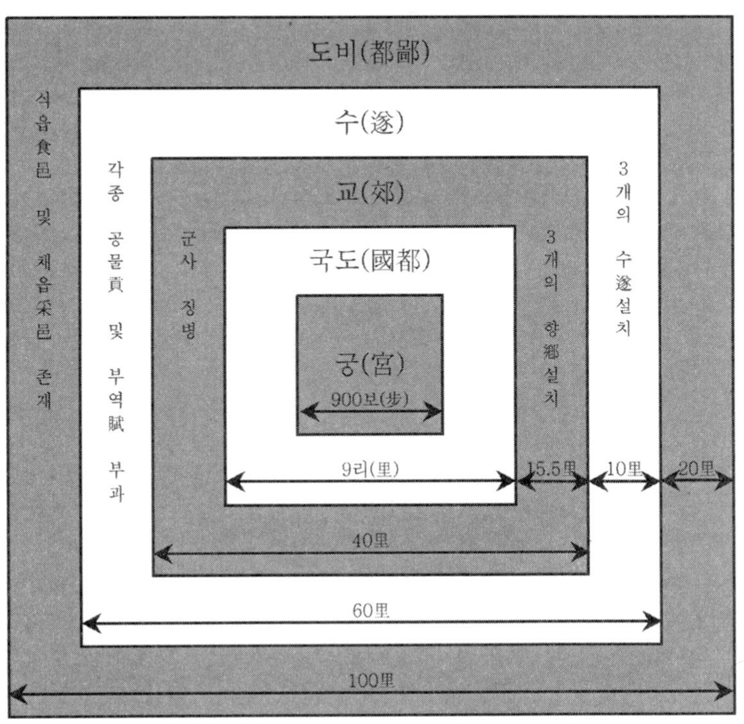

※ 출처: 『삼재도회(三才圖會)』「지리(地理)」 14권 및 『삼례도(三禮圖)』 1권

그림 9-18 ▣ 차국(次國) 사방 70리(里) 구조도

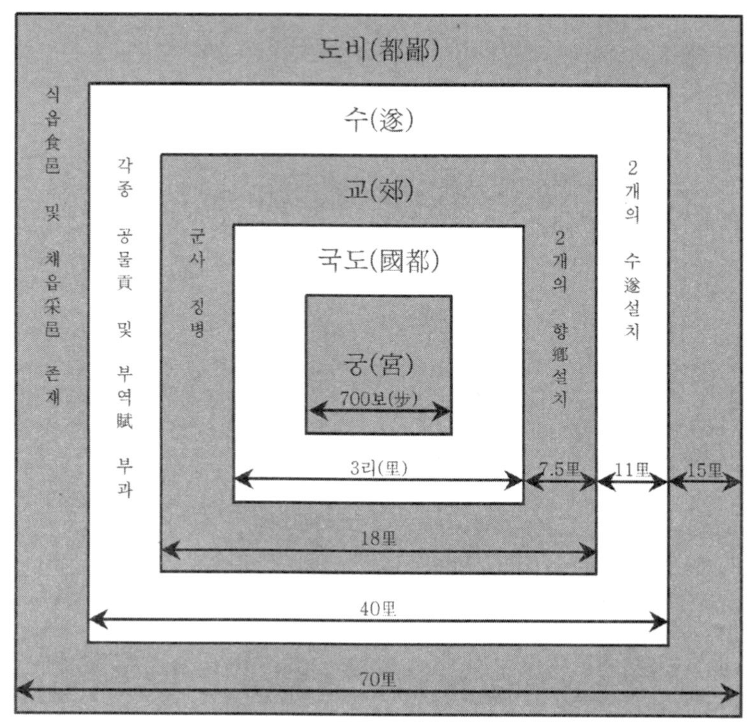

※ 출처: 『삼재도회(三才圖會)』「지리(地理)」 14권 및 『삼례도(三禮圖)』 1권

그림 9-19 ▣ 소국(小國) 사방 50리(里) 구조도

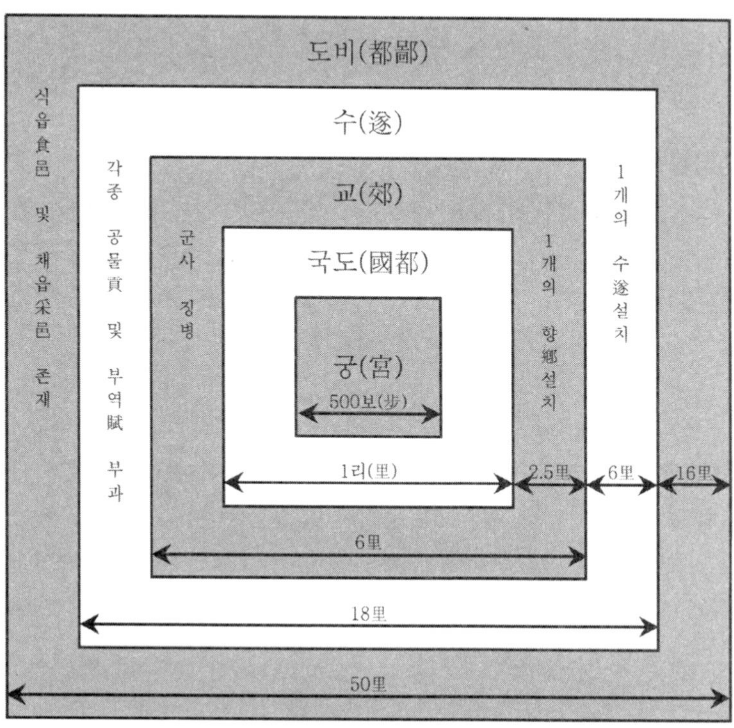

※ **출처:** 『삼재도회(三才圖會)』「지리(地理)」 14권 및 『삼례도(三禮圖)』 1권

• 제 10 절 •

유자(儒者)의 행실 - 우사(憂思)

【684c】

"儒有今人與居, 古人與稽, 今世行之, 後世以爲楷. 適弗逢世, 上弗援, 下弗推, 讒諂之民有比黨而危之者, 身可危也, 而志不可奪也. 雖危起居, 竟信其志, 猶將不忘百姓之病也. 其憂思有如此者."

직역 "儒는 今人과 與하여 居하면서도, 古人과 與하여 稽하여, 今世에 行하며, 後世에 楷를 爲하고자 함이 有합니다. 適에 世를 逢함을 弗하고, 上으로 援이 弗하며, 下로 推가 弗한데, 讒諂의 民이 比黨하여 危하는 者가 有하면, 身은 危가 可라도 志는 奪이 不可합니다. 雖히 起居를 危라도, 竟히 그 志를 信하며, 猶히 將히 百姓의 病을 不忘합니다. 그 憂思함에는 此와 如한 者가 有합니다."

의역 공자가 계속하여 말하길, "유자는 오늘날의 사람들과 살면서도 옛 사람들과 도를 상고하여, 현세에 고대의 도리를 시행하고 후세에 법도로 삼도록 합니다. 나아감에 알맞은 시대를 만나지 못하고, 위로는 당겨주는 이가 없으며, 아래로는 올려주는 이가 없는데, 헐뜯고 아첨하는 백성들이 무리를 지어 위협하면, 몸을 위태롭게 할 수 있을지라도 뜻은 빼앗을 수 없습니다. 비록 행동하고 머무는데 위협을 가하더라도 결국 자신의 뜻을 믿으며, 오히려 백성들이 근심하는 일에 대해서는 하루라도 잊은 적이 없습니다. 유자는 근심하고 생각함에 이와 같은 점이 있는 자들입니다."라고 했다.

集說 楷, 法式也. 上弗援, 在上者不引我以升也; 下弗推, 在下者不擧我以進也. 危起居, 謂因事中傷之也. 信其志, 謂志不可奪也. 時有否泰, 道有通塞, 然其憂思, 則未嘗一日而忘生民之患也.

번역 '해(楷)'자는 법도를 뜻한다. '상불원(上弗援)'은 위에 있는 사람이 자신을 이끌어서 위로 올려주지 않는다는 뜻이며, '하불추(下弗推)'는 아래에 있는 사람이 자신을 천거하여 등용시키지 않는다는 뜻이다. "행동하거나 머무는 것을 위태롭게 한다."는 말은 사안에 따라서 해를 입힌다는 뜻이다. "뜻을 믿는다."는 말은 뜻을 빼앗을 수 없다는 뜻이다. 때에는 막히는 경우도 있고 통하는 경우도 있으며, 도에도 통하는 경우가 있고 막히는 경우도 있는데, 근심하고 생각함에 있어서는 하루라도 백성들의 걱정을 잊은 적이 없다.

大全 嚴陵方氏曰: 與今人並行於世, 與古人稽合於道也. 今世行之, 後世以爲楷者, 中庸所謂行而世爲天下法, 是也. 援, 言其有所引, 推, 言其有所進. 援則自上而引下, 推則自下而進上. 私則相與而爲比, 暗則相結而爲黨. 雖危起居, 以其身可危也. 竟信其志, 以其志不可奪也. 信謂自信也. 猶將不忘百姓之病者, 孟子所謂禹思天下有溺者, 由己溺之, 稷思天下有飢者, 由己飢之也.

번역 엄릉방씨가 말하길, 오늘날의 사람들과 함께 현세에서 활동하는 것이며, 옛 사람들과 도에 대해서 합치하고자 상고하는 것이다. 현세에 시행하고 후세의 법도로 삼는 것은 『중용』에서 "행하여 대대로 천하의 법도가 된다."[1]라고 한 말에 해당한다. '원(援)'자는 당겨주는 것이 있다는 뜻이며, '추(推)'자는 밀어주는 것이 있다는 뜻이다. 당긴다면 위로부터 아래에 있는 것을 당기는 것이며, 민다면 아래에서 위로 미는 것이다. 사사롭다면 서로 참여하여 무리를 짓고, 어리석다면 서로 결속하여 무리를 짓는다. 비록 행동하거나 머무는 것을 위태롭게 한다고 한 것은 몸은 위태롭게 할 수 있기 때문이다. 결국 자신의 뜻을 믿는다고 한 것은 뜻은 빼앗을 수 없기

1) 『중용』「29장」 : 是故君子動而世爲天下道, <u>行而世爲天下法</u>, 言而世爲天下則, 遠之則有望, 近之則不厭.

때문이다. '신(信)'은 스스로 믿는다는 뜻이다. 오히려 백성들의 근심을 잊지 않는다는 말은 맹자가 "우임금은 천하에 물에 빠진 자가 있다면 자신이 빠트린 것처럼 여기고, 후직(后稷)은 천하에 굶주린 자가 있다면 자신 때문에 굶주린 것처럼 여긴다."[2]라고 한 말에 해당한다.

大全 石林葉氏曰: 友一鄉之善士以至一國, 友一國之善士以至天下, 則所謂今人與居也. 誦其詩, 讀其書, 不知其人可乎? 又論其世, 則所謂古人與稽也. 適弗逢世, 而援推者天也, 讒諂之民比黨而危之者人也. 起居雖危, 而竟信其志, 天與人莫之奪也.

번역 석림섭씨[3]가 말하길, "한 마을의 선한 사를 사귀어서 한 나라 전체에 이르고, 한 나라의 선한 사를 사귀어 천하 전체에 이른다."[4]는 것이 바로 "오늘날의 사람들과 함께 거처한다."는 뜻이다. "시를 암송하고 글을 읽으면서도 그 사람에 대해서 알지 못하는 것이 옳겠느냐? 또한 그 세상을 논의한다."[5]라고 한 것이 바로 "옛 사람과 함께 상고한다."는 뜻이다. 나아감에 알맞은 시대를 만나지 못한다고 했는데, 당기고 밀어주는 것은 하늘에 달린 일이며, 헐뜯고 아첨하는 백성들이 무리를 지어 위협하는 것은 사람에 달린 일이다. 행동하거나 머무는 것을 비록 위태롭게 하더라도 결국 자신의 뜻을 믿는 것은 하늘이나 사람 모두 빼앗을 수 없기 때문이다.

鄭注 稽, 猶合也, 古人與合, 則不合於今人也. 援, 猶引也, 取也. 推猶進也, 擧也. 危, 欲毁害之也. 起居, 猶擧事動作. 信, 讀如"屈伸"之"伸", 假借字也.

---

2) 『맹자』「이루하(離婁下)」: 孟子曰, 禹·稷·顔回同道. 禹思天下有溺者, 由己溺之也, 稷思天下有飢者, 由己飢之也, 是以如是其急也.

3) 석림섭씨(石林葉氏, ? ~ A.D.1148): =섭몽득(葉夢得)·섭소온(葉少蘊). 남송(南宋) 때의 유학자이다. 자(字)는 소온(少蘊)이고, 호(號)는 몽득(夢得)이다. 박학다식했다고 전해지며, 『춘추(春秋)』에 대한 조예가 깊었다.

4) 『맹자』「만장하(萬章下)」: 孟子謂萬章曰, 一鄕之善士斯友一鄕之善士, 一國之善士斯友一國之善士, 天下之善士斯友天下之善士.

5) 『맹자』「만장하(萬章下)」: 頌其詩, 讀其書, 不知其人, 可乎? 是以論其世也. 是尙友也.

猶, 圖也. 信, 或爲"身".

번역 '계(稽)'자는 "합한다[合]."는 뜻이니, 옛 사람들과 함께 합한다면 오늘날의 사람과는 합하지 않는 것이다. '원(援)'자는 "당긴다[引]."는 뜻이며, "채택한다[取]."는 뜻이다. '추(推)'자는 "나아간다[進]."는 뜻이며, "천거한다[擧]."는 뜻이다. '위(危)'자는 해치고 피해를 입히고자 한다는 뜻이다. '기거(起居)'는 일을 시행하며 움직인다는 뜻이다. '신(信)'자는 "굽히고 편다."라고 할 때의 '신(伸)'자처럼 해석하니, 가차자에 해당한다. '유(猶)'자는 "도모하다[圖]."는 뜻이다. '신(信)'자를 다른 판본에서는 '신(身)'자로도 기록한다.

釋文 稽, 古奚反, 注同. 楷, 苦駭反, 法式也. 援音袁, 注下同. 推, 昌誰反, 注同. 讒, 仕咸反. 比, 毗悲反, 徐扶至反. 信, 依注爲伸, 音申. 思, 息嗣反.

번역 '稽'자는 '古(고)'자와 '奚(해)'자의 반절음이며, 정현의 주에 나오는 글자도 그 음이 이와 같다. '楷'자는 '苦(고)'자와 '駭(해)'자의 반절음이며, 법도를 뜻한다. '援'자의 음은 '袁(원)'이며, 정현의 주와 아래문장에 나오는 글자도 그 음이 이와 같다. '推'자는 '昌(창)'자와 '誰(수)'자의 반절음이며, 정현의 주에 나오는 글자도 그 음이 이와 같다. '讒'자는 '仕(사)'자와 '咸(함)'자의 반절음이다. '比'자는 '毗(비)'자와 '悲(비)'자의 반절음이며, 서음(徐音)은 '扶(부)'자와 '至(지)'자의 반절음이다. '信'자는 정현의 주에 따르면 '伸'자가 되니, 그 음은 '申(신)'이다. '思'자는 '息(식)'자와 '嗣(사)'자의 반절음이다.

孔疏 ●"儒有今人"至"此者". ○此明儒者雖身不居明代, 猶能憂思愛及於人之事也.

번역 ●經文: "儒有今人"~"此者". ○이 문장은 유자가 비록 밝은 세상에 자신이 처해 있지 않더라도 오히려 그의 근심과 애정은 다른 사람에게까지 미칠 수 있는 사안을 나타내고 있다.

孔疏 ●"今人與居, 古人與稽"者, 言儒與今世小人共居住, 與古人之君子意合同也.

번역 ●經文: "今人與居, 古人與稽". ○유자는 오늘날의 세상에서 소인들과 함께 살아가지만 고대의 군자와 뜻을 합한다는 뜻이다.

孔疏 ●"今世行之, 後世以爲楷"者, 楷, 法式也. 言儒者行事以爲後世楷模法式.

번역 ●經文: "今世行之, 後世以爲楷". ○'해(楷)'자는 법도를 뜻한다. 즉 유자는 일을 시행하여 후세의 법도로 세운다는 뜻이다.

孔疏 ●"適弗逢世"者, 適, 之也. 謂己之生於澆薄之時, 不逢明世也.

번역 ●經文: "適弗逢世". ○'적(適)'자는 "가다[之]."는 뜻이다. 즉 자신은 척박한 시대에 살고 있어서 밝은 세상을 만나지 못했다는 뜻이다.

孔疏 ●"上弗援"者, 援, 引也, 取也. 旣不逢明時, 又不爲君上之所引取也.

번역 ●經文: "上弗援". ○'원(援)'자는 "당긴다[引]."는 뜻이며, "채택한다[取]."는 뜻이다. 이미 밝은 시대를 만나지 못했는데 재차 군주로부터 채택되지도 못했다는 뜻이다.

孔疏 ●"下弗推"者, 下, 謂民人也. 推[6]謂進, 擧也. 言身在下, 不遇之時,

6) '추(推)'자에 대하여. '추'자는 본래 없던 글자인데, 완원(阮元)의 『교감기(校勘記)』에서는 "혜동(惠棟)의 『교송본(校宋本)』에는 '추'자가 기록되어 있으니, 이곳 판본에는 '추'자가 누락된 것이며, 『민본(閩本)』·『감본(監本)』·『모본(毛本)』에도 동일하게 누락되어 있다."라고 했다.

又不爲民下所薦擧也.

번역 ●經文: "下弗推". ○'하(下)'자는 백성을 뜻한다. '추(推)'자는 "나아간다[進]."는 뜻이며, "천거한다[擧]."는 뜻이다. 즉 자신은 낮은 자리에 있으며 적절한 시기를 만나지 못했는데 재차 백성들로부터 천거되지도 못했다는 뜻이다.

孔疏 ●"讒諂之民, 有比黨而危之"者, 危, 謂毁害也. 旣不爲君所引, 又不爲民所薦, 唯有讒諂之民, 其群黨連比共危亡己者也.

번역 ●經文: "讒諂之民, 有比黨而危之". ○'위(危)'자는 해치고 피해를 입힌다는 뜻이다. 이미 군주로부터 채택되지 못했고 또 백성들로부터 천거되지도 못했는데, 헐뜯고 아첨하는 백성들이 있어, 그들의 무리가 서로 편을 지어 자신을 위태롭게 만든다는 뜻이다.

孔疏 ●"身可危也, 而志不可奪也"者, 言身乃可危, 而心志不可變奪也. 故論語云"守死善道", 是也.

번역 ●經文: "身可危也, 而志不可奪也". ○몸은 위태롭게 될 수 있지만, 마음과 뜻은 바꾸거나 빼앗을 수 없다는 뜻이다. 그렇기 때문에 『논어』에서는 "목숨을 걸고 지키면서도 도를 잘한다."[7]라고 했다.

孔疏 ●"雖危, 起居竟信其志"者, 起居, 猶擧動也; 竟, 終也; 信, 讀爲"伸". 雖比黨之民共危己, 而行事擧動猶能終伸我己之志操, 不變易也.

번역 ●經文: "雖危, 起居竟信其志". ○'기거(起居)'는 움직인다는 뜻이며, '경(竟)'자는 마침내[終]라는 뜻이고, '신(信)'자는 '신(伸)'자로 풀이한다. 비록 무리를 지은 백성들이 모두 자신을 위태롭게 하더라도 일을 시행

---

7) 『논어』「태백(泰伯)」: 子曰, "篤信好學, 守死善道. 危邦不入, 亂邦不居. 天下有道則見, 無道則隱. 邦有道, 貧且賤焉, 恥也, 邦無道, 富且貴焉, 恥也."

하고 행동함에 있어서는 여전히 자신의 지조를 펼칠 수 있으며, 바꾸지 않는다는 뜻이다.

孔疏 ●"猶將不忘百姓之病也"者, 猶, 圖也. 身雖不遇其世, 所圖謀不忘百姓之所憂病也, 言常念之也.

번역 ●經文: "猶將不忘百姓之病也". ○'유(猶)'자는 "도모하다[圖]."는 뜻이다. 자신은 비록 올바른 세상을 만나지 못했지만, 계획하는 것은 백성들이 근심스러워하는 것을 잊지 못하는 것으로, 항상 염두에 둔다는 뜻이다.

孔疏 ●"其憂思有如此者[8]", 謂儒者身雖不遇, 猶能憂思於人, 有如在上之事也.

번역 ●經文: "其憂思有如此者". ○유자는 본인이 비록 올바른 세상을 만나지 못했지만, 남들에 대해서 근심할 수 있으니, 이와 같은 것은 앞서 언급한 사안들에 달려 있다는 뜻이다.

孔疏 ◎注"信讀如屈伸之伸, 假借字也". ○正義曰: 此是"信"字, 義當如"舒伸"之"伸", 但古之字皆假借, 此信字以爲屈伸之伸也.

번역 ◎鄭注: "信讀如屈伸之伸, 假借字也". ○이곳에서는 '신(信)'자로 기록했는데, 의미에 따르면 마땅히 "펼친다."는 뜻의 '신(伸)'자가 되어야 한다. 다만 고대의 글자는 모두 가차를 했으니, 이곳의 '신(信)'자는 "굽히고 편다."고 할 때의 '신(伸)'자로 여겨야 한다.

訓纂 胡邦衡曰: 適弗逢世, 所之與世左也. 猶, 若也. 若將不忘百姓之病,

---

8) '자(者)'자에 대하여. 『십삼경주소(十三經注疏)』 북경대 출판본에서는 "'자'자는 본래 없던 글자인데, 경문에는 '자'자가 기록되어 있으므로, 글자를 보충하였다."라고 했다.

言其志若此.

번역 호방형[9]이 말하길, 나아감에 세상을 만나지 못하여 세상에 대해 도움을 주는 것이다. '유(猶)'자는 "~와 같다[若]."는 뜻이다. 백성들의 병통에 대해서 잊지 않는 것과 같다는 말은 그 뜻이 이와 같다는 의미이다.

集解 愚謂: 儒者上有所考於古人, 下可以法於來世, 雖生弗逢世, 至於見危, 而其志不可屈, 猶且以百姓之病爲憂, 而不爲一己之私計也. 蓋其憂思之深如此.

번역 내가 생각하기에, 유자는 위로 옛 사람들에 대해 상고하는 점이 있고, 아래로 후세에 모범이 될 수 있다. 비록 생전에 올바른 시대를 만나지 못하여 결국 위태로운 지경에 이르더라도 그 뜻은 굽힐 수 없으며, 오히려 백성들이 병통으로 여기는 것을 자신의 근심으로 삼고, 자기 개인만의 사적인 이익을 따지지 않는다. 근심하고 생각함의 깊이가 이와 같기 때문이다.

참고 원문비교

예기대전 · 유행 儒有今人與居, 古人與稽, 今世行之, 後世以爲楷. 適弗逢世, 上弗援, 下弗推, 讒諂之民有比黨而危之者, 身可危也, 而志不可奪也. 雖危起居, 竟信其志, 猶將不忘百姓之病也. 其憂思有如此者.

공자가어 · 유행해(儒行解) 儒有今人以居, 古人以▼(尤/旨)①, 今世行之, 後世以爲楷②. [若不]逢世, 上所[不受], 下所[不]推, 讒諂之民有比黨而危之者, 身可危也, [其]志不可奪也. 雖危[猶起居竟身, 其志乃]不忘百姓之病也③. 其

9) 호전(胡銓, A.D.1102 ~ A.D.1180) : =여릉호씨(廬陵胡氏)·호방형(胡邦衡). 남송(南宋) 때의 정치가이자 문학가이다. 자(字)는 방형(邦衡)이고, 호(號)는 담암(澹庵)이다. 충신으로 명성이 높았다.

憂思有如此者.

王注-① 稽同.

번역 '▼(尤/旨)'자는 계(稽)자와 같다.

王注-② 法也.

번역 '해(楷)'자는 법도를 뜻한다.

王注-③ 起居, 猶動靜也. 竟, 終也. 言身雖危, 動靜猶終身不忘百姓.

번역 '기거(起居)'는 동정(動靜)과 같은 뜻이다. '경(竟)'자는 마친다는 뜻이다. 즉 본인이 비록 위태롭게 되더라도, 움직이거나 고요히 머물 때 오히려 종신토록 백성에 대한 것을 잊지 않는다는 뜻이다.

참고 『중용』 29장 기록

경문 王天下有三重焉, 其寡過矣乎!

번역 천하를 통치하는 자에게 있어서 세 가지 중요한 것이 있으니, 삼대(三代) 때의 예로, 그것을 시행할 수 있다면 과실이 적을 것이다.

鄭注 "三重", 三王之禮.

번역 '삼중(三重)'은 삼왕(三王)[10] 때의 예를 뜻한다.

---

10) 삼왕(三王)은 하(夏), 은(殷), 주(周) 삼대(三代)의 왕을 뜻한다. 『춘추곡량전』「은공(隱公) 8年」편에는 "盟詛不及三王."이라는 기록이 있고, 이에 대한 범녕(範寧)의 주에서는 '삼왕'을 하나라의 우(禹), 은나라의 탕(湯), 주나라의 무왕

孔疏 ●"王天下有三重焉, 其寡過矣乎", 言爲君王有天下者, 有三種之重焉, 謂夏·殷·周三王之禮, 其事尊重, 若能行之, 寡少於過矣.

번역 ●經文: "王天下有三重焉, 其寡過矣乎". ○군왕이 되어 천하를 소유한 자에게는 세 가지 중요한 것이 있으니, 하·은·주 등 삼왕의 예법을 뜻하는 것으로, 그 사안이 존귀하고 중대하므로 만약 그것을 시행할 수 있다면, 과실을 적게 할 수 있다는 의미이다.

集註 呂氏曰: 三重, 謂議禮·制度·考文. 惟天子得以行之, 則國不異政, 家不殊俗, 而人得寡過矣.

번역 여씨가 말하길, '삼중(三重)'은 예를 의논하는 것, 제도를 만드는 것, 문장을 상고하는 것을 뜻한다. 오직 천자만이 이러한 것들을 시행할 수 있다면, 제후국에서는 정사를 달리하지 않고, 대부의 가(家)에서도 풍속을 달리하지 않아서, 사람들은 과실을 적게 할 수 있다.

경문 上焉者, 雖善無徵, 無徵不信, 不信, 民弗從. 下焉者, 雖善不尊, 不尊不信, 不信, 民弗從.

번역 군주가 비록 선을 시행하더라도 나타냄이 없으니, 나타냄이 없다면 믿지 않고, 믿지 않는다면 백성들이 따르지 않는다. 신하가 비록 선을 시행하더라도 군주를 존경하지 않으니, 존경하지 않는다면 믿지 않고, 믿지 않는다면 백성들이 따르지 않는다.

鄭注 上, 謂君也. 君雖善, 善無明徵, 則其善不信也. 下, 謂臣也. 臣雖善, 善而不尊君, 則其善亦不信也. 征或爲"證".

(武王)을 지칭한다고 풀이했다. 그리고 『맹자』「고자하(告子下)」편에는 "五霸者, 三王之罪人也."이라는 기록이 있고, 이에 대한 조기(趙岐)의 주에서는 '삼왕'을 범녕의 주장과 달리, 주나라의 무왕 대신 문왕(文王)을 지칭한다고 풀이했다.

번역 '상(上)'자는 군주를 뜻한다. 군주가 비록 선하더라도 선함에 있어서 밝게 나타냄이 없다면 그 선함을 믿지 않는다. '하(下)'자는 신하를 뜻한다. 신하가 비록 선하더라도 선하면서도 군주를 존숭하지 않는다면, 그 선함 또한 믿지 않는다. '정(征)'자를 다른 판본에서는 '증(證)'자로 기록하기도 한다.

孔疏 ●"上焉者, 雖善無徵, 無徵不信, 不信, 民弗從", 上, 謂君也, 言爲君雖有善行, 無分明徵驗, 則不信著於下, 旣不信著, 則民不從.

번역 ●經文: "上焉者, 雖善無徵, 無徵不信, 不信, 民弗從". ○'상(上)'자는 군주를 뜻하니, 군주의 지위에 오른 자가 비록 선행을 실천하더라도 분명하게 드러냄이 없다면, 아랫사람에게 믿음을 줄 수 없고, 이미 믿음을 줄 수 없다면 백성들이 따르지 않는다는 의미이다.

孔疏 ●"下焉者, 雖善不尊, 不尊不信, 不信, 民弗從", 下, 謂臣也, 言臣所行之事, 雖有善行而不尊, 不尊敬於君, 則善不信著於下, 旣不信著, 則民不從, 故下云"徵諸庶民", 謂行善須有徵驗於庶民也. 皇氏云"無徵, 謂無符應之徵", 其義非也.

번역 ●經文: "下焉者, 雖善不尊, 不尊不信, 不信, 民弗從". ○'하(下)'자는 신하를 뜻하니, 신하가 시행한 일들 중 비록 선한 행실이 있더라도 존경하지 않으니, 군주를 존경하지 않는다면, 그 선함은 아랫사람에게 믿음을 줄 수 없고, 이미 믿음을 줄 수 없다면 백성들이 따르지 않는다는 뜻이다. 그렇기 때문에 아래문장에서는 "백성들에게 징험한다."라고 한 것이니, 선을 시행하면 백성들에게 징험함이 있어야 한다는 의미이다. 황간은 "'무징(無徵)'은 부응의 징조가 없다는 뜻이다."라고 했는데, 잘못된 주장이다.

集註 上焉者, 謂時王以前, 如夏·商之禮雖善, 而皆不可考. 下焉者, 謂聖人在下, 如孔子雖善於禮, 而不在尊位也.

번역 '상언(上焉)'은 당시 제왕의 이전 시대를 뜻하니, 예를 들어 하나라와 은나라의 예가 비록 선하더라도 이 모두를 상고할 수 없는 경우와 같다. '하언(下焉)'은 성인이 아랫자리에 있는 것을 뜻하니, 예를 들어 공자가 비록 예에 대해서 잘 알고 있었지만 존귀한 지위에 있지 않았던 경우와 같다.

경문 故君子之道, 本諸身, 徵諸庶民, 考諸三王而不繆, 建諸天地而不悖, 質諸鬼神而無疑, 百世以俟聖人而不惑. "質諸鬼神而無疑", 知天也. "百世以俟聖人而不惑", 知人也.

번역 그러므로 군자의 도는 자신을 통해서 일으키고 백성들에게 드러내야 하니, 삼왕 때와 비교를 하더라도 어긋나지 않고, 천지에 세워보더라도 거스르지 않으며, 귀신을 통해 바름을 따지더라도 의혹됨이 없고, 100세대가 지나서 후세의 성인이 따져보길 기다리더라도 의혹을 품지 않는다. "귀신을 통해 바름을 따지더라도 의혹됨이 없다."는 말은 하늘의 도를 안다는 뜻이다. "100세대가 지나서 후세의 성인이 따져보길 기다리더라도 의혹을 품지 않는다."는 말은 사람의 도를 안다는 뜻이다.

鄭注 知天·知人, 謂知其道也. 鬼神, 從天地者也. 易曰: "故知鬼神之情狀, 與天地相似." 聖人則之, 百世同道. 徵或爲"證".

번역 하늘을 안다는 것과 사람을 안다는 것은 해당하는 도를 안다는 뜻이다. '귀신(鬼神)'은 천지를 따르는 것이다. 『역』에서는 "그러므로 귀신의 실정을 아니, 천지와 더불어 서로 같다."[11]라고 했다. 성인은 그것을 본받고, 100세대가 지나더라도 도를 동일하게 따른다. '징(徵)'자를 다른 판본에서는 '증(證)'자로 기록하기도 한다.

孔疏 ●"故君子之道"者, 言君臣爲善, 須有徵驗, 民乃順從, 故明之也.

---

11) 『역』「계사상(繫辭上)」: 是故知鬼神之情狀. 與天地相似, 故不違, 知周乎萬物而道濟天下, 故不過, 旁行而不流, 樂天知命, 故不憂, 安土敦乎仁, 故能愛.

번역 ●經文: "故君子之道". ○군주와 신하가 선을 시행하면 징험을 할 필요가 있으니, 그래야만 백성들이 곧 순종하게 된다. 그렇기 때문에 그것을 나타내는 것이다.

孔疏 ●"本諸身"者, 言君子行道, 先從身起, 是"本諸身"也.

번역 ●經文: "本諸身". ○군자가 도를 시행할 때에는 우선적으로 자신을 통해서 일으킨다는 뜻이다. 이것은 "자신에게 근본을 둔다."는 말에 해당한다.

孔疏 ●"徵諸庶民"者, 徵, 驗也; 諸, 於也. 謂立身行善, 使有徵驗於庶民. 若晉文公出定襄王, 示民尊上也; 伐原, 示民以信之類也.

번역 ●經文: "徵諸庶民". ○'징(徵)'자는 "징험하다[驗]."는 뜻이며, '저(諸)'자는 어(於)자의 뜻이다. 즉 자신을 확립하고 선을 시행하여 백성들에게 징험함이 있도록 해야 한다는 뜻이다. 예를 들어 진(晉)나라 문공(文公)이 군대를 이끌고 출정하여 양왕(襄王)을 수도로 돌려보내 백성들에게 윗사람을 존경해야 함을 보여준 것이나 문공이 원(原)나라를 정벌하여, 백성들에게 신의를 보여주었던 부류와 같다.

孔疏 ●"考諸三王而不繆"者, 繆, 亂也. 謂己所行之事, 考校與三王合同, 不有錯繆也.

번역 ●經文: "考諸三王而不繆". ○'유(繆)'자는 "어지럽다[亂]."는 뜻이다. 즉 자신이 시행했던 사안을 삼왕(三王) 때와 비교하여 고찰해보면 합치되고 동일하여 어긋나는 점이 없다는 뜻이다.

孔疏 ●"建諸天地而不悖"者, 悖, 逆也. 言己所行道, 建達於天地, 而不有悖逆, 謂與天地合也.

번역 ●經文: "建諸天地而不悖". ○'패(悖)'자는 "거스르다[逆]."는 뜻이다. 즉 자신이 시행했던 도를 천지에 세우고 두루 통하게 해도 어긋나는 점이 없다는 뜻이니, 천지와 합한다는 의미이다.

孔疏 ●"質諸鬼神而無疑, 知天也"者, 質, 正也. 謂己所行之行, 正諸鬼神不有疑惑, 是識知天道也. 此鬼神, 是陰陽七八·九六之鬼神生成萬物者. 此是天地所爲, 旣能質正陰陽, 不有疑惑, 是識知天道也.

번역 ●經文: "質諸鬼神而無疑, 知天也". ○'질(質)'자는 "바로잡다[正]."는 뜻이다. 즉 자신이 시행했던 행실을 귀신을 통해 바름을 따지더라도 의혹될 것이 없다는 의미이니, 이것은 하늘의 도를 안다는 뜻이다. 여기에서 말한 '귀신(鬼神)'은 음양의 7·8과 9·6에 따른 귀신으로 만물을 생성하는 것이다. 이것은 천지가 시행하는 일인데, 이미 음양을 통해 바름을 따져서 의혹됨이 없을 수 있으니, 이것은 하늘의 도를 아는 것이다.

孔疏 ●"百世以俟聖人而不惑, 知人也"者, 以聖人身有聖人之德, 垂法於後, 雖在後百世, 亦堪俟待後世之聖人, 其道不異, 故云"知人也".

번역 ●經文: "百世以俟聖人而不惑, 知人也". ○성인 본인에게는 성인다운 덕이 갖춰져 있어서, 후세에 법도를 드리우는데, 비록 이후 100세대가 지나더라도 또한 후세의 성인을 기다릴 수 있으니, 그 도에 차이가 없기 때문에 "사람을 안다."라고 했다.

孔疏 ◎注"知天"至"同道". ○正義曰: 以經云知天·知人, 故鄭引經總結之. 云"知其道"者, 以天地陰陽, 生成萬物, 今能正諸陰陽鬼神而不有疑惑, 是知天道也. 以聖人之道, 雖相去百世, 其歸一揆, 今能百世以待聖人而不有疑惑, 是知聖人之道也. 云"鬼神從天地者也", 解所以質諸鬼神之德·知天道之意, 引易曰"故知鬼神之情狀, 與天地相似"者, 證鬼神從天地之意. 按易·繫辭云"精氣爲物, 游魂爲變." 鄭云: "木火之神生物, 金水之鬼成物." 以七八之神生物, 九六之鬼成物, 是鬼神以生成爲功, 天地亦以生成爲務, 是鬼神之狀與天地相似. 云"聖人則之, 百世同道"者, 解經知人之道, 以前世聖人旣能垂法以俟待後世聖人, 是識知聖人之道百世不殊, 故"聖人則之, 百世同道"也.

번역 ◎鄭注: "知天"~"同道". ○경문에서는 하늘을 안다고 했고 사람을 안다고 했다. 그렇기 때문에 정현이 경문을 인용해서 총괄적으로 결론을 맺은 것이다. 정현이 "그 도를 안다는 뜻이다."라고 했는데, 천지와 음양은 만물을 생성하는데, 현재 음양과 귀신을 통해 바름을 따져서 의혹됨이 없을 수 있으니, 이것은 하늘의 도를 아는 것에 해당한다. 그리고 성인의 도는 비록 100세대가 지나더라도 동일한 이치로 귀의하니, 현재 100세대가 지나 후대의 성인을 기다리더라도 의혹됨이 없을 수 있으며, 이것은 성인의 도를 아는 것에 해당한다. 정현이 "'귀신(鬼神)'은 천지를 따르는 것이다."라고 했는데, 귀신의 덕에 질정하고, 천도를 안다는 뜻을 풀이한 것이며, 『역』에서 "그러므로 귀신의 실정을 아니, 천지와 더불어 서로 같다."라고 한 말을 인용한 것은 귀신이 천지를 따른다는 뜻을 증명하기 위한 것이다. 『역』「계사전(繫辭傳)」을 살펴보면, "정기가 사물이 되고 떠도는 혼(魂)은 변(變)이 된다."[12]라고 했고, 정현은 "목(木)과 화(火)를 관장하는 신(神)은 만물을 태어나게 하고, 금(金)과 수(水)를 관장하는 귀(鬼)는 만물을 완성시킨다."라고 했다. 즉 7·8에 해당하는 신(神)은 만물을 태어나게 하고, 9·6에 해당하는 귀(鬼)는 만물을 완성시키니, 이것은 귀신이 태어나게 하고 완성시키는 것을 공덕으로 삼고, 천지 또한 태어나게 하고 완성시키는 것을 임무로 여긴다는 뜻으로, 귀신의 실정이 천지와 더불어 서로 같다는 의미이다. 정현이 "성인은 그것을 본받고, 100세대가 지나더라도 도를 동일하게 따른다."라고 했는데, 경문에서 사람의 도를 안다고 했던 뜻을 풀이한 것으로, 이전 세대의 성인은 이미 법도를 드리워서 후세의 성인을 기다릴 수 있으니, 이것은 성인의 도가 100세대가 지나더라도 달라지지 않음을 아는 것이다. 그렇기 때문에 "성인은 그것을 본받고, 100세대가 지나더라도

---

12) 『역』「계사상(繫辭上)」: 易與天地準, 故能彌綸天地之道. 仰以觀於天文, 俯以察於地理, 是故知幽明之故, 原始反終, 故知死生之說, 精氣爲物, 遊魂爲變.

도를 동일하게 따른다."라고 말한 것이다.

集註 此君子, 指王天下者而言. 其道, 卽議禮·制度·考文之事也. 本諸身, 有其德也. 徵諸庶民, 驗其所信從也. 建, 立也, 立於此而參於彼也. 天地者, 道也. 鬼神者, 造化之迹也. 百世以俟聖人而不惑, 所謂聖人復起, 不易吾言者也.

번역 여기에서 말한 '군자(君子)'는 천하에 왕노릇하는 군왕을 가리켜서 한 말이다. 그 도는 바로 예를 의논하고 법도를 제정하며 문자를 상고하는 일에 해당한다. 자신에게 근본을 둔다는 말은 해당하는 덕을 갖추고 있다는 뜻이다. 백성들에게 징험한다는 말은 믿고 따르는 것을 징험한다는 뜻이다. '건(建)'자는 "세우다[立]."는 뜻이니, 여기에 세우고 저기에 참여하는 것이다. '천지(天地)'는 도(道)에 해당한다. '귀신(鬼神)'은 조화가 드러난 자취이다. 100세대가 지나 후대의 성인을 기다려도 의혹하지 않는다는 말은 "성인이 다시 태어나더라도 나의 말을 바꾸지 않는다."[13]는 뜻이다.

集註 知天知人, 知其理也.

번역 하늘을 알고 사람을 안다는 말은 해당하는 이치를 안다는 뜻이다.

경문 是故君子動而世爲天下道, 行而世爲天下法, 言而世爲天下則. 遠之則有望, 近之則不厭.

번역 이러한 까닭으로 군자가 움직이면 대대로 천하의 도가 되고, 행동하면 대대로 천하의 법도가 되며, 말하면 대대로 천하의 법칙이 된다. 따라서 멀리 떨어지면 기대함이 생겨나고, 가까이 있더라도 싫증을 내지 않는다.

鄭注 用其法度, 想思若其將來也.

---

13) 『맹자』「등문공하(滕文公下)」: 吾爲此懼, 閑先聖之道, 距楊墨, 放淫辭, 邪說者不得作. 作於其心, 害於其事, 作於其事, 害於其政. <u>聖人復起, 不易吾言矣</u>.

번역 그 법도를 사용하여, 마치 앞으로 도래할 것처럼 생각한다.

孔疏 ●"遠之則有望, 近之則不厭"者, 言聖人之道, 爲世法則, 若遠離之則有企望, 思慕之深也. 若附近之則不厭倦, 言人愛之無已.

번역 ●經文: "遠之則有望, 近之則不厭". ○성인의 도는 대대로 법칙이 된다는 뜻이니, 만약 멀리 떨어진다면 기대함이 생기는 것으로, 사모함이 깊은 것이다. 만약 가까이 있다면 싫증을 내지 않으니, 사람들이 친애하길 그치지 않는다는 뜻이다.

集註 動, 兼言行而言. 道, 兼法則而言. 法, 法度也. 則, 準則也.

번역 '동(動)'자는 말과 행동을 겸해서 말한 것이다. '도(道)'는 법도와 법칙을 겸해서 말한 것이다. '법(法)'자는 법도를 뜻한다. '칙(則)'자는 준칙을 뜻한다.

경문 詩曰, "在彼無惡, 在此無射, 庶幾夙夜, 以永終譽." 君子未有不如此而蚤有譽於天下者也.

번역 『시』에서 "저기에 있으면 미워하는 자가 없고, 여기에 있으면 싫어하는 자가 없으니, 아침 일찍부터 밤늦게까지 시행하여, 이로써 명예를 길이 마친다."라고 했으니, 군자 중에는 이처럼 하지 못하고서 일찍이 천하 사람들에게 명예를 얻었던 자는 없었다.

鄭注 射, 厭也. 永, 長也.

번역 '역(射)'자는 "싫어하다[厭]."는 뜻이다. '영(永)'자는 "길다[長]."는 뜻이다.

孔疏 ●"詩云: 在彼無惡, 在此無射, 庶幾夙夜, 以永終譽", 此引周頌·振鷺之篇, 言微子來朝, 身有美德, 在彼宋國之內, 民無惡之, 在此來朝, 人無厭倦. 故庶幾夙夜, 以長永終竟美善聲譽. 言君子之德亦能如此, 故引詩以結成之.

번역 ●經文: "詩云: 在彼無惡, 在此無射, 庶幾夙夜, 以永終譽". ○이것은 『시』「주송(周頌)·진로(振鷺)」편을 인용한 것이니,[14] 미자가 찾아와서 조회를 했는데, 본인에게 아름다운 덕이 있어서 저 송나라에 있으면 백성들 중에 그를 미워하는 자가 없고, 이곳에 찾아와서 조회를 하면 사람들 중 싫어하는 자가 없다. 그러므로 일찍 일어나고 밤늦게 자서 아름답고 선한 명예를 길이 끝맺는다는 뜻이다. 즉 군자의 덕 또한 이와 같을 수 있기 때문에 『시』를 인용해서 결론을 맺은 것이다.

孔疏 ●"君子未有不如此而蚤有譽於天下者也", 言欲蚤有名譽會須如此, 未嘗有不行如此而蚤得有聲譽者也.

번역 ●經文: "君子未有不如此而蚤有譽於天下者也". ○일찍부터 명예를 갖추고자 한다면 이와 같이 해야 하니, 일찍이 이처럼 시행하지 않고서 명예를 얻었던 자가 없었다는 뜻이다.

集註 詩周頌振鷺之篇. 射, 厭也. 所謂此者, 指本諸身以下六事而言.

번역 이 시는 『시』「주송(周頌)·진로(振鷺)」편이다. '역(射)'자는 "싫어하다[厭]."는 뜻이다. 이른바 이것이라는 말은 "자신에게 근본을 둔다."라는 말로부터 그 이하의 여섯 가지 사안을 가리켜서 한 말이다.

集註 右第二十九章. 承上章居上不驕而言, 亦人道也.

번역 여기까지는 제 29장이다. 앞 장에서 윗자리에 있으면 교만하지 않

---

14) 『시』「주송(周頌)·진로(振鷺)」: 振鷺于飛, 于彼西雝. 我客戾止, 亦有斯容. <u>在彼無惡, 在此無斁. 庶幾夙夜, 以永終譽</u>.

는다는 뜻을 이어서 말한 것이니, 또한 인도에 해당한다.

참고 『시』「주송(周頌)·진로(振鷺)」

振鷺于飛, (진로우비) : 떼 지어 다니는 백로가 이에 날아드니,
于彼西雝. (우피서옹) : 저 서쪽 못에 이르도다.
我客戾止, (아객려지) : 우리 손님이 찾아오니,
亦有斯容. (역유사용) : 또한 이러한 자태가 있도다.

在彼無惡, (재피무오) : 저기에 있어도 미워하는 자가 없고,
在此無斁. (재차무두) : 여기에 있어도 싫어하는 자가 없구나.
庶幾夙夜, (서기숙야) : 거의 밤낮으로 노력하여,
以永終譽. (이영종예) : 아름다운 명예를 길이 마치는구나.

毛序 振鷺, 二王之後來助祭也.

모서 「진로(振鷺)」편은 하나라와 은나라 왕조의 후예가 찾아와서 제사를 돕는 것을 노래한 시이다.

참고 『맹자』「이루하(離婁下)」 기록

경문 禹·稷當平世, 三過其門而不入. 孔子賢之. 顏子當亂世, 居於陋巷, 一簞食, 一瓢飮, 人不堪其憂, 顏子不改其樂. 孔子賢之. 孟子曰: "禹·稷·顏回同道. 禹思天下有溺者, 由己溺之也; 稷思天下有飢者, 由己飢之也. 是以如是其急也. 禹·稷·顏子, 易地則皆然."

번역 우임금과 후직은 태평한 세상을 만났는데, 세 차례 집 문을 지나치

면서도 집안으로 들어가지 않았다. 공자는 이를 두고 현명하다고 여겼다. 안자는 혼란스러운 세상을 접하여 누추한 골목에 거주하며 한 그릇의 밥과 한 표주박의 물을 마시며 지냈는데, 다른 사람들은 이러한 곤궁을 감당하지 못했지만, 안자는 자신의 즐거움을 고치지 않았다. 그래서 공자는 이를 두고 현명하다고 여겼다. 맹자는 "우임금·후직·안회는 도가 같다. 우임금은 천하에 물에 빠진 자가 있다면 마치 자기로 인해 빠진 것처럼 생각하였고, 후직은 천하에 굶주린 자가 있다면 마치 자기로 인해 굶주리게 된 것처럼 여겼다. 이러한 이유 때문에 이처럼 급히 세상을 구제했던 것이다. 우임금·후직·안자는 처지가 바뀌었더라도 모두 그처럼 했을 것이다."라고 했다.

趙注 當平世, 三過其門者, 身爲公卿, 憂民者也; 當亂世, 安陋巷者, 不用於世, 窮而樂道者也. 孟子以爲憂民之道同, 用與不用之宜若是也, 故孔子俱賢之. 禹·稷急民之難若是, 顔子與之易地, 其心皆然. 不在其位, 故勞佚異.

번역 "태평한 세상을 만났는데 세 차례 문을 지나쳤다."라는 것은 본인은 공과 경의 신분이 되어 백성들을 근심했기 때문이다. "혼란스러운 세상을 접하여 누추한 골목에서 편안히 거주하였다."는 것은 세상에 등용되지 못하여 곤궁하게 되었지만 도를 즐거워했기 때문이다. 맹자는 이를 두고 백성을 근심하는 도가 동일하니, 등용되거나 등용되지 못했을 때에는 마땅히 이처럼 해야 한다고 여겼다. 그렇기 때문에 공자는 세 사람에 대해 모두 현명하다고 여겼다. 우임금과 후직은 백성들의 곤란함을 구제하는 것이 이와 같았는데, 안자가 그들과 입장을 바꾸더라도 그들의 마음은 모두 그러했을 것이다. 그러나 해당하는 지위에 오르지 않았기 때문에 수고롭게 일하거나 안빈낙도했던 차이가 있을 뿐이다.

孫疏 ●"禹·稷當平世"至"可也". ○正義曰: 此章指言上賢之士, 得聖一概, 顔子之心, 有同禹·稷, 時行則行, 時止則止, 失期節則惑矣.

번역 ●經文: "禹·稷當平世"~"可也". ○이곳 문장은 매우 현명한 선비

는 성인과 동일하니, 안자의 마음은 우임금이나 후직과 동일한 점이 있어서 때가 시행할 만하면 시행하고 그칠 만하면 그쳤으니, 시기를 놓친다면 의혹을 산다는 뜻이다.

孫疏 ●"禹·稷當平世"至"易地則皆然"者, 孟子言大禹與后稷皆當平治之世, 急於爲民, 三過家門而不入其室, 孔子皆助爲賢, 故尊賢之; 顏淵當危亂之世, 不得其用, 居處於隘陋之巷, 但以一簞盛其食·一瓢盛其飮而飮·食之, 時人皆不堪忍此之憂, 顏淵獨樂於道而不改此憂, 孔子亦以爲賢. 孟子乃至於此, 乃自曰: 禹·稷·顏回三人, 其道則同耳. 以其大禹於是時思念天下有因洪水而沉溺也, 后稷於是時思念天下有因水土未平而被飢餓之者, 亦如己被其飢餓也, 是以三過家門而不入其室, 而爲民如是之急也. 禹·稷與顏子更易其地, 則皆能如是. 謂顏子在禹·稷之世, 亦能如禹·稷如是爲民之急; 禹·稷在顏子之世, 亦能不改其樂. 是則爲同道者也. 若其有異, 但時之一平一亂矣.

번역 ●經文: "禹·稷當平世"～"易地則皆然". ○맹자는 다음과 같이 말했다. 우임금과 후직은 모두 태평한 세상을 만나서 백성들을 위한 일에 다급히 힘써 세 차례 집 문을 지나치면서도 안으로 들어가지 않았다. 그래서 공자는 둘 모두 현자로 여긴 것이다. 그래서 존귀하게 높여 어질다고 하였다. 안연은 위태롭고 혼란스러운 세상을 접하여 등용되지 못해 누추한 거리에 거주하였고, 단지 한 그릇을 채운 밥과 한 표주박을 채운 물만을 먹고 마셨다. 당시 사람들은 모두 이러한 곤궁함을 감내할 수 없었지만, 안연만이 홀로 도를 즐거워하며 이러한 처지를 바꾸지 않았는데, 공자는 또한 그를 현명하다고 여겼다. 맹자는 이러한 일화들에 대해서 곧 우임금·후직·안회 세 사람은 그 도가 동일할 따름이라고 평했다. 우임금은 그 시기에 천하에 홍수로 인해 침수되거나 물에 빠지는 자들이 생길까를 항상 생각하였고, 후직은 그 시기에 천하에 수재가 정리되지 못하여 기근으로 굶주리는 자가 있다면 이 또한 자기로 인해 굶주리게 된 것처럼 생각했다. 이러한 까닭으로 세 차례 집 문을 지나치면서도 안으로 들어가지 않았으니, 백성들을 위하는 마음이 이처럼 다급했던 것이다. 우임금과 후직 및 안자는 자신의 처지가 바뀌었더라도 모두 이처럼 할 수 있었을 것이다. 즉 안자가 우임금이나 후직이 살았던 세상에 태어났더라면 그 또한 우임금이나 후직처럼 백성들을 위해 다급히 힘쓸 수 있었을 것이고, 우임금이나 후직이 안자가 살았던 세상에 태어났더라면 그 둘 또한 자신의 즐거움을 고치지 않았을 것이다. 이러한 이유로 도가 같다고 한 것이다. 차이가 있다면 어떤 세상은 태평하였고 또 어떤 세상은 혼란스러웠던 것일 뿐이다.

集註 事見前篇.

번역 그 일화는 앞 편에 나온다.

集註 聖賢之道, 進則救民, 退則修己, 其心一而已矣.

번역 성현의 도는 세상에 나아가면 백성들을 구제하고 물러나면 자신을 수양하니, 그 마음은 동일할 따름이다.

集註 禹稷身任其職, 故以爲己責而救之急也.

번역 우임금과 후직 본인은 그 직무를 맡고 있었기 때문에 자신의 책임으로 여기고 다급히 구제했던 것이다.

集註 聖賢之心無所偏倚, 隨感而應, 各盡其道. 故使禹稷居顔子之地, 則亦能樂顔子之樂; 使顔子居禹稷之任, 亦能憂禹稷之憂也.

번역 성현의 마음에는 치우친 점이 없어서 느낀 것에 따라 호응하며 각각 해당하는 도를 다한다. 그렇기 때문에 우임금과 후직을 안자의 처지에 있게 한다면 둘 또한 안자의 즐거움을 즐거워할 수 있었을 것이며, 안자로 하여금 우임금이나 후직의 처지에 있게 하더라도 우임금과 후직이 가졌던 근심을 충분히 근심할 수 있었을 것이다.

경문 "今有同室之人鬪者, 救之, 雖被髮纓冠而救之可也. 鄕鄰有鬪者, 被髮纓冠而往救之, 則惑也, 雖閉戶可也."

번역 맹자는 계속하여 "지금 같은 방에 있는 자들이 다투면 그들을 말리되 비록 머리카락을 푼 상태로 갓끈만 매고 달려가 그들을 말리더라도 괜찮다. 같은 마을에서 이웃끼리 다투면 머리카락을 푼 상태로 갓끈만 매고 달려나가 그들을 말린다면 의혹을 사게 될 것이니, 비록 문을 닫아버리더라도 괜찮다."라고 했다.

趙注 纓冠者, 以冠纓貫頭也. 鄕鄰, 同鄕也. 同室相救, 是其理也, 喩禹·稷. 走赴鄕鄰, 非其事, 顔子所以閉戶而高枕也.

번역 '영관(纓冠)'이라는 것은 갓끈으로 머리를 둘러서 묶었다는 뜻이다. '향린(鄕鄰)'은 같은 마을이라는 뜻이다. 같은 방에 거주하는 자들이 서로 구제하는 것은 그 이치에 따른 것이니, 우임금과 후직을 비유한 말이다. 이웃들의 싸움에 분주히 달려가는 것은 자신의 일이 아니니, 안자가 문을 닫고 베개를 높이 하여 누워 안빈낙도 했던 이유이다.

孫疏 ●"今有同室之人"至"可也"者, 孟子又以此言比喩之, 謂禹·稷爲民如是之急, 若今有同室之人有鬪爭之者, 救勸之者雖被髮而纓冠於頭而救勸之可也, 無它, 以其人情於同居, 是爲親者也, 如有爭鬪而不救勸之, 是疏其親也; 禹·稷當平世, 旣達而在上, 亦急於爲民也, 如不急於民, 是在上位而不恤民者也. 孟子固以同室之人救鬪爲喩. 顔子在陋巷而不改其樂, 若今有同鄕之人有爭鬪者, 如被散其發而纓冠於頭而救勸之, 則爲惑者矣, 雖閉戶而勿救之可也, 無它, 以其鄕鄰於己爲疏, 非親也, 如往救之, 是親其疏矣; 顔子當危亂之世, 旣窮而不得用, 亦宜處陋巷而不改其樂耳, 如改其樂, 是媚於世而非賢者也. 孟子故以鄕鄰之人不救爲喩. 由此推之, 則孟子爲禹·稷·顔回同道, 是其不誣於後世也. 孔子曰"賢哉! 回也". 是孔子賢顔回之謂也; 又曰"禹, 吾無間然矣". 是孔子賢禹之謂也; 南宮适曰"禹·稷躬稼而有天下", 子曰"君子哉若人, 尙德哉若人", 以此觀之, 孔子美南宮适云及此二人者如此, 是知孔子有賢於禹·稷也, 抑亦是孔子賢稷之謂也. 然而"三過其門"則主乎禹, 今孟子則兼稷言之, 何也? 曰: 孔子言躬稼, 其亦主於稷而乃兼禹言之, 以禹之治水, 非暨稷之播殖則無以奏艱食, 非得禹之平水土則無以爲躬稼, 是二者未常不相待爲用耳. 孔·孟交言之, 是亦一道也. 蓋躬稼而有天下, 雖出乎南宮适之言, 然孔子美之者, 亦孔子之言也, 故云孔子言也.

번역 ●經文: "今有同室之人"~"可也". ○맹자는 재차 이러한 말을 통해 비유를 했으니, 우임금이나 후직이 백성들을 위해 이처럼 다급히 일했던 것은 마치 오늘날 같은 방에 살고 있는 자가 서로 싸우는 경우, 그들을 말리는 자는 비록 머리카락을 풀어헤치고 갓끈으로 두르기만 하고서 말려도 괜찮은 것과 같다. 그 이유는 다름이 아니라 사람은 인정상 같은 공간에 거주하는 자는 친근한 대상이 되므로, 그들 사이에 다툼이 발생했는데도 다급히 말리지 않는 것은 친근한 자를 소원하게 대하는 꼴이다. 우임금과 후직은 태평한 세상을 접하여 이미 지위가 높아져 위정자의 입장에 있었으므로 백성들을 위하는 일에 다급히 했던 것이니, 만약 백성들에 대한 일을 다급히 하지 않았다면 이것은 위정자의 자리에 있으면서도 백성들을 구휼하지 않는 꼴이 된다. 맹자는 같은 방에 거주하는 자가 다툰다는 것으로 이 둘을 비유한 것이다. 안자는 누추한 거리에 거주하면서도 자신의 즐거움을 고치지 않았으니, 마치 현재 같은 마을에 사는 사람끼리 다툼이 발생했을 때, 만약 머리를 풀어헤치고 갓끈으로만 머리를 둘러 묶고서 급히 찾아가 그들을 말린다면 의혹을 사게 됨과 같다. 따라서 비록 문을 닫고 말리지 않더라도 괜찮은 것이니, 이것은 다름이 아니라 같은 마을에 살고 있는 자들은 자신에게 있어서 소원한 자들이 되며 친근한 자가 아니기 때문에 만약 다급히 찾아가서 말린다면 이는 소원한 자를 친근하게 대하는 격이 된다. 안자는 위태롭고 혼란스러운 세상에 태어나서 이미 곤궁하여 등용될 수 없었지만 또한 누추한 거리에 거처하며 즐거움을 고치지 않아야 마땅할 따름이니, 만약 자신의 즐거움을 고친다면 이것은 세상에 아첨하는 짓이므로 현자가 아니다. 맹자는 일부러 마을 사람들이 다투었을 때 말리지 않는다는 것으로 비유를 든 것이다. 이를 통해 추론해보면 맹자는 우임금·후직·안회의 도가 같다고 여겼으니, 이것은 후대에서 속일 수 없는 점이다. 공자는 "현명하구나! 안회여."[15]라고 했다. 이것은 공자가 안회를 현명하다고 여긴 말에 해당한다. 또 "우임금에 대해서는 내가 비판할 것이 없다."[16]라고 했다. 이것은 공자가 우임금을 현명하다고 여긴 말에 해당한다. 남궁괄은 "우임금과 후직은 몸소 농사를 지었는데도 천하를 소유하였다."라고 했고, 공자는 "군자로구나 이 사람이여, 덕을 숭상하구나 이 사람이여."라고 했으니,[17] 이를 통해 살펴보면 공자는 남궁괄이 이 두 사람에 대해 이처럼 언급한 것을 칭찬한 것으로, 공자가 우임금과 후직을 현명하다고 여기고 있었음을 알 수 있다. 그것이 아니라면 이것은 공자가 후직을 현명하게 평가한 말이 된다. 그런데 "세 차례 그 문을 지나쳤다."라고 했다면, 이것은 우임금을 위주로 말한 것이다. 그런데 지금 맹자가 후직까지도 함께 언급한 것은 어째서인가? 공자가 남궁괄의 말을 칭찬했을 때 그 말에는 몸소 농사를 지었다는 내용이 있는데 이것은 또한 후직을 위주로 말한 것인데도 우임금까지 함께 언급했다. 그 이유는 우임금은 치수사업을 했기 때문으로, 후직으로 하여금 파종을 시키지 않았다면 구제할 양식을 바칠 수 없었고, 우임금이 치수사업을 할 수 없었다면 몸소 농사를 지을 수 없었으니, 이 두 사람의 공적은 일찍이 서로 떨어트려서 논할 수 없었기 때문이다. 공자와 맹자가 교대로 언급했는데 이 또한 동일한 도를 가리킨다. 몸소 농사를 지어 천하를 소유했다는 것은 비록 남궁괄의 입에서 나온 말이지만, 공자가 그를 칭찬했으니 이 또한 공자의 말이나 다를 바 없다. 그렇기 때문에 공자의 말이라고 한 것이다.

---

15) 『논어』「옹야(雍也)」: 子曰, "賢哉, 回也! 一簞食, 一瓢飮, 在陋巷, 人不堪其憂, 回也不改其樂. 賢哉, 回也!"

16) 『논어』「태백(泰伯)」: 子曰, "禹, 吾無間然矣. 菲飮食, 而致孝乎鬼神, 惡衣服, 而致美乎黻冕, 卑宮室, 而盡力乎溝洫. 禹, 吾無間然矣."

17) 『논어』「헌문(憲問)」: 南宮适問於孔子曰, "羿善射, 奡盪舟, 俱不得其死然. 禹稷躬稼而有天下." 夫子不荅. 南宮适出, 子曰, "君子哉若人! 尙德哉若人!"

集註 不暇束髮, 而結纓往救, 言急也. 以喩禹稷.

번역 머리카락을 묶을 겨를이 없어서 갓끈만 매고 달려가서 말린다는 뜻으로, 다급함을 의미한다. 이를 통해 우왕과 후직을 비유하였다.

集註 喩顔子也.

번역 마을에서 다툰다는 말은 안자를 비유한 것이다.

集註 此章言聖賢心無不同, 事則所遭或異; 然處之各當其理, 是乃所以爲同也.

번역 이 문장은 성현의 마음에는 다른 점이 없지만, 구체적 일의 경우에는 접하는 것에 차이가 생기기도 한다. 따라서 대처함에도 각각 해당하는 이치에 합당하게 하니, 이것은 동일하게 되는 이유임을 뜻한다.

集註 尹氏曰: 當其可之謂時, 前聖後聖, 其心一也, 故所遇皆盡善.

번역 윤씨가 말하길, 가능할 때에 합당하게 하는 것을 시(時)라 부르는데, 전성과 후성은 그 마음이 동일하다. 그렇기 때문에 접한 것에 대해 모두 선함을 극진히 한다.

참고 『맹자』「만장하(萬章下)」 기록

경문 孟子謂萬章曰: "一鄕之善士, 斯友一鄕之善士. 一國之善士, 斯友一國之善士. 天下之善士, 斯友天下之善士."

번역 맹자는 만장에게 "한 마을의 선한 선비여야만 다른 한 마을의 선한 선비와 벗할 수 있다. 한 나라의 선한 선비여야만 다른 한 나라의 선한 선비와 벗할 수 있다. 천하의 선한 선비여야만 천하의 다른 선한 선비와 벗할 수 있다."라고 했다.

趙注 鄕, 鄕人之善者. 國, 一國之善者. 天下四海之內, 各以大小來相友, 自爲疇匹也.

번역 '향(鄕)'은 같은 마을 사람들 중에서도 선한 자를 뜻한다. '국(國)'은 한 나라 안에서 선한 자를 뜻한다. 천하와 사해 이내에는 각각 이런저런 사람들이 왕래하며 서로 교우하고, 스스로 상대와 어울릴 만한 사람이 된다.

集註 言己之善蓋於一鄕, 然後能盡友一鄕之善士. 推而至於一國天下皆然, 隨其高下以爲廣狹也.

번역 자신의 선함이 자신이 속한 한 마을을 뒤덮은 뒤에야 다른 한 마을의 선한 선비와 모두 벗할 수 있다. 이것을 미루어 한 나라나 천하에 적용하더라도 모두 그러하니, 품성의 높고 낮음에 따라 넓고 좁은 차이로 삼은 것이다.

경문 "以友天下之善士爲未足, 又尙論古之人. 頌其詩, 讀其書, 不知其人可乎? 是以論其世也, 是尙友也."

번역 맹자는 계속하여 "천하의 선한 선비와 벗하는 것을 만족스럽게 여기지 않아서 재차 더 위로 거슬러 올라가 옛 사람들의 도를 논의한다. 옛 사람들의 시를 읽고 그 글을 읽으면서 그 사람됨을 몰라서야 되겠는가? 이러한 까닭으로 그 세상을 논의하는 것이며, 이것은 위로 올라가 옛 사람을 벗하는 것이다."라고 했다.

趙注 好善者以天下之善士爲未足, 極其善道也. 尙, 上也. 乃復上論古之人. 頌其詩. 詩歌相近故曰頌. 讀其書者, 猶恐未知古人高下, 故論其世以別之也. 在三皇之世爲上, 在五帝之世爲次, 在三王之世爲下, 是爲好上友之人也.

번역 선을 좋아함에 천하의 선한 선비를 사귀는 것으로도 부족하다고 여기는 것은 선한 도를 극진히 하는 것이다. '상(尙)'자는 위로 올라간다는 뜻이다. 재차 위로 올라가 옛 사람들을 논의하는 것이다. 그들의 시를 낭송한다고 했는데, 시와 노래는 서로 비슷하기 때문에 '송(頌)'이라고 했다. 그 글을 읽는다고 했는데, 옛 사람들이 가진 품성의 고하를 모를까 염려되기 때문에 그 시대를 논의하며 구별하는 것이다. 삼황(三皇)[18]이 다스리던 때가 가장 오래된 시기이며, 오제(五帝)[19]가 다스리던 때가 그 다음 시기이

---

18) 삼황(三皇)은 전설시대에 존재했다고 전해지는 세 명의 제왕을 뜻한다. 그러나 세 명이 누구였는지에 대해서는 이설(異說)이 많다. 첫 번째 주장은 복희(伏羲), 신농(神農), 황제(黃帝)를 '삼황'으로 보는 견해이다. 『장자(莊子)』「천운(天運)」편에는 "余語汝三皇五帝之治天下."라는 기록이 있는데, 이에 대한 성현영(成玄英)의 주에서는 "三皇者, 伏羲·神農·黃帝也."라고 풀이했다. 두 번째 주장은 복희(伏羲), 신농(神農), 여왜(女媧)로 보는 견해이다. 『여씨춘추(呂氏春秋)』「용중(用衆)」편에는 "此三皇五帝之所以大立功名也."라는 기록이 있는데, 이에 대한 고유(高誘)의 주에서는 "三皇, 伏羲·神農·女媧也."라고 풀이했다. 세 번째 주장은 복희(伏羲), 신농(神農), 수인(燧人)으로 보는 견해이다. 『백호통(白虎通)』「호(號)」편에는 "三皇者, 何謂也? 謂伏羲·神農·燧人也."라는 기록이 있다. 네 번째 주장은 복희(伏羲), 신농(神農), 축융(祝融)으로 보는 견해이다. 『백호통』「호」편에는 "禮曰, 伏羲·神農·祝融, 三皇也."라는 기록이 있다. 다섯 번째 주장은 천황(天皇), 지황(地皇), 태황(泰皇)으로 보는 견해이다. 『사기(史記)』「진시황본기(秦始皇本紀)」편에는 "古有天皇, 有地皇, 有泰皇. 泰皇最貴."라는 기록이 있다. 여섯 번째 주장은 천황(天皇), 지황(地皇), 인황(人皇)으로 보는 견해이다. 『예문유취(藝文類聚)』에서는 『춘추위(春秋緯)』를 인용하며, "天皇, 地皇, 人皇, 兄弟九人, 分九州, 長天下也."라고 기록하였다.

19) 오제(五帝)는 전설시대에 존재했다고 전해지는 다섯 명의 제왕(帝王)을 뜻한다. 그러나 다섯 명이 누구였는지에 대해서는 이설(異說)이 많다. 첫 번째 주장은 황제(黃帝: =軒轅), 전욱(顓頊: =高陽), 제곡(帝嚳: =高辛), 당요(唐堯), 우순(虞舜)으로 보는 견해이다. 『사기정의(史記正義)』「오제본기(五帝本紀)」편에는 "太史公依世本·大戴禮, 以黃帝·顓頊·帝嚳·唐堯·虞舜爲五帝. 譙周·應劭·宋均皆同."이라는 기록이 있고, 『백호통(白虎通)』「호(號)」편에도 "五帝者, 何謂也? 禮曰, 黃帝·顓頊·帝嚳·帝堯·帝舜也."라는 기록이 있다. 두 번째 주장은 태호(太昊: =伏羲), 염제(炎帝: =神農), 황제(黃帝), 소호(少昊: =摯), 전욱(顓頊)으로 보는 견해이다. 이 주장은 『예기』「월령(月令)」편에 나타난 각 계절별 수호신들의 내용을 종합한 것이다. 세 번째 주장은 소호(少昊), 전욱(顓頊), 고신(高辛), 당요(唐堯), 우순(虞舜)으로 보는 견해이다. 『서서(書序)』에

고, 삼왕(三王)이 다스리던 때가 가장 뒤의 시기이니, 이것은 위로 거슬러 올라가 옛 사람을 벗하길 좋아하는 것이다.

孫疏 ●"孟子"至"尙友也". ○正義曰: 此章指言好高慕遠, 君子之道, 雖各有倫, 樂其崇茂, 是以仲尼曰"毋友不如己者", 高山仰止, 景行行止.

번역 ●經文: "孟子"~"尙友也". ○이 문장은 고원한 것을 좋아하고 흠모하는 것을 나타내고 있는데, 군자의 도에 비록 각각의 부류가 있지만, 그 중에서도 원대하고 융성한 것을 좋아한다. 이러한 까닭으로 공자는 "자신만 못한 자를 사귀지 말라."[20]고 했으니, 높은 산은 우러러 보게 되고, 선한 행동은 따르게 된다[21]는 뜻이다.

孫疏 ●"孟子謂萬章曰"至"是尙友也", 孟子謂萬章, 言一鄕之中有其善者, 所友斯亦一鄕之善士者也. 一國之中有善士, 所友者亦一國之善士者也. 天下於四海之內, 有其善士者, 所友亦以天下之善士者也. 如友天下之善士者爲未足以極其善道, 則又上論古之人, 而頌歌其詩, 看讀其書, 如此, 不知其如是之人可以友也乎? 然猶未知其人之可友也, 抑又當論其人所居之世如何耳. 能以此, 乃是尙友之道也. 孟子所以謂之以此者, 蓋欲敎當時之人尙友也. 孔子云"無友不如己者", 與其詩云"高山仰止, 景行行止", 亦其意與.

번역 ●經文: "孟子謂萬章曰"~"是尙友也". ○맹자는 만장에게 다음과 같이 말한 것이다. 한 마을에 선한 도리를 가진 자가 있다면 그가 사귀는

는 "少昊·顓頊·高辛·唐·虞之書, 謂之五典, 言常道也."라는 기록이 있다. 또 『제왕세기(帝王世紀)』에는 "伏羲·神農·黃帝爲三皇, 少昊·高陽·高辛·唐·虞爲五帝."라는 기록이 있다. 네 번째 주장은 복희(伏羲), 신농(神農), 황제(黃帝), 당요(唐堯), 우순(虞舜)으로 보는 견해이다. 이 주장은 『역』「계사하(繫辭下)」편의 내용에 근거한 주장이다.

20) 『논어』「학이(學而)」: 子曰, "君子不重, 則不威, 學則不固. 主忠信. 無友不如己者. 過則勿憚改."

21) 『시』「소아(小雅)·거할(車舝)」: 高山仰止, 景行行止. 四牡騑騑, 六轡如琴. 覯爾新昏, 以慰我心.

자 또한 한 마을의 선한 선비이다. 한 나라에 선한 선비가 있다면 그가 사귀는 자 또한 한 나라의 선한 선비이다. 천하와 사해 이내에 선한 선비가 있다면 그가 사귀는 자 또한 천하의 선한 선비이다. 만약 천하의 선한 선비들과 사귀는 것으로도 만족하지 못하여, 선한 도를 극진히 한다면, 또한 위로 올라가 옛 사람들을 논의하고, 그들이 남긴 시를 암송하고 노래하며 그들이 남긴 글을 보고 읽게 된다. 이처럼 하고도 그 사람이 정말로 벗으로 삼을 만한가를 모른단 말인가? 그런데도 여전히 그 사람이 벗으로 삼을 만한가를 모른다면, 또한 그 사람이 생존했던 세상이 어떠했는가를 논의할 따름이다. 이처럼 할 수 있다면 이것은 위로 거슬러 올라가 벗을 사귀는 도가 된다. 맹자가 이처럼 말한 것은 당시의 사람들로 하여금 옛 사람들을 벗하는 방법을 가르치고자 했기 때문이다. 공자가 "자신만 못한 자를 사귀지 말라."라고 했고, 『시』에서 "높은 산은 우러러 보게 되고, 선한 행동은 따르게 된다."고 했던 말 또한 이러한 의미를 나타낸다.

集註 尙, 上同. 言進而上也. 頌, 誦通. 論其世, 論其當世行事之迹也. 言旣觀其言, 則不可以不知其爲人之實, 是以又考其行也. 夫能友天下之善士, 其所友衆矣, 猶以爲未足, 又進而取於古人. 是能進其取友之道, 而非止爲一世之士矣.

번역 '상(尙)'자는 상(上)과 같다. 즉 나아가 올라간다는 뜻이다. '송(頌)'자는 송(誦)자와 통한다. 그 세상을 논한다는 것은 해당 세상에서 일을 시행했던 자취를 논의한다는 뜻이다. 이미 그 말을 살펴보았다면 그 사람의 실질적인 사람됨을 몰라서는 안 되니, 이러한 까닭으로 그 행실을 상고하는 것이다. 천하의 선한 선비와 벗할 수 있다면 벗으로 삼는 자들이 매우 많은 것인데도 여전히 부족하다고 여긴다. 그래서 재차 위로 거슬러 올라가 옛 사람들 중에서 벗을 찾는 것이다. 이것은 벗을 취하는 도를 확장시켜 단지 한 세대의 선비들로만 한정을 짓지 않는 것이다.

참고 『시』「소아(小雅)·거할(車舝)」

間關車之舝兮, (간관거지할혜) : 수레에 끼운 비녀장이여,
思孌季女逝兮. (사련계녀서혜) : 단정하고 아름다운 소녀를 생각하여 찾아가도다.
匪飢匪渴, (비기비갈) : 굶주림도 느끼지 못하고 갈증도 느끼지 못하니,
德音來括. (덕음래괄) : 그녀가 와서 아름다운 덕성으로 왕을 깨우쳐주고 백성들을 모으기를 바라도다.
雖無好友, (수무호우) : 비록 현명한 벗이 없지만,
式燕且喜. (식연차희) : 연회를 열어 기뻐하리라.

依彼平林, (의피평림) : 무성한 저 평지의 숲에,
有集維鷮. (유집유교) : 화려한 꿩이 운집해 있구나.
辰彼碩女, (진피석녀) : 이러한 때 저 현명한 덕의 소녀만이,
令德來教. (영덕래교) : 아름다운 덕을 가지고 와서 가르쳐주는구나.
式燕且譽, (식연차예) : 연회를 열어 천자의 명예를 기리니,
好爾無射. (호이무역) : 내가 왕을 좋아함에는 싫증냄이 없도다.

雖無旨酒, (수무지주) : 비록 맛있는 술이 없지만,
式飮庶幾. (식음서기) : 이것으로 연회를 열어 마셔주길 바라며.
雖無嘉殽, (수무가효) : 비록 맛있는 음식이 없지만,
式食庶幾. (식식서기) : 이것으로 연회를 열어 먹어주길 바란다.
雖無德與女, (수무덕여녀) : 비록 너에게 걸맞은 덕이 없지만,
式歌且舞. (식가차무) : 연회를 열어 노래하며 춤추리라.

陟彼高岡, (척피고강) : 저 높은 언덕에 올라,
析其柞薪. (석기작신) : 나무를 베어 땔감을 만들도다.
析其柞薪, (석기작신) : 나무를 베어 땔감을 만드노니,
其葉湑兮. (기엽서혜) : 그 잎이 무성하구나.
鮮我覯爾, (선아구이) : 좋구나, 내 이처럼 너를 만나봄이,
我心寫兮. (아심사혜) : 내 마음의 근심이 씻어 내리는구나.

高山仰止, (고산앙지) : 높은 덕을 갖춘 자는 우러러보며,
景行行止. (경행행지) : 바른 행실을 갖춘 자는 본받아 시행하는구나.
四牡騑騑, (사모비비) : 네 마리의 수말이 힘차게 내달리니,
六轡如琴. (육비여금) : 여섯 고삐를 쥠에 완급이 조화롭구나.
覯爾新昏, (구이신혼) : 너의 새로운 혼사를 보니,
以慰我心. (이위아심) : 내 마음의 근심이 제거되는구나.

毛序 車舝, 大夫刺幽王也, 褒姒嫉妬, 無道並進, 讒巧敗國, 德澤不加於民, 周人, 思得賢女以配君子. 故作是詩也.

모서 「거할(車舝)」편은 대부가 유왕(幽王)을 풍자한 시이니, 포사가 시기를 부려 무도한 자가 모두 등용되니, 참소와 교묘한 술수가 나라를 패망하게 만들고 덕과 은택이 백성들에게 전해지지 않았다. 주나라 사람들은 현명한 여자를 얻어 군자의 짝을 만들어주려고 생각했다. 그렇기 때문에 이 시를 지었다.

참고 『논어』「태백(泰伯)」 기록

경문 子曰, "篤信好學, 守死善道. 危邦不入, 亂邦不居. 天下有道則見, 無道則隱."

번역 공자는 "믿음을 독실하게 하고 학문을 좋아하며 목숨을 던져서라도 선한 도를 지켜야 한다. 위태로운 나라에는 들어가지 말아야 하고 혼란스러운 나라에는 머물지 말아야 한다. 천하에 도가 있으면 세상에 나오고 도가 없다면 숨는다."라고 했다.

何注 包曰: 言行當常然. 危邦不入, 始欲往. 亂邦不居, 今欲去. 亂謂臣弑君, 子弑父. 危者, 將亂之兆.

번역 포씨가 말하길, 언행은 마땅히 항상된 법도에 따라야 한다. 위태로운 나라에 들어가지 않는 것은 처음에는 가고자 한 것이다. 혼란스러운 나라에 머물지 않는 것은 현재 떠나려고 하는 것이다. 혼란스럽다는 것은 신하가 군주를 시해하고 자식이 부모를 시해하는 것 등을 뜻한다. 위태롭다는 것은 혼란스럽게 되려는 조짐이다.

邢疏 ●"子曰"至"恥也". ○正義曰: 此章勸人守道也.

번역 ●經文: "子曰"~"恥也". ○이 문장은 사람들에게 도를 지키도록 권면하는 내용이다.

邢疏 ●"子曰: 篤信好學"者, 言厚於誠信而好學問也.

번역 ●經文: "子曰: 篤信好學". ○진심과 믿음을 두텁게 하고 학문을 좋아한다는 뜻이다.

邢疏 ●"守死善道"者, 守節至死, 不離善道也.

번역 ●經文: "守死善道". ○절개를 지키다 죽게 되더라도 선한 도리를 위배하지 않는다는 뜻이다.

邢疏 ●"危邦不入, 亂邦不居"者, 亂謂臣弑君, 子弑父. 危者, 將亂之兆也. 不入, 謂始欲往, 見其亂兆, 不復入也. 不居, 謂今欲去, 見其已亂, 則遂去之也.

번역 ●經文: "危邦不入, 亂邦不居". ○혼란스럽다는 것은 신하가 군주를 시해하고 자식이 부모를 시해하는 것 등을 뜻한다. 위태롭다는 것은 혼란스럽게 되려는 조짐이다. 들어가지 않는다는 것은 처음에는 가고자 했는데, 혼란스럽게 되려는 조짐을 보고서 재차 들어가지 않는다는 뜻이다. 머물지 않는다는 것은 현재 떠나려고 하니, 이미 혼란스러운 지경에 빠진 것을 보게 되면 곧바로 떠나게 된다는 뜻이다.

邢疏 ●"天下有道則見, 無道則隱"者, 言値明君則當出仕, 遇闇主則當隱遯.

번역 ●經文: "天下有道則見, 無道則隱". ○현명한 군주를 만나게 되면 마땅히 세상에 나와 벼슬에 올라야 하지만, 우둔한 군주를 만나게 된다면 은둔해서 피해야 한다는 뜻이다.

集註 篤, 厚而力也. 不篤信, 則不能好學; 然篤信而不好學, 則所信或非其正. 不守死, 則不能以善其道; 然守死而不足以善其道, 則亦徒死而已. 蓋守死者篤信之效, 善道者好學之功.

번역 '독(篤)'자는 두텁게 하며 힘쓴다는 뜻이다. 믿음을 독실하게 하지 않는다면 학문을 좋아할 수 없다. 그러나 믿음을 독실하게 하지만 학문을 좋아하지 않는다면 믿는 것이 간혹 바르지 못한 것일 수 있다. 죽음으로 지키기만 한다면 도를 잘할 수 없다. 그러나 죽음으로 지키기만 하고 도를 잘하기에 부족하다면 이 또한 쓸데없는 죽음이 될 따름이다. 죽음을 지키는 것은 믿음을 독실하게 할 때 나타나는 효과이며, 도를 잘하는 것은 학문을 좋아할 때 나타나는 효과이다.

集註 君子見危授命, 則仕危邦者無可去之義, 在外則不入可也. 亂邦未危, 而刑政紀綱紊矣, 故潔其身而去之. 天下, 擧一世而言. 無道, 則隱其身而不見也. 此惟篤信好學 守死善道者能之.

번역 군자는 나라의 위태로움을 보면 목숨을 던져 지키는데, 위태로운 나라에서 벼슬을 하게 된다면 떠날 수 있는 도의가 없으니, 밖에 있는 경우라면 들어가지 않는 것이 옳다. 혼란스러운 나라는 아직 위태로운 지경까지 이른 것은 아니지만 형벌과 정치 및 기강이 문란하게 된 것이다. 그렇기 때문에 자신의 몸을 청렴하게 하며 그곳을 떠나야 한다. '천하(天下)'는 온 세상을 기준으로 한 말이다. 도가 없으면 자신을 숨기고 세상 밖으로 나타나지 말아야 한다. 이것은 오직 믿음을 독실하게 하고 학문을 좋아하며 죽음으로 지키고 도를 잘하는 자만이 할 수 있다.

경문 "邦有道, 貧且賤焉, 恥也. 邦無道, 富且貴焉, 恥也."

번역 공자는 계속하여 "나라에 도가 있을 때 가난하면서도 미천한 것은 부끄러운 일이다. 그러나 나라에 도가 없을 때 부유하면서도 존귀한 것도 부끄러운 일이다."라고 했다.

邢疏 ●"邦有道, 貧且賤焉, 恥也"者, 恥其不得明君之祿也.

번역 ●經文: "邦有道, 貧且賤焉, 恥也". ○현명한 군주로부터 녹봉을 받지 못하는 것을 부끄럽게 생각한다는 뜻이다.

邢疏 ●"邦無道, 富且貴焉, 恥也"者, 恥食汚君之祿, 以致富貴也. 言人之爲行, 當常如此.

번역 ●經文: "邦無道, 富且貴焉, 恥也". ○나쁜 군주로부터 녹봉을 받아 부유하고 존귀하게 되는 것을 부끄럽게 여긴다는 뜻이다. 즉 사람이 행동을 할 때에는 항상 이처럼 따라야 한다는 의미이다.

集註 世治而無可行之道, 世亂而無能守之節, 碌碌庸人, 不足以爲士矣, 可恥之甚也.

번역 세상이 잘 다스려지는데도 시행할 만한 도가 없고, 세상이 혼란스러운데도 지킬 만한 절개가 없으면 보잘것없는 사람이니, 선비라 여길 수 없으며, 매우 부끄러워할 일이다.

集註 晁氏曰: 有學有守, 而去就之義潔, 出處之分明, 然後爲君子之全德也.

번역 조씨가 말하길, 학문도 있고 절개도 있으며 떠나거나 나아감의 도의가 깨끗하고 출처의 구분이 명백하게 된 뒤에야 군자의 온전한 덕이 된다.

• 제 11 절 •

유자(儒者)의 행실 - 관유(寬裕)

【685a】

"儒有博學而不窮, 篤行而不倦, 幽居而不淫, 上通而不困. 禮之以和爲貴, 忠信之美, 優游之法. 慕賢而容衆, 毁方而瓦合. 其寬裕有如此者."

직역 "儒는 博學하되 不窮하고, 篤行하되 不倦하며, 幽居하되 不淫하고, 上通하되 不困함이 有합니다. 禮하며 和를 貴로 爲하고, 忠信의 美이며, 優游의 法입니다. 賢을 慕하여 衆을 容하고, 毁하여 方하고 瓦合합니다. 그 寬裕함에는 此와 如한 者가 有합니다."

의역 공자가 계속하여 말하길, "유자는 널리 배우되 중단하지 않고, 독실하게 실천하되 게으름을 피우지 않으며, 쓸쓸하고 궁벽한 곳에 있더라도 음란하게 행동하지 않고, 위로 통달하되 곤궁하지 않음이 있습니다. 예(禮)를 본체로 삼지만 활용에 있어서는 조화로움을 존귀하게 여기고, 충심과 신의를 아름다움으로 삼으며, 관대함을 법도로 삼습니다. 현명한 자를 사모하고 대중들을 포용하며, 헐어서 모나게 만들고 합하여 원형으로 만듭니다. 유자는 관대하게 포용함에 이와 같은 점이 있는 자들입니다."라고 했다.

集說 博學不窮, 溫故知新之益也. 篤行不倦, 賢人可久之德也. 幽居不淫, 窮不失義也. 上通不困, 達不離道也. 禮之體嚴, 而用貴於和. 忠信, 禮之質也, 故以忠信爲美. 優游, 用之和也, 故以優游爲法. 賢雖在所當慕, 衆亦不可不容. 汎愛衆而親仁, 亦是意也. 毁方而瓦合者, 陶瓦之事, 其初則圓, 剖而爲四,其形則方. 毁其圓以爲方, 合其方而復圓, 蓋於涵容之中, 未嘗無分辨之意也. 故曰其寬裕有如此者.

번역 "널리 배우되 중단하지 않는다."는 말은 옛 것을 익숙히 하고 새로운 것을 아는 것[1]이 확장된 것이다. "독실하게 실천하되 게으름을 피우지 않는다."는 말은 현명한 자 중에서도 오래 지속할 수 있는 덕을 갖춘 것이다.[2] "쓸쓸하고 궁벽한 곳에 있더라도 음란하게 하지 않는다."는 말은 곤궁하더라도 의(義)를 잃지 않는 것이다.[3] "위로 통달하되 곤궁하지 않다."는 말은 영달하게 되어도 도에서 떨어지지 않는다는 것이다.[4] 예(禮)의 본체는 엄중한데 활용에 있어서는 조화로움을 존귀하게 여긴다. 충심과 신의는 예의 본질이다. 그렇기 때문에 충심과 신의를 아름다움으로 삼는다. 여유로운 것은 활용의 조화로움이다. 그렇기 때문에 여유로움을 법도로 삼는다. 현명한 자에 대해서는 비록 마땅히 사모해야 할 대상이지만, 대중들 또한 포용하지 않을 수가 없다. "널리 대중들을 사랑하되 인(仁)한 자를 친근히 대한다."[5]는 말 또한 이러한 의미에 해당한다. "헐어서 모나게 만들고 조각조각 합한다."는 말은 질그릇 및 기와 등을 만들 때, 처음에는 원형으로 만들고 그것을 쪼개어 4조각으로 만드는데, 그 형태는 사각형이 된다. 원형이었던 것을 헐어서 사각형으로 만들고, 사각형인 것을 합하여 다시 원형으로 만드는 것이니, 관대하게 포용하는 가운데에서도 일찍이 분별의 뜻이 없었던 적이 없다는 의미이다. 그렇기 때문에 "그 관대하게 포용함에 이와 같은 점이 있다."라고 했다.

---

1) 『논어』「위정(爲政)」: 子曰, "溫故而知新, 可以爲師矣." / 『중용』「27장」: 故君子尊德性而道問學, 致廣大而盡精微, 極高明而道中庸, 溫故而知新, 敦厚以崇禮.

2) 『역』「계사상(繫辭上)」: 易則易知, 簡則易從, 易知則有親, 易從則有功, 有親則可久, 有功則可大, 可久則賢人之德, 可大則賢人之業.

3) 『맹자』「진심상(盡心上)」: 尊德樂義, 則可以囂囂矣. 故士窮不失義, 達不離道. 窮不失義, 故士得己焉, 達不離道, 故民不失望焉.

4) 『맹자』「진심상(盡心上)」: 尊德樂義, 則可以囂囂矣. 故士窮不失義, 達不離道. 窮不失義, 故士得己焉, 達不離道, 故民不失望焉.

5) 『논어』「학이(學而)」: 子曰, "弟子, 入則孝, 出則悌, 謹而信, 汎愛衆, 而親仁. 行有餘力, 則以學文."

大全 石林葉氏曰: 博學有以貫之, 故不窮. 篤行有以至之, 故不倦. 幽居而能樂天, 故不淫. 上通而能知命, 故不困. 忠信之美, 充實於內, 優游之法, 遜接於外. 充實於內, 故尊賢而慕之, 優游於外, 故愛衆而容之. 慕賢則能毁方而爲圓也. 容衆則能瓦合而爲同也. 自博學不窮, 以至上通不困, 皆所以爲寬. 寬, 言其畜德也. 自禮之以和爲貴, 以至毁方而瓦合, 皆所以爲裕. 裕, 言其容德也.

번역 석림섭씨가 말하길, 널리 배우면 이치를 꿰뚫을 수 있기 때문에 중단하지 않는다. 독실하게 시행하여 지극히 하기 때문에 게으름을 피우지 않는다. 그윽한 곳에 거처하면서도 하늘의 이치를 즐거워할 수 있기 때문에 음란하게 되지 않는다. 위로 통달하여 천명을 알 수 있기 때문에 곤궁하게 되지 않는다. 충심과 신의의 아름다움은 내면에 가득 차고, 관대하고 여유로운 법도는 외적으로 겸손하게 나타난다. 내면에 가득 찼기 때문에 현명한 자를 존숭하고 사모하게 되며, 외적으로 관대하고 여유롭기 때문에 대중들을 사랑하여 포용하는 것이다. 현명한 자를 사모한다면 모난 것을 헐어서 둥글게 만들 수 있다. 대중들을 포용한다면 조각조각 합하여 동화될 수 있다. "널리 배우되 중단하지 않는다."라는 말로부터 "위로 통달하여 곤궁하지 않다."라는 말까지는 모두 관대하게 하는 방법이다. 관대함이란 덕을 온축하는 것을 뜻한다. "예(禮)를 시행하여 조화로움을 존귀하게 여긴다."라는 말로부터 "모난 것을 헐어서 조각조각 합한다."라는 말까지는 모두 너그럽게 하는 방법이다. 너그러움이란 덕을 수용하는 것을 뜻한다.

鄭注 不窮, 不止也. 幽居, 謂獨處時也. 上通, 謂仕道達於君也, 旣仕則不困於道德不足也. "忠信之美", 美忠信者也. "優游之法", 法和柔者也. "毁方而瓦合", 去己之大圭角, 下與衆人小合也. 必瓦合者, 亦君子爲道不遠人.

번역 '불궁(不窮)'은 그만두지 않는다는 뜻이다. '유거(幽居)'는 홀로 머물러 있을 때를 뜻한다. '상통(上通)'은 관직에 나아가 그의 의견이 군주에게까지 도달한다는 뜻인데, 이미 벼슬을 했다면 도덕이 부족하다는 것에 곤궁하지 않다. '충신지미(忠信之美)'는 충심과 신의를 갖춘 자를 아름답게 여긴다는 뜻이다. '우유지법(優游之法)'은 조화롭고 부드러운 자를 본받는다는 뜻이다. '훼방이와합(毁方而瓦合)'은 자신이 가진 큰 규(圭)의 모서리를 제거해서 밑으로 대중들과 조금 화합한다는 뜻이다. 반드시 조금 합하게 되는 것은 또한 군자는 도를 시행하며 사람과 멀리 떨어지지 않기 때문이다.[6)]

釋文 行, 下孟反. 上, 時掌反, 又如字, 注同. 裕, 羊樹反. 去, 起呂反. 遠, 于萬反, 又如字.

번역 '行'자는 '下(하)'자와 '孟(맹)'자의 반절음이다. '上'자는 '時(시)'자와 '掌(장)'자의 반절음이며, 또한 글자대로 읽기도 하고, 정현의 주에 나오는 글자도 그 음이 이와 같다. '裕'자는 '羊(양)'자와 '樹(수)'자의 반절음이다. '去'자는 '起(기)'자와 '呂(려)'자의 반절음이다. '遠'자는 '于(우)'자와 '萬(만)'자의 반절음이며, 또한 글자대로 읽기도 한다.

孔疏 ●"儒有博學"至"此者". ○正義曰: 此明儒有寬裕之事.

번역 ●經文: "儒有博學"~"此者". ○이곳 문장은 유자는 관대함과 너그러움을 갖추고 있다는 사안을 나타내고 있다.

孔疏 ●"博學而不窮"者, 謂廣博學問而不窮止.

번역 ●經文: "博學而不窮". ○학문을 널리 배우되 중간에 그만두지 않는다는 뜻이다.

孔疏 ●"篤行而不倦"者, 篤, 猶純也. 又有純壹之行, 而行之不疲倦也.

번역 ●經文: "篤行而不倦". ○'독(篤)'자는 "순일하다[純]."는 뜻이다.

---

6) 『중용』「13장」: 子曰, 道不遠人, 人之爲道而遠人, 不可以爲道.

또한 순일한 행실을 갖추고 있으면서도 시행을 하면서 피로해 하거나 게으름을 피우지 않는다는 뜻이다.

孔疏 ●"幽居而不淫"者, 幽居, 謂未仕獨處也; 淫, 謂傾邪也. 君子雖復隱處, 常自脩整, 不傾邪也.

번역 ●經文: "幽居而不淫". ○'유거(幽居)'는 아직 관직에 나아가지 않아서 홀로 머물 때를 뜻하며, '음(淫)'자는 바르지 못하다는 뜻이다. 군자는 비록 다시 은둔하게 되더라도 항상 스스로 가다듬고 올바르게 하여 바르지 못한 짓을 하지 않는다는 뜻이다.

孔疏 ●"上通而不困"者, 上通, 謂身得通達於君, 有道德被用也. 不困, 謂既在其位, 必行其正, 使德位相稱, 不爲困弊不足也. 以儒德之備也.

번역 ●經文: "上通而不困". ○'상통(上通)'은 본인이 군주와 소통할 수 있다는 뜻이니, 도덕을 갖춰서 등용이 되었기 때문이다. '불곤(不困)'은 이미 해당 지위에 올랐다면 반드시 올바름을 시행하여, 자신이 갖춘 덕과 자신이 차지한 지위가 서로 합당하게 하며, 부족함으로 인해 곤궁하게 되지 않는다는 뜻이다. 이는 유자의 덕을 갖췄기 때문이다.

孔疏 ●"禮之以和爲貴"者, 禮以體別爲理, 人用之嘗患於貴賤有隔, 尊卑不親. 儒者用之, 則貴賤有禮而無間隔, 故云"以和爲貴"也.

번역 ●經文: "禮之以和爲貴". ○예(禮)에서는 본체를 나누는 것을 이치로 삼는데, 사람들이 그것을 활용할 때에는 항상 귀함과 천함이 너무 떨어지고, 존귀함과 미천함이 서로 친해지지 못할까를 걱정한다. 유자가 예를 활용하게 되면 귀천의 등급에 예가 생겨서 간극이 없어지게 된다. 그렇기 때문에 "조화로움을 존귀하게 여긴다."라고 했다.

孔疏 ●"忠信之美"者, 見人有忠信, 則己美之.

번역 ●經文: "忠信之美". ○다른 사람에게 충심과 신의가 있는 것을 보게 된다면 본인이 그것을 아름답게 여긴다는 뜻이다.

孔疏 ●"優游之法"者, 優柔者, 和柔也. 見人和軟, 則己法之.

번역 ●經文: "優游之法". ○'우유(優柔)'는 조화롭고 부드럽다는 뜻이다. 다른 사람에게 조화로움과 부드러움이 있는 것을 보게 된다면 본인이 그것을 본받는다는 뜻이다.

孔疏 ●"慕賢而容衆"者, 以見賢思齊是"慕賢"也, 汎愛一切是"容衆"也.

번역 ●經文: "慕賢而容衆". ○현명한 자를 보고서 그와 같게 되기를 생각하는 것[7]이 바로 "현명한 자를 사모한다."는 뜻이다. 널리 모든 사람을 사랑하는 것[8]이 "대중을 포용한다."는 뜻이다.

孔疏 ●"毁方而瓦合"者, 方, 謂物之方正有圭角鋒鋩也. 瓦合, 謂瓦器破而相合也. 言儒者身雖方正, 毁屈己之方正, 下同凡衆, 如破去圭角, 與瓦器相合也.

번역 ●經文: "毁方而瓦合". ○'방(方)'자는 방정한 사물 중에 규(圭)의 모서리처럼 날카로움이 있는 것을 뜻한다. '와합(瓦合)'은 기와가 깨졌지만 서로 이가 맞는 것을 뜻한다. 즉 유자 본인은 비록 방정하지만 자신의 방정함을 헐고 굽혀서 아래로 대중들과 동화되니, 마치 규(圭)의 모서리를 깨서 기와 조각처럼 서로 맞춘다는 뜻이다.

孔疏 ◎注"不窮"至"遠人". ○正義曰: "不窮, 不止也"者, 恐爲困窮, 故云

7) 『논어』「이인(里仁)」: 子曰, "見賢思齊焉, 見不賢而內自省也."
8) 『논어』「학이(學而)」: 子曰, "弟子, 入則孝, 出則悌, 謹而信, 汎愛衆, 而親仁. 行有餘力, 則以學文."

"不止", 謂不窮已. 云"幽居, 謂獨處時也"者, 旣未仕, 對已仕者爲獨處也. 云"去己之大圭角, 下與衆人小合也"者, 圭角, 謂圭之鋒鋩有楞角. 言儒者身恒方正, 若物有圭角, 不欲異衆過甚, 去其大圭角, 言猶有小圭角也. "下與衆人小合", 儒者不與衆人合, 合亦於細碎小事而相合也, 則大義之事不皆合也. 云"必瓦合者, 亦君子爲道不遠人"者, 言儒者必須瓦合, 爲屈己同凡, 亦是君子爲道不遠離於人, 與常人小合. 若破圭角與瓦之相合, 故云"不遠人"也. 皇氏云"毁己之圭角, 與瓦礫而相合", 義亦通也.

번역 ◎鄭注: "不窮"~"遠人". ○정현이 "'불궁(不窮)'은 그만두지 않는다는 뜻이다."라고 했는데, 곤궁하다는 뜻으로 해석하게 될까 염려했기 때문에 "그만두지 않는다."라고 했으니, 그치지 않는다는 의미이다. 정현이 "'유거(幽居)'는 홀로 머물러 있을 때를 뜻한다."라고 했는데, 아직 관직에 나아가지 않았을 때를 이미 관직에 나아간 상황과 대비해보면 홀로 있는 때가 된다. 정현이 "자신이 가진 큰 규(圭)의 모서리를 제거해서 밑으로 대중들과 조금 화합한다는 뜻이다."라고 했는데, 규(圭)의 모서리는 규(圭)의 날카로운 부분 중 모서리의 끝을 뜻한다. 즉 유자 본인은 항상 방정하여 마치 사물 중 규(圭)의 모서리가 있는 것과 같은데, 대중들과 너무 차이를 두고자 하지 않으니, 큰 규(圭)의 모서리를 제거한다는 뜻으로, 여전히 작은 규(圭)의 모서리는 남아 있다는 의미이다. 정현이 "밑으로 대중들과 조금 화합한다."라고 했는데, 유자는 대중들과 완전히 합하지는 않으니, 합한다는 것 또한 미세하고 작은 일에 대해서만 서로 합한다는 뜻으로, 대의에 대한 사안이라면 모두 타협하거나 합하지 않는다. 정현이 "반드시 조금 합하게 되는 것은 또한 군자는 도를 시행하며 사람과 멀리 떨어지지 않기 때문이다."라고 했는데, 유자는 반드시 조금 합해야 하니, 자신을 굽혀서 대중들과 동화되는 것은 또한 군자가 도를 시행하며 사람과 멀리 떨어지지 않는 것에 해당하여, 일반인들과 조금 합하는 것이다. 마치 규(圭)의 모서리를 제거해서 기와와 서로 합하는 것과 같다. 그렇기 때문에 "사람과 멀리 떨어지지 않는다."라고 했다. 황간[9]은 "자신의 규(圭) 모서리를 헐어서 깨진 기와조각과 서로 합한다."라고 했는데, 그 의미 또한 통용된다.

訓纂 呂與叔曰: 陶者之爲瓦, 必圓而割分之, 分之則瓦, 合之則圓. 義取諸此.

번역 여여숙이 말하길, 흙으로 기와를 만들 때에는 반드시 원형으로 만들어서 부분으로 나누고, 부분으로 나누게 되면 기와가 되는데, 그것을 합하면 원형이 된다. 여기에서 말한 의미는 바로 이러한 것에서 취한 것이다.

訓纂 方性夫曰: 禮之用, 和爲貴, 蓋禮之體則貴節, 禮之用則貴和, 無體不立, 無用不行. 不言體之節, 止言用之和, 主寬裕言之故也.

번역 방성부가 말하길, 예(禮)의 활용에 있어서는 조화로움이 존귀함이 되니,[10] 예의 본체는 절도를 존귀하게 여기지만, 예의 활용에 있어서는 조화로움을 존귀하게 여기는데, 본체가 없으면 확립되지 않고 활용이 없으면 시행되지 않는다. 본체에 해당하는 절도를 말하지 않고 단지 활용에 해당하는 조화로움만 언급한 것은 관대하고 너그러운 것을 위주로 언급했기 때문이다.

集解 愚謂: 博學七句, 言行己之寬裕也. 慕賢二句, 言接物之寬裕也.

번역 내가 생각하기에, "널리 배운다."라는 말로부터 7개의 구문은 본인이 행동을 할 때의 관대함과 너그러움을 뜻한다. "현명한 자를 사모한다."라는 말로부터 2개의 구문은 다른 대상을 대할 때의 관대함과 너그러움을 뜻한다.

---

9) 황간(皇侃, A.D.488 ~ A.D.545) : =황씨(皇氏). 남조(南朝) 때 양(梁)나라의 경학자이다. 『주례(周禮)』, 『의례(儀禮)』, 『예기(禮記)』 등에 해박하여, 『상복문구의소(喪服文句義疏)』, 『예기의소(禮記義疏)』, 『예기강소(禮記講疏)』 등을 지었지만, 현재는 전해지지 않는다. 그 일부가 마국한(馬國翰)의 『옥함산방집일서(玉函山房輯佚書)』에 수록되어 있다.

10) 『논어』「학이(學而)」: 有子曰, "<u>禮之用, 和爲貴</u>. 先王之道, 斯爲美, 小大由之. 有所不行, 知和而和, 不以禮節之, 亦不可行也."

참고 원문비교

예기대전 · 유행 儒有博學而不窮, 篤行而不倦, 幽居而不淫, 上通而不困. 禮之以和爲貴, 忠信之美, 優游之法. 慕賢而容衆, 毁方而瓦合. 其寬裕有如此者.

공자가어 · 유행해(儒行解) 儒有博學而不窮, 篤行而不倦, 幽居而不淫, 上通而不困. 禮必以和, 優游以法. 慕賢而容衆, 毁方而瓦合①. 其寬裕有如此者.

王注-① 去己之大圭角, 下與衆人小合.

번역 자신의 큰 규 모서리를 제거하여 아래로 백성들과 조금 합한다는 뜻이다.

참고 『논어』「위정(爲政)」 기록

경문 子曰, "溫故而知新, 可以爲師矣."

번역 공자는 "옛 것을 익숙히 하고 새로운 것을 안다면 스승으로 삼을 만하다."라고 했다.

何注 溫, 尋也. 尋釋故者, 又知新者, 可以爲人師矣.

번역 '온(溫)'자는 탐구한다는 뜻이다. 옛 것을 추리해서 탐구하고 또 새로운 것을 알면 남의 스승이 될 수 있다.

邢疏 ●"子曰: 溫故而知新, 可以爲師矣". ○正義曰: 此章言爲師之法. 溫, 尋也. 言舊所學得者, 溫尋使不忘, 是溫故也. 素所未知, 學使知之, 是知新也. 旣溫尋故者, 又知新者, 則可以爲人師矣.

번역 ●經文: "子曰: 溫故而知新, 可以爲師矣". ○이 문장은 스승이 되는 법도를 말하고 있다. '온(溫)'자는 탐구한다는 뜻이다. 예전에 배워서 터득한 것을 추리하여 탐구해서 잊어버리지 않게 하는 것이 바로 '온고(溫故)'이다. 평소 알지 못했던 것을 배움을 통해 아는 것이 바로 '지신(知新)'이다. 이미 옛 것을 탐구해서 잊어버리지 않고 또 새로운 것도 알게 된다면, 남의 스승이 될 수 있다.

邢疏 ◎注"溫, 尋也". ○正義曰: 按中庸云: "溫故而知新." 鄭注云: "溫讀如燖溫之溫, 謂故學之熟矣, 後時習之謂之溫." 按左傳哀十二年: "公會吳于橐皐. 太宰嚭請尋盟. 子貢對曰: '盟可尋也. 亦可寒也.'" 賈逵注云: "尋, 溫也." 又有司徹云: "乃爇尸俎." 是尋爲溫也. 言人舊學已精熟, 在後更習之, 猶若溫燖故食也.

번역 ◎何注: "溫, 尋也". ○『중용』을 살펴보면 "옛 것을 익숙히 하고 새로운 것을 안다."라고 했고, 정현의 주에서는 "'온(溫)'자는 데우고 따뜻하게 한다고 할 때의 '온(溫)'자처럼 풀이하니, 예전에 배웠던 것이 익숙해졌다는 뜻으로, 이후 수시로 익히는 것을 '온(溫)'이라고 부른다."라고 했다. 『좌전』 애공 12년 기록을 살펴보면 "애공이 탁고에서 오나라와 회합을 가졌다. 태재인 비가 이전에 맺었던 맹약을 거듭 되살리고자 청했다. 자공은 '맹약을 되살릴 수 있다면 또한 폐기할 수도 있습니다.'"라고 했다.[11] 이에 대해 가규의 주에서는 "심(尋)자는 온(溫)자의 뜻이다."라고 했다. 또 『의례』「유사철(有司徹)」편에서는 "이에 시동에게 바치는 도마를 데운다."[12]라고 했으니, '심(尋)'자는 데운다는 뜻이 된다. 즉 사람이 이전에 배웠던 것이

11) 『춘추좌씨전』「애공(哀公) 12년」: 公會吳于橐皐, 吳子使大宰嚭請尋盟. 公不欲, 使子貢對曰, "盟, 所以周信也, 故心以制之, 玉帛以奉之, 言以結之, 明神以要之. 寡君以爲苟有盟焉, 弗可改也已. 若猶可改, 日盟何益? 今吾子曰'必尋盟', 若可尋也, 亦可寒也." 乃不尋盟.

12) 『의례』「유사철(有司徹)」: 有司徹, 掃堂. 司宮攝酒. 乃爇尸俎. 卒爇, 乃升羊·豕·魚三鼎, 無腊與膚. 乃設扃鼏, 陳鼎于門外如初. 乃議侑于賓以異姓, 宗人戒侑. 侑出, 俟于廟門之外.

정밀해지고 익숙해졌는데, 이후에 재차 그것을 반복해서 익히니, 마치 이전에 만든 음식을 다시 데우는 것과 같다는 의미이다.

集註 溫, 尋繹也. 故者, 舊所聞. 新者, 今所得. 言學能時習舊聞, 而每有新得, 則所學在我, 而其應不窮, 故可以爲人師. 若夫記問之學, 則無得於心, 而所知有限, 故學記譏其不足以爲人師, 正與此意互相發也.

번역 '온(溫)'자는 미루어 추리해보는 것이다. '고(故)'는 이전에 들었던 내용이다. '신(新)'은 지금 새로 터득한 것이다. 즉 학문을 할 때 이전에 들었던 것을 틈틈이 익히고 매번 새로운 것을 터득함이 있다면 배운 것이 나에게 남아 응용함에 있어 끝이 없게 된다. 그렇기 때문에 스승이 될 수 있다. 남의 질문에 대답하기 위해 암송이나 하는 학문이라면 마음에 남는 것이 없어 아는 것에도 한계가 있다. 그렇기 때문에 『예기』「학기(學記)」편에서는 "남의 스승이 되기에 부족하다."[13]라고 비판했던 것이니, 바로 여기에서 말한 뜻과 상호 그 의미를 보완적으로 드러낸다.

참고 『중용』 27장 기록

경문 大哉聖人之道, 洋洋乎發育萬物, 峻極于天.

번역 위대하도다 성인의 도여, 충만하게 만물을 낳고 나타나게 하여, 그 높음이 하늘에 이르렀도다.

鄭注 育, 生也. 峻, 高大也.

번역 '육(育)'자는 "낳다[生]."는 뜻이다. '준(峻)'자는 높고 크다는 뜻이다.

---

13) 『예기』「학기(學記)」【452d】: 記問之學不足以爲人師, 必也其聽語乎! 力不能問, 然後語之. 語之而不知, 雖舍之可也.

孔疏 ●"大哉"至"凝焉". ○正義曰: 此一節明聖人之道高大, 苟非至德, 其道不成. 洋洋, 謂道德充滿之貌, 天下洋洋然. 育, 生也. 峻, 高也. 言聖人之道, 高大與山相似, 上極于天.

번역 ●經文: "大哉"~"凝焉". ○이곳 문단은 성인의 도가 높고 큰데, 만약 지극한 덕이 아니라면 그 도는 이루어지지 않음을 나타내고 있다. '양양(洋洋)'은 도와 덕이 충만한 모양으로, 천하에 충만하게 퍼져 있다는 의미이다. '육(育)'자는 "낳다[生]."는 뜻이다. '준(峻)'자는 "높다[高]."는 뜻이다. 즉 성인의 도는 높고 커서 산과 유사하며, 위로 하늘에 닿는다는 의미이다.

集註 包下文兩節而言.

번역 아래 두 문단을 포괄해서 말한 것이다.

集註 峻, 高大也. 此言道之極於至大而無外也.

번역 '준(峻)'자는 높고 크다는 뜻이다. 이 문장은 도가 지극히 큼을 다하여 그 외의 것이 없다는 뜻이다.

경문 優優大哉, 禮儀三百, 威儀三千, 待其人然後行, 故曰, "苟不至德, 至道不凝焉."

번역 너그럽고도 관대하여 매우 크구나, 예의는 300가지이고, 위의는 3,000가지인데, 현명한 자를 기다린 뒤에야 시행해야 하므로, 옛 말에서는 "진실로 지극한 덕을 갖춘 자가 아니라면, 지극한 도도 완성되지 않는다."라고 했다.

鄭注 言爲政在人, 政由禮也. 凝, 猶成也.

번역 정치를 시행하는 것은 사람에게 달려 있고, 정치는 예(禮)에서 비롯된다는 뜻이다. '응(凝)'자는 "이루다[成]."는 뜻이다.

孔疏 ●"優優大哉", 優優, 寬裕之貌. 聖人優優然寬裕其道.

번역 ●經文: "優優大哉". ○'우우(優優)'는 관대하고 너그러운 모습을 뜻한다. 성인은 관대하고 너그럽게 그 도를 수용한다.

孔疏 ●"禮儀三百"者, 周禮有三百六十官, 言"三百"者, 擧其成數耳.

번역 ●經文: "禮儀三百". ○『주례』에는 360개의 관직이 수록되어 있는데, '삼백(三百)'이라고 말한 것은 성수를 제시한 것일 뿐이다.

孔疏 ●"威儀三千"者, 卽儀禮行事之威儀. 儀禮雖十七篇, 其中事有三千.

번역 ●經文: "威儀三千". ○『의례』에서 구체적인 일들을 시행할 때 나타나는 위엄에 따른 예의범절을 뜻한다. 현존하는 『의례』에는 비록 17개 편이 수록되어 있지만, 그 안에 포함된 사안은 3,000여 가지가 된다.

孔疏 ●"待其人然後行"者, 言三百·三千之禮, 必待賢人然後施行其事.

번역 ●經文: "待其人然後行". ○300과 3,000가지의 예는 반드시 현명한 자를 기다린 뒤에야 그 사안을 시행해야만 한다는 뜻이다.

孔疏 ●"故曰: 苟不至德, 至道不凝焉", 凝, 成也. 古語先有其文, 今夫子旣言三百·三千待其賢人始行, 故引古語證之. 苟, 誠也. 不, 非也. 苟誠非至德之人, 則聖人至極之道不可成也. 俗本"不"作"非"也.

번역 ●經文: "故曰: 苟不至德, 至道不凝焉". ○'응(凝)'자는 "이루다[成]."는 뜻이다. 옛 말 중에 앞서 이러한 문장이 있었던 것인데, 현재 공자가 300과 3,000가지의 예가 현명한 자를 기다린 뒤에야 비로소 시행됨을 말했기 때문에, 옛 말을 인용해서 증명을 한 것이다. '구(苟)'자는 진실로[誠]라는 뜻이다. '불(不)'자는 비(非)자의 뜻이다. 진실로 지극한 덕을 갖춘 자가 아니라면, 성인의 지극한 도가 완성될 수 없다는 뜻이다. 세속본에서는 '불(不)'자를 비(非)자로 기록하고 있다.

集註 優優, 充足有餘之意. 禮儀, 經禮也. 威儀, 曲禮也. 此言道之入於至小而無閒也.

번역 '우우(優優)'는 충분하여 남음이 있다는 뜻이다. '예의(禮儀)'는 기준이 되는 예를 뜻한다. '위의(威儀)'는 세부적인 예를 뜻한다. 이 문장은 도는 지극히 작은 곳으로도 들어가 틈이 없음을 뜻한다.

集註 總結上兩節.

번역 그 사람을 기다린 뒤에 행한다는 말은 앞의 두 문단의 뜻을 총괄적으로 결론 맺은 것이다.

集註 至德, 謂其人. 至道, 指上兩節而言也. 凝, 聚也, 成也.

번역 '지덕(至德)'은 '기인(其人)'을 뜻한다. '지도(至道)'는 앞의 두 문단을 가리켜서 한 말이다. '응(凝)'자는 모인다는 뜻이며, 이룬다는 뜻이다.

경문 故君子尊德性而道問學, 致廣大而盡精微, 極高明而道中庸, 溫故而知新, 敦厚以崇禮.

번역 그러므로 군자는 성인의 덕과 본성이 지극히 성실하다는 것을 존경하고 학문을 통해 성실함을 이루며, 넓고 두터움을 지극히 하고 정밀하고 은미한 것을 다하며, 높고 밝은 것을 지극히 하고 중용의 이치를 통달하며, 옛 것을 익숙하게 익히고 새로운 것도 알며, 돈독하고 두텁게 하여 예를 존숭한다.

鄭注 德性, 謂性至誠者. 道, 猶由也. 問學, 學誠者也. 廣大, 猶博厚也. 溫, 讀如"燖溫"之"溫", 謂故學之孰矣, 後時習之謂之"溫".

번역 '덕성(德性)'은 본성이 지극히 성실한 것을 뜻한다. '도(道)'자는 '~로부터[由]'라는 뜻이다. '문학(問學)'은 성실함을 배운다는 뜻이다. '광대(廣大)'는 넓고 두텁다는 뜻이다. '온(溫)'자는 "데우고 따뜻하게 한다."라고 할 때의 '온(溫)'자처럼 풀이하니, 예전에 배웠던 것이 익숙해졌다는 뜻으로, 이후 수시로 익히는 것을 '온(溫)'이라고 부른다.

孔疏 ●"故君"至"崇禮". ○正義曰: 此一經明君子欲行聖人之道, 當須勤學. 前經明聖人性之至誠, 此經明賢人學而至誠也.

번역 ●經文: "故君"~"崇禮". ○이곳 문단은 군자가 성인의 도를 시행하려고 한다면, 마땅히 학문에 힘써야 함을 나타내고 있다. 앞의 경문에서는 성인의 본성은 지극히 성실하다고 했고, 이곳 경문에서는 현명한 자가 배워서 지극히 성실해짐을 나타내고 있다.

孔疏 ●"君子尊德性"者, 謂君子賢人尊敬此聖人道德之性自然至誠也.

번역 ●經文: "君子尊德性". ○군자와 현명한 자는 성인의 도와 덕의 본성이 자연적으로 지극히 성실했음을 존경한다는 뜻이다.

孔疏 ●"而道問學"者, 言賢人行道由於問學, 謂勤學乃致至誠也.

번역 ●經文: "而道問學". ○현명한 자가 도를 시행하는 것은 학문을 통해 비롯된다는 뜻이니, 학문에 힘쓴다면 지극한 성실함을 이루게 된다는 의미이다.

孔疏 ●"致廣大而盡精微"者, 廣大謂地也, 言賢人由學能致廣大, 如地之生養之德也.

번역 ●經文: "致廣大而盡精微". ○광대함은 땅을 뜻하니, 현명한 자가 학문을 통해 광대함을 이루는 것은 마치 땅이 만물을 낳고 길러주는 덕과 같다는 의미이다.

孔疏 ●"而盡精微", 謂致其生養之德旣能致於廣大, 盡育物之精微, 言無微不盡也.

번역 ●經文: "而盡精微". ○낳고 길러주는 덕을 지극히 하여, 이미 광대함에 이를 수 있다면, 만물을 낳는 정밀함과 은미함을 다한다는 뜻으로, 은미함에 대해 다하지 않음이 없다는 의미이다.

孔疏 ●"極高明而道中庸"者, 高明, 謂天也, 言賢人由學極盡天之高明之德. 道, 通也, 又能通達於中庸之理也.

번역 ●經文: "極高明而道中庸". ○높고 밝다는 말은 하늘을 뜻하니, 현명한 자가 학문을 통해 하늘의 높고 밝은 덕을 지극히 한다는 뜻이다. '도(道)'자는 "통한다[通]."는 뜻이니, 또한 중용의 이치에 통달할 수 있다는 의미이다.

孔疏 ●"溫故而知新"者, 言賢人由學旣能溫尋故事, 又能知新事也.

번역 ●經文: "溫故而知新". ○현명한 자가 학문을 통해 이미 옛 일들을 익숙하고 깊이 체득할 수 있고 또 새로운 일들도 알 수 있다는 뜻이다.

孔疏 ●"敦厚以崇禮"者, 言以敦厚重行於學, 故以尊崇三百·三千之禮也.

번역 ●經文: "敦厚以崇禮". ○학문에 대해서 돈독히 하고 중시 여겨서 시행하기 때문에, 300가지와 3,000가지의 예를 존숭한다는 뜻이다.

孔疏 ◎注"溫讀如燖溫之溫". ○正義曰: 按左傳哀十二年, 公會吳于橐皐, 大宰嚭請尋盟. 子貢對曰: "盟, 若可尋也, 亦可寒也." 賈逵注云: "尋, 溫也." 又有司徹云"乃燖尸俎", 是燖爲溫也. 云"謂故學之孰矣, 後時習之, 謂之溫"者, 謂賢人舊學已精熟, 在後更習之, 猶若溫尋故食也.

번역 ◎鄭注: "溫讀如燖溫之溫". ○『좌전』 애공(哀公) 12년의 기록을 살펴보면, 애공은 탁고(橐皐) 땅에서 오(吳)나라와 회맹을 했는데, 오나라 태재였던 비(嚭)가 심맹(尋盟)을 청원했다. 자공은 대답을 하며, "맹약에 대해 만약 따뜻하게 데울 수 있다면 또한 차갑게 식힐 수도 있다."라고 했다.[14] 가규의 주에서는 "심(尋)자는 따뜻하게 한다는 뜻이다."라고 했다. 또 『의례』「유사철(有司徹)」편에서는 "곧 시동에게 바칠 도마의 음식들을 데운다."[15]라고 했는데, 이것은 심(燖)자가 데운다는 뜻이 됨을 나타낸다. 정현이 "예전에 배웠던 것이 익숙해졌다는 뜻으로, 이후 수시로 익히는 것을 '온(溫)'이라고 부른다."라고 했는데, 현명한 자는 이전에 배웠던 것이 이미 정밀하고 익숙하게 되어, 이후에 재차 그것들을 익히니, 마치 이전에 만들었던 음식을 데우는 것과 같다는 뜻이다.

集註 尊者, 恭敬奉持之意. 德性者, 吾所受於天之正理. 道, 由也. 溫, 猶燖溫之溫, 謂故學之矣, 復時習之也. 敦, 加厚也. 尊德性, 所以存心而極乎道體之大也. 道問學, 所以致知而盡乎道體之細也. 二者修德凝道之大端也. 不以一毫私意自蔽, 不以一毫私欲自累, 涵泳乎其所已知, 敦篤乎其所已能, 此皆存心之屬也. 析理則不使有毫釐之差, 處事則不使有過不及之謬, 理義則日知其所未知, 節文則日謹其所未謹, 此皆致知之屬也. 蓋非存心無以致知, 而存

---

14) 『춘추좌씨전』「애공(哀公) 12년」: 公會吳于橐皐, 吳子使大宰嚭請尋盟. 公不欲, 使子貢對曰, "盟, 所以周信也, 故心以制之, 玉帛以奉之, 言以結之, 明神以要之. 寡君以爲苟有盟焉, 弗可改也已. 若猶可改, 日盟何益? 今吾子曰'必尋盟', 若可尋也, 亦可寒也." 乃不尋盟.

15) 『의례』「유사철(有司徹)」: 有司徹, 掃堂. 司宮攝酒. 乃爇尸俎. 卒爇, 乃升羊·豕·魚三鼎, 無腊與膚. 乃設扃鼏, 陳鼎于門外如初. 乃議侑于賓以異姓, 宗人戒侑. 侑出, 俟于廟門之外.

心者又不可以不致知. 故此五句, 大小相資, 首尾相應, 聖賢所示入德之方, 莫詳於此, 學者宜盡心焉.

번역 '존(尊)'자는 존경하고 받든다는 뜻이다. '덕성(德性)'은 내가 하늘로부터 부여받은 바른 이치를 뜻한다. '도(道)'자는 '~로부터[由]'라는 뜻이다. '온(溫)'자는 "데우고 따뜻하게 한다."라고 할 때의 '온(溫)'자와 같으니, 예전에 그것을 배우고 재차 수시로 익히는 것을 뜻한다. '돈(敦)'자는 두텁게 한다는 뜻이다. "덕성을 존경한다."는 것은 마음을 보존하여 도체의 큼을 지극히 하는 것이다. "학문에 따른다."는 것은 앎을 지극히 하여 도체의 세밀함을 다하는 것이다. 이 두 가지는 덕을 수양하고 도를 이루는 큰 단서가 된다. 한 터럭의 사사로운 뜻이 스스로를 가리지 않도록 하고, 한 터럭의 사사로운 욕심이 스스로 얽어매지 않도록 하여, 이미 알고 있는 것을 익숙히 하고, 이미 잘하는 것들을 돈독히 하는 것들은 모두 마음을 보존하는 방법들이다. 이치를 분석한다면 털끝만큼의 작은 차이도 생기지 않게 하고, 일을 처리한다면 지나치거나 미치지 못하는 잘못이 생기지 않게끔 하며, 의리(義理)에 대해서는 날마다 아직 몰랐던 것을 알게끔 하고, 예의에 대해서는 날마다 아직 삼가지 못하는 것들을 노력하게 하니, 이러한 것들은 모두 앎을 지극히 하는 방법들이다. 무릇 마음을 보존하지 않는다면 앎을 지극히 할 수 없고, 마음을 보존한 자는 또한 앎을 지극히 하지 않아서는 안 된다. 그러므로 이곳의 다섯 구문은 크고 작은 것들이 서로의 바탕이 되고, 머리와 꼬리가 서로 호응하니, 성현이 덕에 들어가는 방법을 보여준 것 중 이보다 자세한 것이 없다. 따라서 배우는 자들은 마땅히 마음을 다해야 한다.

경문 是故居上不驕, 爲下不倍. 國有道, 其言足以興, 國無道, 其默足以容.

번역 이러한 까닭으로 윗자리에 있으면 교만하게 굴지 않고, 아랫자리에 있으면 배반하지 않는다. 나라에 도가 있을 때라면, 그의 말은 나라를 흥성하게 만들기에 충분하고, 나라에 도가 없을 때라면, 그의 침묵은 재앙을 피하기에 충분하다.

鄭注 興, 謂起在位也.

번역 '흥(興)'자는 일어나 지위에 오른다는 뜻이다.

孔疏 ●"是故"至"謂與". ○正義曰: 此一節明賢人學至誠之道, 中庸之行, 若國有道之時, 盡竭知謀, 其言足以興成其國. 興, 謂發謀出慮.

번역 ●經文: "是故"~"謂與". ○이곳 문단은 현명한 자가 학문을 통해 지극히 성실해지는 도를 배우고 중용을 시행하는 것을 배운다는 뜻을 나타내고 있으니, 만약 그 나라에 도가 있는 때라면 지모를 다하여, 그의 말은 그 나라를 흥성하게 만들기 충분하다는 의미이다. '흥(興)'자는 계획을 내놓고 지혜를 내놓는다는 의미이다.

孔疏 ●"國無道, 其默足以容", 若無道之時, 則韜光潛默, 足以自容其身, 免於禍害.

번역 ●經文: "國無道, 其默足以容". ○만약 도가 없는 때라면 빛을 감싸고 침묵하여, 스스로 자신을 수용해서, 재앙과 해악에서 면할 수 있다.

集註 興, 謂興起在位也.

번역 '흥(興)'자는 흥성하게 일어나서 지위에 오른다는 뜻이다.

경문 詩曰, "旣明且哲, 以保其身." 其此之謂與.

번역 시에서 "이미 밝고 또 슬기로워서 그 몸을 보호하는구나."라고 했으니, 바로 이러한 뜻에 해당할 것이다.

鄭注 保, 安也.

번역 '보(保)'자는 "편안하게 하다[安]."는 뜻이다.

孔疏 ●"詩云: "旣明且哲, 以保其身", 此大雅·烝民之篇, 美宣王之詩, 言宣王任用仲山甫, 能顯明其事任, 且又哲知保安全其己身, 言中庸之人亦能如此, 故云"其此之謂與".

번역 ●經文: "詩云: "旣明且哲, 以保其身". ○이 시는『시』「대아(大雅)·증민(烝民)」편으로,[16] 선왕(宣王)을 찬미한 시이니, 선왕이 중산보를 등용하여 그가 맡은 직무를 현저히 드러낼 수 있었고 또 슬기롭게 자신을 보존할 수 있음을 알았으니, 중용을 실천하는 자는 또한 이처럼 할 수 있다는 뜻이다. 그렇기 때문에 "바로 이것을 뜻할 것이다."라고 했다.

集註 詩大雅烝民之篇.

번역 이 시는『시』「대아(大雅)·증민(烝民)」편이다.

集註 右第二十七章. 言人道也.

번역 여기까지는 제 27장이다. 인도를 말하고 있다.

참고 『시』「대아(大雅)·증민(烝民)」

天生烝民, (천생증민) : 하늘이 만민을 낳음에,
有物有則. (유물유칙) : 본성에 오덕이 있고 정감에 법도가 있도다.
民之秉彛, (민지병이) : 백성들이 항상된 도를 지니고 있어서,
好是懿德. (호시의덕) : 아름다운 덕을 좋아하도다.
天監有周, (천감유주) : 하늘이 주나라의 정사를 살피시어,
昭假于下. (소가우하) : 빛을 아래로 내려주시도다.
保玆天子, (보자천자) : 천자를 보우하여,

---

16)『시』「대아(大雅)·증민(烝民)」: 肅肅王命, 仲山甫將之. 邦國若否, 仲山甫明之. 旣明且哲, 以保其身. 夙夜匪解, 以事一人.

生仲山甫. (생중산보) : 중산보를 낳으셨도다.

仲山甫之德, (중산보지덕) : 중산보의 덕은,
柔嘉維則. (유가유칙) : 유순하고 아름다워서 법칙이 되었도다.
令儀令色, (영의령색) : 행동거지를 아름답게 하고 용모를 아름답게 하며,
小心翼翼. (소심익익) : 조심스럽고 공경스럽도다.
古訓是式, (고훈시식) : 옛 도리를 본받으며,
威儀是力. (위의시력) : 위엄스러운 거동에 힘쓰는구나.
天子是若, (천자시약) : 천자를 따르고,
明命使賦. (명명사부) : 성군의 명령을 뭇 신하들이 따르게 하노라.

王命仲山甫, (왕명중산보) : 왕이 중산보에게 명하시어,
式是百辟. (식시백벽) : 제후들의 모범이 되도록 하시도다.
纘戎祖考, (찬융조고) : 너의 선조를 계승하여,
王躬是保. (왕궁시보) : 왕을 보필하도다.
出納王命, (출납왕명) : 왕명을 출납하니,
王之喉舌. (왕지후설) : 왕의 입이 되도다.
賦政于外, (부정우외) : 밖으로 정사를 펼치니,
四方爰發. (사방원발) : 사방에서 호응하도다.

肅肅王命, (숙숙왕명) : 엄숙한 왕의 명령을,
仲山甫將之. (중산보장지) : 중산보가 받들어 시행하도다.
邦國若否, (방국약부) : 제후국 중 따르거나 따르지 않는 자가 있으면,
仲山甫明之. (중산보명지) : 중산보가 선악을 밝히는구나.
旣明且哲, (기명차철) : 밝고도 명철하여,
以保其身. (이보기신) : 자신을 보호하도다.
夙夜匪解, (숙야비해) : 밤낮으로 게을리 하지 않아서,
以事一人. (이사일인) : 왕을 섬기는구나.

人亦有言, (인역유언) : 사람들이 또한 말하길,
柔則茹之, (유즉여지) : 달면 삼키고,
剛則吐之. (강즉토지) : 쓰면 뱉는다 하노라.

維仲山甫, (유중산보) : 중산보만은,
柔亦不茹, (유역불여) : 달더라도 삼키지 않고,
剛亦不吐, (강역불토) : 쓰더라도 뱉지 않으니,
不侮矜寡, (불모긍과) : 홀아비나 과부를 업신여기지 아니하고,
不畏彊禦. (불외강어) : 난폭한 자를 두려워하지 않는구나.

人亦有言, (인역유언) : 사람들이 또한 말하길,
德輶如毛, (덕유여모) : 덕의 가볍기는 털과도 같은데,
民鮮克擧之, (민선극거지) : 사람들 중 들 수 있는 자가 드물다 하니,
我儀圖之. (아의도지) : 내가 그들과 함께 헤아려보도다.
維仲山甫擧之, (유중산보거지) : 오직 중산보만이 들 수 있는데,
愛莫助之. (애막조지) : 도와줄 자가 없음이 애석하도다.
袞職有闕, (곤직유궐) : 군왕의 일에 결함이 있으면,
維仲山甫補之. (유중산보보지) : 중산보만이 도울 수 있구나.

仲山甫出祖, (중산보출조) : 중산보가 출조(出祖)[17]를 하니,
四牡業業. (사모업업) : 네 마리의 수말이 크고도 높구나.
征夫捷捷, (정부첩첩) : 무리들이 재빨리 도착한데,
每懷靡及. (매회미급) : 사람마다 품고 있는 사심이 미치지 못하는구나.
四牡彭彭, (사모팽팽) : 네 마리의 수말이 움직인데,
八鸞鏘鏘. (팔란장장) : 여덟 개의 방울이 쟁쟁 울리는구나.
王命仲山甫, (왕명중산보) : 왕이 중산보에게 명하시어,
城彼東方. (성피동방) : 저 동쪽에 성을 쌓으라 하셨도다.

四牡騤騤, (사모규규) : 네 마리의 수말이 움직인데,
八鸞喈喈. (팔란개개) : 여덟 개의 방울이 쟁쟁 울리는구나.
仲山甫徂齊, (중산보조제) : 중산보가 제(齊)나라에 가니,

---

17) 출조(出祖)는 외부로 출타하게 되었을 때, 도로의 신(神)에게 제사를 지낸다는 뜻이다. 『시(詩)』「대아(大雅)·한혁(韓奕)」편에는 "韓侯出祖, 出宿于屠."라는 기록이 있는데, 이에 대한 공영달(孔穎達)의 소(疏)에서는 "言韓侯出京師之門, 爲祖道之祭."라고 풀이했다. 즉 한후(韓侯)가 수도의 문을 빠져나감에, 도로의 신에게 지내는 제사를 지냈음을 뜻한다.

式遄其歸. (식천기귀) : 빨리 되돌아오도록 하는구나.
吉甫作誦, (길보작송) : 길보가 시를 지음에,
穆如淸風. (목여청풍) : 조화로움이 맑은 바람과도 같구나.
仲山甫永懷, (중산보영회) : 중산보는 생각이 많고 수고로우니,
以慰其心. (이위기심) : 이를 통해 그 마음을 위로하노라.

毛序 烝民, 尹吉甫美宣王也, 任賢使能, 周室中興焉.

모서 「증민(烝民)」편은 윤길보가 선왕(宣王)을 찬미한 시이니, 현명한 자에게 일을 맡기고 유능한 자를 등용하여 주나라 왕실이 중흥하였기 때문이다.

참고 『역』「계사상(繫辭上)」 기록

경문 易則易知, 簡則易從. 易知則有親, 易從則有功.

번역 쉬우면 알기 쉽고 간단하면 따르기 쉽다. 알기 쉬우면 친함이 생기고 따르기 쉬우면 공적이 생긴다.

王注 順萬物之情, 故曰有親. 通天下之志, 故曰有功.

번역 만물의 정감에 따르기 때문에 "친함이 생긴다."라고 했다. 천하의 뜻을 두루 통하기 때문에 "공적이 생긴다."라고 했다.

孔疏 ○正義曰: "易則易知"者, 此覆說上"乾以易知"也. 乾德旣能說易, 若求而行之, 則易可知也. "簡則易從"者, 覆說上"坤以簡能"也. 於事簡省, 若求而行之, 則易可從也. 上"乾以易知, 坤以簡能", 論乾坤之體性也. "易則易知, 簡則易從"者, 此論乾坤旣有此性, 人則易可倣傚也. "易知則有親"者, 性意易知, 心無險難, 則相和親, 故云"易知則有親"也. "易從則有功"者, 於事易從,不有繁勞, 其功易就, 故曰"易從則有功". 此二句, 論聖人法此乾坤易簡, 則有所益也.

번역 ○"쉬우면 알기 쉽다."라고 했는데, 이것은 앞에서 "하늘은 쉬움으로 안다."라고 한 말을 재차 풀이한 것이다. 하늘의 덕은 이미 화락하고 쉬울 수 있으므로 만약 그것을 찾아 시행한다면 쉽게 알 수 있다. "간단하면 따르기 쉽다."라고 했는데, 앞에서 "땅은 간단함으로 능하다."라고 한 말을 재차 풀이한 것이다. 이들에 대해서 간략하니 만약 그것을 찾아 시행한다면 쉽게 따를 수 있다. 앞에서 "하늘은 쉬움으로 알고 땅은 간단함으로 능하다."라고 했는데, 이것은 건괘와 곤괘의 본체에 나타난 성질을 논의한 것이다. "쉬우면 알기 쉽고 간단하면 따르기 쉽다."라는 말은 건괘와 곤괘에는 이미 이러한 성질이 있으니, 사람의 경우라면 그것을 쉽게 본받아 따를 수 있음을 논의한 것이다. "알기 쉬우면 친함이 생긴다."라고 했는데, 그 성질과 뜻을 알기 쉬워서 마음에 어려워할 것이 없게 되니 서로 조화롭고 친하게 된다. 그렇기 때문에 "알기 쉬우면 친함이 생긴다."라고 했다. "따르기 쉬우면 공적이 생긴다."라고 했는데, 일에 대해 따르기 쉬우면 번거롭고 수고스러울 일이 없으니 공적을 쉽게 성취할 수 있다. 그렇기 때문에 "따르기 쉬우면 공적이 생긴다."라고 했다. 이 두 구문은 성인이 건괘와 곤괘의 쉬움과 간단함을 본받아서 유익함이 생긴다는 사실을 논의한 것이다.

경문 有親則可久, 有功則可大.

번역 친함이 생기면 오래할 수 있고 공적이 생기면 크게 할 수 있다.

王注 有易簡之德, 則能成可久可大之功.

번역 쉽고 간단한 덕이 있다면 오래할 수 있고 크게 할 수 있는 공을 이룰 수 있다.

孔疏 ○正義曰: "有親則可久"者, 物旣和親, 無相殘害, 故可久也. "有功則可大"者, 事業有功, 則積漸可大. 此二句, 論人法乾坤, 久而益大.

번역 ○"친함이 생기면 오래할 수 있다."라고 했는데, 사물이 이미 조화롭고 친하여 서로 피해를 입히는 일이 없다. 그렇기 때문에 오래할 수 있다. "공적이 생기면 크게 할 수 있다."라고 했는데 사업에 공적이 생긴다면 쌓인 것이 점차 커칠 수 있다. 이 두 구문은 사람이 건괘와 곤괘를 본받아 오래하고 더욱 크게 한다는 사실을 논의한 것이다.

경문 可久則賢人之德, 可大則賢人之業.

번역 오래할 수 있다면 현인의 덕이 되고 크게 할 수 있다면 현인의 과업이 된다.

王注 天地易簡, 萬物各載其形. 聖人不爲, 群方各遂其業. 德業旣成, 則入於形器, 故以賢人目其德業.

번역 하늘과 땅은 쉽고 간단하며 만물은 각각 그 형상을 싣고 있다. 성인이 인위적으로 어떤 일을 시행하지 않아도 모든 곳에서 각각 자신의 과업을 이루게 된다. 덕과 과업을 이미 성취했다면 형체와 기로 유입된다. 그렇기 때문에 현인(賢人)이라는 말을 통해 그의 덕과 과업을 지목한 것이다.

孔疏 ●"可久"至"之業". ○正義曰: "可久則賢人之德"者, 使物長久, 是賢人之德, 能養萬物, 故云"可久則賢人之德"也. "可大則賢人之業"者, 功勞旣大, 則是賢人事業. 行天地之道, 總天地之功, 唯聖人能. 然今云賢人者, 聖人則隱迹藏用, 事在無境. 今云"可久"·"可大", 則是離無入有, 賢人則事在有境. 故"可久"·"可大", 以賢人目之也.

번역 ●經文: "可久"~"之業". ○"오래할 수 있다면 현인의 덕이 된다."라고 했는데, 사물을 장구하게 만드는 것이 현인의 덕이 만물을 잘 기를 수 있는 것이다. 그렇기 때문에 "오래할 수 있다면 현인의 덕이 된다."라고 했다. "크게 할 수 있다면 현인의 과업이 된다."라고 했는데, 공적과 수고가 이미 크다면 현인의 과업이 된다. 천지의 도를 시행하고 천지의 공덕을 총괄하는 것은 오직 성인만이 가능하다. 그런데 이곳에서는 '현인(賢人)'이라고 했으니, 성인이라면 자취를 감추고 작용을 드러내지 않으니, 그 사안은 무의 경계에 있다. 그런데 이곳에서는 "오래할 수 있다."라고 했고, "크게 할 수 있다."라고 했으니, 이것은 무의 경계에서 나와 유의 경계로 들어온 것이므로, 현인이란 그 사안이 유의 경계에 있다. 그렇기 때문에 "오래할 수 있다."와 "크게 할 수 있다."라는 말에 대해서 현인으로 지목한 것이다.

孔疏 ◎注"聖人"至"其業". ○正義曰: 云: "聖人不爲, 群方各遂其業"者, 聖人顯仁藏用, 唯見生養之功, 不見其何以生養, 猶若日月見其照臨之力, 不知何以照臨, 是聖人用無爲以及天下, 是聖人不爲也. 云"德業旣成, 則入於形器"者, 初行德業未成之時, 不見其所爲, 是在於虛無. 若德業旣成, 復被於物, 在於有境, 是入於形器也. 賢人之分, 則見其所爲, 見其成功始末, 皆有德之與業, 是所有形器, 故以賢人目其德業. 然則本其虛無玄象謂之聖, 據其成功事業謂之賢也.

번역 ◎王注: "聖人"~"其業". ○왕필[18]이 "성인이 인위적으로 어떤 일을 시행하지 않아도 모든 곳에서 각각 자신의 과업을 이루게 된다."라고 했는데, 성인은 인을 드러내며 작용을 숨기니 오직 낳고 길러주는 공만을 볼 수 있고, 어떻게 낳고 기르는지는 볼 수 없다. 이것은 마치 해와 달에 대해서 밝게 비춰주는 능력만을 볼 수 있고 어떻게 밝게 비춰주는지는 알 수 없는 것과 같다. 즉 성인은 무의 경지를 사용하여 천하에 그 영향을 미치니, 이것은 성인이 인위적으로 일을 하지 않는 것에 해당한다. 왕필이 "덕과 과업을 이미 성취했다면 형체와 기로 유입된다."라고 했는데, 처음 시행하

---

18) 왕필(王弼, A.D.226 ~ A.D.249) : =왕보사(王輔嗣). 삼국시대 위(魏)나라의 학자이다. 자(字)는 보사(輔嗣)이다. 저서로는 『노자주(老子注)』·『주역주(周易注)』 등이 있다.

여 덕과 과업이 아직 완성되지 않았을 때에는 시행하는 것을 볼 수 없으니, 이것은 허무의 경계에 머물러 있는 것이다. 만약 덕과 과업이 완성된다면 재차 사물을 통해 드러나니 유의 경계에 있게 되는데, 이것이 바로 형체와 기로 유입된다는 뜻이다. 성인과 구분되는 현인의 입장에서 보면 그가 시행한 일을 볼 수 있고, 그가 이룬 공적의 처음과 끝을 보면 모두 덕과 과업이 있게 되는데, 이것은 형체와 기가 있는 것이다. 그렇기 때문에 '현인(賢人)'이라는 말을 통해 덕과 과업을 지목했다. 그렇다면 허무와 현상에 근본을 둔 것을 '성인(聖人)'이라 부르고, 공적과 사업에 기준을 두면 '현인(賢人)'이라 부르는 것이다.

本義 人之所爲, 如乾之易, 則其心明白而人易知, 如坤之簡, 則其事要約而人易從. 易知則與之同心者多, 故有親, 易從則與之協力者衆, 故有功. 有親則一於內, 故可久, 有功則兼於外, 故可大. 德, 謂得於己者, 業, 謂成於事者. 上言乾坤之德不同, 此言人法乾坤之道, 至此則可以爲賢矣.

번역 사람이 시행하는 것이 하늘의 쉬움과 같다면 그 마음이 명백하게 드러나 사람들이 알기 쉽다. 또 땅의 간단함과 같다면 그 사업이 요약되어 사람들이 따르기 쉽다. 알기 쉽다면 함께 하며 마음을 같이 하는 자가 많아지기 때문에 친함이 생긴다. 따르기 쉽다면 함께 협력하는 자가 많아지기 때문에 공적이 생긴다. 친함이 생기면 내적으로 한결같아지기 때문에 오래할 수 있다. 공적이 생기면 외적인 것도 겸비하게 되기 때문에 크게 할 수 있다. '덕(德)'은 자신을 통해 얻은 것을 뜻하며, '업(業)'은 일을 통해 완성한 것을 뜻한다. 앞에서는 하늘과 땅의 덕이 동일하지 않다고 말했고, 이곳에서는 사람이 하늘과 땅의 도를 본받음을 말했으니, 이러한 경지에 이른다면 현인이라 할 수 있다.

참고 『맹자』「진심상(盡心上)」 기록

경문 孟子謂宋句踐曰, "子好遊乎? 吾語子遊. 人知之亦囂囂, 人不知亦囂囂."

번역 맹자는 송구천에게, "그대는 유세하기를 좋아하는가? 내가 그대에게 유세에 대해 알려주겠다. 남들이 알아주더라도 만족하며 욕심이 없어야 하고, 남들이 알아주지 않더라도 만족하며 욕심이 없어야 한다."라고 했다.

趙注 宋, 姓也; 句踐, 名也. 好以道德遊, 欲行其道者. 囂囂, 自得無欲之貌也.

번역 '송(宋)'은 성이며 '구천(句踐)'은 이름이다. 도와 덕으로 유세하길 좋아하는 것은 그 도를 시행하고자 하는 것이다. '효효(囂囂)'는 만족하며 욕심이 없는 모습이다.

孫疏 ●"孟子"至"天下". ○正義曰: 此章指言內定常滿, 囂囂無憂, 可出可處, 故云以遊, 脩身立世, 賤不失道, 達善天下, 乃用其寶. 句踐好遊, 未得其要, 孟子言之, 然後乃喩.

번역 ●經文: "孟子"~"天下". ○이 문장은 내적으로 뜻을 확정하여 항상 충만하고 만족하여 욕심이 없어 근심이 없으니, 세상에 나아갈 수도 있고 홀로 머물 수도 있기 때문에 이로써 유세한다고 했는데, 자신을 수양하여 세상의 도리를 세움에 미천하게 되더라도 도를 잃지 않고 영달하더라도 천하를 선하게 하니, 바로 자신이 품고 있는 보화와 같은 도의를 사용하는 것이다. 구천은 유세하기를 좋아했지만, 그 요점을 깨닫지 못했기 때문에 맹자가 이러한 말을 했고, 그런 뒤에야 깨닫게 되었다.

孫疏 ●"孟子謂宋句踐曰"至"囂囂", 宋句踐, 宋人, 姓宋名句踐. 孟子謂句踐曰: 子好逸遊乎? 我今語以教子之遊也, 言人之知己, 亦但囂囂然自得; 人不知己, 亦但囂囂然而自得.

번역 ●經文: "孟子謂宋句踐曰"~"囂囂". ○송구천은 송나라 사람으로, 성은 송이며 이름은 구천이다. 맹자는 구천에 대해서 그대는 유세하길 좋아하는가? 내가 지금 말하여 그대에게 유세하는 것을 가르쳐주겠다고 했다. 즉 남들이 자신을 알아주더라도 단지 만족하며 욕심을 부리지 않고, 남들이 자신을 알아주지 않더라도 단지 만족하며 욕심을 부리지 말아야 한다는 뜻이다.

集註 宋, 姓. 句踐, 名. 遊, 遊說也.

번역 '송(宋)'은 성이고 '구천(句踐)'은 이름이다. '유(遊)'자는 유세한다는 뜻이다.

集註 趙氏曰: 囂囂, 自得無欲之貌.

번역 조씨가 말하길, '효효(囂囂)'는 만족하며 욕심이 없는 모습이다.

경문 曰, "何如斯可以囂囂矣?"

번역 송구천은 "어떻게 해야만 만족하며 욕심이 없다고 할 수 있습니까?"라고 물었다.

趙注 句踐問何執守可囂囂也.

번역 구천은 어떤 것을 견지해야만 만족하며 욕심이 없을 수 있냐고 질문하였다.

孫疏 ●"曰何如斯可以囂囂矣", 句踐問之, 曰當何如此可以囂囂然自得矣.

번역 ●經文: "曰何如斯可以囂囂矣". ○구천이 질문을 하며, 어떻게 해야만 만족하며 욕심이 없을 수 있느냐고 했다.

경문 曰, "尊德樂義, 則可以囂囂矣."

번역 맹자는 "덕을 존숭하고 의를 즐거워한다면 만족하며 욕심이 없다고 할 수 있다."라고 대답했다.

趙注 尊, 貴也. 孟子曰: 能貴德而履之, 樂義而行之, 則可以囂囂無欲矣.

번역 '존(尊)'자는 존귀하게 여긴다는 뜻이다. 맹자는 덕을 존귀하게 여기고 그것에 따라 실천하며 의를 즐거워하고 그것을 실천한다면 만족하며 욕심이 없을 수 있다고 말했다.

集註 德, 謂所得之善. 尊之, 則有以自重, 而不慕乎人爵之榮. 義, 謂所守之正. 樂之, 則有以自安, 而不殉乎外物之誘矣.

번역 '덕(德)'은 얻은 것 중 선한 것을 뜻한다. 이것을 존숭한다면 스스로를 소중하게 여겨서 사람이 주는 작위의 영화를 흠모하지 않을 수 있다. '의(義)'는 지키는 것 중 바른 것을 뜻한다. 이것을 즐거워한다면 스스로 편안하게 여겨서 외물의 유혹에 빠지지 않을 수 있다.

경문 "故士窮不失義, 達不離道. 窮不失義, 故士得己焉. 達不離道, 故民不失望焉."

번역 맹자는 계속하여 "그러므로 선비는 곤궁하더라도 의를 잃지 않으며, 영달하게 되어도 도를 떠나지 않는다. 곤궁한데도 의를 잃지 않기 때문에 선비는 자신을 지킬 수 있다. 영달한데도 도를 떠나지 않기 때문에 백성들이 실망하지 않는 것이다."라고 했다.

趙注 窮不失義, 不爲不義而苟得, 故得己之本性也. 達不離道, 思利民之道, 故民不失其望也.

번역 곤궁하더라도 의를 잃지 않는다는 것은 의롭지 않은 것을 시행하고 구차하게 얻지 않는다는 뜻이다. 그렇기 때문에 자신의 본성을 깨우치게 된다. 영달하더라도 도를 떠나지 않는 것은 백성들을 이롭게 할 수 있는 도를 항상 생각하는 것이다. 그렇기 때문에 백성들이 자신들의 소망을 잃지 않는다.

集註 言不以貧賤而移, 不以富貴而淫, 此尊德樂義見於行事之實也.

번역 가난하고 미천한데도 바뀌지 않고 부유하고 존귀한데도 음란하지 않다는 뜻이니, 이것은 덕을 존숭하고 의를 즐거워함이 일을 시행하는 실질 속에 나타나는 것이다.

集註 得己, 言不失己也. 民不失望, 言人素望其興道致治, 而今果如所望也.

번역 자신을 얻는다는 말은 자신의 도의를 잃지 않는다는 뜻이다. 백성들이 실망하지 않는다는 말은 사람들은 본래부터 그가 도를 일으켜 정치를 이룩할 것을 희망하고 있었는데, 현재 과연 그들이 바라는 것처럼 하게 됨을 뜻한다.

경문 "古之人得志, 澤加於民; 不得志, 脩身見於世. 窮則獨善其身, 達則兼善天下."

번역 맹자는 계속하여 "옛 사람들은 뜻을 얻으면 은택을 백성들에게 베풀었고, 뜻을 얻지 못하면 자신을 수양해서 세상에 우뚝 섰다. 곤궁하다면 홀로 자신을 선하게 했고 영달하다면 천하까지도 모두 선하게 했다."라고 했다.

趙注 古之人得志君國, 則德澤加於民人. 不得志, 謂賢者不遭遇也, 見, 立也, 獨治其身以立於世間, 不失其操也, 是故獨善其身. 達謂得行其道, 故能兼善天下也.

번역 옛 사람들 중 뜻을 얻어 군주가 된 자들은 덕과 은택을 백성들에게 베풀었다. 뜻을 얻지 못했다는 것은 현자 중 제대로 된 세상을 만나지 못한 것을 뜻하며, '현(見)'자는 선다는 뜻이니, 홀로 자신을 다스려서 세상에 우뚝 서며 그 지조를 잃지 않는다는 뜻이다. 이러한 까닭으로 홀로 자신을 선하게 하는 것이다. '달(達)'은 그 도를 시행할 수 있다는 뜻이다. 그렇기 때문에 천하까지도 모두 선하게 할 수 있다.

孫疏 ●"曰尊德樂義"至"達則兼善天下". 孟子又與之曰: 尊貴其德, 所樂以義, 以此則可以囂囂自得矣. 蓋德有所得於內, 義有所不爲於外. 旣所貴在德, 而盡性於內; 所樂在義, 而窮理於外: 是以樂天知命, 故人知不知, 斯囂囂然自得矣. 如此, 故士窮而在下, 則不失義, 而不爲苟得; 達而在上, 則不離道, 而常思利民. 窮不失義而不爲苟得, 故得己之本性; 達不離道而常思利民, 故民不失其所望. 是以古之人得志遭遇其時, 則布恩澤而加被於民; 不得志, 則脩治其身以立於世間. 是其窮則獨善身, 達則得行其道而兼善天下也. 言古之人以是者, 如顔子之徒窮而不得志, 則不改其樂而獨善其身, 伊尹之徒得志而澤加於民也.

번역 ●經文: "曰尊德樂義"~"達則兼善天下". ○맹자는 재차 그에게 이처럼 말해준 것이다. 덕을 존귀하게 높이고 의에 따라 즐거워하니, 이를 통해 만족하며 욕심이 없을 수 있다. 덕에 따르면 내적으로 터득한 것이 있고 의에 따르면 외적으로 구차하게 행동하지 않는 점이 있다. 이미 존귀하게 높이는 것이 덕이라서 내적으로 본성을 다하고, 즐거워하는 것이 의라서 외적으로 이치를 다한다. 이러한 까닭으로 천리를 즐거워하고 천명을 안다.[19] 그러므로 남들이 알아주거나 알아주지 않거나 만족하며 욕심이 없는 것이다. 이와 같기 때문에 선비는 곤궁해져서 미천한 자리에 있더라도

---

19) 『역』「계사상(繫辭上)」: 與天地相似, 故不違, 知周乎萬物而道濟天下, 故不過, 旁行而不流, <u>樂天知命</u>, 故不憂, 安土敦乎仁, 故能愛.

의를 잃지 않고 구차히 얻으려고 하지 않는다. 또 영달하여 윗자리에 있더라도 도에서 떠나지 않아 항상 백성들을 이롭게 할 것을 생각한다. 곤궁하더라도 의를 잃지 않고 구차히 얻으려고 하지 않기 때문에 자신의 본성을 깨우치게 된다. 영달하더라도 도에서 떠나지 않고 항상 백성들을 이롭게 할 것을 생각하기 때문에 백성들이 바라는 것을 잃지 않는다. 그러므로 옛 사람들 중 뜻을 얻어 제대로 된 시대를 만난 자라면 은택을 펼쳐 백성들에게 베풀며, 뜻을 얻지 못한다면 자신을 수양하여 세상에 우뚝 서게 된다. 이것이 곤궁하게 되면 홀로 자신을 선하게 하고 영달하게 되면 그 도를 시행하여 천하까지도 함께 선하게 할 수 있는 것이다. 옛 사람들이 이처럼 한다는 것은 안자처럼 몹시 곤궁하며 뜻한 바를 얻지 못하더라도 즐거움을 고치지 않고 홀로 자신을 선하게 하는 것과 같고, 이윤처럼 뜻을 얻어 은택을 백성들에게 베푸는 것과 같다는 뜻이다.

集註 見, 謂名實之顯著也. 此又言士得己 民不失望之實.

번역 '현(見)'자는 명예와 공적이 밝게 드러난다는 뜻이다. 이것은 또한 선비가 자신의 도의를 지키는 것과 백성들이 실망하지 않는다는 실질을 말한 것이다.

集註 此章言內重而外輕, 則無往而不善.

번역 이 문장은 내적인 것을 중시하고 외적인 것을 경시한다면 가는 곳마다 선하지 않은 것이 없음을 뜻한다.

참고 『논어』「학이(學而)」 기록

경문 子曰, "弟子入則孝, 出則悌, 謹而信, 汎愛衆而親仁. 行有餘力, 則以學文."

번역 공자는 "제자는 집에 들어가서는 부모와 형에게 효와 우애를 다하고, 관직에 나가서는 상급자에게 충심과 순종을 다하며, 항상 공손하고 조심하며 성실하고 신의를 지키며 널리 백성들을 친애하고 인한 덕을 갖춘 자를 친근하게 대한다. 이처럼 시행하고도 여력이 있다면 그 시간에 옛 선왕이 남긴 글을 배운다."라고 했다.

何注 馬曰: 文者, 古之遺文.

번역 마씨가 말하길, '문(文)'은 옛 사람들이 남긴 글이다.

邢疏 ●"子曰弟子"至"學文". ○正義曰: 此章明人以德爲本, 學爲末. 男子後生爲弟. 言爲人弟與子者, 入事父兄則當孝與弟也, 出事公卿則當忠與順也. 弟, 順也. 入不言弟, 出不言忠者, 互文可知也. 下孔子云: "出則事公卿, 入則事父兄." 孝經云: "事父孝, 故忠可移於君, 事兄弟, 故順可移於長." 是也.

번역 ●經文: "子曰弟子"~"學文". ○이 문장은 사람은 덕을 근본으로 삼고 학문을 말단으로 삼아야 함을 나타내고 있다. 남자 중 뒤에 태어난 자가 동생[弟]이 된다. 즉 남의 동생이나 자식이 된 자들은 집에 들어가서는 부모와 형을 섬기며 마땅히 효와 우애를 다해야 하고, 관직에 진출하여 공이나 경을 섬기게 된다면 마땅히 충심과 순종을 다해야 한다는 뜻이다. '제(弟)'자는 순종한다는 뜻이다. 그런데 집에 들어가서 우애[弟]를 다한다고 말하지 않고, 관직에 진출하여 충심[忠]을 다한다고 말하지 않은 것은 상호 문장을 보완적으로 기록했으므로, 말하지 않아도 알 수 있기 때문이다. 뒤에서 공자는 "관직에 나아가서는 공과 경을 섬기고, 집으로 들어가서는 부모와 형을 섬긴다."[20]라고 했고, 『효경』에서는 "부모를 효로 섬기기 때문에 그 연장선에서 충을 군주에게도 시행할 수 있고, 형을 우애로 섬기기 때문에 그 연장선에서 순종을 연장자에게도 시행할 수 있다."[21]라고 했

---

20) 『논어』「자한(子罕)」: 子曰, "<u>出則事公卿, 入則事父兄</u>, 喪事不敢不勉, 不爲酒困, 何有於我哉?"

는데, 바로 이러한 의미를 나타낸다.

邢疏 ●"謹而信"者, 理兼出入, 言恭謹而誠信也.

번역 ●經文: "謹而信". ○견지하는 이치가 나아가거나 들어왔을 때의 이치를 겸하고 있다. 즉 공손하고 조심하며 성실하고 신의를 지킨다는 뜻이다.

邢疏 ●"汎愛衆"者, 汎者, 寬博之語. 君子尊賢而容衆, 故博愛衆人也.

번역 ●經文: "汎愛衆". ○'범(汎)'자는 넓다는 말이다. 군자는 현자를 존귀하게 높이고 백성들을 포용하기 때문에 널리 백성들을 친애한다.

邢疏 ●"而親仁"者, 有仁德者則親而友之. 能行已上諸事, 仍有閒暇餘力, 則可以學先王之遺文. 若徒學其文而不能行上事, 則爲言非行僞也. 注言"古之遺文"者, 則詩·書·禮·樂·易·春秋六經是也.

번역 ●經文: "而親仁". ○인한 덕을 가지고 있다면 친근하게 여기며 벗으로 삼는다는 뜻이다. 앞서 말한 이러한 사안들을 시행하고서 한가롭고 여력이 있다면 선왕이 남긴 글을 배울 수 있다. 만약 단지 그 글자만 익히고 앞서 말한 사안들을 시행할 수 없다면 말은 그릇되고 행동은 거짓이 된다. 주에서 "옛 사람들이 남긴 글이다."라고 했으니, 『시』·『서』·『예』·『악』·『역』·『춘추』 등의 육경을 뜻한다.

集註 謹者, 行之有常也. 信者, 言之有實也. 汎, 廣也. 衆, 謂衆人. 親, 近也. 仁, 謂仁者. 餘力, 猶言暇日. 以, 用也. 文, 謂詩書六藝之文.

번역 '근(謹)'은 행동에 항상됨이 있는 것이다. '신(信)'은 말에 실질이

---

21) 『효경』「광양명장(廣揚名章)」: 子曰, 君子之事親孝, 故忠可移於君. 事兄悌, 故順可移於長. 居家理, 故治可移於官. 是以行成於內, 而名立於後世矣.

있는 것이다. '범(汎)'자는 넓다는 뜻이다. '중(衆)'자는 백성을 뜻한다. '친(親)'자는 가까이 한다는 뜻이다. '인(仁)'자는 인한 자를 뜻한다. '여력(餘力)'은 한가롭다는 뜻이다. '이(以)'자는 쓰다는 뜻이다. '문(文)'자는 『시』와 『서』 및 육예 등의 글을 뜻한다.

集註 程子曰: 爲弟子之職, 力有餘則學文, 不修其職而先文, 非爲己之學也.

번역 정자가 말하길, 제자의 직분은 힘써 시행하고 여력이 있으면 글을 배우는 것이니, 직분을 실천하지 않고 먼저 글을 배우는 것은 자신을 위한 학문이 아니다.

集註 尹氏曰: 德行, 本也. 文藝, 末也. 窮其本末, 知所先後, 可以入德矣.

번역 윤씨가 말하길, 덕행은 근본이다. 문예는 말단이다. 근본과 말단을 극진히 따져서 먼저 해야 할 것과 뒤에 해야 할 것들을 안다면 덕의 문으로 들어갈 수 있다.

集註 洪氏曰: 未有餘力而學文, 則文滅其質; 有餘力而不學文, 則質勝而野.

번역 홍씨가 말하길, 여력이 없는데도 글을 배운다면 형식이 본질을 없애게 된다. 여력이 있는데도 글을 배우지 않는다면, 본질이 형식을 이겨 비루하게 된다.

集註 愚謂: 力行而不學文, 則無以考聖賢之成法, 識事理之當然, 而所行或出於私意, 非但失之於野而已.

번역 내가 생각하기에, 힘써 실천만 하고 글을 배우지 않는다면 성현이 완성한 법도를 상고할 수 없고, 사리의 당연한 이치를 알 수 없어서, 시행하는 것이 간혹 사사로운 뜻에서 나오기도 하니, 단지 비루하게 되는 잘못을 범할 뿐만이 아니다.

참고 『중용』 13장 기록

경문 子曰, "道不遠人, 人之爲道而遠人, 不可以爲道."

번역 공자가 말하길, "도는 사람과 멀리 떨어져 있지 않은데, 사람이 도를 시행하면서 사람을 멀리 한다면 도라고 할 수 없다."라고 했다.

鄭注 言道卽不遠於人, 人不能行也.

번역 도(道)는 즉 사람과 거리를 멀리 두지 않은데도 사람들이 잘 시행하지 못한다는 뜻이다.

孔疏 ●"子曰"至"徼幸". ○正義曰: 此一節明中庸之道去人不遠, 但行於己則外能及物.

번역 ●經文: "子曰"~"徼幸". ○이곳 문단은 중용의 도는 사람과 멀리 떨어져 있지 않으니, 단지 자신을 통해 시행한다면 밖으로 사물에게까지 미칠 수 있음을 나타내고 있다.

孔疏 ●"道不遠人"者, 言中庸之道不遠離於人身, 但人能行之於己, 則中庸也.

번역 ●經文: "道不遠人". ○중용의 도는 사람과 멀리 떨어져 있지 않으니, 단지 사람이 본인을 통해 그것을 잘 시행할 수 있다면 중용이 된다는 뜻이다.

孔疏 ●"人之爲道而遠人, 不可以爲道", 言人爲中庸之道, 當附近於人, 謂人所能行, 則已所行可以爲道. 若違理離遠, 則不可施於己, 又不可行於人, 則非道也, 故云"人之爲道而遠人, 不可以爲道也".

번역 ●經文: "人之爲道而遠人, 不可以爲道". ○사람이 중용의 도를 시행할 때에는 마땅히 남들과 가까이 두어야 한다는 뜻으로, 남들이 잘 시행할 수 있는 것이라면, 자신이 시행하는 것 또한 도로 삼을 수 있다는 의미이다. 만약 이치를 어기고 멀리 떨어진다면 자신에게 적용할 수 없고 또 남에게도 시행할 수 없으니 도가 아니다. 그렇기 때문에 "사람이 도를 시행하면서 사람을 멀리 한다면 도라 할 수 없다."라고 했다.

集註 道者, 率性而已, 固衆人之所能知能行者也, 故常不遠於人. 若爲道者, 厭其卑近以爲不足爲, 而反務爲高遠難行之事, 則非所以爲道矣.

번역 '도(道)'는 성(性)에 따르는 것일 뿐이니, 진실로 일반인들도 잘 알 수 있고 잘 시행할 수 있는 것들이다. 그렇기 때문에 항상 사람에게서 멀리 떨어져 있지 않다. 만약 도를 시행하는 자가 비근함을 싫어하여 족히 행할 것이 못된다고 여기고, 반대로 고원하고 시행하기 어려운 일에만 힘쓴다면, 도를 시행하는 것이 아니다.

경문 "詩云, '伐柯伐柯, 其則不遠.' 執柯以伐柯, 睨而視之, 猶以爲遠."

번역 공자가 계속하여 말하길, "『시』에서는 '도끼자루를 벰이여 도끼자루를 벰이여, 그 법칙이 멀리 떨어져 있지 않구나.'라고 했으니, 도끼자루를 잡고 도끼자루로 쓸 나무를 베며, 곁눈질로 살펴보면 되는데도 오히려 멀다고 여긴다."라고 했다.

鄭注 則, 法也. 言持柯以伐木, 將以爲柯, 近以柯爲尺寸之法, 此法不遠人, 人尙遠之, 明爲道不可以遠.

번역 '칙(則)'자는 법도[法]를 뜻한다. 즉 도끼자루를 잡고서 나무를 베어 이것으로 도끼자루를 만드는데, 가까이에 있는 잡고 있는 도끼자루를 길이의 표준으로 삼는 것이다. 이러한 법칙은 사람과 멀리 떨어져 있지 않은데도 사람들은 오히려 멀다고 여긴다는 뜻이니, 도를 시행할 때 멀다고 여겨서는 안 됨을 나타내고 있다.

孔疏 ●"詩云'伐柯伐柯, 其則不遠.' 執柯以伐柯, 睨而視之, 猶以爲遠", 此豳風·伐柯之篇, 美周公之詩. 柯, 斧柄也. 周禮云: "柯長三尺, 博三寸." 則, 法也. 言伐柯, 斫也. 柯柄長短, 其法不遠也, 但執柯睨而視之, 猶以爲遠. 言欲行其道於人, 其法亦不遠, 但近取法於身, 何異持柯以伐柯? 人猶以爲遠, 明爲道之法亦不可以遠. 卽所不願於上, 無以交於下; 所不願於下, 無以事上. 況是在身外, 於他人之處, 欲以爲道, 何可得乎? 明行道在於身而求道也.

번역 ●經文: "詩云'伐柯伐柯, 其則不遠.' 執柯以伐柯, 睨而視之, 猶以爲遠". ○이 시는 『시』「빈풍(豳風)·벌가(伐柯)」편으로,[22] 주공(周公)을 찬미한 시이다. '가(柯)'자는 도끼자루를 뜻한다. 『주례』에서는 "자루의 길이는 3척(尺)이고, 너비는 3촌(寸)이다."[23]라고 했다. '칙(則)'자는 법도[法]를 뜻한다. 즉 벌가(伐柯)는 벤다는 뜻이다. 도끼자루의 길이에 있어서 그 법칙은 멀리 떨어져 있지 않으니, 단지 자신이 잡고 있는 도끼자루를 곁눈질로 살펴보면 되는데도 오히려 멀다고 여긴다는 의미이다. 즉 사람에 대해서 그 도를 시행하고자 한다면 그 법칙은 또한 멀리 떨어져 있는 것이 아니며, 단지 가까이 자신에게서 법칙을 취하면 되는데, 이것은 도끼자루를 잡고 도끼자루로 쓸 나무를 베는 것과 무엇이 다르겠는가? 사람들이 오히려 멀다고 여긴다는 것은 도를 시행하는 법칙 또한 멀다고 여겨서는 안 된다는 뜻을 나타낸다. 윗사람에게서 바라지 않는 것을 가지고 아랫사람과 교류해서는 안 되며, 아랫사람에게서 바라지 않는 것을 가지고 윗사람을 섬겨서는 안 된다. 하물며 이것이 자기 밖에 있다고 하여 남에게 적용하는 것을 도라고 여기고자 한다면 어떻게 얻을 수 있겠는가? 즉 도를 시행하는 것은 자신에게 달려 있고, 그 속에서 도를 구해야 함을 나타내고 있다.

---

22) 『시』「빈풍(豳風)·벌가(伐柯)」: 伐柯伐柯, 其則不遠. 我覯之子, 籩豆有踐.
23) 『주례』「동관고공기(冬官考工記)·거인(車人)」: 車人爲車, 柯長三尺, 博三寸, 厚一寸有半, 五分其長, 以其一爲之首.

集註 詩豳風伐柯之篇. 柯, 斧柄. 則, 法也. 睨, 邪視也. 言人執柯伐木以爲柯者, 彼柯長短之法, 在此柯耳. 然猶有彼此之別, 故伐者視之猶以爲遠也.

번역 이 시는 『시』「빈풍(豳風)·벌가(伐柯)」편이다. '가(柯)'자는 도끼자루를 뜻한다. '칙(則)'자는 법도[法]를 뜻한다. '예(睨)'자는 비스듬히 보는 것이다. 즉 사람이 도끼자루를 잡고 나무를 베어 도끼자루를 만드는데, 앞으로 만들게 될 도끼자루의 길이를 정하는 법칙은 자신이 잡고 있는 도끼자루에 달려 있을 뿐이라는 뜻이다. 그런데도 여전히 저것과 이것의 구별이 있기 때문에, 나무를 베는 자가 그것을 바라보기를 오히려 멀다고 여긴다는 뜻이다.

경문 "故君子以人治人, 改而止."

번역 공자가 계속하여 말하길, "그러므로 군자는 인도(人道)로 남의 잘못을 다스리고, 그 사람이 잘못을 고친다면 바로잡는 것을 그치고 용서한다."라고 했다.

鄭注 言人有罪過, 君子以人道治之, 其人改則止赦之, 不責以人所不能.

번역 사람에게 죄가 있다면 군자는 인도(人道)로 다스리고, 그 사람이 잘못을 고친다면 바로잡는 것을 그치고 용서하며, 그 사람이 잘하지 못하는 것으로 책망하지 않는다는 뜻이다.

孔疏 ●"故君子以人治人, 改而止"者, 以道去人不遠, 言人有過, 君子當以人道治此有過之人.

번역 ●經文: "故君子以人治人, 改而止". ○도는 사람과 멀리 떨어져 있지 않기 때문이니, 곧 어떤 사람에게 잘못이 있다면, 군자는 마땅히 인도(人道)에 따라서 잘못을 범한 사람을 다스려야 한다는 뜻이다.

孔疏 ●"改而止", 若人自改而休止, 不須更責不能之事. 若人所不能, 則己亦不能, 是行道在於己身也.

번역 ●經文: "改而止". ○만약 그 자가 스스로 잘못을 그치게 된다면 바로잡는 것도 그치며, 재차 그 사람이 잘하지 못하는 일로 책망해서는 안 된다. 그 사람이 잘하지 못하는 것이라면 자신 또한 잘하지 못하는 것이니, 이것은 도를 시행하는 것이 자신에게 달려 있음을 나타낸다.

集註 若以人治人, 則所以爲人之道, 各在當人之身, 初無彼此之別. 故君子之治人也, 卽以其人之道, 還治其人之身. 其人能改, 卽止不治. 蓋責之以其所能知能行, 非欲其遠人以爲道也. 張子所謂"以衆人望人則易從", 是也.

번역 만약 인도(人道)로 사람을 다스린다면, 사람이 되는 도는 각각 자신의 몸에 있으니, 애초에 피차의 구별이 없다. 그러므로 군자가 남을 다스릴 때에는 곧 그 사람의 도로써 다시 그 사람을 다스린다. 그 사람이 고칠 수 있다면 그치고 다스리지 않는다. 그 사람이 잘 알 수 있고 잘 시행할 수 있는 것을 통해 책망하는 것이지, 사람과 멀리 동떨어진 것을 도로 여기려고 하는 것이 아니다. 장자가 "일반인들이 따르는 것으로 남에게 바란다면 따르기가 쉽다."라고 한 말도 이러한 뜻에 해당한다.

경문 "忠恕違道不遠, 施諸己而不願, 亦勿施於人."

번역 공자가 계속하여 말하길, "충(忠)과 서(恕)는 도와 거리가 멀지 않으니, 자신에게 시행하여 원하지 않는다면, 또한 남에게도 시행해서는 안 된다."라고 했다.

鄭注 違猶去也.

번역 '위(違)'자는 "거리를 두다[去]."는 뜻이다.

孔疏 ●"忠恕違道不遠"者, 忠者, 內盡於心, 恕者, 外不欺物. 恕, 忖也. 忖度其義於人. 違, 去也. 言身行忠恕, 則去道不遠也.

번역 ●經文: "忠恕違道不遠". ○'충(忠)'은 내적으로 자신의 마음을 다하는 것이며, '서(恕)'는 외적으로 사물을 속이지 않는 것이다. '서(恕)'자는 곧 "미루어 생각하다[忖]."는 뜻이다. 남에 대해서 그 의미를 미루어 생각하는 것이다. '위(違)'자는 "거리를 두다[去]."는 뜻이다. 즉 지신이 충서를 시행한다면 도와의 거리가 멀지 않다는 뜻이다.

孔疏 ●"施諸己而不願, 亦勿施於人"者, 諸, 於也. 他人有一不善之事施之於己, 己所不願, 亦勿施於人, 人亦不願故也.

번역 ●經文: "施諸己而不願, 亦勿施於人". ○'저(諸)'자는 어(於)자의 뜻이다. 다른 사람이 자신에 대해서 하나라도 선하지 못한 일을 시행한다면, 자신이 바라는 것이 아니므로, 또한 남에게도 시행해서는 안 되니, 남 또한 바라는 것이 아니기 때문이다.

集註 盡己之心爲忠, 推己及人爲恕. 違, 去也, 如春秋傳"齊師違穀七里"之違. 言自此至彼, 相去不遠, 非背而去之之謂也. 道, 卽其不遠人者, 是也. 施諸己而不願, 亦勿施於人, 忠恕之事也. 以己之心度人之心, 未嘗不同, 則道之不遠於人者可見. 故己之所不欲, 則勿以施之於人, 亦不遠人以爲道之事. 張子所謂"以愛己之心愛人則盡仁", 是也.

번역 자신의 마음을 다하는 것이 충(忠)이며, 자신의 마음을 미루어서 남의 마음까지도 미루어보는 것이 서(恕)이다. '위(違)'자는 "거리를 두다[去]."는 뜻이니, 『춘추전』에서 "제(齊)나라 군대가 곡(穀) 땅에서 7리(里)쯤 떨어져 있다."[24]라고 했을 때의 '위(違)'자와 같다. 이곳으로부터 저곳까

---

24) 『춘추좌씨전』「애공(哀公) 27년」: 齊師將興, 陳成子屬孤子三日朝. …… 及留舒, 違穀七里, 穀人不知.

지 서로 떨어져 있는 거리가 멀지 않다는 의미이니, 서로 등지고서 떠난다는 뜻이 아니다. 도(道)는 곧 사람에게서 멀리 떨어져 있지 않다고 한 말이 이러한 뜻을 나타낸다. 자신에게 시행하여 원하지 않는 것을 또한 남에게도 시행하지 말아야 하니, 충서(忠恕)의 일에 해당한다. 자신의 마음을 기준으로 남의 마음을 헤아려서 일찍이 같지 않음이 없다면, 도가 사람과 멀리 떨어져 있지 않다는 사실을 확인할 수 있다. 그러므로 자신이 바라지 않는 것이라면 남에게도 시행하지 말아야 하니, 이 또한 사람과 멀리 떨어지지 않은 것을 도로 여기는 일에 해당한다. 장자가 "자신을 사랑하는 마음으로 남을 사랑한다면 인(仁)을 다하게 된다."라고 한 말이 바로 이러한 뜻을 나타낸다.

경문 "君子之道四, 丘未能一焉. 所求乎子以事父, 未能也. 所求乎臣以事君, 未能也. 所求乎弟以事兄, 未能也. 所求乎朋友先施之, 未能也."

번역 공자가 계속하여 말하길, "군자의 도는 네 가지인데, 나는 그 중 하나라도 잘하지 못한다. 자식에게 바라는 것으로 부친 섬기기를 잘하지 못한다. 신하에게 바라는 것으로 군주 섬기기를 잘하지 못한다. 동생에게 바라는 것으로 형 섬기기를 잘하지 못한다. 벗에게 바라는 것을 내가 먼저 베푸는 것을 잘하지 못한다."라고 했다.

鄭注 聖人而曰我未能, 明人當勉之無已.

번역 성인인데도 "나는 아직 잘하지 못한다."라고 말한 것은 사람이라면 마땅히 힘써서 그침이 없어야 한다는 사실을 나타낸다.

孔疏 ●"所求乎子以事父, 未能也", 言此四者, 欲明求之於他人, 必先行之於己, 欲求其子以孝道事己, 己須以孝道事父母, 故云"所求乎子以事父, 未能也". 恐人未能行之. 夫子, 聖人, 聖人猶曰我未能行, 凡人當勉之無已.

번역 ●經文: "所求乎子以事父, 未能也". ○여기에서 말한 네 가지 것들은 다른 사람에게 바라는 것들은 반드시 자신에게 먼저 시행해야만 함을 나타내고자 한 것이다. 즉 효도로 자신을 섬기기를 자식에게 바란다면 자신이 효도로 부모를 섬겨야만 한다. 그렇기 때문에 "자식에게 바라는 것으로 부친 섬기기를 잘하지 못한다."라고 했다. 사람들이 잘하지 못하는 것을 염려한 것이다. 공자는 성인인데, 성인이면서도 오히려 "나는 잘하지 못한다."라고 했으니, 일반인들은 마땅히 힘써 노력하며 그치지 말아야 한다.

孔疏 ●"所求乎臣以事君, 未能也", 譬如己是諸侯, 欲求於臣以忠事己, 己當先行忠於天子及廟中事尸, 是全臣道也.

번역 ●經文: "所求乎臣以事君, 未能也". ○자신이 제후라면, 충(忠)으로써 자신을 섬기도록 신하에게 바라는 경우, 자신도 마땅히 신하보다 앞서 천자 및 종묘에서 시동을 섬기는 일에 충(忠)을 시행해야만 신하의 도를 온전히 유지할 수 있음을 비유한 것이다.

孔疏 ●"所求乎朋友先施之, 未能也", 欲求朋友以恩惠施己, 則己當先施恩惠於朋友也.

번역 ●經文: "所求乎朋友先施之, 未能也". ○자신에게 은혜를 베풀어 줄 것을 벗에게 바란다면, 자신도 마땅히 그보다 앞서서 벗에게 은혜를 베풀어야 한다는 뜻이다.

集註 求, 猶責也. 道不遠人, 凡己之所以責人者, 皆道之所當然也, 故反之以自責而自修焉.

번역 '구(求)'자는 "요구하다[責]."는 뜻이다. 도는 사람과 멀리 떨어져 있지 않으니, 무릇 자신이 남에게 요구하는 것들은 모두 도의 당연한 것들이다. 그렇기 때문에 반대로 스스로 바라는 것으로 스스로를 수양해야만 한다.

경문 "庸德之行, 庸言之謹, 有所不足, 不敢不勉, 有餘不敢盡, 言顧行, 行顧言."

번역 공자가 계속하여 말하길, "항상 덕에 따라 시행하고 항상 말을 할 때에는 조심해야 하는데, 부족한 점이 있다면 감히 노력하지 않을 수가 없고, 지나친 점이 있다면 감히 다하지 않으니, 말은 행실을 돌아보고 행실은 말을 돌아본다."라고 했다.

鄭注 庸猶常也, 言德常行也, 言常謹也. 聖人之行, 實過於人, "有餘不敢盡", 常爲人法, 從禮也.

번역 '용(庸)'자는 항상[常]이라는 뜻이니, 덕은 항상 시행해야 하며, 말은 항상 조심해야 한다는 뜻이다. 성인의 행동은 실제로 일반인보다 지나치니, "남음이 있으면 감히 다하지 않는다."라고 한 것으로, 항상 사람들의 모범이 되어 예에 따라야 한다는 의미이다.

孔疏 ●"庸德之行, 庸言之謹", 庸, 常也. 謂自修己身, 常以德而行, 常以言而謹也.

번역 ●經文: "庸德之行, 庸言之謹". ○'용(庸)'자는 항상[常]이라는 뜻이다. 스스로 자신을 수양하여 항상 덕에 따라 시행하고 항상 말을 하며 조심해야 한다는 의미이다.

孔疏 ●"有所不足, 不敢不勉", 謂己之才行有所不足之處, 不敢不勉而行之.

번역 ●經文: "有所不足, 不敢不勉". ○자신의 재주와 행실에 부족한 점이 있다면 감히 노력하며 시행하지 않을 수 없다는 뜻이다.

孔疏 ●"有餘不敢盡", 謂己之才行有餘, 於人常持謙退, 不敢盡其才行以過於人.

번역 ●經文: "有餘不敢盡". ○자신의 재주와 행실에 지나친 점이 있다면 남에 대해서 항상 겸손함을 견지하여, 감히 자신의 재주와 행실을 다해서 남보다 지나쳐서는 안 된다는 의미이다.

孔疏 ●"言顧行"者, 使言不過行, 恒顧視於行.

번역 ●經文: "言顧行". ○말을 행실보다 지나치지 않게 하여 항상 행실에 견주도록 만든다는 뜻이다.

孔疏 ●"行顧言"者, 使行副於言, 謂恒顧視於言也.

번역 ●經文: "行顧言". ○행실을 말에 버금가도록 하니, 항상 말에 견주도록 한다는 뜻이다.

集註 庸, 平常也. 行者, 踐其實. 謹者, 擇其可. 德不足而勉, 則行益力; 言有餘而訒, 則謹益至. 謹之至則言顧行矣; 行之力則行顧言矣.

번역 '용(庸)'자는 평상적이라는 뜻이다. '행(行)'은 그 실질을 실천하는 것이다. '근(謹)'은 옳은 것을 택하는 것이다. 덕이 부족하여 노력한다면 행실이 더욱 힘써질 것이며, 말에 지나친 점이 있어서 참는다면 조심스러움은 더욱 지극해질 것이다. 조심스러움이 지극하다면 말은 행실을 돌아보게 되고, 행실이 더욱 힘써진다면 행실은 말을 돌아보게 된다.

경문 "君子胡不慥慥爾."

번역 공자가 계속하여 말하길, "군자가 어찌 착실하지 않겠는가?"라고 했다.

鄭注 君子, 謂衆賢也. 慥慥, 守實言行相應之貌.

번역 '군자(君子)'는 뭇 현자들을 뜻한다. '조조(慥慥)'는 실질을 지키며 말과 행실이 서로 호응하는 모습을 뜻한다.

孔疏 ●"君子胡不慥慥爾", "慥慥, 守實言行相應之貌". 胡, 猶何也. 旣顧言行相副, 君子何得不慥慥然守實言行相應之道也.

번역 ●經文: "君子胡不慥慥爾". ○정현이 "'조조(慥慥)'는 실질을 지키며 말과 행실이 서로 호응하는 모습을 뜻한다."라고 했다. '호(胡)'자는 하(何)자와 같다. 이미 말과 행실이 서로 돌아보며 부합된다고 했는데, 군자가 어찌 착실하게 실질을 지키며 말과 행실이 서로 호응하지 않는 도를 얻을 수 있겠는가.

集註 慥慥, 篤實貌. 言君子之言行如此, 豈不慥慥乎, 贊美之也. 凡此皆不遠人以爲道之事. 張子所謂"以責人之心責己則盡道", 是也.

번역 '조조(慥慥)'는 독실한 모습이다. 군자의 말과 행실이 이와 같은데 어찌 착실하지 않을 수 있겠느냐는 뜻이니, 찬미한 말에 해당한다. 무릇 이러한 것들은 모두 사람과 멀리 떨어지지 않는 것을 도로 여기는 일에 해당한다. 장자가 "남에게 바라는 마음으로 자신을 책한다면 도를 다하게 된다."라고 한 말이 이러한 뜻을 나타낸다.

集註 右第十三章. 道不遠人者, 夫婦所能, 丘未能一者, 聖人所不能, 皆費也. 而其所以然者, 則至隱存焉. 下章放此.

번역 여기까지는 제 13장이다. 도는 사람과 멀리 떨어져 있지 않으니, 평범한 남녀라도 시행할 수 있지만, 공자가 하나라도 잘하지 못한다고 한 것은 성인이라도 잘 할 수 없는 것이니 모두 비(費)에 해당한다. 그 이유는 지극한 은미함이 있기 때문이다. 아랫장도 이와 같다.

참고 『시』「빈풍(豳風)·벌가(伐柯)」

伐柯如何, (벌가여하) : 도끼자루를 베려면 어찌해야 하는가,
匪斧不克. (비부불극) : 도끼가 아니라면 벨 수가 없느니라.
取妻如何, (취처여하) : 아내를 들이려면 어찌해야 하는가,
匪媒不得. (비매불득) : 중매가 아니라면 들일 수가 없느니라.

伐柯伐柯, (벌가벌가) : 도끼자루를 베고 도끼자루를 벰이여,
其則不遠. (기칙불원) : 그 법칙은 멀리 있지 않느니라.
我覯之子, (아구지자) : 내 이 사람을 만나보니,
籩豆有踐. (변두유천) : 변(籩)과 두(豆)에 음식을 차려내어 향연을 시행하도다.

毛序 伐柯, 美周公也, 周大夫刺朝廷之不知也.

모서 「벌가(伐柯)」편은 주공(周公)을 찬미한 시이니, 주나라 대부가 조정의 신하들이 주공을 알아보지 못함을 풍자한 것이다.

참고 『논어』「이인(里仁)」 기록

경문 子曰, "見賢思齊焉."

번역 공자는 "현명한 자를 보게 되면 그와 같아지기를 생각한다."라고 했다.

何注 包曰: 思與賢者等.

번역 포씨가 말하길, 현명한 자와 동등하게 될 수 있는 방법을 생각하는 것이다.

경문 "見不賢而內自省也."

번역 공자는 계속하여 "현명하지 못한 자를 보게 되면 내적으로 자신을 반성한다."라고 했다.

邢疏 ●"子曰"至"省也". ○正義曰: 此章勉人爲高行也. 見彼賢則思與之齊等, 見彼不賢則內自省察得無如彼人乎.

번역 ●經文: "子曰"~"省也". ○이 문장은 사람들에게 고상한 행동을 시행하도록 권면하는 것이다. 상대의 현명함을 보게 되면 그와 같아질 방법을 생각하고, 상대의 현명하지 못함을 보게 되면 내적으로 스스로를 반성하여 그 사람처럼 현명하지 못한 점이 없는가를 생각한다.

集註 思齊者, 冀己亦有是善; 內自省者, 恐己亦有是惡.

번역 같아지기를 생각한다는 말은 자신 또한 이러한 선을 갖추고자 바라는 것이다. 내적으로 스스로 성찰한다는 말은 자신 또한 이러한 악함이 있을까 염려하는 것이다.

集註 胡氏曰: 見人之善惡不同, 而無不反諸身者, 則不徒羨人而甘自棄, 不徒責人而忘自責矣.

번역 호씨가 말하길, 사람의 선과 악은 동일하지 않은데, 이러한 것을 보고 스스로 반성하지 않음이 없다면, 단지 남을 부러워하며 스스로 그만두기를 달갑게 여기는 것이 아니며, 또한 단지 남을 탓하기만 하며 스스로 반성하는 것을 잊는 것도 아니다.

참고 『논어』「학이(學而)」 기록

경문 有子曰, "禮之用, 和爲貴. 先王之道, 斯爲美. 小大由之, 有所不行. 知和而和, 不以禮節之, 亦不可行也."

번역 유자는 "예의 활용에서는 조화로움을 존귀하게 여긴다. 선왕의 도도 이것을 아름답게 여겼다. 크고 작은 모든 일들을 예의 본체에 따라서만 시행하면 시행되지 않는 점도 있게 된다. 조화로움만 알아 조화롭게만 하고 예로 절제하지 않는다면 또한 시행할 수 없다."라고 했다.

何注 馬曰: 人知禮貴和, 而每事從和, 不以禮爲節, 亦不可行.

번역 마씨가 말하길, 사람들이 예가 조화로움을 존귀하게 여긴다는 사실만 알아서 매사에 조화로움만 따르고 예로 절제하지 못한다면 또한 시행할 수 없다.

邢疏 ●"有子曰"至"行也". ○正義曰: 此章言禮樂爲用相須乃美.

번역 ●經文: "有子曰"~"行也". ○이 문장은 예와 악을 활용할 때에는 서로가 있어야만 아름답게 됨을 나타내고 있다.

邢疏 ●"禮之用, 和爲貴"者, 和, 謂樂也. 樂主和同, 故謂樂爲和. 夫禮勝則離, 謂所居不和也, 故禮貴用和, 使不至於離也.

번역 ●經文: "禮之用, 和爲貴". ○조화로움은 음악을 뜻한다. 음악은 조화롭고 동일하게 함을 위주로 한다. 그렇기 때문에 음악이 조화로움이 됨을 알 수 있다. 예가 악보다 지나치면 서로 떠나게 되니,[25] 거처하는 곳에서

---

25) 『예기』「악기(樂記)」【461a】: 樂者爲同, 禮者爲異. 同則相親, 異則相敬. 樂勝則流, 禮勝則離. 合情飾貌者, 禮樂之事也. 禮義立, 則貴賤等矣. 樂文同, 則上下和矣. 好惡著, 則賢不肖別矣. 刑禁暴, 爵擧賢, 則政均矣. 仁以愛之, 義以正之, 如此則民治行矣.

조화롭지 못한 것을 뜻한다. 그렇기 때문에 예는 조화로움에 따르는 것을 존귀하게 여겨 서로 떠나게 되는 지경에 이르지 않도록 한다.

邢疏 ●"先王之道, 斯爲美"者, 斯, 此也. 言先王治民之道, 以此禮貴和美, 禮節民心, 樂和民聲. 樂至則無怨, 禮至則不爭, 揖讓而治天下者, 禮樂之謂也, 是先王之美道也.

번역 ●經文: "先王之道, 斯爲美". ○'사(斯)'자는 차(此)자의 뜻이다. 즉 선왕이 백성을 다스렸던 도는 바로 이러한 예에서 조화로움을 존귀하게 높인다는 것을 아름답게 여겨, 예로 백성들의 마음을 절제시키고 악으로 백성들의 소리를 조화롭게 만들었다. 악이 지극해지면 원망함이 없어지고 예가 지극해지면 다투지 않는다. 따라서 읍하고 사양함으로 천하를 다스렸다는 것은 예악의 가르침을 뜻하니,[26] 이것이 선왕의 아름다운 도이다.

邢疏 ●"小大由之, 有所不行"者, 由, 用也. 言每事小大皆用禮, 而不以樂和之, 則其政有所不行也.

번역 ●經文: "小大由之, 有所不行". ○'유(由)'자는 사용한다는 뜻이다. 매사의 크고 작은 것들을 모두 예에 따르기만 하고 악으로 조화롭게 만들지 않는다면, 그 정치에는 시행되지 못하는 점이 생긴다는 뜻이다.

邢疏 ●"知和而和, 不以禮節之, 亦不可行也"者, 言人知禮貴和, 而每事從和, 不以禮爲節, 亦不可行也.

번역 ●經文: "知和而和, 不以禮節之, 亦不可行也". ○사람들이 예가 조화로움을 존귀하게 높인다는 사실을 알아서 매사에 조화로움에만 따르고

26) 『예기』「악기(樂記)」【461b~c】: 樂由中出, 禮自外作. 樂由中出故靜, 禮自外作故文. 大樂必易, 大禮必簡. 樂至則無怨, 禮至則不爭. 揖讓而治天下者, 禮樂之謂也. 暴民不作, 諸侯賓服, 兵革不試, 五刑不用, 百姓無患, 天子不怒, 如此則樂達矣. 合父子之親, 明長幼之序, 以敬四海之內, 天子如此, 則禮行矣.

예로 절제하지 않는다면 이 또한 시행할 수 없다는 뜻이다.

集註 禮者, 天理之節文, 人事之儀則也. 和者, 從容不迫之意. 蓋禮之爲體雖嚴, 而皆出於自然之理, 故其爲用, 必從容而不迫, 乃爲可貴. 先王之道, 此其所以爲美, 而小事大事無不由之也.

번역 예는 천리의 절도에 따른 격식이며 인사의 의로운 법칙이다. 화는 차분하며 급박하지 않다는 뜻이다. 예의 본체는 비록 엄격하지만 이 모두는 자연의 이치에서 나왔다. 그렇기 때문에 그것의 활용은 반드시 차분함에 따라 급박하지 않아야만 존귀하게 될 수 있다. 선왕의 도는 이것을 아름답게 여겨 크고 작은 모든 일들이 이것에 따르지 않는 일이 없었다.

集註 承上文而言, 如此而復有所不行者, 以其徒知和之爲貴而一於和, 不復以禮節之, 則亦非復禮之本然矣, 所以流蕩忘反, 而亦不可行也.

번역 앞의 문장을 이어서 한 말이니, 이처럼 하고도 재차 시행되지 못할 것이 있으니, 단지 조화로움이 귀하다는 사실만 알고서 한결같이 조화롭게만 따르고 재차 예로 절제하지 않는다면, 이 또한 예의 본래 그러함이 아니며, 방탕하게 흘러 돌아올 것을 잊게 되니 이 또한 시행할 수 없다는 뜻이다.

集註 程子曰: 禮勝則離, 故禮之用和爲貴. 先王之道以斯爲美, 而小大由之. 樂勝則流, 故有所不行者, 知和而和, 不以禮節之, 亦不可行.

번역 정자가 말하길, 예가 악보다 지나치면 떠나게 된다. 그렇기 때문에 예의 활용은 조화로움을 존귀하게 여긴다. 선왕의 도는 이것을 아름답게 여겨서 크고 작은 모든 일들을 이에 따르도록 했다. 악이 예보다 지나치면 방탕하게 흐른다. 그렇기 때문에 시행하지 못하는 점이 있으니, 조화로움만 알고 조화롭게만 하며 예로 절제하지 않는다면 또한 시행할 수 없는 것이다.

集註 范氏曰: 凡禮之體主於敬, 而其用則以和爲貴. 敬者, 禮之所以立也; 和者, 樂之所由生也. 若有子可謂達禮樂之本矣.

번역 범씨가 말하길, 예의 본체는 공경을 위주로 하고, 그 작용은 조화로움을 존귀하게 여긴다. 공경이란 예가 확립되는 것이며, 조화로움이란 악이 생겨나는 것이다. 유자는 예악의 근본에 통달했다고 평할 수 있다.

集註 愚謂: 嚴而泰, 和而節, 此理之自然, 禮之全體也. 毫釐有差, 則失其中正, 而各倚於一偏, 其不可行均矣.

번역 내가 생각하기에, 엄하면서도 태연하고 조화로우면서도 절제하는 것이 이치의 자연스러움이며 예의 온전한 본체이다. 조금이라도 차이가 생긴다면 중정함을 잃게 되어 각각 한쪽으로 치우치니, 균등히 시행할 수 없다.

그림 11-1 ■ 대규(大圭)

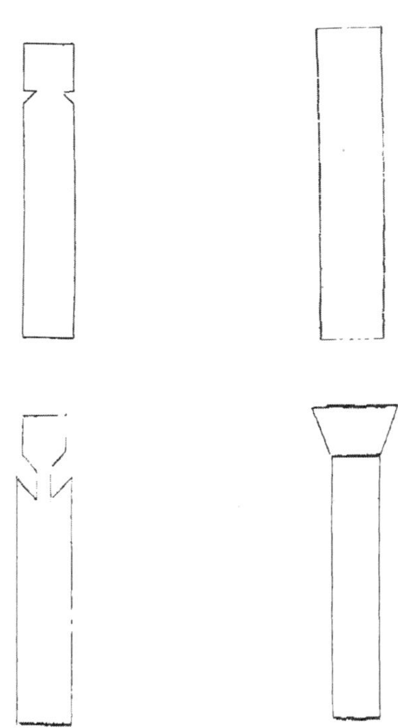

※ 출처: 『상우-『주례도설(周禮圖說)』 하권; 상좌-『삼례도집주(三禮圖集注)』 10권
하우-『삼례도(三禮圖)』 3권; 하좌-『삼재도회(三才圖會)』「기용(器用)」 2권

• 제 12 절 •

유자(儒者)의 행실 - 거현(擧賢) · 원능(援能)

【685b~c】

"儒有內稱不辟親, 外擧不辟怨. 程功積事, 推賢而進達之, 不望其報. 君得其志, 苟利國家, 不求富貴. 其擧賢援能有如此者."

직역 "儒는 內稱이라도 親을 不辟하고, 外擧라도 怨을 不辟함이 有합니다. 功을 程하고 事를 積하며, 賢을 推하여 進히 達하되, 그 報를 不望합니다. 君이 그 志를 得하여, 苟히 國家를 利라도, 富貴를 不求합니다. 그 賢을 擧하고 能을 援함에는 此와 如한 者가 有합니다."

의역 공자가 계속하여 말하길, "유자는 친족 내부에서 천거하더라도 친하다는 이유로 천거를 피하지 않고, 외적으로 원한이 있는 자를 천거하더라도 원한이 있다는 이유로 천거를 피하지 않습니다. 공적을 헤아리고 실적을 취합하여, 현명한 자를 추대하고 나아가 달통하게 하되 보답을 바라지 않습니다. 군주가 뜻을 실현하여 만약 국가가 이롭게 되더라도 부귀함을 바라지 않습니다. 유자는 현명한 자를 천거하고 유능한 자를 발굴함에 이와 같은 점이 있는 자들입니다."라고 했다.

集說 疏曰: 君得其志, 謂此賢者輔助其君, 使君得遂其志也.

번역 공영달의 소에서 말하길, "군주가 그 뜻을 얻었다."는 말은 현명한 자가 군주를 보필하여 군주로 하여금 그 뜻을 실현할 수 있도록 만든다는 의미이다.

集說 應氏曰: 程筭其功, 積累其事, 不輕薦也. 下不求報於人, 上不求報於國.

번역 응씨가 말하길, 그 공적을 헤아리고 일의 실적을 쌓으며, 경솔하게 천거하지 않는다. 밑으로 남에게서 보답을 구하지 않고, 위로 나라에 대해 보답을 구하지 않는다.

大全 藍田呂氏曰: 儒者之志, 以天下爲度者也. 寬裕之志, 旣足以有容, 則物我之間, 無所別也. 天下有事而不治, 天下有賢而未達, 吾任其責矣, 故知其賢也, 猶有親怨之避, 謂之公而實私, 蓋過計於一己之私, 不同乎天下之公也. 傳稱祁奚稱其讐不爲諂, 立其子不爲比, 忘乎親讐者也. 公叔文子之臣大夫僎與文子同升諸公, 忘其君臣者也. 趙文子所擧於晋國, 管庫之士七十有餘家, 忘乎貴賤者也. 管仲遇盜取二人焉, 上以爲公臣, 曰其所與遊辟也, 可人也, 忘乎其素者也. 能忘乎是, 而唯天下國家之利, 然後擧賢援能, 盡其公矣. 夫望報於人, 求富貴於己, 小人之道也, 又何足道哉?

번역 남전여씨가 말하길, 유자의 뜻은 천하를 법도로 삼는다. 관대하고 여유로운 뜻은 이미 포용하기에 충분하므로, 대상과 나와의 사이에 차별할 것이 없게 된다. 천하에 어떠한 일이 있는데 다스려지지 않고 천하에 현명한 자가 있는데 알려지지 않는 것은 본인이 그 책무를 떠맡았기 때문에 현명함을 알아보았는데도 오히려 친하거나 원망하는 사이라 하여 피하며, 이것을 공된 것이라고 하지만 실제로는 삿된 것이니, 한 개인의 삿됨에서 지나치게 계산하여 천하의 공된 도리에 합치시키지 못했기 때문이다. 『좌전』에서는 기해가 자신의 원수를 천거한 것에 대해 아첨이 아니라고 칭찬했고, 자신의 아들을 천거한 것에 대해 사심에 따른 것이 아니라고 했으니,[1] 친하거나 원수라는 관계를 따지지 않은 것이다. 공숙문자의 가신 중 대부인 선은 문자와 함께 조정에 올랐다고 했는데,[2] 군주와 신하의 관계를

1) 『춘추좌씨전』「양공(襄公) 3년」: 祁奚請老, 晉侯問嗣焉. 稱解狐, 其讎也, 將立之而卒. 又問焉. 對曰, "午也可." 於是羊舌職死矣, 晉侯曰, "孰可以代之?" 對曰, "赤也可." 於是使祁午爲中軍尉, 羊舌赤佐之. 君子謂祁奚"於是能擧善矣. 稱其讎, 不爲諂; 立其子, 不爲比; 擧其偏, 不爲黨.

2) 『논어』「헌문(憲問)」: 公叔文子之臣大夫僎與文子同升諸公. 子聞之, 曰, "可以爲文矣."

따지지 않은 것이다. 조문자가 진(晉)나라 조정에 천거했던 자는 창고지기였던 말단 관리로부터 70여 사람에 이르렀는데,[3] 귀하고 천한 신분관계를 따지지 않은 것이다. 관중은 도적떼를 만난 적이 있었는데, 그 중 두 사람을 선별하여 군주의 신하로 천거했고, "이 사람들은 어울렸던 자들이 나쁜 사람들이었기 때문에 도적이 되었던 것일 뿐이다. 본래는 좋은 사람들이다."라고 했는데,[4] 본래의 신분을 따지지 않은 것이다. 이러한 것들을 따지지 않고 오직 천하와 국가의 이익만 추구한 뒤에야 현명한 자와 유능한 자를 천거하여 공공의 도리를 다할 수 있다. 남에게 보답을 바라는 것은 자신만이 부귀하기를 구하는 것으로, 소인의 도에 해당하는데 또한 어떻게 도리에 충분하다 하겠는가?

鄭注 "君得其志"者, 君所欲爲, 賢臣成之.

번역 "군주가 뜻을 얻는다."는 말은 군주가 하고자 했던 것을 현명한 신하가 완성시킨다는 뜻이다.

釋文 辟音避, 下同. 怨, 於元反, 又於願反. "推賢而進達之", 舊至此絶句, 皇以"達之"連下爲句.

번역 '辟'자의 음은 '避(피)'이며, 아래문장에 나오는 글자도 그 음이 이와 같다. '怨'자는 '於(어)'자와 '元(원)'자의 반절음이며, 또한 '於(어)'자와 '願(원)'자의 반절음도 된다. '推賢而進達之'에 대해서 옛 학설에서는 이곳에서 구문을 끊었는데, 황간은 '達之'를 아래문장과 연결해서 구문을 끊었다.

---

3) 『예기』「단궁하(檀弓下)」【140b】: 所擧於晉國管庫之士七十有餘家, 生不交利, 死不屬其子焉.

4) 『예기』「잡기하(雜記下)」【522a】: 孔子曰, "管仲遇盜取二人焉, 上以爲公臣, 曰, '其所與遊辟也. 可人也.' 管仲死, 桓公使爲之服." 宦於大夫者之爲之服也, 自管仲始也, 有君命焉爾也.

孔疏 ●"儒有內稱"至"此者". ○此明儒者擧賢能之事.

번역 ●經文: "儒有內稱"~"此者". ○이곳 문장은 유자가 현명하고 유능한 자를 천거하는 사안을 나타내고 있다.

孔疏 ●"儒有內稱不避親"者, 稱, 擧也.

번역 ●經文: "儒有內稱不避親". ○'칭(稱)'자는 "천거하다[擧]."는 뜻이다.

孔疏 ●"不辟親", 擧人以理, 若祁奚擧子祁午, 是不辟親.

번역 ●經文: "不辟親". ○남을 천거할 때에는 이치에 따르니, 마치 기해가 자신의 자식인 기오를 천거했던 것이 바로 친하다는 이유로 천거를 피하지 않는다는 경우이다.

孔疏 ●"外擧不辟怨"者, 若祁奚擧讎人解狐也. 按襄三年左傳云: "祁奚請老致仕, 晉侯問嗣焉. 稱解狐, 其讎也, 將立之而卒. 又問焉, 對曰: '午也可.' 稱其讎, 不爲諂. 立其子, 不爲比." 但審知其賢, 故不辟也.

번역 ●經文: "外擧不辟怨". ○마치 기해가 원수였던 해호를 천거했던 경우와 같다. 양공(襄公) 3년에 대한 『좌전』의 기록을 살펴보면, "기해는 노쇠했다는 이유로 관직에서 물러나길 청원하니, 진나라 후작은 그대의 뒤를 이을만한 사람에 대해 물었다. 그러자 호해를 천거했는데, 그는 원수관계였으며, 그를 지위에 올리려고 할 때 죽었다. 또 물으니, 대답하길, '기오가 괜찮습니다.'라고 했다. 이것은 원수를 천거한 것이며 아첨이 아니다. 자신의 자식을 그 지위에 올린 것이지만 사심에 따른 것이 아니다."라고 했다. 단지 현명한가의 여부만을 자세히 살폈기 때문에 피하지 않았던 것이다.

孔疏 ●"程功積事, 推賢而進達之", 舊至此絶句, 皇氏以"達之"連下爲句. 言儒者欲擧人之時, 必程效其功, 積累其事, 知其事堪可, 乃推而進達之, 不妄擧人也.

번역 ●經文: "程功積事, 推賢而進達之". ○옛 학설에서는 이곳에서 구문을 끊었는데, 황간은 '달지(達之)'를 뒤의 문장과 연결해서 구문을 끊었다. 유자가 남을 천거하려고 할 때에는 반드시 그의 공적을 살피고 그의 업적을 취합하여 그 사안을 감당할 수 있다는 사실을 알게 되면 추천하여 조정에 나아가게 하니, 망령스럽게 남을 천거하지 않는다는 뜻이다.

孔疏 ●"不望其報"者, 言雖進達賢人於君, 不求望其報也.

번역 ●經文: "不望其報". ○비록 군주에게 현명한 자를 천거하더라도 보답을 바라지 않는다는 뜻이다.

孔疏 ●"君得其志, 苟利國家, 不求富貴"者, "君得其志"者, 謂君任此儒者輔助其君, 使君得其志意, 所欲皆成, 此儒者推賢達士無所求爲, 唯苟在利益國家, 不於身上自求富貴也.

번역 ●經文: "君得其志, 苟利國家, 不求富貴". ○경문의 "君得其志"에 대하여. 군주가 유자에게 임무를 맡겨 군주를 보필하게 해서, 군주로 하여금 자신의 뜻을 이루게 하여 하고자 했던 것들을 모두 완성하는 것은 유자가 현명하고 유능한 자들을 천거함에 바라는 것이 없고, 단지 국가를 이롭게 하는 데에 뜻이 있으며, 자신이 부귀하고자 바라는 것이 아니라는 의미이다.

孔疏 ●"其擧賢援能有如此"者, 言儒者進達引能, 有如此在上諸事也.

번역 ●經文: "其擧賢援能有如此". ○유자가 통달하고 유능한 자를 천거하고 발굴하는 것은 앞서 언급한 여러 사안에 달려 있다는 뜻이다.

集解 愚謂: 不求其報, 不望所擧者之報也. 不求富貴, 不求國家之賞也. 蓋薦賢以爲國, 而不以爲私, 此儒者擧賢援能之心也.

번역 내가 생각하기에, 보답을 바라지 않는다는 것은 천거를 받은 자가 보답하기를 바라지 않는다는 뜻이다. 부귀를 구하지 않는 것은 국가로부터 상을 받고자 구하지 않는다는 뜻이다. 현명한 자를 천거하는 것은 국가를 위한 것으로 자신을 위해서가 아니니, 이것은 유자가 현명하고 유능한 자를 천거하는 마음에 해당한다.

참고 원문비교

예기대전 · 유행 儒有內稱不辟親, 外擧不辟怨. 程功積事, 推賢而進達之, 不望其報. 君得其志, 苟利國家, 不求富貴. 其擧賢援能有如此者.

공자가어 · 유행해(儒行解) 儒有內稱不避親, 外擧不避怨. 程功積事, 不求厚祿①, 推賢達能, 不望其報. 君得其志, 民賴其德, 苟利國家, 不求富貴. 其擧賢援能有如此者.

王注-① 程, 猶效也, 言功效而已, 不求厚祿也.

번역 '정(程)'자는 드러낸다는 뜻이니, 공적을 드러낼 따름이며, 많은 녹봉을 구하지 않는다는 뜻이다.

참고 『춘추좌씨전』 양공(襄公) 3년 기록

전문 祁奚請老①, 晉侯問嗣焉②. 稱解狐, 其讎也, 將立之而卒③.

번역 기해가 노쇠했다는 이유로 사직하길 청하니 진나라 후작은 그의 뒤를 이을 만한 인물을 물었다. 기해는 해호를 추천하였는데, 그는 기해와 원수 사이였고, 해호를 그 자리에 임명하려고 할 때 해호가 갑자기 죽었다.

杜注-① 老, 致仕.

번역 '노(老)'자는 노년을 이유로 사직을 청했다는 뜻이다.

杜注-② 嗣, 續其職者.

번역 '사(嗣)'자는 그 직무를 계승할 자를 뜻한다.

杜注-③ 解狐卒.

번역 해호가 갑자기 죽었다는 뜻이다.

孔疏 ●"讎也". ○正義曰: 讎者, 相負挾怨之名. 奚負狐·狐負奚, 皆謂之讎. 此是奚負狐也, 不是擧之以解怨, 故下云"稱其讎, 不爲諂"也.

번역 ●經文: "讎也". ○'수(讎)'자는 서로 등지고 원망하는 마음을 가지고 있을 때 쓰는 말이다. 기해는 해호를 등지고 해호는 기해를 등지고 있어서 둘 모두 원수 사이였다고 평할 수 있다. 그런데 기해는 해호를 원수로 여겼음에도 그를 천거할 때 원망하는 마음을 풀고자 했던 것이 아니다. 그렇기 때문에 뒤에서는 "원수를 천거한 것은 아첨하기 위한 것이 아니다."라고 했다.

전문 又問焉, 對曰: "午也可①." 於是羊舌職死矣. 晉侯曰: "孰可以代之?" 對曰: "赤也可②." 於是使祁午爲中軍尉, 羊舌赤佐之③. 君子謂"祁奚於是能擧善矣. 稱其讎, 不爲諂; 立其子, 不爲比; 擧其偏, 不爲黨④."

번역 진나라 후작이 재차 묻자 기해는 "제 아들 오가 그 자리를 맡을 만합니다."라고 대답했다. 이 시기에 양설직이 죽었다. 진나라 후작은 "누가 그의 자리를 대신할 수 있는가?"라고 묻자 기해는 "양설직의 아들 적이 그 자리를 맡을 만합니다."라고 대답했다. 이에 기오로 하여금 중군위를 맡게 했고, 양설적으로 하여금 그를 보좌하도록 했다. 군자는 이 일화를 두고 “기해는 이번에 선한 자를 잘 추천했다고 평할 수 있다. 자신과 원수 사이였음에도 그를 천거했으나 아첨하기 위한 것이 아니고, 자신의 자식을 천거했으나 가족이라는 이유 때문이 아니었으며, 자신의 부하를 천거했으나 편당을 짓기 위함이 아니었다.”라고 평했다.

杜注-① 午, 祁奚子.

번역 오(午)는 기해의 아들이다.

杜注-② 赤, 職之子伯華.

번역 적(赤)은 양설직의 아들인 백화(伯華)이다.

杜注-③ 各代其父.

번역 각각 자신의 부친이 가지고 있었던 지위를 대신한 것이다.

杜注-④ 諂, 媚也. 偏, 屬也.

번역 ‘첨(諂)’자는 아첨한다는 뜻이다. ‘편(偏)’자는 부하를 뜻한다.

孔疏 ●“稱其”至“爲黨”. ○正義曰: 設令他人稱其讎, 則諂以求媚也; 立其子, 則心在親比也; 擧其偏, 則情相阿黨也. 今祁奚以其人實善, 故擧薦之. 人見彼善, 知奚不諂·不比·不黨也. 諂者, 阿順曲從以求彼意, 故以諂爲媚. 媚, 愛也, 言爲諂以求愛也. 偏者, 半廂之名, 故傳多云“東偏西偏”. 軍師屬己, 分之別行, 謂之偏師. 傳云“彘子以偏師陷”. 是偏爲廂屬之名也. 祁奚爲中軍尉, 羊舌職佐之. 職屬祁奚, 復擧其子, 是擧其偏屬也.

번역 ●經文: “稱其”~“爲黨”. ○가령 다른 사람이 자신의 원수를 천거했다면, 이것은 비위를 맞춰 아첨하고자 해서이다. 또 자신의 자식을 세웠다면 그 마음은 친근하고 가까운 자에게 쏠려 있는 것이다. 또 자신의 부하를 천거했다면 그의 정감은 서로 편당을 짓기 위해서이다. 그런데 기해는 그 인물됨이 실제로 선했기 때문에 이처럼 천거할 수 있었다. 사람들이 그의 선함을 알아보았으므로, 기해가 천거한 것이 아첨하기 위한 것이 아니고 가족이라는 이유 때문이 아니며 편당을 짓기 위함도 아니라는 사실을 알 수 있었다. '첨(諂)'은 비위를 맞춰 순종하며 자신의 본래 뜻을 꺾고 상대를 따라서 상대의 뜻에 맞추고자 구하는 것이다. 그렇기 때문에 '첨(諂)'을 미(媚)라고 했다. '미(媚)'라는 것은 친애함을 뜻하니, 아첨을 하여 상대의 친애하는 마음을 구한다는 뜻이다. '편(偏)'자는 군대의 편제를 반으로 나눈다는 뜻의 말이다. 그렇기 때문에 전문에는 동편(東偏)이나 서편(西偏)이라는 말이 자주 등장한다. 자신에게 배속된 군대를 나눠서 별도로 움직이게 하는 것을 '편사(偏師)'라고 부른다. 전문에서는 "체자가 편사를 이끌고 갔다가 함정에 빠졌다."[5]라고 했다. 이것은 편(偏)이 자신에게 소속된 군대를 가리킨다는 사실을 나타낸다. 기해는 중군위의 직책을 맡고 있었고 양설직은 그를 보좌했다. 양설직은 기해에게 배속되어 있었는데, 재차 그의 자식을 천거했으니, 이것은 자신의 부하를 천거한 것이 된다.

전문 "商書曰: '無偏無黨, 王道蕩蕩①.' 其祁奚之謂矣! 解狐得擧②, 祁午得位, 伯華得官, 建一官而三物成③."

번역 군자는 계속하여 "『상서』에서는 '치우침도 없고 편당도 없으면, 왕도가 공평하게 된다.'[6]라고 했으니, 바로 기해를 가리키는구나! 해호는 천거를 받았고 기오는 지위를 얻었으며 백화는 관직을 얻었으니, 한 관원을 임명하는데 세 가지 일이 이루어졌다."라고 했다.

---

5) 『춘추좌씨전』「선공(宣公) 12년」: 韓獻子謂桓子曰, "彘子以偏師陷, 子罪大矣. 子爲元帥, 師不用命, 誰之罪也? 失屬·亡師, 爲罪已重, 不如進也. 事之不捷, 惡有所分. 與其專罪, 六人同之, 不猶愈乎?"

6) 『서』「주서(周書)·홍범(洪範)」: 無偏無黨, 王道蕩蕩, 無黨無偏, 王道平平, 無反無側, 王道正直, 會其有極, 歸其有極.

杜注-① 商書·洪範也. 蕩蕩, 平正無私.

번역 『상서』「홍범(洪範)」편의 기록이다. '탕탕(蕩蕩)'은 공평하여 사사로움이 없다는 뜻이다.

杜注-② 未得位, 故曰得擧.

번역 아직 그 자리에 오른 것이 아니기 때문에 "천거를 받았다."라고 했다.

杜注-③ 一官, 軍尉. 物, 事也.

번역 '일관(一官)'은 기해가 맡고 있었던 군위(軍尉)라는 관직을 뜻한다. '물(物)'자는 일을 뜻한다.

孔疏 ●"建一官而三物成". ○正義曰: 尉·佐同掌一事, 故爲"建一官"也. 三事成者, 成其得擧·得位·得官也. 官·位一也, 變文相辟耳. 服虔云: "所擧三賢, 各能成其職事." 按解狐得擧而死, 身未居職, 何成事之有?

번역 ●經文: "建一官而三物成". ○수장인 위(尉)와 그를 보좌하는 좌(佐)는 모두 한 가지 일을 담당한다. 그렇기 때문에 "한 관부를 세웠다."라고 했다. 세 가지 일이 완성되었다는 것은 천거를 받고 지위를 얻으며 관직 얻는 것을 완성했다는 뜻이다. '관(官)'자와 '위(位)'자는 동일한 뜻이니, 글자를 바꿔 반복되는 것을 피한 것일 뿐이다. 복건은 "천거한 세 명의 현자가 각각 자신의 직무를 완성할 수 있었다."라고 풀이했다. 살펴보니 해호는 천거를 받았지만 바로 죽었으므로, 그 자신은 아직 해당 관직에 오른 것이 아닌데 어떻게 해당 직무를 완성하는 일이 있겠는가?

전문 "能擧善也夫! 唯善, 故能擧其類. 詩云: '惟其有之, 是以似之.' 祁奚有焉①."

번역 군자는 계속하여 "이것은 선한 자를 잘 천거했기 때문이다! 자신이 선하기 때문에 자신과 같은 부류의 사람을 천거할 수 있는 것이다. 『시』에서는 '오직 그러한 덕을 지니고 있는 자만이 자신과 유사한 자를 뽑는구나.'[7]라고 했는데, 기해에게는 이러한 점이 있었다."라고 했다.

杜注-① 詩·小雅. 言唯有德之人, 能擧似己者.

번역 『시』「소아(小雅)」편이다. 오직 덕을 가진 사람만이 자신과 비슷한 사람을 천거할 수 있다는 뜻이다.

孔疏 ●"詩云"至"似之". ○正義曰: 此小雅·裳裳者華之篇也. 其卒章云: "右之右之, 君子有之. 維其有之, 是以似之."

번역 ●經文: "詩云"~"似之". ○이것은 『시』「소아(小雅)·상상자화(裳裳者華)」편이다. 마지막 장에서는 "우측으로 인도하고 우측으로 인도함에 군자가 그것을 가지고 있도다. 오직 그러한 덕을 지니고 있는 자만이 자신과 유사한 자를 뽑는구나."라고 했다.

참고 『논어』「헌문(憲問)」 기록

경문 公叔文子之臣大夫僎, 與文子同升諸公.

번역 공숙문자의 가신인 대부 선이 공숙문자와 함께 조정에 올랐다.

何注 孔曰: 大夫僎本文子家臣, 薦之使與己並爲大夫, 同升在公朝.

번역 공씨가 말하길, 대부 선은 본래 공숙문자의 가신이었는데, 공숙문

7) 『시』「소아(小雅)·상상자화(裳裳者華)」: 左之左之, 君子宜之. 右之右之, 君子有之. <u>維其有之, 是以似之</u>.

자가 그를 천거하여 자신과 마찬가지로 대부가 되도록 하고, 그와 함께 조정에 들어갔다.

孔疏 ●"公叔"至"文矣". ○正義曰: 此章論衛大夫公孫拔之行也.

번역 ●經文: "公叔"~"文矣". ○이 문장은 위나라 대부인 공숙발의 행실을 논의한 것이다.

孔疏 ●"公叔文子之臣大夫僎, 與文子同升諸公"者, 諸, 於也. 大夫僎本文子家臣, 文子薦之, 使與己並爲大夫, 同升在於公朝也.

번역 ●經文: "公叔文子之臣大夫僎, 與文子同升諸公". ○'저(諸)'자는 어(於)자의 뜻이다. 대부 선은 본래 공숙문자의 가신이었는데, 공숙문자가 그를 천거하여 자신과 마찬가지로 대부로 만들었고, 그와 함께 조정에 들어갔다.

集註 臣, 家臣. 公, 公朝. 謂薦之與己同進爲公朝之臣也.

번역 '신(臣)'자는 가신을 뜻한다. '공(公)'자는 조정을 뜻한다. 공숙문자가 그를 천거하여 자신과 함께 조정의 신하가 되었다는 뜻이다.

경문 子聞之, 曰: "可以爲文矣."

번역 공자가 그 말을 듣고서 "공숙문자에 대해 시호를 '문(文)'이라 이를 만하다."라고 평했다.

何注 孔曰: 言行如是, 可謚爲文.

번역 공씨가 말하길, 말과 행실이 이와 같았으므로, 시호를 문(文)이라 지을 만하다는 뜻이다.

邢疏 ●"子聞之曰: 可以爲文矣"者, 孔子聞其行如是, 故稱之曰: "可以謚爲文矣." 以謚法"錫民爵位曰文"故也.

번역 ●經文: "子聞之曰: 可以爲文矣". ○공자는 그의 행실이 이와 같다는 소식을 들었기 때문에 그를 칭찬하며 "시호를 '문(文)'이라 이를 만하다."라고 평했다. 『시법』에서도 "백성에게 작위를 하사하게 되면 '문(文)'이라 부른다."라고 했기 때문이다.

集註 文者, 順理而成章之謂. 謚法亦有所謂錫民爵位曰文者.

번역 '문(文)'은 이치에 따라 격식을 완성했다는 뜻으로 붙인 시호이다. 『시법』에서도 백성에게 작위를 하사한 것을 두고 '문(文)'이라 지은 경우가 있다.

集註 洪氏曰: 家臣之賤而引之使與己並, 有三善焉: 知人, 一也; 忘己, 二也; 事君, 三也.

번역 홍씨가 말하길, 가신처럼 미천한 자를 이끌어 자신과 나란히 조정의 신하가 되도록 만들었으니, 여기에는 세 가지 선함이 있다. 그 사람됨을 알아본 것이 첫 번째 선함이며, 자신이 존귀하다는 것을 상관하지 않았던 것이 두 번째 선함이고, 이를 통해 군주를 섬긴 것이 세 번째 선함이다.

참고 『예기』「단궁하(檀弓下)」 기록

경문-140b 所擧於晉國管庫之士七十有餘家, 生不交利, 死不屬其子焉.

번역 조문자(趙文子)는 사람됨을 잘 알아보았으므로, 그가 진(晉)나라 조정에 천거했던 자는 창고지기였던 말단 관리로부터 70여 사람에 이르는데, 생전에는 그들을 통해서 이로움을 추구하지 않았고, 그가 죽을 때에도 자신의 아들에 대해서 부탁하지 않았다.

鄭注 管庫之士, 府史以下, 官長所置也. 擧之於君, 以爲大夫·士也. 管, 鍵也. 庫, 物所藏. 廉也. 潔也.

번역 '관고지사(管庫之士)'는 부사(府史) 이하의 말단 관리들이며, 관부의 수장들이 직접 임명하는 자들이다. 군주에게 천거를 하여, 대부 및 사 계층으로 삼은 것이다. '관(管)'자는 자물쇠[鍵]를 뜻한다. '고(庫)'는 물건을 보관해두는 장소이다. 생전에는 청렴하였고, 죽어서도 결백하였다.

孔疏 ◎注"擧之"至"鍵也". ○正義曰: 知"爲大夫·士"者, 以經稱"家", 家是大夫·士之總號. 按月令注: "管籥, 搏鍵器." 鍵謂鎖之入內者, 俗謂之鎖須; 管謂夾取鍵, 今謂之鑰匙; 則是管·鍵爲別物. 而云"管鍵"者, 對則細別; 散則大同, 爲鍵而有, 故云"管鍵".

번역 ◎鄭注: "擧之"~"鍵也". ○정현이 "대부 및 사 계층으로 삼은 것이다."라고 했는데, 이 말이 사실임을 알 수 있는 이유는 경문에서 '가(家)'라고 지칭했기 때문이니, '가(家)'자는 대부(大夫)와 사(士) 계층을 총칭해서 부르는 명칭이다. 『예기』「월령(月令)」편에 대한 주를 살펴보면, "'관약(管籥)'은 잠글 때 쓰는 열쇠이다."[8]라고 했다. 자물쇠 중 암컷은 몸통에 해당하는데, '건(鍵)'이라는 것은 곧 이러한 몸통 안에 넣게 되는 수컷 부분으로, 세속에서는 '쇄수(鎖須)'라고 부르며, '관(管)'이라는 것은 건(鍵)을 끼우는 부분으로, 오늘날에는 '약시(鑰匙)'라고 부른다. 따라서 '관(管)'과 '건(鍵)'이라는 것은 엄밀히 말하면 별개의 물건이다. 그런데 이곳 문장에서 '관건(管鍵)'이라고 말한 것은 두 사물을 대비시키게 되면, 엄밀한 의미에서 구별이 되지만, 범범하게 보면, 큰 의미에서는 같은 물건이 되고, 관(管)은 건(鍵)을 위해서 존재하는 것이므로, '관건(管鍵)'이라고 말한 것이다.

---

8) 이 문장은 『예기』「월령(月令)」편의 "固封疆, 備邊竟, 完要塞, 謹關梁, 塞徯徑."이라는 기록에 대한 정현의 주이다.

孔疏 ●"生不交利"者, 謂文子生存之日, 不交涉爲利, 是謂不與利交涉也.

번역 ●經文: "生不交利". ○문자가 생존했을 때, 자신이 등용했던 자들과 교섭을 하여 이로움을 취하지 않았으니, 이것이 바로 이로움에 대해서 교섭하지 않았다는 뜻이다.

孔疏 ●"死不屬其子"者, 謂臨死時不私屬其子於君及朝廷也. 按禮記文子成室, 被張老所譏. 樂奏肆夏, 從趙文子始. 禮記顯其奢僭者, 晉爲霸主, 總領諸侯, 武爲晉相, 光顯威德. 此乃事勢須然, 無廢德行之善. 且仲尼之門, 尙有柴愚參魯, 管仲相齊亦有三歸反坫, 亦何怪也?

번역 ●經文: "死不屬其子". ○죽음에 임해서, 개인적으로 자신의 아들에 대해서 군주 및 조정의 신하들에게 부탁을 하지 않았다는 뜻이다. 『예기』를 살펴보면, 문자가 집을 새로 지었을 때, 장로로부터 기롱을 당했다. 또 대부가 음악을 연주하며, 사하(肆夏)라는 악곡을 연주하기 시작한 것은 조문자로부터 시작되었다고 했다. 따라서 『예기』에서는 그의 사치스러움과 참람됨에 대해서 분명히 밝히고 있는데, 진(晉)나라가 패주(霸主)가 되어서, 제후들을 통솔할 때, 무(武)는 진나라의 재상이 되어서, 군주의 위엄과 덕성을 밝게 드러냈다. 이것은 곧 당시의 세력에 따라 그처럼 했던 것이지만, 그의 올바른 덕행을 폐지할 수는 없다. 또 공자의 문인 중 일찍이 시(柴)는 우둔하였지만, 노나라의 읍재(邑宰)가 되어, 노나라의 정사를 도왔고,[9] 관중은 제(齊)나라의 재상이 되었음에도 또한 세 명의 부인을 두고, 반점(反坫)까지 두었으니,[10] 조문자의 일을 또한 어찌 괴이하게 여길 수 있겠는가?

9) 『예기』「단궁하」【131b】: 季子皐葬其妻, 犯人之禾. 申祥以告, 曰: "請庚之." 子皐曰: "孟氏不以是罪予, 朋友不以是棄予, 以吾爲邑長於斯也. 買道而葬, 後難繼也."

10) 『논어』「팔일(八佾)」: 子曰, "管仲之器小哉!" 或曰, "管仲儉乎?" 曰, "管氏有三歸, 官事不攝, 焉得儉?" "然則管仲知禮乎?" 曰, "邦君樹塞門, 管氏亦樹塞門. 邦君爲兩君之好, 有反坫, 管氏亦有反坫. 管氏而知禮, 孰不知禮?"

大全 長樂陳氏曰: 君子之尙友, 以一鄕爲未足, 則友於一國, 以一國爲未足, 則友之天下, 以天下爲未足, 則尙論古之人, 此文子叔譽所以論死者之可作也. 叔譽以陽處父與舅犯爲可與歸, 文子則謂處父不足於智, 犯不足於仁, 不若隨武子之愈. 蓋太剛則易屈, 太直則易折, 植者, 剛直而自立者也. 處父幷爲之, 其智不足稱矣. 懷利者有己, 懷仁者有君, 舅犯見利而不顧君, 其仁不足稱矣. 隨武子則利其君, 仁也, 不忘其身, 謀諸其身, 智也. 不遺其友, 義也. 二人於仁智爲不足, 武子於仁智義則兼而有之. 其身退然如不勝衣, 而其所爲足以勝大事, 其言吶吶如不出諸口, 而其所擧足以盡衆賢. 蓋管庫之士, 賤而難知, 七十有餘家, 衆而難辨, 文子之所擧, 雖賤不遺, 雖衆不繆, 豈非長於知人哉? 然則文子成室, 不免張老之所戒, 樂奏肆夏, 自文子始, 其奢僭於此, 而謂生不交利何也? 蓋奢僭在己, 交利在人.

번역 장락진씨가 말하길, 군자는 벗을 숭상하니, 한 마을의 사람으로도 부족하다면, 한 나라에서 벗을 구하고, 한 나라에서도 부족하다면, 천하에서 벗을 구하며, 천하로도 부족하다면, 옛 사람들에 대해서 품평하게 되니, 이것이 바로 문자(文子)와 숙예(叔譽)가 죽은 자들 중에서도 꼽을 만한 자들을 품평했던 이유이다. 숙예는 양처보(陽處父)와 구범(舅犯)을 정사를 맡겨도 될 사람으로 여겼는데, 문자는 양처보에 대해서 지혜가 부족하다고 여겼고, 구범에 대해서 인(仁)함이 부족하다고 여겨서, 수무자(隨武子)의 뛰어남만 못하다고 하였다. 무릇 너무 굳건하면 쉽게 굽혀지고, 너무 강직하면 쉽게 꺾어지는데, '식(植)'이라는 것은 굳건하고 강직하게 스스로 우뚝 서 있는 자를 뜻한다. 양처보는 이처럼 행동했으니, 그의 지혜는 일컫기에 부족한 것이다. 이로움만을 생각하는 자는 마음속에 자기만 있게 되고, 인(仁)만을 고집하는 자는 마음속에 군주만 있게 되는데, 구범은 이로움만 바라보고 군주에 대해서는 살피지 않았으니, 그의 인(仁)함은 일컫기에 부족한 것이다. 수무자의 경우에는 군주를 이롭게 했으니, 인(仁)에 해당하고, 자신에 대해서도 잊지 않았고, 자신의 이로움에 대해서도 도모를 하였으니, 지(智)에 해당하며, 벗을 버리지 않았으니, 의(義)에 해당한다. 양처보와 구범은 인(仁)과 지(智)의 측면에서 부족했지만, 수무자는 인(仁)·지(智)·의

(義)라는 세 측면에 대해서 모두 겸비하고 있었다. 그리고 조문자 본인은 겸손하고 유약한 듯이 행동하여, 마치 옷의 무게도 견디지 못할 것처럼 했지만, 그의 행동은 족히 국가의 중대사도 견뎌낼 수 있었으며, 그의 말은 어눌하여 마치 입 밖으로 소리가 나오지 않는 것처럼 들렸지만, 그의 천거는 수없이 많은 현명한 자를 모두 가려낼 수 있었다. 무릇 창고지기와 같은 사(士)들은 신분이 미천하여, 그의 현명함을 알아보기 어렵고, 70여 사람이나 된다면, 사람들이 많으므로, 변별하기 어렵다. 조문자가 천거를 할 때에는 비록 상대방의 신분이 미천하다고 하더라도, 현명한 자를 내버려두는 일이 없었고, 비록 그 사람들이 많다고 하더라도, 모두 변별했으니, 어찌 사람을 알아보는 능력에 있어서 뛰어난 자가 아니겠는가? 그러나 조문자는 새로운 집을 지으면서, 장로로부터 경계하는 말을 들었고,[11] 음악을 사용하며 사하(肆夏)라는 악곡을 연주한 것도 조문자로부터 시작되었는데,[12] 그의 사치스러움과 참람됨이 이와 같은데도, 이곳 문장에서 그가 생전에 이로움에 대해서 교류하지 않았다고 한 말은 무슨 연유인가? 무릇 사치와 참람됨은 자신이 어찌 하느냐에 달린 것이고, 이로움에 대해서 교류하는 것은 다른 사람에게 달려 있는 문제이기 때문이다.

訓纂 王氏引之曰: 管鍵所以啓閉庫也. 然謂之啓庫閉庫則可, 謂之管庫則文不成義. 且守庫者職司出納, 不獨啓閉已也. 今案管者, 典也, 主也. 管庫之士, 謂主此庫者耳.

번역 왕인지가 말하길, '관건(管鍵)'은 창고를 개폐할 때 사용하는 물건이다. 그러므로 창고를 열고 닫는다는 뜻으로 풀이한다면 옳지만, '관고(管庫)'라고 했다면, 문맥의 뜻이 완전해지지 못한다. 또 창고를 지키는 자는 물건의 출납에 대해서도 담당을 하니, 단지 창고를 열고 닫는 것만 할 따름

---

11) 『예기』「단궁하」【137a】: 晉獻文子成室, 晉大夫發焉. 張老曰: "美哉輪焉! 美哉奐焉! 歌於斯, 哭於斯, 聚國族於斯." 文子曰: "武也得歌於斯, 哭於斯, 聚國族於斯, 是全要領以從先大夫於九京也." 北面再拜稽首. 君子謂之善頌·善禱.

12) 『예기』「교특생(郊特牲)」【320c】: 大夫之奏肆夏也, 由趙文子始也.

이 아니다. 따라서 '관(管)'자에 대해서 살펴보니, 이 글자는 담당한다는 뜻의 '전(典)'자와 '주(主)'자의 뜻이 된다. 그러므로 '관고지사(管庫之士)'라는 말은 창고를 주관하는 자를 뜻할 따름이다.

集解 愚謂: 趙文子之爲人, 亦可謂賢者, 然以宮室之侈, 肆夏之僭, 見譏於世. 蓋其天姿雖美, 而未嘗學問, 生僭侈之世, 相習成風, 而不自知其非也.

번역 내가 생각하기에, 조문자의 사람됨은 또한 현명하다고 평가할 수 있다. 그러나 집을 지으며 사치를 부렸고, 사하(肆夏)라는 악곡을 참람되게 사용하여, 세상으로부터 기롱을 당했다. 그 이유는 무릇 하늘로부터 부여받은 성품은 비록 아름다웠지만, 일찍이 학문을 연마하지 못했고, 그는 참람됨과 사치가 보편화된 세상에 태어나서, 이러한 풍속을 익혔으므로, 자신이 잘못을 저지르고 있는지 제 스스로 몰랐던 것이다.

참고 『예기』「잡기하(雜記下)」 기록

경문-522a 孔子曰, "管仲遇盜取二人焉, 上以爲公臣, 曰, '其所與遊辟也. 可人也.' 管仲死, 桓公使爲之服." 宦於大夫者之爲之服也, 自管仲始也, 有君命焉爾也.

번역 공자는 "예전에 관중은 도적떼를 만난 적이 있었는데, 그 중 두 사람을 선별하여 군주의 신하로 천거했다. 그리고 '이 사람들은 어울렸던 자들이 나쁜 사람들이었기 때문에 도적이 되었던 것일 뿐이다. 본래는 좋은 사람들이다.'라고 했다. 관중이 죽자 환공은 그 두 사람으로 하여금 관중을 위해 상복을 착용하도록 시켰다."라고 했다. 대부를 섬기는 자들이 죽은 대부를 위해서 상복을 착용했던 것은 관중으로부터 시작되었으니, 군주의 명령에 따라 그처럼 되었을 뿐이다.

鄭注 言此人可也, 但居惡人之中, 使之犯法. 亦記失禮所由也, 善桓公不忘賢者之擧. 宦, 猶仕也. 此仕於大夫, 更升於公, 與違大夫之諸侯同爾, 禮不反服.

번역 "이 사람들은 좋은 사람들이다."라고 했으니, 단지 나쁜 사람들과 어울려서, 법을 어기게끔 한 것이다. 이 또한 실례의 유래를 기록한 것인데, 환공이 현명한 자의 천거를 잊을 수 없었던 것에 대해서는 칭찬한 것이다. '환(宦)'자는 "벼슬하다[仕]."는 뜻이다. 여기에서 말한 자들은 본래 대부인 관중을 섬겼다가 재차 제후에게 천거된 것이니, 대부를 떠나서 제후에게 등용된 자들의 경우와 동일할 따름이므로, 예법에 따르면 되돌아가서 그에 대한 상복을 착용하지 않는다.

孔疏 ●"管仲遇盜, 取二人焉"者, 謂管仲逢遇群盜, 於此盜中, 簡取二人焉.

번역 ●經文: "管仲遇盜, 取二人焉". ○관중이 도적떼를 만난 적이 있었는데, 도적 무리들 중에서 두 사람을 간별해냈다는 뜻이다.

孔疏 ●"上以爲公臣"者, 謂管仲薦上此二人, 以爲桓公之臣.

번역 ●經文: "上以爲公臣". ○관중이 두 사람을 천거하여 환공의 신하로 삼았다는 뜻이다.

孔疏 ●"曰: 其所與遊, 辟也, 可人也"者, 此管仲薦此盜人之辭, 言此盜人所與交遊是邪辟之人, 故犯法爲盜. 可人也者, 謂其人性行是堪可之人也, 可任用之.

번역 ●經文: "曰: 其所與遊, 辟也, 可人也". ○관중이 도적이었던 두 사람을 천거하며 한 말이니, 이 도적은 함께 어울렸던 사람들이 나쁜 사람들이었기 때문에, 법을 범하여 도적이 되었다고 한 것이다. '가인야(可人也)'라는 말은 그 사람들의 본성과 행실은 좋은 사람들이니, 등용할 수 있다는 뜻이다.

• 제 13 절 •

유자(儒者)의 행실 - 임(任) · 거(擧)

【685d】

"儒有聞善以相告也, 見善以相示也, 爵位相先也, 患難相死也, 久相待也, 遠相致也. 其任擧有如此者."

직역 "儒는 善을 聞하면 相히 告하고, 善을 見하면 相히 示하며, 爵位는 相히 先하고, 患難은 相히 死하며, 久히 相히 待하고, 遠히 相히 致함이 有합니다. 그 任擧함에는 此와 如한 者가 有합니다."

의역 공자가 계속하여 말하길, "유자는 선함을 들으면 서로에게 알려주고, 선함을 보게 되면 서로에게 보여주며, 작위에 대해서는 서로에게 먼저 하라고 양보하고, 환란에 대해서는 서로 목숨을 던지며, 오래된 관계에서도 서로를 대우하고, 소원한 관계에서도 서로를 이루어줌이 있습니다. 유자는 벗에게 임무를 맡기거나 천거함에 이와 같은 점이 있는 자들입니다."라고 했다.

集說 呂氏曰: 擧賢援能, 儒者所以待天下之士也, 任擧者, 所以待其朋友而已, 必同其好惡也. 故聞善相告, 見善相示. 必同其憂樂也. 故爵位相先, 患難相死. 彼雖居下, 不待之同升則不升; 彼雖疎遠, 不致之同進則不進. 此任擧朋友加重於天下之士者, 義有厚薄故也.

번역 여씨가 말하길, 현명한 자와 유능한 자를 천거하고 발탁하는 것은 유자가 천하의 사들을 대우하는 것이며, 맡기고 천거하는 것은 벗을 대우하는 것일 따름인데, 반드시 좋아함과 싫어함을 동일하게 해야 한다. 그렇기 때문에 선함을 들으면 서로 알려주고, 선함을 보게 되면 서로 보여준다.

또 반드시 근심과 즐거움을 함께 해야 한다. 그렇기 때문에 작위에 대해서는 서로 먼저 하라고 양보하며, 환란에 대해서는 서로 목숨을 바친다. 상대가 비록 낮은 자리에 있더라도 함께 오르도록 대우하지 않는다면 오르지 않고, 상대가 비록 소원한 관계에 있더라도 함께 나아가도록 하지 않는다면 나아가지 않는다. 이것은 벗에게 임무를 맡기거나 등용할 때 천하의 사보다 비중을 더 두는 것이니, 의(義)에는 두텁고 엷은 차이가 있기 때문이다.

大全 嚴陵方氏曰: 聞善者, 聞善言也. 見善者, 見善行也. 所受之命, 謂之爵, 所居之官, 謂之位. 任擧, 謂相任以事, 相擧以職. 上言彼賢而我擧之, 彼能而我援之, 此則更相任擧而已, 此其所以爲異也.

번역 엄릉방씨가 말하길, '문선(聞善)'은 선한 말을 들었다는 뜻이다. '견선(見善)'은 선한 행실을 보았다는 뜻이다. 부여받은 명령을 '작(爵)'이라고 부르며, 오르게 되는 관직을 '위(位)'라고 부른다. '임거(任擧)'는 서로 일을 맡기고, 서로 직무로 천거한다는 뜻이다. 앞에서는 상대가 현명하여 내가 천거하고, 상대가 유능하여 내가 발탁한다고 말했으며, 이곳 문장은 서로에게 임무를 맡기거나 천거하는 내용일 따름이니, 이것이 차이를 보이는 이유이다.

鄭注 相先, 猶相讓也. "久相待", 謂其友久在下位不升, 己則待之乃進也. "遠相致"者, 謂己得明君而仕, 友在小國不得志, 則相致遠也.

번역 '상선(相先)'은 서로에게 양보한다는 뜻이다. "오래되어도 서로를 대우한다."라고 했는데, 벗으로 사귄지가 오래되었는데, 그가 낮은 자리에 있어 오르지 않아서, 본인이 그를 대우하여 나아가게 한 것이다. "멀리 떨어져 있어도 서로를 이루어준다."라고 했는데, 본인이 현명한 군주를 만나서 관직에 올랐는데, 벗이 소국에 머물러 있어서 뜻을 이루지 못했다면 서로 임무를 맡겨서 발탁한다는 뜻이다.

釋文 難, 乃旦反. 擧如字, 徐音據.

번역 '難'자는 '乃(내)'자와 '旦(단)'자의 반절음이다. '擧'자는 글자대로 읽으며, 서음(徐音)은 '據(거)'이다.

孔疏 ●"儒有聞善"至"此者". ○此明儒者擧任同類之屬. 前經"擧賢援能", 謂疏遠者; 此經"任擧", 謂親近者也.

번역 ●經文: "儒有聞善"~"此者". ○이곳 문장은 유자가 자신과 같은 부류의 자를 천거하고 임무를 맡기는 등의 일들을 나타내고 있다. 앞의 경문에서는 "현명한 자와 유능한 자를 천거하고 발탁한다."라고 했는데, 이것은 관계가 소원한 자의 경우를 뜻하며, 이곳 경문에서 "일을 맡기고 천거한다."라고 했는데, 이것은 친근한 관계에 있는 자를 뜻한다.

孔疏 ●"爵位相先也"者, 相先, 謂相讓, 言儒者見爵位之事, 必先相推讓於朋友也.

번역 ●經文: "爵位相先也". ○'상선(相先)'은 서로에게 양보한다는 뜻으로, 즉 유자는 작위를 받게 되면, 반드시 그보다 앞서 벗을 추대하여 그에게 양보한다는 의미이다.

孔疏 ●"患難相死也", 儒者有患難, 相爲致死也.

번역 ●經文: "患難相死也". ○유자에게 환란이 발생하면 서로 목숨을 던진다는 뜻이다.

孔疏 ●"久相待也"者, 謂朋友久在下位不升, 己則待之而乃進也.

번역 ●經文: "久相待也". ○벗과의 관계가 오래되었는데 그가 낮은 자리에 있어서 높은 자리에 오르지 못했다면, 본인은 그를 대우하여 높은 관직으로 나아가게 한다는 뜻이다.

孔疏 ●"遠相致也"者, 謂己得明君而仕, 朋友在小國, 不同得志, 則遠相招致其任明君也.

번역 ●經文: "遠相致也". ○본인이 현명한 군주를 만나서 관직에 올랐는데, 벗이 소국에 있어서 자신과 뜻을 함께 하는 군주를 만나지 못했다면, 멀리 떨어져 있어도 그를 불러들여 현명한 군주를 섬기게끔 한다는 뜻이다.

孔疏 ●"其仕擧有如此"者, 謂朋友更相委任擧薦, 有如此在上諸事.

번역 ●經文: "其仕擧有如此". ○벗이 서로에게 임무를 맡기고 천거하는 것은 앞에서 언급한 사안들에 달려있다는 뜻이다.

訓纂 集韻: 擧, 稱引.

번역 『집운』[1]에서 말하길, '거(擧)'자는 등용한다는 뜻이다.

참고 원문비교

예기대전 · 유행 儒有聞善以相告也, 見善以相示也, 爵位相先也, 患難相死也, 久相待也, 遠相致也. 其任擧有如此者.

공자가어 · 유행해(儒行解) 기록없음.

1) 『집운(集韻)』은 송(宋)나라 때의 정탁(丁度, A.D.990 ~ A.D.1053) 등이 칙명(勅命)을 받아서 편찬한 음운학 서적이다.

참고 12절과 13절에 나온 거현(擧賢)·원능(援能)과 임(任)·거(擧) 비교

12절 원문 儒有內稱不辟親, 外擧不辟怨. 程功積事, 推賢而進達之, 不望其報. 君得其志, 苟利國家, 不求富貴. 其擧賢援能有如此者.

13절 원문 儒有聞善以相告也, 見善以相示也, 爵位相先也, 患難相死也, 久相待也, 遠相致也. 其任擧有如此者.

12절 덕목 不辟, 不望, 不求

13절 덕목 相告, 相示, 相先, 相死, 相待, 相致

해설 12절과 13절의 차이에 대해서 남전여씨는 12절은 나와 천하의 선비에 대한 내용이며, 13절은 나와 나의 벗에 대한 내용이라고 정리했다. 엄릉방씨는 12절은 상대가 현명하고 유능하여 내가 천거한다는 내용이며, 13절은 벗들 사이에서 서로 천거한다는 내용이라고 정리했다. 내용상으로 보면 12절은 내가 나보다 밑에 있는 자들을 천거하는 것이며, 13절은 내가 나의 벗을 천거하는 내용이다. 따라서 12절은 상하관계가 성립된 상태에서 적용되는 내용이며, 13절은 수평관계에 있는 자들에게 적용되는 내용이다. 그래서 12절에는 내가 하지 말아야 할 불피(不辟)·불망(不望)·불구(不求)라는 것이 강조되고, 13절에서는 상고(相告)·상시(相示)·상선(相先)·상사(相死)·상대(相待)·상치(相致)라는 것이 강조되어 매 구문마다 '상(相)'자가 기록되어 있는 것이다.

• 제 14 절 •

유자(儒者)의 행실 - 특립(特立) · 독행(獨行)

【686a】

"儒有澡身而浴德, 陳言而伏, 靜而正之, 上弗知也. 麤而翹之, 又不急爲也. 不臨深而爲高, 不加少而爲多. 世治不輕, 世亂不沮. 同弗與, 異弗非也. 其特立獨行有如此者."

직역 "儒는 身을 澡하고 德을 浴하며, 言을 陳하고 伏하며, 靜하여 正하니, 上이 知를 弗함이 有합니다. 麤하되 翹하며, 又히 急히 爲를 不합니다. 深에 不臨하고도 高를 爲하며, 少를 不加하고도 多를 爲합니다. 世가 治에는 不輕하고, 世가 亂에는 不沮합니다. 同이라도 與를 弗하고, 異라도 非를 弗합니다. 그 特히 立하고 獨히 行함에는 此와 如한 者가 有합니다."

의역 공자가 계속하여 말하길, "유자는 몸을 정결히 하고 덕으로 목욕하며, 간언을 올리되 순종하며 따르고, 고요하게 있는 것 같지만 바르게 만드니, 윗사람이 그의 사람됨을 몰라보는 경우도 있습니다. 거칠게 잘못을 지적하는 것 같지만 또한 다급하게 하지 않습니다. 깊은 곳에 임하지 않고도 높아지며, 작은 것들을 더하지 않고도 많아집니다. 세상이 다스려질 때에도 경솔하게 나아가지 않고, 세상이 혼란스러울 때에도 물러나 숨지 않습니다. 자신과 같은 자만을 함께 하지 않고, 자신과 다르다고 하여 비난하지 않습니다. 유자는 홀로 우뚝 서고 홀로 시행함에 이와 같은 점이 있는 자들입니다."라고 했다.

集說 翹, 與招其君之過招字同, 擧也, 擧其過而諫之也.

번역 '교(翹)'자는 "군주의 과실을 지적한다."라고 했을 때의 '초(招)'자와 같으니, "낱낱이 드러낸다[擧]."는 뜻으로, 과실을 드러내어 간언을 한다는 의미이다.

集說 呂氏曰: 惟大人能格君心之非, 在我者未正, 未有能正人者也, 故澡身浴德者, 所以正己也. 陳言而伏者, 入告嘉謀而順之于外也. 靜而正之者, 將順其美, 匡救其惡, 常在於未形也, 故曰上弗知也.

번역 여씨가 말하길, 오직 대인만이 군주의 잘못된 마음을 바로잡을 수 있는데, 본인에게 있어서 아직 바르지 않음이 있다면, 남에 대해서도 바르게 할 수 없다. 그렇기 때문에 몸을 씻고 덕으로 목욕한다는 것은 자신을 바르게 하는 것이다. "말을 진술하되 엎드린다."는 말은 입조하여 좋은 계획을 아뢰고 밖으로 나가서는 그것을 가르친다는 뜻이다.[1] "고요하면서도 바르게 한다."는 말은 군주의 아름다운 미덕은 순종하여 따르고 잘못된 점은 바로잡아 그만두게 한다는 뜻인데,[2] 항상 드러나지 않기 때문에 "윗사람이 모른다."라고 했다.

集說 方氏曰: 靜而正之者, 隱進之也. 麤而翹之者, 明告之也. 靜而正之, 旣不見知, 然後麤而翹之. 然亦緩而不失節, 故曰不急爲也. 其行之高, 皆自然而已, 不必臨深以相形, 然後顯其爲高. 其文之多, 皆素有而已, 不必加少以相益, 然後成其爲多. 世治而德常見重, 故曰不輕. 世亂而志常自若, 故曰不沮. 與其所可與, 不必同乎己也. 非其所可非, 不必異乎己也.

번역 방씨가 말하길, "고요하면서도 바르게 한다."는 말은 은밀하게 간

---

1) 『예기』「방기(坊記)」【614b】: 子云, "善則稱君, 過則稱己, 則民作忠. 君陳曰, '爾有嘉謀嘉猷, 入告爾君于內, 女乃順之于外, 曰此謀此猷, 惟我君之德. 於乎, 是惟良顯哉.'" / 『서』「주서(周書)·군진(君陳)」: 爾有嘉謀嘉猷, 則入告爾后于內, 爾乃順之于外, 曰, 斯謀斯猷, 惟我后之德. 嗚呼. 臣人咸若時, 惟良顯哉.

2) 『효경』「사군장(事君章)」: 子曰, 君子之事上也. 進思盡忠. 退思補過. 將順其美. 匡救其惡. 故上不能相親也.

언을 올린다는 뜻이다. "거칠게 지적한다."는 말은 분명하게 아뢴다는 뜻이다. 고요하면서도 바르게 하는 것은 이미 그 지혜를 드러내지 않은 것인데, 그런 뒤에는 거칠게 지적을 한다. 그러나 이 또한 느긋하며 절도를 잃지 않는다. 그렇기 때문에 "다급하게 시행하지 않는다."라고 했다. 그 행실이 고원한 것은 모두 자연의 이치에 따른 것일 뿐이니, 반드시 깊은 곳에 임하여 형상화한 뒤에야 높음을 드러낼 필요가 없다. 그 문채가 많은 것은 모두 본래부터 가지고 있던 것일 따름이니, 반드시 적은 것을 더하여 서로 늘린 뒤에야 많게 할 필요가 없다. 세상이 다스려지면 덕은 항상 중시되기 때문에 "경솔하지 않다."라고 했다. 세상이 혼란스러우면 뜻은 항상 태연하기 때문에 "꺾이지 않는다."라고 했다. 함께 할 수 있는 자와 함께 하니, 반드시 나와 같은 자만 고집할 필요가 없다. 비난할만한 자를 비난하니, 반드시 자신과 다른 자를 비난할 필요가 없다.

集說 應氏曰: 治不輕進, 若伯夷不仕於武王; 亂不退沮, 若孔子歷聘於諸國. 非但處而特立於一身, 亦出而獨行於一世.

번역 응씨가 말하길, 제대로 다스려지는 세상에서도 경솔하게 나아가지 않는 것은 백이가 무왕의 조정에서 벼슬하지 않은 것과 같고, 세상이 혼란스러울 때 물러나 숨지 않는 것은 공자가 여러 제후국들을 두루 방문했던 것과 같다. 이것은 단지 은둔하며 자신만 확립하는 것이 아니라 또한 출사하여 세상에 대해 홀로 시행하는 것이다.

大全 石林葉氏曰: 澡身浴德, 不自汙也. 陳言而伏, 不顯諫也. 靜而正之, 上弗知者, 諫不顯而君未悟也. 麤而翹之, 又不急爲者, 諫已顯而事不迫也. 雖能其事, 不臨深而爲高, 惡自高也. 雖有其功, 不加少而爲多, 惡自大也. 世治而士貴矣, 其行不輕, 世亂而士賤矣, 其志不沮. 同於己者, 或鄕原也, 公而弗與. 異於己者, 或行怪也, 惡而弗非. 儒之特立獨行, 蓋如此也.

번역 석림섭씨가 말하길, "몸을 씻고 덕으로 목욕을 한다."라는 말은 스스스로를 더럽히지 않는다는 뜻이다. "말을 진술하되 엎드린다."는 말은 드러내놓고 간언을 하지 않는다는 뜻이다. "고요하면서도 바르게 하지만, 윗사람이 모른다."는 말은 간언을 드러내놓고 하지 않아서 군주가 그에 대해 깨닫지 못한다는 뜻이다. "거칠게 지적하지만 또한 다급하게 하지 않는다."는 말은 간언을 하여 잘못을 드러냈더라도 그 사안에 대해서 다급하게 처리하지 않는다는 뜻이다. 비록 그 사안을 잘하더라도 깊은 곳에 임하여 높게 되지 않는 것은 스스로 높게 여기는 것을 싫어하기 때문이다. 비록 공적이 있더라도 적은 것을 더하여 많게 하지 않는 것은 스스로 위대하게 여기는 것을 싫어하기 때문이다. 세상이 다스려질 때에는 사는 존귀하게 여겨지는데도 그의 행실은 경솔하지 않고, 세상이 혼란스러우면 사는 미천하게 여겨지는데도 그의 뜻은 꺾이지 않는다. 자신과 뜻을 같이하는 자들 중에는 간혹 아첨하는 자들이 있으니, 공공의 도리에 따라 함께 하지 않는다. 자신과 뜻을 달리하는 자들 중에는 간혹 행실이 괴이한 자가 있는데, 그를 미워하더라도 비난하지 않는다. 유자가 홀로 우뚝 서고 홀로 시행함은 이와 같기 때문이다.

鄭注 麤猶疏也, 微也. 君不知己有善言正行, 則觀色緣事, 而微翘發其意使知之. 又必舒而脫脫焉, 己爲之疾, 則君納之速. 君納之速, 怪妬所由生也. "不臨深而爲高", 臨衆不以己位尊自振貴也. "不加少而爲多", 謀事不以己小勝自矜大也. "世治不輕", 不以賢者並衆, 不自重愛也. "世亂不沮", 不以道衰廢壞己志也.

번역 '추(麤)'자는 "드물다[疏]."는 뜻이며, "은미하다[微]."는 뜻이다. 군주가 자신에게 선한 말과 바른 행실이 있는 것을 모른다면, 안색을 살피고 그 사안에 따라서 은미하고 드문드문 그 뜻을 나타내어 그로 하여금 인지하게끔 한다는 뜻이다. 또한 반드시 느긋하게 하여 여유로우니, 본인이 자신을 알리기 위해 다급하게 한다면, 군주가 알아차리는 것도 빠르게 된다. 군주가 알아차리는 것이 빠르다면 남들은 그 연유에 대해 괴이하게 여기고 시기하게 된다. "깊은 곳에 임하지 않고도 높게 된다."는 말은 대중들을 임할 때 자신의 지위가 존귀하다는 이유로 스스로를 존귀하게 여기지 않는다는 뜻이다. "적은 것을 더하여 많게 하지 않는다."는 말은 어떤 일을 계획할 때 자신이 남보다 조금 낫다고 하여 스스로 크게 과시하지 않는다는 뜻이다. "세상이 다스려질 때에도 경솔하게 하지 않는다."는 말은 현명한 자를 대중들과 함께 하도록 하여 스스로를 아끼지 않는 일이 없도록 한다는 뜻이다. "세상이 혼란스러울 때에도 꺾이지 않는다."는 말은 도가 쇠약해졌다고 하더라도 자신의 뜻을 없애지 않는다는 뜻이다.

釋文 澡音早. 靜如字, 徐本作諍, 音爭. 麤, 本又作麁, 七奴反. 翹, 祁饒反. 治, 直吏反, 注同. 沮, 徐在呂反, 注同. 行, 下孟反, 注及下注同, 又如字. 脫, 並吐外反. 妬, 丁路反. 壞, 乎怪反, 又音怪.

번역 '澡'자의 음은 '早(조)'이다. '靜'자는 글자대로 읽으며, 『서본』에는 '諍'자로 기록되어 있고, 그 음은 '爭(쟁)'이다. '麤'자는 판본에 따라서 또한 '麁'자로도 기록하며, '七(칠)'자와 '奴(노)'자의 반절음이다. '翹'자는 '祁(기)'자와 '饒(요)'자의 반절음이다. '治'자는 '直(직)'자와 '吏(리)'자의 반절음이며, 정현의 주에 나오는 글자도 그 음이 이와 같다. '沮'자의 서음(徐音)은 '在(재)'자와 '呂(려)'자의 반절음이며, 정현의 주에 나오는 글자도 그 음이 이와 같다. '行'자는 '下(하)'자와 '孟(맹)'자의 반절음이며, 정현의 주 및 아래 정현의 주에 나오는 글자도 그 음이 이와 같고, 또한 글자대로 읽기도 한다. '脫'자는 모두 '吐(토)'자와 '外(외)'자의 반절음이다. '妬'자는 '丁(정)'자와 '路(로)'자의 반절음이다. '壞'자는 '乎(호)'자와 '怪(괴)'자의 반절음이며, 또한 그 음은 '怪(괴)'도 된다.

孔疏 ●"儒有澡身"至"此者". ○此明儒者殊異於人·特立獨行之事.

번역 ●經文: "儒有澡身"～"此者". ○이곳 문장은 유자가 남들과 차이를 보이며 홀로 우뚝 서고 홀로 시행하는 사안을 나타내고 있다.

孔疏 ●"澡身而浴德"者, 澡身, 謂能澡絜其身, 不染濁也. 浴德, 謂沐浴於德, 以德自清也.

번역 ●經文: "澡身而浴德". ○'조신(澡身)'은 자신의 몸을 씻어서 깨끗하게 할 수 있고 오염되게 만들지 않는다는 뜻이다. '욕덕(浴德)'은 덕을 목욕시켜서 덕이 스스로 맑아지도록 한다는 뜻이다.

孔疏 ●"陳言而伏"者, 謂陳設其言, 而伏聽君命也.

번역 ●經文: "陳言而伏". ○자신의 말을 진술하되 군주의 명령에 대해 복종하여 따른다는 뜻이다.

孔疏 ●"靜而正之"者, 謂靜退自居, 而尋常守正, 不傾躁也.

번역 ●經文: "靜而正之". ○조용히 물러나 스스로 거처함에 있어서 항상 바름을 지키며 잘못을 저지르지 않는다는 뜻이다.

孔疏 ●"上弗知也", 謂己有善言正行, 君上所不知.

번역 ●經文: "上弗知也". ○자신에게 선한 말과 바른 행실이 있는데 군주가 알아주지 않는다는 뜻이다.

孔疏 ●"麤而翹"者, 麤, 疏也; 翹, 起發也. 言儒者事君, 己有善言正行, 君上既不知, 當伺候君上顔色, 因緣有事, 微疏而起發之, 令君上得知也.

번역 ●經文: "麤而翹". ○'추(麤)'자는 "드물다[疏]."는 뜻이며, '교(翹)'자는 "드러내다[發]."는 뜻이다. 즉 유자가 군주를 섬길 때, 자신에게 선한 말과 바른 행실이 있는데도 군주가 알아주지 않는다면, 군주의 안색을 살피고 어떤 일을 처리함에 있어서 은미하고 드물게 뜻을 드러내어, 군주로 하여금 알아채도록 한다는 뜻이다.

孔疏 ●"又不急爲也"者, 謂起發之時, 不急速而爲之也.

번역 ●經文: "又不急爲也". ○뜻을 드러낼 때 다급하게 하지 않는다는 의미이다.

孔疏 ●"不臨深而爲高"者, 地旣高矣, 不臨此衆人深下之處更增高大, 猶言不臨此衆人卑賤處而自尊顯也. 又臨衆人, 不以己位高尊而自振貴, 言儒者卑以自牧.

번역 ●經文: "不臨深而爲高". ○그 지위가 이미 높은데, 일반인들이 머무는 깊고도 낮은 곳에 임하여 높이거나 크게 하려고 하지 않는다는 의미이니, 대중들처럼 미천한 자리에 임하여 스스로를 높게 드러내지 않는다는 뜻이다. 또 대중들을 임할 때, 자신의 지위가 높고 존귀하다고 하여 스스로를 존귀하게 여기지 않으니, 유자는 자신을 낮춰서 스스로를 통솔한다는 의미이다.

孔疏 ●"不加少而爲多"者, 謂己有謀事少勝, 不加增少勝, 自以爲多以矜大也.

번역 ●經文: "不加少而爲多". ○자신이 어떤 일을 계획함에 있어서 조금 나은 점이 있더라도, 조금 나은 것을 부풀려서 스스로 크게 낫다고 여겨 크게 과시하지 않는다는 뜻이다.

孔疏 ●"世治不輕"者, 世治之時, 雖與群賢並處, 不自輕也. 言常自重愛也.

번역 ●經文: "世治不輕". ○세상이 다스려질 때에는 비록 뭇 현자들과 함께 처신하더라도 스스로를 가볍게 여기지 않는다. 즉 항상 자신을 아낀다는 의미이다.

孔疏 ●"世亂不沮"者, 沮, 猶廢壞也. 言世亂之時, 道雖不行, 亦不沮壞己之本志也.

번역 ●經文: "世亂不沮". ○'저(沮)'자는 없애고 무너진다는 뜻이다. 즉 세상이 혼란스러울 때 도가 비록 시행되지 않더라도 자신이 본래 가지고 있던 뜻을 꺾지 않는다는 의미이다.

孔疏 ●"同弗與"者, 言儒之仕, 彼位雖與齊同者, 行不是善, 則不與之相親合也.

번역 ●經文: "同弗與". ○유자가 벼슬을 할 때 상대의 지위가 비록 자신과 같더라도 행실에 있어서 선하지 않다면, 그와 친하게 지내며 뜻을 합하지 않는다는 의미이다.

孔疏 ●"異弗非也", 謂彼人與己之疏異, 所爲是善, 則不非毁之也.

번역 ●經文: "異弗非也". ○상대가 자신과 소원하거나 작위의 차이가 있더라도 그가 시행한 것이 선함에 해당한다면 그를 비방하지 않는다는 뜻이다.

孔疏 ●"其特立獨行有如此"者, 言獨能特立, 獨有此行如此所云之事也. 前第五儒旣明"特立", 此又云"特立獨行"者, 前云"特立", 但明一身勇武, 不論行之所爲. 此經所云, 非但身所特立, 又獨有此行爲"獨行", 故更言"特立"也.

번역 ●經文: "其特立獨行有如此". ○홀로 우뚝 설 수 있고, 이곳에서 말한 사안들을 홀로 시행할 수 있다는 의미이다. 앞의 제 5조목에서는 이미 "홀로 서다."라고 했는데, 이곳에서 재차 "홀로 서서 홀로 시행한다."라고 말한 것은 앞에서 "홀로 서다."라고 한 말은 단지 한 개인의 용맹함만을 나타낸 것이며, 그것의 시행에 대해서는 논의하지 않았다. 그런데 이곳 경문에서 말한 내용은 단지 자신이 홀로 확립한 것에만 해당하지 않고, 또한 이러한 행실을 가지는 것을 "홀로 시행한다."라고 여긴 것이다. 그렇기 때문에 재차 "홀로 서다."라고 말한 것이다.

孔疏 ◎注"麤猶"至"志也". ○正義曰: 麤猶疏也, 微也. "君不知己有善言正行"者, 釋經文"上不知"也. 云"則觀色緣事, 而微翹發其意使知之"者, 釋經"麤而翹之"也. 云"又必舒而脫脫焉, 己爲之疾, 則君納之速. 君納之速, 怪妒所由生也"者, 釋經"又不急爲也". 若納己言速疾, 則被衆人所怪, 妬所由生也. 云"世治不輕, 不以賢者並衆, 不自重愛也"者, 言凡人之情, 見衆人無知, 己之獨賢, 則盡心用力. 若衆人皆賢, 或自替廢, 儒者不以如此, 恒自重愛也.

번역 ◎靜注: "麤猶"~"志也". ○'추(麤)'자는 "드물다[疏]."는 뜻이며, "은미하다[微]."는 뜻이다. 정현이 "군주가 자신에게 선한 말과 바른 행실이 있는 것을 모른다."라고 했는데, 이것은 경문에 나오는 "윗사람이 모른다."라고 한 말을 풀이한 것이다. 정현이 "안색을 살피고 그 사안에 따라서 은미하고 드문드문 그 뜻을 나타내어 그로 하여금 알게끔 한다."라고 했는데, 경문에서 "드문드문 드러낸다."라고 한 말을 풀이한 것이다. 정현이 "또한 반드시 느긋하게 하여 여유로우니, 본인이 자신을 알리기 위해 다급하게 한다면, 군주가 알아차리는 것도 빠르게 된다. 군주가 알아차리는 것이 빠르다면 남들은 그 연유에 대해 괴이하게 여기고 시기하게 된다."라고 했는데, 경문에서 "또한 다급하게 하지 않는다."라고 한 말을 풀이한 것이다. 만약 자신이 다급하게 한 말을 군주가 받아들이게 된다면, 대중들로 부터 괴이하게 여겨지고 시기가 생겨나게 된다. 정현이 "세상이 다스려질 때에도 경솔하게 하지 않는다는 말은 현명한 자를 대중들과 함께 하도록 하여 스스로를 아끼지 않는 일이 없도록 한다는 뜻이다."라고 했는데, 사람의 정감에 따르면 많은 사람들이 그를 알아주지 않는데, 자기 홀로 현명한 경우라면, 마음을 다하는데 매진하게 된다. 만약 많은 사람들이 모두 그를 현명하다고 추켜세우면, 간혹 스스로 그르칠 수도 있는데, 유자는 이처럼 하지 않기 때문에 항상 스스로를 아낀다는 뜻이다.

訓纂 呂與叔曰: 伏者, 閉而不出之謂. 麤而翹之, 以其事之麤者, 微發其端而爲之兆, 蓋先其未發而止其爲惡. 先爲之兆, 以嘗其爲善.

번역 여여숙이 말하길, '복(伏)'자는 문을 잠그고 밖으로 나가지 않는다는 뜻이다. "거칠지만 드러낸다."는 말은 그 사안이 거칠 경우, 은미하게 그 단서를 드러내어 빌미로 삼는다는 뜻이니, 우선적으로 분명하게 드러내지 않고 악함을 그치게 만드는 것이다. 우선적으로 빌미로 삼는 것은 선함을 시행하도록 경험시키기 때문이다.

訓纂 方性夫曰: 蓋同乎己者不必善, 異乎己者不必惡. 同而與之, 則讒諂面諛之人至矣. 異而非之, 則直諒多聞之友去矣.

번역 방성부가 말하길, 자신과 뜻을 함께 한다고 해서 반드시 선한 것은 아니며, 자신과 뜻을 달리한다고 해서 반드시 악한 것은 아니다. 뜻이 같다고 해서 함께 한다면 아첨하며 회유하는 사람들이 찾아들게 된다. 다르다고 해서 비난한다면, 강직하고 성실하며 식견이 많은 벗들이 떠나게 된다.

集解 愚謂: 人臣之事君, 雖功如伊周, 皆分之所當盡, 無可以自高而自多也. 苟臨深爲高, 加少爲多, 則是有自滿假之心, 此齊桓之震矜之所以爲假之也. 蓋澡身浴德, 所以爲事君之本也. "陳言而伏"四句, 言其正君之實也. "不臨深而爲高"二句, 言其忠勤匪懈之心也. 世治不輕, 道可以行之於世也. 世亂不沮, 節可以守之於己也. 同乎己者弗與, 則不黨同. 異乎己者弗非, 則不伐異. 和而不同, 以義理爲主, 而己不與也. 前言特立, 以行己言; 此言特立獨行, 以事君言也.

번역 내가 생각하기에, 신하가 군주를 섬길 때에는 비록 그 공덕이 이윤이나 주공과 같더라도 이 모두는 직분에 따라 마땅히 다해야 하는 것이니, 스스로를 높게 여기며 스스로 많다고 여길 수 없다. 만약 깊은 곳에 임하여 높다고 하고 적은 것을 보태어 많다고 한다면, 이것은 자만하여 스스로를 위대하게 여기는 마음이 있는 것이니, 제(齊)나라 환공(桓公)이 매우 확신에 차서 자기만한 자가 없다고 하여 스스로를 위대하다고 여긴 것과 같다.[3)]

자신을 씻고 덕으로 목욕하는 것은 군주를 섬기는 근본에 해당한다. "말을 진술하되 복종한다."라는 등의 네 구문은 군주를 바르게 하는 실질을 뜻한다. "깊은 곳에 임하여 높게 여기지 않는다."는 등의 두 구문은 충심을 다하여 노력하며 나태해지지 않으려는 마음을 뜻한다. 세상이 다스려져도 경솔하게 행동하지 않는 것은 세상에 대해서 도를 시행할 수 있기 때문이다. 세상이 혼란스러워져도 꺾이지 않는다는 것은 자신에 대해서 절개를 지킬 수 있기 때문이다. 자신과 뜻이 같은 자들과 함께 하지 않는다는 것은 뜻이 같은 자들과 편당을 짓지 않는다는 의미이다. 자신과 뜻을 달리하는 자들을 비난하지 않는다는 것은 뜻을 달리하는 자들을 징벌하지 않는다는 의미이다. 조화롭되 동화되지 않는 것은 의리를 위주로 하여, 자신이 그들 무리에 가담하지 않는 것이다. 앞에서는 "홀로 서다."라고 했는데, 이것은 자신의 실천을 위주로 한 말이며, 이곳에서 "홀로 서서 홀로 시행한다."라고 했는데, 이것은 군주를 섬기는 것을 위주로 한 말이다.

참고 원문비교

예기대전 · 유행 儒有澡身而浴德, 陳言而伏, 靜而正之, 上弗知也. 麤而翹之, 又不急爲也. 不臨深而爲高, 不加少而爲多. 世治不輕, 世亂不沮. 同弗與, 異弗非也. 其特立獨行有如此者.

공자가어 · 유행해(儒行解) 儒有澡身浴德①, 陳言而伏②, 靜言而正之, 而上下不知也. 默而翹之, 又不急爲也③. 不臨深而爲高, 不加少而爲多④. 世治不輕, 世亂不沮⑤. 同己不與, 異己不非. 其特立獨行有如此者.

王注-① 常自潔淨其身, 沐浴於德行也.

---

3) 『춘추공양전』「희공(僖公) 9년」: 葵丘之會, 桓公震而矜之, 叛者九國.

번역 항상 스스로 자신을 정결하게 가다듬고 덕행을 통해 자신을 목욕시킨다는 뜻이다.

王注-② 陳言於君, 不望其報.

번역 군주에게 간언을 올리되 보답을 바라지 않는다는 뜻이다.

王注-③ 言事君淸靜, 因事而正之, 則君不知. 默而翹發之, 不急爲, 所以爲不爲.

번역 군주를 섬김에 맑고 고요하며 사안에 따라 바르게 한다면, 군주가 그 사실을 모르게 된다. 묵묵히 자신의 의견을 펼치되 다급히 시행하지 않으니, 인위적인 것을 시행하지 않은 것이 된다는 뜻이다.

王注-④ 言不因勢位自矜莊.

번역 세력과 지위에 따라 스스로를 자랑하지 않는다는 뜻이다.

王注-⑤ 不自輕, 悉不沮.

번역 스스로 경솔히 여기지 않으며 곤궁하더라도 뜻을 꺾지 않는다는 뜻이다.

참고 6절과 14절에 나온 유자(儒者)의 특립(特立) 비교

6절 원문 儒有委之以貨財, 淹之以樂好, 見利不虧其義, 劫之以衆, 沮之以兵, 見死不更其守. 鷙蟲攫搏不程勇者, 引重鼎不程其力, 往者不悔, 來者不豫. 過言不再, 流言不極. 不斷其威, 不習其謀. 其特立有如此者.

14절 원문 儒有澡身而浴德, 陳言而伏, 靜而正之, 上弗知也. 麤而翹之, 又

不急爲也. 不臨深而爲高, 不加少而爲多. 世治不輕, 世亂不沮. 同弗與, 異弗非也. 其特立獨行有如此者.

6절 덕목 不虧其義, 不更其守, 不程勇, 不程其力, 往者不悔, 來者不豫, 過言不再, 流言不極, 不斷其威, 不習其謀

14절 덕목 澡身浴德, 靜而正之, 不急爲, 不臨深而爲高, 不加少而爲多, 不輕, 不沮, 同弗與, 異弗非

해설 공영달은 6절의 특립(特立)은 개인의 용맹에 해당하며, 14절은 개인의 용맹만 언급한 것이 아니라 그것의 시행까지도 언급했기 때문에 특립과 함께 독행(獨行)이 기록되었다고 주장한다. 아마도 공영달은 독행의 행(行)을 정치적으로 그 도리를 실천한다는 뜻으로 이해한 것 같다. 6절과 14절의 내용을 비교해보면 14절에는 간언을 올려 군주를 바르게 하며 다급히 하지 않는다는 내용 등이 나오기 때문이다.

참고 『예기』「방기(坊記)」 기록

경문-614b 子云, "善則稱君, 過則稱己, 則民作忠. 君陳曰, '爾有嘉謀嘉猷, 入告爾君于內, 女乃順之于外, 曰此謀此猷, 惟我君之德. 於乎, 是惟良顯哉.'"

번역 공자가 말하길, "선한 일을 군주에게 돌리고 잘못된 일을 자신에게 돌린다면, 백성들은 충(忠)을 일으킬 것이다. 『서』「군진(君陳)」편에서는 '너에게 좋은 계책과 좋은 꾀가 있다면, 들어가 안에서 너의 군주에게 아뢰고, 너는 밖에서 그것을 가르치며 다음과 같이 말한다. 이러한 계책과 꾀는 모두 우리 군주의 덕으로 인해 나타난 것이다. 오호라! 이처럼 해야만 어짊이 드러날 것이다.'"라고 했다.

鄭注 君陳, 蓋周公之子·伯禽弟也, 名篇在尙書, 今亡. 嘉, 善也. 猷, 道也. “於乎是惟良顯哉”, 美君之德.

번역 ‘군진(君陳)’은 아마도 주공의 자식이자 백금의 동생일 것인데, 그의 이름을 편명으로 정하여 『상서』에 수록하였으나 현재는 망실되어 없다. ‘가(嘉)’자는 “좋다[善].”는 뜻이다. ‘유(猷)’자는 도(道)를 뜻한다. “오호라! 이에 어짊이 드러나는구나.”라고 한 말은 군주의 덕을 미화하는 말이다.

孔疏 ●“君陳曰: 爾有嘉謀嘉猷, 入告爾君于內”者, 嘉, 善也; 猷, 道也. 言爾有善謀善道, 則入告爾君於內.

번역 ●經文: “君陳曰: 爾有嘉謀嘉猷, 入告爾君于內”. ○‘가(嘉)’자는 “좋다[善].”는 뜻이며, ‘유(猷)’자는 도(道)를 뜻한다. 즉 너에게 좋은 계책과 좋은 도가 있다면, 들어가 안에서 너의 군주에게 아뢰라는 뜻이다.

孔疏 ●“女乃順之於外”者, 言先告君於內, 乃順行之於外.

번역 ●經文: “女乃順之於外”. ○먼저 안에서 군주에게 아뢰고, 그런 뒤에 밖에서 그에 따라 시행한다는 뜻이다.

孔疏 ◎注“君陳蓋周公之子伯禽弟也”. ○正義曰: 知“君陳蓋周公子”者, 以書序云: “周公旣沒, 命君陳分正東郊成周.” 似若蔡仲之命, 書序云“蔡叔旣卒, 王命蔡仲踐諸侯位”, 相似, 皆是父卒命子, 故疑周公子. 以伯禽周公元子, 旣封於魯, 命君陳令居東郊, 故知伯禽弟也.

번역 ◎鄭注: “君陳蓋周公之子伯禽弟也”. ○정현이 “군진은 주공의 자식이다.”라고 했는데, 『서』의 「소서(小序)」에서는 “주공이 죽자 군진에게 명령하여 동교(東郊)인 성주(成周)를 나누어 다스리게 했다.”[4]라고 했으

4) 『서』「주서(周書)·군진(君陳)」 : 周公旣沒, 命君陳, 分正東郊成周, 作君陳.

니, 이것은 마치 『서』「채중지명(蔡仲之命)」편의 「소서」에서 "채숙이 죽자 천자는 채중에게 명령하여 제후의 지위에 오르게 했다."[5]라고 한 말과 유사하며, 이 모두는 부친이 죽어서 자식에게 명령하는 것에 해당한다. 그렇기 때문에 주공의 자식이라고 의심했던 것이다. 그리고 백금은 주공의 장자이며, 이미 노나라에 분봉했고, 군진에게 명령하여 동교에 머물도록 했기 때문에, 그가 백금의 동생이라는 사실을 알 수 있다.

참고 『서』「주서(周書)·군진(君陳)」

경문 爾有嘉謀嘉猷, 則入告爾后于內, 爾乃順之于外.

번역 너에게 선한 계책과 선한 도가 있다면, 들어가 안에서 너의 군주에게 아뢰고, 너는 밖에서 그것에 따라라.

孔傳 汝有善謀善道, 則入告汝君於內, 汝乃順行之於外.

번역 너에게 선한 계책과 선한 도가 있다면, 들어가 안에서 너의 군주에게 아뢰고, 너는 밖에서 그것에 따라 시행하라는 뜻이다.

경문 曰, "斯謀斯猷, 惟我后之德."

번역 말하길, "이러한 계책과 이러한 도는 오직 우리 군주의 덕에서 나온 것이다."

孔傳 此善謀此善道, 惟我君之德. 善則稱君, 人臣之義.

---

5) 『서』「주서(周書)·채중지명(蔡仲之命)」: 蔡叔旣沒, 王命蔡仲踐諸侯位, 作蔡仲之命.

번역 이러한 선한 계책과 이러한 선한 도는 오직 우리 군주의 덕에서 나온 것이다. 선한 것을 군주에게 돌리는 것이 신하의 도리이다.

경문 嗚呼! 臣人咸若時, 惟良顯哉!

번역 오호라! 신하가 모두 이처럼 해야만 어질고 드러날 것이니라!

孔傳 歎而美之曰, "臣於人者皆順此道, 是惟良臣, 則君顯明於世."

번역 찬미하며 말하길, "신하는 남들에 대해서 모두 이러한 도리에 따라야 하니, 이처럼 할 수 있는 자는 오직 어진 신하이며, 이처럼 한다면 군주의 명성이 세상에 드날리게 된다."라고 한 것이다.

蔡傳 言切於事, 謂之謀, 言合於道, 謂之猷. 道與事非二也, 各擧其甚者言之. 良, 以德言, 顯, 以名言. 或曰, 成王擧君陳前日已陳之善, 而歎息以美之也.

번역 말 중에서도 일에 대해 긴요한 것을 '모(謀)'라고 부르며, 말 중에서도 도에 합치되는 것을 '유(猷)'라고 부른다. 도와 일은 두 가지가 아니며, 각각 비중이 있는 것을 기준으로 말한 것이다. '양(良)'은 덕을 기준으로 말한 것이고, '현(顯)'은 명성을 기준으로 말한 것이다. 혹자는 "성왕(成王)이 이전에 군진이 진술했던 선한 말을 거론하여 탄식하며 찬미한 글이다."라고도 주장한다.

蔡傳 葛氏曰: 成王殆失斯言矣. 欲其臣善則稱君, 人臣之細行也. 然君旣有是心, 至於有過, 則將使誰執哉? 禹聞善言則拜, 湯改過不吝, 端不爲此言矣. 嗚呼, 此其所以爲成王歟.

번역 갈씨가 말하길, 성왕(成王)이 한 이 말은 자못 실수를 한 것이다. 신하가 선한 것을 군주에게 돌리게끔 하려고 하는 것은 신하의 행실 중에서도 작은 것이다. 그러나 군주가 이미 이러한 마음이 있다면 잘못이 발생하게 될 때 누구로 하여금 잘못의 책임을 지우겠는가? 우임금은 선한 말을 들으면 절을 했고, 탕임금은 잘못을 고치는데 인색하지 않았으니, 결코 이러한 말을 하지 않았을 것이다. 오호라! 이것이 바로 성왕밖에 되지 못한 이유일 것이다.

참고 『효경』「사군장(事君章)」 기록

경문 子曰: "君子之事上也①, 進思盡忠②, 退思補過③, 將順其美④, 匡救其惡⑤, 故上下能相親也⑥."

번역 공자가 말하길, "군자는 군주를 섬길 때 군주 앞에 나아가서는 충심을 다할 것을 생각하고, 물러나서는 군주의 잘못을 보필할 것을 생각하며, 군주의 아름다운 미덕은 순종하여 따르고, 군주의 나쁜 점은 바로잡고 그만두게 한다. 그렇기 때문에 상하계층이 모두 서로 친애할 수 있게 된다." 라고 했다.

李注-① 上, 謂君也.

번역 '상(上)'자는 군주를 뜻한다.

李注-② 進見於君, 則思盡忠節.

번역 군주 앞에 나아가 알현할 때라면 충심과 절개를 다할 것을 생각한다는 뜻이다.

李注-③ 君有過失, 則思補益.

번역 군주에게 잘못이 있다면 보필하여 도움이 될 것을 생각한다는 뜻이다.

李注-④ 將, 行也. 君有美善, 則順而行之.

번역 '장(將)'자는 시행한다는 뜻이다. 군주에게 아름답고 선한 점이 있다면 순종하여 따르는 것이다.

李注-⑤ 匡, 正也. 救, 止也. 君有過惡, 則正而止之.

번역 '광(匡)'자는 바로잡는다는 뜻이다. '구(救)'자는 그만두게 한다는 뜻이다. 군주에게 잘못되고 나쁜 점이 있다면 바로잡아서 그만두게 한다.

李注-⑥ 下以忠事上, 上以義接下. 君臣同德, 故能相親.

번역 아랫사람이 충심으로 윗사람을 섬기고 윗사람이 도의에 따라 아랫사람을 대한다. 군주와 신하가 덕을 함께 하기 때문에 서로 친애할 수 있다.

邢疏 ●"子曰"至"親也". ○正義曰: 此明賢人君子之事君也. 言入朝進見, 與謀慮國事, 則思盡其忠節. 若退朝而歸, 常念己之職事, 則思補君之過失. 其於政化, 則當順行君之美道, 止正君之過惡. 如此則能君臣上下情志通協, 能相親也. 經稱"君子"有七焉: 一曰"君子不貴", 二曰"君子則不然", 三曰"淑人君子", 四曰"君子之教以孝", 五曰"愷悌君子". 已上皆斷章指於聖人君子, 謂居君位而子下人也. 六曰"君子之事親孝", 故此章"君子之事上", 則皆指於賢人君子也.

번역 ●經文: "子曰"~"親也". ○이 문장은 현자 및 군자가 군주를 섬기는 사안을 나타내고 있다. 즉 조정에 들어가 군주를 알현하여 국사를 도모하는데 참여하게 된다면 충심과 절개를 다할 것을 생각한다. 만약 퇴조하여 집으로 돌아온다면 자신의 직무를 항상 생각하여 군주의 과실을 보필하고자 생각한다는 뜻이다. 정치와 교화에 대해서라면 군주의 아름다운 도리에 대해 마땅히 순종하며 따라야 하는 것이고, 군주의 잘못과 나쁜 점에 대해서는 그치고 바로잡아야 한다. 이와 같다면 군신 및 상하계층이 정감과 뜻을 합칠 수 있어서 서로 친애할 수 있게 된다. 『효경』의 경문에서는 '군자(君子)'라고 지칭한 곳이 7군데 있다. 첫 번째는 "군자는 그를 존귀하게 여기지 않을 것이다."[6]라는 것이고, 두 번째는 "군자는 그렇게 하지 않는다."[7]라는 것이며, 세 번째는 "훌륭하신 저 군자여."[8]라는 것이고, 네 번째는 "군자는 효로 교화를 시킨다."[9]라는 것이며, 다섯 번째는 "화락하고 너그러운 군자여."[10]라는 것인데, 이상은 모두 한 문장과 단락을 가져다가 성인군자를 가리키는 것이니, 군주의 지위에 올라 백성들을 자식처럼 대하는 자를 뜻한다. 여섯 번째는 "군자는 부모를 효로 섬긴다."[11]라고 하였고, 일곱 번째는 이곳에서 "군자가 군주를 섬긴다."라고 한 것인데, 이들은 모두 현명한 군자를 가리킨다.

邢疏 ◎注"將行"至"行之". ○正義曰: 此依王注也. 按孔注尙書·太誓云"肅將天威", "爲敬行天罰." 是"將"訓爲"行"也. 言君施政敎有美, 則當順而行之.

번역 ◎李注: "將行"~"行之". ○이 문장은 왕주(王注)에 따른 말이다. 『상서』「태서(泰誓)」편에서 "조심스럽게 하늘의 위엄을 받들어 행한다."[12]라고 한 말에 대해 공안국의 주에서는 "천벌을 공경스럽게 시행한다."라고 하였으니, 이것은 '장(將)'자를 '행(行)'자로 풀이한 용례가 된다. 즉 군주가 정치와 교화를 펼칠 때 아름다운 점이 있다면, 마땅히 순종하며 따라야 한다는 뜻이다.

---

6) 『효경』「성치장(聖治章)」: 雖得之, 君子不貴也.
7) 『효경』「성치장(聖治章)」: 君子則不然.
8) 『효경』「성치장(聖治章)」: 詩云, "淑人君子, 其儀不忒."
9) 『효경』「광지덕장(廣至德章)」: 子曰, 君子之敎以孝也, 非家至而日見之也.
10) 『효경』「광지덕장(廣至德章)」: 詩云, "愷悌君子, 民之父母."
11) 『효경』「광양명장(廣揚名章)」: 子曰, 君子之事親孝, 故忠可移於君.
12) 『서』「주서(周書)·태서상(泰誓上)」: 皇天震怒, 命我文考, 肅將天威, 大勳未集.

邢疏 ◎注"匡, 正也. 救, 止也". ○正義曰: 此依王注也. "匡, 正", 釋言文也. 馬融注論語云: "救猶止也."

번역 ◎李注: "匡, 正也. 救, 止也". ○이 문장은 왕주(王注)에 따른 말이다. "광(匡)자는 바로잡는다는 뜻이다."라고 했는데, 이것은 『이아』「석언(釋言)」편의 문장이다.13) 마융은 『논어』에 대한 주를 달면서 "구(救)자는 지(止)와 같다."라고 하였다.

邢疏 ◎云"君有過惡, 則正而止之"者, 尙書云"予違汝弼, 汝無面從", 是也.

번역 ◎李注: "君有過惡, 則正而止之". ○『상서』에서 "내가 잘못을 범하면 너희들이 나를 돕거라. 너희들은 내 앞에서 따르는 척만 해서는 안 된다."14)라고 한 말이 바로 이것을 가리킨다.

참고 『춘추공양전』 희공(僖公) 9년 기록

경문 九月, 戊辰, 諸侯盟于葵丘.

번역 9월 무진일에 제후들이 규구에서 맹약을 맺었다.

전문 桓之盟不日, 此何以日? 危之也. 何危爾? 貫澤之會, 桓公有憂中國之心. 不召而至者, 江人·黃人也. 葵丘之會, 桓公震而矜之, 叛者九國.

번역 환공이 맹약을 맺을 때에는 날짜를 기록하지 않았는데, 이곳에서는 어찌하여 날짜를 기록했는가? 좋지 않게 여겼기 때문이다. 무엇을 좋지 않게 여겼는가? 관택에서의 회합 때 환공은 중원에 속한 나라들로 인해

---

13) 『이아』「석언(釋言)」: 尹, 正也. 皇·匡, 正也.
14) 『서』「우서(虞書)·익직(益稷)」: 汝聽. 予違汝弼, 汝無面從, 退有後言, 欽四鄰.

근심하는 마음이 있었다. 부르지 않았는데도 찾아온 자들이 있었으니 강인과 황인이다. 규구의 회합에서 환공은 매우 확신에 차서 자기만한 자가 없다고 하였는데, 배반한 나라가 9개 나라였다.

何注 下伐厲善義兵是也. 會不書者, 叛也. 叛不書者, 爲天子親遣三公會之而見叛, 故上爲天子, 下爲桓公諱也. 會盟一事不擧重者, 時宰周公不與盟.

번역 뒤에서 여를 정벌하고 의병을 좋게 여겼다는 것이 여기에 해당한다. 회합을 가졌다는 사실을 기록하지 않은 것은 배반했기 때문이다. 배반한 것을 기록하지 않은 것은 천자가 친히 삼공을 파견하여 회합을 가졌는데도 배반을 당했기 때문에, 위로는 천자를 위해 또 아래로는 환공을 위해 피휘한 것이다. 회합과 맹약은 동일한 사안인데, 그 중에서도 중요한 것을 제시하지 않은 것은 당시 재상인 주공이 맹약에 참여하지 않았기 때문이다.

徐疏 ●"貫澤之會". ○解云: 卽上二年"秋, 九月, 齊侯·宋公·江人·黃人盟于貫"是也. 而此言于貫澤者, 蓋地有二名. 然則按彼經盟, 此言會者, 擧其初會而言也. 彼直書盟者, 擧重故也.

번역 ●傳文: "貫澤之會". ○앞의 희공 2년 "가을 9월에 제나라 후작·송나라 공작·강인·황인이 관(貫)에서 맹약을 맺었다."라고 한 말에 해당한다. 이곳에서 '관택(貫澤)'에서 했다고 언급하였는데, 그 땅을 부르는 지명은 두 가지가 있었기 때문이다. 그렇다면 희공 2년 경문에서 '맹(盟)'이라고 했음에도 이곳에서 '회(會)'라고 말한 것은 처음 회합을 가진 것에 근거하여 말한 것이다. 희공 2년에서 단지 '맹(盟)'이라고만 기록한 것은 둘 중에서도 중요한 것을 제시해서 말했기 때문이다.

徐疏 ◎注"下伐"至"是也". ○解云: 卽下十五年"秋, 七月, 齊師·曹師伐厲", 注云"月者, 善錄義兵, 厲, 葵丘之會叛天子之命也"者是也.

번역 ◎何注: "下伐"~"是也". ○즉 아래 희공 15년 "가을 7월에 제나라 군대와 조나라 군대가 여를 정벌하였다."라고 했고, 주에서 "달을 기록한 것을 의병을 일으킨 것을 좋게 여겨 기록했기 때문으로, 여는 규구의 회합에서 천자의 명령을 배반했기 때문이다."라고 한 말에 해당한다.

徐疏 ◎注"會不"至"叛也". ○解云: 言厲等九國, 亦在于會, 而葵丘之會不書之者, 以其叛天子之命, 故不錄之, 但書曹伯以上于會.

번역 ◎何注: "會不"~"叛也". ○여 등의 9개 나라 또한 회합하는 장소에 있었는데, 규구의 회합에서 이들을 기록하지 않은 것은 천자의 명령을 배반했기 때문에 기록하지 않고, 단지 조나라 백작으로부터 그 이상이 회합에 참여했다고만 기록한 것이다.

徐疏 ◎注"會盟"至"不與盟". ○解云: 正以文十四年"公會宋公"已下, "同盟于新城". 然則彼是會盟一事, 擧盟以爲重, 不言會于某, 今此會盟並擧, 故須兩解之. 言宰周公是時實不與盟, 若言公會宰周公·齊侯已下盟于葵丘, 則是文害其義. 不擧盟, 直書上會, 會輕於盟, 失擧重之例矣. 以此之故, 必須兩擧, 書云諸侯盟于葵丘, 則知周公不與盟矣.

번역 ◎何注: "會盟"~"不與盟". ○바로 문공 14년에 "문공이 송나라 공작과 회합을 가졌다."라고 했고, 그 뒤에서는 "신성에서 동맹을 맺었다."라고 한 기록에 해당한다. 그런데 문공 14년의 기록에 있어서 회합과 맹약은 한 가지 사안이었음에도 '맹(盟)'이라고 기록한 것은 그것을 중대하게 여겼기 때문인데, 어느 곳에서 회합을 가졌다고는 말하지 않았고, 이곳에서는 회(會)와 맹(盟)을 모두 제시했기 때문에 둘에 대해 모두 해설할 필요가 있다. 즉 재상 주공이 당시 실제로 맹약에 참여하지 않았다는 뜻인데, 만약 문공이 재상 주공 및 제나라 후작 등 그 이하의 자들과 규구에서 회합을 가졌다고 말했다면 이것은 문공이 그 도의에 해를 끼쳤다고 말하는 것이 된다. 맹약을 맺었다고 말하지 않고 단지 회합을 가졌다고만 기록했는데,

회합은 맹약에 비해서 상대적으로 덜 중요하니, 보다 중대한 것을 제시하는 용례를 어기게 된다. 이러한 까닭으로 둘 모두에 대해 모두 제시해야만 했는데, 제후들이 규구에서 맹약을 맺었다고 기록했다면, 주공이 맹약에 참여하지 않았다는 사실을 알 수 있다.

전문 震之者何? 猶曰振振然.

번역 진(震)했다는 말은 무슨 뜻인가? 교만하게 스스로를 과시한다고 말하는 것과 같다.

何注 亢陽之貌.

번역 매우 융성한 양기를 품은 모습이다.

徐疏 ●"震之者何". ○解云: 欲言是善, 而盟書日; 欲言其惡, 賢伯所爲, 故執不知問.

번역 ●傳文: "震之者何". ○이 일이 선한 것이라 말하고자 했다면 맹약을 맺을 때 그 날짜를 기록하는데, 그 일이 악한 것이라 말하고자 한다면 재주와 덕이 있는 제후가 시행했다고 말한다. 그렇기 때문에 질문을 던진 것이다.

전문 矜之者何? 猶曰莫若我也.

번역 긍(矜)했다는 말은 무슨 뜻인가? 자기만한 자가 없다고 말하는 것과 같다.

何注 色自美大之貌.

번역 표정에 스스로를 아름답고 위대하게 여김이 나타나는 모습이다.

徐疏 ●"矜之者何". ○解云: 旣名賢伯, 美見天下; 而取夸矜, 異于本行, 故執不知問.

번역 ●傳文: "矜之者何". ○이미 재주와 덕을 갖춘 제후라고 하여 천하에 그 아름다움을 드러냈는데도, 과시한다고 말한 것은 본래의 행실과 차이를 보였기 때문에 질문을 한 것이다.

徐疏 ◎注"色自美大之貌". ○解云: 謂其顏色自有美大之勢.

번역 ◎何注: "色自美大之貌". ○그의 표정에 스스로 아름답고 위대한 기세를 가지고 있음이 나타난다는 뜻이다.

• 제 15 절 •

유자(儒者)의 행실 - 규(規)·위(爲)

【686c~d】

"儒有上不臣天子, 下不事諸侯, 愼靜而尙寬, 强毅以與人, 博學以知服, 近文章, 砥厲廉隅. 雖分國如錙銖, 不臣不仕. 其規爲有如此者."

직역 "儒는 上으로 天子에게 不臣하고, 下로 諸侯를 不事하며, 愼靜하여 寬을 尙하고, 强毅하여 人과 與하며, 博學하여 服을 知하고, 文章을 近하며, 廉隅를 砥厲함이 有합니다. 雖히 國을 分이라도 錙銖와 如하여, 不臣하고 不仕합니다. 그 規爲함에는 此와 如한 者가 有합니다."

의역 공자가 계속하여 말하길, "유자는 바르지 않다면 위로 천자의 신하가 되지 않고, 아래로 제후의 신하가 되지 않으며, 신중하고 고요하여 관대함을 숭상하고, 강직하고 굳세어 남과 함께 하며, 널리 배워서 요점을 알고, 문채를 가까이 하며, 염치와 절개를 연마함이 있습니다. 비록 그에게 나라를 나누어 주더라도 바르지 않다면 미물처럼 여겨서 신하가 되지 않고 벼슬에 오르지 않습니다. 유자는 법도에 맞게 헤아리고 실천함에 이와 같은 점이 있는 자들입니다."라고 했다.

集說 愼靜者, 謹飭而不妄動, 守身之道也. 尙寬者, 寬裕以有容, 待人之道也. 强毅以與人, 不苟詭隨於人也. 知服, 知力行之要也. 博學知服, 卽博文約禮之謂也. 遠於文, 則質勝而野. 近文章, 則亦不使文揜其質也. 砥厲廉隅者, 求切磋琢磨之益, 不刓方以爲圓也. 筭法十黍爲絫, 十絫爲銖, 二十四銖爲兩, 八兩爲錙. 言人君好賢, 雖分其國以祿賢者, 視之如錙銖之輕, 猶不臣不仕也. 其所謀度, 其所作爲, 有如此者.

번역 '신정(愼靜)'은 조심하여 망령되게 행동하지 않는다는 뜻으로, 자신을 지키는 도에 해당한다. '상관(尙寬)'은 관대하고 여유로워서 포용함이 있다는 뜻으로, 남을 대하는 도에 해당한다. 강직하고 굳세게 하여 남과 함께 하는 것은 구차하게 스스로를 속이며 남을 따르지 않는다는 뜻이다. '지복(知服)'은 힘써 시행해야 할 요점을 안다는 뜻이다. 널리 배우고 요점을 안다는 것은 널리 학문을 익혀서 예법에 따라 요약한다는 뜻이다. 문채와 멀어진다면 질박함이 너무 앞서 고루하게 된다. 문채와 가까이 하는 경우에는 또한 화려함이 질박함을 가리지 않도록 해야 한다. "염치와 절개를 연마한다."는 말은 절차탁마의 노력을 더한다는 뜻으로, 모난 것을 깎아서 둥글게 만든다는 뜻이 아니다. 계산법에 따른다면 10서(黍)는 1유(絫)가 되며, 10유(絫)는 1수(銖)가 되고, 24수(銖)는 1양(兩)이 되며, 8양(兩)은 1치(錙)가 된다. 즉 군주가 현명한 자를 좋아하여, 비록 나라를 나눠서 현명한 자에게 녹봉으로 하사하더라도 치(錙)나 수(銖)처럼 가벼운 것으로 간주하니, 신하가 되지 않고 벼슬을 하지 않는다는 뜻이다. 그 헤아림과 시행하는 것에 이와 같은 점이 있는 자들이다.

大全 晏氏曰: 上不臣天子, 下不事諸侯者, 易所謂不事王侯高尙其事也. 愼靜而寬者, 以仁而盡性, 强毅以與人者, 以義而制事, 博學以知服者, 以智而窮理, 近文章者, 外有備成之文, 砥厲廉隅者, 內有脩潔之行. 此所以雖分國如錙銖, 不肯委質而爲臣詘道而入仕矣. 質爲本, 文爲末, 君子務本不務末, 故於文章則近之而已, 不敢以文勝質也. 砥厲者, 以石治金之事也. 於廉隅而言砥厲者, 欲磨礱而成君子之器爾.

번역 안씨가 말하길, "위로 천자의 신하가 되지 않고, 아래로 제후를 섬기지 않는다."는 말은 『역』에서 "천자와 제후를 섬기지 않고 그 일을 숭상한다."[1]라고 한 말에 해당한다. "신중하고 고요하여 관대하다."라는 말은

---

1) 『역』「고괘(蠱卦)」: 上九, 不事王侯, 高尙其事. / 『예기』「표기(表記)」【637a~b】: 子曰, "事君, 軍旅不辟難, 朝廷不辭賤. 處其位而不履其事, 則亂也. 故君使其臣, 得志則愼慮而從之, 否則孰慮而從之, 終事而退, 臣之厚也. 易曰, '不事王

인(仁)에 따라 본성을 다하는 것이다. "강직하고 굳세어 남과 함께 한다."는 말은 의(義)에 따라 그 사안을 제어한다는 뜻이다. "널리 배워서 요점을 안다."는 말은 지혜를 통해 이치를 끝까지 연구한다는 뜻이다. "문채를 가까이 한다."는 말은 외적으로 제대로 된 격식을 갖춘다는 뜻이다. "염치와 절개를 연마한다."는 말은 내적으로 수양을 통해 자신을 깨끗하게 만들려는 행실이 있다는 뜻이다. 이것이 바로 나라를 나눠주더라도 미물처럼 여겨서 예물과 방문을 받아들여 신하가 되지 않고 도를 굽혀 조정에 들어가 벼슬을 하지 않는 이유이다. 질박함은 근본이 되고 화려함은 말단이 되는데, 군자는 근본에 힘쓰고 말단에 힘쓰지 않는다. 그렇기 때문에 '문장(文章)'에 대해서는 가까이 한다고 했을 따름이니, 감히 문채가 질박함을 앞서도록 하지 않기 때문이다. "갈다[砥厲]."는 말은 숫돌로 쇠를 다듬는 일에 해당한다. 염치와 절개에 대해서 '지려(砥厲)'라고 말한 것은 갈아서 군자의 그릇을 완성하고자 했기 때문이다.

大全 西山眞氏曰: 文章二字, 非止於言語詞章而已. 聖人盛德蘊於中, 而輝光發於外, 如威儀之中度語言之當理, 皆文也. 堯之文思, 舜之文明, 孔子稱堯曰, 煥乎其有文章, 子貢曰夫子之文章, 皆此之謂也. 至于二字之義, 則五色錯而成文, 黑白合而成章. 文者燦然, 有文之謂, 章者蔚然, 有章之謂. 章, 猶條也. 六經論語之言文章, 皆取其自然形見者, 後世始以筆墨著述爲文, 與聖賢之所謂文者異矣.

번역 서산진씨[2]가 말하길, '문장(文章)'이라는 두 글자의 뜻은 단지 말이나 말을 꾸미는 것에만 그치지 않을 따름이다. 성인이 내적으로 융성한 덕을 온축하여 밖으로 찬란한 빛이 드러나는 것은 위엄을 갖춘 행동이 법도에 맞고 그 말이 이치에 합당한 것과 같은데, 이들은 모두 '문(文)'이 된

侯, 高尚其事.'"

2) 서산진씨(西山眞氏, A.D.1178 ~ A.D.1235) : =건안진씨(建安眞氏)·진덕수(眞德秀). 남송(南宋) 때의 성리학자이다. 자(字)는 경원(景元)이고, 호(號)는 서산(西山)이다. 저서로는 『독서기(讀書記)』, 『사서집론(四書集論)』, 『경연강의(經筵講義)』 등이 있다.

다. 요임금의 문채롭게 생각함[3]과 순임금의 문채롭게 밝은 것[4]에 대해, 공자는 요임금을 칭찬하며, "찬란하구나 그 문장을 갖춤이여."[5]라고 했고, 자공은 '공자의 문장'[6]이라고 했는데, 이 모두가 바로 이러한 뜻을 말한다. '문장(文章)'이라는 두 글자의 의미에 있어서는 다섯 가지 색깔을 섞어서 무늬를 만든 것이 '문(文)'이고, 흑색과 백색을 합하여 무늬를 만든 것이 '장(章)'이다. '문(文)'은 찬란하여 격식이 있음을 뜻하며, '장(章)'은 성대하여 법도가 있음을 뜻한다. '장(章)'자는 조리[條]라는 뜻과 같다. 육경과 『논어』에서 말한 '문장(文章)'이라는 말들은 모두 자연스럽게 드러나는 것에서 의미를 취한 것인데, 후대에 이르러서야 비로소 붓으로 기록한 것을 문장이라고 여겨서, 성현이 말한 문장의 의미와 달라졌다.

鄭注 "强毅以與人", 彼來辨言行而不正, 不苟屈以順之也. "博學以知服", 不用己之知勝於先世賢知之所言也. "雖分國如錙銖", 言君分國以祿之, 視之輕如錙銖矣. 八兩曰錙.

번역 "강직하고 굳세게 하여 남과 함께 한다."는 말은 상대방이 찾아와서 그의 말과 행동을 변별해보니 바르지 않다면, 구차하게 굽혀서 그를 따르지 않는다는 뜻이다. "널리 배워서 복종할 줄 안다."라는 말은 자신의 지혜를 선대 현인과 지혜로운 자가 한 말보다 뛰어나다고 여기지 않는다는 뜻이다. "비록 나라를 나누어주더라도 미물처럼 여긴다."라는 말은 군주가 나라를 나누어 그에게 녹봉으로 하사하더라도 그것을 경시하여 미물처럼 여긴다는 뜻이다. 8양(兩)을 1치(錙)라고 부른다.

---

3) 『서』「우서(虞書)·요전(堯典)」: 昔在帝堯, 聰明文思, 光宅天下, 將遜于位, 讓于虞舜, 作堯典.
4) 『서』「우서(虞書)·순전(舜典)」: 濬哲文明, 溫恭允塞, 玄德升聞, 乃命以位.
5) 『논어』「태백(泰伯)」: 子曰, "大哉堯之爲君也! 巍巍乎! 唯天爲大, 唯堯則之. 蕩蕩乎, 民無能名焉. 巍巍乎! 其有成功也, 煥乎其有文章!"
6) 『논어』「공야장(公冶長)」: 子貢曰, "夫子之文章, 可得而聞也, 夫子之言性與天道, 不可得而聞也."

釋文 近, 附近之近. 砥音脂, 又音旨. 厲, 力世反. 分如字. 錙, 側其反, 說文云"六銖". 銖音殊, 說文云"權分十黍之重". 賢知音智.

번역 '近'자는 '부근(附近)'이라고 할 때의 '近'이다. '砥'자의 음은 '脂(지)'이며, 또한 그 음은 '旨(지)'도 된다. '厲'자는 '力(력)'자와 '世(세)'자의 반절음이다. '分'자는 글자대로 읽는다. '錙'자는 '側(측)'자와 '其(기)'자의 반절음이며, 『설문』에서는 "6수(銖)이다."라고 했다. '銖'자의 음은 '殊(수)'이며, 『설문』에서는 "도량형에서 10서(黍)의 무게를 갖춘 것이다."라고 했다. '賢知'에서의 '知'자는 그 음이 '智(지)'이다.

孔疏 ●"儒有上不臣天子"至"此者". ○此明儒者志操規爲之事.

번역 ●經文: "儒有上不臣天子"~"此者". ○이곳 문장은 유자가 지조를 지키고 규범에 따라 행동하는 사안을 나타내고 있다.

孔疏 ●"上不臣天子", 伯夷·叔齊是也.

번역 ●經文: "上不臣天子". ○백이와 숙제가 여기에 해당한다.

孔疏 ●"下不事諸侯", 長沮·桀溺是也.

번역 ●經文: "下不事諸侯". ○장저와 걸닉이 여기에 해당한다.

孔疏 ●"其靜而寬"者, 旣愼而靜, 所尙寬緩也.

번역 ●經文: "其靜而寬". ○이미 신중하고 고요하니, 관대하고 너그러운 것을 숭상한다.

孔疏 ●"强毅以與人"者, 若有人與己辨言行, 而彼人道不正, 則己不苟屈從之, 是用剛毅以與人也.

번역 ●經文: "强毅以與人". ○만약 상대가 자신과 함께 말과 행동에 대해 변별했는데, 상대방의 도가 바르지 않다면, 자신이 구차하게 굽혀서 그를 따르지 않는다는 뜻으로, 이것은 강직함과 굳셈에 따라서 남과 함께 하는 것이다.

孔疏 ●"博學以知服"者, 謂廣博學問, 猶知服畏先代賢人. 言不以己之博學凌夸前賢也.

번역 ●經文: "博學以知服". ○널리 학문을 익히면서도 오히려 선대 현인들을 외경하며 복종할 줄 안다는 뜻이다. 즉 자신이 널리 배웠다고 하더라도 이전의 현인을 업신여기거나 그보다 뛰어나다고 과시하지 않는다는 의미이다.

孔疏 ●"近文章, 砥厲廉隅"者, 言儒者習近文章, 以自磨厲, 使成己廉隅也.

번역 ●經文: "近文章, 砥厲廉隅". ○유자가 문장을 익히고 가까이 해서 스스로를 연마하여, 자신의 염치와 절개를 완성하게끔 한다는 뜻이다.

孔疏 ●"雖分國如錙銖"者, 言君雖分國以祿之, 視之輕如錙銖, 不貴重也.

번역 ●經文: "雖分國如錙銖". ○군주가 비록 나라를 나누어 그에게 녹봉으로 하사하더라도, 그것을 가벼이 여겨 미물처럼 간주하니, 귀중하게 여기지 않는다는 뜻이다.

孔疏 ●"不臣不仕"者, 謂不與人爲臣, 不求仕官, 但自規度所爲之事而行, 故云"其規爲有如此者"也.

번역 ●經文: "不臣不仕". ○남과 함께 신하가 되고자 하지 않는다는 뜻으로, 벼슬을 하거나 관직에 오르고자 구하지 않는다는 의미이다. 다만 스스로 법도에 따른 일이라면 시행할 뿐이다. 그렇기 때문에 "그 법도에 따른 행실이 이와 같다."라고 했다.

孔疏 ◎注"强毅"至"曰錙". ○正義曰: "强毅以與人, 彼來辨言行而不正, 不苟屈以順之也"者, 解經"强毅以與人"之事. 謂彼人來至與己辨爭言行, 而彼人爲道不正, 己則不苟且屈撓以順從之. 云"不用己之知勝於先世賢知之所言也"者, 解經"博學以知服". 謂不用己之所知勝於先世賢知者之所言, 服從之也. 云"八兩曰錙"者, 按筭法: 十黍爲參, 十參爲銖, 二十四銖爲兩, 八兩爲錙.

번역 ◎鄭注: "强毅"~"曰錙". ○정현이 "강직하고 굳세게 하여 남과 함께 한다는 말은 상대방이 찾아와서 그의 말과 행동을 변별해보니 바르지 않다면, 구차하게 굽혀서 그를 따르지 않는다는 뜻이다."라고 했는데, 이것은 경문에서 "강직하고 굳세게 하여 남과 함께 한다."라고 한 사안을 풀이한 것이다. 즉 상대방이 찾아와서 자신과 함께 말과 행실에 대해 논쟁을 펼쳤는데, 상다방의 도가 바르지 않다면, 본인은 구차하게 그에게 굽혀서 그를 따르지 않는다는 의미이다. 정현이 "자신의 지혜를 선대 현인과 지혜로운 자가 한 말보다 뛰어나다고 여기지 않는다는 뜻이다."라고 했는데, 경문에서 "널리 배워서 복종할 줄 안다."라고 한 말을 풀이한 것이다. 즉 자신의 지혜가 선대 현자와 지혜로운 자가 말한 것보다 뛰어나다고 여기지 않고, 복종하고 따른다는 의미이다. 정현이 "8양(兩)을 1치(錙)라고 부른다."라고 했는데, 계산법을 살펴보면, 10서(黍)는 1참(參)이 되고, 10참(參)은 1수(銖)가 되며, 24수(銖)는 1양(兩)이 되고, 8양(兩)은 1치(錙)가 된다.

訓纂 王氏引之曰: 謹案, 二十四銖爲兩, 八兩爲錙, 錙與銖輕重相遠, 不得並稱. 古人言錙者, 其數或多或少. 淮南詮言篇"割國之錙錘以事人", 高注曰, "六兩曰錙, 倍錙曰錘", 與鄭注八兩爲錙相近, 此數之多者也. 說山篇"有千金之璧, 而無錙錘之礛諸", 注曰, "六銖曰錙, 八銖曰錘." 說文亦曰, "錙, 六銖也. 錘, 八銖也." 衆經音義卷二十引風俗通曰, "銖六則錘, 二錘則錙", 則又以十二銖爲錙, 此數之少者也. 記以錙銖竝稱, 輕重必不相遠, 當以六銖曰錙爲正解.

번역 왕인지가 말하길, 삼가 살펴보니, 24수(銖)는 1양(兩)이 되고, 8양(兩)은 1치(錙)가 된다고 했는데, 치(錙)와 수(銖)의 무게는 서로 어긋나므로 함께 지칭할 수 없다. 고대인이 치(錙)를 말할 때 그 수에 있어서는 많은 경우도 있고 적은 경우도 있다. 『회남자』「전언(詮言)」편에서는 "나라의 치추(錙錘)를 잘라서 남을 섬긴다."[7]라고 했고, 고유[8]의 주에서는 "6양(兩)은 1치(錙)가 되고, 치(錙)의 곱절은 1추(錘)가 된다."라고 했으니, 정현의 주에서 8양(兩)을 1치(錙)라고 한 것과 유사하며, 이것은 그 수가 많은 경우에 해당한다. 또 「설산(說山)」편에서는 "천금의 벽(璧)은 있지만 치추(錙錘)의 감제(礛諸)는 없다."[9]라고 했는데, 고유의 주에서는 "6수(銖)를 1치(錙)라 부르고, 8수(銖)를 1추(錘)라 부른다."라고 했고, 『설문』에서도 "치(錙)는 6수(銖)이다. 추(錘)는 8수(銖)이다."라고 했다. 『중경음의』 20권에서는 『풍속통』을 인용하여, "수(銖)가 6개라면 1추(錘)가 되고, 2추(錘)는 1치(錙)가 된다."라고 했으니, 또한 12수(銖)를 1치(錙)로 여긴 것으로, 이것은 그 수가 적은 것에 해당한다. 『예기』에서 치(錙)와 수(銖)를 병칭한 것은 무게가 반드시 큰 차이를 보이지 않기 때문이니, 마땅히 "1수(銖)를 1치(錙)라고 부른다."라는 말을 올바른 해석으로 여겨야 한다.

訓纂 方性夫曰: 强所以自勝, 毅所以致果, 皆立己之道也. 立己或至於絶物, 故繼之以與人. 學雖貴乎博, 苟不知服而行之, 則亦讀聖而庸行矣, 故又貴乎知服.

번역 방성부가 말하길, 강직함은 스스로를 이겨내는 것이며, 굳셈은 결과물을 내도록 하는 것이니, 모두 자신을 확립하는 도에 해당한다. 자신을 확립함에 간혹 대상과 단절되는 지경에 이르기도 한다. 그렇기 때문에 연

---

7) 『회남자(淮南子)』「전언훈(詮言訓)」: 雖割國之錙錘以事人, 而無自恃之道, 不足以爲全.

8) 고유(高誘, ? ~ ?): 후한(後漢) 때의 경학자(經學者)이다. 어려서부터 노식(盧植)에게서 수학하였다고 전해진다.

9) 『회남자(淮南子)』「설산훈(說山訓)」: 玉待礛諸而成器, 有千金之璧而無錙錘之礛諸.

이어 남과 함께 한다고 말했다. 학문에서는 비록 널리 배우는 것을 존귀하게 여기지만, 만약 감복할 줄 모르고서 행동한다면, 또한 성현의 책을 읽었음에도 범범하게 행동하는 것이다. 그렇기 때문에 또한 감복할 줄 아는 것을 존귀하게 여긴다.

集解 愚謂: 與人, 猶論語"可者與之"之與. 服, 行也. 君臣之義, 無所逃於天地之間, 儒者非不臣天子也, 枉其道則有所不臣矣. 非不事諸侯也, 枉其道則有所不事矣. 不臣天子, 不事諸侯, 其心可謂愼靜, 其操可謂强毅矣. 愼靜則恐其規模之太狹, 而又能貴尙乎寬容; 强毅則慮其風裁之太峻, 而又能汎愛以與人. 所學極其博, 然博學則慮其泛濫而失歸, 而又能知其所當行. 多文以爲富, 然近文章則慮其浮華而無實, 而又能砥厲乎廉隅. 二十四銖爲兩, 八兩爲錙. 非其道義, 雖國君分國以祿之, 視之如錙銖之輕, 而不臣不仕, 蓋其廉隅之峻飭如此. 此皆言其道德周備, 而不倚於一偏, 所以爲儒者之規爲也.

번역 내가 생각하기에, '여인(與人)'의 '여(與)'자는 『논어』에서 "가능한 자와는 사귄다."[10]라고 할 때의 '여(與)'자와 같다. '복(服)'자는 "시행하다[行]."는 뜻이다. 군주와 신하의 도의에 따르면, 천지 사이에 도망갈 곳이 없어서, 유자는 천자의 신하가 되지 않는 경우가 없지만, 그 도를 굽힌다면 신하가 되지 않는 경우가 있다. 또 제후를 섬기지 않는 경우가 없지만, 그 도를 굽힌다면 섬기지 않는 경우가 있다. 천자의 신하가 되지 않고 제후를 섬기지 않는 경우, 그 마음은 신중하고 고요하다고 할 수 있으며, 그의 절개는 강직하고 굳세다고 할 수 있다. 신중하고 고요하다면 규범에 따른 것이 너무 협소하게 될까 염려되므로, 또한 관대하고 너그러운 것을 존귀하게 여기고 숭상할 수 있어야 한다. 또 강직하고 굳세다면 그 풍모가 너무 준엄하게 될까 염려되므로, 또한 널리 사랑하여 남들과 함께 할 수 있어야 한다. 배우는 것에 있어서는 지극히 널리 배워야 하지만, 널리 배운다면 넘쳐서

---

10) 『논어』「자장(子張)」: 子夏之門人問交於子張. 子張曰, "子夏云何?" 對曰, "子夏曰, '可者與之, 其不可者拒之.'" 子張曰, "異乎吾所聞, 君子尊賢而容衆, 嘉善而矜不能. 我之大賢與, 於人何所不容? 我之不賢與, 人將拒我, 如之何其拒人也?"

되돌아갈 곳을 잃게 될까 염려되므로, 또한 마땅히 시행해야 할 것을 알 수 있어야 한다. 많은 문채를 갖추는 것을 부유함으로 여기지만,[11] 문채를 가까이 한다면 지나치게 화려하게 되어 실질이 없게 될까 염려되므로, 또한 염치와 절개를 연마할 수 있어야 한다. 24수(銖)는 1양(兩)이 되고, 8양(兩)은 1치(錙)가 된다. 그 도의가 아니라면 비록 제후가 나라를 나누어 녹봉으로 하사하더라도 그것을 치수(錙銖)와 같이 가벼운 것으로 여기고, 신하가 되지 않으며 벼슬에 나아가지 않으니, 염치와 절개의 준엄함이 이와 같기 때문이다. 이러한 것들은 모두 그 도덕이 두루 완비되어 한쪽으로 치우치지 않은 것을 뜻하니, 이것이 바로 유자가 규범에 따라 행동하는 이유이다.

참고 원문비교

예기대전·유행 儒有上不臣天子, 下不事諸侯, 愼靜而尙寬, 强毅以與人, 博學以知服, 近文章, 砥厲廉隅. 雖分國如錙銖, 不臣不仕. 其規爲有如此者.

공자가어·유행해(儒行解) 儒有上不臣天子, 下不事諸侯, 愼靜尙寬, 砥厲廉愚, 强毅以與人, 博學以知服, 近文章. 雖以分國, 視之如錙銖①, 弗肯臣仕. 其規爲有如此者.

王注-① 視之輕如錙銖. 八兩爲錙.

번역 가벼운 것으로 간주하니 마치 치수(錙銖)처럼 여기는 것이다. 8양(兩)은 1치(錙)가 된다.

11) 『예기』「유행」【682a】: 儒有不寶金玉, 而忠信以爲寶; 不祈土地, 立義以爲土地; 不祈多積, 多文以爲富. 難得而易祿也, 易祿而難畜也. 非時不見, 不亦難得乎? 非義不合, 不亦難畜乎? 先勞而後祿, 不亦易祿乎? 其近人有如此者.

참고 『역』「고괘(蠱卦)」 기록

爻辭 上九, 不事王侯, 高尚其事.

번역 상구는 왕후(王侯)[12]를 섬기지 않고, 그 일을 높이고 숭상한다.

王注 最處事上而不累於位, "不事王侯, 高尚其事"也.

번역 일의 가장 위에 처하여 자리에 얽매이지 않는 것이 "왕후를 섬기지 않으며 그 일을 높이고 숭상한다."는 뜻이다.

孔疏 ○正義曰: 最處事上, 不復以世事爲心, 不係累於職位, 故不承事王侯, 但自尊高慕尚其淸虛之事, 故云"高尚其事"也.

번역 ○일의 가장 위에 처하여, 재차 세상사를 마음에 두지 않고, 직위에 얽매이지 않는다. 그렇기 때문에 왕후를 섬기지 않고 단지 제 스스로 맑게 하고 비워내는 일을 존귀하게 높이고 사모한다. 그렇기 때문에 "그 일을 높이고 숭상한다."라고 했다.

程傳 上九居蠱之終, 无係應於下, 處事之外, 无所事之地也. 以剛明之才, 无應援而處无事之地, 是賢人君子不偶於時而高潔自守, 不累於世務者也, 故云不事王侯高尚其事. 古之人有行之者, 伊尹太公望之始, 曾子子思之徒是也. 不屈道以徇時, 旣不得施設於天下, 則自善其身, 尊高敦尚其事, 守其志節而已. 士之自高尚, 亦非一道, 有懷抱道德, 不偶於時而高潔自守者, 有知止足之道, 退而自保者, 有量能度分, 安於不求知者, 有淸介自守, 不屑天下之事, 獨潔其身者, 所處雖有得失小大之殊, 皆自高尚其事者也. 象所謂志可則者, 進退合道者也.

---

12) 왕후(王侯)는 천자와 제후를 뜻한다.

번역 상구는 고괘(蠱卦)의 끝에 있어서 아래와 호응하는 것에 얽매임이 없으며, 일 밖에 있으니 일삼는 것이 없는 곳이다. 굳세고 밝은 재질로 호응하여 끌어당김이 없고 일삼는 것이 없는 자리에 있으니, 현명한 자와 군자가 세상을 만나지 못해 고결함을 스스로 지켜서 세상의 일에 얽매이지 않는 자이다. 그렇기 때문에 "왕후를 섬기지 않고 그 일을 높이고 숭상한다."라고 했다. 옛 사람들 중에는 이처럼 시행한 자가 있었으니, 이윤이나 태공망의 초기, 증자와 자사의 무리가 여기에 해당한다. 도를 굽혀서 세상을 따르지 않고, 이미 세상에 덕을 펼칠 수 없으면 스스로 자신을 선하게 하고, 그 일을 존귀하게 높이고 돈독히 숭상하며, 지조와 절개를 지킬 따름이다. 선비가 스스로 높이고 숭상하는 것 또한 한 가지 방도만 있는 것이 아니니, 도덕을 품고서 때를 만나지 못하여 고결함으로 스스로 지키는 자가 있고, 만족할 때 그치는 도를 알아서 물러나 스스로 보존하는 자가 있으며, 자신의 역량을 헤아리고 분수를 살펴서 알아주길 구하지 않음을 편안히 여기는 자가 있고, 청렴과 지조를 스스로 지켜서 천하의 일을 좋게 여기지 않으며 홀로 자신만을 깨끗하게 하는 자가 있다. 이처럼 각각 처한 것에는 비록 득실과 대소의 차이가 있지만 이 모두는 스스로 그 일을 높이고 숭상하는 자들이다. 「상전」에서 "뜻이 법칙이 될 만하다."라고 했으니, 나아가고 물러남이 도에 합치되는 자이다.

本義 剛陽居上, 在事之外, 故爲此象, 而占與戒皆在其中矣.

번역 굳센 양이 상효에 있고 일의 밖에 있기 때문에 이러한 상이 되고, 점과 경계하는 말이 모두 그 안에 포함되어 있다.

象辭 象曰, "不事王侯", 志可則也.

번역 「상전」에서 말하길, "왕후를 섬기지 않는다."는 말은 그 뜻을 법도로 삼을 수 있음을 의미한다.

孔疏 ○正義曰: 釋"不事王侯"之義. 身旣不事王侯, 志則淸虛高尙, 可法則也.

번역 ○"왕후를 섬기지 않는다."는 뜻을 풀이한 것이다. 자신은 이미 왕후를 섬기지 않고 있는데, 뜻은 맑게 하고 비워내는 것을 높이고 숭상하니, 법도로 삼을 수 있다.

程傳 如上九之處事外, 不累於世務, 不臣事於王侯, 蓋進退以道, 用捨隨時, 非賢者, 能之乎? 其所存之志可爲法則也.

번역 상구처럼 일의 밖에 있으며 세상의 일에 얽매이지 않고, 신하가 되어 왕후를 섬기지 않는다면, 나아가고 물러남을 도로써 하고, 시행하고 그만둠을 시의에 따르는 것이니, 현명한 자가 아니라면 가능하겠는가? 그가 간직한 뜻은 법도로 삼을 수 있다.

참고 『예기』「표기(表記)」 기록

경문-637a~b 子曰, "事君, 軍旅不辟難, 朝廷不辭賤. 處其位而不履其事, 則亂也. 故君使其臣, 得志則愼慮而從之, 否則孰慮而從之, 終事而退, 臣之厚也. 易曰, '不事王侯, 高尙其事.'"

번역 공자가 말하길, "군주를 섬김에, 군대에서는 어려운 일을 피하지 않고, 조정에서는 천한 일을 마다하지 않는다. 그 지위에 올라서 해당 업무를 처리하지 않는다면 문란하게 된다. 그렇기 때문에 군주가 신하를 부림에 있어서, 신하가 군주의 뜻을 얻게 된다면 신중히 생각해서 따르고, 그렇지 않다면 깊게 생각해서 따르며, 일을 마치면 물러나니, 이러한 자는 신하 중에서도 충심이 두터운 자이다. 『역』에서는 '천자와 제후를 섬기지 않고 그 일을 고상하게 여긴다.'"라고 했다.

鄭注 言尙忠且謙也. 履, 猶行也. 使, 謂使之聘問·師役之屬也. "愼慮而從之"者, 此己志也, 欲其必有成也. 否, 謂非己志也. "孰慮而從之", 又計於己利害也. "終事而退", 非己志者, 事成則去也. 事, 或爲"身". 言臣致仕而去, 不復事君也, 君猶高尙其所爲之事, 言尊大其成功也.

번역 충심과 겸손함을 숭상한다는 뜻이다. '이(履)'자는 "시행하다[行]."는 뜻이다. '사(使)'자는 그로 하여금 빙문(聘問)[13]이나 군대의 일 등을 시킨다는 뜻이다. "신중히 생각해서 따른다."는 말은 자신의 뜻에 있어서 반드시 완성을 시키고자 한다는 뜻이다. '부(否)'자는 자신의 뜻이 아니라는 의미이다. "깊이 생각해서 따른다."는 것은 또한 자신의 이해관계를 계산한다는 뜻이다. "일을 마치고서 물러난다."는 말은 자신의 뜻이 아닌 경우, 일을 완성하면 떠난다는 뜻이다. '사(事)'자를 다른 판본에서는 '신(身)'자로 기록하기도 한다. 인용문은 신하가 관직에서 물러나고 떠나서 재차 그 군주를 섬기지 않는데, 군주는 여전히 그가 시행했던 일을 높이고 숭상한다는 의미로, 그가 이룬 공적을 존귀하고 위대하게 여긴다는 뜻이다.

孔疏 ●"易曰: 不事王侯, 高尙其事"者, 此易·蠱卦上九爻辭, 按: 易·蠱卦, 巽下艮上, 上九艮爻, 艮爲山, 辰在戌, 得乾氣父老之象, 是臣之致事也, 故"不事王侯". 是不得事君, 君猶高尙其所爲之事. 引之者, 證臣之事君, 終事而退, 是臣之厚重也.

번역 ●經文: "易曰: 不事王侯, 高尙其事". ○이것은 『역』「고괘(蠱卦)」의 상구 효사이니, 『역』의 고괘(蠱卦䷑)를 살펴보면 손괘(巽卦☴)가 아래에 있고 간괘(艮卦☶)가 위에 있는데, 상구는 간괘의 효가 되며 간괘는 산이 되고 그 시기는 술(戌)에 있어서, 건괘의 기운과 부친이 늙는 상을 얻으니, 이것은 신하가 일을 그만두는 것에 해당한다. 그렇기 때문에 "천자와 제후

---

13) 빙문(聘問)은 국가 간이나 개인 간에 사람을 보내서 상대방을 찾아가 안부를 묻는 의식 절차를 통칭하는 말이다. 또한 제후가 신하를 시켜서 천자에게 보내, 안부를 묻는 예법을 뜻하기도 한다.

를 섬기지 않는다."라고 했다. 이것은 군주를 섬길 수 없다는 뜻인데, 군주는 여전히 그가 시행했던 일을 높이고 숭상한다. 이 문장을 인용한 것은 신하가 군주를 섬김에 있어서 일을 마치고 물러나는 것이 신하의 두터움에 해당함을 증명하기 위한 것이다.

참고 『서』「우서(虞書)·요전(堯典)」

小序 昔在帝堯, 聰明文思, 光宅天下①. 將遜于位, 讓于虞舜②, 作堯典.

번역 옛날 요임금이 있었을 때 그는 총명하면서도 문채 있게 생각하여 빛을 내며 천하를 안정시켰다. 장차 제위를 양보하고자 하여 순임금에게 양위하며 「요전」편을 지었다.

孔傳-① 言聖德之遠著.

번역 성인의 덕이 원대하게 드러남을 뜻한다.

孔傳-② 遜, 遁也. 老使攝, 遂禪之.

번역 '손(遜)'자는 피한다는 뜻이다. 노년이 되자 순임금으로 하여금 섭정을 시켰고 결국 그에게 제위를 선양하였다.

孔疏 ○正義曰: 言昔日在於帝號堯之時也, 此堯身智無不知聰也, 神無不見明也. 以此聰明之神智足可以經緯天地, 卽"文"也; 又神智之運, 深敏於機謀, 卽"思"也. "聰明文思", 卽其聖性行之於外, 無不備知, 故此德充滿居止於天下而遠著. 德旣如此, 政化有成, 天道沖盈, 功成者退, 以此故將遜遁避於帝位, 以禪其有聖德之虞舜. 史序其事, 而作堯典之篇.

번역 ○예전에는 제왕을 '요(堯)'라 지칭했던 시대가 있었는데, 요임금 본인은 그 지혜에 총명하게 깨닫지 못하는 것이 없었고, 신명에도 밝게 보지 못하는 것이 없었다. 이러한 총명에 따른 정신과 지혜는 천지의 도리를 가로와 세로로 촘촘하게 엮을 수 있으므로 '문(文)'이 된다. 또 정신과 지혜의 운용에 있어서는 계책들에 대해 깊이가 있었고 민첩했으므로 '사(思)'에 해당한다. 따라서 '총명문사(聰明文思)'라는 것은 그의 성스러운 성품이 밖으로 시행됨에 지혜를 갖추지 않은 것이 없다는 뜻이다. 그렇기 때문에 그의 덕은 충만하여 천하에 가득 차 원대하게 드러난 것이다. 그의 덕이 이미 이와 같았으므로, 정치와 교화에도 이룸이 있었고, 하늘의 도가 충만하였는데, 공적을 완성하자 물러났다. 이러한 까닭으로 장차 제위를 겸손히 양보하려고 하여, 성인의 덕을 갖춘 우순에게 선양하고자 했던 것이다. 사관이 그 일들을 서술하여 「요전」편을 지었다.

孔疏 ◎傳"言聖德之遠著". ○正義曰: "聖德"解"聰明文思", "遠著"解"光宅天下".

번역 ◎孔傳: "言聖德之遠著". ○'성덕(聖德)'이라는 말은 '총명문사(聰明文思)'라는 말을 풀이한 것이며, '원저(遠著)'는 '광택천하(光宅天下)'라는 말을 풀이한 것이다.

참고 『서』「우서(虞書)·순전(舜典)」

경문 曰若稽古, 帝舜①, 曰重華, 協于帝②. 濬哲文明溫恭允塞③, 玄德升聞, 乃命以位④.

번역 옛 도를 상고하여 잘 따를 수 있는 자는 제왕 순임금이니, 그의 문덕이 빛나 거듭 요임금과 합치하였다. 깊은 지혜와 문채가 나는 밝음과 온순하고 공손한 덕이 충만하여, 조용히 그 도와 덕을 시행하여 그 소문이 조정까지 알려졌고, 마침내 요임금은 그에게 작위를 내리도록 명하였다.

孔傳-① 亦言其順考古道而行之.

번역 이 또한 옛 도를 상고해보고 그에 따라 시행한다는 뜻이다.

孔傳-② 華謂文德, 言其光文重合於堯, 俱聖明.

번역 '화(華)'는 문덕으로, 그 광채가 나는 문채가 거듭 요임금에게 합한다는 뜻이니, 둘 모두 명철한 성인임을 의미한다.

孔傳-③ 濬, 深. 哲, 智也. 舜有深智文明溫恭之德, 信允塞上下.

번역 '준(濬)'자는 깊다는 뜻이다. '철(哲)'자는 지혜를 뜻한다. 순임금은 깊은 지혜와 문채가 나는 밝음과 온순하고 공손한 덕을 가지고 있었으니, 진실로 상하에 충만했다는 뜻이다.

孔傳-④ 玄謂幽潛, 潛行道德, 升聞天朝, 遂見徵用.

번역 '현(玄)'자는 그윽하게 숨어있다는 뜻으로, 조용이 자신의 도와 덕에 따라 시행하여 그 소문이 올라가 조정에까지 알려졌고, 마침내 부름을 받아 등용되었다는 뜻이다.

孔疏 ●"曰若"至"以位". ○正義曰: 昔東晉之初, 豫章內史梅賾上孔氏傳, 猶闕舜典. 自此"乃命以位"已上二十八字, 世所不傳. 多用王·范之注補之, 而皆以"愼徽"已下爲舜典之初. 至齊蕭鸞建武四年, 吳興姚方興於大航頭得孔氏傳古文舜典, 亦類太康中書, 乃表上之. 事未施行, 方興以罪致戮. 至隋開皇初購求遺典, 始得之. 史將錄舜之美, 故爲題目之辭曰, 能順而考按古道而行之者, 是爲帝舜也. 又申其順考古道之事曰, 此舜能繼堯, 重其文德之光華, 用此德合於帝堯, 與堯俱聖明也. 此舜性有深沈智慧, 文章明鑒, 溫和之色, 恭遜之容, 由名聞遠達, 信能充實上下, 潛行道德, 升聞天朝, 堯乃徵用, 命之以位而試之也.

번역 ●經文: "曰若"~"以位". ○예전 동진 초기에 예장내사였던 매색이 『공씨전』을 진상하였는데, 그 문헌에도 「순전」편이 누락되어 있었다. 이곳에서 '내명이위(乃命以位)'라고 한 구문으로부터 그 앞의 28글자는 세간에 전해지지 않았던 것이다. 대체로 왕숙과 범녕의 주석에 근거해서 보충한 것이며, 모든 판본에는 다음 구문인 '신휘(愼徽)'로부터 그 이하의 문장을 「순전」편의 첫 문장으로 기록하였다. 남제 소란의 건무 4년에 오흥지역의 요방흥이 큰 배의 머리 부분에서 공안국의 전문이 수록된 고문「순전」편을 얻었는데, 이것은 또한 태강년간에 나온 기록과 같았으므로, 진상하였다. 그러나 그 일이 아직 진행되지 못했는데 요방흥은 죄를 얻어 죽임을 당했다. 수나라 개황 초기에 세간에 전해진 기록들을 구매하여 비로소「순전」편을 얻게 되었다. 사관이 순임금의 미덕을 기록하고자 했기 때문에 제목에 해당하는 말을 지어서, "잘 따라서 옛 도를 상고하여 그에 따라 시행할 수 있는 자는 순임금이다."라고 말한 것이다. 또한 옛 도를 따르고 상고한 일을 거듭 밝히고자 해서 "순임금이 요임금을 잘 계승하여 광채가 나는 문덕을 거듭하여 그 덕에 따라 요임금과 합하였으니, 요임금과 함께 둘 모두 명철한 성인이었다. 이것은 순임금의 성품에 깊이 생각하는 지혜와 문채가 나는 밝은 거울과 온화한 표정과 공손한 태도를 가지고 있어서, 그로 인해 소문이 멀리 전달되었으니 진실로 세상을 가득 채울 수 있었는데, 남몰래 도와 덕을 시행하여 그에 대한 소문이 조정에 올라가서, 요임금이 그를 불러 등용했고, 그에게 작위를 내려 시험했다."라고 했다.

孔疏 ◎傳"濬深"至"上下". ○正義曰: "濬, 深"·"哲, 智", 皆釋言文. 舍人曰: "濬, 下之深也. 哲, 大智也." 舜有深智, 言其智之深, 所知不淺近也. 經緯天地曰"文", 照臨四方曰"明". 詩云: "溫溫恭人." 言其色溫而貌恭也. 舜旣有深遠之智, 又有文明溫恭之德, 信能充實上下也. 詩毛傳訓"塞"爲實, 言能充滿天地之間, 堯典所謂"格于上下", 是也. 不言四表者, 以四表外無限極, 非可實滿, 故不言之. 堯舜道同, 德亦如一, 史官錯互爲文, 故與上篇相類, 是其所"合於堯"也.

번역 ◎孔傳: "濬深"~"上下". ○"'준(濬)'자는 깊다는 뜻이다.14) '철(哲)'자는 지혜를 뜻한다.15)"라고 했는데, 이 모두는 『이아』「석언(釋言)」편의 기록이다. 사인은 "준(濬)은 밑으로 깊다는 뜻이다. '철(哲)'은 매우 지혜롭다는 뜻이다."라고 했다. 순임금은 깊고 큰 지혜를 가지고 있었다는 의미이니, 그의 지혜가 매우 깊어서 알고 있는 것들이 천근하지 않았음을 뜻한다. 천지의 도리를 가로와 세로로 촘촘하게 엮을 수 있는 것을 '문(文)'이라 부르며 사방에 빛을 비추는 것을 '명(明)'이라 부른다. 『시』에서는 "온화하고 온화한 공손한 사람이여."16)라고 했는데, 그의 표정이 온화하고 모습이 공손함을 뜻한다. 순임금은 깊고 원대한 지혜를 가지고 있었고 또 문채가 나며 밝고 온화하며 공손한 덕을 가지고 있었으니, 진실로 상하에 가득 채울 수 있었다. 『시』의 모씨 전문에서는 '색(塞)'자를 채운다는 뜻으로 풀이했으니, 천지에 충만하게 할 수 있음을 뜻하며, 「요전」편에서 "상하에 이른다."라고 한 말에 해당한다. 사방[四表]이라고 말하지 않은 것은 사표의 밖은 무한하여 가득 채울 수 있는 것이 아니기 때문에 언급하지 않은 것이다. 요와 순임금의 도는 동일하며 덕 또한 동일하여, 사관이 상호 보완이 되도록 문장을 기록한 것이다. 그러므로 앞에서 말한 내용과 비슷하니, 이것이 바로 "요임금과 합한다."는 뜻이 된다.

---

14) 『이아』「석언(釋言)」: 濬·幽, 深也.

15) 『이아』「석언(釋言)」: 哲, 智也.

16) 『시』「소아(小雅)·소완(小宛)」: 溫溫恭人. 如集于木. 惴惴小心, 如臨于谷. 戰戰兢兢, 如履薄冰. / 『시』「대아(大雅)·억(抑)」: 荏染柔木, 言緡之絲. 溫溫恭人, 維德之基. 其維哲人, 告之話言, 順德之行. 其維愚人, 覆謂我僭. 民各有心.

참고 『논어』「태백(泰伯)」 기록

경문 子曰, "大哉, 堯之爲君也! 巍巍乎, 唯天爲大, 唯堯則之."

번역 공자는 "위대하구나, 요임금의 군주됨이여! 우뚝 솟아 있구나, 오직 저 하늘만이 가장 크거늘 요임금만이 하늘을 본받는구나."라고 했다.

何注 孔曰: 則, 法也. 美堯能法天而行化.

번역 공시가 말하길, '칙(則)'자는 본받는다는 뜻이다. 요임금이 하늘을 본받아 교화를 시행할 수 있었음을 찬미한 것이다.

邢疏 ●"子曰"至"文章". ○正義曰: 此章歎美堯也.

번역 ●經文: "子曰"~"文章". ○이 문장은 요임금을 찬미한 내용이다.

邢疏 ●"子曰: 大哉, 堯之爲君也! 巍巍乎, 惟天爲大, 唯堯則之"者, 則, 法也. 言大矣哉, 堯之爲君也! 聰明文思, 其德高大. 巍巍然, 有形之中, 唯天爲大, 萬物資始, 四時行焉, 唯堯能法此天道而行其化焉.

번역 ●經文: "子曰: 大哉, 堯之爲君也! 巍巍乎, 惟天爲大, 唯堯則之". ○'칙(則)'자는 본받는다는 뜻이다. 위대하구나, 요임금의 군주됨이여! 총명하고 문사(文思)하여 그의 덕은 높고도 크다. 우뚝 솟아 있구나, 형체를 가진 것 중에 오직 하늘만이 가장 크며, 만물은 그에 힘입어 생겨나며 사계절도 그에 따라 운행하는데, 오직 요임금만이 하늘의 도를 본받아서 그에 따른 교화를 시행할 수 있었다는 뜻이다.

경문 "蕩蕩乎, 民無能名焉."

번역 공자는 계속하여 "아득히도 넓어서 백성들이 무어라 명명할 수 없구나."라고 했다.

何注 包曰: 蕩蕩, 廣遠之稱. 言其布德廣遠, 民無能識其名焉.

번역 포씨가 말하길, '탕탕(蕩蕩)'은 광대하고 원대할 때 지칭하는 말이다. 즉 그가 덕을 펼침이 광대하고도 원대하여 백성들은 형용할 길을 알 수 없었다는 뜻이다.

邢疏 ●"蕩蕩乎, 民無能名焉"者, 蕩蕩, 廣遠之稱. 言其布德廣遠, 民無能識其名者焉.

번역 ●經文: "蕩蕩乎, 民無能名焉". ○'탕탕(蕩蕩)'은 광대하고 원대할 때 지칭하는 말이다. 즉 그가 덕을 펼침이 광대하고도 원대하여 백성들은 형용할 길을 알 수 없었다는 뜻이다.

集註 唯, 猶獨也. 則, 猶準也. 蕩蕩, 廣遠之稱也. 言物之高大, 莫有過於天者, 而獨堯之德能與之準. 故其德之廣遠, 亦如天之不可以言語形容也.

번역 '유(唯)'자는 홀로라는 뜻이다. '칙(則)'자는 준거하여 따른다는 뜻이다. '탕탕(蕩蕩)'은 광대하고 원대할 때 지칭하는 말이다. 즉 사물 중 높고 큰 것 중에 하늘보다 더한 것이 없는데, 유독 요임금의 덕만이 하늘을 따를 수 있었다. 그렇기 때문에 그의 덕에 나타나는 넓고도 원대함은 또한 하늘에 대해서 어떠한 말로 형용할 수 없는 것과 같다는 뜻이다.

경문 "巍巍乎, 其有成功也."

번역 공자는 계속하여 "우뚝 솟아있구나, 그가 이룬 공적이여."라고 했다.

何注 功成化隆, 高大巍巍.

번역 공적을 완수하고 교화가 융성하였으니 높고도 크며 우뚝 솟아 있었다는 뜻이다.

邢疏 ●"巍巍乎, 其有成功也"者, 言其治民功成化隆, 高大巍巍然.

번역 ●經文: "巍巍乎, 其有成功也". ○백성들을 다스려 그 공적을 완성하고 교화가 융성하게 되었으니, 높고도 크며 우뚝 솟아 있었다는 뜻이다.

경문 "煥乎, 其有文章."

번역 공자는 계속하여 "밝게 빛나는구나, 그가 이룬 문장이여."라고 했다.

何注 煥, 明也. 其立文垂制又著明.

번역 '환(煥)'자는 밝다는 뜻이다. 격식을 세워 제도를 제정해 펼친 것이 또한 밝게 드러났다는 의미이다.

邢疏 ●"煥乎, 其有文章"者, 煥, 明也. 言其立文垂制又著明也.

번역 ●經文: "煥乎, 其有文章". ○'환(煥)'자는 밝다는 뜻이다. 격식을 세워 제도를 제정해 펼친 것이 또한 밝게 드러났다는 의미이다.

集註 成功, 事業也. 煥, 光明之貌. 文章, 禮樂法度也. 堯之德不可名, 其可見者此爾.

번역 공을 이루었다는 것은 사업을 완수했다는 뜻이다. '환(煥)'자는 빛나고 밝은 모습을 뜻한다. '문장(文章)'은 예악과 법도를 뜻한다. 요임금의 덕에 대해서는 무어라 형용할 수 없는데, 볼 수 있는 것들은 바로 이러하다는 뜻이다.

集註 尹氏曰: 天道之大, 無爲而成. 唯堯則之以治天下, 故民無得而名焉. 所可名者, 其功業文章巍然煥然而已.

번역 윤씨가 말하길, 하늘의 도는 매우 커서 인위적으로 일을 시행하지 않아도 만물을 완성시킨다. 오직 요임만이 하늘을 본받아 천하를 다스렸다. 그렇기 때문에 백성들은 그것에 대해 형용할 수 없었다. 형용할 수 있는 점은 사업의 공적과 문장이 높고도 찬란하다는 점일 따름이다.

참고 『논어』「공야장(公冶長)」 기록

경문 子貢曰, "夫子之文章, 可得而聞也."

번역 자공은 "선생님의 문장에 대해서는 따를 수 있었다."라고 했다.

何注 章, 明也. 文彩形質著見, 可以耳目循.

번역 '장(章)'자는 밝다는 뜻이다. 문채의 형상과 바탕이 밝게 드러나서 눈과 귀로 보고 따를 수 있었다는 뜻이다.

邢疏 ●"子貢"至"聞也". ○正義曰: 此章言夫子之道深微難知也.

번역 ●經文: "子貢"~"聞也". ○이 문장은 공자의 도가 깊고도 은미하여 깨우치기 어려움을 뜻한다.

邢疏 ●"子貢曰: 夫子之文章, 可得而聞也"者, 章, 明也. 子貢言, 夫子之述作威儀禮法有文彩, 形質著明, 可以耳聽目視, 依循學習, 故可得而聞也.

번역 ●經文: "子貢曰: 夫子之文章, 可得而聞也". ○'장(章)'자는 밝다는 뜻이다. 자공은 다음과 같이 말했다. 공자가 조술한 위엄스러운 거동과 예법에는 문채가 나서 형상과 바탕이 밝게 드러나므로, 귀로 듣고 눈으로 보아 그에 따라 배우고 익힐 수 있었다는 뜻이다. 그러므로 들을 수 있었다고 말했다.

경문 "夫子之言性與天道, 不可得而聞也已矣."

번역 자공은 계속하여 "그러나 선생님이 성과 천도를 말씀한 것에 대해서는 깨달을 수 없었다."라고 했다.

何注 性者, 人之所受以生也. 天道者, 元亨日新之道. 深微, 故不可得而聞也.

번역 '성(性)'은 사람이 하늘로부터 받아서 태어나는 것이다. '천도(天道)'는 크게 형통하며 날마다 새로워지는 도이다. 깊고도 은미하기 때문에 들을 수 없었다는 뜻이다.

邢疏 ●"夫子之言性與天道, 不可得而聞也"者, 天之所命, 人所受以生, 是性也. 自然化育, 元亨日新, 是天道也. 與, 及也. 子貢言, 若夫子言天命之性, 及元亨日新之道, 其理深微, 故不可得而聞也.

번역 ●經文: "夫子之言性與天道, 不可得而聞也". ○하늘이 명령한 것을 사람이 받아서 태어나게 되는데, 이것이 성(性)이다. 자연적으로 변화시키고 길러서 크게 형통하며 날마다 새로운 것이 바로 천도(天道)이다. '여(與)'자는 '~와[及]'라는 뜻이다. 자공은 다음과 같이 말했다. 공자가 천명의 성과 크게 형통하며 날마다 새로운 도에 대해 언급한 것은 그 이치가 매우 깊고도 은미했기 때문에 들어서 깨우칠 수 없었다.

邢疏 ◎注"性者"至"聞也". ○正義曰: 云"性者, 人之所受以生也"者, 中庸云: "天命之謂性." 注云: "天命, 謂天所命生人者也. 是謂性命. 木神則仁, 金神則義, 火神則禮, 水神則信, 土神則知. 孝經說曰: '性者, 生之質命, 人所稟受度也.'" 言人感自然而生, 有賢愚吉凶, 或仁或義, 若天之付命遣使之然, 其實自然天性, 故云: "性者, 人之所受以生也." 云"天道者, 元亨日新之道"者, 按易·乾卦云: "乾, 元亨利貞." 文言曰: "元者, 善之長也. 亨者, 嘉之會也. 利者, 義之和也. 貞者, 事之幹也." 謂天之體性, 生養萬物, 善之大者, 莫善施生, 元爲施生之宗, 故言元者善之長也. 嘉, 美也. 言天能通暢萬物, 使物嘉美而會聚, 故云嘉之會也. “利者, 義之和也”者, 言天能利益庶物, 使物各得其宜而和同也. “貞者, 事之幹”者, 言天能以中正之氣成就萬物, 使物皆得幹濟. 此明天之德也. 天本無心, 豈造元亨利貞之德也? 天本無心, 豈造元亨利貞之名也? 但聖人以人事託之, 謂此自然之功, 爲天之四德也. 此但言元亨者, 略言之也. 天之爲道, 生生相續, 新新不停, 故曰日新也. 以其自然而然, 故謂之道. 云“深微, 故不可得而聞也”者, 言人稟自然之性, 及天之自然之道, 皆不知所以然而然, 是其理深微, 故不可得而聞也.

번역 ◎何注: “性者”~“聞也”. ○“‘성(性)’은 사람이 하늘로부터 받아서 태어나는 것이다.”라고 했는데, 『중용』에서는 “하늘이 명한 것을 성(性)이라 부른다.”[17]라고 했고, 주에서는 “천명(天命)은 하늘이 명령하여 사람을 태어나게 하는 것이다. 이를 성명(性命)이라고 부른다. 목의 정기는 인(仁)이 되고 금의 정기는 의(義)가 되며 화의 정기는 예(禮)가 되고 수의 정기는 신(信)이 되며 토의 정기는 지(知)가 된다. 『효경설』에서는 ‘성(性)이라는 것은 태어날 때의 본바탕이니, 사람이 부여받은 법도이다.’”라고 했다. 즉 사람은 자연에 감응하여 태어나게 되는데, 현명하거나 어리석음 또 길과 흉의 차이가 있고 어떤 자는 인(仁)이 뛰어나고 또 어떤 자는 의(義)가 뛰어나기도 하는데, 이것은 하늘이 명을 부여하며 이처럼 만든 것으로, 실제로는 자연적이 천성에 해당한다. 그렇기 때문에 “‘성(性)’은 사람이 하늘로부터 받아서 태어나는 것이다.”라고 했다. “‘천도(天道)’은 크게 형통하며 날마다 새로워지는 도이다.”라고 했는데, 『역』「건괘(乾卦)」를 살펴보면 “건은 크게 형통하고 이롭고 곧다.”[18]라고 했고, 「문언전」에서는 “‘원(元)’은 선 중에서도 으뜸인 것이다. ‘형(亨)’은 아름다움이 모인 것이다. ‘이(利)’는 의로움이 화합된 것이다. ‘정(貞)’은 사물의 근간이 되는 것이다.”[19]라고 했으니, 하늘의 본체와 성은 만물을 태어나게 하며 길러주는데, 선 중에서도

---

17) 『중용』「1장」 : 天命之謂性, 率性之謂道, 修道之謂敎.
18) 『역』「건괘(乾卦)」 : 乾, 元, 亨, 利, 貞.
19) 『역』「건괘(乾卦)·문언전(文言傳)」 : 文言曰, 元者, 善之長也, 亨者, 嘉之會也, 利者, 義之和也, 貞者, 事之幹也. 君子體仁足以長人, 嘉會足以合禮, 利物足以和義, 貞固足以幹事. 君子行此四德者, 故曰“乾, 元, 亨, 利, 貞.”

큰 것 중 만물을 태어나게 하고 길러주는 것보다 선한 것이 없으니, 원(元)이란 만물을 태어나게 하고 길러주는 종주가 된다. 그렇기 때문에 "'원(元)'은 선 중에서도 으뜸인 것이다."라고 했다. '가(嘉)'자는 아름답다는 뜻이다. 하늘은 만물을 두루 통하게 할 수 있어서 만물을 아름답게 만들며 서로 모이도록 한다. 그렇기 때문에 "아름다움이 모인 것이다."라고 했다. "이(利)는 의로움이 화합된 것이다."라고 했는데, 하늘은 만물을 이롭게 할 수 있어서 만물이 각각 자신의 마땅함을 얻어 조화롭게 합일하도록 만든다는 뜻이다. "정(貞)은 사물의 근간이 되는 것이다."라고 했는데, 하늘은 알맞고 바른 기운으로 만물이 성취되도록 만들며 사물들이 모두 근간을 얻어 성취하도록 시킨다. 이것은 하늘의 덕을 나타낸 것이다. 하늘은 본래 무심한데 어찌 크게 형통하며 이롭고 곧은 덕을 만들 수 있는가? 또 하늘은 본래 무심한데 어찌 크게 형통하며 이롭고 곧다는 말을 할 수 있는가? 다만 성인은 사람에 대한 것으로 의탁한 것이니, 이러한 자연의 공덕이 바로 하늘의 네 가지 덕이 된다는 뜻이다. 여기에서는 단지 '원형(元亨)'이라고만 말했는데, 이것은 생략해서 기록했기 때문이다. 하늘의 도는 낳고 낳음이 서로 연속되고 새롭고 새로워 고정되지 않는다. 그렇기 때문에 "날마다 새롭다."라고 했다. 그것은 자연의 도리에 따라 저절로 그렇게 된 것이다. 그렇기 때문에 '도(道)'라고 했다. "깊고도 은미하기 때문에 들을 수 없었다."라고 했는데, 사람이 자연으로부터 품수받은 성과 하늘의 자연스러운 도에 대해서는 모두 어떠한 원리로 그렇게 되는지 알 수 없으니, 이것은 그 이치가 깊고도 은미하기 때문에 들어서 깨우칠 수 없다는 뜻이다.

集註 文章, 德之見乎外者, 威儀文辭皆是也. 性者, 人所受之天理; 天道者, 天理自然之本體, 其實一理也. 言夫子之文章, 日見乎外, 固學者所共聞; 至於性與天道, 則夫子罕言之, 而學者有不得聞者. 蓋聖門敎不躐等, 子貢至是始得聞之, 而歎其美也.

번역 '문장(文章)'은 덕이 밖으로 드러난 것이니, 위엄스러운 거동과 격식을 갖춘 말들이 모두 여기에 해당한다. '성(性)'은 사람이 품수받은 하늘의 이치이며, '천도(天道)'는 천리자연의 본체이니, 실제로는 동일한 이치이다. 즉 공자의 문장은 날마다 밖으로 드러나서 배우는 자들이 함께 들을 수 있었다. 그러나 성과 천도에 대해서는 공자가 드물게 언급하여 배우는 자들 중 들어보지 못했던 자가 발생했다. 공자의 문하에서는 가르칠 때 등급을 뛰어넘지 못하게 했는데, 자공은 이 시기에 이르러서야 비로소 그러한 것들을 듣게 되어, 그 말씀의 아름다움에 대해 찬미했던 것이다.

集註 程子曰: 此子貢聞夫子之至論而歎美之言也.

번역 정자가 말하길, 이것은 자공이 공자로부터 지극한 논의를 듣고 찬미했던 말에 해당한다.

참고 『논어』「자장(子張)」 기록

경문 子夏之門人問交於子張.

번역 자하의 문인이 자장에게 남과 교류하는 방도를 물었다.

何注 孔曰: 問與人交接之道.

번역 공씨가 말하길, 남과 교류하는 도를 물어본 것이다.

邢疏 ●"子夏"至"人也". ○正義曰: 此章論與人結交之道.

번역 ●經文: "子夏"~"人也". ○이 문장은 남과 교류를 맺는 도를 논의하고 있다.

邢疏 ●"子夏之門人問交於子張"者, 門人, 謂弟子. "問交", 問與人交接之道.

번역 ●經文: "子夏之門人問交於子張". ○'문인(門人)'은 제자들을 뜻한다. '문교(問交)'라고 했는데, 남과 교류하는 도를 질문했다는 뜻이다.

경문 子張曰, "子夏云何?" 對曰, "子夏曰: '可者與之, 其不可者拒之.'" 子張曰, "異乎吾所聞. 君子尊賢而容衆, 嘉善而矜不能. 我之大賢與, 於人何所不容? 我之不賢與, 人將拒我, 如之何其拒人也?"

번역 자장은 "자하는 무어라 하던가?"라고 하니, "자하께서는 '가능한 자와는 사귀며, 불가한 자는 거절해야 한다.'라고 하셨습니다."라고 했다. 그러자 자장은 "내가 공자께 들었던 내용과는 다르구나. 군자는 현명한 자를 존귀하게 높이고 백성들을 포용하며, 선한 점에 대해서는 아름답게 여기고 잘하지 못하는 점에 대해서는 불쌍하게 여긴다. 내가 매우 현명하다면 남들이 어찌 나를 받아들이지 않겠는가? 또 내가 현명하지 못하다면 남들이 나를 거절할 것인데, 어떻게 남을 거절할 수 있겠는가?"라고 했다.

何注 包曰: 友交當如子夏, 汎交當如子張.

번역 포씨가 말하길, 벗과 교류할 때에는 마땅히 자하가 한 말처럼 따라야 하는데, 일반인들과 교류할 때에는 마땅히 자장이 한 말처럼 따라야 한다.

邢疏 ●"子張曰: 子夏云何"者, 子張反問子夏之門人, 汝師嘗說結交之道云何乎?

번역 ●經文: "子張曰: 子夏云何". ○자장은 도리어 자하의 문인에게 질문하여, 너의 스승이 일찍이 교류를 맺는 도에 대해서 어떻게 말했느냐고 한 것이다.

邢疏 ●"對曰: 子夏曰: 可者與之, 不可者拒之"者, 子夏弟子對子張述子夏之言也. 子夏言: 結交之道, 若彼人賢, 可與交者, 卽與之交; 若彼人不賢, 不可與之交者, 則拒之而不交.

번역 ●經文: "對曰: 子夏曰: 可者與之, 不可者拒之". ○자하의 제자는 자장에게 자하에게서 들었던 말을 조술한 것이다. 자하는 교류를 맺는 도에서는 상대방이 현명한 자여서 함께 사귈 수 있다면, 그와는 교류를 한다. 그러나 상대가 현명하지 못하여 교류를 할 수 없다면, 거절하여 사귀지 않는다고 했다.

邢疏 ●"子張曰: 異乎吾所聞"者, 言己之所聞結交之道與子夏所說異也.

번역 ●經文: "子張曰: 異乎吾所聞". ○본인이 교류를 맺는 도에 대해 들었던 내용이 자하가 설명해준 것과 차이가 난다는 뜻이다.

邢疏 ●"君子尊賢而容衆, 嘉善而矜不能"者, 此所聞之異者也. 言君子之人, 見彼賢則尊重之, 雖衆多亦容納之. 人有善行者則嘉美之, 不能者則哀矜之.

번역 ●經文: "君子尊賢而容衆, 嘉善而矜不能". ○이것은 다르게 들었던 내용에 해당한다. 즉 군자는 상대방이 현명하다는 것을 보게 되면 그를 존숭하고 중시여기며, 비록 백성들이라 하더라도 포용한다. 남에게 선한 행실이 있다면 아름답게 여기고, 잘하지 못하는 점이 있다면 불쌍하게 여긴다.

邢疏 ●"我之大賢與, 於人何所不容? 我之不賢與, 人將拒我, 如之何其拒人也"者, 旣陳其所聞, 又論其不可拒人之事. 誠如子夏所說, 可者與之, 不可者拒之. 設若我之大賢, 則所在見容也. 我若不賢, 則人將拒我, 不與己交, 又何暇拒他人乎? 然二子所言, 各是其見論交之道, 不可相非. 友交當如子夏, 汎交當如子張.

번역 ●經文: "我之大賢與, 於人何所不容? 我之不賢與, 人將拒我, 如之何其拒人也". ○자신이 들었던 내용을 진술하고 재차 남을 거절할 수 없는

사안을 논의한 것이다. 진실로 자하의 설명처럼 하여 가능한 자와는 사귀고 불가한 자를 거절한다면, 가령 내가 매우 현명한 자라면 남들에게 받아들여지게 되며 내가 현명하지 못하다면 남들이 나를 거절하여 나와 교류를 하지 않을 것인데, 또한 어느 겨를에 남을 거절할 수 있겠는가? 그런데 두 사람이 말한 것은 교류의 도를 논의한 것 중 각각 한 측면씩 드러내고 있으니, 상호 비교하여 그릇되었다고 할 수 없다. 벗과 교류할 때에는 마땅히 자하가 한 말처럼 따라야 하고, 일반인들과 교류할 때에는 마땅히 자장이 한 말처럼 따라야 한다.

集註 子夏之言迫狹, 子張譏之是也. 但其所言亦有過高之病. 蓋大賢雖無所不容, 然大故亦所當絶; 不賢固不可以拒人, 然損友亦所當遠. 學者不可不察.

번역 자하의 말은 너무 협소하여 자장이 이것을 비판한 점은 옳다. 다만 자장이 한 말에도 지나치게 높은 폐단이 있다. 매우 현명한 자가 비록 포용하지 않는 점이 없더라도 큰 잘못을 저지른 자에 대해서는 마땅히 절교를 해야 하며, 현명하지 못한 자는 진실로 남을 거절할 수 없지만, 손해를 입히는 벗에 대해서는 마땅히 멀리 대해야 한다. 배우는 자는 이러한 점들을 살피지 않아서는 안 된다.

• 제 16 절 •

유자(儒者)의 행실 - 교우(交友)

【686b】

"儒有合志同方, 營道同術. 並立則樂, 相下不厭. 久不相見, 聞流言不信. 其行本方立義, 同而進, 不同而退. 其交友有如此者."

직역 "儒는 志를 合하고 方을 同하며, 道를 營하고 術을 同함이 有합니다. 並히 立하면 樂하고, 相히 下라도 不厭합니다. 久히 相히 見함이 不한데, 流言을 聞이라도 不信합니다. 그 行은 方에 本하고 義에 立하여, 同하면 進하고, 不同하면 退합니다. 그 友와 交함에는 此와 如한 者가 有합니다."

의역 공자가 계속하여 말하길, "유자는 뜻을 합치시키고 방도를 동일하게 따르며, 도를 영위하고 방법을 동일하게 따름이 있습니다. 뜻을 함께 하는 자와 나란히 동등한 작위에 오르면 기뻐하고, 상대에 비해 자신이 아랫자리에 있더라도 싫어하지 않습니다. 오래도록 만나보지 못했지만 떠도는 악한 소문을 듣더라도 믿지 않습니다. 그의 행실은 방정함에 근본을 두고 의(義)에서 확립하여, 의가 같다면 나아가지만 다르다면 물러납니다. 유자는 벗을 사귐에 이와 같은 점이 있는 자들입니다." 라고 했다.

集說 合志, 以所向言; 營道, 以所習言. 方, 卽術也. 並立, 爵位相等也. 相下, 以尊位相讓而己處其下也. 流言, 惡聲之傳播也. 聞之不信, 不以爲實也. 其行本方立義, 謂所本者必方正, 所立者必得其宜也. 同於爲義, 則進而從之; 不同, 則退而避之, 故曰同而進, 不同而退.

번역 "뜻이 합치된다."는 말은 지향하는 것을 기준으로 말한 것이며, "도를 영위한다."는 말은 익힌 것을 기준으로 말한 것이다. '방(方)'자는 방법[術]을 뜻한다. '병립(並立)'은 작위가 서로 대등하다는 뜻이다. '상하(相下)'는 존귀한 자리를 상대에게 양보하여 자신은 아랫자리에 처한다는 뜻이다. '유언(流言)'은 나쁜 소문이 전파된 것을 뜻한다. 그것을 듣고도 믿지 않는 것은 사실로 여기지 않기 때문이다. 그 행실이 방정함에 근본을 두고 의(義)에 확립한다는 말은 근본으로 삼은 것은 반드시 방정하며, 확립한 것도 반드시 마땅함을 얻는다는 뜻이다. 의(義)로 삼은 것이 동일하다면 나아가 그를 따르지만, 동일하지 않다면 물러나서 피한다. 그렇기 때문에 "같다면 나아가지만 다르다면 물러난다."라고 했다.

大全 嚴陵方氏曰: 並立則樂, 以其無忌心. 相下不厭, 以其有遜志. 久不相見, 聞流言不信, 以其久要不忘而相信之篤. 本方者, 以方爲本也. 道同, 則進而與之交, 不同, 則退而與之辨. 夫道不同, 不相爲謀, 而況交友乎? 子貢問友, 子曰, 忠告而善道之, 不可則止, 毋自辱焉, 以是而已.

번역 엄릉방씨가 말하길, 나란히 동등한 지위에 오르면 즐거워하는 것은 상대를 시기하는 마음이 없기 때문이다. 상대보다 낮은 자리에 있더라도 싫어하지 않는 것은 겸손한 뜻이 있기 때문이다. 오래도록 만나보지 않았는데 떠도는 소문을 듣더라도 믿지 않는 것은 오래도록 상대를 잊지 않고 서로를 믿는 것이 독실하기 때문이다. '본방(本方)'은 방정함을 근본으로 삼는다는 뜻이다. 도가 같다면 나아가서 그와 사귀지만, 다르다면 물러나서 그를 변별한다. 도가 같지 않으면 서로 도모하지 않는데,[1] 하물며 벗으로 사귀겠는가? 자공이 벗 사귀는 일을 묻자 공자가 "충심으로 알려주고 잘 인도하되 불가능하다면 그만두니, 자신을 욕보이게 해서는 안 된다."[2]라고 한 것도 이러한 이유 때문이다.

---

1) 『논어』「위령공(衛靈公)」: 子曰, "道不同, 不相爲謀."
2) 『논어』「안연(顔淵)」: 子貢問友. 子曰, "忠告而善道之, 不可則止, 毋自辱焉."

鄭注 同方·同術, 等志行也. "聞流言不信", 不信其友所行如毁謗也.

번역 '동방(同方)'과 '동술(同術)'은 뜻과 행실을 동일하게 한다는 뜻이다. "떠도는 소문을 듣더라도 믿지 않는다."는 말은 벗의 행실에 대해 험담하는 내용대로 믿지 않는다는 뜻이다.

釋文 並如字, 又步頂反, 本亦作競. 樂音洛, 又音岳. 下, 立嫁反. 厭, 於豔反. 行, 皇音衡, 又下孟反. "本方", 絶句. "立義", 絶句. 志行, 下孟反, 下注"儒行"同. 謗, 補浪反.

번역 '並'자는 글자대로 읽으며, 또한 '步(보)'자와 '頂(정)'자의 반절음도 되고, 판본에 따라서는 또한 '競'자로도 기록한다. '樂'자의 음은 '洛(낙)'이며, 또한 그 음은 '岳(악)'도 된다. '下'자는 '立(립)'자와 '嫁(가)'자의 반절음이다. '厭'자는 '於(어)'자와 '豔(염)'자의 반절음이다. '行'자의 황음(皇音)은 '衡(형)'이며, 또한 '下(하)'자와 '孟(맹)'자의 반절음도 된다. '本方'에서 구문을 끊는다. '立義'에서 구문을 끊는다. '志行'에서의 '行'자는 '下(하)'자와 '孟(맹)'자의 반절음이며, 아래 정현의 주에 나오는 '儒行'에서의 '行'자도 그 음이 이와 같다. '謗'자는 '補(보)'자와 '浪(랑)'자의 반절음이다.

孔疏 ●"儒有合志"至"此者". ○此明儒者與人交友之事.

번역 ●經文: "儒有合志"~"此者". ○이곳 문단은 유자가 남과 벗하고 교제하는 사안을 나타내고 있다.

孔疏 ●"合志同方"者, 方, 猶法也. 言儒者與交友合齊志意, 而同於法則也.

번역 ●經文: "合志同方". ○'방(方)'자는 법칙[法]을 뜻한다. 유자는 벗과 교제할 때 뜻을 가지런히 합치고 법칙을 동일하게 따른다는 뜻이다.

孔疏 ●"營道同術"者, 謂經營道藝, 同齊於術, 同術則同方也. 但"合志同方", 據所懷志意也. "營道同術", 據所習道藝也.

번역 ●經文: "營道同術". ○도덕과 기예를 경영함에 방법을 동일하고 가지런히 하니, 방법이 같다면 법칙도 같은 것이다. 다만 "뜻을 합하고 법칙을 동일하게 한다."는 말은 품고 있는 뜻을 기준으로 한 말이다. 반면 "도덕을 경영하고 방법을 동일하게 한다."는 말은 익혔던 도덕과 기예를 기준으로 한 말이다.

孔疏 ●"並立則樂"者, 謂與知友並齊而立, 俱同仕官, 則歡樂也.

번역 ●經文: "並立則樂". ○잘 알고 지내던 벗과 함께 나란히 서게 되어, 함께 동일한 관직에 벼슬을 한다면 기뻐하게 된다는 뜻이다.

孔疏 ●"相下不厭"者, 謂遞相卑下, 不厭賤也.

번역 ●經文: "相下不厭". ○번갈아 상대보다 낮아지게 되더라도 싫어하지 않는다는 뜻이다.

孔疏 ●"久不相見, 聞流言不信"者, 雖有朋友久不相見, 聞流謗之言欲譖毁朋友, 則己不信其言也.

번역 ●經文: "久不相見, 聞流言不信". ○비록 벗에 대해서 오래도록 서로 만나보지 못했더라도, 떠도는 비방의 말을 듣게 되었는데, 그 말이 벗에 대해 헐뜯고자 하는 것이라면, 자신은 그 말에 대해서 믿지 않는다는 뜻이다.

孔疏 ●"其行本方立義"者, 庾氏言: 其行所本必方正, 所立必存義也.

번역 ●經文: "其行本方立義". ○유씨는 행실이 근본으로 삼는 것은 반드시 방정한 것이고, 확립한 것에는 반드시 의(義)를 보존하고 있다고 설명했다.

孔疏 ●"同而進, 不同而退"者, 謂朋友所爲, 與己同則進而從之, 若不與己同則退而避之.

번역 ●經文: "同而進, 不同而退". ○벗이 행동한 것이 자신과 동일하다면 나아가 그를 따르지만, 만약 자신과 동일하지 않다면 물러나 그를 피한다는 뜻이다.

孔疏 ●"其交友有如此"者, 言其結交爲朋友, 有如此在上諸事也. 自此以上, 凡有十五儒所陳之事, 亦有前後乖異者. 此上經云"不臣不仕", 第一儒云"席上之珍以待聘, 夙夜强學以待問, 懷忠信以待擧, 力行以待取", 則有仕官之志也. 第十儒云"寬裕", 第六儒云"剛毅", 與寬裕亦別也. 第三儒云"愛其死", "養其身", 備豫禍患, 第五儒云"劫之以衆, 沮之以兵, 見死不更其守", 亦不同也. 如此儒之乖違, 上下不一, 略擧一二言也. 所以如此不同者, 言儒包百行, 事非一揆, 量事制宜, 隨機而發. 當其剛毅之節, 則守死不移; 論其營養之道, 則寬而容衆; 逢有道之世, 則進而事君; 遇無道之時, 則退而不仕. 且賢有優劣[3], 儒有大小. 大儒則理包百行, 小儒則或偏守一邊. 所以尙書·皐陶"九德"不一, 德多則爲天子·諸侯, 德少則爲大夫·卿·士. 苟達於此, 儒行亦然. 雖或不同, 無所怪也.

번역 ●經文: "其交友有如此". ○교제하여 벗으로 삼는 일에 대해 결론을 맺은 말이니, 앞서 언급한 사안들에 달려 있다. 이곳 구문으로부터 그 앞의 내용은 총 15가지로 유자에 대해 진술한 사안인데 또한 앞뒤의 맥락에 어긋나거나 차이나는 점들이 있다. 이곳 앞의 경문에서는 "신하가 되지 않으며 관직에 나아가지 않는다."라고 했는데, 1조목에서 유자에 대해 언급할 때에는 "자리 위의 보배로 초빙을 기다리며, 밤낮으로 힘써 학문에 정진하여 자문을 기다리고, 충심과 신의를 품어서 천거되기를 기다리며, 힘써

---

3) '렬(劣)'자에 대하여. '렬'자는 본래 '위(爲)'자로 기록되어 있었는데, 완원(阮元)의 『교감기(校勘記)』에서는 "『감본(監本)』에서는 '위'자를 '령(另)'자로 잘못 기록했고, 『모본』에서는 '위'자를 '렬'자로 기록했다."라고 했다.

실천하여 채택되기를 기다린다."라고 했으니, 관직에 나아가고자 하는 마음이 있는 것이다. 제 10조목에서 유자에 대해 언급할 때에는 "관대하고 너그럽다."라고 했고, 제 6조목에서 유자에 대해 언급할 때에는 "강직하고 굳세다."라고 했는데, 이것은 관대하고 너그러운 것과는 구별된다. 제 3조목에서 유자에 대해 언급할 때에는 "목숨을 아낀다."라고 했고, "자신을 기른다."라고 했으며, 환란을 미리 대비한다고 했는데, 제 5조목에서 유자에 대해 언급할 때에는 "많은 무리로 겁을 주고 병사로 겁박을 주어, 죽음이 다가오더라도 지키는 것을 바꾸지 않는다."라고 했으니, 또한 의미가 동일하지 않다. 이처럼 유자에 대해 설명한 것이 서로 어긋나고 앞뒤가 일치하지 않는 것은 간략히 한두 가지 말만을 제시했기 때문이다. 이와 같이 동일하지 않은 이유는 유자는 모든 행실을 포괄하고 있고 그 사안도 하나로 통일할 수 없어서, 사안을 헤아려 마땅함에 따르고 기미에 따라서 드러내야 한다. 강직하고 굳센 절개를 지켜야 할 때라면 목숨을 걸고 바꾸지 않지만, 경영하고 배양하는 도를 논의한다면 관대한 태도를 취하여 대중을 포용해야 한다. 또 도가 지켜지는 세상을 만나게 되면 나아가 군주를 섬기지만, 도가 없는 세상을 만나게 된다면 물러나서 관직에 나아가지 않는다. 또 현명함에는 뛰어나거나 용렬한 차이가 있고, 유자에 있어서도 대유와 소유의 차이가 있다. 대유라면 이치에 따라 모든 행실을 포괄하고 있지만, 소유의 경우라면 간혹 치우쳐서 한 측면만을 고수하게 된다. 이것이 바로 『서』「고요모(皐陶謨)」편에서 말한 '구덕(九德)'[4]이 동일하지 않은 이유이

4) 구덕(九德)은 구공(九功)의 덕(德)을 뜻하니, 구체적으로는 육부(六府)와 삼사(三事)의 덕을 가리킨다. '육부'는 수(水), 화(火), 금(金), 목(木), 토(土), 곡(穀)을 뜻하고, '삼사'는 정덕(正德), 이용(利用), 후생(厚生)을 뜻한다. 『국어(國語)』「주어하(周語下)」편에는 "夫六, 中之色也, 故名之曰黃鍾, 所以宣養六氣九德也."이라는 기록이 있고, 이에 대한 위소(韋昭)의 주에서는 "九德, 九功之德, 水·火·金·木·土·穀·正德·利用·厚生."이라고 풀이했다. 한편 '구덕'은 관대하면서도 엄숙하고, 유순하면서도 꼿꼿하며, 조심스러우면서도 공손하고, 혼란을 다잡으면서도 공경스러우며, 유순하면서도 굳세고, 강직하면서도 온화하고, 요점을 잘 지키면서도 의로움을 지키며, 굳건하면서도 독실하고, 용맹하면서도 의로움을 좇는 것이다. 『서』「우서(虞書)·고요모(皐陶謨)」편에는 "皐陶曰, 都, 亦行有九德, 亦言其人有德. 乃言曰, 載采采. 禹曰, 何. 皐陶曰,

니,[5] 덕이 많은 자라면 천자나 제후가 되고, 덕이 적은 자라면 대부·경·사가 된다. 만약 여기에 달통하게 된다면 유자의 행실 또한 이처럼 된다. 따라서 비록 동일하지 않은 경우가 있더라도 괴이하게 여길 것이 없다.

集解 愚謂: 所合之志同其方, 心意之同也. 所營之道同其術, 學業之同也. 並立, 謂聚處也. 其並立也, 則樂而相下不厭, 敬業樂群, 以受勸善規過之益也. 其不相見也, 則聞流言不信, 同心斷金, 而不間於出處語默之異也. 其行本乎方, 而存於心者無阿諛取容之意; 立乎義, 而見於外者無便辟善柔之失. 同者, 益友也, 同方·同術者也, 則進而交之. 不同者, 損友也, 異方·異術者也, 則退而遠之. 此儒者交友之道也.

번역 내가 생각하기에, 합치되는 뜻에서 방법을 동일하게 하는 것은 마음과 뜻이 동일하기 때문이다. 영위하는 도에서 방법을 동일하게 하는 것은 학업이 동일하기 때문이다. "나란히 서다."라는 말은 모여 있다는 뜻이다. 나란히 서 있게 되면 즐거워서 상대보다 낮아져도 싫어하지 않고, 학업을 존경하고 무리가 많아진 것을 즐거워하니, 선을 권면하고 과실을 바로잡는데 보탬이 되기 때문이다. 서로 만나보지 못했다면, 떠도는 소문을 듣더라도 믿지 않으니, 쇠도 자를 수 있을 정도로 마음이 결합되어, 나아가거나 머물며 또는 말하거나 침묵하는 차이에 따라 간극을 두지 않기 때문이다. 그 행실은 방정함에 근본을 두어 마음에 보존한 것에 아첨하거나 잘 보이게 꾸미려는 뜻이 없으며, 의(義)에서 확립하여 외적으로 드러나는 것에 편벽되거나 거짓된 잘못이 없다. 같은 경우는 도움이 되는 벗이니, 방(方)과 술(術)이 같은 자라면 나아가 그와 사귄다. 같지 않은 경우는 손해를 입히는 벗이니, 방(方)과 술(術)이 다른 자라면 물러나 그를 멀리한다. 이것은 유자가 벗을 사귀는 도이다.

寬而栗, 柔而立, 愿而恭, 亂而敬, 擾而毅, 直而溫, 簡而廉, 剛而塞, 彊而義, 彰厥有常, 吉哉."라는 기록이 있다.

5) 『서』「우서(虞書)·고요모(皐陶謨)」: 皐陶曰, 都, 亦行有九德, 亦言其人有德, 乃言曰, 載采采.

참고 원문비교

예기대전 · 유행 儒有合志同方, 營道同術. 並立則樂, 相下不厭. 久不相見, 聞流言不信. 其行本方立義, 同而進, 不同而退. 其交友有如此者.

공자가어 · 유행해(儒行解) 儒有合志同方, 營道同術, 並立則樂, 相下不厭. 久別則聞, 流言不信. 義同而進, 不同而退. 其交有如此者.

참고 『논어』「위령공(衛靈公)」 기록

경문 子曰, "道不同, 不相爲謀."

번역 공자는 "도가 같지 않으면 서로 도모하지 말아야 한다."라고 했다.

邢疏 ●"子曰: 道不同, 不相爲謀". ○正義曰: 此章言人之爲事, 必須先謀. 若道同者共謀, 則情審不誤. 若道不同而相爲謀, 則事不成也.

번역 ●經文: "子曰: 道不同, 不相爲謀". ○이 문장은 사람이 어떤 일을 시행할 때 반드시 그보다 앞서 계획을 세운다. 만약 도가 같은 자라면 함께 계획을 세우니, 실정이 모두 어긋나지 않기 때문이다. 만약 도가 다른데도 서로 계획을 세운다면 일이 완성되지 못한다.

集註 不同, 如善惡邪正之異.

번역 다르다는 말은 선과 악 또는 사사로움과 올바름의 차이와 같다.

참고 『논어』「안연(顏淵)」 기록

경문 子貢問友. 子曰, "忠告而善道之, 不可則止, 毋自辱焉."

번역 자공이 벗 사귀는 일에 대해 물었다. 공자는 "옳고 그름으로 일러주고 선한 도로 인도하지만, 따르게 할 수 없다면 그만두어 스스로 욕보는 일이 없어야 한다."라고 했다.

何注 包曰: 忠告, 以是非告之. 以善道導之, 不見從則止. 必言之, 或見辱.

번역 포씨가 말하길, '충고(忠告)'는 옳고 그름으로 일러준다는 뜻이다. 선한 도로 인도하였는데, 따르는 모습을 보지 못하면 그만둔다. 그런데도 기어코 충고를 하게 되면 욕보는 일이 생기기도 한다.

邢疏 ●"子貢問友. 子曰: 忠告而善道之, 不可則止, 毋自辱焉". ○正義曰: 此章論友也. 言盡其忠以是非告之, 又以善道導之, 若不從己, 則止而不告不導也. 毋得强告導之, 以自取困辱焉. 以其必言之, 或時見辱.

번역 ●經文: "子貢問友. 子曰: 忠告而善道之, 不可則止, 毋自辱焉". ○ 이 문장은 벗 사귀는 일을 논의하고 있다. 충심을 다해 옳고 그름으로 일러주며, 또한 선한 도로 인도해야 한다. 만약 자신을 따르지 않는다면 그만두어 더 이상 옳고 그름을 일러주거나 선한 도로 인도하지 말아야 한다. 억지로 일러주거나 인도하여 스스로 곤욕을 치르는 일이 없어야 한다. 그런데도 기어코 일러주게 되면 간혹 때에 따라 욕보는 일이 생기기도 한다.

集註 友所以輔仁, 故盡其心以告之, 善其說以道之. 然以義合者也, 故不可則止. 若以數而見疏, 則自辱矣.

번역 벗은 인을 도와주는 자이다. 그렇기 때문에 마음을 다하여 일러주고 그 말을 선하게 해서 인도하는 것이다. 그러나 벗은 도의에 따라 화합하는 자이다. 그렇기 때문에 불가능하면 그만둔다. 만약 자주 일러주어 소원하게 된다면 스스로 욕보이는 꼴이 된다.

참고 『서』「우서(虞書)·고요모(皐陶謨)」 기록

경문 皐陶曰, "都! 亦行有九德①. 亦言其人有德, 乃言曰, 載采采②."

번역 고요는 "아! 또한 행실에는 9가지 덕이 있습니다. 또한 그 사람에게 덕이 있다고 말하게 되면 곧 그가 어떠어떠한 일들을 시행했다고 말해야 합니다."라고 했다.

孔傳-① 言人性行有九德, 以考察眞僞則可知.

번역 사람의 본성에 따른 행실에는 9가지 덕이 있으니, 이를 통해 진실과 거짓을 살펴보게 된다면 알 수 있다는 뜻이다.

孔傳-② 載, 行. 采, 事也. 稱其人有德, 必言其所行某事某事以爲驗.

번역 '재(載)'자는 시행한다는 뜻이다. '채(采)'자는 사안을 뜻한다. 그 사람에게 덕이 있다고 칭찬하려고 한다면 반드시 그 사람이 시행한 어떠한 일과 어떠한 일을 말하여 검증해야 한다는 의미이다.

孔疏 ●"皐陶"至"采采". ○正義曰: 禹旣言知人爲難, 皐陶又言行之有術, 故言曰: "嗚呼! 人性雖則難知, 亦當考察其所行有九種之德. 人欲稱薦人者, 不直言可用而已, 亦當言其人有德. 問其德之狀, 乃言曰其德之所行某事某事. 以所行之事爲九德之驗, 如此則可知也."

번역 ●經文: "皐陶"~"采采". ○우임금은 이미 사람됨을 파악하기가

어렵다고 말하여, 고요가 재차 행실을 살피는 방법을 말한 것이다. 그렇기 때문에 "오호라! 사람의 본성은 비록 알기 어렵지만 또한 그가 시행한 일에 9종류의 덕이 있는가를 살펴보아야만 한다. 사람이 어떠한 자를 칭찬하며 천거하려고 한다면, 단지 그 사람을 등용할 수 있다고 말해서는 안 되며, 또한 그 사람이 가지고 있는 덕을 말해야 한다. 그의 덕이 어떠한가를 묻게 된다면, 곧 그의 덕에 따른 행실로는 어떠한 일과 어떠한 일이 있다고 말해야 한다. 즉 그가 시행한 일을 통해 9가지 덕에 대한 증험으로 삼으니, 이처럼 한다면 그의 사람됨에 대해 알 수 있다."고 말한 것이다.

孔疏 ◎傳"言人"至"可知". ○正義曰: "言人性行有九德", 下文所云是也. 如此九者考察其眞僞, 則人之善惡皆可知矣. 然則皐陶之賢不及帝堯遠矣, 皐陶知有此術, 帝堯無容不知; 而有四凶在朝, 禹言帝難之者, 堯朝之有四凶, 晦迹以顯舜爾. 禹言惟帝難之, 說彼甚佞, 因其成敗以示敎法, 欲開皐陶之志, 故擧大事以爲戒; 非是此實甚佞, 堯不能知也. 顧氏亦云: "堯實不以此爲難. 今云難者, 俯同流俗之稱也."

번역 ◎孔傳: "言人"~"可知". ○"사람의 본성에 따른 행실에는 9가지 덕이 있다."라고 했는데, 아래문장에서 언급한 내용이 여기에 해당한다. 이와 같은 9가지로 그의 진위를 살펴본다면, 사람의 선악에 대해서 모두 알 수 있다. 그렇다면 고요와 같이 현명한 자도 요임금처럼 현달한 자에게는 미치지 못한다. 그런데도 고요는 이러한 방법이 있다는 것을 알았고, 요임금도 반드시 알았을 것인데, 사흉(四凶)[6]이 그의 조정에 있었고, 우임금은

6) 사흉(四凶)은 요순(堯舜)시대 때 악명(惡名)을 떨쳤던 네 부족의 수장들을 뜻한다. 다만 네 명의 수장들에 대해서는 이견(異見)이 있는데, 『춘추좌씨전』「문공(文公) 18년」편에서는 "舜臣堯, 賓于四門, 流四凶族, 渾敦·窮奇·檮杌·饕餮, 投諸四裔, 以禦螭魅."라고 하여, '사흉'을 혼돈(渾敦)·궁기(窮奇)·도올(檮杌)·도철(饕餮)이라고 하였다. 한편 『서』「우서(虞書)·순전(舜典)」편에서는 "流共工于幽洲, 放驩兜于崇山, 竄三苗于三危, 殛鯀于羽山. 四罪而天下咸服."이라고 하여, '사흉'을 공공(共工)·환두(驩兜)·삼묘(三苗)·곤(鯀)이라고 하였다. 이 문제에 대해 채침(蔡沈)』의 『집전(集傳)』에서는 "春秋傳所記四凶之名與此不同, 說者以窮奇爲共工, 渾敦爲驩兜, 饕餮爲三苗, 檮杌爲鯀, 不知其果然否也."라고 하였다.

요임금도 어렵게 여겼다고 했다. 요임금의 조정에 사흉이 있었지만, 자취를 감춤으로 인해 순임금을 드러내었을 따름이다. 우임금이 요임금도 어렵게 여겼다고 말한 것은 저들이 매우 간사했음을 설명한 것이며, 그 성패로 인해 교화의 법도를 드러내어 고요의 지모를 개안코자 했던 것이다. 그렇기 때문에 중대한 사안을 들어 경계를 했던 것이니, 실제로 그들이 매우 간사했음에도 요임금이 몰랐다는 뜻이 아니다. 안씨 또한 "요임금은 실제로 이러한 것들을 어렵게 여기지 않았다. 그런데도 현재 어렵게 여겼다고 말한 것은 머리를 숙여 속세의 사람들과 함께 한다는 뜻으로 말한 것이다."라고 했다.

孔疏 ◎傳"載行"至"爲驗". ○正義曰: "載"者, 運行之義, 故爲行也. 此謂薦擧人者稱其人有德, 欲使在上用之, 必須言其所行之事, 云見此人常行其某事某事, 由此所行之事以爲有德之驗. 論語云: "如有所譽者, 其有所試矣." 是言試之於事, 乃可知其德.

번역 ◎孔傳: "載行"～"爲驗". ○'재(載)'자는 운행한다는 뜻이다. 그렇기 때문에 행(行)자의 뜻이 된다. 이것은 사람을 천거할 때에는 그 사람이 가진 덕을 말해야 한다는 뜻으로, 군주로 하여금 그를 등용시키려고 한다면 반드시 그가 시행했던 일들을 언급해야만 한다. 그래서 그 사람은 항상 이러한 일과 이러한 일들을 시행한 것을 보았다고 말하니, 이처럼 그가 시행한 일을 통해서 이러한 덕을 가지고 있다는 증험으로 삼아야 한다. 『논어』에서는 "만약 칭찬하는 것이 있다면 그에 대해 시험해본 것이 있는 것이다."[7]라고 했다. 이것은 그가 시행한 사안에 대해 시험해보면 그의 덕을 알 수 있다는 의미이다.

즉 『춘추좌씨전』과 『서』에서 설명하는 '사흉'의 이름이 다른데, 어떤 자들은 궁기(窮奇)를 공공(共工)으로 여기고, 혼돈(渾敦)을 환두(驩兜)라고 여기며, 도철(饕餮)을 삼묘(三苗)라고 여기고, 도올(檮杌)을 곤(鯀)으로 여기기도 하는데, 이 말이 맞는지에 대해서는 확신할 수 없다는 뜻이다.

7) 『논어』「위령공(衛靈公)」: 曰, "吾之於人也, 誰毀誰譽? 如有所譽者, 其有所試矣. 斯民也, 三代之所以直道而行也."

경문 禹曰: “何?①” 皐陶曰: “寬而栗②, 柔而立③, 愿而恭④, 亂而敬⑤, 擾而毅⑥, 直而溫⑦, 簡而廉⑧, 剛而塞⑨, 彊而義⑩. 彰厥有常, 吉哉!⑪”

번역 우임금이 “9가지 덕이란 무엇인가?”라고 묻자 고요는 “관대하면서도 엄숙하고, 유순하면서도 사안을 수립하며, 조심스러우면서도 공손하고, 혼란을 다스리면서도 공경스럽게 할 수 있으며, 순종하면서도 결국에는 성과를 수립하고, 정직하면서도 온화하며, 대범하면서도 지조가 있고, 강직하게 잘라내면서도 속은 채워져 있으며, 흔들림이 없이 도의에 합치되는 것입니다. 이와 같은 9가지 덕 중에 그가 항상 지니고 있는 덕을 드러낸다면, 정치의 선함이 될 것입니다!”라고 대답했다.

孔傳-① 問九德品例.

번역 9가지 덕의 조목을 물어본 것이다.

孔傳-② 性寬弘而能莊栗.

번역 본성이 관대하면서도 장엄하고 엄숙할 수 있다는 뜻이다.

孔傳-③ 和柔而能立事.

번역 온화하고 유순하면서도 어떤 사안을 확립할 수 있다는 뜻이다.

孔傳-④ 慤愿而恭恪.

번역 삼가면서도 공손하다는 뜻이다.

孔傳-⑤ 亂, 治也. 有治而能謹敬.

번역 ‘난(亂)’자는 다스린다는 뜻이다. 다스림이 있으면서도 조심하고 공경스럽게 할 수 있다는 뜻이다.

孔傳-⑥ 擾, 順也. 致果爲毅.

번역 '요(擾)'자는 순종한다는 뜻이다. 용맹을 발휘해 성과를 내는 것이 의(毅)이다.

孔傳-⑦ 行正直而氣溫和.

번역 행실이 정직하되 기운은 온화하다는 뜻이다.

孔傳-⑧ 性簡大而有廉隅.

번역 성품이 간결하면서도 대범한데 굳은 지조가 있다는 뜻이다.

孔傳-⑨ 剛斷而實塞.

번역 강직하게 잘라내지만 내적으로 채워져 있다는 뜻이다.

孔傳-⑩ 無所屈撓, 動必合義.

번역 굽히거나 흔들리는 것이 없고 움직임이 반드시 도의에 합치된다는 뜻이다.

孔傳-⑪ 彰, 明. 吉, 善也. 明九德之常, 以擇人而官之, 則政之善.

번역 '창(彰)'자는 드러낸다는 뜻이다. '길(吉)'자는 선함을 뜻한다. 9가지 덕의 항상됨을 드러내어, 사람을 택해 그에게 관직을 하사한다면 정치의 선함이 된다.

孔疏 ●"禹曰"至"吉哉". ○正義曰: 皐陶既言其九德, 禹乃問其品例曰: "何謂也?" 皐陶曰: "人性有寬弘而能莊栗也, 和柔而能立事也, 慤愿而能恭恪也, 治理而能謹敬也, 和順而能果毅也, 正直而能溫和也, 簡大而有廉隅也, 剛斷而能實塞也, 强勁而合道義也. 人性不同, 有此九德. 人君明其九德所有之常, 以此擇人而官之, 則爲政之善哉!"

번역 ●經文: "禹曰"~"吉哉". ○고요는 이미 9가지 덕이 있다고 말했으므로, 우임금은 곧 그 조목에 대해 질문하여, "어떤 것을 말하느냐?"라고 했다. 고요는 "사람의 본성에 관대함이 있으면서도 장엄할 줄 알고, 온화하며 유순하면서도 일을 수립할 수 있으며, 조심스럽고 정성스러우면서도 공손할 수 있고, 다스리면서도 공경스러울 수 있으며, 화합하며 순종하면서도 과감히 성과를 낼 수 있고, 바르고 곧으면서도 따뜻하고 온화하게 할 수 있으며, 간결하고 대범하면서도 지조를 가지고 있고, 강직하게 잘라내면서도 속을 채울 수 있으며, 강하고 굳세면서도 도의에 합하는 것이다. 사람의 본성은 제각각 다르지만 이러한 9가지 덕이 있다. 따라서 군주는 9가지 덕 중 그가 항상 견지하고 있는 것을 드러내어 이를 통해 사람을 선발하고 그에게 관직을 수여하니, 이처럼 하면 정치의 선함이 될 것이다."라고 했다.

孔疏 ◎傳"性寬"至"莊栗". ○正義曰: 此九德之文, 舜典云"寬而栗, 直而溫", 與此正同. 彼云"剛而無虐, 簡而無傲", 與此小異. 彼言"剛失之虐", 此言"剛斷而能實塞", "實塞"亦是不爲虐. 彼言"簡失之傲", 此言"簡大而有廉隅", "廉隅"亦是不爲傲也. 九德皆人性也. 鄭玄云: "凡人之性有異, 有其上者, 不必有下; 有其下者, 不必有上. 上下相協, 乃成其德." 是言上下以相對, 各令以相對兼而有之, 乃爲一德. 此二者雖是本性, 亦可以長短自矯. 寬弘者失於緩慢, 故性寬弘而能矜莊嚴栗, 乃成一德. 九者皆然也.

번역 ◎孔傳: "性寬"~"莊栗". ○이곳에 나온 9가지 덕의 문장은 『서』「순전(舜典)」편에서 "관대하면서도 장엄하며, 정직하면서도 온화하다."[8]라고 했던 문장과 바로 합치된다. 「순전」편에서는 "강직하되 잔학함이 없어야 하며, 대범하면서도 오만함이 없어야 한다."라고 하여 이곳 기록과 작은

8) 『서』「우서(虞書)·순전(舜典)」: 帝曰, 夔, 命汝典樂, 敎胄子, 直而溫, 寬而栗, 剛而無虐, 簡而無傲, 詩言志, 歌永言, 聲依永, 律和聲, 八音克諧, 無相奪倫, 神人以和.

차이가 난다. 「순전」편에서는 “강직하기만 한 잘못은 잔학함이 된다.”라고 말한 것이고, 이곳에서는 “강직하게 잘라내면서도 속을 채울 수 있어야 한다.”라고 말한 것인데, “속을 채운다.”라는 말은 또한 잔학하게 굴지 않는 것이다. 「순전」편에서는 “대범하기만 한 잘못은 오만함이 된다.”라고 말한 것이고, 이곳에서는 “대범하면서도 지조를 가지고 있다.”라고 했는데, “지조가 있다.”라는 것은 또한 오만하게 굴지 않는 것이다. 9가지 덕은 모두 사람의 본성에 해당한다. 정현은 “사람의 본성에 차이가 있는데, 앞서 기술한 덕을 가지고 있는 자가 반드시 그 뒤에 기술한 덕까지 모두 가진 것은 아니며, 뒤에 기술한 덕을 가지고 있는 자가 반드시 그 앞에 기술한 덕까지 모두 가진 것은 아니니, 앞뒤로 서로 협력한다면 그 덕을 완성할 수 있다.”라고 했다. 이것은 앞뒤로 서로 대비를 해서 각각 상대되는 것을 겸비한다면 하나의 덕으로 합일시킬 수 있음을 뜻한다. 여기에 나온 두 가지는 비록 본성에 해당하지만 장점과 단점을 통해 그 자체로 바로잡을 수 있다. 관대함은 태만하게 구는 잘못을 범하기 때문에 본성이 관대하면서도 장엄하고 엄숙할 수 있다면 하나의 덕으로 합일 시킬 수 있다. 아홉 가지 덕이 모두 이러하다.

孔疏 ◎傳“愨愿而恭恪”. ○正義曰: “愿”者愨謹良善之名. 謹愿者失於遲鈍, 貌或不恭, 故愨愿而能恭恪乃爲德.

번역 ◎孔傳: “愨愿而恭恪”. ○‘원(愿)’자는 조심하고 삼가며 어질고 선하다는 명칭이다. 조심하는 자는 느리고 더디게 되는 잘못을 범하게 되어 그 모습이 간혹 공손하지 못하게 된다. 그렇기 때문에 삼가면서도 공손할 수 있다면 하나의 덕으로 합일된다.

孔疏 ◎傳“亂治”至“謹敬”. ○正義曰: “亂, 治”, 釋詁文. 有能治者, 謂才高於人也, 堪撥煩理劇者也. 負才輕物, 人之常性, 故有治而能謹敬乃爲德也. “愿”言“恭”, “治”云“敬”者, 恭在貌, 敬在心; 愿者遲鈍, 外失於儀, 故言“恭”以表貌; 治者輕物, 內失於心, 故稱“敬”以顯情. “恭”與“敬”其事亦通, “愿”其貌恭而心敬也.

번역 ◎孔傳: "亂治"至"謹敬". ○"'난(亂)'자는 다스린다는 뜻이다."라고 했는데, 이것은 『이아』「석고(釋詁)」편의 기록이다.[9] 다스릴 수 있다는 것은 남보다 재주가 뛰어나서, 번잡하고 험준한 것을 다스리는 일을 감당할 수 있는 자를 뜻한다. 재주를 과신하여 사물을 경시하는 것이 사람들이 보이는 일반적인 성품이다. 그렇기 때문에 다스릴 수 있으면서도 공경스럽게 한다면 하나의 덕으로 합일된다. '원(愿)'에 대해서는 공손하다고 말했고, '치(治)'에 대해서는 공경스럽다고 했는데, 공손함은 모습을 통해 나타나고 공경함은 마음에 있다. 너무 삼가는 자가 느리고 더디게 되는 것은 외적으로 행동거지를 잘못한 것이다. 그렇기 때문에 공손하다고 말하여 그 모습을 드러낸 것이다. 다스리는 자가 사물을 경시하는 것은 내적으로 마음가짐을 잘못한 것이다. 그렇기 때문에 공경스럽다고 말하여 실정을 드러낸 것이다. 그러나 공손과 공경은 그 사안이 또한 통용되니, '원(愿)'이란 그 모습이 공손하면서도 마음가짐이 공경스러운 것이다.

孔疏 ◎傳"擾順"至"爲毅". ○正義曰: 周禮·大宰云: "以擾萬民." 鄭玄云: "擾猶馴也." 司徒云: "安擾邦國." 鄭云: "擾亦安也." "擾"是安馴之義, 故爲順也. "致果爲毅", 宣二年左傳文. 彼文以"殺敵爲果, 致果爲毅", 謂能致果敢殺敵之心, 是爲强毅也. 和順者失於不斷, 故順而能決乃爲德也.

번역 ◎孔傳: "擾順"~"爲毅". ○『주례』「대재(大宰)」편에서는 "이로써 만민을 요(擾)한다."[10]라고 했고, 정현은 "요(擾)는 길들인다는 뜻이다."라고 했다. 『주례』「사도(司徒)」편에서는 "나라들을 편안하게 요(擾)한다."[11]

---

9) 『이아』「석고(釋詁)」: 乂·亂·靖·神·弗·淈, 治也.

10) 『주례』「천관(天官)·대재(大宰)」: 大宰之職, 掌建邦之六典, 以佐王治邦國: 一曰治典, 以經邦國, 以治官府, 以紀萬民; 二曰教典, 以安邦國, 以教官府, 以擾萬民; 三曰禮典, 以和邦國, 以統百官, 以諧萬民; 四曰政典, 以平邦國, 以正百官, 以均萬民; 五曰刑典, 以詰邦國, 以刑百官, 以糾萬民; 六曰事典, 以富邦國, 以任百官, 以生萬民.

11) 『주례』「지관(地官)·대사도(大司徒)」: 大司徒之職, 掌建邦之土地之圖與其人

라고 했고, 정현은 "요(擾)자 또한 편안하게 한다는 뜻이다."라고 했다. 따라서 '요(擾)'자는 편안하게 하며 길들인다는 뜻이 되므로, 순종한다는 의미가 된다. "용맹을 발휘해 성과를 내는 것이 의(毅)이다."라고 했는데, 이것은 선공(宣公) 2년에 대한 『좌전』의 기록이다.[12] 『좌전』에서는 "적을 죽이는 것이 과(果)이며, 과(果)를 이루는 것이 의(毅)이다."라고 했으니, 과감히 적을 죽일 수 있는 마음을 뜻하며, 이것은 강직하고 굳셈이 된다. 온화하고 유순하기만 한 자는 결단을 내리지 못하는 잘못을 범한다. 그렇기 때문에 순종적이면서도 결단을 내릴 수 있다면 하나의 덕으로 합일된다.

孔疏 ◎傳"性簡"至"廉隅". ○正義曰: "簡"者, 寬大率略之名. 志遠者遺近, 務大者輕細, 弘大者失于不謹, 細行者不修廉隅, 故簡大而有廉隅乃爲德也.

번역 ◎孔傳: "性簡"~"廉隅". ○'간(簡)'은 관대하고 대범하며 간결하다는 명칭이다. 뜻이 원대한 자는 가까이 있는 것을 빠트리게 되고, 큰 것에 힘쓰는 자는 작은 것들을 경시하니, 뜻을 너무 크게만 두는 자는 조심하지 못하는 잘못을 범하고, 자잘한 행실에만 힘쓰는 자는 지조를 키울 수 없다. 그렇기 때문에 간결하고 대범하면서도 지조가 있다면 하나의 덕으로 합일된다.

孔疏 ◎傳"剛斷"至"實塞". ○正義曰: "塞"訓實也. 剛而能斷失於空疏, 必性剛正而內充實乃爲德也.

번역 ◎孔傳: "剛斷"~"實塞". ○'색(塞)'자는 채운다는 뜻이다. 강직하여 잘라내기만 하는 자는 비고 소원하게 되는 잘못을 범하니, 반드시 성품이 강직하고 바르면서도 내적으로 충실해야만 하나의 덕으로 합일된다.

民之數, 以佐王安擾邦國.

12) 『춘추좌씨전』「선공(宣公) 2년」: 君子曰, "失禮違命, 宜其爲禽也. 戎, 昭果毅以聽之之謂禮. 殺敵爲果, 致果爲毅. 易之, 戮也."

孔疏 ◎傳"無所"至"合義". ○正義曰: 强直自立, 無所屈撓, 或任情違理, 失於事宜, 動合道義乃爲德也. 鄭注論語云: "剛謂强, 志不屈撓." 卽"剛"·"强"義同. 此"剛"·"强"異者, "剛"是性也, "强"是志也. 當官而行, 無所避忌, 剛也. 執己所是, 不爲衆撓, 强也. "剛"·"强"相近, 鄭連言之. "寬"謂度量寬弘, "柔"謂性行和柔, "擾"謂事理擾順, 三者相類, 卽洪範云"柔克"也. "愿"謂容貌恭正, "亂"謂剛柔治理, "直"謂身行正直, 三者相類, 卽洪範云"正直"也. "簡"謂器量凝簡, "剛"謂事理剛斷, "强"謂性行堅强, 三者相類, 卽洪範云"剛克"也. 而九德之次, 從"柔"而至"剛"也, 惟"擾而毅"在"愿"·"亂"之下耳. 其洪範三德, 先人事而後天地, 與此不同.

번역 ◎孔傳: "無所"~"合義". ○강직하여 스스로 확립하게 되면 굽히고 흔들리는 점이 없지만 간혹 감정에 내맡겨 이치를 어기니 사리의 합당함에 잘못을 범한다. 따라서 행동이 도의에 합치되어야만 하나의 덕으로 합일된다. 『논어』에 대한 정현의 주에서는 "강(剛)자는 강직하다는 뜻으로, 뜻을 굽히거나 흔들리지 않는다는 의미이다."라고 했으니, '강(剛)'자와 '강(强)'자의 뜻은 같다. 그런데 이곳에서 '강(剛)'자와 '강(强)'자의 의미가 차이를 보이는 것은 '강(剛)'은 그의 성품을 말하며, '강(强)'은 그의 뜻을 말하기 때문이다. 마땅히 관직에 나아가야만 해서 시행하여 피하거나 꺼리는 마음이 없는 것이 강(剛)이다. 자신이 옳다고 여기는 것을 지키며 대중들에 의해 흔들리지 않는 것이 강(强)이다. 따라서 '강(剛)'자와 '강(强)'자는 그 의미가 서로 비슷하기 때문에 정현이 연결해서 설명했던 것이다. '관(寬)'은 도량이 넓고 거대하다는 뜻이며, '유(柔)'는 성품과 행실이 온화하고 유순하다는 뜻이고, '요(擾)'는 사리에 순종하여 따른다는 뜻이다. 따라서 세 가지는 서로 비슷한 부류가 되니, 『서』「홍범(洪範)」편에서 말한 '화락하고 유순한 태도로 다스릴 수 있는 능력[柔克]'을 뜻한다. '원(愿)'은 용모가 공손하고 바른 것이며, '난(亂)'은 강직하고 유순함에 따라 다스리는 것이고, '직(直)'은 행동거지가 바르고 곧은 것이다. 따라서 세 가지는 비슷한 부류가 되니, 「홍범」편에서 말한 '사람들의 바르지 못한 점을 바로잡아서 정직하게 만드는 능력[正直]'을 뜻한다. '간(簡)'은 도량이 장엄하면서도 순박한 것이고, '강(剛)'은 사리에 따라 강직히 결단하는 것이며, '강(强)'은 성품과 행실이 굳고 단단한 것이다. 따라서 세 가지는 비슷한 부류가 되니, 「홍범」편에서 말한 '강건한 자세로 사업을 수립하고 그런 일들을 추진할 수 있는 능력[剛克]'을 뜻한다.13) 그러므로 9가지 덕의 순서는 부드러운 것으로부터 굳셈에 이른 것인데 단지 '요이의(擾而毅)'라는 말이 원(愿)과 난(亂)에 대한 것 뒤에 기록되었을 따름이다. 「홍범」편에서 말한 3가지 덕은 사람에 대한 일을 먼저 하고 이후에 천지에 대한 것을 하여 이곳과 차이를 보이는 것이다.

孔疏 ◎傳"彰明"至"之善". ○正義曰: "彰, 明"·"吉, 善", 常訓也. 此句言用人之義. 所言九德, 謂彼人常能然者. 若暫能爲之, 未成爲德. 故人君取士, 必明其九德之常, 知其人常能行之, 然後以此九者之法擇人而官之, 則爲政之善也. "明"謂人君明知之. 王肅云: "明其有常則善也, 言有德當有恒也." 其意亦言彼能有常, 人君能明之也. 鄭云: "人能明其德, 所行使有常, 則成善人矣." 其意謂彼人自明之, 與孔異也.

번역 ◎孔傳: "彰明"～"之善". ○"'창(彰)'자는 드러낸다는 뜻이다."라고 했고 "'길(吉)'자는 선함을 뜻한다."라고 했는데, 이 모두는 일반적인 글자의 뜻풀이이다. 이 구문에서는 사람을 등용할 때의 도의를 설명하고 있다. 언급한 9가지 덕이라는 것은 상대방이 항상 잘할 수 있는 것들을 뜻한다. 만약 잠시만 할 수 있는 것이라면 아직까지 합일된 덕으로 완성된 것이 아니다. 그렇기 때문에 군주가 선비를 등용할 때에는 반드시 그가 일반적으로 가지고 있는 9가지 덕들을 밝게 드러내어, 그 사람이 일상적으로 잘할 수 있는 것들을 알아야 하며, 그런 뒤에야 이러한 9가지 법도에 따라서 해당하는 자를 골라 그에게 관직을 부여하니, 이처럼 한다면 정치를 잘하는 것이 된다. '명(明)'자는 군주가 밝게 안다는 뜻이다. 왕숙은 "그가 가지고 있는 항상된 도를 밝힌다면 선하게 되니, 덕을 가지고 있다면 마땅히 항심도 가지고 있음을 의미한다."라고 했는데, 그 의미 또한 상대방이 이러

13) 『서』「주서(周書)·홍범(洪範)」: 六, 三德, 一曰正直, 二曰剛克, 三曰柔克, 平康正直, 彊弗友剛克, 燮友柔克, 沈潛剛克, 高明柔克.

한 것들을 항상되게 할 수 있다면 군주가 그를 밝게 알아볼 수 있다는 뜻이 된다. 정현은 "사람이 자신의 덕을 밝혀서, 그 행실에 항상된 도를 가지게끔 한다면 선한 자가 될 수 있다."라고 했는데, 그 의미는 상대방 스스로 자신이 가진 것을 드러낸다는 뜻으로, 공안국의 견해와는 다르다.

蔡傳 亦, 總也, 亦行有九德者, 總言德之見於行者, 其凡有九也. 亦言其人有德者, 總言其人之有德也. 載, 行, 采, 事也. 總言其人有德, 必言其行某事某事, 爲可信驗也. 禹曰何者, 問其九德之目也. 寬而栗者, 寬弘而莊栗也. 柔而立者, 柔順而植立也. 愿而恭者, 謹愿而恭恪也. 亂, 治也, 亂而敬者, 有治才而敬畏也. 擾, 馴也, 擾而毅者, 馴擾而果毅也. 直而溫者, 徑直而溫和也. 簡而廉者, 簡易而廉隅也. 剛而塞者, 剛健而篤實也. 彊而義者, 彊勇而好義也. 而, 轉語辭也. 正言而反應者, 所以明其德之不偏, 皆指其成德之自然, 非以彼濟此之謂也. 彰, 著也. 成德著之於身, 而又始終有常, 其吉士矣哉.

번역 '역(亦)'자는 총괄한다는 뜻이니, '역행유구덕(亦行有九德)'이라는 말은 덕이 행실로 드러남을 총괄적으로 말하면 총 9가지가 있다는 뜻이다. 또 '역언기인유덕(亦言其人有德)'이라는 말은 그 사람이 가진 덕을 총괄해서 말한다는 뜻이다. '재(載)'자는 시행한다는 뜻이며, '채(采)'자는 일을 뜻한다. 그 사람이 가진 덕을 총괄적으로 말하게 된다면 반드시 그가 시행했던 일이 어떠한 일이고 어떠한 일이었다고 말해야만 그를 믿고 증험할 수 있다. '우왈하(禹曰何)'는 9가지 덕의 조목을 물어본 것이다. '관이율(寬而栗)'은 관대하면서도 장엄하다는 뜻이다. '유이립(柔而立)'은 유순하면서도 꼿꼿하다는 뜻이다. '원이공(愿而恭)'은 삼가면서도 공손하다는 뜻이다. '난(亂)'자는 다스린다는 뜻이니, '난이경(亂而敬)'은 다스릴 수 있는 재능을 가지고 있으면서도 외경함을 뜻한다. '요(擾)'자는 따른다는 뜻이니, '요이의(擾而毅)'는 따르면서도 과감하고 굳세다는 뜻이다. '직이온(直而溫)'은 곧으면서도 온화하다는 뜻이다. '간이렴(簡而廉)'은 간략하면서도 지조가 있다는 뜻이다. '강이색(剛而塞)'은 강건하면서도 독실하다는 뜻이다. '강이의(彊而義)'는 용맹하면서도 의를 좋아한다는 뜻이다. '이(而)'는 말을 전환

할 때 쓰는 말이다. 바로 말하고 그와 반대되는 것에도 호응하는 것은 그 덕이 한쪽으로 치우치지 않았음을 드러낸 것이니, 이 모두는 덕을 이룬 것이 저절로 그러함을 가리키며 저것으로 이것을 구제하려고 한 말이 아니다. '창(彰)'자는 드러난다는 뜻이다. 덕을 이룬 것이 몸을 통해 드러나고 또한 시종일관 항상됨을 갖추고 있다면 바로 길한 선비라는 뜻이다.

• 제 17 절 •

유자(儒者)의 행실 - 존(尊) · 양(讓)

【687c】

"溫良者, 仁之本也. 敬愼者, 仁之地也. 寬裕者, 仁之作也. 孫接者, 仁之能也. 禮節者, 仁之貌也. 言談者, 仁之文也. 歌樂者, 仁之和也. 分散者, 仁之施也. 儒皆兼此而有之, 猶且不敢言仁也. 其尊讓有如此者."

직역 "溫良한 者는 仁의 本입니다. 敬愼한 者는 仁의 地입니다. 寬裕한 者는 仁의 作입니다. 孫接한 者는 仁의 能입니다. 禮節한 者는 仁의 貌입니다. 言談한 者는 仁의 文입니다. 歌樂한 者는 仁의 和입니다. 分散한 者는 仁의 施입니다. 儒는 皆히 此를 兼하여 有이나, 猶히 且히 敢히 仁을 言함을 不합니다. 그 尊讓함에는 此와 如한 者가 有합니다."

의역 공자가 계속하여 말하길, "온순하고 어짊은 인(仁)의 근본입니다. 공경하고 신중함은 인의 실천입니다. 관대하고 여유로움은 인의 진작시킴입니다. 겸손하게 상대를 대함은 인을 잘 실천하는 것입니다. 예절은 인의 모습입니다. 말은 인의 무늬입니다. 노래하고 음악을 연주하는 것은 인의 조화로움입니다. 나누어 베푸는 것은 인을 베푸는 것입니다. 유자는 모두 이러한 것들을 겸하고 있지만 오히려 감히 자신이 인을 실천한다고 말하지 않습니다. 유자는 인한 자를 존귀하게 높이고 선한 자에게 사양함에 이와 같은 점이 있는 자들입니다."라고 했다.

集說 仁之本, 謂根本於仁也. 地, 猶踐履也. 作, 充廣也. 能, 能事也. 八者皆仁之發見, 哀公問儒行, 夫子旣歷數以告之矣. 仁包四德百行之原, 故於其終也以仁爲說焉. 兼有此仁之行而不敢自以爲仁, 是尊仁而讓善也. 故曰尊讓有如此者.

번역 '인지본(仁之本)'은 인(仁)에 근본을 둔다는 뜻이다. '지(地)'자는 실천한다는 뜻이다. '작(作)'자는 확충한다는 뜻이다. '능(能)'자는 뛰어난 것을 뜻한다. 여덟 가지는 모두 인(仁)이 드러난 것인데, 애공이 유자의 행실에 대해 질문하여, 앞서서 공자는 차례대로 알려주었다. 인(仁)은 사덕(四德)과 모든 행실의 근원을 포함하고 있기 때문에, 그 말미에서는 인(仁)에 대해 설명한 것이다. 이러한 인(仁)에 따른 행실을 모두 가지고 있으면서도 스스로 인(仁)이라고 여기지 않는 것은 인(仁)한 자를 존귀하게 높이고 선한 자에게 사양하는 것이다. 그렇기 때문에 "존귀하게 높이고 사양함에 이와 같은 점이 있다."라고 했다.

大全 嚴陵方氏曰: 溫良則得於中, 故以爲本. 敬愼則發於外, 故以爲地. 寬則不迫, 裕則有餘. 夫仁無本不立, 故首以仁之本. 有本然後, 可以有行, 故繼以仁之地. 有行則有所事, 故繼以仁之作. 仁之作則見其所能, 故繼以仁之能. 有所能則形之於外, 故繼之以仁之貌. 形於貌則必有所飾, 故繼之以仁之文. 有其文則無乖於物, 故繼之以仁之和. 有所和則其餘足以利物, 故繼之以仁之施.

번역 엄릉방씨가 말하길, 온순하고 어질다면 마음에 터득한 것이 있다. 그렇기 때문에 근본으로 삼는다. 공경하고 신중하다면 겉으로 드러나게 된다. 그렇기 때문에 바탕으로 삼는다. 관대하다면 급박하지 않고 여유롭다면 여유분이 있게 된다. 인(仁)은 근본이 없다면 확립되지 않는다. 그렇기 때문에 처음에 '인의 근본'이라고 했다. 근본이 생긴 뒤에야 시행이 있을 수 있다. 그렇기 때문에 뒤이어 '인의 바탕'이라고 했다. 시행이 있으면 일삼는 것이 있다. 그렇기 때문에 뒤이어 '인의 진작'이라고 했다. 인을 진작하게 되면 잘하는 점을 보게 된다. 그렇기 때문에 뒤이어 '인의 유능'이라고 했다. 잘하는 것이 있다면 겉으로 형체가 드러난다. 그렇기 때문에 뒤이어 '인의 모습'이라고 했다. 모습으로 형상화된다면 반드시 장식을 꾸미게 된다. 그렇기 때문에 뒤이어 '인의 문식'이라고 했다. 문식이 있다면 사물에 대해서 어긋나는 점이 없게 된다. 그렇기 때문에 뒤이어 '인의 조화'라고 했다. 조화로운 점이 있다면 그 나머지로는 사물을 이롭게 만들기에 충분하다. 그렇기 때문에 뒤이어 '인의 베풂'이라고 했다.

鄭注 此兼上十有五儒, 蓋聖人之儒行也. 孔子嫌若斥己, 假仁以爲說. 仁, 聖之次也.

번역 이 문장은 앞서 말한 15가지 유자의 행실을 모두 포함하고 있으니, 성인다운 유자의 행실이다. 공자는 자신을 가리키는 것처럼 말한다는 혐의를 받게 될까봐 인(仁)이라는 말을 빌려서 설명했다. 인(仁)한 자는 성인(聖人) 다음 서열이 된다.

釋文 孫音遜. 接, 似輒反, 又如字. 分, 方云反, 徐扶問反. 施, 始致反. 斥音尺.

번역 '孫'자의 음은 '遜(손)'이다. '接'자는 '似(사)'자와 '輒(첩)'자의 반절음이며, 또한 글자대로 읽기도 한다. '分'자는 '方(방)'자와 '云(운)'자의 반절음이며, 서음(徐音)은 '扶(부)'자와 '問(문)'자의 반절음이다. '施'자는 '始(시)'자와 '致(치)'자의 반절음이다. '斥'자의 음은 '尺(척)'이다.

孔疏 ●"溫良者, 仁之本"至"此者". ○此明聖人之儒, 兼上十五儒之行, 亦是孔子嫌其斥己, 假言仁者之儒以說之.

번역 ●經文: "溫良者, 仁之本"~"此者". ○이곳 문단은 성인에 해당하는 유자가 앞서 말한 15가지 유자의 행실을 모두 갖추고 있다는 것을 나타내는데, 또한 공자는 자신을 가리키는 것처럼 말한다는 혐의를 받게 될까봐 인(仁)한 자에 해당하는 유자에 가탁하여 설명했다.

孔疏 ●"溫良者, 仁之本也"者, 言溫良之性, 是仁者[1]之儒行之本. 言仁者之儒, 先從溫良而起, 故云"仁之本也".

번역 ●經文: "溫良者, 仁之本也". ○온순하고 어진 성품은 인(仁)이 유자의 행실 중에서도 근본이 된다는 뜻이다. 즉 인한 자에 해당하는 유자는 우선적으로 온순하고 어진 것을 따라서 일어난다. 그렇기 때문에 "인자의 근본이다."라고 했다.

孔疏 ●"敬愼者, 仁之地也"者, 亦言仁者之儒以敬愼爲地. 地所以居止萬物, 仁者之儒亦居止敬愼, 故云"仁之地".

번역 ●經文: "敬愼者, 仁之地也". ○인(仁)한 유자는 공경함과 신중함을 땅으로 삼는다는 뜻이다. 땅은 모든 사물을 머물게 하는 곳이니, 인한 유자 또한 공경함과 신중함으로 처신한다. 그렇기 때문에 "인자의 땅이다." 라고 했다.

孔疏 ●"寬裕者, 仁之作也"者, 言儒者之動作必以寬裕, 故云"仁之作也".

번역 ●經文: "寬裕者, 仁之作也". ○유자의 행동은 반드시 관대하고 여유롭게 해야 한다. 그렇기 때문에 "인자의 행동이다."라고 했다.

孔疏 ●"孫接者, 仁之能也", 言孫辭接物, 是仁儒之技能.

번역 ●經文: "孫接者, 仁之能也". ○겸손과 사양함으로 대상을 대하는 것은 인한 유자의 기능이라는 뜻이다.

孔疏 ●"禮節者, 仁之貌也", 言禮儀撙節, 是仁儒之外貌.

번역 ●經文: "禮節者, 仁之貌也". ○예의에 따르고 법도를 준수하는 것은 인한 유자의 모습이라는 뜻이다.

---

1) '자(者)'자에 대하여. '자'자는 본래 없던 글자인데, 완원(阮元)의 『교감기(校勘記)』에서는 "혜동(惠棟)의 『교송본(校宋本)』에는 '인(仁)'자 뒤에 '자'자가 기록되어 있다."라고 했다.

孔疏 ●"言談者, 仁之文也", 言語談說, 是仁儒之文章也.

번역 ●經文: "言談者, 仁之文也". ○말하고 설명하는 것은 인한 유자의 문채라는 뜻이다.

孔疏 ●"歌樂者, 仁之和也", 言歌舞喜樂, 是仁儒之和悅也.

번역 ●經文: "歌樂者, 仁之和也". ○노래하고 춤추며 즐거워하는 것은 인한 유자의 조화로움과 기쁨이라는 뜻이다.

孔疏 ●"分散者, 仁之施也", 言分散蓄積而振貧窮, 是仁儒之恩施也.

번역 ●經文: "分散者, 仁之施也". ○쌓이고 모은 것을 나누어 펼치며 가난하고 궁핍한 자를 구원하는 것은 인한 유자가 은정을 베푸는 것이라는 뜻이다.

孔疏 ●"儒皆兼此而有之, 猶且不敢言仁也", 言儒者旣兼有此行, 猶尙孫讓, 不敢自謂己仁也.

번역 ●經文: "儒皆兼此而有之, 猶且不敢言仁也". ○유자는 이미 이러한 행실을 겸비하고 있는데도 오히려 겸손과 사양함을 숭상하여, 스스로 자신이 인(仁)하다고 말하지 않는다는 뜻이다.

孔疏 ●"其尊讓有如此"者, 尊, 謂恭敬. 讓, 謂卑謙. 謂尊敬於物, 卑讓於人, 有此之行也. 此謂聖人之儒, 但聖人理極, 不可爲名言, 仁亞於聖, 故假仁以論聖人之儒也.

번역 ●經文: "其尊讓有如此". ○'존(尊)'자는 공손하고 존경한다는 뜻이다. '양(讓)'자는 낮추고 사양한다는 뜻이다. 즉 대상을 존경하고 남보다 낮추고 사양함에 이러한 행실이 있다는 뜻이다. 이것은 성인에 해당하는 유자인데, 다만 성인은 이치를 지극히 하므로 '성인인 유자'라고 말할 수 없고, 인자는 성인에 버금가기 때문에 인(仁)이라는 말을 빌려서 성인에 해당하는 유자를 논의한 것이다.

集解 呂氏大臨曰: 質之溫良者可與爲仁, 故曰仁之本. 行之敬愼者可與行仁, 故曰仁之地. 其規模寬裕, 則稱仁之動作. 其與人遜接, 則習仁之能事. 威儀中節, 敬於仁者也, 故爲仁之貌. 出言有章, 仁之見於外者也, 故爲仁之文. 詠歌之不足, 不知手之舞之足之蹈之, 則安於仁而至於和者也. 貨不爲己, 則利與人同, 與人爲善, 則善與人同, 凡以分散與物, 共而不私, 則仁術之施不吝也. 八者, 儒必兼而有之, 然後可以盡儒行之實, 猶且不敢言仁, 則聖人之志存焉. 有聖人之志存, 則可與入聖人之域矣.

번역 여대림이 말하길, 바탕이 온순하고 어진 것은 인(仁)으로 삼는데 참여할 수 있다. 그렇기 때문에 "인의 근본이다."라고 했다. 행동이 공경스럽고 신중한 것은 인을 시행하는데 참여할 수 있다. 그렇기 때문에 "인의 바탕이다."라고 했다. 규범에 따르며 관대하고 여유롭다면 인에 따른 행동이라고 평할 수 있다. 남에게 겸손하게 대한다면, 인을 매우 잘 익힌 것이다. 위엄에 따른 행동이 법도에 맞는 것은 인을 공경하는 것이다. 그렇기 때문에 인의 모습이 된다. 말을 함에 격식이 있는 것은 인이 밖으로 드러난 것이다. 그렇기 때문에 인의 문식이 된다. 노래로는 부족하여 손이 춤추고 발이 춤사위를 밟는 것도 모르게 된다면, 인을 편안하게 여겨서 조화로운 경지에 도달한 것이다. 재물을 자신만을 위해서 사용하지 않는다면 이로움을 남과 함께 취하고, 남과 선함을 실천한다면 선을 남과 함께 하는 것이니, 나눠서 대상에게 주고 함께 하되 사사롭게 여기지 않는다면, 인을 베풂에 인색하지 않은 것이다. 이러한 여덟 가지에 대해서 유자는 반드시 이러한 것들을 겸비한 뒤에야 실질적인 유자의 행실을 다할 수 있는데, 오히려 감히 인(仁)을 언급하지 않는다면, 성인의 뜻을 보존하고 있는 것이다. 성인의 뜻을 보존하고 있다면 성인의 영역으로 함께 들어갈 수 있다.

集解 愚謂: 溫良禀乎性, 敬愼存乎心; 寬裕見乎事, 孫接應乎物. 本以基之, 地以居之, 作以發之, 能以爲之, 貌以表之, 文以飾之, 和以積其順, 施以廣其恩. 蓋道莫大於仁, 儒者之爲仁, 必兼此八者而有之, 然猶不敢自以爲仁也. 夫子曰, "若聖與仁, 則吾豈敢?", 蓋其尊讓如此, 聖不曰聖之心也.

번역 내가 생각하기에, 온순하고 어짊은 본성에 품수되어 있고, 공경함과 신중함은 마음에 달려 있다. 관대하고 여유로움은 사안으로 드러나고, 공손하게 대함은 사물에 호응하는 것이다. 근본을 통해서 기틀을 세우고, 바탕을 통해서 머물며, 행동을 통해서 드러내고, 잘하는 것을 통해서 실천하며, 모양을 통해서 표현하고, 문식을 통해서 꾸미며, 조화로움을 통해서 온순함을 쌓고, 베풂을 통해서 은정을 확대한다. 도 중에는 인보다 큰 것이 없고, 유자가 인을 실천할 때에는 반드시 이러한 여덟 가지를 겸비해야 하지만, 오히려 감히 스스로 인이라고 여기지 않는다. 공자는 "성인과 인자에 대해서라면 내가 어찌 감히 자처하겠는가?"[2]라고 했으니, 존숭하고 사양함이 이와 같으므로, 성인이라도 자신을 가리켜 "이것이 성인의 마음이다." 라고 말하지 않는다.

참고 원문비교

예기대전·유행 溫良者, 仁之本也. 敬愼者, 仁之地也. 寬裕者, 仁之作也. 孫接者, 仁之能也. 禮節者, 仁之貌也. 言談者, 仁之文也. 歌樂者, 仁之和也. 分散者, 仁之施也. 儒皆兼此而有之, 猶且不敢言仁也. 其尊讓有如此者.

공자가어·유행해(儒行解) 夫溫良者, 仁之本也. 愼敬者, 仁之地也. 寬裕者, 仁之作也①. 遜接者, 仁之能也. 禮節者, 仁之貌也. 言談者, 仁之文也. 歌樂者, 仁之和也. 分散者, 仁之施也. 儒皆兼此而有之, 猶且不敢言仁也. 其尊讓有如此者.

---

2) 『논어』「술이(述而)」: 子曰, "若聖與仁, 則吾豈敢? 抑爲之不厭, 誨人不倦, 則可謂云爾已矣." 公西華曰, "正唯弟子不能學也."

王注-① 動作.

번역 행동함을 뜻한다.

참고 『논어』「술이(述而)」 기록

경문 子曰, "若聖與仁, 則吾豈敢?① 抑爲之不厭, 誨人不倦, 則可謂云爾已矣." 公西華曰, "正唯弟子不能學也②."

번역 공자는 "성인과 인자에 대해서라면 내가 어찌 감히 자처하겠는가? 그러나 그 도를 배우는데 싫증내지 않고 남을 가르치는 일에 게으름을 피우지 않는다고 한다면 그러하다고 말할 수 있을 뿐이다."라고 했다. 공서화는 "바로 그것이 제자들이 배울 수 없는 점입니다."라고 했다.

何注-① 孔曰: 孔子謙, 不敢自名仁聖.

번역 공씨가 말하길, 공자는 겸손하여 감히 자신을 인한 자나 성인이라 부르지 않았던 것이다.

何注-② 馬曰: 正如所言, 弟子猶不能學, 況仁聖乎!

번역 마씨가 말하길, 바로 말한 것과 같은 것들을 제자들은 배울 수 없는 부분인데, 하물며 인자와 성인에 있어서는 어떻겠는가!

邢疏 ●"子曰"至"學也". ○正義曰: 此章亦記孔子之謙德也.

번역 ●經文: "子曰"~"學也". ○이 문장 또한 공자의 겸손한 덕을 기술한 것이다.

邢疏 ●"子曰: 若聖與仁, 則吾豈敢"者, 唯聖與仁, 人行之大者也. 孔子謙, 不敢自名仁聖也.

번역 ●經文: "子曰: 若聖與仁, 則吾豈敢". ○성인과 인자의 도는 사람이 도를 실천하는 것 중에서도 큰 것이다. 공자는 겸손히 말하여 감히 자신을 인자나 성인이라 부르지 않은 것이다.

邢疏 ●"抑爲之不厭, 誨人不倦, 則可謂云爾已矣"者, 抑, 語辭. 爲, 猶學也. 孔子言己學先王之道不厭, 教誨於人不倦, 但可謂如此而已矣.

번역 ●經文: "抑爲之不厭, 誨人不倦, 則可謂云爾已矣". ○'억(抑)'자는 어조사이다. '위(爲)'자는 배운다는 뜻이다. 공자는 본인더러 선왕의 도를 배우는 일에 싫증을 내지 않고, 남을 가르치는 일에도 게으름을 피우지 않았다고 한다면 그와 같다고는 말할 수 있을 따름이라고 한 것이다.

邢疏 ●"公西華曰: 正唯弟子不能學也"者, 公西華聞孔子云學之不厭, 誨人不倦, 故答於孔子曰: "正如所言不厭·不倦之二事, 弟子猶不能學, 況仁聖乎!"

번역 ●經文: "公西華曰: 正唯弟子不能學也". ○공서화는 공자가 배우는 일에 싫증을 내지 않고 남을 가르치는 일에 게으름을 피우지 않았다고 한 말을 듣고서 공자에게 대답하며 "바로 말씀하신 것처럼 싫증을 내지 않고 게으름을 피우지 않는 두 일이 제자들이 배울 수 없는 점인데, 하물며 인자와 성인에 있어서는 어떠하겠습니까."라고 말한 것이다.

集註 此亦夫子之謙辭也. 聖者, 大而化之. 仁, 則心德之全而人道之備也. 爲之, 謂爲仁聖之道. 誨人, 亦謂以此教人也. 然不厭不倦, 非己有之則不能, 所以弟子不能學也.

번역 이 또한 공자가 겸손하게 한 말이다. '성(聖)'은 거대하면서도 교화를 시킬 수 있는 자이다. '인(仁)'은 마음의 덕이 온전하며 사람의 도를 갖춘 자이다. '위지(爲之)'는 인자와 성인의 도를 시행한다는 뜻이다. '회인(誨人)'은 인자와 성인의 도를 남들에게 가르친다는 뜻이다. 그런데 싫증을 내지 않고 게으름을 피우지 않는 것은 본인이 그러한 도를 갖추지 않았다면 할 수 없으니, 제자들이 배울 수 없는 이유이다.

集註 晁氏曰: 當時有稱夫子聖且仁者, 以故夫子辭之. 苟辭之而已焉, 則無以進天下之材, 率天下之善, 將使聖與仁爲虛器, 而人終莫能至矣. 故夫子雖不居仁聖, 而必以爲之不厭·誨人不倦自處也. 可謂云爾已矣者, 無他之辭也. 公西華仰而歎之, 其亦深知夫子之意矣.

번역 조씨가 말하길, 당시에 공자를 지칭하며 성인이면서도 인한 자라고 부르는 자들이 있었기 때문에 공자가 사양했던 것이다. 만약 사양만 했다면 천하의 인재들을 고취시키거나 천하의 선을 이끌 수 없어서 성인과 인자는 빈자리가 되어 사람들은 끝내 그 경지에 도달할 수 없게 될 것이다. 그러므로 공자는 비록 인자와 성인으로 자처하지 않았지만 그 도리를 시행하는데 싫증을 내지 않고 남을 가르침에 게으름을 피우지 않는 것으로 자처한 것이다. '가위운이이의(可謂云爾已矣)'라는 말은 그 말 이외에는 다른 것이 없다는 뜻이다. 공서화는 우러러 탄식을 했으니, 그 또한 공자의 본지를 깊이 깨달았기 때문이다.

• 제 18 절 •

유자(儒者)라 부르는 이유

【687d~688a】

"儒有不隕穫於貧賤, 不充詘於富貴, 不慁君王, 不累長上, 不閔有司. 故曰儒. 今衆人之命儒也妄, 常以儒相詬病." 孔子至舍, 哀公館之, 聞此言也, 言加信, 行加義, "終沒吾世, 不敢以儒爲戲."

직역 "儒는 貧賤에 隕穫을 不하고, 富貴에 充詘을 不하며, 君王을 不慁하고, 長上을 不累하며, 有司를 不閔함이 有합니다. 故로 儒라 曰합니다. 今에 衆人을 儒라 命함은 妄함이며, 常히 儒로 相히 詬病합니다." 孔子가 舍에 至하자, 哀公이 館하여, 此言을 聞하고서, 言에 信을 加하고, 行에 義를 加하여, "吾世를 終沒토록, 敢히 儒로 戲를 爲함을 不하리라."

의역 공자가 계속하여 말하길, "유자는 가난과 미천함으로 인해 실추되거나 상처를 입지 않고, 부유함과 존귀함으로 인해 교만하거나 인색하지 않으며, 군주를 욕보이지 않고, 윗사람을 얽어매지 않으며, 유사를 근심하게 만들지 않습니다. 그러므로 유자라고 부르는 것입니다. 그런데 현재의 대중들은 스스로를 유자라고 부르니 망령된 짓이며, 항상 유자라는 말로 서로를 업신여기고 욕보이고 있습니다."라고 했다. 공자가 숙소에 도착하자 애공은 그가 잘 머물 수 있도록 배려를 해주었고, 이러한 말을 듣고서 말에 신의가 생겼고 행실의 의(義)가 생겨서, "내 일생토록 감히 유자를 희롱거리로 삼지 않으리라."라고 했다.

集說 隕者, 如有所墜失. 穫者, 如有所割刈. 充者, 驕氣之盈. 詘者, 吝氣之歉.

번역 '운(隕)'은 마치 실추됨이 있는 것과 같다는 뜻이다. '확(穫)'은 마치 베이는 것이 있는 것과 같다는 뜻이다. '충(充)'은 가득 찬 교만한 기운을 뜻한다. '굴(詘)'자는 차지 않은 인색한 기운을 뜻한다.

集說 鄭氏曰: 隕穫, 困迫失志之貌. 充詘, 喜失節之貌. 慁, 猶辱也. 累, 猶係也. 閔, 病也. 言不爲天子諸侯卿大夫群吏所困迫而違道, 孔子自謂也.

번역 정현이 말하길, '운확(隕穫)'은 곤궁하고 궁핍하여 뜻을 잃는 모습을 뜻한다. '충굴(充詘)'은 기쁨이 절도를 잃은 모습을 뜻한다. '흔(慁)'자는 "욕보이다[辱]."는 뜻이다. '누(累)'자는 "얽어매다[係]."는 뜻이다. '민(閔)'자는 "괴로워한다[病]."는 뜻이다. 즉 천자·제후·경·대부·뭇 하급 관리로 인해 곤궁하고 궁핍하게 되더라도 도를 어기지 않는다는 뜻이니, 공자가 본인을 가리켜서 한 말이다.

集說 方氏曰: 無儒者之行而爲儒者之服, 無儒者之實而盜儒者之名, 故曰今衆人之命儒也妄. 以其妄, 故常爲人所詬病. 旣至舍矣, 又曰館之者, 具食以致其養, 具官以致其事也. 言加信, 則不以儒相詬矣. 行加義, 則不以儒相病矣.

번역 방씨가 말하길, 유자의 행실이 없는 자가 유자의 복장을 착용하고, 유자의 실질이 없는 자가 유자의 명칭을 훔쳐서 사용한다. 그렇기 때문에 "현재 대중들이 자신을 유자라고 부르는 것은 망령된 것이다."라고 했다. 망령되기 때문에 항상 남에게 업신여김과 욕됨을 당하게 된다. 이미 숙소에 이르렀는데도 재차 "숙소를 마련해주다."라고 말한 것은 음식을 갖춰서 봉양하도록 만들고, 관리들을 마련하여 잡무를 맡아보도록 했다는 뜻이다. 말에 신의를 더한다면, 유자라는 말로 서로 업신여기지 않는다. 행실에 의(義)를 더한다면, 유자라는 말로 서로 욕보이지 않는다.

集說 李氏曰: 儒行非孔子之言也, 蓋戰國時豪士所以高世之節耳. 其條十有五, 然旨意重複. 要其歸, 不過三數塗而已. 一篇之內, 雖時與聖人合, 而稱說多過. 或曰哀公輕儒, 孔子有爲而言, 故多自夸大以搖其君, 此豈所謂孔子者哉?

번역 이씨[1]가 말하길, 「유행」편은 공자의 말이 아니니, 전국시대 호걸들이 세상에서 높였던 절개일 따름이다. 그 조목에는 15가지가 있지만, 그 뜻에 있어서는 중복이 된다. 요점을 간추리면 3가지 방도에 지나지 않을 따름이다. 「유행」편의 내용은 간혹 성인의 행실과 부합되는 점이 있지만, 설명한 것들은 대부분 지나치다. 혹자는 애공이 유자들을 경시하여, 공자가 이로 인해 설명했기 때문에 대부분 스스로를 과시하고 과장하여 군주의 생각을 바꿀려고 했다고 주장하는데, 이것이 어찌 공자라 할 수 있겠는가?

大全 晏子曰: 隕, 如籜之隕而飄零, 穫, 如禾之穫而枯槁. 不隕穫於貧賤, 是貧賤則不能移也. 充則以滿而必溢, 詘則以高而必危. 不充詘於富貴, 是富貴不能淫也. 事父孝, 故忠可移於君, 所以不慁君王. 事兄弟, 故順可移於長, 所以不累長上. 居家理, 故治可移於官, 所以不閔有司. 不慁君王者, 不爲汙吏, 以取辱於君王也. 不累長上者, 不爲過行, 以連及於上也. 不閔有司者, 不被明刑, 以見病於有司也. 衆人之命儒也妄, 爲其非眞儒也, 故或慢詈而相恥, 或深疾而相病矣. 揚子謂, 或問魯用儒而削何也? 曰, 魯不用眞儒也.

번역 안자가 말하길, '운(隕)'은 대나무 껍질이 떨어져서 이리저리 흩날리는 것과 같다는 뜻이며, '확(穫)'자는 벼를 수확하여 볏짚이 말라버리는 것과 같다는 뜻이다. 가난함과 미천함에 운확(隕穫)하지 않는 것은 "빈천함이 바꿀 수 없다."는 뜻이다. 가득 찼다면 가득하여 반드시 넘치게 되고 내친다면 높아져서 반드시 위태롭게 된다. 부유함과 존귀함에 충굴(充詘)하지 않는 것은 "부귀함이 음란하게 만들 수 없다."는 뜻이다.[2] 부모를 섬기는 것은 효이기 때문에 충심이 군주에게로 옮겨갈 수 있으니, 이것이 군주를 욕보이게 하지 않는 이유이다. 형을 섬기는 것은 제(悌)이기 때문에 순종함이 윗사람에게 옮겨갈 수 있으니, 이것이 윗사람을 얽어매지 않는

1) 이씨(李氏, ? ~ ?) : 자세한 이력이 남아 있지 않다.
2) 『맹자』「등문공하(滕文公下)」 : 居天下之廣居, 立天下之正位, 行天下之大道, 得志, 與民由之, 不得志, 獨行其道. 富貴不能淫, 貧賤不能移, 威武不能屈, 此之謂大丈夫.

이유이다. 가정에 머물러 있을 때에는 이치에 따라 다스리기 때문에 다스림이 관직으로 옮겨갈 수 있으니, 이것이 유사(有司)[3]를 근심하게 만들지 않는 이유이다. 군주를 욕보이게 하지 않는 것은 추잡한 관리가 되어 군주를 욕되게 하지 않는다는 뜻이다. 윗사람을 얽매이지 않는 것은 행실을 지나치게 하여 윗사람에게 누를 끼치지 않는다는 뜻이다. 유사를 근심하게 만들지 않는 것은 명백한 형벌을 당하여 유사에게 욕보임을 당하지 않는다는 뜻이다. 대중들이 스스로를 유자라고 부르는 것은 망령되다고 한 것은 진정한 유자가 아니기 때문이다. 그래서 거만하게 꾸짖으며 서로 치욕스럽게 생각하거나 매우 질시하며 서로를 욕되게 한다. 양자[4]가 말하길, 어떤 자가 노나라에서 유자를 등용하면서도 세력이 약화되는 이유는 어째서냐고 묻자, 노나라는 진정한 유자를 등용하지 않았기 때문이라고 했다.

大全 藍田呂氏曰: 此篇總言儒行, 其別十有五, 自淺而至深, 而卒歸於仁, 以至於聖人, 不敢居仁之志, 幾於盡矣. 猶繼之以不隕穫於貧賤, 不充詘於富貴, 不慁君王, 不累長上, 不閔有司者, 蓋衆人之命儒也妄, 常以爲相詬病, 所以待儒之意常輕. 以利心量君子, 見其居富貴而有爲, 則謂淫於富貴, 不知達則兼善天下也. 見其居貧賤而有守, 則謂移於貧賤, 不知窮則獨善其身也. 見其危行言遜, 則謂屈於威武, 不知身可殺, 而志不可奪也. 蓋儒者之行, 出於德性之所安, 無是衆物之可累也. 有是之累, 則隕穫充詘不能免, 謂之有德可乎? 此卒章所以申言之.

---

3) 유사(有司)는 관리를 뜻하는 용어이다. '사(司)'자는 담당한다는 뜻이다. 관리들은 각자 담당하고 있는 업무가 있었으므로, 관리를 '유사'라고 불렀던 것이다. 일반적으로 하위관료들을 지칭하여, 실무자를 뜻하는 용어로 많이 사용된다. 그러나 때로는 고위관료까지지도 지칭하는 용어로 사용되기도 한다.

4) 양웅(楊雄, B.C.53 ~ A.D.18) : =양웅(揚雄)·양자(揚子). 전한(前漢) 때의 학자이다. 자(字)는 자운(子雲)이다. 사부작가(辭賦作家)로도 명성이 높았다. 왕망(王莽)에게 동조했다는 이유로 송(宋)나라 이후부터는 배척을 당하였다. 만년에는 경학(經學)에 전념하여, 자신을 성현(聖賢)이라고 자처하였다. 참위설(讖緯說) 등을 배척하고, 유가(儒家)와 도가(道家)의 사상을 절충하였다. 저서로는 『법언(法言)』, 『태현경(太玄經)』 등이 있다.

번역 남전여씨가 말하길, 「유행」편에서는 유자의 행실에 대해 총괄적으로 언급했는데, 15개 조목으로 구별되며, 수위가 얕은 것으로부터 심원한 것에 이르며 끝내 인(仁)으로 귀결되어 성인에 이르렀지만 감히 인으로 자처하지 않는 뜻에 도달해야만 다할 수 있게 된다. 그런데도 오히려 가난과 미천함으로 인해 실추되거나 상처를 입지 않고, 부유함과 존귀함으로 인해 교만하거나 인색하지 않으며, 군주를 욕보이지 않고, 윗사람을 얽어매지 않으며, 유사를 근심하게 만들지 않는다는 말로 뒤이어 언급한 것은 대중들이 스스로 유자라고 일컫는 것은 망령되며, 항상 서로를 업신여기고 욕보이는 것은 유자를 대하는 뜻이 항상 경솔하기 때문이다. 이로움을 추구하는 마음으로 군자를 헤아려서, 부유함과 존귀함에 처해 도를 시행함이 있는 것을 보고서도 부유함과 존귀함으로 인해 음란하게 된다고 말하는 것은 영달하면 천하를 모두 선하게 함을 모르기 때문이다. 가난함과 미천함에 처해 지킴이 있다는 것을 보고서도 가난함과 미천함으로 인해 바뀐다고 말하는 것은 궁하면 그 몸만을 홀로 선하게 한다는 사실을 모르기 때문이다.[5] 행실을 고원하게 하고 말이 공손한 것[6]을 보고서도 위엄과 무력에 굴복한다고 말하는 것은 그 몸은 죽일 수 있지만 뜻은 빼앗을 수 없다는 사실을 모르기 때문이다. 유자의 행실은 덕성이 편안하게 여기는 것에서 도출되니, 뭇 사물들이 얽어맬 수 있는 것이 없다. 이러한 얽매임이 있다면 실추되거나 상처를 입고 교만하거나 인색하게 되는 것을 벗어날 수 없으니, 덕을 갖춘 자라 할 수 있겠는가? 이것이 「유행」편의 끝에서 재차 언급한 이유이다.

鄭注 隕穫, 困迫失志之貌也. 充詘, 喜失節之貌. 慁, 猶辱也. 累, 猶係也. 閔, 病也. 言不爲天子·諸侯·卿·大夫·群吏所困迫而違道, 孔子自謂也. 充, 或爲"統". 閔, 或爲"文". 妄之言無也. 言今世名儒, 無有常人. 遭人名爲儒, 而以

---

5) 『맹자』「진심상(盡心上)」: 古之人, 得志, 澤加於民, 不得志, 修身見於世. 窮則獨善其身, 達則兼善天下.

6) 『논어』「헌문(憲問)」: 子曰, "邦有道, 危言危行, 邦無道, 危行言孫."

儒靳故相戱, 此哀公輕儒之所由也. 詬病, 猶恥辱也. 儒行之作, 蓋孔子自衛初反魯時也. 孔子歸至其舍, 哀公就而禮館之, 問儒服而遂問儒行, 乃始覺焉. 言沒世不敢以儒爲戱, 當時服.

번역 '운확(隕穫)'은 곤궁하고 궁핍하여 뜻을 잃는 모습을 뜻한다. '충굴(充詘)'은 기쁨이 절도를 잃은 모습을 뜻한다. '흔(慁)'자는 "욕보이다[辱]."는 뜻이다. '누(累)'자는 "얽어매다[係]."는 뜻이다. '민(閔)'자는 "괴로워한다[病]."는 뜻이다. 즉 천자·제후·경·대부·뭇 하급 관리로 인해 곤궁하고 궁핍하게 되더라도 도를 어기지 않는다는 뜻이니, 공자가 본인을 가리켜서 한 말이다. '충(充)'자를 다른 판본에서는 '통(統)'자로도 기록한다. '민(閔)'자를 다른 판본에서는 '문(文)'자로도 기록한다. '망(妄)'자는 "없다[無]."는 뜻이다. 즉 현재 세간에 알려진 저명한 유자들 중에는 항상됨을 갖춘 자가 없다는 뜻이다. 사람을 만날 때 유자라고 부르는 것은 유자를 부끄럽게 여기기 때문에 서로 놀리는 것이니, 이것은 애공이 유자의 유래에 대해 경솔하게 여긴 것이다. '후병(詬病)'은 부끄럽고 욕되게 한다는 뜻이다. 「유행」편을 지은 것은 공자가 위(衛)나라로부터 노(魯)나라로 되돌아왔을 때이다. 공자가 되돌아와서 숙소에 이르자 애공이 찾아가서 예우를 하며 숙소를 마련하고, 유자의 복장에 대해 질문을 하였다가 결국에는 유자의 행실에 대해 질문하게 되었고, 대답을 들은 뒤에야 비로소 깨우치게 되었다. 평생토록 감히 유자를 희롱거리로 삼지 않겠다는 뜻이나, 당시에 잠시 공자의 말에 수긍했던 것이다.

釋文 隕, 于敏反. 穫, 本又作獲, 同, 戶郭反, 注同. 詘, 求勿反, 注同, 徐音丘勿反. 慁, 胡困反, 注同. 累, 力僞反, 注同, 一音力追反. 長, 丁丈反. 閔, 本亦作愍, 武謹反. 不爲, 于僞反. 命儒, 命, 名也. 妄, 鄭音亡, 亡, 無也, 王音忘尙反, 虛妄也. 詬, 徐音遘, 又呼候反. 靳, 居覲反, 杜預云"戱而相媿爲靳"也. 行加, 下孟反, 注同.

번역 '隕'자는 '于(우)'자와 '敏(민)'자의 반절음이다. '穫'자는 판본에 따라서 또한 '獲'자로도 기록하는데, 두 글자는 동일하게 '戶(호)'자와 '郭(곽)'자의 반절음이며, 정현의 주에 나오는 글자도 이와 같다. '詘'자는 '求(구)'자와 '勿(물)'자의 반절음이며, 정현의 주에 나오는 글자도 그 음이 이와 같고, 서음(徐音)은 '丘(구)'자와 '勿(물)'자의 반절음이다. '慁'자는 '胡(호)'자와 '困(곤)'자의 반절음이며, 정현의 주에 나오는 글자도 그 음이 이와 같다. '累'자는 '力(력)'자와 '僞(위)'자의 반절음이며, 정현의 주에 나오는 글자도 그 음이 이와 같고, 다른 음은 '力(력)'자와 '追(추)'자의 반절음이다. '長'자는 '丁(정)'자와 '丈(장)'자의 반절음이다. '閔'자는 판본에 따라서 또한 '愍'자로도 기록하며, '武(무)'자와 '謹(근)'자의 반절음이다. '不爲'에서의 '爲'자는 '于(우)'자와 '僞(위)'자의 반절음이다. '命儒'에서의 '命'자는 부른다는 뜻이다. '妄'자의 정음(鄭音)은 '亡(망)'이니, '亡자는 없다는 뜻이고, 왕음(王音)은 '忘(망)'자와 '尙(상)'자의 반절음이며, 허황되다는 뜻이다. '詬'자의 서음(徐音)은 '遘(구)'이며, 또한 '呼(호)'자와 '候(후)'자의 반절음도 된다. '靳'자는 '居(거)'자와 '覲(근)'자의 반절음이며, 두예는 "희롱하며 상대를 부끄럽게 만드는 것이 근(靳)이다."라고 했다. '行加'에서의 '行'자는 '下(하)'자와 '孟(맹)'자의 반절음이며, 정현의 주에 나오는 글자도 그 음이 이와 같다.

孔疏 ●"儒有"至"曰儒". ○此明孔子自言己之儒所行如此, 故繫於諸儒之末也.

번역 ●經文: "儒有"~"曰儒". ○이곳 문장은 공자가 스스로 자신은 유자여서 이와 같이 행동하게 됨을 말한 것을 뜻한다. 그렇기 때문에 여러 유자의 행실을 기록한 말미에 수록했다.

孔疏 ●"不隕穫於貧賤"者, 隕穫是困迫失志之貌. 言己雖遇貧賤, 不隕穫失志也.

번역 ●經文: "不隕穫於貧賤". ○'운확(隕穫)'은 곤궁하고 궁핍하여 뜻을 잃는 모습을 뜻한다. 자신이 비록 가난하고 미천하게 되더라도 곤궁함과 궁핍함으로 인해 뜻을 잃지 않는다는 의미이다.

孔疏 ●"不充詘於富貴"者, 充詘, 是歡喜失節之貌. 言雖得富貴, 不歡喜失節.

번역 ●經文: "不充詘於富貴". ○'충굴(充詘)'은 기뻐함이 절도를 잃은 모습을 뜻한다. 즉 비록 부유하고 존귀하게 되더라도 기뻐함이 절도를 잃지 않는다는 의미이다.

孔疏 ●"不慁君王"者, 慁, 辱也. 言不見慁辱於君王而違道也.

번역 ●經文: "不慁君王". ○'흔(慁)'자는 "욕보이다[辱]."는 뜻이다. 군주에게 욕보임을 당하더라도 도를 어기지 않는다는 뜻이다.

孔疏 ●"不累長上"者, 累, 猶係也. 長上, 謂卿大夫. 言不以累係於長上而失志也.

번역 ●經文: "不累長上". ○'누(累)'자는 "얽어매다[係]."는 뜻이다. '장상(長上)'은 경과 대부를 뜻한다. 즉 경과 대부에 얽매여 뜻을 잃지 않는다는 의미이다.

孔疏 ●"不閔有司"者, 閔, 病也. 有司, 謂群吏. 言儒者不以困病於有司而失常, 謂不以群吏所困迫.

번역 ●經文: "不閔有司". ○'민(閔)'자는 "괴로워한다[病]."는 뜻이다. '유사(有司)'는 뭇 하급관리들을 뜻한다. 즉 유자는 유사에게 괴롭힘을 당하더라도 항상된 도리를 잃지 않는다는 뜻이니, 뭇 하급관리들로 인해 곤궁하고 궁핍하게 되지 않는다는 의미이다.

孔疏 ◎注"閔病"至"自謂". ○正義曰: "閔, 病也", 釋詁文. 云"不爲天子·諸侯·卿·大夫·群吏所困迫而違道"者, 言天子·諸侯, 解經"君王"也. 云"卿大夫", 解經"長上"也. 群吏, 解經"有司"也. 按史記·孔子世家云: 在魯, 哀公不用; 在齊, 犁鉏所毁; 入楚, 子西所譖; 適晉, 趙鞅欲害; 伐樹於宋, 削跡於衛, 畏匡厄陳, 則身被辱累多矣. 鄭以其如此, 故釋云不以慁累閔病而違道. 云"孔子自謂也", 鄭知者, 以此一儒在衆儒之末·聖人儒後, 特更說此一條, 事與孔子相會, 故知"孔子自謂"也.

번역 ◎鄭注: "閔病"~"自謂". ○정현이 "'민(閔)'자는 '괴로워한다[病].'는 뜻이다."라고 했는데, 이것은 『이아』「석고(釋詁)」편의 문장이다.[7] 정현이 "천자·제후·경·대부·뭇 하급 관리로 인해 곤궁하고 궁핍하게 되더라도 도를 어기지 않는다."라고 했는데, 천자와 제후라고 말한 것은 경문에 나온 '군왕(君王)'을 풀이한 것이다. '경과 대부'라고 했는데, 이것은 경문에 나온 '장상(長上)'을 풀이한 말이다. '뭇 하급관리'라고 했는데, 이것은 경문에 나온 '유사(有司)'를 풀이한 말이다. 『사기』「공자세가(孔子世家)」편을 살펴보면, 공자가 노(魯)나라에 머물러 있을 때 애공이 그를 등용하지 않았고, 제(齊)나라에 있었을 때에는 이서로 인해 비방을 받았으며, 초(楚)나라에 들어갔을 때에는 자서에게 참소를 받았고, 진(晉)나라에 갔을 때에는 조앙(趙鞅)에게 해코지를 당했으며, 송(宋)나라에서는 환퇴가 나무를 뽑아서 해하려고 했고, 위(衛)나라에서는 등용되지 않았으며, 광땅의 사람들에게 위협을 받았고 진나라 군대에게 포위를 당했다고 했으니, 공자 본인은 욕보임을 당하거나 억류된 적이 많았다. 정현은 이러한 의미에 따랐기 때문에 욕보임을 당하고 억류되며 괴롭힘을 당하는 것으로 인해 도를 어기지 않았다고 풀이한 것이다. 정현이 "공자가 본인을 가리켜서 한 말이다."라고 했는데, 정현이 이러한 사실을 알 수 있었던 이유는 이곳에서 유자의 행실을 말한 한 대목은 여러 유자의 행실을 기록한 것 중 가장 끝에 있고, 성인에 해당하는 유자 다음에 기록되어 있으며, 특별히 이러한 한 조목을 재차 설명했는데, 그 사안이 공자에 대한 경우와 부합된다. 그렇기 때문에 "공자가 본인을 가리켜서 한 말이다."라고 한 말이 사실임을 알 수 있다.

---

7) 『이아』「석고(釋詁)」: 痡·瘏·虺頹·玄黃·劬勞·咎·顇·瘽·瘉·鰥·戮·癙·癵·痙·癢·疷·疵·閔·逐·疚·痗·瘥·痱·▼(疒/亶)·瘵·瘼·癠, 病也.

孔疏 ●"今衆人之命儒也妄常"者, 此一節明孔子說儒旣畢, 遂言今世賤儒, 以譏哀公也. 命, 名也. 妄, 無也. 言今世衆人名之爲儒者, 無復常人, 遭人則謂之爲儒.

번역 ●經文: "今衆人之命儒也妄常". ○이곳 문단은 공자가 유자에 대해 설명한 것이 끝나서 마침내 현재의 미천한 유자를 설명하여 애공을 비판한 것을 나타낸다. '명(命)'자는 "부른다[名]."는 뜻이다. '망(妄)'자는 "없다[無]."는 뜻이다. 즉 현재 여러 사람들이 유자라고 일컫는 자들 중에는 항상된 도리를 가진 자가 없는데, 이러한 사람을 만나고도 그를 유자라고 부른다는 뜻이다.

孔疏 ●"以儒相詬病"者, 詬病, 猶恥辱也. 言今世以命之爲儒, 是相恥辱. 時世如此, 故哀公輕儒也.

번역 ●經文: "以儒相詬病". ○'후병(詬病)'은 부끄럽고 욕되게 한다는 뜻이다. 즉 오늘날 그를 일컬어 유자라고 하는 것은 서로 부끄럽게 여겨 욕되게 하는 짓이라는 뜻이다. 현재의 실태가 이와 같기 때문에 애공이 유자를 경시했던 것이다.

孔疏 ◎注"以儒靳故相戲". ○正義曰: 在魯莊公十一年, 宋人戰於乘丘, 長萬爲魯所獲. 宋人請之, 魯人歸之, 宋公靳之. 長萬, 宋大夫也. 曰: "始吾敬子, 今子魯囚也. 吾不敬子矣." 長萬病之, 後弑閔公. 杜云: "戲而相愧曰靳."

번역 ◎鄭注: "以儒靳故相戲". ○노(魯)나라 장공(莊公) 11년에는 송(宋)나라가 승구(乘丘) 땅에서 전쟁을 했었는데, 장만이 노나라에 붙잡혔다. 그래서 송나라에서 그를 돌려보내달라고 요청해서, 노나라에서 그를 돌려보냈는데, 송나라 공작은 그를 희롱했다.[8] 장만은 송나라의 대부이다.

---

8)『춘추좌씨전』「장공(莊公) 11년」: 乘丘之役, 公以金僕姑射南宮長萬, 公右歂孫生搏之. 宋人請之. 宋公靳之, 曰, "始吾敬子; 今子, 魯囚也, 吾弗敬子矣." 病之.

그런데 송나라 공작은 "처음에 나는 그대를 존경했지만, 현재 그대는 노나라의 포로가 되었다. 그러므로 나는 그대를 존경하지 않는다."라고 했다. 장만이 이를 욕됨으로 여겨 이후 민공(閔公)을 시해하게 된다. 두예는 "희롱하며 상대를 부끄럽게 만드는 것이 근(靳)이다."라고 했다.

孔疏 ●"孔子至舍, 哀公館之, 聞此言也". ○此經明孔子自衛反魯歸至其家, 哀公就而館之, 聞孔子之言, 遂敬於儒也.

번역 ●經文: "孔子至舍, 哀公館之, 聞此言也". ○이곳 경문은 공자가 위(衛)나라로부터 노(魯)나라로 되돌아와서 자신의 집에 이르렀는데, 애공이 찾아와서 숙소를 마련해주고, 공자의 말을 듣고서 결국 유자를 존경하게 되었음을 나타내고 있다.

孔疏 ●"言加信, 行加義"者, 是記所錄也.

번역 ●經文: "言加信, 行加義". ○『예기』를 기록한 자가 수록해둔 말이다.

孔疏 ●"終沒吾出, 不敢以儒爲戱"者, 是哀公之言, 記者述而錄之.

번역 ●經文: "終沒吾出, 不敢以儒爲戱". ○애공의 말에 해당하니, 『예기』를 기록한 자가 그 말을 조술하여 수록해둔 것이다.

孔疏 ◎注"儒行"至"時服". ○正義曰: 儒行之作, 蓋孔子自衛初反魯時也. 按左傳哀十一年冬: "衛孔文之將攻大叔也, 訪於仲尼, 仲尼曰: '胡簋之事, 則常學之矣. 甲兵之事, 未之聞也.' 退命駕而行. 文子遽止之, 將止, 魯人以幣召之, 孔子乃歸." 以傳文無館事, 故鄭稱"蓋"以疑之也. 云"不敢以儒爲戱, 當時服"者, 以哀公終竟不能用孔子, 故孔子卒, 哀公誄之, 傳云: "生不能用, 死而誄之, 非禮也", 是終意輕儒. 此云"不敢以儒爲戱", 是當時蹔服, 非久也.

번역 ◎鄭注: "儒行"~"時服". ○「유행」편을 지은 것은 아마도 공자가 위(衛)나라로부터 노(魯)나라로 되돌아왔을 때일 것이다. 『좌전』 애공(哀公) 11년 겨울 기록을 살펴보면, "위나라 공문자가 태숙질을 공격하려고 하여 중니에게 자문을 구했는데, 중니는 '제사에 대한 일이라면 일찍이 배웠습니다. 그러나 전쟁에 대한 일을 배운 적이 없습니다.'라고 했고, 물러나 수레에 말의 멍에를 메라고 하고 떠나려고 했다. 그래서 문자가 급히 만류하여, 머물려고 했었는데, 노나라에서 예물로 그를 초빙하여 공자가 되돌아갔다."라고 했다.[9] 『좌전』의 기록에는 숙소를 마련해주었다는 일은 기록되어 있지 않다. 그렇기 때문에 '개(蓋)'자를 붙여서 의문시했던 것이다. 정현이 "감히 유자를 희롱거리로 삼지 않겠다는 뜻이나, 당시에 잠시 공자의 말에 수긍한 것이다."라고 했는데, 애공은 끝내 공자를 등용할 수 없었다. 그렇기 때문에 공자가 죽자 애공이 뇌(誄)[10]를 했던 것이며, 『좌전』에서는 "생전에 등용하지 못했는데 죽은 뒤에 뇌를 하는 것은 비례이다."라고 한 것이니,[11] 이것은 끝내 유자를 경시했음을 나타낸다. 이곳에서 "감히 유자를 희롱거리로 삼지 않겠다."라고 했는데, 이것은 당시에 잠시 수긍했다는 뜻으로, 오래가지 않았다는 의미이다.

訓纂 彬謂: 古者感士不遇, 多謂之落魄, 或言落拓, 言窮而無所用也. 蓋草木搖落變衰, 能如歲寒松柏者鮮, 故貧士失職, 侘傺不得志, 以隕穫言. 揚雄方言, "襜褕, 以布而無緣, 敝而紩之, 謂之襤褸, 自關而西, 謂之裗裾." 又"自關而西, 秦晉之間, 無緣之衣謂之裗裾." 人之不自檢束者亦似之. 故修飾之君子,

9) 『춘추좌씨전』「애공(哀公) 11년」: 悼子亡, 衛人翦夏戊. 孔文子之將攻大叔也, 訪於仲尼. 仲尼曰, "胡簋之事, 則嘗學之矣; 甲兵之事, 未之聞也." 退, 命駕而行, 曰, "鳥則擇木, 木豈能擇鳥?" 文子遽止之, 曰, "圉豈敢度其私, 訪衛國之難也." 將止, 魯人以幣召之, 乃歸.

10) 뇌(誄)는 죽은 자의 행적들을 열거하여, 그 기록들을 읽으며, 시호(諡號)를 짓는 것을 뜻한다. '뇌'자는 "묶는다[累]."는 뜻이다. 즉 죽은 자의 행적을 하나로 엮는다는 의미이다.

11) 『춘추좌씨전』「애공(哀公) 16년」: 夏四月己丑, 孔丘卒. 公誄之曰, "旻天不弔, 不憖遺一老, 俾屛余一人以在位, 煢煢余在疚. 嗚呼哀哉尼父! 無自律." 子贛曰, "君其不沒於魯乎! 夫子之言曰, '禮失則昏, 名失則愆.' 失志爲昏, 失所爲愆. 生不能用, 死而誄之, 非禮也; 稱一人, 非名也. 君兩失之."

整躬厲行, 裁制委蛇, 有羔羊之節焉, 故謂之不充詘. 若質言之, 不隕穫乃君子之貧而樂, 不充詘則富而好禮之謂也.

번역 내가 생각하기에, 고대에는 뛰어난 선비가 때를 만나지 못한 것을 개탄하며 대부분 '낙백(落魄)'이라고 불렀고, 혹은 '낙척(落拓)'이라고도 불렀는데, 궁핍한데도 등용되지 못함을 뜻한다. 초목은 잎이 시들고 떨어져서 쇠락하니 추위를 견디는 소나무와 잣나무 같은 경우는 드물다. 그렇기 때문에 가난한 선비가 직무를 잃으면 실의에 빠져서 뜻을 잡지 못하게 되니, '운확(隕穫)'이라고 말한 것이다. 양웅의 『방언』에서는 "짧은 홑옷은 포(纂)로 만들며 가선을 대지 않고, 해지면 꿰매어 입는데 이것을 '남루(襤褸)'라고 부르며, 함곡관으로부터 서쪽 지역에서는 '충굴(裗裾)'이라고 부른다."라고 했다. 또 "함곡관으로부터 서쪽 지역 중 진(秦)나라와 진(晉)나라 지역에서는 가선이 없는 옷을 '충굴(裗裾)'이라고 불렀다."라고 했다. 사람들 중 스스로를 단속하지 못하는 자는 또한 이와 유사하다. 그렇기 때문에 문식을 꾸미는 군자는 자신을 바르게 하고 힘써 시행하며 수모를 당하지 않도록 제어하여 검은 양과도 같은 절도가 있다. 그렇기 때문에 충굴(充詘)을 하지 않는다고 했다. 만약 본바탕으로 말한다면 궁핍하더라도 실의에 빠지지 않는다면 군자는 가난하더라도 즐거울 수 있는 것이며, 남루하게 되지 않는다면, 부유하더라도 예를 좋아하는 것을 뜻한다.[12]

訓纂 王氏念孫曰: 此言衆人不知儒之實, 故常以儒相詬.

번역 왕념손이 말하길, 이것은 대중들이 유자의 실질을 모르기 때문에 항상 유자라는 말로 서로를 험담한다는 뜻이다.

---

12) 『예기』「방기(坊記)」【610d~611a】: 子云, "貧而好樂, 富而好禮, 衆而以寧者, 天下其幾矣. 詩云, '民之貪亂, 寧爲荼毒.' 故制國不過千乘, 都城不過百雉, 家富不過百乘. 以此坊民, 諸侯猶有畔者." / 『논어』「학이(學而)」: 子貢曰, "貧而無諂, 富而無驕, 何如?" 子曰, "可也, 未若貧而樂, 富而好禮者也." 子貢曰, "詩云, '如切如磋, 如琢如磨', 其斯之謂與?" 子曰, "賜也, 始可與言詩已矣, 告諸往而知來者."

集解 愚謂: 隕穫者, 困於貧賤, 若草之隕落斬艾, 而失其生意也. 充詘者, 淫於富貴, 志意充滿, 而不能自强於義理也. 命, 名也. 妄, 無實也. 言今衆人之命爲儒者, 本未嘗有儒之實, 故爲人所輕, 常以儒相詬病. 若有儒行之實者, 不可得而詬病也.

번역 내가 생각하기에, '운확(隕穫)'은 가난함과 미천함으로 인해 궁핍해져서 마치 풀잎이 떨어지고 베어져 살아가려는 뜻을 잃은 것과 같다. '충굴(充詘)'은 부유함과 존귀함으로 인해 음란하게 되어 뜻이 충만해서 스스로 의리를 굳건하게 지킬 수 없는 것을 뜻한다. '명(命)'자는 "부르다[名]."는 뜻이다. '망(妄)'자는 실질이 없다는 뜻이다. 현재 대중들이 유자라고 부르는 자들은 본래부터 유자에 해당하는 실질이 없었기 때문에, 사람들로부터 경시를 당하여 항상 유자라는 이름으로 서로를 헐뜯는다는 뜻이다. 만약 실질적인 유자의 행실을 갖춘 자라면 헐뜯을 수 없다.

集解 孔氏云: 孔子說儒, 凡十七條. 其從上以來, 至下十五條, 皆明賢人之儒. 其第十六條, 明聖人之儒, 包上十五條賢人儒也. 其十七條之儒, 是夫子自謂也.

번역 공영달이 말하길, 공자는 유자에 대해 설명하며 총 17가지 조목의 행실이 있다고 했다. 첫 번째부터 15개 조목까지는 모두 유자 중에서도 현인에 해당하는 사안을 나타낸다. 16번째 조목은 유자 중에서도 성인에 해당하는 사안인데, 이들은 현인인 유자가 하는 앞의 15개 조목까지도 모두 포용할 수 있음을 나타낸다. 17번째 조목에 해당하는 유자는 공자 본인을 가리킨다.

集解 愚謂: 從上十五條所言, 未見其專爲賢人之事; 而第十六條所言, 亦未足以盡聖人之道也. 且聖人之儒, 非孔子固不足以當之, 而又專以十七條爲孔子自謂, 亦恐不然也.

번역 내가 생각하기에, 첫 번째부터 15조목까지 언급한 내용은 전적으로 현인에 대한 사안만 나타내는 것이 아니며, 16번째 조목에서 언급한 것 또한 성인의 도를 모두 나타내기에는 충분하지 않다. 또 성인에 해당하는 유자는 공자가 아니라면 그에 해당하기에 부족하고, 또 전적으로 17번째 조목만 공자 본인을 가리키는 말이라고 여겼는데 이 또한 그렇지 않을 것이다.

集解 愚謂: 舍, 居也. 孔子至舍, 謂自衛反魯, 歸至其家也. 哀公館之, 謂哀公館禮孔子. 此二句追述前事, 明哀公就見孔子, 而得聞儒行之由也. 此篇不類聖人氣象, 先儒多疑之. 而哀公爲人多妄, 卒爲三桓所逐. 其於孔子, 則生不能用, 沒而誄之, 所謂言加信, 行加義, 終沒吾世, 不敢以儒爲戲者, 亦夸大之辭爾. 蓋戰國時儒者見輕於世, 故爲孔子之學者託爲此言, 以重其道. 其辭雖不粹, 然其正大剛毅之意, 恐亦非荀卿以下之所能及也.

번역 내가 생각하기에, '사(舍)'자는 거처[居]를 뜻한다. 공자가 거처하는 곳에 도착했다는 말은 위(衛)나라로부터 노(魯)나라로 되돌아와서 집으로 되돌아간 것을 뜻한다. 애공이 숙소를 마련했다는 것은 애공이 숙소를 마련하여 공자를 예우했다는 뜻이다. 이 두 구문은 앞의 사안을 기술하여 애공이 공자에게 나아가 만나보게 되어, 유자의 행실이 유래된 사안을 듣게 되었음을 나타낸다. 「유행」편의 내용은 성인의 기상이 느껴지지 않아서 선대 학자들이 대부분 의심을 했다. 그리고 애공의 사람됨은 대체로 망령되어 끝내 삼환에게 쫓겨났다. 그리고 공자에 대해서도 생전에 그를 등용하지 못했고, 공자가 죽은 뒤에야 뇌(誄)를 지었으니, 말에 신의가 더해지고 행실에 의(義)가 더해져서 자신의 일생 동안 감히 유자를 희롱거리로 삼지 않겠다고 한 것 또한 크게 교만을 떠는 말에 해당할 뿐이다. 전국시대에 유자는 세상으로부터 경시를 받았다. 그렇기 때문에 공자의 학문을 익힌 자들이 공자를 가탁하여 이러한 말을 해서 그 도를 중시했던 것이다. 그 말이 비록 정밀하지 않지만 올바르고 크며 강직하고 굳센 뜻은 아마도 순자로부터 그의 제자들이 미칠 수 있는 바는 아닐 것이다.

참고 원문비교

예기대전·유행 儒有不隕穫於貧賤, 不充詘於富貴, 不慁君王, 不累長上, 不閔有司. 故曰儒. 今衆人之命儒也妄, 常以儒相詬病." 孔子至舍, 哀公館之, 聞此言也, 言加信, 行加義, "終沒吾世, 不敢以儒爲戲."

공자가어·유행해(儒行解) 儒有不隕穫於貧賤①, 不充詘於富貴②, 不慁君王, 不累長上, 不閔有司, 故曰儒③. 今人之名儒也忘, 常以儒相詬疾④. 哀公既得聞此言也, 言加信, 行加敬, 曰"終沒吾世, 弗敢復以儒爲戲矣."

王注-① 隕穫, 憂悶不安之貌.

번역 '운확(隕穫)'은 근심하여 불안한 모습을 뜻한다.

王注-② 充詘, 踊躍參擾之貌.

번역 '충굴(充詘)'은 이리저리 날뛰며 뒤섞여 어지러운 모습을 뜻한다.

王注-③ 慁, 辱, 閔, 疾. 言不爲君長所辱病. 儒者, 中和之名.

번역 '흔(慁)'자는 욕보인다는 뜻이며, '민(閔)'자는 괴롭다는 뜻이다. 즉 군주와 존장자가 욕보거나 괴롭게 만들지 않는다는 뜻이다. '유(儒)'는 알맞고 조화로움을 갖춘 자에게 붙이는 칭호이다.

王注-④ 詬, 辱.

번역 '후(詬)'자는 욕보인다는 뜻이다.

참고 『논어』「헌문(憲問)」 기록

경문 子曰, "邦有道, 危言危行①. 邦無道, 危行言孫②."

번역 공자는 "나라에 도가 있을 때에는 말을 엄격하게 하며 행실도 엄격하게 한다. 그러나 나라에 도가 없을 때에는 행실은 엄격하게 하더라도 말은 유순하게 한다."라고 했다.

何注-① 包曰: 危, 厲也. 邦有道, 可以厲言行也.

번역 포씨가 말하길, '위(危)'자는 엄격하다는 뜻이다. 나라에 도가 있다면 말과 행실을 엄격하게 할 수 있다.

何注-② 孫, 順也. 厲行不隨俗, 順言以遠害.

번역 '손(孫)'자는 유순하다는 뜻이다. 행동을 엄격하게 하여 세속에 휩쓸리지 않고 말을 유순하게 하여 해악을 멀리한다.

邢疏 ●"子曰: 邦有道, 危言危行. 邦無道, 危行言孫". ○正義曰: 此章敎人言行之法也. 危, 厲也. 孫, 順也. 言邦有道, 可以厲言行. 邦無道, 則厲其行, 不隨汚俗, 順言辭以避當時之害也.

번역 ●經文: "子曰: 邦有道, 危言危行. 邦無道, 危行言孫". ○이 문장은 사람이 따라야 할 언행의 법도를 가르쳐준 것이다. '위(危)'자는 엄격하다는 뜻이다. '손(孫)'자는 유순하다는 뜻이다. 즉 나라에 도가 있을 때에는 말과 행실을 엄격하게 할 수 있다. 그러나 나라에 도가 없다면 행실은 엄격하게 하여 더러운 속세에 휩쓸리지 말아야 하고, 말은 유순하게 해서 당시의 해악을 피해야 한다는 뜻이다.

集註 危, 高峻也. 孫, 卑順也.

번역 '위(危)'는 매우 높다는 뜻이다. '손(孫)'은 낮추고 유순하다는 뜻이다.

集註 尹氏曰: 君子之持身不可變也, 至於言則有時而不敢盡, 以避禍也. 然則爲國者使士言孫, 豈不殆哉?

번역 윤씨가 말하길, 군자가 자신을 단속함은 변할 수 없는데, 말에 있어서는 때에 따라 감히 다하지 않음으로써 화를 피해야 하는 경우도 있다. 그렇다면 나라를 다스리는 자가 선비로 하여금 말을 유순하게 하도록 만든다면 어찌 위태롭지 않겠는가?

참고 『이아』「석고(釋詁)」 기록

경문 痡·瘏·虺頹·玄黃·劬勞·咎·顇·瘽·瘉·鰥·戮·癙·癵·痤·癢·疷·疵·閔·逐·疚·痗·瘥·痱·▼(疒/亶)·瘵·瘼·癠, 病也.

번역 부(痡)·도(瘏)·훼퇴(虺頹)·현황(玄黃)·구로(劬勞)·구(咎)·췌(顇)·근(瘽)·유(瘉)·환(鰥)·육(戮)·서(癙)·연(癵)·이(痤)·양(癢)·저(疷)·자(疵)·민(閔)·축(逐)·구(疚)·매(痗)·차(瘥)·비(痱)·단(▼(疒/亶))·채(瘵)·막(瘼)·제(癠)는 병(病)자의 뜻이다.

郭注 虺頹·玄黃, 皆人病之通名. 而說者便謂之馬疾, 失其義也. 詩曰: "生我劬勞." 書曰: "智藏鰥在." 相戮辱, 亦可恥病也. 今江東呼病曰瘵, 東齊曰瘼. 禮記曰: "親癠, 色容不盛." 逐未詳, 餘皆見詩.

번역 훼퇴(虺頹)와 현황(玄黃)은 모두 사람이 병에 걸렸을 때 통칭하는 말이다. 그런데 학자들에 따라서는 말에게 걸린 병을 뜻한다고도 말하는데 그 의미를 놓친 것이다. 『시』에서는 "나를 낳으시느라 매우 고생하셨다."[13] 라고 했다. 『서』에서는 "지혜로는 자가 숨고 괴롭히는 자가 조정에 있다."[14] 라고 했다. 서로 욕되게 하면 또한 부끄럽고 고통스럽게 된다. 현재 강동에서는 병(病)을 채(瘵)라고 부르며 동제에서는 막(瘼)이라고 부른다. 『예기』에서는 "부모에게 병환에 있다면, 얼굴빛과 행동거지를 좋게 꾸미지 않는다."[15]라고 했다. '축(逐)'에 대해서는 자세히 알 수 없고, 나머지 말들은 모두 『시』에 나온다.

邢疏 ●"痡瘏"至"病也". ○釋曰: 疾甚曰病. 此皆病之通名耳. 孫炎曰: "痡, 人疲不能行之病. 瘏, 馬疲不能進之病. 虺頹, 馬罷不能升高之病. 玄黃, 馬更黃色之病." 然則虺頹者病之狀, 玄黃者病之變色. 郭云: "皆人病之通名. 而說者便謂之馬病, 失其義也." 蓋指孫炎不能弘通, 故云失其義也. 咎者, 罪病也. 顇者, 小雅·雨無正云: "維躬是瘁." 顇·瘁音義同. 瘽者, 勞苦之病也. 瘉者, 小雅·角弓云: "交相爲瘉." 戮者相戮辱, 亦可恥病也. 癙及癢者, 小雅·正月云: "癙憂以癢." 舍人云: "疾·癵·痗·癢, 皆心憂憊之病也." 孫炎云: "癙者, 畏之病也." 痗者, 小雅·正月云: "悠悠我里." 痗·里音義同. 疷者, 孫炎云: "滯之病也." 小雅·白華云: "俾我疷兮." 疵者, 瑕釁小病也. 閔者, 豳風·鴟鴞云: "鬻子之閔斯." 逐者, 衛風·考槃云: "碩人之軸." 鄭箋云: "軸, 病也." 軸與逐蓋今古字. 郭氏未詳. 疚者, 小雅·采薇云: "憂心孔疚." 痗者, 小雅·十月云: "亦孔之痗." 瘥者, 節南山云: "天方薦瘥." 痱者, 四月云: "百卉具腓." 痱·腓音義同. ▼(疒/亶)者, 大雅·板篇云: "下民卒▼(疒/亶)." 瘵者, 大雅·瞻卬云: "士民其瘵." 瘼者, 大雅·桑柔云: "瘼此下民." 餘皆見注.

번역 ●經文: "痡瘏"~"病也". ○질병이 심해지면 '병(病)'이라고 부른다. 이들은 모두 병을 통칭하는 말일 뿐이다. 손염은 "'부(痡)'는 사람이 피

---

13) 『시』「소아(小雅)·요아(蓼莪)」: 蓼蓼者莪, 匪莪伊蒿. 哀哀父母, <u>生我劬勞</u>.
14) 『서』「주서(周書)·소고(召誥)」: 越厥後王後民, 玆服厥命, 厥終<u>智藏瘝在</u>.
15) 『예기』「옥조(玉藻)」【392c~d】: 親老, 出不易方, 復不過時. <u>親癠, 色容不盛</u>, 此孝子之疏節也.

로하여 움직일 수 없게 되는 병이다. '도(瘏)'는 말이 피로하여 앞으로 달려갈 수 없는 병이다. '훼퇴(虺頹)'는 말이 피로해져서 높은 곳으로 올라갈 수 없는 병이다. '현황(玄黃)'은 말의 가죽이 황색으로 변하는 병이다."라고 했다. 그렇다면 훼퇴(虺頹)는 병의 증상이 드러난 것이며, 현황(玄黃)은 병으로 인해 색깔이 변하는 것이다. 곽박은 "이 모두는 사람이 병에 걸렸을 때 통칭하는 말이다. 그런데 학자들에 따라서는 말에게 걸린 병을 뜻한다고도 말하는데 그 의미를 놓친 것이다."라고 했다. 아마도 손염의 풀이는 널리 통용될 수 없다고 지적했기 때문에 "그 의미를 놓친 것이다."라고 한 것이다. '구(咎)'는 허물로 여기는 병이다. '췌(顇)'에 대해서 『시』「소아(小雅)·우무정(雨無正)」편에서는 "몸이 이에 병들도다."[16]라고 했다. '췌(顇)'자와 '췌(瘁)'자는 음과 뜻이 동일하다. '근(瘽)'은 힘들고 괴로운 병을 뜻한다. '유(瘉)'에 대해서 『시』「소아(小雅)·각궁(角弓)」편에서는 "서로 피해를 입히는구나."[17]라고 했다. '육(戮)'자는 서로에게 큰 치욕을 주는 것이니 또한 부끄럽고 고통스럽게 된다. '서(癙)'와 '양(癢)'에 대해서 『시』「소아(小雅)·정월(正月)」편에서는 "속을 끓이고 근심하여 병이 드는구나."[18]라고 했다. 사인은 "질(疾)·연(癵)·이(痩)·양(癢)은 모두 마음이 슬퍼서 생긴 병이다."라고 했다. 손염은 "서(癙)는 두려워해서 생긴 병이다."라고 했다. '이(痩)'에 대해서 『시』「소아·정월」편에서는 "근심스럽고 근심스러운 내 이(里)여."[19]라고 했는데, '이(痩)'자와 '이(里)'자는 음과 뜻이 같다. '저(疷)'에 대해서 손염은 "막혀서 생기는 병이다."라고 했다. 『시』「소아(小雅)·백화(白華)」편에서는 "나로 하여금 병들게 하는구나."[20]라고 했다. '자(疵)'는 미미한 작은 병이다. '민(閔)'에 대해서 『시』「빈풍(豳風)·치효(鴟鴞)」편에

16) 『시』「소아(小雅)·우무정(雨無正)」: 哀哉不能言, 匪舌是出, 維躬是瘁. 哿矣能言, 巧言如流, 俾躬處休.

17) 『시』「소아(小雅)·각궁(角弓)」: 此令兄弟, 綽綽有裕. 不令兄弟, 交相爲瘉.

18) 『시』「소아(小雅)·정월(正月)」: 正月繁霜, 我心憂傷. 民之訛言, 亦孔之將. 念我獨兮, 憂心京京. 哀我小心, 癙憂以痒.

19) 『시』「소아(小雅)·십월지교(十月之交)」: 悠悠我里, 亦孔之痗. 四方有羨, 我獨居憂. 民莫不逸, 我獨不敢休. 天命不徹, 我不敢傚我友自逸.

20) 『시』「소아(小雅)·백화(白華)」: 有扁斯石, 履之卑兮. 之子之遠, 俾我疷兮.

서는 “자식을 기르느라 근심하노라.”[21]라고 했다. ‘축(逐)’에 대해서 『시』「위풍(衛風)·고반(考槃)」편에서는 “석인의 축(軸)이로다.”[22]라고 했는데, 정현의 전문에서는 “축(軸)은 병이다.”라고 했다. ‘축(軸)’자와 ‘축(逐)’자는 금자와 고자의 차이이다. 그런데 곽박은 자세히 알 수 없다고 했다. ‘구(疚)’에 대해서 『시』「소아(小雅)·채미(采薇)」편에서는 “마음에 근심이 들어 매우 병들게 하는구나.”[23]라고 했다. ‘매(痗)’에 대해서 『시』「소아(小雅)·십월(十月)」편에서는 “또한 매우 병드는구나.”[24]라고 했다. ‘차(瘥)’에 대해서 『시』「절남산(節南山)」편에서는 “하늘이 병을 내리는지라.”[25]라고 했다. ‘비(痱)’에 대해서 『시』「사월(四月)」편에서는 “온갖 초목이 모두 병드는구나.”[26]라고 했는데, ‘비(痱)’자와 ‘비(腓)’자는 음과 뜻이 같다. ‘단(▼(疒/亶))’에 대해서 『시』「대아(大雅)·판(板)」편에서는 “백성들이 모두 병들었도다.”[27]라고 했다. ‘채(瘵)’에 대해서 『시』「대아(大雅)·첨앙(瞻卬)」편에서는 “선비와 백성이 병드는구나.”[28]라고 했다. ‘막(瘼)’에 대해서 『시』「대아(大雅)·상유(桑柔)」편에서는 “백성들을 병들게 하는구나.”[29]라고 했다. 나머지는 모두 그 주에 나온다.

邢疏 ◎注“詩曰”至“見詩”. ○釋曰: 云“生我劬勞”者, 小雅·蓼莪文. 云“書

---

21) 『시』「빈풍(豳風)·치효(鴟鴞)」: 鴟鴞鴟鴞, 旣取我子, 無毁我室. 恩斯勤斯, 鬻子之閔斯.
22) 『시』「위풍(衛風)·고반(考槃)」: 考槃在陸, 碩人之軸. 獨寐寤宿, 永矢弗告.
23) 『시』「소아(小雅)·채미(采薇)」: 采薇采薇, 薇亦剛止. 曰歸曰歸, 歲亦陽止. 王事靡盬, 不遑啓處. 憂心孔疚, 我行不來.
24) 『시』「소아(小雅)·십월지교(十月之交)」: 悠悠我里, 亦孔之痗. 四方有羨, 我獨居憂. 民莫不逸, 我獨不敢休. 天命不徹, 我不敢傚我友自逸.
25) 『시』「소아(小雅)·절남산(節南山)」: 節彼南山, 有實其猗. 赫赫師尹, 不平謂何. 天方薦瘥, 喪亂弘多. 民言無嘉, 憯莫懲嗟.
26) 『시』「소아(小雅)·사월(四月)」: 秋日淒淒, 百卉具腓. 亂離瘼矣, 爰其適歸.
27) 『시』「대아(大雅)·판(板)」: 上帝板板, 下民卒癉. 出話不然, 爲猶不遠. 靡聖管管, 不實於亶. 猶之未遠, 是用大諫.
28) 『시』「대아(大雅)·첨앙(瞻卬)」: 瞻卬昊天, 則不我惠. 孔塡不寧, 降此大厲. 邦靡有定, 士民其瘵. 蟊賊蟊疾, 靡有夷屆. 罪罟不收, 靡有夷瘳.
29) 『시』「대아(大雅)·상유(桑柔)」: 菀彼桑柔, 其下侯旬. 捋采其劉, 瘼此下民. 不殄心憂, 倉兄塡兮. 倬彼昊天, 寧不我矜.

曰: 智藏瘝在"者, 周書·召誥文. 云"今江東呼病曰瘵"者, 以時驗而言. 云"東齊曰瘼"者, 方言文. 云"禮記曰: 親瘠, 色容不盛"者, 玉藻文.

번역 ◎郭注: "詩曰"~"見詩". ○"나를 낳으시느라 매우 고생하셨다."라고 했는데, 이것은 『시』「소아(小雅)·요아(蓼莪)」편의 기록이다. "『서』에서는 지혜로운 자가 숨고 괴롭히는 자가 조정에 있다."라고 했는데, 이것은 『서』「주서(周書)·소고(召誥)」편의 기록이다. "현재 강동에서는 병(病)을 채(瘵)라고 부른다."라고 했는데, 당시의 언어상에 나타난 증거로 말한 것이다. "동제에서는 막(瘼)이라고 부른다."라고 했는데, 이것은 『방언』의 기록이다. "『예기』에서는 부모에게 병환에 있다면, 얼굴빛과 행동거지를 좋게 꾸미지 않는다."라고 했는데, 이것은 『예기』「옥조(玉藻)」편의 기록이다.

참고 『사기』「공자세가(孔子世家)」 기록

원문 景公問政孔子, 孔子曰, "君君, 臣臣, 父父, 子子①." 景公曰, "善哉! 信如君不君, 臣不臣, 父不父, 子不子, 雖有粟, 吾豈得而食諸!②" 他日又復問政於孔子, 孔子曰, "政在節財." 景公說, 將欲以尼谿田封孔子③. 晏嬰進曰, "夫儒者滑稽而不可軌法; 倨傲自順, 不可以爲下; 崇喪遂哀, 破產厚葬, 不可以爲俗; 游說乞貸, 不可以爲國. 自大賢之息, 周室旣衰, 禮樂缺有閒④. 今孔子盛容飾, 繁登降之禮趨詳之節, 累世不能殫其學, 當年不能究其禮. 君欲用之以移齊俗, 非所以先細民也." 後景公敬見孔子, 不問其禮. 異日, 景公止孔子曰, "奉子以季氏⑤, 吾不能." 以季孟之閒待之⑥. 齊大夫欲害孔子, 孔子聞之. 景公曰, "吾老矣, 弗能用也." 孔子遂行, 反乎魯.

번역 제나라 경공이 정치에 대해 공자에게 묻자 공자는 "군주는 군주다워야 하고 신하는 신하다워야 하며 부친은 부친다워야 하고 자식은 자식다워야 합니다."라고 했다. 경공은 "좋구나! 진실로 군주가 군주답지 못하고 신하가 신하답지 못하며 부친이 부친답지 못하고 자식이 자식답지 못하다면 비록 양식이 있더라도 내가 어찌 그것을 먹을 수 있겠습니까!"라고 했다. 다른 날 재차 공자에게 정치에 대해서 물었는데, 공자는 "정치는 재물을 절약해서 쓰는데 달려 있습니다."라고 했다. 경공이 기뻐하며 니계의 땅으로 공자를 봉해주려고 했다. 안영은 간언을 올리며 "유자들이란 말주변만 좋아서 법률을 따르게 만들 수 없고, 오만하여 제멋대로 행동하니 아랫사람으로 둘 수 없습니다. 상례를 지나치게 높여 슬픔을 다하고 가산을 탕진하면서도 장례를 거하게 치르니, 풍속으로 삼을 수 없습니다. 이곳저곳 떠돌며 유세하고 재화를 구걸하는 자들이므로 나라를 위해 일하도록 할 수 없습니다. 위대한 현자가 태어났을 때부터 예악이 존재했었지만 주나라 왕실이 쇠락하자 예악도 갈라져 틈이 생겼습니다. 현재 공자는 용모를 융성하게 꾸미고 오르고 내리는 예법과 나아가고 물러나는 예절을 번거롭게 하였으니, 대를 거치더라도 그 학문을 모두 다할 수 없고, 당년에도 그 예를 모두 규찰할 수 없습니다. 군주께서 그를 등용하시어 제나라 풍속을 바꾸려고 하신다면 이것은 평민들을 위한 것이 아닙니다."라고 했다. 이후 경공은 공경스러운 태도로 공자를 만나보았지만 예에 대해서는 질문하지 않았다. 다른 날 경공은 공자를 멈춰 세우고서 "그대를 계씨처럼 대우하는 것을 나는 할 수 없습니다. 따라서 계씨와 맹씨 중간 정도로 그대를 대우하겠습니다."라고 했다. 제나라 대부가 공자를 음해하려고 했는데 공자가 그 소식을 들었다. 경공은 "내가 늙어서 그대를 등용할 수 없습니다."라고 말했다. 공자는 결국 길을 떠나 노나라로 돌아갔다.

①-集解 孔安國曰: 當此之時, 陳恆制齊, 君不君, 臣不臣, 故以此對也.

번역 공안국이 말하길, 당시 진씨 가문이 제나라 정치를 항상 마음대로 처리하여 군주는 군주답지 못했고 신하는 신하답지 못했다. 그렇기 때문에 이러한 말로 대답한 것이다.

②-集解 孔安國曰: 言將危也. 陳氏果滅齊.

번역 공안국이 말하길, 장차 위태롭게 된다는 뜻이다. 진씨 가문은 결국 제나라를 멸망시켰다.

③-索隱 此說出晏子及墨子, 其文微異.

번역 이 주장은『안자춘추』및『묵자』에 나오는데, 기록이 조금 차이를 보인다.

④-索隱 息者, 生也. 言上古大賢生則有禮樂, 至周室微而始缺有閒也.

번역 '식(息)'자는 태어난다는 뜻이다. 즉 상고시대 때 위대한 현자가 태어나서 예악이 생겼는데, 주나라 왕실이 쇠락해지자 비로소 갈라져 틈이 생겼다는 뜻이다.

⑤-索隱 劉氏奉音扶用反, 非也. 今奉音如字, 謂奉待孔子如魯季氏之職, 故下文云"以季孟之閒待之"也.

번역 유씨는 '奉'자의 음은 '扶(부)'자와 '用(용)'자의 반절음이라고 했는데 잘못된 주장이다. 현재 '奉'자는 글자대로 읽으니, 노나라 계씨의 직무에 따른 것처럼 공자를 대하겠다는 뜻이다. 그렇기 때문에 아래문장에서는 "계씨와 맹씨의 중간으로 대우하겠다."라고 했다.

⑥-集解 孔安國曰: 魯三卿, 季氏爲上卿, 最貴; 孟氏爲下卿, 不用事. 言待之以二者之閒也.

번역 공안국이 말하길, 노나라 삼경 중 계씨는 상경이 되어 가장 존귀한 신분이었다. 맹씨는 하경이 되어 일을 시행할 수 없었다. 즉 두 사람의 중간 정도로 대우하겠다는 의미이다.

참고 『사기』「공자세가(孔子世家)」 기록

원문 桓子嬖臣曰仲梁懷, 與陽虎有隙. 陽虎欲逐懷, 公山不狃①止之. 其秋, 懷益驕, 陽虎執懷. 桓子怒, 陽虎因囚桓子, 與盟而醳之②. 陽虎由此益輕季氏. 季氏亦僭於公室, 陪臣執國政, 是以魯自大夫以下皆僭離於正道. 故孔子不仕, 退而脩詩書禮樂, 弟子彌衆, 至自遠方, 莫不受業焉.

번역 노나라 계환자에게는 총애하는 신하가 있었으니 그 이름은 중량회였다. 그는 양호와 사이가 좋지 않았다. 양호는 중량회를 내쫓으려고 했는데, 공산불뉴가 저지하였다. 그해 가을 중량회가 더욱 교만해지자 양호는 중량회를 사로잡았다. 계환자가 화를 내니 양호는 그로 인해 계환자마저 가두었고, 맹약을 맺고서야 풀어주었다. 양호는 이로 인해 더욱 계씨를 업신여겼다. 계씨 또한 공실에 대해 참람되게 굴었으므로 가신이 국정을 잡은 것이다. 이로써 노나라에서는 대로부터 그 이하의 계층이 모두 정도를 참람하게 굴며 위배하였다. 그렇기 때문에 공자는 관직에 나아가지 않고 물러나 『시』·『서』·『예』·『악』을 다듬으니, 제자들이 더욱 늘어났으며 먼 지역에서도 찾아와 수업을 받지 않는 자가 없었다.

①-集解 孔安國曰: 不狃爲季氏宰.

번역 공안국이 말하길, 불뉴는 계씨의 가신이다.

①-索隱 狃音女久反. 鄒氏云一作蹂. 論語作弗擾.

번역 '狃'자의 음은 '女(녀)'자와 '久(구)'자의 반절음이다. 추씨는 '유(蹂)'자로도 기록한다고 했다. 『논어』에서는 '불요(弗擾)'라고 기록했다.

②-正義 醳音釋.

번역 '醳'자의 음은 '釋(석)'이다.

참고 『사기』「공자세가(孔子世家)」 기록

원문 公山不狃以費畔季氏, 使人召孔子. 孔子循道彌久, 溫溫無所試, 莫能己用, 曰, "蓋周文武起豐鎬而王, 今費雖小, 儻庶幾乎!①" 欲往. 子路不說, 止孔子. 孔子曰, "夫召我者豈徒哉? 如用我, 其爲東周乎!②" 然亦卒不行.

번역 공산불뉴는 비(費) 땅을 가지고 계씨를 배반하고 사람을 시켜 공자를 초빙했다. 공자는 도에 따른 것이 이미 오래되었었는데 온축한 것을 시험해볼 곳이 없었으니 아무도 자신을 등용하지 않았다. 그래서 "주나라 문왕과 무왕은 풍(豐)과 호(鎬) 땅에서 일어나 천자가 되었는데, 비 땅이 비록 작다고 하지만 그와 유사하지 않은가!"라고 하며 찾아가고자 했다. 자로는 싫어하는 기색을 보이며 공자를 말렸다. 공자는 "나를 부른 것이 어찌 단순히 부른 것이겠는가? 만약 나를 등용한다면 동쪽의 주나라를 이룰 수 있을 것이다!"라고 했다. 그러나 끝내 가지 않았다.

①-索隱 檢家語及孔子之書, 並無此言, 故桓譚亦以爲誣也.

번역 『공자가어』와 공자에 대한 여러 기록들을 검수해보니, 이러한 기록이 전혀 없다. 그렇기 때문에 환담 또한 거짓된 기록이라고 여긴 것이다.

②-集解 何晏曰: 興周道於東方, 故曰東周也.

번역 하안이 말하길, 동쪽 땅에서 주나라의 도를 일으키기 때문에 '동주(東周)'라고 말한 것이다.

참고 『사기』「공자세가(孔子世家)」 기록

원문 定公十四年, 孔子年五十六, 由大司寇行攝相事, 有喜色. 門人曰, "聞君子禍至不懼, 福至不喜." 孔子曰, "有是言也. 不曰樂其以貴下人乎?" 於是誅魯大夫亂政者少正卯. 與聞國政三月, 粥羔豚者弗飾賈; 男女行者別於塗; 塗不拾遺; 四方之客至乎邑者不求有司①, 皆予之以歸②.

번역 정공 14년 공자의 나이 56세 때 대사구의 직무를 수행하며 재상의 일을 대신 시행하게 되자 기뻐하는 표정을 지었다. 제자는 "제가 듣기로 군자는 재앙이 들이닥쳐도 두려워하지 않고 복이 온다고 하더라도 기뻐하지 않는다고 했습니다."라고 하자 공자는 "그러한 말이 있기는 하다. 그러나 또한 존귀한 신분이면서 남보다 자신을 낮추는 것을 기뻐한다고도 말하지 않더냐?"라고 했다. 이 시기에 노나라 대부 중 정사를 문란하게 만든 소정묘라는 자가 있었는데 공자는 그를 주살하였다. 공자가 국정을 맡은 후 3개월이 지나자 양과 돼지를 파는 자들이 값을 속이지 않았고, 남녀가 길을 갈 때 각각 다른 길로 갔으며, 길에서는 떨어진 물건을 주워가지 않았고, 사방에서 도읍으로 찾아오는 빈객도 유사에게 따로 요구하여 허가를 받을 필요가 없었으니, 그들이 돌아갈 때에는 모두에게 잘 대접해서 돌려보냈다.

①-集解 王肅曰: 有司常供其職, 客求而有在也[30].

번역 왕숙이 말하길, 유사는 항상 자신의 직무를 수행하여 여행객이 요구하지 않더라도, 그 일을 처리하는 유사가 있었다.

②-索隱 家語作"皆如歸".

---

30) '객구이유재야(客求而有在也)'에 대하여. 『공자가어(孔子家語)』「상로(相魯)」편에 대한 왕숙(王肅)의 주에서는 '객불구이유사존언(客不求而有司存焉)'이라고 기록했다.

번역 『공자가어』에서는 '개여지이귀(皆予之以歸)'를 '개여귀(皆如歸)'라고 기록했다.

원문 齊人聞而懼曰, "孔子爲政必霸, 霸則吾地近焉, 我之爲先幷矣. 盍致地焉?" 黎鉏曰, "請先嘗沮之; 沮之而不可則致地, 庸遲乎!" 於是選齊國中女子好者八十人, 皆衣文衣而舞康樂①, 文馬三十駟, 遺魯君. 陳女樂文馬於魯城南高門外, 季桓子微服往觀再三, 將受, 乃語魯君爲周道游②, 往觀終日, 怠於政事. 子路曰, "夫子可以行矣." 孔子曰, "魯今且郊, 如致膰乎大夫③, 則吾猶可以止." 桓子卒受齊女樂, 三日不聽政; 郊, 又不致膰俎於大夫. 孔子遂行, 宿乎屯④. 而師己送, 曰, "夫子則非罪." 孔子曰, "吾歌可夫?" 歌曰, "彼婦之口, 可以出走; 彼婦之謁, 可以死敗⑤. 蓋優哉游哉, 維以卒歲⑥!" 師己反, 桓子曰, "孔子亦何言?" 師己以實告. 桓子喟然歎曰, "夫子罪我以群婢故也夫!"

번역 제나라에서는 이러한 소식을 듣고 두려워하며 "공자가 정치를 맡게 되면 분명 노나라는 패자가 될 것이며, 노나라가 패자가 된다면 우리나라는 노나라와 가까우니 우리가 먼저 노나라에 합병될 것이다. 그런데도 어찌하여 노나라에 조금의 땅을 내주지 않는가?"라고 했다. 그러자 여서는 "청컨대 먼저 시험 삼아 노나라를 방해하길 바랍니다. 방해하고도 실패한다면 그때 땅을 돌려주어도 늦지 않을 것입니다!"라고 했다. 이에 제나라에서는 나라 안에서 미녀 80명을 선발하여 모두에게 화려한 의복을 입히고 강락의 악무를 가르치고 무늬가 고운 120필의 말과 함께 노나라 군주에게 보냈다. 무녀와 무늬가 아름다운 말을 노나라 국성 남쪽의 높은 문밖에 늘어놓으니, 계환자는 신분을 감추기 위해 의복을 갈아입고 몰래 찾아가서 두 세 차례 살펴보고, 이러한 선물을 받으려고 하였다. 그래서 노나라 군주에게 각 지역을 순방하겠다고 말하고는 몰라 찾아가서 종일토록 즐기니 정사에 태만하게 되었다. 자로는 "선생님께서는 이곳을 떠나시는 것이 좋을 것 같습니다."라고 했다. 공자는 "노나라에서는 이제 교제사를 지낼 때가 되었으니, 만약 대부들에게 제사를 지내고 남은 고기를 보낸다면 나는 남을 것이다."라고 했다. 계환자는 끝내 제나라에서 보낸 무녀들을 받아들이고 3일 동안 정사를 돌보지 않았다. 교제사를 지낼 때에도 대부들에게 제사를 지내고 남은 고기를 보내지 않았다. 공자는 결국 노나라를 떠나면서 둔(屯) 땅에서 하루를 묵었다. 악사 기가 공자를 전송하며, "선생님의 잘못이 아닙니다."라고 했다. 그러자 공자는 "내가 노래를 불러도 괜찮겠는가?"라고 말했다. 그 노래에서는 "저 여인의 입으로 인해 쫓겨나게 되리라. 저 여인의 청으로 인해 죽고 패망하게 되리라. 유유자적하며, 남은 세월을 보내리라!"라고 했다. 악사 기가 돌아오자 계환자는 "공자가 어떤 말을 하던가?"라고 하니, 악사 기는 사실대로 아뢰었다. 계환자는 탄식을 하며 "공자는 내가 무녀들을 받아들인 것을 두고 죄를 물은 것이구나!"라고 했다.

①-索隱 家語作"容璣". 王肅云, "舞曲名也."

번역 『공자가어』에서는 '강락(康樂)'을 용기(容璣)라고 기록했다. 왕숙은 "악무의 이름이다."라고 했다.

②-索隱 謂請魯君爲周偏道路游行, 因出觀齊之女樂.

번역 노나라 군주에게 각 지역을 순방하며 두루 돌아다니겠다고 청하고, 그로 인해 국성 밖으로 나와 제나라에서 보낸 무녀들을 살폈다는 뜻이다.

③-集解 王肅曰: 膰, 祭肉.

번역 왕숙이 말하길, '번(膰)'은 제사를 지내고 남은 고기이다.

④-集解 屯在魯之南也.

번역 둔(屯)은 노나라 남쪽에 위치한다.

④-索隱 地名.

번역 지명이다.

⑤-集解 王肅曰: 言婦人之口請謁, 足以憂, 使人死敗, 故可以出走也.

번역 왕숙이 말하길, 여인들이 입으로 청하고 부탁하는 것은 근심스러운 일이니 죽거나 패망하게 만든다. 그렇기 때문에 도망가게 된다.

⑥-集解 王肅曰: 言仕不遇也, 故且優游以終歲.

번역 왕숙이 말하길, 벼슬을 함에 제대로 된 자를 만나지 못했기 때문에 유유자적하며 생을 마치겠다는 뜻이다.

참고 『사기』「공자세가(孔子世家)」 기록

원문 孔子遂適衛, 主於子路妻兄顏濁鄒家①. 衛靈公問孔子, "居魯得祿幾何?" 對曰, "奉粟六萬." 衛人亦致粟六萬②. 居頃之, 或譖孔子於衛靈公. 靈公使公孫余假一出一入③. 孔子恐獲罪焉, 居十月, 去衛.

번역 공자는 마침내 위나라로 찾아갔고, 자로의 처형인 안탁추의 집에 머물렀다. 위나라 영공은 공자에게 "노나라에 있었을 때에는 얼마만큼의 녹봉을 받았습니까?"라고 물으니, 공자는 "곡식 6만 두(斗)를 받았습니다." 라고 대답했다. 위나라에서도 6만 두의 곡식을 보내주었다. 공자가 위나라에 머문 뒤 얼마 지나지 않아서 어떤 자가 위나라 영공에게 공자를 참소하였다. 영공은 공손여가로 하여금 병장기를 들고 공자의 숙소를 출입하도록 시켰다. 공자는 누명을 쓰게 될까 염려하여 10달을 머문 뒤 위나라를 떠났다.

①-索隱 孟子曰, "孔子於衛主顏讎由, 彌子之妻與子路之妻, 兄弟也." 今此云濁鄒是子路之妻兄, 所說不同.

번역 『맹자』에서는 "공자는 위나라에서 안수유의 집에 머물렀으니, 미자의 아내는 자로의 아내와 형제지간이었다."[31]라고 했다. 이곳에서는 안

탁추를 자로의 처형이라고 하여 설명이 동일하지 않다.

②-索隱 若六萬石似太多, 當是六萬斗, 亦與漢之秩祿不同.

번역 6만석이라고 하면 매우 많은 것 같으니, 이것은 6만 두에 해당하며 또한 한나라 때의 녹봉 제도와는 다르다.

②-正義 六萬小斗, 計當今二千石也. 周之斗升斤兩皆用小也.

번역 6만 소두니, 지금의 2천석에 해당한다. 주나라 때 용량을 잴던 두(斗)·승(升)·근(斤)·량(兩)은 모두 작은 것을 사용했다.

③-索隱 謂以兵仗出入, 以脅夫子也.

번역 병장기를 들고 출입하게 시켜서 공자를 위협했던 것이다.

참고 『사기』「공자세가(孔子世家)」 기록

원문 將適陳, 過匡①, 顔刻爲僕, 以其策指之曰, "昔吾入此, 由彼缺也②." 匡人聞之, 以爲魯之陽虎. 陽虎嘗暴匡人, 匡人於是遂止孔子③. 孔子狀類陽虎, 拘焉五日, 顔淵後④. 子曰, "吾以汝爲死矣." 顔淵曰, "子在, 回何敢死!⑤" 匡人拘孔子益急, 弟子懼. 孔子曰, "文王旣沒, 文不在玆乎?⑥ 天之將喪斯文也, 後死者不得與于斯文也⑦. 天之未喪斯文也, 匡人其如予何!⑧" 孔子使從者爲甯武子臣於衛, 然後得去⑨.

번역 진나라로 가고자 하여 광(匡) 땅을 지나쳤는데, 안각이 공자의 수

31) 『맹자』「만장상(萬章上)」: 孟子曰, "否, 不然也, 好事者爲之也. 於衛主顔讎由. 彌子之妻與子路之妻, 兄弟也."

레를 몰았다. 그러자 그는 채찍으로 한 지점을 가리키며 "지난번 제가 이곳을 들어올 때에는 저 파손된 곳으로 들어왔습니다."라고 했다. 광 땅의 사람들은 이러한 말을 듣고서 공자를 노나라의 양호라고 여겼다. 양호는 일찍이 광 땅의 사람들에게 포악하게 굴었었다. 그래서 광 땅의 사람들은 결국 공자의 행렬을 멈추도록 만들었다. 공자의 모습은 양호와 비슷하였으므로 5일 동안 억류되었고, 뒤이어 안연이 도착했다. 공자는 "나는 네가 죽은 줄로만 알았다."라고 하자 안연은 "선생님이 살아계신데 제가 어찌 감히 죽을 수 있겠습니까!"라고 대답했다. 광 땅의 사람들이 공자를 더욱 급박하게 포위하자 제자들이 두려워하기 시작했다. 공자는 "문왕께서 이미 돌아가셨으나 그 문채가 나에게 있지 않더냐? 하늘이 장차 이 문채를 없애려고 하셨다면 나로 하여금 이러한 문채를 익히지 못하게 하셨을 것이다. 하늘이 이 문채를 없애려고 하지 않는데, 저 광 땅의 사람들이 나를 어찌하겠는가!"라고 했다. 공자는 종자로 하여금 영무자를 섬기게 하여 위나라의 신하로 만든 뒤에야 그곳을 벗어날 수 있었다.

①-正義 故匡城在滑州匡城縣西南十里.

번역 옛 광성은 골주 광성현에서 서남쪽으로 10리 떨어진 곳에 있다.

②-索隱 謂昔所被攻缺破之處也.

번역 예전 공격을 당해 무너진 곳을 뜻한다.

②-正義 琴操云, "孔子到匡郭外, 顏淵舉策指匡穿垣曰, '往與陽貨正從此入.' 匡人聞其言, 告君曰, '往者陽貨今復來.' 乃率衆圍孔子數日, 乃和琴而歌, 音曲甚哀, 有暴風擊軍士僵仆, 於是匡人有知孔子聖人, 自解也."

번역 『금조』에서는 "공자가 광 땅의 성곽 밖에 당도하였는데 안연이 채찍을 들고서 광성 중에서 담장이 무너진 곳을 가리키며 '예전 양화와 함께 이곳을 통해 들어갔습니다.'라고 했다. 광 땅의 사람들이 그 말을 듣고서 자신의 주군에게 고하며, '이전에 떠났던 양화가 지금 다시 오고 있습니다.' 라고 했다. 그러자 사람들을 이끌고 공자를 수일간 포위하였다. 공자와 그의 일행은 거문고를 연주하며 노래를 불렀는데, 그 음절이 매우 구슬퍼서 사나운 바람과 기세등등한 군사도 감복시킬 수 있었다. 이에 광 땅의 사람들은 공자가 성인이라는 점을 알아보고 스스로 포위를 풀어주었다."라고 했다.

③-索隱 匡, 宋邑也. 家語云匡人簡子以甲士圍夫子.

번역 광(匡)은 송나라에 속한 읍이다. 『공자가어』에서는 "광 땅의 간자가 병사들을 이끌고 공자를 포위했다."고 했다.

④-集解 孔安國曰: 言與孔子相失, 故在後也.

번역 공안국이 말하길, 공자와 떨어졌었기 때문에 뒤늦게 도착했다는 뜻이다.

⑤-集解 包氏曰: 言夫子在, 己無所致死也.

번역 포씨가 말하길, 공자가 생존해 있으므로, 본인이 죽을 수 없다는 뜻이다.

⑥-集解 孔安國曰: 玆, 此也. 言文王雖已沒, 其文見在此. 此, 自謂其身也.

번역 공안국이 말하길, '자(玆)'자는 차(此)자의 뜻이다. 문왕이 비록 이미 죽고 없지만 그 문채는 여기에 남아 있다는 뜻이다. '차(此)'는 스스로 자신을 가리켜서 한 말이다.

⑦-集解 孔安國曰: 文王旣沒, 故孔子自謂後死也. 言天將喪此文者, 本不當使我知之; 今使我知之, 未欲喪之也.

번역 공안국이 말하길, 문왕이 이미 죽고 없기 때문에 공자는 스스로를 뒤늦게 죽을 사람이라고 말한 것이다. 즉 하늘이 이 문채를 없애려고 했다면 본래부터 나로 하여금 그것을 배우게끔 하지 않았을 것인데, 현재 나로 하여금 그것을 익히게 했으니, 없애고자 하지 않았다는 뜻이다.

⑧-集解 馬融曰: 如予何猶言"柰我何"也. 天未喪此文, 則我當傳之, 匡人欲柰我何! 言不能違天以害己.

번역 마융이 말하길, '여여하(如予何)'라는 말은 '내아하(柰我何)'라는 말과 같다. 하늘이 이러한 문채를 없애고자 하지 않는다면, 나는 마땅히 그것을 전수해야 하는데 광 땅의 사람들이 나를 어찌할 수 있겠느냐! 즉 하늘의 뜻을 어기고 나를 해할 수 없다는 의미이다.

⑨-索隱 家語"子路彈劍而歌, 孔子和之, 曲三終, 匡人解圍而去." 今此取論語"文王旣沒"之文, 及從者臣甯武子然後得去. 蓋夫子再厄匡人, 或設辭以解圍, 或彈劍而釋難. 今此合論語·家語之文以爲一事, 故彼此文交互耳.

번역 『공자가어』에서는 "자로가 검을 풀어놓고 노래를 부르자 공자가 화답을 하였고 악곡을 세 차례 연주하자 광 땅의 사람들이 포위를 풀어주어 떠났다."라고 했다. 그런데 이곳에서는 『논어』에서 "문왕이 이미 돌아가셨다."[32]라고 한 문장을 채택하였고, 종자가 영무자의 신하가 된 이후에야 떠날 수 있었다고 했다. 아마도 공자는 두 차례 광 땅의 사람들로부터 위협을 당해 어떤 경우에는 말로 포위를 풀었던 것이고, 또 어떤 경우에는 검을 풀고서 고난을 극복했던 것이다. 이곳에서는 『논어』와 『공자가어』의 기록을 합해 하나의 일로 여겼다. 그렇기 때문에 『공자가어』와 이곳의 기록은 상호 그 뜻을 보완적으로 드러내는 기록일 따름이다.

---

32) 『논어』「자한(子罕)」: 子畏於匡, 曰, "文王旣沒, 文不在玆乎? 天之將喪斯文也, 後死者不得與於斯文也, 天之未喪斯文也, 匡人其如予何?"

참고 『사기』「공자세가(孔子世家)」 기록

원문 孔子去曹適宋①, 與弟子習禮大樹下. 宋司馬桓魋欲殺孔子, 拔其樹. 孔子去, 弟子曰, "可以速矣." 孔子曰, "天生德於予, 桓魋其如予何!②"

번역 공자가 조나라를 떠나 송나라로 갔다. 제자들과 함께 큰 나무 아래에서 예를 익히고 있었다. 송나라 사마인 환퇴는 공자를 죽이고자 하여 그 나무를 뽑아버렸다. 공자가 그곳을 떠나자 제자는 "빨리 가는 것이 좋겠습니다."라고 했다. 그러자 공자는 "하늘이 나에게 덕을 주셨는데, 환퇴가 나를 어찌하겠는가!"라고 했다.

①-集解 徐廣曰: 年表定公十三年, 孔子至衛; 十四年, 至陳; 哀公三年, 孔子過宋

번역 서광이 말하길, 『연표』에 따르면 정공 13년에 공자는 위나라에 도착했고, 14년에는 진나라에 도착했으며, 애공 3년에 공자는 송나라를 지나갔다.

②-集解 包氏曰: 天生德者, 謂授以聖性, 德合天地, 吉無不利, 故曰其如予何.

번역 포씨가 말하길, 하늘이 덕을 낳아주었다는 말은 성인의 본성을 받아서 그 덕이 천지와 합하여, 길하고 이롭지 않음이 없다는 뜻이다. 그렇기 때문에 "나를 어찌하겠는가."라고 했다.

참고 『사기』「공자세가(孔子世家)」 기록

원문 過蒲, 會公叔氏以蒲畔, 蒲人止孔子. 弟子有公良孺者, 以私車五乘從孔子. 其爲人長賢, 有勇力, 謂曰, "吾昔從夫子遇難於匡. 今又遇難於此, 命也已. 吾與夫子再罹難, 寧鬥而死." 鬥甚疾, 蒲人懼①, 謂孔子曰, "苟毋適衛, 吾出子." 與之盟, 出孔子東門. 孔子遂適衛. 子貢曰, "盟可負邪?" 孔子曰, "要

盟也, 神不聽."

번역 포(蒲) 땅을 지날 때, 때마침 공숙씨는 포 땅에서 반란을 일으켰고 포 땅의 사람들은 공자를 저지하였다. 수행하던 제자들 중 공양유라는 자가 있었는데, 개인적으로 소유한 5대의 수레를 가지고 공자를 따르고 있었다. 그는 몸집이 장대하고 현명했으며 용맹함이 있었는데, "내가 예전 선생님을 따라 광 땅에서 곤란에 처한 적이 있었다. 지금도 이곳에서 곤란을 겪게 되었으니, 운명인 것 같다. 나는 선생님과 재차 곤란에 빠지느니 차라리 싸우다가 죽겠다."라고 했다. 싸움이 격화되자 포 땅의 사람들은 두려워하며, 공자에게 "만약 위나라로 가지 않는다면 우리들은 그대를 풀어주겠소."라고 했다. 그들과 맹약을 맺자 공자를 동쪽 문으로 내보내었다. 공자는 결국 위나라로 갔다. 자공은 "맹약을 저버릴 수도 있습니까?"라고 묻자 공자는 "강요해서 맺은 맹약은 신 또한 듣지 않는다."라고 했다.

①-索隱 家語云"我寧鬥死, 挺劍而合衆, 將與之戰, 蒲人懼", 是也.

번역 『공자가어』에서 "나는 차라리 싸우다 죽겠다고 말하며 검을 들어올려 제자들을 규합하고 전투를 하려고 하자 포 땅의 사람들이 겁을 먹었다."라고 한 말을 뜻한다.

참고 『사기』「공자세가(孔子世家)」 기록

원문 靈公老, 怠於政, 不用孔子. 孔子喟然歎曰, "苟有用我者, 期月而已, 三年有成①." 孔子行.

번역 위나라 영공은 노쇠하였고 정치에 태만했으며 공자를 등용하지 않았다. 공자는 탄식하며 "만약 나를 등용하는 자가 있다면 1년이면 정치와 교화를 시행할 수 있을 것이며 3년이면 성과를 이룩할 수 있을 것이다."라고 했다. 공자는 곧 위나라를 떠났다.

①-集解 孔安國曰: 言誠有用我於政事者, 期年而可以行其政敎, 必三年乃有成也.

번역 공안국이 말하길, 진실로 정사를 펼치는데 나를 쓰는 자가 있다면 1년이면 정치와 교화를 시행할 수 있을 것이며, 3년이 되면 분명 성과를 이룰 것이라는 뜻이다.

참고 『사기』「공자세가(孔子世家)」 기록

원문 佛肹爲中牟宰①. 趙簡子攻范·中行, 伐中牟. 佛肹畔, 使人召孔子. 孔子欲往. 子路曰, "由聞諸夫子, '其身親爲不善者, 君子不入也②.' 今佛肹親以中牟畔, 子欲往, 如之何?" 孔子曰, "有是言也. 不曰堅乎, 磨而不磷; 不曰白乎, 涅而不淄③. 我豈匏瓜也哉, 焉能繫而不食?④"

번역 불힐이 중모의 읍재가 되었다. 조간자는 범씨와 중항씨를 공격하려고 했고, 따르지 않는 중모를 공격했다. 불힐은 이 땅을 가지고 반란을 일으켰고 사람을 보내 공자를 초빙했다. 공자는 가려고 했다. 자로는 "제가 선생님께 듣기로 '스스로 선하지 못한 일을 시행한 자에게 군자는 찾아가지 않는다.'라고 하셨습니다. 지금 불힐은 직접 중모 땅을 가지고 반란을 일으켰는데도 선생님께서 찾아가시고자 하는 것은 어째서입니까?"라고 했다. 공자는 "그런 말을 한 적이 있다. 그러나 강한 것은 갈아도 닳지 않다고 말하지 않았더냐! 또 흰 것은 물들여도 검게 되지 않는다고 말하지 않았더냐! 내 어찌 박이나 오이가 될 수 있겠는가, 어찌 매달리기만 하고 사람에게 먹히지 않을 수 있겠는가?"라고 했다.

①-集解 孔安國曰: 晉大夫趙簡子之邑宰.

번역 공안국이 말하길, 진나라 대부 조간자의 채읍에서 읍재가 되었다는 뜻이다.

①-索隱 此河北之中牟, 蓋在漢陽西.

번역 이것은 황하 북쪽에 있는 중모라는 땅이니, 아마도 한양의 서쪽에 해당할 것이다.

②-集解 孔安國曰: 不入其國.

번역 공안국이 말하길, 그 나라에 들어가지 않는다는 뜻이다.

③-集解 孔安國曰: 磷, 薄也. 涅, 可以染皁者也. 言至堅者磨之而不薄, 至白者染之於涅中而不黑, 君子雖在濁亂, 不能汙也.

번역 공안국이 말하길, '인(磷)'자는 얇아진다는 뜻이다. '열(涅)'자는 검게 물들일 수 있는 재료이다. 즉 지극히 굳센 것은 갈더라도 얇아지지 않고, 지극히 흰 것은 검은 것에 담가 물들여도 흑색이 되지 않으니, 군자는 비록 더럽고 혼란스러운 가운데 있더라도 오염되지 않을 수 있다는 뜻이다.

④-集解 何晏曰: 言匏瓜得繫一處者, 不食故也. 吾自食物當東西南北, 不得如不食之物繫滯一處.

번역 하안이 말하길, 박이나 오이가 한 지점에 매달릴 수 있었던 것은 사람이 따서 먹지 않았기 때문이다. 나는 음식을 먹는 것처럼 이리저리 다녀야 하니, 먹히지 않는 사물이 한 지점에 매달려 있는 것처럼 할 수 없다는 뜻이다.

원문 孔子擊磬. 有荷蕢而過門者曰, "有心哉, 擊磬乎!① 硜硜乎, 莫己知也夫而已矣!②"

번역 공자가 석경을 연주하였다. 삼태기를 메고 그 문을 지나치는 자가 있었으니, "마음이 맺히고 맺혀 있구나, 석경을 치는 소리여! 쨍쨍하고 소리를 내니, 자기를 알아주는 자가 없다면 그만둘 따름이다!"라고 했다.

①-集解 何晏曰: 蕢, 草器也. 有心謂契契然也.

번역 하안이 말하길, '괴(蕢)'는 풀을 엮어서 만든 기구이다. '유심(有心)'은 마음에 맺혀서 근심하고 걱정한다는 뜻이다.

②-集解 何晏曰: 此硜硜, 信己而已, 言亦無益也.

번역 하안이 말하길, 이처럼 쨍쨍 석경의 소리를 내며 자신을 믿을 따름이라는 뜻이니, 근심하는 사안이 또한 무익하다는 의미이다.

참고 『사기』「공자세가(孔子世家)」 기록

원문 孔子既不得用於衛, 將西見趙簡子. 至於河而聞竇鳴犢·舜華①之死也, 臨河而歎曰, "美哉水, 洋洋乎! 丘之不濟此, 命也夫!" 子貢趨而進曰, "敢問何謂也?" 孔子曰, "竇鳴犢·舜華, 晉國之賢大夫也. 趙簡子未得志之時, 須此兩人而后從政; 及其已得志, 殺之乃從政. 丘聞之也, 刳胎殺夭則麒麟不至郊, 竭澤涸漁則蛟龍不合陰陽②, 覆巢毀卵則鳳皇不翔, 何則? 君子諱傷其類也. 夫鳥獸之於不義也尚知辟之, 而況乎丘哉!" 乃還息乎陬鄉, 作爲陬操③以哀之. 而反乎衛, 入主蘧伯玉家.

번역 공자는 위나라에서 등용되지 못하자 서쪽으로 가서 조간자를 만나보려고 했다. 황하에 도착했을 때 두명독과 순화가 죽었다는 소식을 듣고는 황하를 바라보며 탄식하길 "아름답게 흘러가는구나 저 황하여 넓고도 넓구나. 내가 이곳을 건너지 못함은 운명이로다!"라고 했다. 자하는 종종걸

음으로 공자 앞으로 다가와 "감히 묻겠습니다, 어떤 것을 이르신 겁니까?"라고 하니 공자는 "두명독과 순화는 진나라의 현명한 대부였다. 조간자가 아직 뜻을 얻지 못했을 때 이 두 사람의 도움을 얻은 뒤에야 정치를 펼칠 수 있었는데, 뜻을 얻게 되자 그들을 죽이고 정치를 장악했다. 내가 듣기로 배를 갈라 잉태한 것을 죽인다면 기린이 교외에 이르지 않고, 연못을 마르게 하여 고기를 잡는다면 교룡이 음양의 조화를 이루어 비를 내려주지 않으며, 둥지를 엎어 알을 깨버린다면 봉황이 날아오지 않는다고 했는데, 어떠한 이유 때문인가? 바로 군자는 자신과 같은 부류가 해 입는 것을 피하기 때문이다. 짐승들도 의롭지 못한 것에 대해서는 오히려 피할 줄 아는데 하물며 나에게 있어서는 어떠하겠는가!"라고 대답했다. 그리고는 추향으로 되돌아가서 휴식을 취하였고, '추조(陬操)'라는 악곡을 지어 두 사람을 애도하였다. 이후 위나라로 돌아가서 거백옥의 집에 머물렀다.

①-集解 徐廣曰: 或作"鳴鐸竇犨", 又作"竇犨鳴犢·舜華"也

번역 서광이 말하길, '두명독순화(竇鳴犢舜華)'를 다른 판본에서는 '명탁두주(鳴鐸竇犨)'라 기록하기도 하며 또 '두주명독순화(竇犨鳴犢舜華)'로 기록하기도 한다.

①-索隱 家語云"聞趙簡子殺竇犨鳴犢及舜華", 國語云"鳴鐸竇犨", 則竇犨字鳴犢, 聲轉字異, 或作"鳴鐸". 慶華當作"舜華", 諸說皆同.

번역 『공자가어』에서는 "조간자가 두주명독과 순화를 죽였다는 소식을 들었다."라고 기록했고, 『국어』에서는 '명탁두주(鳴鐸竇犨)'라고 기록했으니, 두주(竇犨)의 자는 명독(鳴犢)이고, 소리가 전이되고 글자가 달려져서 다른 판본에서는 '명탁(鳴鐸)'이라고도 기록한 것이다. '경화(慶華)'는 마땅히 순화(舜華)로 기록해야 하니, 다른 학설도 모두 이와 같다.

②-索隱 有角曰蛟龍. 龍能興雲致雨, 調和陰陽之氣.

번역 뿔이 있는 것을 교룡(蛟龍)이라고 부른다. 용은 구름을 일으켜 비를 내리게 할 수 있으니, 음양의 기운을 조화롭게 만드는 것이다.

③-集解 王肅曰: 陬操, 琴曲名也.

번역 왕숙이 말하길, '추조(陬操)'는 거문고 악곡의 이름이다.

③-索隱 此陬鄉非魯之陬邑. 家語云作"槃操"也.

번역 여기에서 말하는 '추향(陬鄉)'은 노나라에 속한 추읍(陬邑)을 말하는 것이 아니다. 『공자가어』에서는 '반조(槃操)'라고 기록했다.

참고 『사기』「공자세가(孔子世家)」 기록

원문 他日, 靈公問兵陳①. 孔子曰, "俎豆之事則嘗聞之, 軍旅之事未之學也②." 明日, 與孔子語, 見蜚鴈, 仰視之, 色不在孔子. 孔子遂行③, 復如陳.

번역 어느 날 위나라 영공은 군대의 진법에 대해 물어보았다. 공자는 "도마와 두를 진설하는 제사에 대해서라면 일찍이 들어본 적이 있습니다만 군대에 대한 일들이라면 배운 적이 없습니다."라고 대답했다. 다음날 영공은 공자와 대화를 하다가 날아가는 기러기를 보게 되자 고개를 들어 그것을 유심히 살폈으며, 공자를 안중에 두지 않았다. 그래서 공자는 결국 길을 떠나게 되어 재차 진나라로 갔다.

①-集解 孔安國曰: 軍陳行列之法.

번역 공안국이 말하길, 군대의 대오를 펼치는 병법을 뜻한다.

②-集解 鄭玄曰: 萬二千人爲軍, 五百人爲旅. 軍旅末事, 本未立不可敎以末也.

번역 정현이 말하길, 12,000명은 1군(軍)이 되고 500명은 1여(旅)가 된다. 군대에 대한 일은 말단에 해당하므로 근본이 확립되지 않았다면 말단에 대해 가르칠 수 없다는 뜻이다.

③-索隱 此魯哀二年也

번역 이것은 노나라 애공 2년에 있었던 일이다.

참고 『사기』「공자세가(孔子世家)」 기록

원문 秋, 季桓子病, 輦而見魯城, 喟然歎曰, "昔此國幾興矣, 以吾獲罪於孔子, 故不興也." 顧謂其嗣康子曰, "我卽死, 若必相魯; 相魯, 必召仲尼." 後數日, 桓子卒, 康子代立. 已葬, 欲召仲尼. 公之魚曰, "昔吾先君用之不終, 終爲諸侯笑. 今又用之, 不能終, 是再爲諸侯笑." 康子曰, "則誰召而可?" 曰, "必召冉求." 於是使使召冉求. 冉求將行, 孔子曰, "魯人召求, 非小用之, 將大用之也." 是日, 孔子曰, "歸乎歸乎!① 吾黨之小子狂簡, 斐然成章, 吾不知所以裁之②." 子贛知孔子思歸, 送冉求, 因誡曰"卽用, 以孔子爲招"云.

번역 가을에 노나라 계환자가 병이 들었는데 수레에 올라 노나라 국성을 보며 탄식하길, "예전 이 나라는 거의 흥성할 수 있었는데, 내가 공자에게 죄를 지었기 때문에 흥성하지 못했다."라고 했다. 그리고는 자신의 후계자인 계강자를 돌아보며 "내가 죽게 된다면 분명 네가 노나라의 재상이 될 것이니, 노나라의 재상이 된다면 반드시 공자를 불러들여라."라고 했다. 며칠 후 계환자가 죽고 계강자가 그 지위를 대신하게 되었다. 장례를 마치고서 공자를 부르려고 했다. 그러자 공지어는 "예전 우리 선군께서는 공자를 등용했음에도 끝이 좋지 못하여, 결국 제후들의 웃음거리가 되고 말았습니다. 지금 다시 그를 등용한다면 끝이 좋지 못할 것이니, 재차 제후들의 웃음거리가 될 것입니다."라고 말했다. 계강자는 "그렇다면 누구를 불러들이는 것이 좋겠는가?"라고 했는데, "반드시 염구를 불러들여야 합니다."라고 대답했다. 이에 사신을 보내 염구를 불러들였다. 염구가 초빙에 응해 길을 떠나려고 하자 공자는 "노나라에서 염구를 부르는 것을 보니 작게 쓰려는 것이 아니며 크게 쓰려고 함이다."라고 말했다. 그날 공자는 "돌아가자꾸나, 돌아가자꾸나! 내 고향의 젊은이들은 뜻만 크고 행실이 소홀하며 훌륭하게 문장을 이루었으나 나는 그들을 어떻게 지도해야할지 모르겠구나."라고 말했다. 자공은 공자가 노나라로 돌아가려고 생각하고 있음을 파악하고 염구를 전송하며, 그 계기를 통해 주의를 주며 "등용이 된다면 선생님을 초빙하시오."라고 말했다.

①-索隱 此系家再有"歸與"之辭者, 前辭出孟子, 此辭見論語, 蓋止是一稱"歸與", 二書各記之, 今前後再引, 亦失之也.

번역 이곳 「공자세가」에는 "돌아가자."라고 한 말이 두 차례 나오는데, 앞의 기록은 『맹자』에서 가져온 것이고 이곳 기록은 『논어』에도 보인다. 단지 한 차례 "돌아가자."라고 말했던 것인데, 두 서적에서 각각 기록하고 있으므로, 이곳에서는 앞뒤로 두 차례 인용을 했으니, 이 또한 실수한 부분이다.

②-集解 孔安國曰: 簡, 大也. 孔子在陳思歸欲去, 曰, "吾黨之小子狂者進取於大道, 妄穿鑿以成章, 不知所以裁制, 當歸以裁耳."

번역 공안국이 말하길, '간(簡)'자는 크다는 뜻이다. 공자가 진나라에 있었을 때 노나라로 돌아갈 것을 생각하여 그곳을 떠나고자 했다. 그래서 "우리 고향의 젊은이들 중 경솔한 자들은 대도에 나아가려고 하지만, 망령스럽게도 격식을 완성하는 일에 천착하고 있으니, 어떻게 다듬어야할지 모르겠지만, 마땅히 돌아가서 그들을 다듬어야 한다."라고 말한 것이다.

참고 『사기』「공자세가(孔子世家)」 기록

원문 孔子遷于蔡三歲, 吳伐陳. 楚救陳①, 軍于城父. 聞孔子在陳蔡之閒, 楚使人聘孔子. 孔子將往拜禮, 陳蔡大夫謀曰, "孔子賢者, 所刺譏皆中諸侯之疾. 今者久留陳蔡之閒, 諸大夫所設行皆非仲尼之意. 今楚, 大國也, 來聘孔子. 孔子用於楚, 則陳蔡用事大夫危矣." 於是乃相與發徒役圍孔子於野. 不得行, 絶糧. 從者病, 莫能興②. 孔子講誦弦歌不衰. 子路慍見曰, "君子亦有窮乎?" 孔子曰, "君子固窮, 小人窮斯濫矣③."

번역 공자가 채나라로 옮긴 후 3년이 되었을 때 오나라가 진나라를 공격하였다. 초나라는 진나라를 구원하여 성보에 군대를 주둔시켰다. 공자가 진나라와 채나라 중간 쯤에 머물고 있다는 소식을 듣고 초나라에서는 사람을 보내 공자를 초빙하였다. 공자는 찾아가려고 하여 사자에게 절을 하며 예우하였는데, 진나라와 채나라의 대부들은 모의를 하며, "공자는 현명한 자이니, 그가 비판하는 일들은 모두 제후들의 잘못에 들어맞는다. 현재 오래도록 진나라와 채나라 사이에 머물러 있었는데, 여러 대부들이 시행한 일들은 모두 공자의 뜻에는 어긋난다. 초나라는 대국이며, 사람을 보내 공자를 초빙하였다. 공자가 초나라에 등용된다면 진나라와 채나라에서 정무를 맡고 있는 대부들은 모두 위태롭게 될 것이다."라고 했다. 이에 진나라와 채나라의 대부들은 서로 합세하여 일꾼들을 보내 들판에서 공자를 포위하였다. 공자는 길을 가지 못하였고, 양식도 떨어졌다. 따르는 자들 중에는 병에 걸려 일어나지 못하는 자들도 발생하였다. 공자는 강의하고 암송하며 악기를 연주하고 노래를 부르며 흐트러짐 없이 지냈다. 자로가 화를 내며 "군자 또한 곤궁한 때가 있습니까?"라고 하자 공자는 "군자는 진실로 곤궁한 때가 있지만, 소인은 곤궁하게 되면 잘못을 저지른다."라고 했다.

①-集解 徐廣曰: 哀公四年也.

번역 서광이 말하길, 노나라 애공 4년에 발생한 일이다.

②-集解 孔安國曰: 興, 起也.

번역 공안국이 말하길, '흥(興)'자는 일어난다는 뜻이다.

③-集解 何晏曰: 濫, 溢也. 君子固亦有窮時, 但不如小人窮則濫溢爲非.

번역 하안이 말하길, '남(濫)'자는 넘친다는 뜻이다. 군자에게는 진실로 곤궁할 때가 있지만, 소인처럼 곤궁하게 되어 넘쳐 잘못을 저지르는 것과는 다르다.

참고 『사기』「공자세가(孔子世家)」 기록

원문 昭王將以書社地七百里①封孔子. 楚令尹子西曰, "王之使使諸侯有如子貢者乎?" 曰, "無有." "王之輔相有如顏回者乎?" 曰, "無有." "王之將率有如子路者乎?" 曰, "無有." "王之官尹有如宰予者乎?" 曰, "無有." "且楚之祖封於周, 號爲子男五十里. 今孔丘述三五之法, 明周召之業, 王若用之, 則楚安得世世堂堂方數千里乎? 夫文王在豐, 武王在鎬, 百里之君卒王天下. 今孔丘得據土壤, 賢弟子爲佐, 非楚之福也." 昭王乃止. 其秋, 楚昭王卒于城父.

번역 초나라 소왕은 서사지 700리의 땅으로 공자를 분봉해주려고 했다. 초나라 영윤인 자서가 "왕의 사신 중에 제후에게 사신으로 보낼 수 있는 자로 공자의 제자인 자공만한 인물이 있습니까?"라고 물으니, "없소."라고 대답했다. 다시 "왕을 보필하는 재상 중 공자의 제자인 안회만한 인물이 있습니까?"라고 물으니, "없소."라고 대답했다. 다시 "왕의 장수들 중 공자의 제자인 자로만한 인물이 있습니까?"라고 물으니, "없소."라고 대답했다. 다시 "왕에게 소속된 각 관부의 수장들 중 공자의 제자인 재여만한 인물이 있습니까?"라고 물으니, "없소."라고 대답했다. 자서는 "초나라 시조께서 주나라로부터 제후로 분봉을 받으셨을 때, 자작과 남작이 받은 사방 50리의 영토에 지나지 않았습니다. 현재 공자는 삼왕과 오제의 법도를 조술하고 주공과 소공의 과업에 해박한데, 왕께서 그를 등용하신다면 초나라가 어찌 대대손손 수천 리의 땅을 가질 수 있겠습니까? 문왕은 풍(豐)이라는 땅에서 시작하였고 무왕은 호(鎬)라는 땅에서 시작하였는데, 사방 100리의 땅을 다스리는 군주였지만 끝내 천하의 왕이 되었습니다. 현재 공자가 땅을 얻게 된다면 현명한 제자들이 그를 도울 것이니, 이것은 초나라에 득이 될 일이 아닙니다."라고 했다. 소왕은 곧 분봉하려던 것을 그만두었다. 그해 가을에 초나라 소왕이 성보에서 죽었다.

①-集解 服虔曰: 書, 籍也.

번역 복건이 말하길, '서(書)'자는 문서를 뜻한다.

①-索隱 古者二十五家爲里, 里則各立社, 則書社者, 書其社之人名於籍. 蓋以七百里書社之人封孔子也, 故下冉求云"雖累千社而夫子不利", 是也.

번역 고대에는 25개의 가를 1리(里)로 삼았고, 1리(里)에는 각각 사(社)에 대한 제단을 세웠으니, '서사(書社)'라는 것은 같은 사(社)의 제사를 지내는 사람들의 이름을 문서에 기록한 것이다. 700리에 그 사의 제사를 지내는 사람을 기록한 땅으로 공자를 분봉해주려고 했다. 그렇기 때문에 아래 문장에서 염구는 "비록 수천의 사로 분봉하더라도 선생님은 이롭게 여기지 않으실 겁니다."라고 한 것이다.

참고 『사기』「공자세가(孔子世家)」 기록

원문 其明年, 冉有爲季氏將師, 與齊戰於郎, 克之①. 季康子曰, "子之於軍旅, 學之乎? 性之乎?" 冉有曰, "學之於孔子." 季康子曰, "孔子何如人哉?" 對曰, "用之有名; 播之百姓, 質諸鬼神而無憾. 求之至於此道, 雖累千社, 夫子不利也." 康子曰, "我欲召之, 可乎?" 對曰, "欲召之, 則毋以小人固之, 則可

矣." 而衛孔文子②將攻太叔③, 問策於仲尼. 仲尼辭不知, 退而命載而行, 曰, "鳥能擇木, 木豈能擇鳥乎!④" 文子固止. 會季康子逐公華·公賓·公林, 以幣迎孔子, 孔子歸魯.

번역 그 다음해 염유는 계씨의 장수가 되어 제나라와 낭에서 전쟁을 했는데 이겼다. 계강자는 "그대는 군대와 관련된 일을 배워서 잘하는 것인가? 아니면 타고난 것인가?"라고 물었다. 염유는 "공자께 배웠습니다."라고 대답했다. 계강자가 "공자는 어떤 사람인가?"라고 물으니 "공자를 등용한다면 명성이 생길 것이며, 그의 가르침을 백성들에게 시행하거나 귀신에게 질정하더라도 유감이 없을 것입니다. 이러한 길을 걷도록 요구한다면 비록 수천 사의 땅을 주더라도 선생님은 이롭게 여기지 않을 것입니다."라고 대답했다. 계강자가 "나는 그를 초빙하고 싶은데 가능하겠는가?"라고 하니, 염유는 "공자를 부르고자 하신다면 소인들이 방해하지 못하도록 해야만 가능할 것입니다."라고 대답했다. 당시 위나라 공문자는 태숙을 공격하려고 하여 공자에게 계책을 물었다. 공자는 잘 모른다고 사양하고 물러나 수레를 준비하도록 명하고 길을 떠났고, "새는 나무를 택해 머물 수 있지만 나무가 어찌 새를 택할 수 있겠는가!"라고 했다. 공문자가 공자를 만류하였다. 그러나 당시 계강자가 공화·공빈·공림을 축출하고 예물을 갖춰 공자를 초빙하니, 공자는 노나라로 돌아갔다.

①-集解 徐廣曰: 此哀公十一年也, 去吳會繒已四年矣. 年表哀公十年, 孔子自陳至衛也.

번역 서광이 말하길, 이것은 노나라 애공 11년에 발생한 일인데, 오나라와 증에서 회합을 가졌던 일로부터 이미 4년이 흐른 것이다. 『연표』에서는 애공 10년에 공자가 진나라로부터 위나라로 갔다고 했다.

①-索隱 徐說去會四年, 是也. 按, 左傳及此文, 孔子是時在衛歸魯, 不見有在陳之文, 在陳當哀公之初, 蓋年表誤爾.

번역 서광은 회합을 가졌던 일로부터 4년이 지났다고 했는데, 이 말은 옳다. 살펴보니 『좌전』 및 이곳 문장에서는 공자가 당시 위나라에 있다가 노나라로 돌아갔다고 했으며, 진나라에 있었다는 기록은 보이지 않으니, 진나라에 머물러 있었던 것은 애공 초창기였다. 따라서 『연표』가 아마도 잘못 기록한 것 같다.

①-正義 括地志云: 郎亭在徐州滕縣西五十三里.

번역 『괄지지』에서 말하길, 낭정은 서주 등현에서 서쪽으로 53리 떨어진 지점에 있다.

②-集解 服虔曰: 文子, 衛卿也.

번역 복건이 말하길, '문자(文子)'는 위나라의 경이다.

③-集解 左傳曰: 太叔名疾.

번역 『좌전』에서 말하길, 태숙의 이름은 질(疾)이다.

④-集解 服虔曰: 鳥喩己, 木以喩所之之國.

번역 복건이 말하길, 새를 통해 자신을 비유한 것이며, 나무를 통해 가고자 하는 나라를 비유한 것이다.

참고 『사기』「공자세가(孔子世家)」 기록

원문 魯哀公問政, 對曰, "政在選臣." 季康子問政, 曰, "擧直錯諸枉①, 則枉者直." 康子患盜, 孔子曰, "苟子之不欲, 雖賞之不竊②." 然魯終不能用孔

子, 孔子亦不求仕.

번역 노나라 애공이 정치에 대해 묻자 "정치는 제대로 된 신하를 선발하는데 달려 있습니다."라고 대답했다. 계강자가 정치에 대해 묻자 "곧은 자를 등용하고 굽은 자를 내친다면 굽은 자는 곧게 된다."라고 했다. 계강자가 도둑을 염려하자 공자는 "만약 그대가 욕심을 부리지 않는다면 비록 상을 주며 도둑질하라고 하더라도 훔쳐가지 않을 것이다."라고 했다. 그러나 노나라에서는 끝내 공자를 등용하지 못했고, 공자 또한 벼슬을 구하지 않았다.

①-集解 包氏曰: 錯, 置也. 擧正直之人用之, 廢置邪枉之人.

번역 포씨가 말하길, '조(錯)'자는 내친다는 뜻이다. 바르고 곧은 사람을 등용하고 사벽하고 굽은 자를 내치는 것이다.

①-索隱 論語"季康子問政, 子曰, '政者, 正也.'" 又"哀公問曰, '何爲則人服?' 子曰, '擧直錯諸枉則人服.'" 今此初論康子問政, 未合以孔子答哀公使人服, 蓋太史公撮略論語爲文而失事實.

번역 『논어』에서는 "계강자가 정치에 대해 묻자 공자는 '정치란 바르게 하는 것이다.'"[33]라고 했고, 또 "애공이 '어떻게 하면 백성들이 복종합니까?'라고 묻자 공자는 '곧은 자를 등용하고 굽은 자를 내친다면 백성들이 복종하게 됩니다.'"[34]라고 했다. 현재 이곳에서는 처음으로 계강자가 정치를 물은 내용을 논의했는데, 애공이 백성들을 복종시키는 방법에 대해 공자가 답변한 것과 부합하지 않으니, 아마도 태사공이 『논어』의 기록을 모아 요약하여 글을 작성하면서 사실을 놓친 것 같다.

---

33) 『논어』「안연(顔淵)」: 季康子問政於孔子. 孔子對曰, "政者, 正也. 子帥以正, 孰敢不正?"

34) 『논어』「위정(爲政)」: 哀公問曰, "何爲則民服?" 孔子對曰, "擧直錯諸枉, 則民服, 擧枉錯諸直, 則民不服."

②-集解 孔安國曰: 欲, 情慾也. 言民化於上, 不從其所令, 從其所好也.

번역 공안국이 말하길, '욕(欲)'자는 정욕을 뜻한다. 백성들은 군주를 보고 교화되니, 단지 군주가 명령한 것에만 따르지 않고 군주가 좋아하는 것에 따른다는 뜻이다.

참고 『춘추좌씨전』 장공(莊公) 11년 기록

전문 乘丘之役①, 公以金僕姑射南宮長萬②.

번역 승구의 전쟁 때 장공은 금복고로 남궁장만을 쏘아 맞혔다.

杜注-① 在十年.

번역 장공 10년에 있었던 일이다.

杜注-② 金僕姑, 矢名. 南宮長萬, 宋大夫.

번역 '금복고(金僕姑)'는 화살 이름이다. '남궁장만(南宮長萬)'은 송나라 대부이다.

孔疏 ◎注"金僕姑, 矢名". ○正義曰: 用之射人, 必知是矢; 其名僕姑, 其義未聞.

번역 ◎杜注: "金僕姑, 矢名". ○이것을 사용하여 사람에게 쏘았으니, 이것이 화살에 해당한다는 사실을 명확히 알 수 있다. 화살의 이름을 '복고(僕姑)'라고 부른 의미에 대해서는 알 수 없다.

전문 公右歂孫生搏之.

번역 장공의 거우(車右)[35]인 천손은 그를 생포하였다.

杜注 搏, 取也. 不書獲, 萬時未爲卿.

번역 '박(搏)'자는 잡았다는 뜻이다. '획(獲)'이라고 기록하지 않은 것은 당시 남궁장만은 경의 신분이 아니었기 때문이다.

孔疏 ●"公右顓孫生搏之". ○正義曰: 檀弓云: "魯莊公及宋人戰于乘丘, 縣賁父御, 卜國爲右." 車右與此不同者, 禮記後人所錄, 聞於所聞之口, 其事未必實也. 按傳云: "公子偃先犯宋師, 公從而大敗之", 則本非交戰. 禮記稱"馬驚, 敗績, 公隊, 佐車授綏, 御與車右皆死之". 必如記言, 則是魯師敗績, 安得稱"公敗宋師于乘丘"? 傳·記不同, 固當記文妄耳.

번역 ●傳文: "公右顓孫生搏之". ○『예기』「단궁(檀弓)」편에서는 "노나라 장공은 송나라와 승구 땅에서 전쟁을 했는데, 현분보는 장공의 수레를 몰았고, 복국은 수레에 함께 타는 호위무사가 되었다."[36]라고 했다. 수레에 탔던 호위무사 이름이 이곳과 다른데, 그 이유는 『예기』는 후대 사람이 기록한 것이니, 구전으로 전해진 소문을 들어서 기록한 것이므로, 그 사안이 반드시 실제의 사실과 완전히 일치하지 않기 때문이다. 전문을 살펴보면 "공자 언이 먼저 송나라 군대를 공격하자고 제안하여 장공이 그에 따라 크게 이겼다."[37]라고 했으니, 본래부터 교전을 했던 것이 아니다. 『예기』에서는 "말이 놀라 수레가 전복되는 일이 발생했고 장공 또한 수레에서 떨어

35) 거우(車右)는 수레에 함께 타는 호위무사를 뜻한다. 수레의 우측에 위치하였기 때문에 '거우'라고 부르는 것이다.

36) 『예기』「단궁상(檀弓上)」【74d~75a】: <u>魯莊公及宋人戰于乘丘, 縣賁父御, 卜國爲右</u>. 馬驚敗績, 公隊, 佐車授綏, 公曰: "末之卜也." 縣賁父曰: "他日不敗績, 而今敗績, 是無勇也." 遂死之. 圉人浴馬, 有流矢在白肉. 公曰: "非其罪也." 遂誄之. 士之有誄, 自此始也.

37) 『춘추좌씨전』「장공(莊公) 10년」: 夏六月, 齊師·宋師次于郎. 公子偃曰, "宋師不整, 可敗也. 宋敗, 齊必還. 請擊之." 公弗許. 自雩門竊出, 蒙皐比而先犯之. 公從之. 大敗宋師于乘丘. 齊師乃還.

졌으며, 예비 수레에서 새끼줄을 건네게 되었고, 수레를 몰았던 자와 거우가 모두 전사했다."라고 했다. 『예기』의 기록대로라면 노나라 군대가 패배한 것인데 어찌 "장공이 승구에서 송나라 군대를 패배시켰다."라고 말할 수 있겠는가? 전문과 『예기』의 기록이 다른데, 『예기』의 기록이 망령된 것일 따름이다.

전문 宋人請之, 宋公靳之.

번역 송나라에서 그를 돌려 달라 청했고, 그가 돌아가자 송나라 공작은 그를 희롱하였다.

杜注 戲而相愧曰靳. 魯聽其得還.

번역 희롱하며 상대를 부끄럽게 만드는 것이 '근(靳)'이다. 노나라에서는 그를 돌려보내라는 청을 들어준 것이다.

孔疏 ◎注"戲而"至"得還". ○正義曰: 服虔云"恥而惡之曰靳". 傳稱"宋人請之", 若是恥惡其人, 不應爲之請魯. 故杜以爲"戲而相愧曰靳". 鄭玄注禮記·儒行云: "遭人名爲儒, 而以儒靳故相戲." 俗有靳故之語, 知是戲而相愧之名也. 公羊傳以爲, 宋萬"與閔公博, 婦人皆在側. 萬曰: '甚矣! 魯侯之淑, 魯侯之美!' 閔公矜此婦人, 妒其言, 曰: '此虜也. 魯侯之美惡乎至?'" 何休云: "惡乎至, 猶何所至." "萬怒, 搏閔公, 絶其脰." 是其靳之事也.

번역 ◎杜注: "戲而"~"得還". ○복건은 "부끄럽게 여겨 그를 험담하는 것을 '근(靳)'이라고 부른다."라고 했다. 전문에서는 "송나라에서 청했다."라고 했는데, 만약 그를 부끄럽게 여겨 험담했다면 그를 위해 노나라에 청을 하지 않아야만 한다. 그렇기 때문에 두예는 "희롱하며 상대를 부끄럽게 만드는 것이 '근(靳)'이다."라고 했다. 『예기』「유행」편에 대한 정현의 주에서는 "사람을 만나서 유자라고 말하는 것은 유자를 부끄럽게 여기기 때문에 서로 놀리는 것이다."라고 했다. 세속에는 옛 잘못을 부끄럽게 여긴다는 말이 있으니, 이것이 희롱하며 상대를 부끄럽게 만들 때 쓰는 말임을 알 수 있다. 『공양전』에서는 다음과 같이 여겼으니, 송나라 남궁장만은 "민공과 유희를 즐기고 있었는데, 부인들이 모두 그 곁에 있었다. 남궁장만은 '지극하도다! 노나라 후작의 선함이여, 노나라 후작의 우호여!'라고 했다. 민공은 그 부인을 불쌍히 여기고 그의 말을 시기하여, '이 노예여. 노나라 후작의 우호가 어디에 이르렀단 말인가?'"라고 했다. 하휴는 "오호지(惡乎至)는 하소지(何所至)라는 말과 같다."라고 했다. 그리고 "남궁장만이 화를 내며 민공을 붙잡고 목을 잘라버렸다."라고 했다. 이것이 바로 근(靳)에 대한 일화이다.

전문 曰, "始, 吾敬子. 今子, 魯囚也, 吾弗敬子矣!" 病之.

번역 송나라 민공은 "처음에 나는 그대를 존경했었다. 그러나 지금 그대는 노나라의 포로이니, 나는 그대를 존경할 수 없다!"라고 말하여, 남궁장만이 이를 치욕스럽게 생각했다.

杜注 萬不以爲戱, 而以爲已病, 爲宋萬弑君傳.

번역 남궁장만은 민공의 말을 농담으로 받아들이지 않고 치욕으로 여겼던 것이니, 송나라 남궁장만이 그의 군주를 시해하는 전문의 배경이 된다.

참고 『춘추좌씨전』 애공(哀公) 11년 기록

전문 初, 晉悼公子慭亡在衛, 使其女僕而田①. 大叔懿子止而飮之酒②, 遂聘之, 生悼子③. 悼子卽位, 故夏戊爲大夫④. 悼子亡, 衛人翦夏戊⑤. 孔文子之將攻大叔也, 訪於仲尼. 仲尼曰: "胡簋之事, 則嘗學之矣⑥."

번역 애초에 진나라 도공의 아들 은은 위나라로 도망을 갔었는데, 그곳에서 자신의 딸에게 수레를 몰게 하여 사냥을 했었다. 대숙의자가 은을 머물게 하여 함께 술을 마셨고, 결국 은의 딸을 아내로 들여 도자를 낳았다. 도자가 경의 반열에 올랐기 때문에 하무는 대부가 되었다. 도자가 도망가자 위나라는 하무의 작위와 채읍을 삭감했다. 공문자는 대숙을 공격하려고 하여 공자를 탐방하여 자문을 구했다. 공자는 "제사에 대한 일이라면 일찍이 배운적이 있습니다."라고 대답했다.

杜注-① 僕, 御. 田, 獵.

번역 '복(僕)'은 수레를 몬다는 뜻이다. '전(田)'은 사냥을 뜻한다.

杜注-② 懿子, 大叔儀之孫.

번역 '의자(懿子)'은 대숙의(大叔儀)의 손자이다.

杜注-③ 悼子, 大叔疾.

번역 '도자(悼子)'는 대숙질(大叔疾)이다.

杜注-④ 夏戊, 悼子之甥.

번역 '하무(夏戊)'는 도자의 생질이다.

杜注-⑤ 翦, 削其爵邑.

번역 '전(翦)'은 작위와 채읍을 삭감했다는 뜻이다.

杜注-⑤ 胡簋, 禮器名. 夏曰胡, 周曰簋.

번역 '호궤(胡簋)'는 의례에 사용되는 기물 이름이다. 하나라 때에는 호

(胡)라고 불렀고, 주나라 때에는 궤(簋)라고 불렀다.

孔疏 ◎注"胡簋"至"曰簋". ○正義曰: 胡簋, 行禮所用之器, 故以胡簋言禮事. 論語衛靈公問曰: "俎豆之事", 意亦同也. 明堂位說四代之器云: 有虞氏之兩敦, 夏后氏之四璉, 殷之六瑚, 周之八簋. 如記文, 則夏器名璉, 殷器名瑚. 而包咸·鄭玄等注論語, 賈·服等注此傳, 皆云夏曰胡. 杜亦同之. 或別有所據, 或相從而誤.

번역 ◎杜注: "胡簋"~"曰簋". ○'호궤(胡簋)'는 의례를 시행할 때 사용되는 기물이다. 그렇기 때문에 '호궤(胡簋)'를 통해 예법과 관련된 사안을 언급한 것이다. 『논어』에서 위나라 영공이 질문했을 때, '조두지사(俎豆之事)'[38] 라고 대답한 것도 그 의미가 이와 같다. 『예기』「명당위(明堂位)」편에서는 사대 때의 기물들을 설명하며, 유우씨 때 사용하던 2개의 돈(敦), 하후씨 때 사용하던 4개의 연(璉), 은나라 때 사용하던 6개의 호(瑚), 주나라에서 사용하는 8개의 궤(簋)라고 했다.[39] 『예기』의 기록에 따른다면 하나라 때의 기물은 '연(璉)'이라고 불렀고, 은나라 때의 기물은 '호(瑚)'라고 불렀다. 포함과 정현 등의 『논어』에 대한 주와 가규와 복건 등의 이곳 전문에 대한 주석에서는 모두 하나라 때의 기물은 '호(胡)'라고 부른다고 했다. 두예 또한 이에 동조하였는데, 별도로 근거가 있었거나 그것이 아니라면 이전의 학설에 따라 오류를 범한 것이다.

전문 "甲兵之事, 未之聞也." 退, 命駕而行, 曰: "鳥則擇木, 木豈能擇鳥?"

번역 공자는 계속하여 "전쟁에 대한 일이라면 일찍이 들어본 적이 없습니다."라고 했다. 그런 뒤 물러나와 수레에 멍에를 메라고 명령하고 길을 떠났고, "새라면 나무를 가릴 수 있지만 나무가 어찌 새를 가릴 수 있겠는

---

38) 『논어』「위령공(衛靈公)」: 衛靈公問陳於孔子. 孔子對曰, "俎豆之事, 則嘗聞之矣, 軍旅之事, 未之學也."

39) 『예기』「명당위(明堂位)」【404d】: 有虞氏之兩敦, 夏后氏之四璉, 殷之六瑚, 周之八簋.

가?"라고 했다.

杜注 以鳥自喩.

번역 새를 통해 스스로를 비유한 것이다.

孔疏 ●"甲兵"至"聞也". ○正義曰: 對靈公, "軍旅之事, 未之學也", 其意亦與此同. 軍旅·甲兵, 亦治國之具也. 此以文子非禮, 欲國內用兵, 靈公空問軍陳, 故並不答, 非輕甲兵也.

번역 ●傳文: "甲兵"~"聞也". ○영공에게 대답할 때에는 "군대에 대한 일은 일찍이 배운 적이 없다."[40]라고 말했는데, 그 의미가 또한 이곳의 내용과 같다. '군대[軍旅]'와 '병장기[甲兵]'는 모두 나라를 다스리는 도구들이다. 이것은 문자가 비례를 저질러 국내에서 전쟁을 일으키려고 했고, 영공은 군대의 진법에 대해서 공허하게 물어본 것이다. 그렇기 때문에 두 경우에 대해 모두 대답을 하지 않았던 것이니, 군대에 대한 일을 경시한 것이 아니다.

전문 文子遽止之, 曰: "圉豈敢度其私訪? 國之難也①." 將止②, 魯人以幣召之, 乃歸③.

번역 문자가 황급히 만류하며 "제가 어찌 개인을 위해 이러한 모의를 한 것이겠습니까? 나라의 재난을 구제하고자 해서입니다."라고 했다. 공자는 그대로 남아 있으려고 했는데 노나라에서 예물을 가지고 그를 초빙하여 노나라로 돌아갔다.

杜注-① 圉, 文子名. 度, 謀也.

번역 '어(圉)'는 문자의 이름이다. '탁(度)'자는 도모한다는 뜻이다.

---

40) 『논어』「위령공(衛靈公)」: 衛靈公問陳於孔子. 孔子對曰, "俎豆之事, 則嘗聞之矣, 軍旅之事, 未之學也."

杜注-② 仲尼止.

번역 공자가 머물렀다는 뜻이다.

杜注-③ 於是自衛反魯, 樂正, 雅·頌各得其所.

번역 이 시기에 위나라로부터 노나라로 되돌아와서, 음악이 바르게 되었으니, 아(雅)와 송(頌)이 각각 제자리를 찾게 되었다.

孔疏 ●"魯人"至"乃歸". ○正義曰: 孔子世家云"季康子使公華·公賓·公林以幣迎孔子, 孔子歸", 是也.

번역 ●傳文: "魯人"~"乃歸". ○『사기』「공자세가」에서는 "계강자가 공화·공빈·공림을 내치고, 예물을 통해 공자를 맞이하여, 공자가 되돌아왔다."라고 했다.

참고 『춘추좌씨전』 애공(哀公) 16년 기록

전문 夏, 四月, 己丑, 孔丘卒. 公誄之曰: "旻天不弔, 不憖遺一老, 俾屏余一人以在位①, 煢煢余在疚. 嗚呼哀哉! 尼父, 無自律②."

번역 여름 4월 기축일에 공자가 죽었다. 애공이 뇌(誄)를 지어 "하늘이 나를 불쌍하게 여기지 않아 한 노인을 세상에 남겨두어 나 한 사람을 도와 군주의 지위에 있게 하지 않았으니, 외롭고 근심스러워 나는 병이 날 것 같구나. 오호라 슬프구나! 니보여, 내 스스로 법을 따를 길이 없게 되었구나."라고 했다.

杜注-① 仁覆閔下, 故稱旻天. 弔, 恤也. 憖, 且也. 俾, 使也. 屏, 蔽也.

번역 하늘은 인자함으로 천하를 덮어주고 가엾게 여기기 때문에 '민천(旻天)'이라고 부른다. '조(弔)'자는 구휼한다는 뜻이다. '은(憖)'자는 잠시라는 뜻이다. '비(俾)'자는 사(使)자의 뜻이다. '병(屛)'자는 가려준다는 뜻이다.

杜注-② 疚, 病也. 律, 法也. 言喪尼父無以自爲法.

번역 '구(疚)'자는 병을 뜻한다. '율(律)'자는 법을 뜻한다. 니보를 잃어서 스스로 법을 지킬 방도가 없게 되었다는 뜻이다.

孔疏 ●"公誄"至"自律". ○正義曰: 周禮·大祝掌"作六辭以通上下親疏遠近". "六曰誄". 鄭衆曰: "誄謂積累生時德行, 以賜之命主爲其辭."卽引此傳, 是爲賜命之辭也. 鄭玄禮記注云: "誄, 累也. 累列生時行迹, 讀之以作謚." 此傳唯說誄辭, 不言作謚, 傳記群書皆不載孔子之謚, 蓋唯累其美行, 示己傷悼之情而賜之命耳, 不爲之謚, 故書傳無稱焉. 至漢王莽輔政, 尊尙儒術, 封孔子後爲褒成侯, 追謚孔子爲褒成宣尼君, 明是舊無謚也. 鄭玄禮注云: "尼父, 因其字以爲之謚." 謂謚孔子爲尼父. 鄭玄錯讀左傳, 云以字爲謚, 遂復妄爲此解.

번역 ●傳文: "公誄"~"自律". ○『주례』「대축(大祝)」편에서는 "육사(六辭)[41]를 지어 상하·친소·원근의 관계를 두루 통하게 한다."는 일을 담당한

---

41) 육사(六辭)는 교류를 할 때 사용하게 되는 여섯 종류의 공식 문서 및 말을 뜻한다. 사(祠), 명(命), 고(誥), 회(會), 수(禱), 뢰(誄)가 여기에 해당한다. 정사농(鄭司農)의 주장에 따르면, '사'는 '사(辭)'자가 되어야 하며, 사람과 대할 때 사용하는 말을 뜻하고, '명'은 외교 문서를 뜻하며, '고'는 훈계하는 말을 뜻하고, '회'는 관부의 수장이 관부에 소속된 관리들과 회의를 하며 명령을 내리는 말을 뜻하며, '수'는 신들에게 기도를 올릴 때 쓰는 말을 뜻하고, '뢰'는 죽은 자의 일대기를 열거하며 그 사람의 덕행을 가려내어 시호를 지을 때 쓰는 말을 뜻한다고 설명한다. 한편 정현은 '사'는 서로 교류를 할 때 쓰는 말을 뜻하고, '회'는 회맹을 하여 맹약을 맺을 때 쓰는 말을 뜻하며, '수'는 경사스러운 일에 축복을 기원하는 말을 뜻한다고 설명한다. 『주례』「춘관(春官)·대축(大祝)」편에는 "作六辭, 以通上下親疏遠近, 一曰祠, 二曰命, 三曰誥, 四曰會, 五曰禱, 六曰誄."라는 기록이 있고, 이에 대한 정현의 주에서는 "鄭司農云, '祠當爲辭, 謂辭令也. 命, 論語所謂爲命裨諶草創之. 誥, 謂康誥·盤庚之誥之

다고 했다. 그리고 "여섯 번째는 뇌(誄)이다."라고 했다.[42] 정중은 "'뇌(誄)'는 생전의 덕과 행실을 모아서 명명하도록 하사하니, 그 말을 작성하는 일을 담당한다."라고 했고, 이곳의 전문을 인용했으니, 이것은 명명하도록 하사할 때의 말이 된다. 『예기』에 대한 정현의 주에서는 "뇌(誄)는 묶는다는 뜻이다. 생전의 행적을 열거하고 묶어서 그것을 읽고 시호를 짓는다."라고 했다. 이곳 전문에서는 오직 뇌문의 말에 대해서만 설명하고 시호를 지었다는 말은 하지 않았으며, 여러 전문과 기문 등에서도 모두 공자의 시호를 기록하지 않았으니, 아마도 그의 아름다운 행실만 열거하고 요약하여 자신의 상심한 정감만을 드러내 그에게 명명하도록 하사했을 따름이며, 그를 위해 시호를 짓지 않았기 때문이다. 그래서 여러 기록에서는 공자의 시호를 지칭하지 않았던 것이다. 그런데 한나라에 이르러 왕망이 정사를 돕게 되자 유학의 학문을 존숭하였고, 공자의 후손을 포성후에 분봉하였으며, 추전하여 공자의 시호를 지어 '포성선니군(褒成宣尼君)'이라고 했으니, 이것은 그 이전에 공자의 시호가 없었다는 사실을 나타낸다. 『예기』에 대한 정현의 주에서 "'니보(尼父)'라는 말은 공자의 자(字)에 따라서 그 시호를 지은 것이다."라고 했으니, 공자의 시호를 '니보(尼父)'로 지었음을 뜻한다. 정현은 『좌전』을 잘못 읽어서 공자의 자를 시호라고 여겼고, 결국 망령스럽게도 이러한 해설을 만들어내게 된 것이다.

전문 子贛曰, "君其不沒於魯乎! 夫子之言曰, '禮失則昏, 名失則愆.' 失志爲昏, 失所爲愆. 生不能用, 死而誄之, 非禮也. 稱一人, 非名也②. 君兩失之."

번역 자공은 "애공은 노나라에서 생을 마감하지 못할 것이다! 선생님께서 한 말씀 중에는 '예를 잃으면 어둡게 되고 명분을 잃으면 허물을 만든

屬也. …… 會, 謂王官之伯, 命事於會, 胥命于蒲, 主爲其命也. 禱, 謂禱於天地·社稷·宗廟·主爲其辭也. …… 誄, 謂積累生時德行, 以錫之命, 主爲其辭也.' 玄謂一曰祠者, 交接之辭. …… 會, 謂會同盟誓之辭. 禱, 賀慶言福祚之辭."라고 풀이했다.

42) 『주례』「춘관(春官)·대축(大祝)」: <u>作六辭, 以通上下親疏遠近</u>, 一曰祠, 二曰命, 三曰誥, 四曰會, 五曰禱, <u>六曰誄</u>.

다.'라고 한 말씀이 있다. 즉 그 뜻을 잃으면 어둡게 되고 제자리를 잃게 되면 허물을 만든다. 생전에 선생님을 등용하지 못하고서 돌아가신 뒤에야 뇌문을 지었으니, 비례에 해당한다. 또한 스스로를 '일인(一人)'이라고 지칭한 것은 명분을 잃은 것이다. 따라서 애공은 두 가지를 모두 잃은 것이다." 라고 했다.

杜注-① 天子稱一人, 非諸侯之名.

번역 천자만이 자신을 '일인(一人)'이라고 지칭하니, 제후가 쓸 수 있는 말이 아니다.

그림 18-1 ▣ 돈(敦)

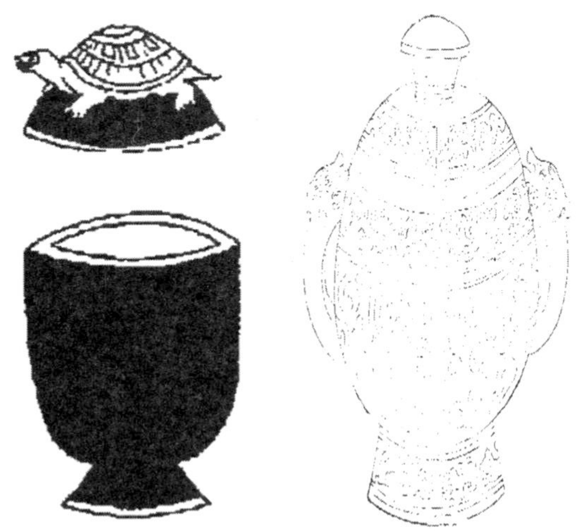

※ 출처: 좌-『삼례도집주(三禮圖集注)』 13권
우-『삼재도회(三才圖會)』「기용(器用)」 1권

그림 18-2 ▣ 호련(瑚璉)

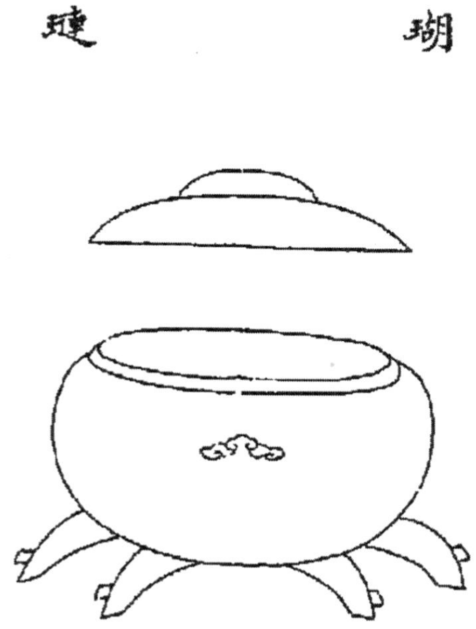

※ **출처:**『삼례도(三禮圖)』4권

儒行 人名 및 用語 辭典

ㄱ

◎ **가규(賈逵, A.D.30~A.D.101)** : 후한(後漢) 때의 경학자이다. 자(字)는 경백(景伯)이다. 『춘추좌씨전해고(春秋左氏傳解詁)』를 지었지만, 현재 일실되어 존재하지 않는다. 청대(淸代) 마국한(馬國翰)의 『옥함산방집일서(玉函山房輯佚書)』와 황석(黃奭)의 『한학당총서(漢學堂叢書)』에 일집본(佚輯本)이 남아 있다.

◎ **가례(嘉禮)** : '가례'는 오례(五禮) 중 하나로, 결혼식을 치르거나, 잔치 등을 베풀 때의 예제(禮制)를 뜻한다. 경사스러운 일이라는 뜻에서 가(嘉)자를 붙여서 '가례'라고 부르는 것이다.

◎ **가정본(嘉靖本)** : 『가정본(嘉靖本)』에는 간행한 자의 정보가 기록되어 있지 않다. 『십삼경주소(十三經注疏)』의 판본이다. 20권으로 구성되어 있으며, 각 권의 뒤편에는 경문(經文)과 그에 따른 주(注)를 간략히 기록하고 있다. 단옥재(段玉裁)는 이 판본이 가정(嘉靖) 연간에 송본(宋本)을 모방하여 간행된 것이라고 여겼다.

◎ **감본(監本)** : 『감본(監本)』은 명(明)나라 국자감(國子監)에서 간행한 『십삼경주소(十三經注疏)』의 판본이다.

◎ **갑사(甲士)** : '갑사'는 병사들을 범칭하는 용어이지만, 보졸(步卒)과 구분할 때에는 갑옷을 착용하는 용사들을 뜻한다.

◎ 강복(降服) : ‘강복’은 상(喪)의 수위를 본래의 등급보다 한 등급 낮추는 일에 해당한다. 예를 들어 자식은 부모에 대해 삼년상을 치러야 하지만, 다른 집의 양자로 간 경우라면 자신의 친부모에 대해 삼년상을 치르지 않고, 한 등급 낮춰서 1년만 치르게 된다. 이것은 상(喪)의 기간에만 해당하는 것이 아니라, 상복(喪服) 및 상(喪)을 치르며 부수적으로 갖추게 되는 기물(器物)들에도 적용된다.

◎ 개성석경(開成石經) : 『개성석경(開成石經)』은 당(唐)나라 만들어진 석경(石經)을 뜻한다. 돌에 경문(經文)을 새겼기 때문에, ‘석경’이라고 부른다. 당나라 때 만들어진 ‘석경’은 대화(大和) 7년(A.D.833)에 만들기 시작하여, 개성(開成) 2년(A.D.837)에 완성되었기 때문에, ‘개성석경’이라고도 부르는 것이다.

◎ 거우(車右) : ‘거우’는 수레에 함께 타는 호위무사를 뜻한다. 수레의 우측에 위치하였기 때문에 ‘거우’라고 부르는 것이다.

◎ 건안진씨(建安眞氏) : =서산진씨(西山眞氏)

◎ 고(孤) : ‘고’는 고대의 작위이다. 천자에게 소속된 ‘고’는 삼공(三公) 밑의 서열에 해당하며, 육경(六卿)보다 높았다. 고대에는 소사(少師)·소부(少傅)·소보(少保)를 삼고(三孤)라고 불렀다.

◎ 고문송판(考文宋板) : 『고문송판(考文宋板)』은 일본 학자 산정정(山井鼎) 등이 출간한 『칠경맹자고문보유(七經孟子考文補遺)』에 수록된 『예기정의(禮記正義)』를 뜻한다. 산정정은 『예기정의』를 수록할 때, 송(宋)나라 때의 판본을 저본으로 삼았다.

◎ 고유(高誘, ?~?) : 후한(後漢) 때의 경학자(經學者)이다. 어려서부터 노식(盧植)에게서 수학하였다고 전해진다.

◎ 곤면(袞冕) : ‘곤면’은 곤룡포와 면류관을 뜻한다. 본래 천자의 제사복장으로, 비교적 중요한 제사 때 입는다. 윗옷과 아랫도리에 새겨진 무늬 등은 9가지이다. 『주례』「춘관(春官)·사복(司服)」편에는 “享先王則袞冕.”이라는 기록이 있다. 이에 대한 정현의 주에서는 “冕服九章, 登龍於山, 登火於宗彝, 尊其神明也. 九章, 初一曰龍, 次二曰山, 次三曰華蟲, 次四曰火, 次五曰宗彝, 皆畫以爲繢. 次六曰藻, 次七曰粉米, 次八曰黼, 次九曰黻, 皆希以爲繡. 則袞之衣五章, 裳四章, 凡九也.”라고 풀이했다. 즉 ‘곤면’의 윗옷에는 용(龍), 산(山), 화충(華蟲), 화(火), 종이(宗彝) 등 5가지 무늬를 그려놓고, 아랫도리에는 조(藻), 분미(粉米), 보(黼), 불

(散) 등 4가지를 수놓았다.

◎ 공씨(孔氏) : =공영달(孔穎達)

◎ 공안국(孔安國, ?~?) : 전한(前漢) 때의 학자이다. 자(字)는 자국(子國)이다. 고문상서학(古文尙書學)의 개조(開祖)로 알려져 있다. 『십삼경주소(十三經注疏)』의 『상서정의(尙書正義)』에는 공안국의 전(傳)이 수록되어 있는데, 통상적으로 이 주석은 후대인들이 공안국의 이름에 가탁하여 붙인 문장으로 인식되고 있다.

◎ 공영달(孔穎達, A.D.574~A.D.648) : =공씨(孔氏). 당대(唐代)의 경학자이다. 자(字)는 중달(仲達)이고, 시호(諡號)는 헌공(憲公)이다. 『오경정의(五經正義)』를 찬정(撰定)하는데 중심적인 역할을 했다.

◎ 과군표(過君表) : '과군표'는 오어(五御) 중 하나로, 군주가 있는 곳은 깃발 등으로 표시를 하는데, 그곳을 지나갈 때에는 수레를 몰지 않는다는 뜻이다. 일종의 군주에게 공경의 뜻을 표하는 방법이다.

◎ 곽경순(郭景純) : =곽박(郭璞)

◎ 곽박(郭璞, A.D.276~A.D.324) : =곽경순(郭景純). 진(晉)나라 때의 학자이다. 자(字)는 경순(景純)이다. 저서로는 『이아주(爾雅注)』, 『방언주(方言注)』, 『산해경주(山海經注)』 등이 있다.

◎ 관(祼) : '관'은 본래 향기로운 술을 땅에 부어서 신을 강림시키는 의식인데, 조회를 온 제후 등을 대면하며 관(祼)을 시행하면, 술잔에 향기로운 술을 따라서 빈객을 공경한다는 뜻을 나타내기도 했다. 즉 본래는 제사의 절차였지만, 이러한 절차에 기인하여 빈객에게 따라준 술을 빈객이 마시는 것 까지도 관(祼)이라고 불렀다.

◎ 광(廣) : '광'은 전쟁용 수레 15승(乘)을 뜻한다. 『사마법』에 따르면 100명은 1졸(卒)이 되고, 25명은 1양(兩)이 되며, 수레 15승(乘)은 대편(大偏)이라고 부른다. 『춘추좌씨전』「선공(宣公) 12년」에는 "廣有一卒, 卒偏之兩."이라는 기록이 있고, 이에 대한 두예(杜預)의 주에서는 "十五乘爲一廣. 司馬法, 百人爲卒, 二十五人爲兩. 車十五乘爲大偏. 今廣十五乘, 亦用舊偏法, 復以二十五人爲承副."이라고 풀이했다.

◎ 광아(廣雅) : 『광아(廣雅)』는 위(魏)나라 때 장읍(張揖)이 지은 자전(字典)이다. 『박아(博雅)』라고도 부른다. 『이아』의 체제를 계승하고, 새로운 내용을 보충하여, 경전(經典)에 기록된 글자들을 해석한 서적이다. 본래 상·중·하 3권으로 구성되어 있었지만, 수(隋)나라 조헌(曺憲)이

재차 10권으로 편집하였다. 한편 '광(廣)'자가 수나라 양제(煬帝)의 시호였기 때문에, 피휘를 하여, 『박아』라고 부르게 되었다.

◎ 교감기(校勘記) : 『교감기(校勘記)』는 완원(阮元)이 학자들을 모아서 편차했던 『십삼경주소교감기(十三經註疏校勘記)』를 뜻한다.

◎ 교기(校記) : 『교기(校記)』는 손이양(孫詒讓)이 지은 『십삼경주소교기(十三經注疏校記)』를 뜻한다.

◎ 교야(郊野) : '교야'는 도성(都城) 밖의 외곽지역을 범범하게 지칭하는 용어이다. 한편 주(周)나라 때에는 왕성(王城)의 경계로부터 사방 100리(里)까지를 '교(郊)'라고 불렀으며, 300리 떨어진 지점까지를 '야(野)'라고 불렀다. 따라서 이 공간 안에 포함된 땅을 통칭하여 '교야'라고 불렀다.

◎ 교제(郊祭) : '교제'는 '교사(郊祀)'라고도 부른다. 교외(郊外)에서 천지(天地)에 제사를 지냈기 때문에 붙여진 명칭이다. 음양설(陰陽說)이 성행했던 한(漢)나라 때에는 하늘에 대한 제사는 양(陽)의 뜻을 따라 남교(南郊)에서 지냈고, 땅에 대한 제사는 음(陰)의 뜻을 따라 북교(北郊)에서 지냈다. 『한서』「교사지하(郊祀志下)」편에는 "帝王之事莫大乎承天之序, 承天之序莫重於郊祀. …… 祭天於南郊, 就陽之義也. 地於北郊, 卽陰之象也."라는 기록이 있다. 한편 '교사'는 후대에 제사를 범칭하는 용어로도 사용되었다. '교사' 중의 '교(郊)'자는 규모가 큰 제사를 뜻하며, '사(祀)'는 비교적 규모가 작은 제사들을 뜻한다.

◎ 구갑(丘甲) : '구갑'은 본래 고대 군대를 동원했던 행정 단위의 편제를 뜻한다. 4개의 구(丘)는 1개의 전(甸)이 되어, 매 전(甸)마다 갑사(甲士) 3명, 보졸(步卒) 72명을 동원했다. 그런데 노(魯)나라 성공(成公)은 제(齊)나라의 변란을 핑계로 임시적으로 갑사를 동원하는 것을 늘렸고, 매 구(丘)마다 1명을 동원하도록 고쳤다. 따라서 이러한 제도를 '구갑'이라고 부른다.

◎ 구덕(九德) : '구덕'은 구공(九功)의 덕(德)을 뜻하니, 구체적으로는 육부(六府)와 삼사(三事)의 덕을 가리킨다. '육부'는 수(水), 화(火), 금(金), 목(木), 토(土), 곡(穀)을 뜻하고, '삼사'는 정덕(正德), 이용(利用), 후생(厚生)을 뜻한다. 『국어(國語)』「주어하(周語下)」편에는 "夫六, 中之色也, 故名之曰黃鍾, 所以宣養六氣九德也."이라는 기록이 있고, 이에 대한 위소(韋昭)의 주에서는 "九德, 九功之德, 水·火·金·木·土·穀·正德·

利用·厚生."이라고 풀이했다. 한편 '구덕'은 관대하면서도 엄숙하고, 유순하면서도 꼿꼿하며, 조심스러우면서도 공손하고, 혼란을 다잡으면서도 공경스러우며, 유순하면서도 굳세고, 강직하면서도 온화하고, 요점을 잘 지키면서도 의로움을 지키며, 굳건하면서도 독실하고, 용맹하면서도 의로움을 좇는 것이다. 『서』「우서(虞書)·고요모(皐陶謨)」편에는 "皐陶曰, 都, 亦行有九德, 亦言其人有德. 乃言曰, 載采采. 禹曰, 何. 皐陶曰, 寬而栗, 柔而立, 愿而恭, 亂而敬, 擾而毅, 直而溫, 簡而廉, 剛而塞, 彊而義, 彰厥有常, 吉哉."라는 기록이 있다.

◎ **구목(九牧)** : '구목'은 구주(九州)의 목(牧)들을 뜻한다. 고대 중국은 천하를 '구주'로 구분하였는데, 각각의 주(州)에는 여러 제후들이 속해 있었다. 그 중에서 가장 뛰어난 자를 그 '주'에 속해있었던 제후들의 수장으로 삼았는데, 그를 '목'이라고 부르는 것이다. 『예기』「곡례하(曲禮下)」편에는 "九州之長, 入天子之國曰牧"이라는 기록이 있는데, 이에 대한 정현의 주에서는 "每一州之中, 天子選諸侯之賢者以爲之牧也."라고 풀이했다.

◎ **구수(九數)** : '구수'는 고대의 아홉 가지 계산 방법이다. 방전(方田), 속미(粟米), 차분(差分), 소광(少廣), 상공(商功), 균수(均輸), 방정(方程), 영부족(贏不足), 방요(旁要)를 뜻한다. 『주례』「지관(地官)·보씨(保氏)」편에는 "六曰九數."라는 기록이 있는데, 이에 대한 정현의 주에서는 정중(鄭衆)의 주장을 인용하여, "九數, 方田·粟米·差分·少廣·商功·均輸·方程·贏不足·旁要."라고 풀이했다.

◎ **구이(九夷)** : '구이'는 고대 중국의 동쪽 지역에 거주하던 아홉 종류의 소수 민족을 뜻한다. 또한 그들이 거주하는 지역 전체를 가리키는 용어로도 사용되었다. 아홉 종류의 소수 민족을 견이(畎夷)·우이(于夷)·방이(方夷)·황이(黃夷)·백이(白夷)·적이(赤夷)·현이(玄夷)·풍이(風夷)·양이(陽夷)라고 정의하기도 한다. 『논어』「자한(子罕)」편에는 "子欲居九夷."라는 기록이 있고, 이에 대한 하안(何晏)의 『집해(集解)』에서는 마융(馬融)의 주장을 인용하여, "東方之夷有九種."이라고 풀이했으며, 『후한서(後漢書)』「동이전(東夷傳)」편에는 "夷有九種. 曰, 畎夷·于夷·方夷·黃夷·白夷·赤夷·玄夷·風夷·陽夷."라는 기록이 있다.

◎ **구족(九族)** : '구족'은 친족을 범칭하는 말이다. 자신을 중심으로 위로 고조부(高祖父)까지의 네 세대, 아래로 현손(玄孫)까지의 네 세대까지

포함된 친족을 지칭한다. 『서』「우서(虞書)·요전(堯典)」편에는 "克明俊德, 以親九族."이라는 기록이 있는데, 이에 대한 공안국(孔安國)의 전(傳)에서는 "以睦高祖, 玄孫之親."이라고 풀이하였다. 일설에는 '구족'을 부친쪽 친척 중 4촌, 모친쪽 친척 중 3촌, 처쪽 친척 중 2촌까지를 지칭하는 용어라고도 풀이한다.

◎ 구주(九州) : '구주'는 9개의 주(州)를 뜻한다. 고대 중국에서는 중원 지역을 9개의 주로 구분하여, 다스렸다. 따라서 '구주'는 오랑캐 지역과 대비되는 중국 땅을 지칭하는 용어로 사용되었다. '구주'의 포함되는 '주'의 이름들은 각 기록마다 차이를 보인다. 『서』「우서(虞書)·우공(禹貢)」편에는 "禹敷土, 隨山刊木, 奠高山大川. 冀州既載. …… 濟河惟兗州. 九河既道. …… 海岱惟青州. 嵎夷既略, 濰淄其道. …… 海岱及淮惟徐州, 淮沂其乂, 蒙羽其藝. …… 淮海惟揚州, 彭蠡其豬, 陽鳥攸居. …… 荊及衡陽惟荊州. 江漢朝宗于海. …… 荊河惟豫州, 伊洛瀍澗, 既入于河. …… 華陽黑水惟梁州. 岷嶓既藝, 沱潛既道. …… 黑水西河惟雍州. 弱水既西."라는 기록이 있다. 즉 『서』에 기록된 '구주'는 기주(冀州)·연주(兗州)·청주(青州)·서주(徐州)·양주(揚州)·형주(荊州)·예주(豫州)·양주(梁州)·옹주(雍州)이다. 한편 『이아』「석지(釋地)」편에는 " 兩河間曰冀州. 河南曰豫州. 河西曰雝州. 漢南曰荊州. 江南曰楊州. 濟河間曰兗州. 濟東曰徐州. 燕曰幽州. 齊曰營州."라는 기록이 있다. 즉 『이아』에 기록된 '구주'는 『서』의 기록과 달리, '서주'와 '양'주에 대한 기록이 없고, 대신 유주(幽州)와 영주(營州)가 기록되어 있다. 또 『주례』「하관(夏官)·직방씨(職方氏)」편에는 "乃辨九州之國使同貫利. 東南曰揚州. …… 正南曰荊州. …… 河南曰豫州. …… 正東曰青州. …… 河東曰兗州. …… 正西曰雍州. …… 東北曰幽州. …… 河內曰冀州. …… 正北曰并州."라는 기록이 있다. 즉 『주례』에 기록된 '구주'는 『서』의 기록과 달리, '서주'와 '양주'에 대한 기록이 없고, 대신 '유주'와 병주(并州)에 대한 기록이 있다. 이외에도 일부 차이를 보이는 기록들이 있다.

◎ 국자(國子) : '국자'는 천자 및 공(公), 경(卿), 대부(大夫)의 자제들을 말한다. 때론 상황에 따라 천자의 태자(太子) 및 왕자(王子)를 포함시키지 않는 경우도 있다. 『주례』「지관(地官)·사씨(師氏)」편에는 "以三德教國子"라는 기록이 있고, 이에 대한 정현의 주에서 "國子, 公卿大夫之子弟."라고 풀이한 용례와 『한서(漢書)』「예악지(禮樂志)」편에서 "朝

夕習業, 以敎國子. 國子者, 卿大夫之子弟也."라고 풀이한 용례가 바로 여기에 해당한다. 그러나 이것은 천자에 대한 언급을 가급적 회피했기 때문에, 생략하여 기술하지 않은 것이다. 청대(淸代) 유서년(劉書年)의 『유귀양설경잔고(劉貴陽說經殘稿)』「국자증오(國子證誤)」편에서 "國子者, 王大子, 王子, 諸侯公卿大夫士之子弟, 皆是, 亦曰國子弟."라고 풀이하고 있는 것처럼, '국자'에는 천자의 태자와 왕자들까지도 포함된다.

◎ **군례(軍禮)** : '군례'는 오례(五禮) 중 하나로, 군대와 관련된 예제(禮制)를 뜻한다. 참고적으로 고대 중국에서는 각 계절마다 군대와 관련된 의식을 시행하였는데, 봄에 하는 것을 진려(振旅)라고 불렀고, 여름에 하는 것을 발사(拔舍)라고 불렀으며, 가을에 하는 것을 치병(治兵)이라고 불렀고, 겨울에 하는 것을 대열(大閱)이라고 불렀다. 이러한 의식들이 모두 '군례'에 포함된다.

◎ **금화응씨(金華應氏, ?~?)** : =응용(應鏞)·응씨(應氏)·응자화(應子和). 이름은 용(鏞)이다. 자(字)는 자화(子和)이다. 『예기찬의(禮記纂義)』를 지었다.

◎ **기(旂)** : '기'는 본래 제후가 세우는 깃발을 뜻한다. 제후는 그 깃발에 두 마리의 용(龍)이 한 쌍을 이루고 있는 교룡(交龍)을 수놓는다. 이때 '머리를 하늘로 하고 있는 1마리 용[升龍]'은 승천하여 천자에게 조회를 하는 모습을 형상화한 것이고, '머리를 땅으로 하고 있는 다른 1마리 용[降龍]'은 천자의 명령을 받아서 복종하는 것을 형상화한 것이다. 천자의 깃발에는 해[日]·달[月]·별[星辰] 등을 수놓았는데, 제후는 천자와 동일하게 할 수 없기 때문에, 대신 승용(升龍)과 강용(降龍)을 수놓았던 것이다. 『주례』「춘관(春官)·사상(司常)」편에 기록된 '기'에 대해서, 정현의 주에서는 "諸侯畫交龍, 一象其升朝, 一象其下復也."라고 풀이했고, 가공언(賈公彦)의 소(疏)에서는 "至於天子旌旗有日月星辰, 故諸侯旌旗無日月星, 故龍有升降也. 象升朝天子, 象下復還國也."라고 풀이했다. 한편 깃발 자체를 뜻하는 용어로 사용되기도 했다.

◎ **길례(吉禮)** : '길례'는 오례(五禮) 중 하나로, 제사에 대한 예제(禮制)를 뜻한다. 고대에는 제사 자체를 길(吉)한 일로 여겼기 때문에, 제례(祭禮)를 '길례'로 여겼다.

◎ **남송석경(南宋石經)** : 『남송석경(南宋石經)』은 송(宋)나라 고종(高宗) 때 돌에 새긴 『십삼경주소(十三經注疏)』의 판본이다. 그러나 『예기(禮記)』에 대해서는 「중용(中庸)」 1편만을 기록하고 있다.

◎ **남전여씨(藍田呂氏, A.D.1040~A.D.1092)** : =여대림(呂大臨)·여씨(呂氏)·여여숙(呂與叔). 북송(北宋) 때의 학자이다. 이름은 대림(大臨)이고, 자(字)는 여숙(與叔)이며, 호(號)는 남전(藍田)이다. 장재(張載) 및 이정(二程)형제에게서 수학하였다. 저서로는 『남전문집(藍田文集)』 등이 있다.

◎ **노거(路車)** : '노거'는 천자 및 제후 등이 타는 수레이다. 후대에는 귀족들이 타는 수레까지도 지칭하는 용어로 사용되었다. '노거'의 '노(路)'자는 그 뜻이 크다[大]는 의미이다. 따라서 군주가 이용하거나 머무는 장소에 '노'자를 붙여서 부르게 된 것이다. 『춘추좌씨전』「환공(桓公) 2년」편에는 "大路越席."이라는 기록이 있는데, 이에 대한 공영달(孔穎達)의 소(疏)에서는 "路, 訓大也. 君之所在以大爲號, 門曰路門, 寢曰路寢, 車曰路車, 故人君之車, 通以路爲名也."라고 풀이했다.

◎ **노식(盧植, A.D.159?~A.D.192)** : =노씨(盧氏). 후한(後漢) 때의 유학자이다. 자(字)는 자간(子幹)이다. 어려서 마융(馬融)을 스승으로 섬겼다. 영제(靈帝)의 건녕(建寧) 연간(A.D.168~A.D.172)에 박사(博士)가 되었다. 채옹(蔡邕) 등과 함께 동관(東觀)에서 오경(五經)을 교정했다. 후에 동탁(董卓)이 소제(少帝)를 폐위시키자, 은거하며 『상서장구(尙書章句)』, 『삼례해고(三禮解詁)』를 저술했지만, 남아 있지 않다.

◎ **노씨(盧氏)** : =노식(盧植)

◎ **노침(路寢)** : '노침'은 천자나 제후가 정무를 처리하던 정전(正殿)이다. 『시』「노송(魯頌)·민궁(閟宮)」편에는 "松桷有舃, 路寢孔碩."이라는 기록이 있는데, 이에 대한 모전(毛傳)에서는 "路寢, 正寢也."라고 풀이했고, 『문선(文選)』에 수록된 장형(張衡)의 '서경부(西京賦)'에는 "正殿路寢, 用朝群辟."이라는 기록이 있는데, 이에 대한 설종(薛綜)의 주에서는"周曰路寢, 漢曰正殿."이라고 하여, 주(周)나라에서는 '정전'을 '노침'으로 불렀다고 풀이했다.

◎ **뇌(誄)** : '뇌'는 죽은 자의 행적들을 열거하여, 그 기록들을 읽으며, 시호(諡號)를 짓는 것을 뜻한다. '뇌'자는 "묶는다[累]."는 뜻이다. 즉 죽

은 자의 행적을 하나로 엮는다는 의미이다.

◎ 뇌육(牢肉) : '뇌육'은 특생(特牲)을 잡은 희생물의 고기를 뜻한다. 『예기』「옥조(玉藻)」편에는 "又朝服以食, 特牲三俎祭肺, 夕深衣, 祭牢肉."이라는 기록이 있는데, 이에 대한 진호(陳澔)의 『집설(集說)』에서는 "牢肉, 卽特牲之餘也."라고 풀이했다.

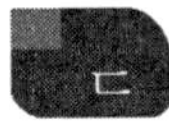

ㄷ

◎ 대공복(大功服) : '대공복'은 상복(喪服) 중 하나로, 오복(五服)에 속한다. 조밀한 삼베를 사용해서 만들지만, 소공복(小功服)에 비해서는 삼베의 재질이 거칠기 때문에, '대공복'이라고 부른다. 이 복장을 입게 되는 기간은 상황에 따라 차이가 생기지만, 일반적으로 9개월이다. 당형제(堂兄弟) 및 미혼인 당자매(堂姊妹), 또는 혼인을 한 자매(姊妹) 등을 위해서 입는다.

◎ 대도(大都) : '대도'는 도시 중에서도 큰 규모의 것을 범칭하는 말이다. 『춘추좌씨전』의 기록에 따르면 '대도'는 도읍의 3분의 1만큼의 규모가 되고, 중도(中都)는 5분의 1만큼의 규모가 되며, 소도(小都)는 9분의 1만큼의 규모가 된다. 『춘추좌씨전』「은공(隱公) 1년」에는 "先王之制, 大都不過參國之一; 中, 五之一; 小, 九之一."이라는 기록이 있다.

◎ 대무(大武) : '대무'는 주(周)나라 때의 악무(樂舞) 중 하나로, 무왕(武王)에 대한 악무이다. 『주례』「춘관(春官)·대사악(大司樂)」편에는 '대무'에 대한 용례가 나오고, 이에 대한 정현의 주에서는 "大武, 武王樂也."라고 풀이하였다.

◎ 대문(大問) : '대문'은 고대의 제후국들끼리 고위 관료를 파견하여 안부를 묻고 우호를 다지던 의례를 뜻한다. 주로 경(卿)을 파견했으며, 대부(大夫)를 파견하는 것은 소빙(小聘)이라고 불렀다.

◎ 대복(大僕) : '대복'은 태복(太僕)이라고도 부른다. 천자의 명령을 전달하거나, 천자의 조정에서의 자리 배치 등을 담당하였다. 『주례』의 체제에 따르면, 하대부(下大夫) 2명이 담당을 했다. 『주례』「하관사마(夏官司馬)」편에는 "太僕, 下大夫二人."이라는 기록이 있고, 『주례』「하관(夏官)·태복(太僕)」편에는 "太僕, 掌正王之服位, 出入王之大命."이라는 기록이 있다.

◎ 대사례(大射禮) : ‘대사례’는 제사를 지낼 때, 제사를 돕는 자들을 채택하기 위해 시행하는 활쏘기 대회이다. 천자의 경우에는 ‘교외 및 종묘[郊廟]’에서 제사를 지낼 때, 제후 및 군신(群臣)들과 미리 활쏘기를 하여, 적중함이 많은 자를 채택하고, 채택된 자로 하여금 천자가 주관하는 제사에 참여하도록 하는 의례(儀禮)이다. 『주례』「천관(天官)·사구(司裘)」편에는 “王大射, 則共虎侯, 熊侯, 豹侯, 設其鵠.”이라는 기록이 있는데, 이에 대한 정현의 주에서는 “大射者, 爲祭祀射. 王將有郊廟之事, 以射擇諸侯及群臣與邦國所貢之士可以與祭者. …… 而中多者得與於祭.”라고 풀이하였다. 한편 각 계급에 따라 ‘대사례’의 예법에는 차등이 있었는데, 예를 들어 천자가 시행하는 ‘대사례’에서는 표적으로 호후(虎侯), 웅후(熊侯), 표후(豹侯)가 사용되었고, 표적지에는 곡(鵠)을 설치했다. 그리고 제후가 시행하는 ‘대사례’에서는 웅후(熊侯), 표후(豹侯)가 사용되었고, 표적지에 곡(鵠)을 설치했다. 경(卿)과 대부(大夫)의 경우에는 미후(麋侯)를 사용하였고, 표적지에 곡(鵠)을 설치했다.

◎ 대소(大韶) : ‘대소’는 순(舜)임금 때의 악무(樂舞)이다. 주(周)나라에 와서 육무(六舞) 중 하나로 정착하였다. 『장자(莊子)』「천하(天下)」편에는 “舜有大韶.”라는 기록이 있다.

◎ 대하(大夏) : ‘대하’는 주(周)나라 때의 악무(樂舞) 중 하나이다. 하(夏)나라 우(禹)임금 때의 악무를 근간으로 삼아서 만든 악무이다.

◎ 대함(大咸) : ‘대함’은 요(堯)임금 때의 악무(樂舞)이다. 주(周)나라의 육무(六舞) 중 하나로 정착하였다. 또한 함지(咸池)라고도 부른다.

◎ 대호(大濩) : ‘대호’는 탕(湯)임금 때의 악무(樂舞)이다. 주(周)나라의 육무(六舞) 중 하나로 정착하였다.

◎ 도(堵) : ‘도’는 성곽이나 담장 등을 측량할 때 사용하는 단위이다. 고대에는 판축법을 사용하여 흙을 쌓아 담을 올렸는데, 1개의 판(版) 길이에 5개 판의 높이가 1도(堵)가 된다.

◎ 두예(杜預, A.D.222~A.D.284) : =두원개(杜元凱). 서진(西晉) 때의 유학자이다. 경조(京兆) 두릉(杜陵) 출신이다. 자(字)는 원개(元凱)이다. 『춘추경전집해(春秋經典集解)』를 저술하였는데, 이 책은 현존하는 『춘추(春秋)』의 주석서 중 가장 오래된 것이며, 『십삼경주소(十三經注疏)』의 『춘추좌씨전정의(春秋左氏傳正義)』에도 채택되어 수록되었다.

◎ **두원개(杜元凱)** : =두예(杜預)

◎ **두자춘(杜子春, B.C.30?~A.D.58?)** : 후한(後漢) 때의 학자이다. 유흠(劉歆)에게서 수학하였다. 정중(鄭衆)과 가규(賈逵)에게 학문을 전수하였다.

◎ **마계장(馬季長)** : =마융(馬融)

◎ **마씨(馬氏)** : =마희맹(馬晞孟)

◎ **마언순(馬彥醇)** : =마희맹(馬晞孟)

◎ **마융(馬融, A.D.79~A.D.166)** : =마계장(馬季長). 후한대(後漢代)의 경학자(經學者)이다. 자(字)는 계장(季長)이며, 마속(馬續)의 동생이다. 고문경학(古文經學)을 연구하였으며, 『주역(周易)』, 『상서(尙書)』, 『모시(毛詩)』, 『논어(論語)』, 『효경(孝經)』 등을 두루 주석하고, 『노자(老子)』, 『회남자(淮南子)』 등도 주석하였지만 현재 전해지지 않는다.

◎ **마희맹(馬晞孟, ?~?)** : =마씨(馬氏)·마언순(馬彥醇). 자(字)는 언순(彥醇)이다. 『예기해(禮記解)』를 찬술했다.

◎ **면복(冕服)** : '면복'은 대부(大夫) 이상의 계층이 착용하는 예관(禮冠)과 복식을 뜻한다. 무릇 길례(吉禮)를 시행할 때에는 모두 면류관[冕]을 착용하는데, 복장의 경우에는 시행하는 사안에 따라서 달라진다.

◎ **명화란(鳴和鑾)** : '명화란'은 오어(五御) 중 하나로, 수레를 모는 기술 중 하나이다. 본래 수레에는 방울을 달게 되어 있어서, 수레를 몰게 되면, 자연히 방울이 소리를 내게 된다. 이때 방울 소리에 잘 조응되도록 수레를 모는 것을 '명화란'이라고 부른다.

◎ **모본(毛本)** : 『모본(毛本)』은 명(明)나라 말기 급고각(汲古閣)에서 간행된 『십삼경주소(十三經注疏)』의 판본이다. 급고각은 모진(毛晋)이 지은 장서각이었으므로, 이러한 명칭이 생겼다.

◎ **목록(目錄)** : 『목록(目錄)』은 정현이 찬술했다고 전해지는 『삼례목록(三禮目錄)』을 가리킨다. 『십삼경주소(十三經注疏)』에서 인용되고 있지만, 이 책은 『수서(隋書)』가 편찬될 당시에 이미 일실되어 존재하지 않았다. 『수서』「경적지(經籍志)」편에는 "三禮目錄一卷, 鄭玄撰, 梁有陶弘景注一卷, 亡."이라는 기록이 있다.

◎ **무교구(舞交衢)** : '무교구'는 오어(五御) 중 하나로, 교차로에서 수레끼

리 교차하게 될 때, 서로에게 피해를 주지 않기 위해 춤추는 절도에 따라 서로 수레를 돌린다는 뜻이다.

◎ **무산작(無筭爵)** : '무산작'은 술잔의 수를 헤아리지 않는다는 뜻이다. 여수(旅酬)를 한 이후에, 빈객들의 제자들과 형제들의 자제들은 각각 그들의 수장에게 술을 따르고, 잔을 들어 올리는 것도 각각 그들의 수장에게 한다. 그리고 빈객들이 잔을 가져다가, 형제들 집단에 술을 권하고, 장형제(長兄弟)들은 잔을 가져다가 빈객의 무리들에게 술을 권하게 된다. 이처럼 여러 차례 술을 따르고 권하기 때문에, 이러한 절차를 '무산작'이라고 부르는 것이다.

◎ **민본(閩本)** : 『민본(閩本)』은 명(明)나라 가정(嘉靖) 연간 때 이원양(李元陽)이 간행한 『십삼경주소(十三經注疏)』 판본이다. 한편 『칠경맹자고문보유(七經孟子考文補遺)』에서는 이 판본을 『가정본(嘉靖本)』으로 지칭하고 있다.

ㅂ

◎ **방각(方慤)** : =엄릉방씨(嚴陵方氏)

◎ **방구(方丘)** : '방구'는 방택(方澤)과 같은 말이다. 고대에 제왕이 땅에 제사를 지냈던 제단이다. 그 모양이 사각형이었기 때문에 '방(方)'자를 붙이고, 언덕처럼 흙을 쌓아서 만들었기 때문에 '구(丘)'자를 붙여서 부르는 것이다.

◎ **방성부(方性夫)** : =엄릉방씨(嚴陵方氏)

◎ **방씨(方氏)** : =엄릉방씨(嚴陵方氏)

◎ **방언(方言)** : 『방언(方言)』은 『유헌사자절대어석별국방언(輶軒使者絶代語釋別國方言)』·『별국방언(別國方言)』이라고도 부른다. 한(漢)나라 때의 학자인 양웅(揚雄)이 편찬했다고 전해지는 서적이다. 총 13권으로 구성되어 있었으며, 각 지방에서 온 사신들의 방언을 모았다는 뜻에서, 『유헌사자절대어석별국방언』이라는 제목으로 출간되었고, 또 이 말을 줄여서 『별국방언』·『방언』이라고 부르게 되었다. 현존하는 『방언』은 곽박(郭璞)의 주(注)가 붙어 있는 판본이다. 그러나 『한서(漢書)』 등의 기록에는 양웅의 저술 목록에 『방언』이 포함되어 있지 않으므로, 편찬자에 대한 의혹이 끊임없이 제기되었다.

◎ **백모(白牡)** : '백모'는 고대에 천자 및 제후가 제사 때 사용했던 흰색의 소를 뜻한다. 『시』「노송(魯頌)·비궁(閟宮)」편에는 "白牡騂剛, 犧尊將將."이라는 기록이 있는데, 이에 대한 모전(毛傳)에서는 "白牡, 周公牲也."라고 풀이했다. 즉 노(魯)나라에서는 주공(周公)에 대한 제사 때, '백모'를 사용했다는 뜻이다. 한편 『예기』「교특생(郊特牲)」편에는 "諸侯之宮縣, 而祭以白牡, 擊玉磬, 朱干設鍚, 冕而舞大武, 乘大路, 諸侯之僭禮也."라는 기록이 있는데, 이에 대한 정현의 주에서는 "白牡·大路, 殷天子禮也."라고 풀이했다. 즉 '백모'를 사용하여 제사를 지내는 것은 은(殷)나라 때 천자(天子)만이 사용할 수 있었던 예법이라는 뜻이다.

◎ **백시(白矢)** : '백시'는 오사(五射) 중의 하나로, 활을 쏘는 기술 중 하나이다. 활을 쏘아 과녁을 꿰뚫어서, 화살의 끝에 붙어 있는 흰 깃털이 보인다는 뜻이다.

◎ **변질(弁絰)** : '변질'은 흰 색으로 된 작변(爵弁)에 환질(環絰)을 두른 것이다.

◎ **별록(別錄)** : 『별록(別錄)』은 후한(後漢) 때 유향(劉向)이 찬(撰)했다고 전해지는 책이다. 현재는 일실되어 존재하지 않으며, 『한서(漢書)』「예문지(藝文志)」편을 통해서 대략적인 내용만을 추측해볼 수 있다.

◎ **별면(鷩冕)** : '별면'은 별의(鷩衣)와 면류관을 뜻한다. 천자 및 제후가 입던 복장으로, 선공(先公)에 대한 제사 및 향사례(饗射禮)를 시행할 때 착용했다. '별의'에는 꿩의 무늬를 수놓게 되는데, 이 무늬를 화충(華蟲)이라고도 부른다. 상의에는 3종류의 무늬를 수놓고, 하의에는 4종류의 무늬를 수놓게 되어, 총 7가지의 무늬가 들어가게 된다. 『주례(周禮)』「춘관(春官)·사복(司服)」편에는 "享先公, 饗射則鷩冕."이라는 기록이 있고, 이에 대한 정현의 주에서는 "鷩, 畫以雉, 謂華蟲也. 其衣三章, 裳四章, 凡七也."라고 풀이했다.

◎ **별자(別子)** : '별자'는 서자(庶子)와 같은 말로, 적정자 이외의 아들들을 뜻하는 말이다. 적장자는 대(代)를 이어받고, 나머지 '별자'들은 그 지위를 계승받지 못하므로, '별자'라고 부르는 것이다. 『예기』「대전(大傳)」편에는 "百世不遷者, 別子之後也, 宗其繼別子之所自出者."라는 기록이 있는데, 이에 대한 공영달(孔穎達)의 소(疏)에서는 "別子謂諸侯之庶子也. 諸侯之適子適孫繼世爲君, 而第二子以下悉不得禰先君, 故云別子."라고 풀이했다.

◎ **보(步)** : '보'는 길이를 재는 단위이다. 5척(尺)을 1보(步)로 삼기도 했

고, 주(周)나라 때에는 8척을 1보로 삼기도 했으며, 진(秦)나라 때에는 6척을 1보로 삼기도 하여, 단위가 일정하지 않았다.

◎ 보씨(保氏) : '보씨'는 예의(禮義)의 뜻에 따라 군주를 올바른 방향으로 이끌고, 왕족 및 귀족의 자제들을 교육하였던 관리이다.

◎ 복건(服虔, ?~?) : 후한대(後漢代)의 유학자이다. 자(字)는 자신(子愼)이다. 초명은 중(重)이었으며, 기(祇)라고도 불렀다. 후에 이름을 건(虔)으로 고쳤다. 『춘추좌씨전(春秋左氏傳)』에 주석을 남겼지만, 산일되어 전해지지 않는다. 현재는 『좌전가복주집술(左傳賈服注輯述)』로 일집본이 편찬되었다.

◎ 부인(夫人) : '부인'은 제후의 부인을 뜻한다. 『예기』「곡례하(曲禮下)」편에는 "公侯有夫人, 有世婦, 有妻, 有妾."이라는 기록이 있다. 즉 공작과 후작은 정부인인 부인(夫人)을 두고, 그 외에 세부(世婦), 처(妻), 첩(妾)을 둔다. 또한 『논어』「계씨(季氏)」편에는 "邦君之妻, 君稱之曰夫人. 夫人自稱曰小童."이라는 기록이 있다. 즉 군주의 처를 군주가 직접 부를 때에는 부인(夫人)이라고 부르며, 부인(夫人)이 자신을 지칭할 때에는 소동(小童)이라고 부른다. 참고적으로 천자의 부인은 후(后)라고 부르고, 대부(大夫)의 부인은 유인(孺人)이라고 부르며, 사(士)의 부인은 부인(婦人)이라고 부르고, 서인(庶人)의 부인은 처(妻)라고 부른다. 그러나 이러한 구분은 일률적으로 적용되는 것은 아니다.

◎ 불모(不毛) : '불모'는 털색이 순일하지 않고, 색깔이 섞여 있는 가축을 뜻한다. 『춘추공양전』「문공(文公) 13년」에는 "魯祭周公, 何以爲牲? 周公用白牡, 魯公用騂犅, 群公不毛."라는 기록이 있는데, 이에 대한 하휴(何休)의 주에서는 "不毛, 不純色."이라고 풀이했다.

◎ 비면(裨冕) : '비면'은 비의(裨衣)를 입고 면류관[冕]을 착용하는 것이다. 제후 및 경(卿), 대부(大夫) 등이 조회를 하거나 제사를 지낼 때 착용하는 면복(冕服)을 통칭하는 말이다. 또한 곤면(袞冕)이나 가장 상등의 면복과 상대되는 용어로도 사용되었다. '비의'의 '비(裨)'자는 '비(埤)'자의 뜻으로 낮다는 의미이다. 예를 들어 천자의 육복(六服) 중에서 대구(大裘)가 가장 상등의 복장이 되는데, 나머지 5종류의 복장은 '비의'가 된다. 『의례』「근례(覲禮)」편에는 "侯氏裨冕, 釋幣于禰."라는 기록이 있고, 이에 대한 정현의 주에서는 "裨冕者, 衣裨衣而冠冕也. 裨之爲言埤也. 天子六服, 大裘爲上, 其餘爲裨, 以事尊卑服之, 而諸侯亦服

焉."이라고 풀이했다.

◎ **비장(比長)** : '비장'은 비(比)를 담당하는 관리이다. 주대(周代)에는 향(鄕)이라는 행정단위가 있었는데, '비'는 '향'에 소속된 하위 행정단위이다. '비' 밑에는 행정규모가 가장 작은 가(家)가 존재했는데, '가'가 5개 모인 규모가 바로 '비'가 된다. 『주례』「지관(地官)·비장(比長)」편에는 "比長各掌其比之治. 五家相受, 相和親, 有罪奇衺, 則相反."이라는 기록이 있다.

◎ **빈례(賓禮)** : '빈례'는 오례(五禮) 중 하나로, 천자를 찾아뵙거나 천자가 제후들을 만나보거나 아니면 제후들끼리 회동하는 조빙(朝聘)의 예법(禮法)을 뜻한다. 또한 '빈례'는 손님을 접대하는 예제(禮制)를 뜻하기도 한다. 참고적으로 봄에 천자를 찾아뵙는 것을 조(朝)라고 하였으며, 여름에 찾아뵙는 것을 종(宗)이라고 하였고, 가을에 찾아뵙는 것을 근(覲)이라고 하였으며, 겨울에 찾아뵙는 것을 우(遇)라고 하였다. 또한 제후들이 천자를 찾아뵐 때에는 본래 각각의 제후들마다 정해진 기간이 있었는데, 정해진 기간 외에 찾아뵙는 것을 회(會)라고 하였고, 정해진 기간에 찾아뵙는 것을 동(同)이라고 하였다. 또 천자가 순수(巡守)를 할 때에도 정해진 기간이 있었는데, 정해진 기간이 아닌 때에 제후를 찾아가 보는 것을 문(問)이라고 하였고, 정해진 기간에 찾아가 보는 것을 시(視)라고 하였다.

◎ **빈사례(賓射禮)** : '빈사례'는 천자가 오랜 벗과 함께 연회를 한 후 시행하는 활쏘기를 뜻한다. 또한 제후들이 천자를 찾아뵙거나 또는 제후들끼리 서로 회동을 할 때, 활쏘기를 하며 연회를 베푸는 것을 뜻하기도 한다.

◎ **빙문(聘問)** : '빙문'은 국가 간이나 개인 간에 사람을 보내서 상대방을 찾아가 안부를 묻는 의식 절차를 통칭하는 말이다. 또한 제후가 신하를 시켜서 천자에게 보내, 안부를 묻는 예법을 뜻하기도 한다.

◎ **사(祠)** : '사'는 봄에 종묘(宗廟)에서 지내는 제사를 뜻한다. '사'자는 음식[食]을 뜻하는 글자로, 선왕(先王)들에게 음식을 대접한다는 의미에서, 봄의 제사를 '사'라고 부르는 것이다. 『이아』「석천(釋天)」편에는 "春祭曰祠."라는 기록이 있는데, 이에 대한 곽박(郭璞)의 주에서는 "祠

之言食."이라고 풀이했다. 한편 『예기』「왕제(王制)」편에는 "天子諸侯宗廟之祭, 春曰礿, 夏曰禘, 秋曰嘗, 冬曰烝."이라는 기록이 있고, 이에 대한 정현의 주에서는 "此蓋夏殷之祭名. 周則春曰祠, 夏曰礿, 以禘爲殷祭."라고 풀이했다. 즉 하(夏)나라와 은(殷)나라에서는 봄에 종묘에서 지내는 제사를 약(礿)이라고 불렀는데, 주(周)나라에 이르러, '약'이라는 명칭을 '사'로 고치게 되었다는 뜻이다.

◎ 사(師) : '사'는 군대의 편제단위에 해당한다. 2,500명을 1사(師)로 삼는다. 군대의 편제에 있어서 5명은 1오(伍)가 되고, 5오(伍)는 1양(兩)이 되며, 4양(兩)은 1졸(卒)이 되고, 5졸(卒)은 1여(旅)가 되며, 5여(旅)는 1사(師)가 되고, 5사(師)는 1군(軍)이 된다.

◎ 사도(司徒) : '사도'는 대사도(大司徒)라고도 부른다. 본래 주(周)나라 때의 관리로, 국가의 토지 및 백성들에 대한 교화(敎化)를 담당했다. 전설상으로는 소호(少昊) 시대 때부터 설치되었다고 전해진다. 주나라의 육경(六卿) 중 하나였으며, 전한(前漢) 애제(哀帝) 원수(元壽) 2년(B.C. 1)에는 승상(丞相)의 관직명을 고쳐서, 대사도(大司徒)라고 불렀고, 대사마(大司馬), 대사공(大司空)과 함께 삼공(三公)의 반열에 있었다. 후한(後漢) 때에는 다시 '사도'로 명칭을 고쳤고, 그 이후로는 이 명칭을 계속 사용하다가 명(明)나라 때 폐지되었다. 명나라 이후로는 호부상서(戶部尙書)를 '대사도'라고 불렀다.

◎ 사례(食禮) : '사례'는 연회의 한 종류이다. '사례'는 그 행사에 밥이 있고 반찬이 있는 것이니, 비록 술도 두었지만 마시지는 않았다. 그 예법에서는 밥을 위주로 한 것이기 때문에, '사례'라고 부른 것이다. 『예기』「왕제(王制)」편에는 "殷人以食禮."라는 기록이 있고, 이에 대한 진호(陳澔)의 주에서는 "食禮者, 有飯有殽, 雖設酒而不飮, 其禮以飯爲主, 故曰食也."라고 풀이했다. 또한 연회를 범칭하는 말로도 사용된다.

◎ 사마표(司馬彪, ?~A.D.306?) : 서진(西晉) 때의 학자이다. 자(字)는 소통(紹統)이다. 저서로는 『구주춘추(九州春秋)』·『속한서(續漢書)』 등이 있다.

◎ 사씨(師氏) : '사씨'는 주(周)나라 때의 관직이다. 『주례』의 체제에 따르면, 지관(地官)에 속해 있었으며, 중대부(中大夫) 1명이 담당을 하였고, 그 휘하에는 상사(上士) 2명을 두어 '중대부'를 보좌하였다. 한편 잡무를 담당하는 부(府) 2명, 사(史) 2명, 서(胥) 12명, 도(徒) 120명이 배속되어 있었다. 『주례』「지관사도(地官司徒)」편에는 "師氏, 中大夫一

人, 上士二人, 府二人, 史二人, 胥十有二人, 徒百有二十人."이라는 기록이 있다. '사씨'는 주로 왕실 및 귀족의 자제들에 대한 교육을 담당하였다.

◎ 사조(私朝) : '사조'는 가조(家朝)와 같은 말이다. 대부(大夫)가 자신의 가(家)에 갖추고 있는 조정으로, 이곳에서 업무를 집행한다. 국가의 공적인 업무를 처리하는 군주의 조정과 대비가 되므로, '사조'라고 부르는 것이다. 대부는 통치 단위가 가(家)이므로, 대부가 가지고 있는 조정을 '가조'라고 부르는 것이다.

◎ 사흉(四凶) : '사흉'은 요순(堯舜)시대 때 악명(惡名)을 떨쳤던 네 부족의 수장들을 뜻한다. 다만 네 명의 수장들에 대해서는 이견(異見)이 있는데, 『춘추좌씨전』「문공(文公) 18년」편에서는 "舜臣堯, 賓于四門, 流四凶族, 渾敦·窮奇·檮杌·饕餮, 投諸四裔, 以禦螭魅."라고 하여, '사흉'을 혼돈(渾敦)·궁기(窮奇)·도올(檮杌)·도철(饕餮)이라고 하였다. 한편 『서』「우서(虞書)·순전(舜典)」편에서는 "流共工于幽洲, 放驩兜于崇山, 竄三苗于三危, 殛鯀于羽山. 四罪而天下咸服."이라고 하여, '사흉'을 공공(共工)·환두(驩兜)·삼묘(三苗)·곤(鯀)이라고 하였다. 이 문제에 대해 채침(蔡沈)』의 『집전(集傳)』에서는 "春秋傳所記四凶之名與此不同, 說者以窮奇爲共工, 渾敦爲驩兜, 饕餮爲三苗, 檮杌爲鯀, 不知其果然否也."라고 하였다. 즉 『춘추좌씨전』과 『서』에서 설명하는 '사흉'의 이름이 다른데, 어떤 자들은 궁기(窮奇)를 공공(共工)으로 여기고, 혼돈(渾敦)을 환두(驩兜)라고 여기며, 도철(饕餮)을 삼묘(三苗)라고 여기고, 도올(檮杌)을 곤(鯀)으로 여기기도 하는데, 이 말이 맞는지에 대해서는 확신할 수 없다는 뜻이다.

◎ 삼공(三公) : '삼공'은 중앙정부의 가장 높은 관직자 3명을 합쳐서 부르는 말이다. '삼공'에 속한 관직명에 대해서는 각 시대별로 차이가 있다. 『사기(史記)』「은본기(殷本紀)」편에는 "以西伯昌, 九侯, 鄂侯, 爲三公."이라는 기록이 있다. 즉 은나라 때에는 서백(西伯)인 창(昌), 구후(九侯), 악후(鄂侯)들을 '삼공'으로 삼았다. 또한 주(周)나라 때에는 태사(太師), 태부(太傅), 태보(太保)를 '삼공'으로 삼았다. 『서』「주서(周書)·주관(周官)」편에는 "立太師·太傅·太保, 茲惟三公, 論道經邦, 燮理陰陽."이라는 기록이 있다. 한편 『한서(漢書)』「백관공경표서(百官公卿表序)」에 따르면 사마(司馬), 사도(司徒), 사공(司空)을 '삼공'으로 삼았다는 기록이 있다.

◎ 삼덕(三德) : '삼덕'은 세 종류의 덕(德)을 가리키는데, 문헌에 따라 해당하는 덕성(德性)들에는 차이가 나타난다. 『서』「주서(周書)·홍범(洪範)」편에는 "三德, 一曰正直, 二曰剛克, 三曰柔克."이라는 기록이 있다. 즉 『서』에서는 '삼덕'을 정직(正直), 강극(剛克), 유극(柔克)으로 풀이하고 있다. 그리고 이 문장에 대한 공영달(孔穎達)의 소(疏)에서는 "此三德者, 人君之德, 張弛有三也. 一曰正直, 言能正人之曲使直, 二曰剛克, 言剛強而能立事, 三曰柔克, 言和柔而能治."라고 풀이한다. 즉 '정직'은 사람들의 바르지 못한 점을 바로잡아서, 정직하게 만드는 능력을 뜻한다. '강극'은 강건한 자세로 사업을 수립하고, 그런 일들을 추진할 수 있는 능력을 뜻한다. '유극'은 화락하고 유순한 태도로 다스릴 수 있는 능력을 뜻한다. 다음으로 『주례』「지관(地官)·사씨(師氏)」편에는 "以三德教國子, 一曰至德, 以爲道本, 二曰敏德, 以爲行本, 三曰孝德, 以知逆惡."이라는 기록이 있다. 즉 『주례』에서는 '삼덕'을 지덕(至德), 민덕(敏德), 효덕(孝德)으로 풀이하고 있다. '지덕'은 도(道)의 근본이 되는 것이며, '민덕'은 행실의 근본이 되는 것이고, '효덕'은 나쁘고 흉악한 것들을 알아내는 능력을 뜻한다. 다음으로 『국어(國語)』「진어사(晉語四)」편에는 "晉公子善人也, 而衛親也, 君不禮焉, 棄三德矣."라는 기록이 있다. 이에 대한 위소(韋昭)의 주에서는 "三德, 謂禮賓, 親親, 善善也."라고 풀이한다. 즉 위소가 말하는 '삼덕'은 예빈(禮賓), 친친(親親), 선선(善善)이다. '예빈'은 빈객들에게 예법(禮法)에 따라 대접하는 것이며, '친친'은 부모를 친애하는 것이고, '선선'은 착한 사람을 착하게 대하는 것이다.

◎ 삼련(參連) : '삼련'은 활쏘기 기술 중 하나이다. 오사(五射)에 포함되어, 앞서 한 발의 화살을 쏘고, 뒤에 세 발의 화살을 연속으로 쏘는 것을 뜻한다.

◎ 삼물(三物) : '삼물'은 세 가지 사안으로, 육덕(六德), 육행(六行), 육예(六藝)를 뜻한다. '물(物)'자는 사(事)자의 뜻이다. '육덕'은 지(知)·인(仁)·성(聖)·의(義)·충(忠)·화(和)를 뜻한다. '육행'은 효(孝)·우(友)·목(睦)·인(姻)·임(任)·휼(恤)을 뜻한다. '육예'는 예(禮)·악(樂)·사(射)·어(御)·서(書)·수(數)를 뜻한다.

◎ 삼왕(三王) : '삼왕'은 하(夏), 은(殷), 주(周) 삼대(三代)의 왕을 뜻한다. 『춘추곡량전』「은공(隱公) 8年」편에는 "盟詛不及三王."이라는 기록이

있고, 이에 대한 범녕(範寧)의 주에서는 '삼왕'을 하나라의 우(禹), 은나라의 탕(湯), 주나라의 무왕(武王)을 지칭한다고 풀이했다. 그리고 『맹자』「고자하(告子下)」편에는 "五覇者, 三王之罪人也."이라는 기록이 있고, 이에 대한 조기(趙岐)의 주에서는 '삼왕'을 범녕의 주장과 달리, 주나라의 무왕 대신 문왕(文王)을 지칭한다고 풀이했다.

◎ **삼행(三行)** : '삼행'은 세 종류의 덕행(德行)을 뜻하며, 효행(孝行), 우행(友行), 순행(順行)을 가리킨다. '효행'은 부모를 섬기는 덕행이고, '우행'은 현명하고 어진 사람을 존귀하게 받드는 덕행이며, '순행'은 스승과 어른을 섬기는 덕행이다.

◎ **삼황(三皇)** : '삼황'은 전설시대에 존재했다고 전해지는 세 명의 제왕을 뜻한다. 그러나 세 명이 누구였는지에 대해서는 이설(異說)이 많다. 첫 번째 주장은 복희(伏羲), 신농(神農), 황제(黃帝)를 '삼황'으로 보는 견해이다. 『장자(莊子)』「천운(天運)」편에는 "余語汝三皇五帝之治天下."라는 기록이 있는데, 이에 대한 성현영(成玄英)의 주에서는 "三皇者, 伏羲·神農·黃帝也."라고 풀이했다. 두 번째 주장은 복희(伏羲), 신농(神農), 여왜(女媧)로 보는 견해이다. 『여씨춘추(呂氏春秋)』「용중(用衆)」편에는 "此三皇五帝之所以大立功名也."라는 기록이 있는데, 이에 대한 고유(高誘)의 주에서는 "三皇, 伏羲·神農·女媧也."라고 풀이했다. 세 번째 주장은 복희(伏羲), 신농(神農), 수인(燧人)으로 보는 견해이다. 『백호통(白虎通)』「호(號)」편에는 "三皇者, 何謂也? 謂伏羲·神農·燧人也."라는 기록이 있다. 네 번째 주장은 복희(伏羲), 신농(神農), 축융(祝融)으로 보는 견해이다. 『백호통』「호」편에는 "禮曰, 伏羲·神農·祝融, 三皇也."라는 기록이 있다. 다섯 번째 주장은 천황(天皇), 지황(地皇), 태황(泰皇)으로 보는 견해이다. 『사기(史記)』「진시황본기(秦始皇本紀)」편에는 "古有天皇, 有地皇, 有泰皇. 泰皇最貴."라는 기록이 있다. 여섯 번째 주장은 천황(天皇), 지황(地皇), 인황(人皇)으로 보는 견해이다. 『예문유취(藝文類聚)』에서는 『춘추위(春秋緯)』를 인용하며, "天皇, 地皇, 人皇, 兄弟九人, 分九州, 長天下也."라고 기록하였다.

◎ **상공(上公)** : '상공'은 주(周)나라 제도에 있었던 관직 등급이다. 본래 신하의 관직 등급은 8명(命)까지이다. 주나라 때에는 태사(太師), 태부(太傅), 태보(太保)와 같은 삼공(三公)들이 8명의 등급에 해당했다. 그런데 여기에 1명을 더하게 되면 9명이 되어, 특별직인 '상공'이 된다. 『주

례』「춘관(春官)·전명(典命)」편에는 "上公九命爲伯, 其國家宮室車旗衣服禮儀, 皆以九爲節."이라는 기록이 있고, 이에 대한 정현의 주에서는 "上公, 謂王之三公有德者, 加命爲二伯. 二王之後亦爲上公."이라고 풀이하였다. 즉 '상공'은 삼공 중에서도 유덕(有德)한 자에게 1명을 더해주어, 제후들을 통솔하는 '두 명의 백(伯)[二伯]'으로 삼았다. 또한 제후의 다섯 등급을 나열할 경우, 공작(公爵)을 '상공'이라고 부르기도 한다.

◎ 서(序) : '서'는 본래 향(鄕) 밑의 행정단위인 주(州)에 건립된 학교를 뜻한다. 『주례』「지관(地官)·주장(州長)」편에는 "春秋以禮會民而射于州序."라는 기록이 있다. 또한 하후씨(夏后氏) 때 건립한 학교로 설명하며, 동서(東西)와 서서(西序)로 구분하기도 한다. 『예기』「왕제(王制)」편에는 "夏后氏養國老於東序, 養庶老於西序."라는 기록이 있고, 이에 대한 정현의 주에서는 "皆學名也."라고 풀이했다. 한편 '서'는 은(殷)나라 때의 학교로 설명되기도 하며 주(周)나라 때의 학교로 설명되기도 한다. 『맹자』「등문공상(滕文公上)」편에는 "夏曰校, 殷曰序, 周曰庠, 學則三代共之."라는 기록이 있고, 『한서(漢書)』「유림전서(儒林傳序)」편에는 "三代之道, 鄕里有敎, 夏曰校, 殷曰庠, 周曰序."라는 기록이 있다.

◎ 서산진씨(西山眞氏, A.D.1178~A.D.1235) : =건안진씨(建安眞氏)·진덕수(眞德秀). 남송(南宋) 때의 성리학자이다. 자(字)는 경원(景元)이고, 호(號)는 서산(西山)이다. 저서로는 『독서기(讀書記)』, 『사서집론(四書集論)』, 『경연강의(經筵講義)』 등이 있다.

◎ 석(裼) : '석'은 고대에 의례를 시행할 때 하는 복장 방식 중 하나이다. 좌측 소매를 걷어 올려서, 안에 입고 있는 석의(裼衣)를 드러내는 것이다. 한편 '석'은 비교적 성대하지 않은 의식 때 시행하는 복장 방식으로도 사용되어, 좌측 소매를 걷어 올려서 공경의 뜻을 표하기도 했다.

◎ 석경(石經) : 『석경(石經)』은 당(唐)나라 개성(開成) 2년(A.D.714)에 돌에 새긴 『십삼경주소(十三經注疏)』의 판본이다. 당나라 국자학(國子學)의 비석에 새겨졌다는 판본이 바로 이것을 가리킨다.

◎ 석림섭씨(石林葉氏, ?~A.D.1148) : =섭몽득(葉夢得)·섭소온(葉少蘊). 남송(南宋) 때의 유학자이다. 자(字)는 소온(少蘊)이고, 호(號)는 몽득(夢得)이다. 박학다식했다고 전해지며, 『춘추(春秋)』에 대한 조예가 깊었다.

◎ 석명(釋名) : 『석명(釋名)』은 후한(後漢) 때의 학자인 유희(劉熙)가 지은 서적이다. 오래된 훈고학 서적의 하나로 꼽힌다.

◎ **설문(說文)** : =설문해자(說文解字)

◎ **설문해자(說文解字)** : 『설문해자(說文解字)』는 후한(後漢) 때의 학자인 허신(許愼)이 찬(撰)했다고 전해지는 자서(字書)이다. 『설문(說文)』이라고도 칭해진다. A.D.100년경에 완성되었다고 전해진다. 글자의 형태, 뜻, 음운(音韻)을 수록하고 있다.

◎ **섬주(剡注)** : '섬주'는 오사(五射) 중의 하나로, 화살을 쏠 때 끝부분의 깃털이 위로 올라가고, 화살촉이 밑으로 내려간 형태로 화살이 날아가는 것을 뜻한다.

◎ **섭몽득(葉夢得)** : =석림섭씨(石林葉氏)

◎ **섭소온(葉少蘊)** : =석림섭씨(石林葉氏)

◎ **성(成)** : '성'은 토지의 면적을 뜻하는 단위이다. 사방 1리(里)의 면적은 1정(井)이 되고, 10정(井)은 1통(通)이 되며, 10통(通)은 1성(成)이 되니, 1성(成)은 사방 10리(里)의 면적이다.

◎ **성강(騂犅)** : '성강'은 제사 때 사용된 적색의 소를 뜻한다. 희생물을 관리하는 관청에서 사육을 한 소이다.

◎ **성국(成國)** : '성국'은 제후국 중 대국(大國)을 가리킨다. 제후국은 규모에 따라 대국(大國), 차국(次國), 소국(小國)으로 분류된다.

◎ **세본(世本)** : 『세본(世本)』은 『세(世)』·『세계(世系)』 등으로 일컬어지기도 한다. 선진시대(先秦時代) 때의 사관(史官)이 기록한 문헌이라고 전해지지만, 진위여부를 확인할 수 없다. 『세본』은 고대의 제왕(帝王), 제후(諸侯) 및 경대부(卿大夫)들의 세계도(世系圖)를 기록한 서적이다. 일실되어 현존하지 않지만, 후대 학자들이 다른 문헌 속에 남아 있는 기록들을 수집하여, 일집본(佚輯本)을 남겼다. 이러한 일집본에는 여덟 종류의 주요 판본이 있는데, 각 판본마다 내용상의 차이를 보이고 있다. 1959년에는 상무인서관(商務印書館)에서 이러한 여덟 종류의 판본을 모아서 『세본팔종(世本八種)』을 출판하였다.

◎ **소공복(小功服)** : '소공복'은 상복(喪服) 중 하나로, 오복(五服)에 속한다. 조밀한 삼베를 사용해서 만들며, 대공복(大功服)에 비해서 삼베의 재질이 조밀하기 때문에, '소공복'이라고 부른다. 이 복장을 입게 되는 기간은 상황에 따라 차이가 생기지만, 일반적으로 5개월이 된다. 백숙(伯叔)의 조부모나 당백숙(堂伯叔)의 조부모, 혼인하지 않은 당(堂)의 자매(姊妹), 형제(兄弟)의 처 등을 위해서 입는다.

◎ **소단(素端)** : '소단'은 소복(素服)과 같은 말이다. 흰색으로 만든 상의와 하의를 뜻하며, 상(裳)자와 함께 기론될 때에는 흰색의 상의만을 뜻하기도 한다. 고대에 제후·대부·사가 착용했던 일종의 제복(祭服)이다. 기근이나 재앙이 들었을 때 기원을 하기 위해 착용하는 복장이다.

◎ **소뢰(少牢)** : '소뢰'는 제사에서 양(羊)과 돼지[豕] 두 가지 희생물을 사용하는 것을 뜻한다. 『춘추좌씨전』「양공(襄公) 22년」편에는 "祭以特羊, 殷以少牢."라는 기록이 있는데, 이에 대한 두예(杜預)의 주에서는 "四時祀以一羊, 三年盛祭以羊豕. 殷, 盛也."라고 풀이하였다.

◎ **손염(孫炎, ?~?)** : 삼국시대(三國時代) 때의 학자이다. 자(字)는 숙연(叔然)이다. 정현의 문도였으며, 『이아음의(爾雅音義)』를 저술하여 반절음을 유행시켰다.

◎ **수(遂)** : '수'는 주(周)나라 때 원교(遠郊) 밖에 설치되었던 행정구역이다. 원교 안에는 6개의 향(鄕)을 설치했고, 원교 밖에는 6개의 '수'를 설치했다. 『서』「주서(周書)·비서(費誓)」편에는 "魯人三郊三遂, 峙乃楨幹."이란 기록이 있는데, 이에 대한 채침(蔡沈)의 『집전(集傳)』에서는 "國外曰郊, 郊外曰遂."라고 풀이했다. 후대의 해석으로는 송대(宋代)의 이여호(李如篪)가 『동원총설(東園叢說)』「삼례설(三禮說)·향수(鄕遂)」편에서 "周家鄕遂之制, 兵寓其中. 近國爲鄕, 爲鄕者六. 郊之外爲遂, 爲遂亦六."이라고 했던 해석이 있고, 또 청대(淸代)의 운경(惲敬)은 『삼대인혁론이(三代因革論二)』에서 "古之爲國有軍有賦, 軍出於郊者也, 賦出於遂者也."라고 했다. 즉 향(鄕)에서는 군대를 동원했고, '수'에서는 부역을 징수했다는 설명이다. 또 『주례』에 따르면, '수'는 5개의 현(縣)이 모인 행정규모이다. '수' 밑에는 현(縣)을 비롯하여 비(鄙), 찬(酇), 리(里), 린(鄰)의 행정단위가 있었다. '수'를 기준으로 봤을 때, 1개의 '수'는 5개의 현(縣), 25개의 비(鄙), 125개의 찬(酇), 500개의 리(里), 2500개의 린(鄰), 12500개의 가(家) 규모가 된다. 즉 향(鄕)의 규모와 같은 크기이다. 『주례』「지관(地官)·수인(遂人)」편에는 "五家爲鄰, 五鄰爲里, 四里爲酇, 五酇爲鄙, 五鄙爲縣, 五縣爲遂."라는 기록이 있다.

◎ **습(襲)** : '습'은 고대에 의례를 시행할 때 하는 복장 방식 중 하나이다. 겉옷으로 안에 입고 있던 옷들을 완전히 가리는 방식이다. 한편 '습'은 비교적 성대한 의식 때 시행하는 복장 방식으로도 사용되어, 안에 있고 있는 옷을 드러내지 않음으로써, 공경의 뜻을 표하기도 했다.

◎ **승(升)** : '승'은 옷감과 관련된 단위이다. 고대에는 포(布) 80가닥[縷]을 1승(升)으로 여겼다. 『의례』「상복(喪服)」편에서는 "冠六升, 外畢."이라는 기록이 있는데, 이에 대한 정현의 주에서는 "布八十縷爲升."이라고 풀이했다.

◎ **승전(乘田)** : '승전'은 춘추시대 노(魯)나라에 있었던 목축을 담당하는 하급 관리를 뜻한다.

◎ **시마복(緦麻服)** : '시마복'은 상복(喪服) 중 하나로, 오복(五服)에 속한다. 가장 조밀한 삼베를 사용해서 만든다. 이 복장을 입게 되는 기간은 상황에 따라서 차이가 있지만, 일반적으로 3개월이 된다. 친족의 백숙부모(伯叔父母)나 친족의 형제(兄弟)들 및 혼인하지 않은 친족의 자매(姊妹) 등을 위해서 입는다.

◎ **시삭(視朔)** : '시삭'은 본래 천자 및 제후가 매월 초하루에, 종묘(宗廟)에 고하여 해당 월의 달력을 받고, 그곳에서 해당 월에 시행해야 할 정무를 처리하였던 것을 뜻한다. 『춘추좌씨전』「희공(僖公) 5년」편에는 "公旣視朔, 遂登觀臺以望, 而書, 禮也."라는 기록이 있고, 이에 대한 공영달(孔穎達)의 소(疏)에서는 "視朔者, 公旣告廟受朔, 卽聽視此朔之政, 是其親告朔也."라고 풀이했다.

◎ **심(尋)** : '심'은 자리의 크기가 반상(半常)인 것으로, 8척(尺)이 되는 것을 뜻한다. 『의례』「공사대부례(公食大夫禮)」편에는 "司宮具几與蒲筵常, 緇布純. 加萑席尋, 玄帛純. 皆卷自末."이라는 기록이 있는데, 이에 대한 정현의 주에서는 "半常曰尋."이라고 풀이했다.

◎ **심의(深衣)** : '심의'는 일반적으로 상의와 하의가 서로 연결된 옷을 뜻한다. 제후, 대부(大夫), 사(士)들이 평상시 집안에 거처할 때 착용하던 복장이기도 하며, 서인(庶人)에게는 길복(吉服)에 해당하기도 한다. 순색에 채색을 가미하기도 했다.

ㅇ

◎ **악본(岳本)** : 『악본(岳本)』은 송(頌)나라 악가(岳珂)가 간행한 『십삼경주소(十三經注疏)』의 판본이다.

◎ **안광(晏光, ?~?)** : =안씨(晏氏). 자세한 이력이 남아 있지 않다.

◎ **안씨(晏氏)** : =안광(晏光)

◎ 약(礿) : '약'은 약(禴)이라고도 부른다. 하(夏)나라와 은(殷)나라 때에는 봄에 종묘(宗廟)에서 지내는 제사를 뜻하는 용어로 사용하였지만, 주(周)나라 때에는 명칭을 고쳐서, 여름에 지내는 제사의 명칭으로 삼았다. '약(礿)'이 봄 제사를 뜻하는 용어로 사용될 때에는 적다[薄]라는 뜻으로, 봄에는 만물이 아직 성숙하지 않았으므로, 제사 때 차려내는 제수(祭需)들이 적게 된다. 그렇기 때문에 그 제사를 '약(礿)'이라고 부르는 것이다. 『예기』「왕제(王制)」편에는 "天子諸侯宗廟之祭, 春曰礿, 夏曰禘, 秋曰嘗, 冬曰烝."이라는 기록이 있고, 이에 대한 정현의 주에서는 "此蓋夏殷之祭名. 周則春曰祠, 夏曰礿, 以禘爲殷祭."라고 풀이했고, 진호(陳澔)의 『집설(集說)』에서는 "礿, 薄也. 春物未成, 祭品鮮薄也."라고 풀이했다. 한편 '약(礿)'자가 여름 제사를 뜻하는 용어로 사용될 때에는 삶다[汋=礿]의 뜻으로, 여름 4월에는 보리가 익어서, 삶아서 밥을 지을 수가 있다. 여름 제사 때에는 이처럼 보리밥을 헌상하기 때문에, 그 제사를 '약(礿)'이라고 부르는 것이다. 『춘추공양전』「환공(桓公) 8년」편에는 "夏曰礿."이라는 기록이 있는데, 이에 대한 하휴(何休)의 주에서는 "薦尙麥苗, 麥始熟可礿, 故曰礿."이라고 풀이했다. 그리고 『주례』「춘관(春官)·사존이(司尊彝)」편에서는 "春祠夏禴, 祼用雞彝·鳥彝, 皆有舟."라고 하여, 약(礿)을 '약(禴)'자로 기록하고 있다.

◎ 양웅(楊雄, B.C.53~A.D.18) : =양웅(揚雄)·양자(揚子). 전한(前漢) 때의 학자이다. 자(字)는 자운(子雲)이다. 사부작가(辭賦作家)로도 명성이 높았다. 왕망(王莽)에게 동조했다는 이유로 송(宋)나라 이후부터는 배척을 당하였다. 만년에는 경학(經學)에 전념하여, 자신을 성현(聖賢)이라고 자처하였다. 참위설(讖緯說) 등을 배척하고, 유가(儒家)와 도가(道家)의 사상을 절충하였다. 저서로는 『법언(法言)』, 『태현경(太玄經)』 등이 있다.

◎ 양웅(揚雄) : =양웅(楊雄)

◎ 양자(揚子) : =양웅(楊雄)

◎ 양척(襄尺) : '양척'은 오사(五射) 중의 하나로, 신하가 군주와 함께 화살을 쏠 때, 군주가 화살을 쏘는 장소로부터 1척(尺) 정도 물러나서 쏘는 것을 뜻한다.

◎ 엄릉방씨(嚴陵方氏, ?~?) : =방각(方慤)·방씨(方氏)·방성부(方性夫). 송대(宋代)의 유학자이다. 이름은 각(慤)이다. 자(字)는 성부(性夫)이다. 『

예기집해(禮記集解)』를 지었고, 『예기집설대전(禮記集說大全)』에는 그의 주장이 많이 인용되고 있다.

◎ **여대림(呂大臨)** : =남전여씨(藍田呂氏)

◎ **여릉호씨(廬陵胡氏)** : =호전(胡銓)

◎ **여서(閭胥)** : '여서'는 여(閭)를 담당하는 관리이다. 주대(周代)에는 향(鄕)이라는 행정단위가 있었는데, '여'는 '향'에 소속된 하위 행정단위이다. 행정규모가 가장 작은 단위는 가(家)이고, 5개의 가는 1개의 비(比)가 되고 5개의 비는 1개의 여(閭)가 된다.

◎ **여수(旅酬)** : '여수'는 본래 제사가 끝난 후에, 제사에 참가했던 친족 및 빈객(賓客)들이 술잔을 들어 술을 마시고, 서로 공경의 예(禮)를 표하며, 잔을 권하는 의례(儀禮)이다. 연회에서도 서로에게 술을 권하는 절차를 '여수'라고 부른다.

◎ **여씨(呂氏)** : =남전여씨(藍田呂氏)

◎ **여여숙(呂與叔)** : =남전여씨(藍田呂氏)

◎ **연례(燕禮)** : '연례'는 본래 빈객(賓客)을 접대하는 연회의 한 종류를 뜻한다. 각종 연회들을 두루 지칭하기도 하며, 연회에서 사용되는 의례 절차들을 두루 지칭하기도 한다. 본래의 '연례'는 연회를 시작할 때, 첫잔을 따라 바치는 절차 끝나면, 모두 자리에 앉아서 술을 마시는데, 취할 때까지 마시는 연회의 한 종류를 뜻한다. '연례' 때에는 희생물로 개[狗]를 사용했으며, 유우씨(有虞氏) 때 시행되었던 제도라고 설명되기도 한다. 『예기』「왕제(王制)」편에는 "有虞氏以燕禮."라는 기록이 있고, 이에 대한 진호(陳澔)의 『집설(集說)』에서는 "燕禮者, 一獻之禮旣畢, 皆坐而飮酒, 以至於醉, 其牲用狗."라고 풀이했다.

◎ **연사례(燕射禮)** : '연사례'는 연회 때 활쏘기를 했던 의례(儀禮)를 가리킨다. 천자는 제후 및 군신(群臣)들에게 연회를 베풀며, 그들의 노고를 치하했는데, 연회를 하며 활쏘기 또한 시행했다. 이처럼 연회 때 활쏘기를 하는 의식을 '연사례'라고 부른다.

◎ **염계선생(濂溪先生)** : =주돈이(周敦頤)

◎ **오경이의(五經異義)** : 『오경이의(五經異義)』는 후한(後漢) 때의 학자인 허신(許愼)이 지은 책이다. 유실되었는데, 송대(宋代) 때 학자들이 다시 모아서 엮었다. 오경(五經)에 관한 고금(古今)의 유설(遺說)과 이의(異義)를 싣고, 그에 대한 시비(是非)를 판별한 내용들이다.

◎ 오곡(五穀) : '오곡'은 곡식을 총칭하는 말로 사용되는데, 본래 다섯 가지 곡식을 뜻한다. 그러나 다섯 가지 곡식이 구체적으로 무엇을 가리키는지에 대해서는 이견이 많다. 『주례』「천관(天官)·질의(疾醫)」편에는 "以五味·五穀·五藥養其病."이라는 기록이 있고, 이에 대한 정현의 주에서는 "五穀, 麻·黍·稷·麥·豆也."라고 풀이했다. 즉 이 문장에서는 '오곡'을 마(麻)·메기장[黍]·차기장[稷]·보리[麥]·콩[豆]으로 설명하고 있다. 그리고 『맹자』「등문공상(滕文公上)」편에는 "樹藝五穀, 五穀熟而民人育."이라는 기록이 있고, 이에 대한 조기(趙岐)의 주에서는 "五穀謂稻·黍·稷·麥·菽也."라고 풀이했다. 즉 이 문장에서는 '오곡'을 쌀[稻]·메기장[黍]·차기장[稷]·보리[麥]·대두[菽]로 설명하고 있다. 그리고 『초사(楚辭)』「대초(大招)」편에는 "五穀六仞."이라는 기록이 있는데, 이에 대한 왕일(王逸)의 주에서는 "五穀, 稻·稷·麥·豆·麻也."라고 풀이했다. 즉 이 문장에서는 '오곡'을 쌀[稻]·차기장[稷]·보리[麥]·콩[豆]·마(麻)로 설명하고 있다. 이 외에도 각종 주석에 따라 해당 작물이 달라진다.

◎ 오례(五禮) : '오례'는 고대부터 전해져 온 다섯 종류의 예제(禮制)를 뜻한다. 즉 길례(吉禮), 흉례(凶禮), 군례(軍禮), 빈례(賓禮), 가례(嘉禮)를 가리킨다. 『주례』「춘관(春官)·소종백(小宗伯)」편에는 "掌五禮之禁令與其用等."이라는 기록이 있는데, 이에 대한 정현의 주에서는 정사농(鄭司農)의 주장을 인용하여, "五禮, 吉·凶·軍·賓·嘉."라고 풀이했다.

◎ 오물(五物) : '오물'은 다섯 가지 사안으로, 화(和), 용(容), 주피(主皮), 화용(和容), 흥무(興舞)를 뜻한다. '물(物)'자는 사(事)자의 뜻이다. '화'는 육덕(六德)에 포함되는 것으로, 온화함을 뜻한다. '용'은 육행(六行)을 포괄하는 것으로, 효(孝)에 해당한다. '주피'는 서민들은 과녁을 설치하지 않으므로, 가죽을 펴서 활을 쏜다는 뜻으로, 육예(六藝) 중 사(射)에 해당한다. '화용'은 조화로운 행동거지로 육예 중 예(禮)에 해당한다. '흥무'는 춤을 추는 것으로 육예 중 악(樂)에 해당한다.

◎ 오사(五射) : '오사'는 사례(射禮)를 시행할 때 사용되는 다섯 가지 활 쏘는 예법을 뜻한다. 다섯 가지 활 쏘는 예법은 백시(白矢), 삼련(參連), 섬주(剡注), 양척(襄尺), 정의(井儀)이다. '백시'는 화살을 쏘아서 과녁을 꿰뚫는다는 뜻이다. 화살이 과녁을 꿰뚫게 되면, 화살 끝에 달려 있는 흰 깃털만 보인다는 의미에서 '백시'라고 부른다. '삼련'은 앞서 한 발의 화살을 쏘고, 뒤이어 3발의 화살을 연이어 쏜다는 뜻이다.

'섬주'는 화살을 쏠 때 끝부분의 깃털이 위로 올라가고, 화살촉이 밑으로 내려간 형태로 화살이 날아가는 것을 뜻한다. '양척'은 신하가 군주와 함께 화살을 쏠 때, 군주가 화살을 쏘는 장소로부터 1척(尺) 정도 물러나서 쏘는 것을 뜻한다. '정의'는 4발의 화살을 쏘아서 과녁을 명중시킬 때, 정(井)자의 형태가 되도록 쏘는 것을 뜻한다. 『주례』「지관(地官)·보씨(保氏)」편에는 "養國子以道, 乃敎之六藝, 一曰五禮, 二曰六樂, 三曰五射, 四曰五馭, 五曰六書, 六曰九數."라는 기록이 있고, 이에 대한 정현의 주에서는 정사농(鄭司農)의 주장을 인용하여, "五射, 白矢·參連·剡注·襄尺·井儀也."라고 풀이했으며, 가공언(賈公彦)의 소(疏)에서는 "云白矢者, 矢在侯而貫侯過, 見其鏃白; 云參連者, 前放一矢, 後三矢連續而去也; 云剡注者, 謂羽頭高鏃低而去, 剡剡然; 云襄尺者, 臣與君射, 不與君並立, 襄君一尺而退; 云井儀者, 四矢貫侯, 如井之容儀也."라고 풀이했다.

◎ 오어(五馭) : '오어'는 오어(五御)라고도 부르며, 수레를 몰 때 사용되는 다섯 가지 기술을 뜻한다. 다섯 가지 기술은 명화란(鳴和鸞), 축수곡(逐水曲), 과군표(過君表), 무교구(舞交衢), 축금좌(逐禽左)이다. '명화란'은 수레를 몰 때 방울 소리가 조화롭게 울린다는 뜻이다. '화(和)'와 '란(鸞)'은 모두 수레에 다는 일종의 방울인데, 수레를 편안하게 몰기 때문에 소리가 조화롭게 울린다는 뜻이다. '축수곡'은 물길 옆에 있는 도로를 따라 수레를 몬다는 뜻이다. 즉, 물길의 굴곡에 따른 굽이진 곳을 이동하면서도 수레가 물에 빠지지 않도록 운전을 잘 한다는 뜻이다. '과군표'는 군주가 있는 곳은 깃발 등으로 표시를 하는데, 그곳을 지나갈 때에는 수레를 몰지 않는다는 뜻이다. 일종의 군주에게 공경의 뜻을 표하는 방법이다. '무교구'는 교차로에서 수레끼리 교차하게 될 때, 서로에게 피해를 주지 않기 위해 춤추는 절도에 따라 서로 수레를 돌린다는 뜻이다. '축금좌'는 사냥할 때 수레를 모는 방법이다. 사냥을 할 때 존귀한 자는 좌측에 타서 활을 쏘게 되는데, 짐승을 잘 맞출 수 있도록 수레의 좌측 방향으로 짐승을 몬다는 뜻이다. 『주례』「지관(地官)·보씨(保氏)」편에는 "養國子以道, 乃敎之六藝, 一曰五禮, 二曰六樂, 三曰五射, 四曰五馭, 五曰六書, 六曰九數."라는 기록이 있고, 이에 대한 정현의 주에서는 정사농(鄭司農)의 주장을 인용하여, "五馭, 鳴和鸞·逐水曲·過君表·舞交衢·逐禽左."라고 풀이했으며, 가공언(賈公

彦)의 소(疏)에서는 "云五馭者, 馭車有五種. 云鳴和鸞者, 和在式, 鸞在衡. 按韓詩云, '升車則馬動, 馬動則鸞鳴, 鸞鳴則和應.' 先鄭依此而言. 云逐水曲者, 無正文, 先鄭以意而言, 謂御車隨逐水勢之屈曲而不墜水也. 云過君表者, 謂若毛傳云, '褐纏旃以爲門, 裘纏質以爲槸, 間容握, 驅而入, 轚則不得入.' 穀梁亦云, '艾蘭以爲防, 置旃以爲轅門, 以葛覆質以爲槷, 流旁握, 御轚者不得入.' 是其過君表卽褐纏旃是也. 云舞交衢者, 衢, 道也, 謂御車在交道, 車旋應於舞節. 云逐禽左者, 謂御驅逆之車, 逆驅禽獸使左, 當人君以射之, 人君自左射. 故毛傳云, '故自左膘而射之, 達于右腢, 爲上殺.' 又禮記云, '佐車止, 則百姓田獵', 是也."라고 풀이했다.

◎ 오제(五帝) : '오제'는 전설시대에 존재했다고 전해지는 다섯 명의 제왕(帝王)을 뜻한다. 그러나 다섯 명이 누구였는지에 대해서는 이설(異說)이 많다. 첫 번째 주장은 황제(黃帝: =軒轅), 전욱(顓頊: =高陽), 제곡(帝嚳: =高辛), 당요(唐堯), 우순(虞舜)으로 보는 견해이다. 『사기정의(史記正義)』「오제본기(五帝本紀)」편에는 "太史公依世本·大戴禮, 以黃帝·顓頊·帝嚳·唐堯·虞舜爲五帝. 譙周·應劭·宋均皆同."이라는 기록이 있고, 『백호통(白虎通)』「호(號)」편에도 "五帝者, 何謂也? 禮曰, 黃帝·顓頊·帝嚳·帝堯·帝舜也."라는 기록이 있다. 두 번째 주장은 태호(太昊: =伏羲), 염제(炎帝: =神農), 황제(黃帝), 소호(少昊: =摯), 전욱(顓頊)으로 보는 견해이다. 이 주장은 『예기』「월령(月令)」편에 나타난 각 계절별 수호신들의 내용을 종합한 것이다. 세 번째 주장은 소호(少昊), 전욱(顓頊), 고신(高辛), 당요(唐堯), 우순(虞舜)으로 보는 견해이다. 『서서(書序)』에는 "少昊·顓頊·高辛·唐·虞之書, 謂之五典, 言常道也."라는 기록이 있다. 또 『제왕세기(帝王世紀)』에는 "伏羲·神農·黃帝爲三皇, 少昊·高陽·高辛·唐·虞爲五帝."라는 기록이 있다. 네 번째 주장은 복희(伏羲), 신농(神農), 황제(黃帝), 당요(唐堯), 우순(虞舜)으로 보는 견해이다. 이 주장은 『역』「계사하(繫辭下)」편의 내용에 근거한 주장이다.

◎ 오토(五土) : '오토'는 다섯 종류의 지형을 뜻한다. '산림지형[山林]', '하천이나 연못 지형[川澤]', '구릉지형[丘陵]', '저지대나 평탄한 지형[墳衍]', '평탄하거나 습한 지형[原隰]'을 가리킨다. 『공자가어(孔子家語)』「상로(相魯)」편에는 "乃別五土之性, 而物各得其所生之宜."라는 기록이 있는데, 이에 대한 왕숙(王肅)의 주에서는 "五土, 一曰山林, 二曰川澤, 三曰丘陵, 四曰墳衍, 五曰原隰."이라고 풀이하였다.

◎ **왕념손(王念孫, A.D.1744~A.D.1832)** : 청(淸)나라 때의 학자이다. 자(字)는 회조(懷祖)이고, 호(號)는 석구(石臞)이다. 부친은 왕안국(王安國)이고, 아들은 왕인지(王引之)이다. 대진(戴震)에게 학문을 배웠다. 저서로는 『독서잡지(讀書雜志)』 등이 있다.

◎ **왕보사(王輔嗣)** : =왕필(王弼)

◎ **왕숙(王肅, A.D.195~A.D.256)** : =왕자옹(王子雍). 위진남북조(魏晉南北朝) 때의 위(魏)나라 경학자이다. 자(字)는 자옹(子雍)이다. 출신지는 동해(東海)이다. 부친 왕랑(王朗)으로부터 금문학(今文學)을 공부했으나, 고문학(古文學)의 고증적인 해석을 따랐다. 『상서(尙書)』, 『시경(詩經)』, 『좌전(左傳)』, 『논어(論語)』 및 삼례(三禮)에 대한 주석을 남겼다.

◎ **왕인지(王引之, A.D.1766~A.D.1834)** : 청(淸)나라 때의 훈고학자이다. 자(字)는 백신(伯申)이고, 호(號)는 만경(曼卿)이며, 시호(諡號)는 문간(文簡)이다. 왕념손(王念孫)의 아들이다. 대진(戴震), 단옥재(段玉裁), 부친과 함께 대단이왕(戴段二王)이라고 일컬어졌다. 『경전석사(經傳釋詞)』, 『경의술문(經義述聞)』 등의 저술이 있다.

◎ **왕자옹(王子雍)** : =왕숙(王肅)

◎ **왕필(王弼, A.D.226~A.D.249)** : =왕보사(王輔嗣). 삼국시대 위(魏)나라의 학자이다. 자(字)는 보사(輔嗣)이다. 저서로는 『노자주(老子注)』·『주역주(周易注)』 등이 있다.

◎ **왕후(王后)** : '왕후'는 천자의 본부인을 뜻한다. 후대에는 황후(皇后)라고 부르기도 하였다. 고대에는 천자(天子)를 왕(王)이라고 불렀기 때문에, 천자의 부인을 '왕후'라고 부른다. 또한 '왕'자를 생략하여 '후(后)라고도 부른다.

◎ **왕후(王侯)** : '왕후'는 천자와 제후를 뜻한다.

◎ **우인(虞人)** : '우인'은 산림(山林)을 관장하는 관리이다. 『여씨춘추(呂氏春秋)』「계하(季夏)」편에는 "乃命虞人入山行木."이라는 기록이 있고, 이에 대한 고유(高誘)의 주에서는 "虞人, 掌山林之官."이라고 풀이하였다.

◎ **운문(雲門)** : '운문'은 황제(黃帝) 시대에 만들어진 악무(樂舞) 중 하나라고 전해진다. 주(周)나라의 육무(六舞) 중 하나로 정착하였다. 주로 천신(天神)에게 제사를 지낼 때 사용되었다.

◎ **웅씨(熊氏)** : =웅안생(熊安生)

◎ **웅안생(熊安生, ?~A.D.578)** : =웅씨(熊氏). 북조(北朝) 때의 경학자이다.

자(字)는 식지(植之)이다. 『주례(周禮)』, 『예기(禮記)』, 『효경(孝經)』 등 많은 전적에 의소(義疏)를 남겼지만, 모두 산일되어 남아 있지 않다. 현재 마국한(馬國翰)의 『옥함산방집일서(玉函山房輯佚書)』에 『예기웅씨의소(禮記熊氏義疏)』 4권이 남아 있다.

◎ 위리(委吏) : '위리'는 고대에 창고를 관리하던 하급 관리를 뜻한다.

◎ 유사(有司) : '유사'는 관리를 뜻하는 용어이다. '사(司)'자는 담당한다는 뜻이다. 관리들은 각자 담당하고 있는 업무가 있었으므로, 관리를 '유사'라고 불렀던 것이다. 일반적으로 하위관료들을 지칭하여, 실무자를 뜻하는 용어로 많이 사용된다. 그러나 때로는 고위관료까지도 지칭하는 용어로 사용되기도 한다.

◎ 유씨(庾氏) : =유울(庾蔚)

◎ 유씨(劉氏) : =장락유씨(長樂劉氏)

◎ 유울(庾蔚, ?~?) : =유씨(庾氏). 남조(南朝) 때 송(宋)나라 학자이다. 저서로는 『예기약해(禮記略解)』, 『예론초(禮論鈔)』, 『상복(喪服)』, 『상복세요(喪服世要)』, 『상복요기주(喪服要記注)』 등을 남겼다.

◎ 유이(劉彝) : =장락유씨(長樂劉氏)

◎ 유집중(劉執中) : =장락유씨(長樂劉氏)

◎ 육덕명(陸德明, A.D.550~A.D.630) : =육원랑(陸元朗). 당대(唐代)의 경학자이다. 이름은 원랑(元朗)이고, 자(字)는 덕명(德明)이다. 훈고학에 뛰어났으며, 『경전석문(經典釋文)』 등을 남겼다.

◎ 육무(六舞) : =육악(六樂)

◎ 육사(六辭) : '육사'는 교류를 할 때 사용하게 되는 여섯 종류의 공식 문서 및 말을 뜻한다. 사(祠), 명(命), 고(誥), 회(會), 수(禱), 뢰(誄)가 여기에 해당한다. 정사농(鄭司農)의 주장에 따르면, '사'는 '사(辭)'자가 되어야 하며, 사람과 대할 때 사용하는 말을 뜻하고, '명'은 외교 문서를 뜻하며, '고'는 훈계하는 말을 뜻하고, '회'는 관부의 수장이 관부에 소속된 관리들과 회의를 하며 명령을 내리는 말을 뜻하며, '수'는 신들에게 기도를 올릴 때 쓰는 말을 뜻하고, '뢰'는 죽은 자의 일대기를 열거하며 그 사람의 덕행을 가려내어 시호를 지을 때 쓰는 말을 뜻한다고 설명한다. 한편 정현은 '사'는 서로 교류를 할 때 쓰는 말을 뜻하고, '회'는 회맹을 하여 맹약을 맺을 때 쓰는 말을 뜻하며, '수'는 경사스러운 일에 축복을 기원하는 말을 뜻한다고 설명한다. 『주례』「춘관(春

官)·대축(大祝)」편에는 "作六辭, 以通上下親疏遠近, 一曰祠, 二曰命, 三曰誥, 四曰會, 五曰禱, 六曰誄."라는 기록이 있고, 이에 대한 정현의 주에서는 "鄭司農云, '祠當爲辭, 謂辭令也. 命, 論語所謂爲命裨諶草創之. 誥, 謂康誥·盤庚之誥之屬也. …… 會, 謂王官之伯, 命事於會, 胥命于蒲, 主爲其命也. 禱, 謂禱於天地·社稷·宗廟·主爲其辭也. …… 誄, 謂積累生時德行, 以錫之命, 主爲其辭也.' 玄謂一曰祠者, 交接之辭. …… 會, 謂會同盟誓之辭. 禱, 賀慶言福祚之辭."라고 풀이했다.

◎ **육서(六書)** : '육서'는 한자의 구성과 형성에 대한 여섯 가지 이론으로, 상형(象形), 지사(指事: =處事), 회의(會意), 형성(形聲: =諧聲), 전주(轉注), 가차(假借)를 뜻한다. 『주례』「지관(地官)·보씨(保氏)」편에는 "五曰六書."라는 기록이 있는데, 이에 대한 정현의 주에서는 정사농(鄭司農)의 주장을 인용하여, "六書, 象形·會意·轉注·處事·假借·諧聲也."라고 풀이했다.

◎ **육악(六樂)** : '육악'은 육무(六舞)와 같은 말이다. 고대 황제(黃帝), 요(堯), 순(舜), 우(禹), 탕(湯), 무왕(武王) 때의 악무(樂舞)인 운문(雲門), 대권(大卷), 대함(大咸), 대소(大磬: =大韶), 대하(大夏), 대호(大濩), 대무(大武)를 뜻한다. 『주례』「지관(地官)·대사도(大司徒)」편에는 "以六樂防萬民之情, 而敎之和."라는 기록이 있고, 이에 대한 정현의 주에서는 정사농(鄭司農)의 주장을 인용하여, "六樂, 謂雲門·咸池·大韶·大夏·大濩·大武."라고 풀이했다.

◎ **육예(六藝)** : '육예'는 기본적으로 갖춰야 하는 여섯 가지 과목을 뜻한다. 여섯 가지 과목은 예(禮), 음악[樂], 활쏘기[射], 수레몰기[御], 글쓰기[書], 셈하기[數]이며, 구체적으로 말하자면 오례(五禮), 육악(六樂), 오사(五射), 오어(五馭: =五御), 육서(六書), 구수(九數)를 가리킨다.

◎ **육원랑(陸元朗)** : =육덕명(陸德明)

◎ **육축(六畜)** : '육축'은 여섯 종류의 가축을 뜻한다. 말[馬], 소[牛], 양(羊), 닭[雞], 개[犬], 돼지[豕]를 가리킨다. 『춘추좌씨전』「소공(昭公) 25년」편에는 "爲六畜·五牲·三犧, 以奉五味."라는 기록이 있고, 이에 대한 두예(杜預)의 주에서는 "馬·牛·羊·雞·犬·豕."라고 풀이했다.

◎ **육향(六鄕)** : '육향'은 주(周)나라 때 원교(遠郊)에 설치된 여섯 개의 향(鄕)을 뜻한다. 주나라의 제도에서는 국성(國城)과 가까이 있는 교외(郊外)를 근교(近郊)라고 불렀고, 근교 밖을 원교(遠郊)라고 불렀다.

그리고 원교 안에는 6개의 향(鄕)을 설치했고, 원교 밖에는 6개의 수(遂)를 설치했다.

◎ 응씨(應氏) : =금화응씨(金華應氏)

◎ 응용(應鏞) : =금화응씨(金華應氏)

◎ 응자화(應子和) : =금화응씨(金華應氏)

◎ 이씨(李氏, ?~?) : 자세한 이력이 남아 있지 않다.

◎ 자최복(齊衰服) : '자최복'은 상복(喪服) 중 하나로, 오복(五服)에 속한다. 거친 삼베를 사용해서 만들며, 자른 부위를 꿰매어 가지런하게 정리하기 때문에, '자최복'이라고 부른다. 이 복장을 입게 되는 기간에도 여러 종류가 있는데, 3년 동안 입는 경우는 죽은 계모(繼母)나 자모(慈母)를 위한 경우이고, 1년 동안 입는 경우는 손자가 죽은 조부모를 위해 입는 경우와 남편이 죽은 아내를 입는 경우 등이다. 그리고 1년 동안 '자최복'을 입는 경우, 그 기간을 자최기(齊衰期)라고도 부른다. 또 5개월 동안 입는 경우는 죽은 증조부나 증조모를 위한 경우이며, 3개월 동안 입는 경우는 죽은 고조부나 고조모를 위한 경우 등이다.

◎ 장곡(長轂) : '장곡'은 전쟁용 수레를 뜻한다.

◎ 장락유씨(長樂劉氏, A.D.1017~A.D.1086) : =유씨(劉氏)·유이(劉彝)·유집중(劉執中). 북송(北宋) 때의 성리학자이다. 자(字)는 집중(執中)이다. 복주(福州) 출신이며, 어려서 호원(胡瑗)에게서 학문을 배웠다. 『정속방(正俗方)』, 『주역주(周易注)』를 지었으나 현존하지 않는다. 『칠경중의(七經中議)』, 『명선집(明善集)』, 『거이집(居易集)』 등이 남아 있다.

◎ 장의(長衣) : '장의'는 고대의 귀족들이 상중에 착용하는 순백색의 포로된 옷이다. 『의례』「빙례(聘禮)」편에는 "遭喪將命於大夫, 主人長衣練冠以受."라는 기록이 있는데, 이에 대한 정현의 주에서는 "長衣, 純素布衣也."라고 풀이했다.

◎ 장자(張子) : =장재(張載)

◎ 장재(張載, A.D.1020~A.D.1077) : =장자(張子)·장횡거(張橫渠). 북송(北宋) 때의 유학자이다. 북송오자(北宋五子) 중 한 사람으로 칭해진다. 자(字)는 자후(子厚)이다. 횡거진(橫渠鎭) 출신으로, 이곳에서 장기간

강학을 했기 때문에 횡거선생(橫渠先生)으로 일컬어지기도 한다.

◎ **장횡거(張橫渠)** : =장재(張載)

◎ **전(旃)** : '전'은 전(旜)이라고도 기록하는데, 본래 고(孤)나 경(卿) 등이 사용하는 깃발을 뜻한다. 순색의 비단을 이용하여 만든 깃발이며, 별다른 장식을 사용하지 않고, 굽어 있는 깃대를 사용하게 된다. 『주례』「춘관(春官)·사상(司常)」편에는 "掌九旗之物名, 各有屬以待國事. 日月爲常, 交龍爲旂, 通帛爲旜, 雜帛爲物, 熊虎爲旗, 鳥隼爲旟, 龜蛇爲旐, 全羽爲旞, 析羽爲旌."이라는 기록이 있다.

◎ **전(旜)** : =전(旃)

◎ **전(甸)** : '전'은 토지의 면적을 뜻하는 단위이다. 1사람이 부여받는 100무(畝)의 경작지를 1부(夫)라고 하는데, 9부(夫)는 1정(井)이 되고, 4정(井)은 1읍(邑)이 되며, 4읍(邑)은 1구(丘)가 되고, 4구(丘)는 1전(甸)이 된다. 1전(甸)은 사방 8리(里)의 규모이다. 또한 '전'은 승(乘)이라고도 부른다. 『주례』「지관(地官)·소사도(小司徒)」편에는 "九夫爲井, 四井爲邑, 四邑爲丘, 四丘爲甸."이라는 기록이 있고, 이에 대해 정현의 주에서는 "甸之言乘也, 讀如衷甸之甸. 甸方八里."라고 풀이했다.

◎ **정(旌)** : '정'은 가느다란 새의 깃털인 석우(析羽)를 오색(五色)으로 채색하여, 깃술처럼 장식한 깃발이다. 『주례』「춘관(春官)·사상(司常)」편에는 "全羽爲旞, 析羽爲旌."이라는 기록이 있다. 한편 '정'은 깃발들을 범칭하는 용어로도 사용된다.

◎ **정강성(鄭康成)** : =정현(鄭玄)

◎ **정복(正服)** : '정복'은 본래의 상례(喪禮) 규정에 따른 정식 복장을 뜻한다. 친족 관계에서는 각 등급에 따른 상례 절차가 규정되어 있으므로, '정복'이라는 것은 규정에 따른 상복(喪服)을 착용하는 것뿐만 아니라, 상(喪)을 치르는 기간과 각종 부수적 기물(器物)들에 대해서도 규정대로 따르는 것을 뜻한다.

◎ **정사농(鄭司農)** : =정중(鄭衆)

◎ **정씨(鄭氏)** : =정현(鄭玄)

◎ **정의(正義)** : 『정의(正義)』는 『예기정의(禮記正義)』 또는 『예기주소(禮記注疏)』를 뜻한다. 당(唐)나라 때에는 태종(太宗)이 공영달(孔穎達) 등을 시켜서 『오경정의(五經正義)』를 편찬하였는데, 이때 『예기정의』에는 정현(鄭玄)의 주(注)와 공영달의 소(疏)가 수록되었다. 송대(宋

代)에는 『오경정의』와 다른 경전(經典)에 대한 주석서를 포함한 『십삼경주소(十三經注疏)』가 편찬되어, 『예기주소』라는 명칭이 되었다.

◎ 정의(井儀) : '정의'는 오사(五射) 중의 하나로, 4발의 화살을 쏘아서 과녁을 명중시킬 때, 정(井)자의 형태가 되도록 쏘는 것을 뜻한다.

◎ 정중(鄭衆, ?~A.D.83) : =정사농(鄭司農). 후한(後漢) 때의 경학자이다. 자(字)는 중사(仲師)이다. 부친은 정흥(鄭興)이다. 부친에게 『춘추좌씨전(春秋左氏傳)』의 학문을 전수받았다. 또한 그는 대사농(大司農) 등의 관직을 역임하였기 때문에, '정사농'이라고도 불렀다. 한편 정흥과 그의 학문은 정현(鄭玄)에게 많은 영향을 주었기 때문에, 후대에서는 정현을 후정(後鄭)이라고 불렀고, 정흥과 그를 선정(先鄭)이라고도 불렀다. 저서로는 『춘추조례(春秋條例)』, 『주례해고(周禮解詁)』 등을 지었다고 하지만, 현재는 전해지지 않았다.

◎ 정현(鄭玄, A.D.127 ~ A.D.200) : =정강성(鄭康成)·정씨(鄭氏). 한대(漢代)의 유학자이다. 자(字)는 강성(康成)이다. 『주역(周易)』, 『상서(尙書)』, 『모시(毛詩)』, 『주례(周禮)』, 『의례(儀禮)』, 『예기(禮記)』, 『논어(論語)』, 『효경(孝經)』 등에 주석을 하였다.

◎ 조근(朝覲) : '조근'은 군주가 신하를 만나보는 예법(禮法)을 뜻한다. 군주가 신하를 만나보는 예법에는 조(朝), 근(覲), 종(宗), 우(遇), 회(會), 동(同) 등이 있었는데, 이것을 총칭하여 '조근'으로 부르기도 한다. 한편 '조근'은 신하가 군주를 찾아뵙는 예법을 뜻하기도 한다. 고대에는 제후가 천자를 찾아뵐 때, 각 계절별로 그 명칭을 다르게 불렀다. 봄에 찾아뵙는 것을 조(朝)라고 부르며, 여름에 찾아뵙는 것을 종(宗)이라고 부르고, 가을에 찾아뵙는 것을 근(覲)이라고 부르며, 겨울에 찾아뵙는 것을 우(遇)라고 부른다. '조근'은 이러한 예법들을 총칭하는 말이다.

◎ 조복(朝服) : '조복'은 군주와 신하가 조회를 열 때 착용하는 복장을 뜻한다. 중요한 의식을 치를 때 착용하는 예복(禮服)을 가리키기도 한다.

◎ 조천(朝踐) : '조천'은 제례(祭禮) 의식 중 하나이다. 희생물의 피와 기름 등을 바치고, 단술을 따르게 되면, 비로소 제사를 본격적으로 시행하게 된다. 제주(祭主)의 부인이 되는 주부(主婦)는 이때 제사 때 진설해두는 제기(祭器)인 두변(豆籩) 등을 바치게 된다. '조천'은 바로 이러한 의식 절차를 가리킨다. 『주례』「춘관(春官)·사존이(司尊彝)」에는 "其朝踐用兩獻尊."이라는 기록이 있고, 이 기록에 대한 정현의 주에서는 "朝踐, 謂薦

血腥, 酌醴, 始行祭事, 后於是薦朝事之豆籩."이라고 풀이하였다.

◎ **주돈이(周敦頤**, A.D.1017~A.D.1073) : =염계선생(濂溪先生)·주자(周子)·주렴계(周濂溪)·주무숙(周茂叔). 북송(北宋) 때의 학자이다. 북송오자(北宋五子) 및 송조육현(宋朝六賢) 중 한 사람으로 손꼽힌다. 초명(初名)은 돈실(惇實)이었지만, 영종(英宗)에 대한 피휘 때문에, 돈이(敦頤)로 개명하였다. 자(字)는 무숙(茂叔)이다. 염계서당(濂溪書堂)에서 강학을 하였기 때문에, '염계선생(濂溪先生)'이라고도 부른다. 저서로는 『태극도설(太極圖說)』·『통서(通書)』 등이 있다.

◎ **주렴계(周濂溪)** : =주돈이(周敦頤)

◎ **주무숙(周茂叔)** : =주돈이(周敦頤)

◎ **주자(周子)** : =주돈이(周敦頤)

◎ **주장(州長)** : '주장'은 주(周)나라 때의 관직으로, 1개 주(州)의 수장을 뜻한다. 중대부(中大夫) 1명이 담당을 했으며, 그 주에서 시행하는 교화와 정령을 담당했다. 『주례』「지관(地官)·사도(司徒)」편에는 "州長, 每州中大夫一人."이라는 기록이 있고, 『주례』「지관·주장(州長)」편에는 "各掌其州之敎治政令之法."이라는 기록이 있다.

◎ **중의(中衣)** : '중의'는 조복(朝服)이나 제복(祭服) 등의 예복(禮服) 안에 착용하는 옷이다. '중의' 안에는 속옷 등을 착용하고, '중의' 겉에는 예복 등을 착용하므로, 중간이라는 뜻에서 '중의'라고 부르는 것이다. 또한 모든 복장에 있어서 속옷과 겉옷 중간에 입는 옷을 뜻하기도 한다. 『예기』「교특생(郊特牲)」편에는 "繡黼丹朱中衣."라는 기록이 있고, 이에 대한 공영달(孔穎達)의 소(疏)에서는 "中衣, 謂以素爲冕服之裏衣."라고 풀이하였다.

◎ **진덕수(眞德秀)** : =서산진씨(西山眞氏)

◎ **집운(集韻)** : 『집운(集韻)』은 송(宋)나라 때의 정탁(丁度, A.D.990~A.D.1053) 등이 칙명(勅命)을 받아서 편찬한 음운학 서적이다.

ㅊ

◎ **참승(參乘)** : '참승'은 '참승(驂乘)'이라고도 부른다. 수레에 탄다는 뜻이다. 또한 수레에 타는 사람을 가리키는 용어로도 사용되었다. 고대 수레 제도에서는 존귀한 자는 수레의 좌측에 타고, 수레를 모는 사람은

중앙에 위치했으며, 시중을 들거나 병기를 들고서 보호하는 임무를 맡은 사람은 수레의 우측에 탔다. 또한 이러한 뜻에서, 음을 달리하여 삼승(參乘)이라고도 부른다.

◎ 참승(驂乘) : =참승(參乘)

◎ 참최복(斬衰服) : '참최복'은 상복(喪服) 중 하나로, 오복(五服)에 속한다. 상복 중에서도 가장 수위가 높은 상복이다. 거친 삼베를 사용해서 만들며, 자른 부위를 꿰매지 않기 때문에 참최(斬衰)라고 부른다. 이 복장을 입게 되는 기간은 일반적으로 3년에 해당하며, 죽은 부모를 위해 입거나, 처 또는 첩이 죽은 남편을 위해 입는다.

◎ 체제(禘祭) : '체제'는 천신(天神) 및 조상신(祖上神)에게 지내는 '큰 제사[大祭]'를 뜻한다. 『이아』「석천(釋天)」편에는 "禘, 大祭也."라는 기록이 있고, 이에 대한 곽박(郭璞)의 주에서는 "五年一大祭."라고 풀이하여, 대제(大祭)로써의 체제사는 5년마다 1번씩 지낸다고 설명한다. 그러나 『예기』「왕제(王制)」에 수록된 각종 제사들에 대한 기록을 살펴보면, 체제사는 큰 제사임에는 분명하나, 반드시 5년마다 1번씩 지내는 제사는 아니었다.

◎ 초주(譙周, A.D.201?~A.D.270) : 삼국시대(三國時代) 때의 학자이다. 자(字)는 윤남(允南)이다. 『논어주(論語注)』, 『삼파기(三巴記)』, 『초자법훈(譙子法訓)』, 『고사고(古史考)』, 『오경연부론(五更然否論)』 등의 저술을 남겼다.

◎ 축금좌(逐禽左) : '축금좌'는 오어(五御) 중 하나로, 수레를 모는 기술에 해당한다. 사냥하는 수레를 몰 때에는 짐승을 수레의 좌측에 있도록 몰아서, 군주가 수레의 좌측으로 활을 쏘기 쉽도록 몰게 되는데, '축금좌'는 바로 이러한 기술을 뜻한다.

◎ 축수곡(逐水曲) : '축수곡'은 오어(五御) 중 하나로, 물길 옆에 있는 도로를 따라 수레를 몬다는 뜻이다. 즉, 물길의 굴곡에 따른 굽이진 곳을 이동하면서도 수레가 물에 빠지지 않도록 운전을 잘 한다는 뜻이다.

◎ 취면(毳冕) : '취면'은 취의(毳衣)와 면류관을 뜻한다. 본래 천자가 사망(四望) 등 산천(山川)에 대한 제사 때 착용했던 복장이다. '취의'에는 호랑이와 원숭이를 수놓게 되는데, 이 무늬를 종이(宗彝)이라고도 부른다. 상의에는 3종류의 무늬를 수놓고, 하의에는 2종류의 무늬를 수놓게 되어, 총 5가지 무늬가 들어가게 된다. 『주례(周禮)』「춘관(春官)·

사복(司服)」편에는 "祀四望山川則毳冕."이라는 기록이 있고, 이에 대한 정현의 주에서는 "毳畫虎蜼, 謂宗彝也. 其衣三章, 裳二章, 凡五也."라고 풀이했다.

◎ **치(雉)** : '치'는 담장 등의 면적을 계산하는 단위이다. 길이가 3장(丈)이고 높이가 1장인 것을 1치(雉)라고 부른다.

◎ **치면(絺冕)** : '치면'은 희면(希冕)·치면(黹冕)이라고도 부른다. 치의(絺衣)와 면류관을 뜻한다. 천자 및 제후가 사직(社稷) 및 오사(五祀)에 대한 제사를 지낼 때 착용하던 복장이다. '치의'에는 쌀 모양의 무늬를 수놓았고, 다른 그림을 그려 넣지 않았다. 상의에는 1개의 무늬를 수7놓고, 하의에는 2개의 무늬를 수놓게 되어, 총 3개의 무늬가 들어가게 된다. 『주례(周禮)』「춘관(春官)·사복(司服)」편에는 "祭社稷·五祀則希冕."이라는 기록이 있고, 이에 대한 정현의 주에서는 "希刺粉米, 無畫也. 其衣一章, 裳二章, 凡三也."라고 풀이했다.

◎ **특생(特牲)** : '특생'은 한 종류의 가축을 희생물로 사용한다는 뜻이다. '특(特)'자는 동일 종류의 희생물을 한 마리 사용한다는 뜻이며, 특히 소를 사용할 때 사용하는 용어이기도 하다. 『춘추좌씨전』「양공(襄公) 9년」편에는 "祈以幣更, 賓以特牲."이라는 기록이 있고, 이에 대한 양백준(楊伯峻)의 주에서는 "款待貴賓, 只用一種牲畜. 一牲曰特."이라고 풀이했다. 그런데 어떠한 가축을 사용했는가에 대해서는 주석들마다 차이가 있다. 『국어(國語)』「초어하(楚語下)」편에는 "大夫擧以特牲, 祀以少牢."라는 기록이 있고, 이에 대한 위소(韋昭)의 주에서는 "特牲, 豕也."라고 풀이했다. 또한 『예기』「교특생(郊特牲)」편에 대한 육덕명(陸德明)의 제해(題解)에서는 "郊者, 祭天之名, 用一牛, 故曰特牲."이라고 풀이했다. 즉 '특생'으로 사용되는 가축은 '시(豕: 돼지)'도 될 수 있으며, 소도 될 수 있다.

◎ **판(版)** : '판'은 고대에 성이나 담장의 측량하는 단위이다. 1개의 판축

의 면적을 뜻하는데, 1판(版)은 높이가 2척(尺)이고 길이가 8척이다.

◎ 피변(皮弁) : '피변'은 고대에 사용되었던 관(冠)의 한 종류이다. 백색 사슴의 가죽으로 만든 모자이다. 한편 관(冠)에 따른 의복까지 포함한 의미로 사용되기도 한다. 『주례』「하관(夏官)·변사(弁師)」편에는 "王之皮弁, 會五采玉璂, 象邸, 玉笄."라는 기록이 있다.

◎ 하휴(何休, A.D.129~A.D.182) : 전한(前漢) 때의 금문경학자(今文經學者)이다. 자(字)는 소공(邵公)이다. 『춘추공양전해고(春秋公羊傳解詁)』를 지었으며, 『효경(孝經)』, 『논어(論語)』 등에 대해서도 주를 달았고, 『춘추한의(春秋漢議)』를 짓기도 하였다.

◎ 한시외전(韓詩外傳) : 『한시외전(韓詩外傳)』은 한(漢)나라 때 한영(韓嬰)이 지은 책이다. 이 책은 본래 내전(內傳) 4권과 외전(外傳) 6권으로 구성되어 있었는데, 내전은 산일되어 없어졌고, 외전만이 남아 있다. 남아 있는 부분을 『한시외전(韓詩外傳)』이라고 부른다.

◎ 함지(咸池) : =대함(大咸)

◎ 향사례(鄕射禮) : '향사례'는 활쏘기를 하며 음주를 했던 의례(儀禮)이다. 크게 두 가지로 나뉘는데, 하나는 지방의 수령이 지방학교인 서(序)에서 사람들을 모아서 활쏘기를 익히며 음주를 했던 의례이고, 다른 하나는 향대부(鄕大夫)가 3년마다 치르는 대비(大比)라는 시험을 끝내고 공사(貢士)를 한 연후에, 향대부가 향로(鄕老) 및 향인(鄕人)들과 향학(鄕學)인 상(庠)에서 활쏘기를 익히고 음주를 했던 의례이다. 『주례』「지관(地官)·향대부(鄕大夫)」편에는 "退而以鄕射之禮五物詢衆庶."라는 기록이 있는데, 이에 대한 손이양(孫詒讓)의 『정의(正義)』에서는 "退, 謂王受賢能之書事畢, 鄕大夫與鄕老, 則退各就其鄕學之庠而與鄕人習射, 是爲鄕射之禮."라고 풀이하였다.

◎ 헌현(軒縣) : '헌현'은 악기를 설치할 때 3방면으로 설치하는 것을 뜻한다. 천자는 4방면에 모두 악기를 설치하는데, 이것을 궁현(宮縣)이라고 부른다. '헌현'은 천자에 대한 예법보다 낮춘 것으로 제후에게 해당하는 것이며, 천자보다 낮추기 때문에 4방면 중 남쪽 한 면에 설치하는 악기들을 제외시키는 것이다. 『주례』「춘관(春官)·소서(小胥)」편에

는 "正樂縣之位, 王宮縣, 諸侯軒縣."이라는 기록이 있는데, 이에 대한 정현의 주에서는 "鄭司農云, '宮縣, 四面縣. 軒縣, 去其一面. ……' 玄謂軒縣去南面辟王也."라고 풀이했다.

◎ **혁거(革車)** : '혁거'는 고대에 사용된 전쟁용 수레이다. 크기가 작고 가벼운 전쟁용 수레를 치거(馳車)라고 부르고, 크기가 크고 무거운 전쟁용 수레를 '혁거'라고 부르기도 한다.

◎ **현관(玄冠)** : '현관'은 흑색으로 된 관(冠)이다. 고대에는 조복(朝服)을 입을 때 착용을 하였다. 『의례』「사관례(士冠禮)」편에는 "主人玄冠朝服, 緇帶素韠."이라는 기록이 있다.

◎ **현단(玄端)** : '현단'은 고대의 예복(禮服) 중 하나이다. 흑색으로 만든 옷이다. 주로 제사 때 사용했으며, 천자 및 제후로부터 대부(大夫)와 사(士) 계급에 이르기까지 모두 이 복장을 착용할 수 있었다. '현단'은 상의와 하의 및 관(冠)까지 포함하는 용어이다. 한편 손이양(孫詒讓)의 주장에 따르면, '현단'은 의복에만 해당하는 용어이며, 관(冠)은 포함하지 않는다고 주장한다. 그리고 천자로부터 사 계급에 이르기까지 이 복장을 제복(齊服)으로 사용했다고 설명한다. 『주례』「춘관(春官)·사복(司服)」편에는 "其齊服有玄端素端."이라는 기록이 있는데, 손이양의 『정의(正義)』에서는 "玄端素端是服名, 非冠名, 蓋自天子下達至於士通用爲齊服, 而冠則尊卑所用互異."라고 풀이하였다. 그리고 '현단'은 천자가 평소 거처할 때 착용했던 복장을 가리키기도 한다. 『예기』「옥조(玉藻)」편에는 "卒食, 玄端而居."라는 기록이 있고, 이에 대한 정현의 주에서는 "天子服玄端燕居也."라고 풀이하였다.

◎ **현면(玄冕)** : '현면'은 현의(玄衣)와 면류관을 뜻한다. 본래 천자 및 제후의 제사복장으로, 비교적 중요성이 덜한 제사 때 입는다. '현의' 중 상의에는 무늬가 들어가지 않고, 하의에만 불(黻)을 수놓는다. 『주례』「춘관(春官)·사복(司服)」편에는 "祭群小祀則玄冕."이라는 기록이 있고, 이에 대한 정현의 주에서는 "玄者, 衣無文, 裳刺黻而已, 是以謂玄焉."이라고 풀이했다.

◎ **형병(邢昺, A.D.932~A.D.1010)** : 북송(北宋) 때의 학자이다. 자(字)는 숙명(叔明)이다. 예부상서(禮部尙書) 등을 지냈다. 저서로는 『논어정의(論語正義)』, 『이아정의(爾雅正義)』 등이 있다.

◎ **호문(虎門)** : '호문'은 궁성(宮城)에 있는 노침(路寢)의 문을 가리킨다.

문 밖에 호랑이를 그려서, 용맹함을 나타냈다.

◎ **호방형(胡邦衡)** : =호전(胡銓)

◎ **호전(胡銓,** A.D.1102~A.D.1180) : =여릉호씨(廬陵胡氏)·호방형(胡邦衡). 남송(南宋) 때의 정치가이자 문학가이다. 자(字)는 방형(邦衡)이고, 호(號)는 담암(澹庵)이다. 충신으로 명성이 높았다.

◎ **호천상제(昊天上帝)** : '호천상제'는 호천(昊天)과 상제(上帝)로 구분하여 해석하기도 하며, '호천상제'를 하나의 용어로 해석하기도 한다. 후자의 경우 '호천'이라는 말은 '상제'를 수식하는 말이다. 고대에는 축호(祝號)라는 것을 지어서 제사 때의 용어를 수식어로 꾸미게 되는데, '호천상제'의 경우는 '상제'에 대한 축호에 해당하며, 세분하여 설명하자면 신(神)의 명칭에 수식어를 붙이는 신호(神號)에 해당한다. 『예기』「예운(禮運)」편에는 "作其祝號, 玄酒以祭, 薦其血毛, 腥其俎, 孰其殽."라는 기록이 있고, 이에 대한 진호(陳澔)의 주에서는 "作其祝號者, 造爲鬼神及牲玉美號之辭. 神號, 如昊天上帝."라고 풀이했다. '호천'과 '상제'로 풀이할 경우, '상제'는 만물을 주재하는 자이며, '상천(上天)'이라고도 불렀다. 고대인들은 길흉(吉凶)과 화복(禍福)을 내릴 수 있는 능력을 갖추고 있었다고 생각하였다. 한편 '상제'는 오행(五行) 관념에 따라 동·서·남·북·중앙의 구분이 생기면서, 천상을 각각 나누어 다스리는 오제(五帝)로 설명되기도 한다. '호천'의 경우 천신(天神)을 뜻하는데, '상제'와 비슷한 개념이다. '호천'을 '상제'보다 상위의 개념으로 해석하여, 오제 위에서 군림하는 신으로 해석하는 경우도 있다.

◎ **환구(圜丘)** : '환구'는 원구(圓丘)라고도 부른다. 고대에 제왕이 동지(冬至)에 제천(祭天) 의식을 집행하던 곳이다. 자연적으로 형성된 언덕의 형상을 본떠서, 흙을 높이 쌓아올려 만들었기 때문에, '구(丘)'자를 붙여서 부른 것이며, 하늘의 둥근 형상을 본떴다는 뜻에서 '환(圜)' 또는 '원(圓)'자를 붙여서 부른 것이다. 『주례』「춘관(春官)·대사악(大司樂)」편에는 "冬日至, 於地上之圜丘奏之."라는 기록이 있고, 이에 대한 가공언(賈公彦)의 소(疏)에서는 "土之高者曰丘, 取自然之丘. 圜者, 象天圜也."라고 풀이했다.

◎ **황간(皇侃,** A.D.488~A.D.545) : =황씨(皇氏). 남조(南朝) 때 양(梁)나라의 경학자이다. 『주례(周禮)』, 『의례(儀禮)』, 『예기(禮記)』 등에 해박하여, 『상복문구의소(喪服文句義疏)』, 『예기의소(禮記義疏)』, 『예기강

소(禮記講疏)』 등을 지었지만, 현재는 전해지지 않는다. 그 일부가 마국한(馬國翰)의 『옥함산방집일서(玉函山房輯佚書)』에 수록되어 있다.

◎ **황보밀(皇甫謐**, A.D.215~A.D.282) : 위진(魏晉) 때의 학자이다. 성(姓)은 황보(皇甫)이고, 이름은 밀(謐)인데, 초명은 정(靜)이다. 자(字)는 사안(士安)이고, 호(鎬)는 현안(玄晏)이다. 『고사전(高士傳)』·『연력(年歷)』·『열녀전(列女傳)』·『일사전(逸士傳)』·『제왕세기(帝王世紀)』·『현안춘추(玄晏春秋)』 등이 있다.

◎ **황씨(皇氏)** : =황간(皇侃)

◎ **흉례(凶禮)** : '흉례'는 오례(五禮) 중 하나로, '흉례'는 재앙 등의 일에 봉착했을 때, 애도를 표시하거나 구휼하는 예제(禮制)를 뜻한다. 또한 '흉례'는 상례(喪禮)를 지칭하는 용어로도 사용되었다.

번역 참고문헌

- 『禮記』, 서울 : 保景文化社, 초판 1984 (5판 1995) / 저본으로 삼은 책이다.
- 『禮記正義』 1~4(전4권, 『十三經注疏 整理本』 12~15), 北京 : 北京大學出版社, 초판 2000 / 저본으로 삼은 책이다.
- 朱彬 撰, 『禮記訓纂』 上·下(전2권), 北京 : 中華書局, 초판 1996 (2쇄 1998) / 저본으로 삼은 책이다.
- 孫希旦 撰, 『禮記集解』 上·中·下(전3권), 北京 : 中華書局, 초판 1989 (4쇄 2007) / 저본으로 삼은 책이다.
- 服部宇之吉 評點, 『禮記』, 東京 : 富山房, 초판 1913 (증보판 1984) / 鄭玄 注 번역에 대해 참고했던 서적이다.
- 竹內照夫 著, 『禮記』 上·中·下(전3권), 東京 : 明治書院, 초판 1975 (3판 1979) / 經文에 대한 이해에 참고했던 서적이다.
- 市原亨吉 외 2명 著, 『禮記』 上·中·下(전3권), 東京 : 集英社, 초판 1976 (3쇄 1982) / 經文에 대한 이해에 참고했던 서적이다.
- 陳澔 注, 『禮記集說』, 北京 : 中國書店, 초판 1994 / 『集說』에 대한 번역에 참고했던 서적이다.
- 王文錦 譯解, 『禮記譯解』 上·下(전2권), 北京 : 中華書局, 초판 2001 (4쇄 2007) / 經文 및 주석 번역에 참고했던 서적이다.
- 錢玄·錢興奇 編著, 『三禮辭典』, 南京 : 江蘇古籍出版社, 초판 1998 / 용어 및 器物 등에 대해 참고했던 서적이다.
- 張撝之 外 主編, 『中國歷代人名大辭典』 上·下권(전2권), 上海 : 上海古籍出版社, 초판 1999 / 인명에 대해 참고했던 서적이다.
- 呂宗力 主編, 『中國歷代官制大辭典』, 北京 : 北京出版社, 초판 1994 (2쇄 1995) / 관직명에 대해 참고했던 서적이다.
- 中國歷史大辭典編纂委員會 編纂, 『中國歷史大辭典』 上·下(전2권), 上海 : 上海辭書出版社, 초판 2000 / 용어 및 인명에 대해 참고했던 서적이다.
- 羅竹風 主編, 『漢語大詞典』 1~12(전12권), 上海 : 漢語大詞典出版社, 초판 1988 (4쇄 1995) / 용어에 대해 참고했던 서적이다.

- 王思義 編集, 『三才圖會』 上·中·下(전3권), 上海 : 上海古籍出版社, 초판 1988 (4쇄 2005) / 器物 등에 대해 참고했던 서적이다.
- 聶崇義 撰, 『三禮圖集注』 (四庫全書 129책) / 器物 등에 대해 참고했던 서적이다.
- 劉績 撰, 『三禮圖』 (四庫全書 129책) / 器物 등에 대해 참고했던 서적이다.

역자 **정병섭(鄭秉燮)**

- 1979년 출생
- 2002년 성균관대학교 유교철학과 졸업
- 2004년 성균관대학교 대학원 유학과 석사
- 2013년 성균관대학교 대학원 유학과 철학박사
- 현재『역주 예기집설대전』완역을 위해 번역중이며,
  이후『의례』,『주례』,『대대례기』시리즈 번역과
  한국유학자들의 예학 관련 저작들의 번역을 계획 중이다.

예기집설대전 목록

譯註
禮記集說大全 儒行

編　陳澔(元)
附　正義 · 訓纂 · 集解

초판 인쇄　2017년　4월　1일
초판 발행　2017년　4월　10일

역　　자 | 정 병 섭
펴 낸 이 | 하 운 근
펴 낸 곳 | 學古房

주　　소 | 경기도 고양시 덕양구 통일로 140 삼송테크노밸리 A동 B224
전　　화 | (02)353-9908　편집부(02)356-9903
팩　　스 | (02)6959-8234
홈페이지 | http://hakgobang.co.kr/
전자우편 | hakgobang@naver.com, hakgobang@chol.com
등록번호 | 제311-1994-000001호

ISBN　978-89-6071-663-6　94150
　　　978-89-6071-267-6　(세트)

값: 47,000원

이 도서의 국립중앙도서관 출판예정도서목록(CIP)은 서지정보유통지원시스템 홈페이지(http://seoji.nl.go.kr)와 국가자료공동목록시스템(http://www.nl.go.kr/kolisnet)에서 이용하실 수 있습니다. (CIP제어번호 : CIP2017008196)